Mohammed Der Prophet, Sein Leben Und Seine Lehre...

Gustav Weil

Mohammed der Prophet,

sein Leben und seine Lehre.

Aus

handschriftlichen Quellen und dem Koran

geschöpft und dargestellt

von

Dr. Gustav Weil,

Bibliothekar an der Universität zu Heidelberg, Mitglied der asiatischen Gesellschaft
zu Paris.

Mit Beilagen und einer Stammtafel.

—⟐—

Stuttgart.

Verlag der J. B. Metzler'schen Buchhandlung.
1843.

Seiner königlichen Hoheit

dem

Großherzog Leopold von Baden

in tiefster Ehrfurcht gewidmet

vom Verfasser.

forberungen der deutschen Wissenschaft entsprechen und somit Höchstdero gnädigsten Entgegennahme nicht un= würdig erscheinen!

Ich beharre in tiefster Ehrfurcht

Euer königlichen Hoheit

unterthänigster, treugehorsamster

G. Weil.

Heidelberg, den 10. Sept. 1843.

Vorrede.

Es gehört zu den wesentlichen Fortschritten der neueren
Zeit, daß die historische Kritik die überkommenen Anschauungen
welthistorischer Charaktere aus den Quellen revidirt, berichtigt
und sodann in ihrer Totalität von Neuem darstellt. Auffallend
ist es, daß Mohammed, der Sohn Abd Allah's, dessen politische und religiöse Umwälzung so tief eingriff und so weit um
sich griff, bis jetzt hierin so sehr vernachläßigt wurde. Gewiß
verdient doch ein Mann, der ein Reich gründete, das bald
nach seinem Tode das persische verschlang und dem byzanti-
nischen die tiefsten Wunden schlug, der eine Religion gestiftet,
die noch jetzt den schönsten Theil der alten Welt zu Bekennern
zählt, von allen Seiten, sowohl in den geschichtlichen Thatsachen, als in den über ihn curstrenden Mythen, genau gekannt
zu werden. Als ich im Jahre 1837 zum Behufe meiner Vorlesungen das Leben Mohammeds bearbeitete, fand ich nur ein
einziges Werk vor, das mir nach koranischem Ausdrucke einigermaßen als „Leitung" dienen konnte. Es war die umfas-
sende Biographie des arabischen Propheten von Gagnier, welche
schon im Jahre 1732 erschien. Dieser französische Gelehrte
hatte sich aber keineswegs die Aufgabe gestellt, Mohammed
zu schildern, wie er war, sondern bloß, was auch schon durch

den Titel* angedeutet wird, die Europäer mit dem bekannt zu machen, was die orthodoxen Muselmänner von ihm erzählen und glauben. Er begnügte sich daher damit, orientalische Texte zu übersetzen, bei denen aber manche Lücke auszufüllen blieb, die häufig nicht fehlerfrei waren, und auch hie und da von ihm mißverstanden wurden. Demungeachtet bildete dieses Werk die Grundlage aller spätern Biographien Mohammeds. Niemanden fiel es ein, die darin gegebenen Uebersetzungen mit den Originaltexten zu vergleichen, noch ihren Inhalt einer historischen Kritik zu unterwerfen. Jeder nahm, je nach dem Umfang seiner Biographie, mehr oder weniger daraus auf, stützte seine Arbeit, je nach seinem politischen oder kirchlichen Partheigeiste, bald auf dieses, bald auf jenes Bruchstück aus diesem kolossalen Lebensgebäude, und ließ, was seinem Buche eine zu große Ausdehnung gegeben hätte, oder mit seiner Ansicht nicht übereinstimmte, als unbrauchbaren Schutt liegen. Wurden auch später noch andere Quellen als die, welche Gagnier zu Gebote standen, zu einer Biographie Mohammeds benützt, so geschah dieß mit einer der Geschichte unwürdigen Oberflächlichkeit und Nachläßigkeit; auch ward das wenige neu Entdeckte, wie aus den Anmerkungen zu vorliegendem Werke ersichtlich, um recht ausposaunt werden zu können, durch manche Uebertreibungen und grundlose Zusätze entstellt. Hiedurch mußte man gegen das Ganze alles Vertrauen verlieren. Selbst in der neuesten Zeit wurden noch, nicht nur, wie bei Gagnier, historische Fakta mit fabelhafter Dichtung, welche schon der gesunde Menschenverstand verwerfen muß, bunt durch einander gemischt, sondern sogar Widersprüche aller Art,

---

* La vie de Mahomet; traduite et compilée de l'Alcoran des traditions authentiques de la sonna et des meilleurs auteurs arabes etc.

Anachronismen, welche kaum Arabern verziehen werden kön=
nen, und sonstige geschichtliche Unmöglichkeiten in solcher Masse
aufgehäuft, daß der Leser sogar über die wichtigsten Momente
im Leben des arabischen Propheten vergebens eine Aufklärung
sucht.

Je weiter ich daher in der Ausarbeitung meines Colle=
gienheftes voranschritt, um so fester ward in mir der Ent=
schluß, das Leben und die Lehre dieses außerordentlichen Man=
nes zum besondern Gegenstande meines Studiums zu machen
und die Resultate einst schriftlich einem größern gelehrten Publi=
kum vorzutragen, um, so viel es in meiner Kraft liegt, eine
Lücke auszufüllen, deren Vorhandenseyn ungefähr um dieselbe
Zeit Herr Prof. Ewald öffentlich bedauerte. *

Indessen war es mir, bei der Nothwendigkeit, einen Theil
meiner Zeit meinem Amte zu widmen, und die damals noch
nicht weit vorgerückte Uebersetzung der „Tausend und eine Nacht"
zuerst zu vollenden, nicht möglich, mich so ausschließlich, als ich
es wünschte, dieser Arbeit hinzugeben. Doch blieb seit jener
Zeit Mohammed der vertraute Gefährte meiner Gedanken und
der Koran mit dem Commentare des Djalalein und den ge=
lehrten, wenn auch nicht immer richtigen Anmerkungen des
Maraccius und Sale, fortwährender Gegenstand meines Stu=
diums. Von Neuem las ich dann den Abulfeda wieder, um
den sich Herr Noel des Vergers als Herausgeber sowohl, wie
auch als Uebersetzer und Erläuterer sehr verdient gemacht, — ob=
schon er vielleicht, da Abulfeda doch nur magere Auszüge aus
ältern Quellen liefert, seine Bemühungen eher einem andern
Autor hätte zuwenden sollen, — dann auch noch verschiedene
kleinere europäische Biographieen, unter denen die des Herrn

---

* S. Zeitschrift für Kunde des Morgenlandes, Bd. I. S. 89.

Reinaud im erſten Bande der „monumens Arabes, Persans et Turcs du cabinet de M. le Duc de Blacas". (p. 189—299.) eine beſondere Erwähnung verdient, ferner die rühmlich bekannten Schriften Geigers und Gerocks über das Verhältniß des Mohammedanismus zum Juden- und Chriſtenthum, und ſammelte nach und nach, was die Werke von Hottinger, Reland, Pococke, die Mém. de l'Académie de Paris, die Tübinger Zeitſchrift für Theologie und andere ähnliche Schriften über Mohammed enthalten.

Obſchon aber dieſe der europäiſchen Wiſſenſchaft erſchloſſenen Materialien, nach einer ſorgfältigen Prüfung und kritiſchen Sichtung, einem Hiſtoriker hätten genügen können, um ein ziemlich vollſtändiges, wenn auch nicht ganz treues Bild von dem Stifter des Islams zu entwerfen, ſo durfte doch ein Orientaliſt, von dem man mehr als eine ſelbſt gelungene Compilation zu fordern berechtigt iſt, es nicht wagen, das Gebiet der Geſchichte öffentlich zu betreten, ohne daſſelbe aus bisher noch gar nicht oder ſchlecht benutzten Quellen mit neuen Thatſachen und Aufſchlüſſen zu bereichern. Ich unternahm daher im Sommer 1840 eine Reiſe nach Gotha, dem freundlichen Wallfahrtsorte ſo vieler Orientaliſten, denen dort mit derſelben Bereitwilligkeit und Zuvorkommenheit geiſtige Nahrung gereicht wird, wie einſt den Pilgern in Mekka Brod und verſüßtes Waſſer, als wäre gleichſam mit den aus dem Oriente eingeführten literariſchen Schätzen auch die den Morgenländer auszeichnende Liberalität auf ihre neuen Beſitzer und Hüter übergegangen. Nach einer nähern Prüfung der verſchiedenen Handſchriften über Mohammed, welche die dortige Bibliothek beſitzt, ſchien mir das Brauchbarſte zu meinem Zwecke, das „Inſan Alujun" von Ali Halebi, in vier, und das „Chamis"

von Husein Ibn Muhammed Ibn Alhasan Abdiarbekri, in
zwei Foliobänden. (Nro. 279., 280. u. 285—288. des Mölle-
rischen Katalogs.) Beide Verfasser lebten zwar erst in dem
sechzehnten Jahrhundert;* da sie aber nicht nur dem Inhalte,
sondern sogar dem Worte nach, aus den ältesten Quellen schöpfen,
und eigentlich nur Alles, was sie bei ihren Vorgängern, sowohl bei den Monographen, als bei den Universalhistorikern,
Koranauslegern und Traditionssammlern, vom zweiten Jahrhundert der Hidjrah an, bis auf ihre Zeit, gefunden, mit der
größten Gewissenhaftigkeit und mit Angabe der Autoritäten
zusammentrugen, so können sie in Bezug auf ihre Glaubwür-
digkeit den ältesten Autoren zur Seite, wegen ihrer Vollständigkeit aber noch über sie gestellt werden. Der Verf. des
„Chamis" führt in der Vorrede über hundert Werke an, aus
denen er das Seinige, welches fast gar keine eigene Betrach-
tung enthält, compilirt. Ali Halebi hingegen sucht sehr häufig
bald mit mehr, bald mit weniger Talent die Widersprüche zu
lösen, die sich in den verschiedenen Berichten, besonders in den
ältern Traditionen finden. Die Grundlage seines Werkes bildet, nach seiner Erklärung in der Vorrede, das „Ujun Al-athri"
von Abu-l-Fath Ibn Sejjid Annas (gestorben im J. 734. der
Hidjrah) und die Sirat Asschamsi, Asschamijji, denen er noch
ausführlichere Auszüge aus Ibn Hischam und Verse von dem
Verfasser der Burda und einigen andern spätern Biographen
Mohammeds beigefügt. Durch die Vergleichung dieser beiden
Werke unter einander gelangte ich zur Gewißheit über ihre

---

* Der Verf. des „Chamis" starb im J. 966. der Hidjrah. Das Todesjahr
Ali Halebi's ist nicht bekannt, daß er aber im 16. Jahrhundert gelebt,
geht daraus hervor, daß er zuweilen den „Chamis" anführt und doch von
Hadji Chalfa erwähnt wird. (S. „Wiener Jahrb. der Literatur", Bd. 69.
Seite 18.)

treue Benutzung der frühern Quellen, auch ward es mir dadurch möglich, die in Beiden ziemlich zahlreichen Schreibfehler
zu verbessern. Von ihrer Vollständigkeit konnte ich mich am
besten durch den Abschnitt über das Treffen von Bedr überzeugen, welcher fast wörtlich mit der in jeder Beziehung meisterhaften Darstellung desselben durch Hrn. Caussin de Perceval
nach dem Sirat Arrasul und dem Kitab Alaghani übereinstimmt,* so wie auch durch den über den Verrath der Stämme
Adhal und Kara, welcher ebenso gelungen, nach derselben Quelle,
aus der Feder des Hrn. Ewald hervorging.**

Nach diesen Quellen arbeitete ich, bis ich an das Aben-
teuer Aïscha's kam, mit dem der erste Band des „Chamis"
aufhört, und Hr. Bibliothekar Möller mir schrieb, daß er den
zweiten, welcher auch noch von den Ommejjaden und Abbasiden handelt, und den v. Platen zu seiner Geschichte der Töd-
tung Omars benützt, nicht finden könne. Ich wußte zwar aus
bisheriger Erfahrung sowohl, wie aus dem Inhaltsverzeichnisse
des ganzen Werkes, das dem ersten Bande vorangeht, daß ich
bei Ali Halebi, von dem ich gleich alle vier Bände mitgenommen, dasselbe finden würde; aber gerade die letzten Bände sind
so schlecht und fehlerhaft, mit ganz weißer Tinte geschrieben,
daß mir zur Vergleichung mancher Stellen eine zweite Biographie, in welcher dieselben Begebenheiten erzählt und fast
dieselben Traditionen angeführt werden, dringendes Bedürfniß
ward. Ich wendete mich daher an den Hrn. Prof. Ewald
nach Tübingen, welcher Besitzer einer Handschrift ist, die den
Scheich Imad Eddin, Abul Abbas, Ahmed Ibn Ibrahim, Ibn
Abd Arrahman aus Wasit zum Verfasser hat, und den be-

* s. Journal asiatique T. VII. p. 97. u. ff.
** s. Zeitschrift für Kunde des Morgenlandes, Bd. I. S. 16. u. ff.

schiedenen Titel: „Muchtassaru sirati, Ibni Hischami" führt,
in der aber, wie mir durch die Zusammenstellung mit vielen aus dem Pariser Exemplare des Ibn Hischam gedruckten und andern bei Ali Halebi und im Chamis angeführten
Stellen klar ward, und wie übrigens auch in der Vorrede
versichert wird, von dem eigentlichen Sirat Arrasul nur die
jedesmalige lange Aufzählung der Gewährsmänner der Traditionen (asnâd), so wie ein Theil der Gedichte und einige
auf die vorislamitische Zeit sich beziehende Abschnitte, ausge-
lassen sind. Hr. Prof. Ewald war so gütig, mir diese kostbare, wie er mir später schrieb, zu seinem eigenen Gebrauche
angekaufte Handschrift ohne Verzug zuzusenden, und so ward
es mir möglich, nicht nur die begonnene Arbeit mit derselben
Sicherheit zu vollenden, sondern auch noch den schon bearbei-
teten Theil mit manchen schätzbaren Zusätzen aus dieser ältesten Biographie Mohammeds zu bereichern. Dieses sehr zier-
lich und korrekt, größtentheils mit Bezeichnung der Vokale
geschriebene Manuscript, dem ein ausführliches Inhaltsverzeich-
niß vorangeht, bildet einen Hochquartband von 282 Folien, und
zerfällt in zwei Theile. Der erste erstreckt sich bis zur Krankheit der Ausgewanderten in Medina, und ward am 28. Radjab
des J. 752. der Hidjra, der zweite am 27. Dsu'l Kaada
desselben Jahres vollendet. Am 13. Radjab des folgenden
Jahres ward es auch noch einmal mit der Urschrift collatio-
nirt. Später wurden noch von einer andern Hand viele Rand-
glossen hinzugesetzt, aus dem Buche „Raudhat Al Unusi", dem
Commentare zu Ibn Hischam, von Abd Arrahman Abul Kasim
Assuheili, der im Jahre 581. d. H. starb.

Zuletzt suchte ich mir auch noch den in Bulak im J. 1248.
d. H. gedruckten und dem Sultan Selim III. gewidmeten, tür-

kischen Commentar der in dreiundsechzig Strophen zusammen-
gedrängten arabischen Lebensbeschreibung Mohammeds von
Ibrahim Halebi zu verschaffen. Zwar konnte ich zu diesem
Werke, das schon als Uebersetzung minder zuverläßig ist als
die arabischen Urquellen, und dessen Stoff durch die Einklei-
dung in Verse nicht einmal streng chronologisch geordnet ist,
kein besonderes Vertrauen fassen, durfte es jedoch nicht übergehen, weil zuweilen bei Behauptungen, welche den besten ältesten Quellen geradezu widersprechen, darauf verwiesen wird.
Ich gelangte aber bald zur Ueberzeugung, daß Ibrahim Halebi frei ist von den gröbsten Irrthümern, die in seinem Namen verbreitet worden, und daß nicht bloß schwer zu lesende
arabische Handschriften, sondern auch der herrlich gedruckte türkische Text dieses Autors mit der größten Oberflächlichkeit
benutzt wurde. Der Gefälligkeit des Hrn. Prof. Reinaud ver-
danke ich das der bibliothèque de l'Institut royal de France gehörende Exemplar, das ich aber leider so spät erhielt, daß ich
im Werke selbst keinen Gebrauch mehr davon machen konnte
und mich genöthigt sah, die Beweise für diese hier ausgesprochene Ueberzeugung als Nachträge beizufügen.

So mit den besten Hülfsmitteln zur Ausführung des
Unternehmens ausgestattet, blieb dennoch die Lösung der Aufgabe, die ich mir gestellt hatte, noch äußerst schwierig, weil
ich nicht bloß nachfolgenden Historikern zuverläßige Materialien zur Lebensbeschreibung Mohammeds und der Gründung
des Islams liefern, sondern selbst die innere und äußere Geschichte dieses außerordentlichen Mannes und seiner Lehre schreiben wollte. Ich durfte daher nicht bloß die Quellen übertragen,
oder je nach Gutdünken excerpiren, sondern mußte ihre Aygaben
vorher einer strengen Kritik unterwerfen; denn wenn man über-

haupt gegen alle orientalischen Schriftsteller mißtrauisch seyn muß, so hat man hier doppelten Grund dazu, weil sie nicht nur von ihrer Leidenschaft und ihrer Phantasie, sondern auch von ihrer religiösen Schwärmerei geleitet waren. Schon im zweiten Jahrhundert, als die ersten Biographen Mohammeds auftraten, die ihre Erzählungen noch auf Aussage seiner Zeitgenossen zurückzuführen wagen, war sein ganzes Leben, nicht nur von seiner Geburt, sondern schon von seiner Zeugung an, bis zu seinem Tode, von einem Gewebe von Mährchen nnd Legenden umsponnen, das auch das nüchternste europäische Auge nicht immer ganz zu durchschauen und abzulösen vermag, ohne Gefahr zu laufen, aus allzu großer Aengstlichkeit auch wirkliche historische Facta als fromme Dichtung anzusehen. Selbst der bald nach Mohammeds Tode gesammelte Koran ist kein zuverläßiger Führer, denn abgesehen davon, daß er in chronologischer Beziehung ganz unbrauchbar ist, und daß Mohammed am allerwenigsten als eine historische Autorität über sich selbst angesehen werden kann, so ist auch erwiesen, und im letzten Hauptstücke dargethan worden, daß er selbst in seinem Leben Manches zurücknahm, und daß nach seinem Tode sowohl Auslassungen, als Zusätze vorkamen.

Nachdem die Aufgabe der Geschichtforschung nach Kräften beendigt war, kam die zweite und weit schwierigere der Geschichtschreibung: aus den ermittelten Thatsachen ein Ganzes zu gestalten. Doppelt schwierig, weil einzelne Partieen so mangelhaft sind, daß der organische Verlauf dadurch unterbrochen wird. Durch den Mangel an zusammenhängenden Nachrichten aus dem Jugendalter und dem ersten Mannesleben des Propheten ist eine in sich gegliederte genetische Entwicklung desselben kaum mehr aufzuzeigen. Andererseits ist auch aus der spätern Zeit, als Mohammed bereits als Prophet aufgetreten war, von den ältesten Historikern hauptsächlich auf das äußere Leben und allmälige Wachsen seiner Macht, und weniger auf seine innere Fortbildung Rücksicht genommen worden. Ich habe das thatenreiche Leben Mohammeds ohne Vorurtheil irgend einer Art forschend und prüfend Schritt für Schritt in den Quellen verfolgt und eifrigst darnach gestrebt, die historische Wahrheit aus dem Nimbus, in den sie gehüllt ist, hervorzuziehen, und wo sich kein sicherer Boden gewinnen ließ, dem Leser meine Zweifel offen dargelegt. Ob mir aber die Sonderung der Legende von der Geschichte und die Auffassung und Schilderung dieses räthselhaften Charakters ebenso gelungen ist, wie die Ergründung der Quellen, für die mir mein eigenes Bewußtseyn Zeugniß ablegt, muß ich dem Urtheile unbefangener Kenner überlassen. Damit diese Beurtheilung aber möglich werde, habe ich bei jeder Modifikation oder gänzlichen Weglassung einer von den Arabern gegebenen historischen Nachricht dieselbe in den Noten treu übersetzt und bei zweifelhaften Stellen sogar in der Ursprache angeführt. Der Text kann daher als das Resultat meiner Forschungen und ein Theil der Noten als die Erörterung und Begründung desselben angesehen werden. Andere enthalten Erläuterungen, welche zum Theil für Orientalisten überflüssig sind, die jedoch, da bei Bearbeitung des vorliegenden Werkes auch das größere gelehrte Publikum berücksichtigt ward, nicht unterbleiben konnten. Aus demselben Grunde mußten auch manche Stellen aus dem Koran, den ich immer nach Maraccius' Verseintheilung citirt, vollständig mitgetheilt werden, denn bei dem Mangel an einer ganz zuverläßigen Uebersetzung desselben hätte ich nur diejenigen, welchen der Originaltext

zugänglich ist, darauf verweisen können. Wenn aber dieses
Buch auch für einen größern Kreis von Lesern bestimmt ist,
so durfte dieß doch nicht abhalten, in andern Noten zunächst
die Orientalisten im Auge zu haben, und häufig bei Berichti-
gungen früherer Irrthümer Gründe anzugeben, die nur sie
erwägen können. Diejenigen, welche mich etwa über den po-
lemischen Theil der Anmerkungen tadeln, wären gewiß die Ersten gewesen, mich als anmaßend zu schildern, wenn ich auf
abweichende Ansichten, besonders angesehener oder neuerer Schriftsteller, keine Rücksicht genommen hätte.

Im letzten Hauptstücke, welches allgemeine Betrachtungen
über den Charakter Mohammeds und Aufschlüsse über Entstehen,
Eintheilung und Schreibart des Korans enthält, konnte natürlich
Forschung und Resultat nicht so scharf getrennt, überhaupt
konnten letztere Untersuchungen hier nicht mit der ihnen gebüh-
renden Ausführlichkeit behandelt werden; vielleicht entschließe
ich mich später, das hier nur Angedeutete weiter zu entwickeln,
und als historisch kritische Einleitung in den Koran besonders
zu bearbeiten.

In der Darstellung schloß ich mich so viel als möglich
den Quellen an, aus denen ich geschöpft, und die in ihrer
Klarheit und Einfachheit hoch über den spätern orientalischen
Historikern stehen, welche auch durch eine bilderreiche, häufig
in das Schwülstige ausartende Sprache zu glänzen suchten.
Wissen wir doch aus den neuesten Werken mancher abendlän-
dischen Geschichtschreiber, daß nicht selten schön gerundete und
auf Eindruck berechnete Phrasen durch Aufopferung historischer
Genauigkeit erkauft werden.

Was die Schreibart arabischer Namen mit europäischer
Schrift betrifft, so habe ich den neunten arabischen Buchstaben

durch ds wiedergegeben, den eilften und siebzehnten durch z, den vierzehnten in der Mitte eines deutsch geschriebenen Wortes durch ß. Nicht-Orientalisten mache ich darauf aufmerksam, daß das z überall französisch und das *dj* wie das italienische *g* vor i und e auszusprechen ist. Wo für Orientalisten bei arabischen Wörtern Zweifel entstehen können, sind die Buchstaben nach orientalischer Weise mit Namen bezeichnet worden.

Einige Ungleichheiten in Betreff des o und u, oder a und e werden Orientalisten, welche wohl wissen, daß die Araber eigentlich nur drei Vokale haben, mir nicht zur Schuld anrechnen, eben so wenig das häufige Auslassen des punktirten *ha* finale oder des vokallosen *ain*. Einige Eigennamen sind noch im Register verbessert worden. Uebrigens beziehe ich mich auf das, was ich in der Vorrede zu meiner poetischen Literatur der Araber gesagt, und hoffe, daß in unserer, an wissenschaftlichen Kongressen so fruchtbaren Zeit, auch einmal ein Verein von Orientalisten in's Leben treten wird, in welchem unter Anderem auch endlich über die Art, orientalische Buchstaben durch europäische wiederzugeben, eine Verständigung stattfinden könnte, damit durch ihre zunehmende Zahl andere Gelehrten statt in's Klare zu kommen, nicht immer mehr irre geführt werden.

Das Insan Al Ujun ist im Laufe des Werkes mit dem Buchstaben J., das Chamis mit **Ch.**, das Sirat Arrasul mit **S.** und Ibrahim Halebi in den Nachträgen mit **Ibr. H.** bezeichnet.

Gerne hätte ich, wenn dadurch meinem Verleger nicht allzu große Opfer auferlegt worden wären, mehr Auszüge in der Ursprache und Schrift aus diesen Quellen geliefert, als in der kleinen Beilage geschehen; indessen glaubte ich darauf um so weniger bestehen zu müssen, als ich durch Hrn. Reinaud

vernommen, daß Hr. Caussin de Perceval sich mit einer Ausgabe des Ibn Hischam beschäftigt, dieses Anführers aller spätern Biographen Mohammeds, aus welchem sich dann das
Zeugniß ergeben wird, daß ich durchgängig den Quellen gefolgt bin, und nicht, wie häufig geschieht, sie bloß statt späterer Schriftsteller zur Parade angeführt. Meine Wahl bei der
Ausfüllung des engen Raumes, den ich zu Textesstellen be-
nutzen durfte, wird gewiß von unparteiischen Richtern nicht
getadelt werden, denn nachdem ich die wichtigsten Belege über
die Epilepsie Mohammeds schon im Journal asiatique* mitgetheilt hatte, erforderte kein Irrthum eine so bringende und un-
abweisbare Wiederlegung als die, gegen welche die Beilagen
zu Anmerk. 52., 230., 252. und 263. zeugen. **

Wie bald hätte man als eine über allen Zweifel erhabene Thatsache angenommen, daß Mohammed eine Uebersetzung
des „ganzen alten und neuen Testaments" vor sich gehabt,
und in den Einleitungen der biblischen Schriften sie als die
älteste arabische genannt! Wie leicht hätte in einer Geschichte
der Krankenhäuser, das Zelt, unter welchem eine mildthätige
Frau in Medina arme Verwundete pflegte, dem großen Spital
neben dem Tempel zu Jerusalem an die Seite gestellt werden
können! Welcher Historiker würde es in einer Geschichte des
Chalifats unterlassen haben, Aïscha's Haß gegen Ali aus des-

---

* Juillet 1842.

** Hiernach sind die Zahlen auf S. A., B. und C. der Beilagen zu berichtigen, welche in Leipzig gedruckt wurden, während bei dem Drucke des
Werkes selbst sich herausstellte, daß ich einige Anmerkungen falsch nume-
rirt hatte, und daher die ganze Reihenfolge verändert ward. So ist auch
S. F. 433. statt 415. und S. H. 533. statt 524. zu lesen. Die vorletzte
Beilage sollte gleich auf S. B. beginnen. Da sie aber minder wichtig
als die vorhergehenden ist, und ich zweifelte, ob ein halber Bogen sie
alle fassen würde, ließ ich sie lieber später setzen.

sen verdammendem Ausspruch über ihre Untreue zu erklären? Wie viele Hypothesen hätten die Alterthumsforscher aufgestellt, um darzuthun, wer wohl die Allat zu Alexandrien gewesen seyn mochte? Der Irrthum über Mohammeds Gebet auf Abd Allah Ibn Ubejj's Grab, der durch die Beilage zu Anmerk. 433. widerlegt wird, hätte zwar schwerlich den Kreis der Orientalisten überschritten oder zu weitern grundlosen Folgerungen Veranlassung gegeben; aber die Wahrheit über diesen Punkt ist so bezeichnend für den Charakter Mohammeds und seiner spätern Offenbarungen, so wie für sein Verhältniß zu Omar und zu den Heuchlern in Medina, daß es mir daran liegen mußte, auch hier die evidentesten Beweise für meine Behauptung aus derselben Quelle darzulegen, aus welcher gerade der entgegengesetzte hervorgehen sollte. Die Beilage zu Anmerk. 215. u. 220. soll ganz besonders das Verhältniß Abulfeda's zu den von ihm gebrauchten ältern Autoren und die Nothwendigkeit, diese nachzulesen, um Jenen vollkommen zu verstehen, darthun. Die letzte Beilage, aus der sich für den Kritiker ergibt, daß uns der Koran keineswegs ebenso gewiß für das Wort Mohammeds, als den Muselmännern für das Gottes gelten darf, wie bisher behauptet worden, bedarf gar keiner Einführung.

Bei der Verwandlung des arabischen Datums in die christliche Zeitrechnung bin ich, in der Angabe des Jahresanfangs, dem „art de vérifier les dates" gefolgt und in der Berechnung der einzelnen Tage, den von Ideler in seiner „mathematischen und technischen Chronologie" gegebenen Regeln. Ueber die Aera der Hidjrah, das heißt, nicht der wirklichen Auswanderung Mohammeds, sondern des ersten Muharrams jenes Jahrs, hat gewiß auch Ideler ganz richtig bemerkt, daß der 15. Juli 622 anzunehmen ist, wo es sich von astronomischen Beobachtungen handelt, der 16. aber, wenn die cyklische Rechnung mit den Mondeserscheinungen und dem arabischen Volkskalender übereinstimmen soll, denn da die Mondsichel im ersten Jahre der Hidjrah erst am Abend des 15. in Mekka sichtbar ward, so begann für die Araber das Jahr wahrscheinlich auch erst mit diesem Abend. Dieß ergibt sich auch aus manchen spätern Daten, in welchen zugleich der Tag der Woche oder des christlichen Monats angegeben wird. *

* Mein Werk war längst vollendet, als ich den Aufsatz des Hrn. Caussin de Perceval im Journal Asiatique (Avril 1843.) über die frühere Zeitrechnung der Araber zu Gesicht bekam. Es ist hier nicht der Ort, diesen Gegenstand ausführlich zu erörtern, doch kann ich nicht umhin, zu bemerken, daß ich mich keineswegs bewogen finde, von dem befolgten Systeme abzuweichen. Zwar stimme ich in der Hauptsache mit ihm überein, daß nämlich die Araber auch eine Zeit lang, wie die Juden, alle drei Jahre einen Monat einschalteten, ich glaube aber nicht, wie er, daß dieser Gebrauch bis zu Mohammeds letzter Wallfahrt fortbestand. Folgende drei Gründe mögen hier genügen, um meine Ansicht zu rechtfertigen: 1) Mohammed verlor nach den ältesten Quellen in seinem achten Lebensjahre seinen Großvater Abd Almuttalib, welcher nach allen Berichten in demselben Jahre wie Chosroes Nuschirwan, also im J. 579. n. Chr. starb. Seine Geburt fällt also ohne Zweifel in das J. 571., auch über seinen Tod im Juni 632. herrscht Stimmeneinheit. Wenn also die zuverläßigsten Biographen ihm ein Alter von 63 Jahren beilegen, so geht daraus hervor, daß die Araber schon zur Zeit seiner Geburt reine Mondjahre hatten, von denen 63 sich ungefähr auf 61 Sonnenjahre reduciren. 2) Nach einer alten Tradition, welche das Insan Alajun, auch Pokock (specimen hist. Arab. ed. White, p. 301.) anführt, fasteten die Juden gerade ihren Jom Kipur oder Aschur, als Mohammed in Medina ankam. Nach den meisten Berichten fand Mohammeds Ankunft in Medina, oder wenigstens in Kuba, am 8. Rabia-l-Awwal (vergl. Anmerkung 101. u. Ideler a. a. O. Bd. II. S. 486.) statt. Dieses Datum entspricht dem 20. September, an welchem in der That die Juden ihren Jom Kipur feierten, denn der erste Tischri jenes Jahres war nach Kornicks System der Zeitrechnung S. 112. am 11. September, während nach Hrn. C. de Perceval's System Mohammed Anfangs Juli nach Medina gekommen wäre. 3) Das Treffen von Ohod fand nach allen Quellen an einem Samstag statt, nach Einigen den 7. Schawwal des dritten Jahrs

Die dem Werke vorausgeschickte Einleitung bedarf noch einer kleinen Erörterung. Ich sehe selbst ein, daß sie recht gut den doppelten Umfang haben und mehr in's Einzelne der Geschichte, Kultur und Sitten der ältern Araber gehen dürfte. Da ich aber nicht schon Bekanntes, zu dem meine Quellen wenig Neues liefern, auftischen wollte, übrigens auch die vorhandenen Umrisse sich noch zu keinem vollständigen Gemälde eignen, faßte ich mich lieber so kurz als möglich, und zog vor, manche mit Mohammeds Leben in engerer Beziehung stehende und weniger ausgebeutete Nachrichten über die Stadt Mekka und das Geschlecht der Kureischiten mitzutheilen.

Nachdem ich ohne Furcht, als unbescheiden zu gelten, auf das, was ich geleistet, aufmerksam gemacht, weil doch im Grunde jeder wissenschaftlich gebildete Orientalist mit aufrichtigem Streben und unverdrossenem Fleiße dasselbe thun könnte, gestehe ich ganz offen, daß mir auch die Schattenseite meiner Arbeit keineswegs verborgen geblieben, und ich wohl einsehe, daß sie besonders in formeller Beziehung viel zu wünschen

b. H., nach Andern den 15. Ersteres Datum entspricht, wenn man den Anfang des Muharram des ersten Jahrs d. H. auf den 16. Juli setzt, dem 23. März, welcher wirklich ein Samstag war, letzteres, die Aera der Hidjrah vom 15. Juli berechnet, dem 30., während es nach E. de Perceval, der den 26. April zum Anfang des dritten Jahres macht, dem 16. Januar entspräche, der ein Mittwoch war. Aus dem Umstande, daß Mohammed „während einer großen Hitze" nach Medina kam, kann nicht geschlossen werden, daß die Auswanderung in einem Sommermonat war, denn auch bei dem Feldzug von Tabuk ist von einer großen Hitze die Rede (s. Abulfeda, ed. N. de V., S. 103.), der doch im Radjab des neunten Jahrs d. H. angeordnet ward, welcher auch nach E. de P. mit dem 13. Okt. begann. Eben so wenig beweisen die kalten und mehr noch stürmischen Tage während der Belagerung von Medina, daß sie im Winter stattfand, denn auch im März, dem der Schawwal des fünften Jahrs nach meiner Berechnung entspricht, ist die Witterung im nördlichen Arabien oft noch sehr unfreundlich.

übrig läßt. Ich glaube aber um so eher auf Nachsicht rechnen zu dürfen, als dieß mein erster historischer Versuch ist, und ich hier zum Theil aus der Sphäre meines eigentlichen Berufs heraustreten mußte. Dazu vermochte mich aber die innigste Ueberzeugung, daß es für die Wissenschaft förderlicher ist, wenn die morgenländische Geschichte von einem, wenn auch nur mit geringen historiographischen Fähigkeiten begabten Orientalisten, als von dem talentvollsten Historiker von Fach geschrieben wird, der nicht unmittelbar aus den Quellen schöpfen kann.

Mögen daher diejenigen, welche bei dem Uebergange dieses Buches über die Siratsbrücke der Kritik, dessen Vorzüge und Mängel gegen einander abwägen, den Stab nicht über dasselbe brechen, wenn sie glauben, daß zu einer vollkommenen Ausführung eines solchen Werkes meine Kräfte nicht ganz ausreichten.

Inhaltsverzeichniß.

———

Erstes Hauptstück.

Zweites Hauptstück.

Drittes Hauptstück.

Viertes Hauptstück.

Fünftes Hauptstück.

Sechstes Hauptstück.

Siebentes Hauptstück.

Achtes Hauptstück.

Neuntes Hauptstück.

Erläuterung der Beilagen und Nachträge größtentheils aus Ibrahim Halebi.

XXXVIII

Beilagen.

Einleitung.

Aelteste Geschichte der Stadt Mekka. Mohammeds Ahnen. Erste Feindseligkeit zwischen dem Geschlechte Ommejja und Abbas. Religion, Sitten, Cultur und politischer Zustand Arabiens im sechsten Jahrhundert.

Wenn es zur richtigen Auffassung des Lebens eines jeden großen Mannes nothwendig ist, die allgemeinen Zustände seiner Zeit sowohl, als die besonderen Verhältnisse seiner Umgebung zu kennen, so wird dieß bei einem Religionsstifter, Gesetzgeber und Reichsgründer wie Mohammed, dessen ganzes Leben ein fortwährender Kampf gegen einen Theil seiner eigenen Familie, seines eigenen Vaterlandes, und in religiöser Beziehung wenigstens, gegen die ganze damalige Welt war, um so unentbehrlicher. Da aber für denjenigen, welcher nach dem ersten Keime zur allmähligen Entwicklung des arabischen Propheten forscht, eine nähere Bekanntschaft mit seinen Ahnen sowohl als mit der Geschichte und den Sagen seiner Vaterstadt Mekka nicht minder wesentlich ist, so werden wir, ehe wir den Zustand Arabiens zu seiner Zeit in einigen allgemeinen Zügen schildern, über Beide das Wichtigste vorausschicken.

Die Bewohner Mittelarabiens, besonders die der Provinz Hedjas, zu denen Mohammeds Ahnen gehören, sehen — vielleicht erst seit ihrer Bekanntschaft mit den Juden und ihren Schriften — Ismael den Sohn Abrahams, als ihren Stammvater an, obschon selbst die orthodoxesten Muselmänner Mohammeds Väter nur bis zum zwanzigsten Gliede rückwärts, bis Adnan nehmlich, mit Bestimmtheit anzugeben wissen. In

Ismaels Jugend soll die Stadt Mekka von dem uralten Rie=
senstamme der Amalekiten[1]), unter denen er aufwuchs, ge=
gründet worden sein, er selbst wird aber im Vereine mit sei=
nem Vater Abraham, als der Erbauer des heiligen Tempels
(Kaaba) genannt, nach welchem von uralter Zeit her viele
Pilger aus der ganzen arabischen Halbinsel wallfahrten. Die
Amalekiten wurden noch bei Ismaels Lebzeit von den Stäm=
men Djorham und Katura, welche von Südarabien ausge=
wandert waren, aus Mekka vertrieben[2]). Mudhadh und Su=
meiba, die Häupter dieser beiden Stämme, herrschten eine Zeit
lang friedlich neben einander, aber bald entzweiten sie sich, es
kam zu einem Kampfe, in welchem Letzterer unterlag, so daß
die Djorhamiden unbeschränkte Herrscher der Stadt Mekka
blieben. Die Verwaltung des heiligen Tempels behielt in=
dessen Ismael, welcher eine Tochter des Königs Mudhadh
heirathete, daher seine Nachkommen den Namen Arab Mu=

1) Nach dem Chamis und dem Insân Alujûn, welche hier nur ältern
Quellen folgen, suchten zwei Amalekiten ein Kameel in der Ge=
gend des jetzigen Mekka, welche ehedem ganz öde und wasserlos
war. Als sie die Quelle Semsem entdeckten, welche ein Engel für
Hagar und Ismael aus der Erde hervorgerufen, benachrichtigten
sie einige ihrer Stammgenossen davon, welche wenige Stunden
von Mekka ihr Lager aufgeschlagen hatten, und ließen sich mit
ihnen in der Nähe dieser Quelle nieder.

2) Dieß und das folgende aus Ch. und J. übereinstimmend mit
Sirat Arrasul in den mém. de l'acad. des inscriptions, T. 48,
S. 727 — 735 und dem Kitab al Aghâni im journal Asiatique,
3me série, T. VI. p. 196 u. ff. Ich theile aber nicht die Ansicht
meines Freundes H. Fresnel, welcher (S. 207) die in dieser
Tradition erwähnten Amalekiten für Römer hält. Der ganze
dort angeführte Satz befindet sich auch bei J. und Ch., bezieht
sich aber nur auf den frühern Untergang der Amalekiten, welche
nicht blos durch die Waffen der Djorhamiden, sondern auch durch
eine Art Ameise, vielleicht auch pestartige Geschwüre, die eben=
falls „naml" heißen, genöthigt wurden, Mekka zu verlassen;
dieselbe Strafe Gottes kommt auch wieder bei der Niederlage
der Djorhamiden vor.

staraba, das heißt durch Verschwägerung gewordene Araber erhielten, im Gegensatze zu den von Kahtan abstammenden Urarabern (**Arab al Araba**) oder den Völkerschaften Südarabiens. Ismaels Sohn, Nabit oder Thabit, erbte noch die geistliche Würde seines Vaters, später rissen aber die Djorhamiden auch diese an sich, und wurden bald so gewaltthätig, daß die Ismaeliten nur auf eine günstige Gelegenheit warteten, um ihr Joch abzuschütteln. Diese bot sich ihnen aber erst im Anfang des dritten Jahrhunderts nach Chr. dar, als eine große Ueberschwemmung in Südarabien, zu welcher sich auch wahrscheinlich innere Zwistigkeiten gesellten, zahlreiche Stämme zu einer Auswanderung nach dem Norden veranlaßte. Damals unterstützten sie [1] Amru ben Lohai, den Häuptling mehrerer eingewanderten Stämme, welche in der Nähe von Mekka ihr Lager hatten, und mit ihrer Hilfe gelang es ihm, die Djorhamiden aus Mekka zu vertreiben. Diese neuen Eroberer erhielten später den Namen Chuzaiten (die Getrennten), weil sie allein in Mekka blieben, während andere Stämme entweder wieder nach dem Süden zurückkehrten, oder unter der Oberherrschaft der Griechen und Perser kleine Königreiche südöstlich von Damask und im Irak gründeten. Die Ismaeliten blieben zwar wieder von der Regierung ausgeschlossen, doch erhielten sie [2] das nicht unbedeutende Recht, einen der vier heiligen Monate, während derer in Arabien kein Krieg geführt werden durfte, je nach Gutachten auf eine andere Zeit zu verlegen, wodurch sie gewiß großen Einfluß über die kriegerischen Stämme

---

1) Daß die Ismaeliten im Einverständnisse mit den Chozaiten waren, vermuthet schon de Sacy im angeführten mem. S. 547, und diese Vermuthung wird durch Th. bestätigt, welcher berichtet: „Nach Einigen wurden die Djorhamiden von den Chozaiten im Vereine mit den Beni Bekr, nach Andern von den Ismaeliten vertrieben." Wahrscheinlich also von Beiden zusammen.

2) Dieses Privilegium hatten die Nachkommen Kinanah's, vierzehnter Ahnherr Mohammeds; über die Zeit, in welcher sie es erhielten, weiß man nichts Näheres.

des nördlichen Arabiens ausübten. Aber erst Kußai, der vierte Ahnherr Mohammeds, welcher eine Tochter Hulails, des letzten Fürsten aus dem Geschlechte der Chuzaiten zur Frau hatte, bemächtigte sich, nach seines Schwiegervaters Tod [1], mit Hülfe seiner väterlichen und mütterlichen [2] Verwandten, sowohl der weltlichen als der geistlichen Herrschaft über Mekka. Er allein hatte das Recht, die Pilger mit Lebensmitteln und süßem Wasser zu versorgen, das in der Nähe von Mekka selten ist. Um seine Fahne mußten sich alle Krieger versammeln, und ihm als Feldherrn folgen. Dabei erhob er den Zehnten von allen nach Mekka eingeführten Gütern, war Verwalter des Tempels und führte den Vorsitz im Rathhause, wo nicht nur alle Staatsangelegenheiten besprochen, sondern auch jede feierliche Handlung, wie Vermählungen, Beschneidungen und dergleichen begangen wurde [3]. Da Kußai, sowohl um zur Herrschaft zu gelangen, als um sie zu behaupten, alle seine Verwandten, die er in zwölf Stämme theilte, um sich vereinigte, erhielt er den Beinamen „Sammler" [4]. Als er, ohn-

1) Dieser hinterließ zwar einen Sohn, welcher Abu Ghubschan hieß, aber nach Einigen ward er enterbt, nach Andern verkaufte er sein Recht an der Regierung Mekkas, für Wein, Kleider oder Kameele. Die Aehnlichkeit mit Esaus Linsengericht ist so groß, daß man diese Nachricht gerne für eine Copie derselben halten möchte; indessen hat dieses Mährchen zu dem noch jetzt üblichen Sprichworte Veranlassung gegeben: „Reuiger als der (wegen seines schlechten Handels) die Hände übereinander schlagende Abu Ghubschan."

2) Nach J. die Beni Kinanah, die Kureischiten, d. h. die Nachkommen Fahrs, des elften Ahnherrn Mohammeds, und die Beni Kudhaa, zu denen entweder seine Mutter gehörte, oder mit denen sie durch eine zweite Ehe verwandt geworden. J. und Ch.

3) Auch wurden die Jungfrauen mit ihrem ersten Oberhemde im Rathhause bekleidet.

4) Auf Arabisch mudjmiun, nach Einigen aber auch Kureisch, ein Name, der gewöhnlich schon den Nachkommen Fahr's beigelegt, und auf verschiedene, nicht sehr befriedigende Weise gedeutet

gefähr hundert Jahre vor Mohammeds Geburt, starb, setzte er seinen ältesten Sohn, Abd Al Dar, in seine Rechte ein, aber bald empörte sich sein Bruder Abd Menaf mit seinen Söhnen Häschim, Muttalib, Abd Schems und Naufal gegen ihn, und ein großer Theil der Kureischiten, das heißt der mit Kußai verwandten Araber, die keine erbliche an Monarchie grenzende Regierung aufkommen lassen wollten, schlossen sich den Empörern an. Bald wäre es im Angesichte des heiligen Tempels zu einem blutigen Gefechte zwischen den Bewohnern Mekkas gekommen [1]), wenn nicht Abd Albar die Rechte der Bewirthung an Häschim, das Feldherrnamt an Abd Schems abgetreten, und nach Einigen auch auf einen Theil der an den Vorsitz im Rathhause geknüpften Rechte verzichtet hätte. Zwischen Häschim, dessen eigentlicher Name Amru'l Ula war,

wird. Fast möchte man glauben, Kußai habe wirklich aus angeführtem Grunde zuerst diesen Beinamen erhalten, und erst unter Abu Bekr und Omar, welche nicht von Kußai abstammen, sondern erst durch Fahrs Urenkel Kaab, und des Letztern Sohn Murra sich an Mohammeds Geschlechtslinie anreihen, habe man den Namen Kureisch weiter rückwärts ausgedehnt, und ihm eine andere Bedeutung zu geben gesucht, damit auch diese Chalifen des Kureischitischen Adels theilhaftig werden. Dieß mußte für die Sunniten um so wesentlicher sein, als Mohammed zu wiederholten Malen die Kureischiten als die würdigsten der Nachfolge erklärte. J. nennt daher diejenigen, welche behaupten, Kußai habe den Beinamen Kureisch erhalten, Ketzer, d. h. Schiiten, als wäre dieß zu Gunsten Alis erdichtet worden, der von Kußai abstammt. Er mag als Sunnite ganz recht haben, dem europäischen Kritiker ist aber das Gegentheil viel wahrscheinlicher.

1) Beide Partheien versammelten sich vor der Kaaba, die der Söhne Abd Menafs tauchten ihre Hände in Weihrauch und die des Abd Dar in Opferblut, sie schwuren, sich gegenseitig beizustehen, „so lange das Meer Wasser genug hat, um ein Wollflöckchen zu benetzen, so lange die Sonne den Berg Thabir bescheint, so lange ein Kameel durch die Wüste trappt, so lange Abu Kubeis und der rothe Berg stehen und Mekka von Menschen bewohnt bleibt."

und der nur wegen seiner Freigebigkeit, besonders gegen Pil=
ger, Háschim (Brotbrecher) genannt wurde, und seinem Zwil=
lingsbruder Abd Schems, von dem die Ommejjaden abstammen,
und deſſen Geschlechtslinie auch der Chalif Othman angehörte,
floß schon bei ihrer Geburt Blut, denn sie waren an der
Stirne zusammengewachsen und mußten durch ein schneidendes
Instrument von einander getrennt werden. Dieser auf Feind=
schaft zwischen den beiden Brüdern deutende Zufall, fand seine
Bestätigung nicht nur in den späteren Kriegen zwischen den
Kureischiten unter dem Oberbefehle Abu Sofians, ein Urenkel
des Abd Schems, und Mohammed, deſſen Urgroßvater Háschim
war, und in denen, welche die Ommejjaden gegen Aliden und
Abbasiden führten, welche ebenfalls von Háschim abstammen,
sondern Háschim selbst ward schon von seinem Neffen Ommejja,
dem Sohne des Abd Schems wegen seines hohen Ranges be=
neidet und zu einem Ehrenkampfe vor einem Priester aus dem
Stamme Chuzaa herausgefordert [1]). Da dieser Háschim den
Vorzug einräumte, so mußte Ommejja, der eingegangenen
Wette zufolge, fünfzig schwarzäugige Kameele opfern und zehn
Jahre außerhalb Mekka zubringen. Auch Háschims Sohn,
Abd Al Muttalib, wurde von den Söhnen des Abd Schems
angefeindet, denn im Bunde mit ihnen entriß ihm sein Oheim
Naufal das Recht, die Pilger zu bewirthen, und übte es so
lange aus, bis die Beni Nadjar aus Medina, aus deren Fa=
milie Abd Al Muttalibs Mutter war, ihrem Verwandten Bei=
stand leisteten [2]). Abd Al Muttalib fiel es um so schwerer,

1) Diese und die folgenden höchst wichtigen Nachrichten über die
ersten Feindseligkeiten zwischen dem Hause Háschim und Ommejja
habe ich aus J. geschöpft.

2) „Abu Saab, Abd Almuttalibs Oheim, kam mit 80 Mann von
den Beni Nadjar nach Mekka. Abd Almuttalib gieng ihm ent=
gegen und wollte ihn in seine Wohnung führen; Abu Saab
schwur aber, nicht eher zu ruhen, bis er Naufal zu Recht gewie=
sen. Als Abd Almuttalib ihm sagte, er habe ihn im Tempel
bei den Häuptern der Kureischiten verlassen, begab sich Abu Saab

das Ansehen seines Vaters zu behaupten, als er lange Zeit nur einen Sohn hatte. Auch ward er zum Gespötte, als er mit diesem einzigen Sohne, welcher Harith hieß, den Brunnen Semsem wieder aufgrub, welchen der letzte König der Djorhamiden, vor der Eroberung Mekkas durch die Chuzaiten, verschüttet hatte. Als er endlich die alte Quelle wieder entdeckte und im Brunnen zwei goldene Gazellen, einige Waffen und andere kostbare Gegenstände fand, welche derselbe König darin verborgen hatte ¹), forderten die Kureischiten ihren Antheil daran, und er war genöthigt, mit ihnen über deren Besitz vor dem Götzen Hobal zu losen ²). Diese und andere ähnliche

mit seinem Gefolge zu ihnen. Naufal stand vor ihm auf und grüßte ihn. Abu Saab erwiederte: Gott gebe dir keinen guten Morgen! Dann zog er sein Schwert und fuhr fort: Bei dem Herrn dieses Heiligthums, ich färbe mein Schwert mit deinem Blute, wenn du meinem Neffen nicht zurückgibst, was ihm gebührt. Naufal mußte nachgeben und in Gegenwart der Häupter der Kureischiten auf seine usurpirten Rechte verzichten." J.

1) Nach allen Berichten bei J. und Ch. sowohl, als im Sirat Arrasul bei de Sacy und bei Abulfeda hieß der letzte König der Djorhamiden Amru ben Harith, nur nach einer Stelle des Kitab Alaghani, welche H. Fresnel in einer Uebersetzung, im journal Asiat. (3me S., T. 6, S. 212) mittheilt, wäre Mudhadh der letzte König der Djorhamiden gewesen. Bei Ch. heißt auch der König, welcher die Djorhamiden vor dem Untergang warnte, Mudhadh; aber seine Warnung ging erst unter der Regierung seines Enkels in Erfüllung. Amru oder sein Großvater Mudhadh ist es auch, der in den bei Abulfeda angeführten Versen über seine Verbannung aus Mekka klagt. H. v. H. der (S. 18 seines Gemäldesaals, Bd. I.) diese, von ihm auch unrichtig übersetzten, Verse, Aamir dem Bruder Amrus zuschreibt, hätte wohl, wenn es kein Versehen von ihm ist, seine Quelle und Gründe für diese Behauptung angeben sollen.

2) Er machte drei Loose, eines für die Kaabah, eines für sich und eines für die Kureischiten. Die Gazellen kamen für die Kaaba heraus, die Waffen und andere Kostbarkeiten gewann er und die Kureischiten kamen mit einer Null heraus. Die Gazellen, welche

Kränkungen vermochten ihn zu geloben, daß wenn Gott ihm noch zehn Söhne bescheeren würde, er einen derselben opfern wollte. Als er aber Vater von zwölf, nach Einigen von drei= zehn Söhnen ward und diesem Gelübde zufolge seinen Sohn Abd Allah, Mohammeds Vater, opfern wollte, hielten ihn die Kureischiten von seinem grausamen Vorhaben ab, worauf er dem Ausspruche einer Priesterin zufolge hundert Kameele als Sühne schlachtete. Diese zwölf oder dreizehn Söhne, von denen wir hier nur noch Abbas, den Stammvater der Abba= siden und Abu Talib, Mohammeds Erzieher und Alis Vater erwähnen, vielleicht auch die im Brunnen Semsem gefundenen Schätze, mochten Abd Al Muttalib wieder mehr Ansehen unter den Kureischiten verschaffen, denn er stand an ihrer Spitze, als im Geburtsjahre Mohammeds der Abyssinier Abraha, Statt= halter von Jemen, mit einem christlichen Heere nach Mekka zog [1]. Das alte Geschlecht der Könige von Jemen, welches

zuerst im Tempel hiengen, wurden später, nachdem sie entwendet und wieder gefunden worden waren, als Beschläge zum Thore der Kaaba verwendet. J. Ch. u. S. fol. 14.

1) H. v. H. a. a. O. S. 27 läßt nach Ibrahim Halebi, Abd Al Muttalib im 7. Jahre nach Mohammeds Geburt, als Gesandten nach Sanaa reisen, um dem Könige der Homeir, Seif Si Jesen zur Wie= deroberung Jemens aus den Händen der Abyssinier Glück zu wünschen, und führt sogar einen Theil ihrer Gespräche an. Aber nicht nur dieses Gespräch, welches damit endet, daß Seif es bedauert, zur Zeit der Sendung Mohammeds nicht mehr am Leben zu sein, weil er sonst seine Residenz in Jathreb (Medina) aufschlagen würde, um ihm gegen seine Feinde beizustehen, son= dern das ganze Factum, das zwar auch J. und Ch. für baare Münze geben, gehört in das Gebiet der Legende. Wie konnte Abd Al Muttalib im siebenten Jahre nach Mohammeds Geburt, also im J. 576 oder 578 Seif Dsu Jesen zur Wiedereroberung Abyssiniens Glück wünschen, die erst im Anfang des siebenten Jahrhunderts nach Chr. statt fand? Vergl. de Sacy im angef. mem. S. 544. Schlosser, Weltgesch. II. 1, S. 204 und die Be= weise hierüber aus dem Zeitgenossen Procopius und andern By= zantinern, so wie aus Ludolf nach Abyssinischen und aus Assemani

sich im Anfang des vierten Jahrhunderts nach Chr. zum Judenthume bekehrt hatte, ward nämlich wegen seiner Grausamkeit gegen die Christen von Nadjran, von den Abyssiniern, den Glaubensbrüdern der Verfolgten, ohngefähr 40 Jahre vor Mohammeds Geburt, vom Throne verdrängt und in Sanaa, der Hauptstadt von Südarabien, ward eine Kirche gebaut,

nach syrischen Quellen, bei Guthrie und Gray, deutsch v. Ritter V, 2. S. 284 u. ff. Selbst nach den Arabischen Nachrichten hat die Herrschaft der Abyssinier in Arabien 72 Jahre gedauert, wenn sie also gegen das J. 530 begonnen, so kann sie nicht vor 601 aufgehört haben. Seif gelangte übrigens wieder zur Regierung durch die Hülfe des Chosru Parvis (Chosroes II.), während Abdal Muttalib selbst nach H. v. H. in demselben Jahre, wie Chosroes I. starb. Ferner berichtet Ch. und J. nach dem Sirat Arrasul (fol. 12), Seif habe bei Numan, dem Statthalter von Hira, gegen die Christen Hülfe gesucht, und dieser habe ihn zu Chosru geschickt — dieß Alles mußte sich aber lange nach Abd Almuttalibs Tod zugetragen haben, denn Numan ward nicht vor 588 Statthalter. Wollte man übrigens auch gegen alle angeführten Beweise, um Abd Al Muttalibs Gratulationsreise möglich zu machen, Seif im achten Lebensjahre Mohammeds zur Regierung gelangen lassen, so kann doch Abrahas Zug nach Mekka nicht in Mohammeds Geburtsjahr gesetzt werden, was ebenfalls H. v. H. S. 23 als eine geschichtliche Thatsache annimmt, da zwischen Abraha und Seif, Jaksum siebzehn und Masruk zwölf Jahre in Jemen regierte. Offenbar war es daher den Arabern bei Erdichtung dieses Mährchens nur um das Finale zu thun, worin Seif aus geheimen Büchern Mohammeds Größe prophezeit, und da sie mit sich selbst in Widerspruch sind, so kann man wohl nicht länger sich besinnen, ob man ihren oder den griechischen Nachrichten über diese Begebenheiten folgen soll. Hingegen melden sie, übereinstimmend mit Procopius (de bello persico I, 20), bei dem nur die Namen anders lauten, daß Abraha durch eine Empörung der Truppen an seines Vorgängers Ariats Stelle gesetzt ward, und zwar, nicht wie gewöhnlich angenommen wird, nach zwanzig, sondern nach zwei Jahren, was auch eher zu Procopius Worten χρόνῳ οὐ πολλῷ paßt; demnach müßte Abraha's Herrschaft fast 40 Jahre gedauert haben.

welche den Tempel zu Mekka noch an Pracht und Größe über=
strahlte. Diese Kirche ward nach einigen von einem Mekkaner
verunreinigt, nach andern in Brand gesteckt, worauf Abraha,
der christliche Fürst von Abyssinien, mit einem starken Heere
gegen Mekka aufbrach, um dessen Tempel zu zerstören. Die
Mekkaner, die ihm nur wenig Truppen entgegen zu stellen
hatten, verließen die Stadt und verschanzten sich im Gebirge.
Abd Al Muttalib sorgte dafür, daß ihm das von Abrahas
Truppen geraubte Vieh wieder erstattet wurde, überließ aber
die Vertheidigung des Tempels Gott, dem er geweiht war.
Als aber Abraha seinen Racheplan ausführen wollte, brachen
die Pocken unter seinen Truppen aus und rafften den größten
Theil desselben hinweg. Dieser Untergang der abyssinischen
Armee, durch eine bis dahin in Arabien unbekannte Krankheit,
welche vielleicht auch noch mit einem ungewöhnlich starken
Hagelwetter zusammentraf, gab zu der auch in den Koran [1])
aufgenommenen Sage Veranlassung: die Christen seien wegen
ihres frevelhaften Unternehmens gegen die heilige Kaaba, von
einem Schwarm Vögel, mit kleinen Steinchen durchbohrt und
getödtet worden. Nach Abd Al Muttalibs Tod ging das
Recht, die Pilger zu bewirthen, an seinen Sohn Abu Talib
über, der aber bald so arm ward, daß er es seinem Bruder
Abbas überließ, welcher dazu auch noch die polizeiliche Aufsicht
über den Tempel erhielt [2]). Die eigentliche Tempelhut so=
wohl, als der Vorsitz im Rathhause und das Recht die Fahne
zu tragen, blieb aber unter den Söhnen Abd Dars und das
noch wichtigere Feldherrnamt unter den Nachkommen des Abd

1) Die 105. Sura.
2) Nach J. und Th. war er beauftragt zu verhüten, daß Niemand
   im Tempel Spott= oder Liebesgedichte recitire. Um den Ueber=
   blick über Mohammeds Geschlecht zu erleichtern, lasse ich hier
   das Verzeichniß seiner Ahnen folgen, mit Angabe derjenigen Sei=
   tenverwandten, die mit seinem Leben in enger Beziehung stehen.
   Ich beginne mit Fahr, welcher nach vielen Berichten zuerst den
   Beinamen Kureisch erhielt.

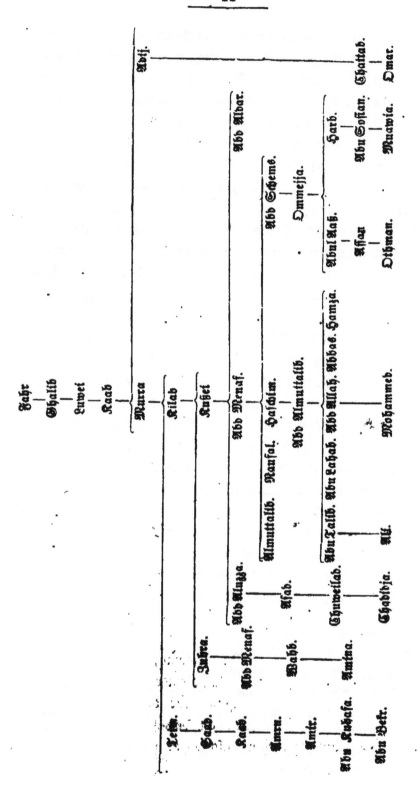

Schems, so daß die Regierung der Stadt Mekka zur Zeit Mohammeds zwar in den Händen seiner Familie war, die Linie aber, der er angehörte, besonders nach seines Großvaters Abd Almuttalibs Tod, am wenigsten Antheil daran hatte. Ueber die angrenzenden Provinzen mochte wohl Mekka als Wallfahrtsort und bedeutende Handelsstadt großen Einfluß üben, nie aber eine eigentliche Herrschaft über die freien Wüstenbewohner geltend machen, eben so wenig als die Byzantiner, Sassaniden und Abyssinier, obschon sie im sechsten Jahrhunderte einen Theil des Nordens, den Südosten und Südwesten Arabiens unterjocht hatten. In Mittelarabien behaupteten auch jetzt noch die Söhne Ismaels die alte Freiheit und Unabhängigkeit, derer weder die mächtigen Pharaonen Egyptens, noch die alten Perser und Römer sie zu berauben im Stande waren. Denn fassen wir alles zusammen, was uns die classischen Historiker über die glücklichen Unternehmungen fremder Eroberer gegen das Innere Arabiens berichten, von Sesostris und Cambyses bis zu Crassus, Aelius Gallus und Trajan, so ergibt sich daraus, was sich auch heutigen Tages in Algier wiederholt, daß es ihren disciplinirten Heeren allerdings leicht war, die zwar tapfern, aber ungeordneten und in der höhern Kriegskunst unerfahrenen Beduinenhorden zurückzuschlagen, daß diese aber damit noch keineswegs unterjocht waren, denn sie fanden stets in ihren Bergen oder Wüsten, wohin ihnen der Feind nicht folgen konnte, eine sichere Zuflucht, aus denen sie dann beim ersten günstigen Augenblick wie ein Blitz über die unwachsamen, zerstreuten oder Mangel leidenden Truppen herfielen. Je seltener aber die Araber der inneren Provinzen in fremde Kriege verwickelt waren, um so häufiger befehdeten sich die verschiedenen Stämme, in die sie getheilt waren, unter sich selbst. Die Rache einer individuellen Beleidigung ward bald ein Ehrenpunkt für den ganzen Stamm, dem der Gekränkte angehörte, an den sich dann auch noch häufig viele Bundesgenossen anschlossen. So verursachte ein

Pferderennen [1]) einen vierzigjährigen Krieg zwischen den Stämmen Abs und Dsubian, welcher den Namen der beiden Pferde Dahes und Gabra erhielt, und an dem auch der berühmte Dichter Antar Theil nahm. Ein verwundetes Kameel [2]) ward die Veranlassung eines andern nicht minder blutigen, der Krieg von Basus genannt, zwischen den Stämmen Bekr und Taghlib.

Bei diesem kriegerischen Zustande Arabiens war es daher höchst zweckmäßig für Handel und Gewerbe, sowohl als für geistige Kultur, daß vier Monate im Jahre, der erste [3]), siebente, elfte und zwölfte von allen Bewohnern der Halbinsel als

1) Keis aus dem Stamme Abs, wettete mit Hammal, aus dem Stamme Dsubian um hundert Kameele, daß sein Renner Dahes vor dessen Stute Gabra eine gewisse Strecke durchlaufen würde. Er war nahe daran die Wette zu gewinnen, als einige Freunde Hammals, welche sich in der Nähe des festgesetzten Ziels verborgen hatten, hervorsprangen und Dahes zurücktrieben, so daß Hammal vor Keis das Ziel erreichte. Als aber am folgenden Tage Hammals Neffe von Keis die hundert Kameele verlangte, durchbohrte ihn Keis mit seiner Lanze.

2) Kuleib hatte als Feldherr den Söhnen Maads, oder Abkömmlingen Ismaels, so viele Dienste gegen die Südaraber oder Söhne Kahtans, welche mehr als einmal ihre Herrschaft über ganz Arabien auszudehnen suchten, geleistet, daß er wie ein König verehrt ward. Er mißbrauchte aber bald seine Gewalt und erlaubte sich allerlei Ungerechtigkeit gegen seine Unterthanen. Unter Andern nahm er immer die besten Waideplätze für seine eigene Heerde in Anspruch, auch blieben die besten Quellen und Brunnen jedem Andern als seinen Günstlingen verschlossen. Eines Tages bemerkte er unter seiner Heerde ein fremdes Kameel — es gehörte einer Frau, welche Basus hieß, und war ohne ihren Willen Kuleibs Kameelen nachgelaufen — sogleich spannte er den Bogen und schoß ihm einen Pfeil in die Brust. Dsassas, bei dem Basus sich aufhielt, tödtete Kuleib, worauf ihre Stammgenossen einander den Krieg erklärten, mem. de l'acad. des inscript. de Paris T. 50, S. 378 u. 392.

3) Nicht wie bei H. v. H. S. 104, welcher statt des ersten, den zweiten unter den heiligen Monaten zählt.

heilig angesehen wurden und während derselben kein Krieg geführt werden durfte. So ward es allen heidnischen Arabern möglich, nach Mekka zu pilgern, dessen Tempel allen heilig war, so verschieden auch, wie wir in der Folge sehen werden, ihre Religionsansichten sein mochten, und die große Messe von Okaz, einer Stadt in der Nähe von Mekka, zwischen Taif und Nakhla und einige andere Handelsplätze zu besuchen, ohne einen Ueberfall von feindlichen Stämmen befürchten zu müssen. Von diesen vier heiligen Monaten war der elfte (Dzul Kaada) der Zusammenkunft in Okaz bestimmt [1]), und der zwölfte den Wallfahrtsceremonien in Mekka, von denen Mohammed einen großen Theil beibehielt, weil sie die Sage an seine Stammväter Abraham und Ismael knüpft. [2]). Nur der erste Monat des Jahres, der letzte der drei auf einander folgenden heiligen Monate ward zuweilen, wenn die Araber zu viele Fehden unter sich zu schlichten hatten, um das Schwert ein Vierteljahr lang in der Scheide zu lassen, nach Vollendung der Wallfahrtsfeierlichkeiten auf den folgenden verlegt, bis Mohammed sich dagegen erklärte. Er hob indessen später dieses ganze Gesetz auf, indem er den Krieg unter Muselmännern zu jeder Zeit verbot, den gegen Ungläubige aber fortwährend gestattete. Der vierte vereinzelte heilige Monat, mitten im Jahre, war ganz besonders dazu geeignet, jeden längern Krieg zu unterbrechen, und während des harmlosen Zusammentreffens einen dauernden Frieden vorzubereiten. Was die ebenfalls von

1) So bei Fresnel (lettres sur l'hist. des Arabes) nach dem Kamus. Bei J. wird hingegen berichtet, daß die Pilger den Monat Schawal in Okaz zubrachten, dann zwanzig Tage in Madjannat, in der Nähe von Mekka, von hier bezogen sie die Messe von Dsu'l Madjas bei Arafa, wo sie bis zum Pilgerfeste blieben.

2) Dahin gehört das Steinwerfen, zum Andenken an Abraham, der damit Satan vertrieb, welcher ihn abhalten wollte, seinen Sohn zu opfern; das siebenmalige Hin- und Herlaufen von Safa nach Merwa, was Hagar gethan haben soll, als sie mit ihrem Sohne Ismael Hunger und Durst litt; ferner der Ausruf der Pilger: wir gehorchen deinem Befehle, o Gott! u. a. m

Mohammed abgeschaffte Versammlung zu Okaz betrifft, so bestand sie nicht allein aus Kaufleuten, welche die Erzeugnisse des Ostens und Südens gegen die des Westens und Nordens vertauschten, sondern auch aus ritterlichen Dichtern, und das waren sie Alle in jener Zeit, welche ihre Heldenthaten den vereinigten Stammhäuptern unter dem Vorsitze eines Dichter-königs in Versen vortrugen. Dieser literarische Congreß zu Okaz unterhielt einen edlen Wetteifer an Tugend und Beredt-samkeit unter den verschiedenen Stämmen Arabiens, denn die Schilderung eigener Tugenden oder des Stammes, zu dem der Dichter gehörte, bildete den Hauptstoff der in Okaz vor-getragenen Gedichte [1]. Man mußte daher groß und edel handeln, um sich seiner Thaten in schönen Versen rühmen und den Preis erlangen zu können, der darin bestand, daß das gekrönte Gedicht mit goldnen Verzierungen an den Tempel zu Mekka geheftet werden durfte. Freilich hatten die Wüstenbe-wohner Arabiens vor Mohammed ganz eigene Begriffe von Ehre und Tugend, welche indessen von denen unserer Ritter im Mittelalter nicht sehr verschieden waren. Tapferkeit im Kriege, Großmuth gegen den Besiegten, Freigebigkeit und Gastfreundschaft gegen Arme und Fremde, Nachsicht und Lang-muth gegen Stammgenossen, Geduld und Ausdauer im Unglück, gewissenhafte Erfüllung des gegebenen Worts, das waren die Eigenschaften, welche dem Beduinen bei seinen Landesgenossen Achtung verschafften, wenn gleich Diebstahl, Raub, Mord und Ehebruch auf ihm lasteten; diese Verbrechen wurden ihm nicht nur verziehen, sondern er durfte sich ihrer sogar rühmen, wenn er sie nur nicht gegen Stammverwandte und Verbündete ausübte [2].

1) Dieß beweisen am besten die sieben Muallakat, sowohl als das berühmte Gedicht Schanfaras, und die Aascha's und Nabigha's, welche von Einigen auch zu den Muallakat gezählt werden.

2) Für die drei ersten bedarf es keines Beweises, das ganze Leben der Beduinen war damit ausgefüllt, Raub- und Kriegszug waren bei ihnen, wie auch noch bei Mohammed ganz identisch. Seines Glücks als Ehebrecher rühmt sich Amrulkeis im 14. und 15. Verse

Das höchste Ansehen genoß aber derjenige, welcher nicht nur alle diese Tugenden besaß, sondern sie auch lebendig und klar in gereimten Versen darzustellen und gut vorzutragen verstand. Ein solcher Mann war im letzten Jahrhunderte vor der Hidjrah gewissermaßen der König seines Stammes und hatte durch sein Wort den größten Einfluß auf den Volksgeist. Aascha brauchte nur in wenigen Versen die Gastfreundschaft eines armen Beduinen zu preisen und es war hinreichend, um dessen acht Töchtern an einem Tage Männer zu verschaffen. Auch schenkten die Kureischiten diesem Dichter hundert Kameele, als sie vernommen hatten, er wolle sich zu Mohammed begeben, nur um ihn zu bewegen, seinen Uebergang zum Islamismus um ein Jahr zu verschieben [1]). Der Dichter vor Mohammed war auch zugleich der Anwalt seines Stammes bei innern Streitigkeiten, deren Schlichtung dem Spruche eines Schiedsrichters anheimgestellt wurde. So ward nach dem schon erwähnten vierzigjährigen Kriege, als ein neuer Zwist zwischen den Stämmen Bekr und Taghlib ausbrach, ein König [2])

Verse seines Gedichts. (Vergl. Amrul Keisi Moallakah ed. Hengstenberg, Bonn 1823, S. 19).

[1]) So bei de Sacy nach dem Kitab Alaghani und bei Sujuti zum Mughni (s. meine poetische Literatur der Araber, S. 49). Nach S. fol. 75 sagte er, als er hörte, Mohammed verbiete den Genuß des Weines: Bei Gott, das Gemüth wird doch oft dadurch erheitert, darum gehe ich und labe mich noch ein Jahr daran, dann kehre ich wieder und werde Muselmann.

[2]) Dieser König war Amru ben Hind, der im J. 564 den Thron bestieg. Harith durfte, weil er aussätzig war, sich dem Könige nicht nähern und mußte sein Gedicht von einem Andern vortragen lassen; da er aber mit dessen Vortrag nicht zufrieden war, sagte er: obschon ich sehr ungern vor einem Fürsten spreche, der sich hinter sieben Vorhänge vor mir zurück zieht, will ich es doch der guten Sache willen, thun. Er hatte aber kaum begonnen, als die Königin, welche ihn hörte, ausrief: ich habe nie einen so beredten Mann gehört. Der König ließ hierauf eine Scheidewand wegnehmen. Da aber die Bewunderung der Königin

von Hira als Schiedsrichter und die beiden Dichter Amru und
Harith, Ersterer von den Taghlibiten und Letzterer von den
Bekriten, als Vertheidiger ihrer Stämme gewählt. Auch die
Wahrsager Arabiens (Kahin im sing.), welche nicht nur über
die Zukunft, sondern auch über vergangene Dinge Auskunft
ertheilten, und zuweilen bei Streitigkeiten als Orakel galten,
waren meistens Dichter oder Dichterinnen, die aber, um ihren
Gedanken keinen Zwang anzuthun, wie Mohammed selbst
später, eine poetische gereimte Prosa an die Stelle des me=
trisch gebauten Verses setzten. Dem Orakelspruche eines
Wahrsagers, der für Eingebung unsichtbarer Geister angesehen
ward, zogen die Araber zuweilen eine Entscheidung durch das
Loos vor, welches zu Mekka im Angesichte Hobals, des größten
Götzen der Kaaba geworfen ward. Hobal selbst hielt sieben
Pfeile in der Hand; zwei derselben enthielten die Antwort ja
und nein, und wurden bei jeder beliebigen Frage gebraucht [1];
zwei die Worte „von euch" und „nicht von euch", wenn Un=
gewißheit über den rechtmäßigen Vater oder Stamm eines
Kindes herrschte; zwei mit der Inschrift: (es befindet sich)
„darin" und „nicht darin", wenn man wissen wollte, ob in
einer Gegend Wasser zu finden. Auf dem siebenten befand

immer stieg, ließ ihn Amru immer näher treten, aß zuletzt mit
ihm aus einer Schüssel und fand sein Gedicht so erhaben, daß
er ihm sagte: er sollte es nie recitiren, ohne sich vorher zu wa=
schen. (Tibrizi in den mém. de l'acad. T. 50, S. 386).

[1] Bei Zweifeln über das Gelingen einer Reise wurde auch der
Flug eines Vogels beobachtet; wendete er sich zur Rechten, so
durfte man sie ohne Sorge unternehmen, wendete er sich aber
zur Linken, so war ein Unglück zu befürchten. Wünschte ein
Gatte sich auf längere Zeit in die Fremde zu begeben, und bei
seiner Rückkehr zu erfahren, ob seine Gattin ihm während seiner
Abwesenheit treu war, so flocht er die Zweige eines Baumes auf
eine eigene Weise zusammen; fand er sie bei seiner Heimkehr
noch in demselben Zustande, so war er ihrer Treue gewiß, im
entgegengesetzten Falle war sie ihm verdächtig. (Vergl. Pocock
specimen hist. Arab. ed. White, S. 311 u. ff.).

sich das Wort „Verstand" und entschied bei getheilter Ansicht über irgend eine Frage zu Gunsten desjenigen, mit dessen Namen er herauskam [1]). Den Götzen Hobal soll Amru ben Lohai, der Gründer des Fürstenhauses der Chuzaiten, dem überhaupt die Einführung des Götzendienstes in Arabien zugeschrieben wird, aus Mesopotamien gebracht haben. Uebrigens betrachteten die Araber vor Mohammed ihre Götzen, welche theils Menschen= oder Thiergestalt hatten, theils aus rohen, von dem Tempel zu Mekka herrührenden Steinen bestanden, nur als Götter zweiten Ranges, hörten aber dabei nicht auf, an ein höchstes Wesen zu glauben, welches vor Mohammed schon Allahu taala genannt ward. Die bedeutendsten der vielen Götzen, welche theils im Tempel zu Mekka und um denselben, theils in andern Kapellen Arabiens aufgestellt wurden, und die man entweder für die Wohnung unsichtbarer Götter, oder für selbst von einem göttlichen Geiste belebte Wesen hielt, waren: Allat, Uzza und Mana, alle drei weiblichen Geschlechts, zu denen später noch Isaf und Naïla kamen, welche der Sage nach zwei versteinerte Sünder waren, die man nach einigen Berichten erst unter Kußai auf den Hügeln Safa und Merwa als Götter verehrte. Allen diesen, wahrscheinlich aus Syrien eingeführten Götzen, von denen der Eine diesem, der Andere jenem Stamme heiliger war, wurde aber nicht von sämmtlichen Bewohnern Arabiens gehuldigt, denn es hielten sich von der frühesten Zeit her viele Juden und Christen in diesem Lande auf, auch waren viele Urbewohner Arabiens Verehrer der Sonne, des Mondes und anderer Himmelskörper, während manche sich mehr zur Religion der Magier hinneigten, von der sich noch in den zum Theil von Mohammed sanctionirten Wallfahrtsceremonien, selbst nach der Deutung muselmännischer Interpretatoren, unverläugbare

---

1) So bei J. Nach Pocock (a. a. O. S. 316) enthielten die Pfeile nur drei Antworten: Gott befiehlt es, Gott verbietet es, und unbestimmt.

Spuren finden [1]). Der Glaube an Unsterblichkeit der Seele
scheint zwar bei den heidnischen Arabern keine tiefe Wurzel
gefaßt zu haben, doch konnte er ihnen, nach den Einwanderun-
gen der Juden und Christen, nicht mehr fremd sein und mußte
wohl, wie dieß auch namentlich von Abd Al Muttalib [2]) berichtet wird, bei manchen schon vor Mohammeds Sendung
Eingang gefunden haben. Bei einigen Stämmen war es sogar Sitte, daß wenn jemand starb, man eines seiner Kameele
auf seinem Grabe verhungern ließ, weil sie glaubten, daß es
dann am Auferstehungstage wieder mit seinem Herrn zum
Leben zurückkehren und ihm als Reitthier dienen würde. Ein
anderer Volksglaube der Beduinen, der nämlich, daß aus dem
Gehirne eines Erschlagenen sich ein Vogel bilde, welcher nach
dem Blute des Mörders schreit, läßt auch wohl vermuthen,
daß sie mit der Idee einer gewissen Seelenwanderung vertraut
waren. Menschenopfer kamen vor Mohammed in Arabien
entweder gar nicht oder doch höchst selten vor, doch mußten
sie, wie dieß aus der schon erwähnten Erzählung von Mohammeds Großvater hervorgeht, als der höchste Beweis von
Verehrung gegen die Götter und als ein Mittel ihre Huld zu
erlangen, angesehen werden. Nicht so selten, obgleich von den
Bessern ebenfalls getadelt, ward der Töchtermord, und zwar

1) Dahin gehört besonders das schon erwähnte Steinigen des Satans.

2) Die Stelle bei J., nach Ibn Djuzi, lautet: „Abd Al Muttalib
pflegte oft zu sagen: ein Uebelthäter geht nie unbestraft aus der
Welt. Einst starb aber ein großer Bösewicht, dem vor seinem
Tode gar nichts Schlimmes widerfahren war. Da sagte er: bei
Gott! nach dieser Welt ist noch eine andere, wo der Gute belohnt und der Böse bestraft wird. Auch erkannte er in seinen
letzten Jahren die Einheit Gottes an und lehrte Manches, was
nachher durch den Koran zum Gesetze ward. Unter Anderm gebot er, daß man sein Gelübde halte und einem Diebe die Hand
abschneide, auch verbot er den Wein, den Töchtermord, die Blutschande und die Buhlerei."

2*

nicht um den Göttern ein Opfer zu bringen, sondern um sich selbst vor Armuth oder Schande zu bewahren geübt [1]).

Manches ließe sich noch über die Zustände der Araber vor Mohammed hinzusetzen, doch genüge zum Schlusse der Einleitung die allgemeine Bemerkung: daß Arabien im sechsten Jahrhundert christlicher Zeitrechnung in religiöser und sittlicher sowohl, als in politischer Beziehung, tief gesunken und vielfach zersplittert war; daß es eben so sehr eines Propheten bedurfte mit einem reinern Glauben, zu dem sich das ganze Land bekennen, und mit einem Gesetze, das die rohe Gewalt verdrängen sollte, als eines Staatsmannes und Feldherrn, der dessen zersplitterte Kräfte zu vereinigen, und dessen kriegerischen Geist nach Außen zu lenken verstand. Nur dann begreifen wir, wie es einem Manne gelang, eine Religion zu gründen, zu der sich noch bei seinem Leben fast ganz Arabien bekannte, und ein Reich, das bald nach ihm an Macht und Ausdehnung dem römischen Weltreiche gleich kam. Dieser Mann war Mohammed.

[1] Letztere mochte ihnen wohl nicht selten zu Theil geworden sein, denn wie weit die Unsittlichkeit damals in Arabien gekommen war, beweist schon der Umstand, daß der älteste Sohn die hinterlassenen Frauen seines Vaters wie sein anderes Gut erbte (eine solche Blutschande beging Kinanah, einer der Ahnen Mohammeds), und daß die öffentlichen Häuser nicht nur geduldet, sondern sogar mit eigenen Fahnen als Kennzeichen versehen waren. Andere Mädchen wurden zuweilen von mehreren Männern zugleich unterhalten, und wenn sie ein Kind gebaren, ließen sie alle Männer kommen und wählten einen derselben als Vater. Amru, der Eroberer Egyptens, ist der Sohn eines solchen Mädchens, das außer Aaß, den es als Vater bezeichnete, noch Abu Softan, Abu Lahab und Ommesia Ibn Challaf besucht hatten. J.

Erstes Hauptstück.

Mohammeds Geburt und Erziehung. Tod seiner Eltern. Sein Groß-
vater und sein Oheim. Reisen nach Syrien und Südarabien. Erster
Feldzug mit seinem Oheim. Hirtenleben. Handelsreise für Chadidja.
Vermählung mit derselben.

Mohammed, besser Muhammad (der Vielgepriesene), geboren im April [1]) des Jahres fünfhundert ein und siebenzig
nach Chr. war der Sohn des zum Opfer bestimmten Abd
Allah, zehnter oder elfter Sohn Abdalmuttalibs, und Amina's [2]),
Tochter Wahbs [3]), aus dem Geschlechte Zuhra, dessen Stamm-

1) Dieses Datum nimmt auch de Sacy in den mém. de l'acad. T.
48, p. 530 an. Den Tag wollte ich nicht näher bestimmen, da
selbst die Muselmänner darüber nicht einig sind. Nach Abulfeda
wäre Mohammed am 20. geboren, nach Ibn Hischam (S. fol.
18) den 12. Rabial-Awwal, also den 22. H. v. H. nimmt das
Jahr 569 als das Geburtsjahr Mohammeds an und schreibt
(S. 22): „S. de Sacy gibt den 20. April 771 als den Geburts-
tag Mohammeds an, was aber nicht sein kann, wenn Mohammed, der im Jahr 632 gestorben, 63 Jahre alt war, wie alle
Biographen versichern." H. v. H. hätte aber bedenken sollen,
daß wenn die Araber Mohammeds Lebensdauer bestimmten, sie
dieß nach arabischen Jahren, d. h. nach Mondjahren thaten, von
denen sich 63 ohngefähr auf 61 Sonnenjahre reduciren. (Vergl.
Ideler, Handb. der mathematischen und technischen Chronologie,
II. S. 499). S. auch Anm. 13.

2) Nach dem Kamus wie Sâhiba, also nicht Emine, wie bei H. v.
H. (S. 21), selbst wenn man, nach türkischer Aussprache, das
kurze fatha durch e wiedergeben wollte. Die Eigennamen sind
fast durchgängig bei H. v. H. so unrichtig geschrieben, daß ich
ihn in Betreff derselben gar nicht mehr citiren werde. So z. B.
gleich in den nächsten Seiten: Abd Al Motallib für Abd Al Motta-
lib, Wehib (Aminas Vater und Oheim) für Wahb und Wuheib,
Hadsim (der Hügel bei Mekka) für Hadjun, Kabis (der Berg
bei Mekka) für Kubeis, Koßa für Kußai, Homeir für Himjar,
Irwe für Urwa, Naaman für Nu'man ꝛc. ꝛc.

3) Ob Wahb noch lebte und Abd Al Muttalib bei ihm um Amina
warb, oder nach dessen Tod bei ihrem Oheim Wuheib, darüber

herr Kilab, Kußais Vater war. Von seinen Eltern wissen wir sehr wenig; Abdallah wird als ein ausgezeichnet schöner und Amina als eine höchst tugendhafte Frau gepriesen. Von beiden sind zwar einige Gedichte erhalten, welche, wenn sie wirklich von ihnen wären, was aber sehr bezweifelt werden muß [4]), auf einen gewissen Grad von Bildung hindeuten würden. Abdallah konnte indessen auf Mahommed gar keinen Einfluß ausüben, denn er starb schon zwei Monate nach dessen Geburt, oder gar zwei Monate vor derselben auf einer Reise nach Medina, wo er auch begraben ward. Er hinterließ ein Haus, eine abyssinische Sklavin, fünf Kameele, einige Schafe und nach einigen Berichten auch einen Sklaven [5]). Trotz der

weichen die Nachrichten von einander ab, gewiß ist aber, daß Abd Menaf, Wahbs Vater nicht wie bei H. v. H. (S. 21) mit Abd Menaf, dem Großvater Abd Al Muttalibs verwechselt werden darf, denn nach allen Berichten war erst Kilab der Vereinigungspunkt von Mohammeds und Aminas Ahnen. Abd Menaf, der Vater Wahbs und Wuheibs, war der Sohn Zuhra's, Sohn Kilabs, während Abd Menaf, der Großvater Abd Al Muttalibs, ein Sohn Kußais war (J. und Ch. S. fol. 16 und Abulfeda ed. N. p. 2).

4) Die Abd Allah's bei J. und Ch., in denen er die Anträge einer Wahrsagerin zurückweist, die ihm hundert Kameele für seine Umarmung anbot, weil sie wußte, daß er der Vater eines Propheten sein würde, sind gewiß ein späteres Machwerk, eben so die Aminas, in welchen sie Mohammed in ihrer Todesstunde als Propheten anredet. Zweifelhaft sind einige Verse, in denen Abd Allah den Adel seines Geschlechts preist und den Ruhm seines Vaters, so wie die, welche Amina bei Abd Allah's Tode gedichtet haben soll. Bekanntlich werden bei den muselmännischen Historikern schon Adam arabische Verse untergeschoben, man darf daher nie zu viel darauf bauen.

5) Abulfeda und nach ihm alle Europäer sprechen nur von fünf Kameelen und einer Sklavin; aber J. und Ch. erwähnen auch eine Heerde Schafe, ersterer Kitat Ghanam und letzterer Katiat Ghanam, eben so das Haus, in welchem Mohammed geboren ward, und das er bei seiner Auswanderung seinem Vetter Akil

vielen Wunder [6]), mit welchen die Legende Mohammeds Geburt überschüttet, konnte daher Amina nur mit Mühe für ihr

schenkte. Harun Arraschids Mutter, oder nach einigen seine Gemahlin Zubeida, ließ, als sie nach Mekka pilgerte, eine Moschee
daraus bauen. Nur über den Sklaven, welcher Säkran hieß,
und dem er nach dem Treffen von Bedr die Freiheit schenkte,
sind die Meinungen getheilt, da Einige behaupten, er habe ihn
nicht geerbt, sondern erst später von Abd Arrahman gekauft oder
als Geschenk erhalten.

[6]) Was diese Wunder angeht, so werden sie zum Theil selbst von
Muselmännern allegorisch gedeutet. Dahin gehört, daß Cosroes
Palast sich spaltete, und vierzehn Zinnen herunterstürzten (nicht
„stehen blieben", wie bei H. v. H.), daß das heilige Feuer der
Perser erlosch, die Götzen in den Tempeln zu Boden stürzten, die
bösen Geister aus der Nähe des Himmels vertrieben wurden,
wo sie die Engel belauschten, um den Wahrsagern von den
göttlichen Geheimnissen Kunde zu bringen. Zwar wäre, da die
Zahl vierzehn auf die noch folgenden persischen Regenten sich
bezieht, allerdings die Deutung natürlicher, wenn so viele stehen
geblieben wären, aber alle Quellen berichten das Gegentheil.
Uebrigens nennt uns die Geschichte nach Cosroes I. nur noch
neun, und wenn wir den Usurpator Bahram mitrechnen, zehn
Könige und zwei Königinnen der Sassaniden. Ich übergehe einige andere Wunder, wie das Austrocknen des Sees von Sawa,
die Ueberschwemmung der Wüste von Samawa, so wie auch
Cosroes Traum und dessen Deutung durch Satih, worüber man
das Weitere bei Gagnier und Abulfeda nachlesen kann, und theile
lieber aus Th. Einiges von dem mit, was Amina erzählt haben
soll: Als meine Geburtszeit herannahte, besuchten mich Asia, die
Gemahlin Pharaons und Mariam, die Schwester Moses mit
einigen Huris, und reichten mir einen Trank, welcher wie Milch
aussah und süßer war als Honig; alsbald öffnete Gott meine
Augen, und ich sah drei Fahnen aufgepflanzt, die eine im äußersten Osten der Erde, die andere im Westen und die dritte auf
der Kaaba. Sobald aber Mohammed zur Welt kam, verbreitete
sich ein Licht über die ganze Erde, daß ich die Schlösser von
Damaskus hell beleuchtet sah, dann ließ sich eine weiße Wolke
herab, welche Mohammed umhüllte und eine Stimme rief: ma-

vaterloses, im Verhältnisse zu den reichen Kaufmannssöhnen Mekkas unbemitteltes Kind, eine Amme finden[7]). Erst als alle andere Kinder vergriffen waren, entschloß sich Halima, eine Frau aus dem Stamme Saad, welche mit vielen anderen Beduininnen nach Mekka gekommen war, um einen Säugling zu suchen, lieber Mohammed anzunehmen, als leer nach Hause zurückzukehren. Mohammed war indessen schon mehrere Monate alt, als er Halima übergeben wurde, denn die Ammen vom Lande pflegten nur zweimal im Jahre, im Frühling und im Herbste nach Mekka zu kommen. Vor Halima stillte ihn

chet mit Mohammed den Kreis um die Welt und stellt ihn allen Engeln, Genien, Menschen und Thieren vor! Gebet ihm Adams Gestalt, Seths Wissenschaft, Noahs Tapferkeit, Abrahams Liebe (Gottes zu ihm), Ismaels Zunge, Isaks Wohlgefallen, Salechs Beredtsamkeit, Lots Weisheit, Jakobs Fröhlichkeit (bei Josephs Wiederfinden), Moses' Kraft, Hiobs Geduld, Jonas Unterwürfigkeit, Josuas Kriegskunst, Davids Stimme, Daniels Liebe (zu Gott), Ilias' (einer der Ahnen Mohammeds) Ehrwürde, Johannes' Festigkeit und Jesus' Enthaltsamkeit. Die Wolke zog sich dann wieder zurück und ich erblickte drei Männer, von denen der eine eine silberne Kanne, der andere ein smaragdenes Waschbecken und der dritte ein weißes seidenes Tuch in der Hand hielt, in welches ein Siegel eingewickelt war. Sie wuschen ihn siebenmal, dann drückten sie ihm das Siegel des Prophetenthums auf den Rücken und hüllten ihn in das Tuch, das sie mitgebracht hatten u. s. w.

7) Die Mekkanerinnen, heißt es bei Th., gaben ihre Kinder aufs Land, nicht nur um mehr Kinder bekommen zu können und sich besser zu conserviren, sondern weil sie sie dadurch vor manchen Krankheiten bewahrten, und glaubten, daß eine gesunde Landluft viel zur Entwicklung des Rednertalents beitrage. Mohammed sagte auch einst (S. fol. 21): Ich bin der beredteste von euch, denn ich bin als Kureischite geboren und bei den Beni Saad erzogen worden. Nach Burckhardt lassen die vornehmen Mekkanerinnen noch jetzt ihre Kinder auf dem Lande unter dem Zelte irgend eines Beduinen bis zu einem Alter von acht oder zehn Jahren.

zuerst seine Mutter, dann Thuweiba, eine Sklavin seines Oheims Abu Lahab [8]). Halimas Verhältnisse hatten sich — vielleicht durch die Geschenke, die sie von Mohammeds Familie erhielt — so sehr gebessert, daß sie, als Mohammed das zweite Jahr zurückgelegt hatte, und schon entwöhnt war, seine Mutter bat, ihn ihr noch zu lassen bis er stärker geworden. Amina, welche für ihr Kind die schlechte Luft und die Krankheiten Mekkas fürchtete, gab gerne ihre Einwilligung dazu. Nach einigen Monaten [9]) indessen, als er krampfhafte Anfälle hatte,

8) Seine Mutter soll ihn drei Tage, dann Thuweiba vier Monate gestillt haben, nach andern Thuweiba sieben Monate und seine Mutter einige Tage. Ist Abd Allah zwei Monate nach Mohammeds Geburt gestorben, so muß Mohammed, der im April geboren, wenigstens vier Monate in Mekka gestillt worden sein; denn nach allen Berichten war er Waise, als Halima ihn zu sich nahm, und diese kam doch mit den andern Beduininnen entweder im Frühling oder im Herbste. H. v. H. nennt (S. 25) die Sklavin Barakat (Baraka) als die erste Amme Mohammeds, aber sowohl bei Ch. als bei J. wird diese Tradition eine schwache genannt, die ein Europäer um so weniger hätte aufnehmen sollen, als Barakat damals noch unverheirathet war, und selbst nach J. nur durch ein göttliches Wunder hätte Mohammed stillen können. Wahrscheinlich, so wird bei J. und Ch. bemerkt, ward Barakat, welche nach Amina's Tod Mohammeds Pflegemutter war, hâdhina genannt, und da dieses Wort zuweilen auch Amme bedeutet, wurde sie fälschlich auch zu dessen Amme gerechnet.

9) So ausdrücklich bei S. fol. 20 (ba'd makdamina bihi biaschhurin) nicht wie bei H. v. H. (S. 27). „Bis zum vollendeten dritten Jahre blieb Mohammed in den Händen Halima's unter den Beni Saad." Wie hätte Amina sich wundern können, daß er sobald zurückgebracht wird, wenn ihn Halima noch ein volles Jahr behalten hätte? Daß sie das erstemal nach zwei Jahren mit ihm zu seiner Mutter reiste, liest man ebenfalls bei S. a. a. O. Auch sind zwei Jahre die noch jetzt bei den Muselmännern festgesetzte Frist zum Entwöhnen der Kinder (S. Lane modern Egyptians, 1. 59). Nur eine Tradition, die aber J. schon ver-

welche Halima bösen Geistern zuschrieb, reiste sie wieder mit ihm nach Mekka zurück. Am Thore verlor sie ihn aber, während sie ein Geschäft verrichtete, und erst nach langem Suchen, fand ihn Abd Almuttalib unter einem Baume in dem obern Theile der Stadt wieder [10]). Amina war erstaunt, als Halima ihr sobald ihren Sohn zurückbrachte, nachdem sie doch gebeten hatte, ihn noch länger behalten zu dürfen; sie drang so lange in Halima, bis sie ihr den wahren Grund angab, den sie jedoch als zärtliche Mutter nicht gelten lassen konnte [11]).

wirft, gibt Mohammed, als ihn Halima zum zweitenmale seiner Mutter zurückbrachte, ein Alter von vier oder sechs Jahren.

10) Ch. u. S. fol. 21.

11) Dieser Vorfall erzeugte das Mährchen, nach welchem zwei Engel Mohammeds Brust spalteten, das schwarze Korn der Lust herauszogen und sie mit dem prophetischen Lichte füllten. Ein Mährchen, das mit der 94. Sura in Zusammenhang gebracht wird, die aber recht gut bildlich gedeutet werden kann. Manche Traditionen lassen ihm auch bei dieser Gelegenheit das Siegel des Prophetenthums aufdrücken, so daß man vermuthen könnte, es sei ihm von den Verletzungen, die er bei einem Anfalle erhielt, ein Mal auf dem Rücken geblieben. Das Wort „Uſiba," welches bei Abulfeda und S. (fol. 20) vorkommt, bedeutet überhaupt: von einem Unglück getroffen, tödtlich verletzt werden, wird aber besonders auch von epileptischen Anfällen gebraucht, von denen Mohammed, wie wir dieß aus arabischen Quellen bewiesen haben (S. journal asiat. Juillet 1842) heimgesucht war. Da Halima sein Uebel den Teufeln zuschreibt, und ihr Gatte bei S. a. a. O. sagt: ich fürchte, dieser Junge „Uſiba," bringe ihn seinen Leuten, ehe dieß merkbar wird, so zweifle ich nicht, daß hier von krampfhaften Anfällen die Rede ist. Gagnier läßt ihn (S. 91) fälschlich an einem hypochondrischen Uebel leiden und Noel des Vergers (S. 8) gar närrisch (atteint de folie) werden. (S. auch meine Anmerk. zu Mohammeds erster Offenbarung). Außer obigem Mährchen werden noch folgende Wunder auf Halimas Autorität erzählt:

1) Ihr Maulesel, welcher auf ihrer ersten Reise nach Mekka kaum die Kraft zum Gehen hatte, sprang beim Heimgehen, als

Mohammed blieb nun bei seiner Mutter bis zu seinem sechsten Jahre. Da reiste sie mit ihm nach Medina, um seine Verwandten, die Beni Adiss, daselbst zu besuchen, aus deren Geschlechte Abd Al Muttalibs Mutter war. Auf ihrer Heimreise starb sie in Abwa [12]), einem Orte, der etwas näher

Mohammed darauf ritt, mit einer solchen Schnelligkeit, daß alle andere Ammen, welche Halima begleiteten, nicht glauben konnten, daß es derselbe Maulesel sei, bis er ausrief: o ihr Frauen aus dem Stamme Saad! erwachet aus eurer Unwissenheit! Gott hat mich wieder belebt und mir neue Kraft gegeben, denn auf meinem Rücken befindet sich der Beste aller Propheten, der Herr aller Gesandten, der Vorzüglichste aller Vorangegangenen und Folgenden, der Liebling des Herrn der Welt.

2) So oft Schafe an Mohammed vorübergingen, verbeugten sie sich vor ihm.

3) Wenn er in der Wiege lag und dem Monde zuwinkte, neigte er sich zu ihm herunter.

4) Schon im 3. Jahre pflegte er den Knaben, die ihn zum Spiele aufforderten, zu sagen: Wir sind nicht dazu geschaffen.

5) Zu drei Monaten konnte er stehen, zu vier an der Wand und zu fünf schon frei, zu sechs ganz schnell und zu sieben schon auf der Straße laufen. Zu acht Monaten konnte er sich schon verständlich machen, zu neun mit vieler Leichtigkeit vollkommen richtig sprechen und zu zehn mit den Knaben Pfeile schleudern. Nach Andern rief er schon, als er zum erstenmale gestillt ward, aus: Gott ist der höchste, gepriesen sei er des Morgens und des Abends, es gibt nur einen Gott, heilig! heilig! Menschenaugen schlafen, er aber schläft und schlummert nicht. Das Sprechen gleich nach der Geburt hatte er mit Jesu und einigen anderen gemein, welche nach muselmännischer Tradition ebenfalls bald nach ihrer Geburt redeten. Jesu soll nach einigen sogar schon im Mutterleibe gesprochen haben. Als nämlich Joseph Marias Schwangerschaft erfuhr und sie fragte: Bringt denn die Erde Gewächse hervor, wenn sie nicht besäet worden? da soll er ihm zugerufen haben: geh und bete zu Gott, daß er dir den Verdacht verzeihe, der in dein Herz Eingang gefunden.

12) So bei J. und Th. Auch Abulfeda (S. 11) und S. (fol. 21). Ueber ihren Begräbnißplatz sind die Nachrichten von einander

gegen Medina als gegen Mekka liegt. Die Sklavin Barakat pflegte ihn dann als Mutter, und brachte ihn seinem Großvater, Abd Al Muttalib, der ihn als Sohn zu sich nahm, und bald darauf wegen einer Augenkrankheit, die man in Mekka nicht heilen konnte, mit ihm zu einem Mönche reiste, der in der Nähe von Okaz wohnte und ihn von seinem Uebel heilte.

Als nach zwei Jahren auch sein Großvater Abd Al Muttalib in einem Alter von wenigstens zweiundachtzig Jahren [13]) starb, nahm ihn sein Oheim Abu Talib zu sich [14]). Diesen begleitete Mohammed auf einer Handelsreise nach Boßra, in einem Alter von zwölf, nach einigen aber schon von neun

abweichend, da einige auch Abwa nennen, andere den Hügel Hadjun bei Mekka. H. v. H. läßt sie (S. 27) in Medina sterben und am Hügel Hadjun (bei ihm Hadschim) begraben werden. Ersteres gegen alle Quellen, und letzteres im Widerspruche mit sich selbst; denn S. 123 liest man bei ihm: „Als sie (die Kureïschiten) zu Abwa vorbeizogen, wollte Hind, die Gemahlin Ebi Sofians, die Tochter des in der Schlacht von Bedr von Hamsa erschlagenen Otbe, eines der rachsüchtigsten und blutdürstigsten Weiber, deren die Geschichte des Islams erwähnt, die Gebeine der Mutter Mohammeds aus dem Grabe aufwühlen u. s. w."

13) Abd Al Muttalibs Todesjahr wird von den Arabern in das des Cosroes Nuschirwan gesetzt. Dieß erwähnt auch H. v. H. S. 29; eben so daß Mohammed damals im achten Lebensjahre war. Da nun Nuschirwan bekanntlich im Jahr 579 starb (S. Rühs Handb. der Geschichte des Mittelalters, S. 136. Schlossers Weltgesch. II. 1, S. 195), muß doch Mohammeds Geburtsjahr nothwendigerweise in das Jahr 571, und nicht wie von H. v. H. in das Jahr 569 gesetzt werden.

14) Nach einigen Berichten bei J. und Th. übernahm sein Oheim Zubeir einige Zeit die Vormundschaft; andere nennen diesen gemeinschaftlich mit Abu Talib seinen Pflegevater. Letzteres ist um so unwahrscheinlicher, da bald darauf berichtet wird: „Als Abu Talib nach Syrien reiste, wollte er Mohammed in Mekka lassen. Dieser hielt aber das Kameel an und sagte: wer soll sich in deiner Abwesenheit meiner annehmen?"

Jahren. In der Nähe dieser Stadt wurde die Karawane, unter welcher sich Abu Talib und Mohammed befanden, von einem christlichen Mönche bewirthet, den einige Bahira [15]), andere Serdjis oder Djerdjis (Georgius) nennen. Dieser fand so viel Wohlgefallen an Mohammed, und entdeckte so große Geistesgaben an ihm, daß er Abu Talib empfahl, ihn wohl in Acht zu nehmen, und ihm prophezeite, daß er zu einem ausgezeichneten Manne heranwachsen würde [16]).

In seinem sechzehnten Lebensjahre begleitete Mohammed seinen Oheim Zubeir auf einer Handelsreise nach Südarabien,

15) Bahira soll nach dem Sirat Al Zuhra bei Ch. früher Jude gewesen sein, dieß erklärt seinen doppelten Namen. Er hieß wahrscheinlich als Jude Bahir (בָּחוּר oder בָּחִיר), und nahm dann bei der Taufe den Namen Georgius an, den die Araber in Serdjis oder Djerdjis verwandelten. Dem sei, wie ihm wolle, so kommt in allen Quellen hier nur ein Mönch vor, über dessen Namen und Wohnort — da einige die Stadt Boßra selbst als solchen bezeichnen (Abulf. S. 12, Sir. f. 22), andere (bei Ch. und J.) ein Dorf, sechs Meilen von der Stadt entfernt — die Meinungen getheilt sind. Nur H. v. H. läßt (S. 30) die Karawane von den Mönchen Sergius und Bahira bewirthen. Als Grund der Einladung erzählt die Legende, Bahira habe Mohammed, sobald er in die Nähe seines Klosters kam, als einen zukünftigen Propheten erkannt, weil eine Wolke über seinem Haupte schwebte, die ihn überall beschatte, auch die Zweige der Bäume, unter denen er sich niederließ, sich zu ihm hinneigten, oder nach einer andern Lesart (tahassarat oder Achdhalat) zu grünen anfingen, u. dergl. m.

16) Nach Abulfeda, S. und andern warnte er ihn besonders vor den Juden. Aehnliche Warnungen kommen schon früher vor, sowohl bei seiner Geburt, als während seines Aufenthaltes bei Halima und seinem Großvater. Die Legende läßt ihn überall von Juden verfolgen, die seine Sendung aus ihren heiligen Büchern gewußt haben sollen, theils wegen der Kriege, die er später gegen sie zu führen hatte, theils weil ein vergifteter Braten, den ihm eine Jüdin gereicht, seinen Tod beschleunigt.

und als er sein zwanzigstes Jahr [17]) zurückgelegt hatte, wohnte
er mit demselben Oheime und mit Abbas einem Kriege bei,
welchen die mit den Beni Kinanah verbündeten Kureischiten
gegen den Stamm Hawazin führten. Manche Biographen
lassen ihn selbst mitkämpfen, oder wenigstens Pfeile gegen den
Feind schleudern, nach andern aber reichte er nur seinen Ohei-
men Pfeile, und beschirmte sie gegen die des Feindes. Da
dieser Krieg, oder wenigstens die erste feindselige Handlung,
in einen heiligen Monat fiel [18]), ward er der Lasterhafte genannt. Folgendes war die Veranlassung dazu: Nu'man, der
Sohn Mundsirs, Statthalter von Hira, schickte eine Ladung
Weihrauch und Getreide auf die Messe von Okaz, und vertraute sie dem Schutze Urwa's, ein Mann aus dem Stamme
Hawazin, an. Barradh, ein Mann aus dem Stamme der
Beni Kinanah, welcher zugegen war, als Nu'man seine Waaren

17) Einige nehmen das fünfzehnte Lebensjahr an, die meisten aber
das vierzehnte oder zwanzigste (J. Ch. S. fol. 23). Ich kann
nicht anstehen, letzterer Meinung zu folgen, welche auch die Ibn
Ishaks ist, da, wie wir gleich sehen werden, dieser Krieg unter
der Regierung Nu'mans stattfand, welcher erst 588 den Thron
bestieg. H. v. H. setzt (S. 31) gegen alle Quellen, diesen Krieg
in Mohammeds siebenzehntes Lebensjahr.

18) J. behauptet, der Krieg selbst könne nicht in den heiligen Monaten stattgefunden haben, denn nach den meisten Berichten verfolgten die Hawazin die Beni Kinanah, als ihnen Kunde von
dieser Mordthat zukam, bis an das heilige Gebiet, in der Nähe
von Mekka; hier hielten sie aber ein, weil auf diesem Gebiete
kein Blut vergossen werden durfte. Wären daher die heiligen
Monate nicht zu Ende gewesen, so hätten sie ja, wenn sie sich
doch an das Gesetz hielten, nicht wieder ein Paar Tage nachher
Krieg führen dürfen. Gegen diese Beweisführung läßt sich zwar
einwenden, daß entweder die Hawazin die Entweihung des mekkanischen Gebiets für eine größere Sünde hielten, als die in den
heiligen Monaten Krieg zu führen, oder daß sie nicht aus Frömmigkeit, sondern aus einem andern Grunde, wahrscheinlich weil
sie die Kureischiten fürchteten, den Feind nicht weiter verfolgten.

Urwa übergab, und ihm dabei bemerkte, daß er namentlich die Beduinen der Provinzen Nedjd und Tehama fürchte, sagte zu diesem: wärest du auch wohl im Stande, sie gegen die Beni Kinanah zu schützen? Urwa antwortete: gegen die ganze Welt. Barradh machte sich sogleich auf den Weg, und überfiel Ur= wa in einem Augenblicke, als er in der Trunkenheit einge= schlafen war und tödtete ihn [19]). Sobald die Nachricht von diesem Morde zu den Beni Hawazin gelangte, bekriegten sie die Beni Kinanah und verfolgten sie bis in die Nähe von Mekka. Die Kureischiten, an deren Spitze damals Harb, der Sohn Ommejjas, stand, nahmen sich ihrer Verwandten, der Beni Kinanah an. Nach einigen Gefechten, in welchen bald diese, bald jene die Oberhand behielten, ward der Friede durch ein von den Beni Kinanah entrichtetes Lösegeld wieder herge= stellt. Unmittelbar nach Beendigung dieses Krieges, als ein anderer Mekkaner einem Kaufmanne aus Zebid das ihm schul= dige Geld vorenthielt, und dieser vom Berge Kubeis aus nach Hülfe rief, verbanden sich die edelsten Mekkaner, welche nicht

19) Die Veranlassung zu diesem Kriege habe ich wörtlich nach Ch. und J. erzählt. Bei H. v. H. (a. a. O.) liest man: „Der An= laß war folgender: Der persische Statthalter zu Hira, Naaman B. Monser, der alljährlich Waaren auf den Markt von Okkaz sandte, um sie dort für Safran von Taif umzusetzen, vertraute die Karawane immer der Hut eines arabischen Stammes, dies= mal dem Irwe aus dem Stamme der Beni Hewasin, zum Aerger des Beradh, aus dem Stamme der Beni Kenane, welcher der Sicherheit, so die Beni Kenane gewähren könnten, spottete, die Karawane am Fluffe Surchab überfiel und ihn tödtete." Dieser Krieg ist der vierte lasterhafte; ich übergehe die drei vorhergegangenen, da doch Mohammed keinen Antheil daran nahm, und bemerke nur, daß H. v. H. S. 30 den zweiten dieser Kriege mit einem der in Medina zwischen Juden und Mu= selmännern, aus einer ähnlichen Veranlassung entstand, verwech= selt; denn nur dort war der muthwillige Bube ein Jude, hier aber nach J. und Ch. ein Mann aus dem Stamme Kinanah, der nichts mit den Juden gemein hatte.

dulden wollten, daß die Unverleßlichkeit ihrer Stadt Gewalt=
thätern zu Nußen komme, und schwuren bei Gott, mit ver=
einten Kräften jedem Unterdrückten gegen den Uebermuth der
Gewaltigen beizustehen. Dieser Versammlung [20]), an deren
Spiße Zubeir stand, wohnte auch Mohammed bei; er freute
sich dessen noch in seinen spätern Jahren, und erklärte sich noch
immer bereit, gegen jeden Gewaltthäter in Mekka das Schwert

20) Sie ward in dem Hause des wegen seiner Freigebigkeit und seiner unermeßlichen Reichthümer berühmten Abd Allah ben Djud-
san (so bei J. und Ch. im Kamus Abd Arrahman ben Djudan)
einem Vetter Aischas, der spätern Gemahlin Mohammeds, gehalten. Dieser Abd Allah soll in seiner Jugend ein so lockeres
Leben geführt haben, daß er von seiner Familie und seinem ganzen Stamme verstoßen ward. Einst irrte er, das Leben ver-
wünschend, im Gebirge umher, als er in einer Höhle ungeheure
Schätze entdeckte, welche eine Schlange bewachte; da er aber den
Tod nicht fürchtete, ging er auf sie zu, und fand, daß sie aus
Gold war und diamantene Augen hatte, so daß sie wie eine natürliche Schlange aussah. Bei den vielen Kostbarkeiten fand er
auch eine marmorne Tafel mit der Inschrift: „Ich bin Ruphaila,
Sohn Djorhams, Sohn Kahtans, Sohn des Propheten Hud;
ich habe mein ganzes Leben hindurch Reichthümer gesammelt, sie
konnten mich aber nicht vom Tode retten." Im Besiße dieser
Schätze ward es ihm um so leichter, sich mit den Seinigen zu
versöhnen, als er auch von nun an einen tugendhaften Lebenswandel führte, und sie zu edlen Zwecken gebrauchte. Die Schüssel
mit Speisen und Getränken, welche vor seiner Thüre stand, war
so groß, daß sie Mohammed auf dem Feldzuge von Bedr Schuß
gegen die Sonnenhiße gewährte, und daß ein Mann auf seinem
Kameele ohne abzusteigen, daraus essen konnte. Auch soll Aischa
einst ihren Gatten gefragt haben: Wird wohl Abd Allah, der
so viele Arme gespeist, so viele Gäste bewirthet und so viel
Edles vollbracht, am Auferstehungstage dafür belohnt werden?
worauf Mohammed antwortete: Das Alles wird ihm nichts
nüßen, denn er hat nie ausgerufen: Gott verzeihe mir meine
Sünden am Gerichtstage!" Mit andern Worten: er war kein
Muselmann.

zu ergreifen, wenn ein Unterdrückter ihn als Bundesgenossen[21])
dazu aufforderte [22]).

Wir hören nun nichts mehr über Mohammed bis zu seinem fünfundzwanzigsten Jahre, wenn nicht, daß er einige Zeit
als Hirt in der Nähe von Mekka lebte, und vom Lohne, den
er als solcher von den Mekkanern erhielt, sich seinen Lebensunterhalt verschaffte [23]), und daß er später in Gemeinschaft mit

21) Der Bund, der hier geschlossen ward, heißt Hilf Alfudhûl. Ueber
die Bedeutung von fudhûl sind die Meinungen verschieden, entweder es heißt: der Bund gegen die Gewaltthat, oder ähnlich
dem, welchen drei Männer, mit Namen Fadhl, schon früher gestiftet hatten, oder weil die Stifter das Uebrige ihres Vermögens
den Gästen opferten, oder weil unter ihnen selbst drei thätige
Männer Fadhl hießen, oder endlich wäre den Verbündeten dieser
Name von denen, die keinen Antheil daran genommen, gegeben
worden, indem sie gleichsam sagten: die Leute mischen sich in
Dinge, die sie nichts angehen.

22) J. bemerkt, daß zwar ein solcher Aufruf im Islam verboten (weil
natürlich das Gesetz an die Stelle der Selbst- oder Verbündeten-
hülfe getreten ist (so bei S. fol. 260), doch findet hier eine
Ausnahme statt, weil der Zweck des Bundes ein so edler war.

23) Dieser, so viel ich glaube, noch von keinem Europäer beachtete
Umstand, der doch für die Lebensgeschichte Mohammeds von sehr
großer Bedeutung ist, wird von J. und Ch. aus dem Sirat
Mughlatai und dem Buchari berichtet. Aus letzterem auch in
einer Randglosse zu S. fol. 20. Wie lange er dieses Hirtenleben
führte, wird nicht angegeben, doch läßt sich schon daraus, daß es
seinen Nahrungszweig bildete, schließen, daß es von einiger
Dauer war. Ferner spricht noch dafür, daß eine Tradition es
den Begebenheiten seines dreizehnten Lebensjahres zuzählt, und
eine andere, denen seines einundzwanzigsten. Man darf also
wohl, um sie zu vereinigen, annehmen, daß er zu verschiedenen
Lebensepochen die Weide besuchte. Der Ort heißt bei den einen
Adjjab, es ist der Abhang in der Nähe von Mekka, dessen Name
von den Pferden, mit welchen Sumeida gegen Mudhadh heran-
zog, abgeleitet wird (S. journal Asiatique, T. VI. P. 198), bei
andern kararît, das aber manche nicht für einen Ortsnamen,
sondern für den plur. von kirât nehmen, und die Tradition so

einem Manne, welcher Saïb hieß, mit Leinwand handelte[24]), und als Kaufmann den Markt von Haſàſcha[25]), ſechs Tag-reiſen ſüdlich von Mekka, beſuchte. Hier ward er mit Hakim, dem Sohne Chuzeimas (oder Chizams) bekannt, der ihn ſeiner Tante, der reichen und angeſehenen Wittwe Chadidſa, welche, wie Mohammed, von Kußai abſtammte[26]), als einen redlichen, aufrichtigen jungen Mann empfahl, der ſeiner Ehrlichkeit und Biederkeit willen den Beinamen Amin (der Zuverläſſige) er-halten. Außer ſeinem guten Namen ſcheint aber auch der für

deuten: Mohammed führte die Schafe der Bewohner Mekkas auf die Weide für Karate (ala kararit), was um ſo wahrſcheinlicher iſt, da kein Ort dieſes Namens bekannt iſt. Doch dem ſei wie ihm wolle, ſo bleibt immerhin das Factum unbeſtritten, daß Mo-hammed einige Zeit als Schafhirt lebte, und es wird ſogar ein großer Werth darauf gelegt, daß er auch darin Moſes und an-dern Propheten glich. Die Verſchiedenheit der Traditionen be-trifft nur den Namen des Ortes, des Geldes, für welches, und der Leute, deren Schafe er auf die Weide führte.

24) Auch dieſes bisher noch in Europa unbekannte Factum, wird von J., nach dem Ujun Alathr von Hafiz Abul Fath, berichtet, und erklärt, wie Chadidſa auf den Gedanken kam, Mohammed in ihren Dienſt zu nehmen, und warum ſie ihm doppelten Lohn zugeſagt.

25) Haſaſcha ſoll nach einigen bei J. auch Djoraſch geheißen haben, wohin er ſpäter noch für Chadidſa zwei, oder nach einigen drei Handelsreiſen gemacht. Es iſt ein Dorf in Jemen, wo eine drei-tägige Meſſe anfangs Radſab gehalten wurde, und wo die Mek-kaner ihre Leinwand einkauften.

26) Ihr Vater hieß Chuwailad, Sohn Aſads, Sohn Abd Al Uzzas, Sohn Kußais. Nach J. hatte ſie zuerſt Atik, den Sohn Abids oder Ajids geheirathet, und dann Hind, welcher von ſei-nem Sohne Halat den Beinamen Abu Halat (Vater Halats) führte. Dieſem gebar ſie noch einen Sohn, welcher Hind hieß, und ihrem erſten Gatten eine Tochter gleichen Namens. Bei Ch. werden noch verſchiedene andere Traditionen angeführt, in welchen ſowohl die Namen, als das Geſchlecht und die Zahl ihrer Kinder von den frühern Ehen anders lauten.

einen Kaufmann damals wenigstens noch zu wahrhaftige Mo=
hammed nichts erworben zu haben, denn nach einem Hunger=
jahre, welches das fünfundzwanzigste seines Lebens war, sah
er sich genöthigt, dem Rathe seines Oheims, Abu Talib, zu
folgen und sich Chadidja, welche gerade damals viele Waaren
nach Syrien sandte, als Geschäftsführer anzubieten. Chadidja
war ihrerseits so froh, einen sichern Mann, wie Mohammed,
an die Spitze ihrer Karawane stellen zu können, daß sie ihm
gerne doppelt so viel Lohn zusagte, als sie andern zu gewähren
pflegte, und zwar nach einigen zwei Kühe, nach andern zwei
weibliche Kameele. Mohammed brachte so großen Gewinn
von seiner Reise zurück, und Meisara, Chadidjas Sklave so=
wohl, als Chuzeima, ihr Verwandter, welche ihn begleitet
hatten, erzählten ihr so Außerordentliches von seinem Glück
und seiner Gewandtheit, daß sie ihm das Doppelte des
Versprochenen schenkte, und ihn kurz nachher mehrere andere
Reisen nach dem südlichen Arabien machen ließ[27]). Ihre Achtung
und Liebe zu Mohammed erreichte aber bald einen solchen
Grad, daß sie ihm trotz der großen Verschiedenheit des Alters,
da sie nach den meisten Berichten damals schon vierzig[28]),

27) Natürlich werden bei den muselmännischen Biographen auch von
dieser Reise wieder manche Wunder erzählt. Mohammed trifft
in Boßra abermals mit einem Mönche zusammen, welcher Nestor
hieß. Dieser erkennt ihn wieder als Propheten, weil er nicht bei
den Götzen der Kaaba schwören will, weil er eine gewisse Röthe
in seinen Augen hatte, die nur Propheten eigen ist, weil eine
Wolke, oder zwei Engelsfittige ihn überall beschatten, und weil
ein verdorrter Baum, unter den er sich gesetzt, plötzlich zu grünen
und zu blühen anfing, und bald darauf sogar reife Früchte her=
vorbrachte. Auch heilte er auf der Reise zwei Kameele, welche
nicht mehr vorwärts wollten, dadurch, daß er die Hand auf ihre
Füße legte, worauf sie dann stets die Vordersten von der Kara=
wane waren. Chadidja sah von ihrer Terrasse aus, wie ihn bei
seiner Rückkehr zwei Engel mit ihren Fittigen beschatteten und
dergl. mehr.
27) Nach einer andern Tradition war Mohammed damals gerade

3 *

Mohammed aber nur ein Paar Monate über fünfundzwanzig
Jahre alt war, und troß der Einreden ihres Vaters, welcher
keinen armen Waisen zum Eidam haben wollte, dennoch durch
die Vermittelung einer Sklavin [29]), oder seines Oheims, ihre
Hand anbieten ließ. Da Mohammed weit entfernt war, einen
solchen Antrag auszuschlagen, ward die Trauung an dem dazu
festgesetzten Tage förmlich vollzogen. Chadidja ließ eine große
Mahlzeit zubereiten, und lud dazu ihren Vater und ihre übri=
gen Verwandten, Mohammed, seine Oheime Abu Talib und
Hamza und einige andere Kureischiten ein. Ersterem schenkte
sie dann so lange Wein ein, bis er im Rausche seine Ein=
willigung zu ihrer Verbindung mit Mohammed gab [30]). Als
die Gäste beisammen waren, nahm Abu Talib als Vormund
Mohammeds das Wort und sprach: „Gelobt sei Gott, der
uns aus dem Geschlechte Abrahams, aus dem Samen Ismaels,
aus dem Schachte Maads und dem Stamme [31]) Mudhars ent=
springen ließ, der uns zu Beschützern seines Hauses und
Wächtern seines Heiligthums eingesetzt, der jenes zu einem

25 Jahre alt, nach andern 29, 30 oder 37. Chadidja hingegen
28, 30 oder 45.

29) Sie hieß Nafisa, und soll Mohammed gefragt haben: Moham=
meb! warum heirathest du nicht? Er antwortete: ich habe nicht
die Mittel dazu. „Wenn dich aber eine reiche Frau heirathen
wollte, welche zugleich schön und von hoher Abkunft ist?" Und
wer ist die? „Chadidja." Wie ist das möglich? „Laß nur mich
gewähren." Sie brachte dann Chadidja Mohammeds Antwort,
worauf diese ihm eine Stunde bestimmte, wo er sie besuchen sollte.
Nach einer andern Tradition war Meisara der Liebesbote Cha=
didjas.

30) Nach einigen Berichten (S. fol. 273) lebte damals Chuweilad
nicht mehr, sondern ihr Oheim oder Bruder Amru und ihr Vet=
ter Waraka, der Sohn Naufals, vertraten die Stelle des Vaters
bei ihr.

31) Mudhar ist der Sohn Nizars, Sohn Maads, der siebenzehnte
Ahnherr Mohammeds, dem einige schon den Beinamen Kureisch
zuschreiben wollen. Diese Worte fehlen bei Gagnier und H. v. H.

Wallfahrtshause [32]), dieses zu einem sichern Zufluchtsorte, und uns zu Richtern über die Menschen bestimmt. Dieser, mein Neffe Mohammed, der Sohn Abdallahs, der jeden Mann aus Kureisch (an [33]) Seelen= und Geschlechtsadel, Tugend und Verstand) überwiegt, wenn auch arm an Gut, das nur ein wandelbares Ding, ein vergänglicher Schatten (ein Anlehen, das wieder erstattet werden muß), Mohammed, dessen Verwandtschaft Ihr wohl kennt, hat geworben um Chadidja, die Tochter Chuweilads, und ihr von meinem Vermögen (als Morgengabe), theils gleich gegeben [34]), theils versprochen, so und so viel (zwölf und ein halb [35]) Okk). Und bei Gott, er [36])

32) Statt dieser bei Gagnier ganz fehlenden Worte, heißt es bei H. v. H. (S. 34) „der uns das Haus verschleiert", er hat wahrscheinlich „mahdjub" für mahdjudj gelesen, welches doch einen bessern Sinn gibt.

33) Alles Eingeklammerte ist aus J. hinzugesetzt, während das Uebrige aus Ch. übersetzt ist.

34) Bei H. v. H. a. a. O. „Und ihr versagt, was er besitzt an Gut, gleich oder später fälligem." Die Worte des Textes lauten: „ma adjalahu waâdjalahu" (ersteres mit Alif, letzteres mit Ain).

35) Das Okk betrug 40 Dirham, also im Ganzen 500, nicht wie bei Ch. 400 Drachmen. Nach andern betrug die Morgengabe zwölf Kühe, nach S. (fol. 24) zwanzig Kühe. Vielleicht, bemerkt J. ganz richtig, war das Geld von Abu Talibs, und die Kühe von seinem eigenen Vermögen.

36) Der Text lautet bei J. und Ch.: wahuwa wallâhi baad hadsa lahu nab'un azimun wachatarun djalîlun djasîmun. Dieß übersetzt H. v. H. „Und dieß ist bei Gott große Kunde und wichtiges Geschäft." Der Sinn nach meiner Uebersetzung, für welche das wahuwa und lahu spricht, wäre: durch diese reiche Heirath wird Mohammed einer der angesehensten Männer Mekkas werden, oder, wenn diese ganze Rede ein späteres Machwerk ist, was ich deshalb vermuthe, weil sonst nicht recht begreiflich wäre, warum diese Verwandten, welche alle von Kußai abstammen, so viel Schönes über ihr Geschlecht aufzutischen brauchen, so könnten diese Worte eine Hindeutung auf

wird nunmehr einen großen Rang und eine hohe mächtige Stellung einnehmen." Waraka, der Sohn Naufals, antwortete hierauf: „Gelobt sei Gott, der uns gestellt, wie du gesagt und uns ausgezeichnet durch das, was du erwähnt. Wir sind die Herrn der Araber und ihre Führer, und Ihr seid aller dieser Vorzüge würdig. Nicht die Geschlechtsverwandten (kein Araber) läugnen eure Vortrefflichkeit und kein Mensch verwirft euern Adel und euern Ruhm (darum wünschen wir uns mit demselben zu verbinden). So bezeuge mir, gemeine Kureisch! daß ich Chadidja, die Tochter Chuweilads, mit Mohammed, dem Sohne Abd Allahs, gegen eine Morgengabe von 400 Dinaren vermähle." Abu Talib [37]) wünschte, daß Chadidjas Oheim gemeinschaftlich mit Waraka die Trauungsformel aussreche, worauf Amru wiederholte: Bezeuge mir, gemeine Kureisch! daß ich Mohammed, dem Sohne Abd Allahs, Chadidja, die Tochter Chuweilads, zur Frau gebe.

Mohammed ließ dann vor seiner Thüre ein Kameel schlachten und den Armen vertheilen; des Abends wurde wieder ein Mahl gegeben [38]), nach welchem Chadidjas Sklavinnen tanzten und Cymbel spielten. Aus dieser Ehe hatte Mohammed nach sämmtlichen Traditionen einen Sohn, welcher Kàsim hieß, weßhalb er den Beinamen Abul Kasim (Kasims Vater)

Mohammeds künftige Größe sein, wie man sie häufig in den Legenden findet. Daß nab'un die Bedeutung von irtischun und chatar die von kadarun hat, findet man im Kamus.

37) Diese Worte fehlen bei H. v. H., welcher daher Abu Talib statt Chadidjas Oheim diese Formel noch einmal wiederholen läßt, was ganz überflüssig und gegen allen Gebrauch wäre.

38) Daß Chadidja vor Mohammed ein mit Safran gefärbtes Kleid ausbreitete, wie H. v. H. berichtet, habe ich nirgends gefunden; wohl aber bei J. und Ch., daß sie ein solches ihrem Vater angezogen, wobei bemerkt wird, daß es Sitte war, daß die Braut damit in der Hochzeitsnacht ihren Vater beschenkte. Es wird dann noch hinzugesetzt: Als Chuweilad aus seinem Rausche erwachte, war er ganz erstaunt darüber, und wollte sogar die Heirath als ungültig erklären.

erhielt, und vier Töchter, deren Namen: Zeinab, Rukejja, Um Kolthum [39]) und Fatima. Erstere heirathete ihren Vetter, Abul Aaß, die beiden mittleren wurden zuerst mit zwei Söhnen Abu Lahabs [40]), und dann nach einander mit dem spätern Chalifen Othman vermählt, und letztere, die einzige durch welche Mohammeds Geschlecht sich verewigte, mit dem nachherigen Chalifen Ali. Nach andern Traditionen gebar Chadidja noch sechs [41]) Söhne, welche: Tajjib, Tàhir, Abd Menaf, Abd Allah, Mutajjab und Mutahhar hießen, und alle, so wie auch der älteste, Kàsim, in zarter Jugend starben. Mohammed fuhr fort, als Kaufmann zu leben [42]), büßte aber nach und nach sein erheirathetes Vermögen ein [43]); hingegen war er von so anerkannter Biederkeit, daß er häufig bei Streitigkeiten unter den Mekkanern zum Schiedsrichter ernannt ward. Als solcher trat er auch nach den meisten Berichten, und zwar dießmal nur zufällig, in seinem fünfunddreißigsten Lebensjahre [44]) auf, als die

39) Um Kolthum (Mutter Kolthums) ist nur ein Beiname, ihr Eigenname ist nicht bekannt. Nach S. (fol. 24) war Rukejja die Aelteste.

40) Nicht Abu Lahab selbst, wie bei H. v. H. S. 113. J. und Ch., der eine hieß Otba und der andere Uteiba.

41) S. (fol. 24) erwähnt außer Abul Kasim nur die beiden erstgenannten Söhne.

42) Darüber folgende Stelle bei J.: Mohammed kaufte und verkaufte auch noch als Prophet; nur besorgte er als solcher mehr Einkäufe als Verkäufe. Selbst nach der Hidjrah finden wir ihn noch häufig als Käufer, aber nur dreimal als Verkäufer.

43) Dieß habe ich aus J. entnommen, der bei der Verschiedenheit der Meinungen über Mohammeds Aufenthalt in der Höhle des Berges Hara sagt: Er konnte nicht einen Monat anhaltend darin verweilen, denn er befand sich in keinen so günstigen Vermögensumständen, um auf einen Monat Lebensvorrath mitnehmen zu können. Auch mußte Abu Bekr bei seiner Auswanderung aus Mekka die Reisekosten vorstrecken.

44) S. fol. 25. Nach andern Traditionen bei J. und Ch. war er damals erst 23 Jahre alt.

Stammhäupter Mekkas beim Wiederaufbau [45]) des durch einen
Brand und eine darauf folgende Ueberschwemmung zerstörten
Tempels, mit einander um den Vorzug stritten, wer von ihnen
den heiligen schwarzen Stein wieder an seine frühere Stelle
bringen sollte. Er wußte den Streit zur allgemeinen Zufrie=
denheit zu schlichten, indem er ihn auf ein Tuch legte, das er
von den vier Prätendenten an dessen vier Ecken aufheben ließ,
und ihn dann selbst wieder einmauerte.

Wir hören nun in den nächst folgenden fünf Jahren von
Mohammed nichts weiter, als daß er immer mehr die Ein=
samkeit liebte, und sich daher manche Tage, theils allein, theils
mit Chadidſa, in eine Höhle des Berges Hara zurückzog, in
der er auch, dem Beispiele seines Großvaters Abd Almuttalib
folgend, den ganzen Monat Ramadhan, mit frommen Hand=
lungen beschäftigt, und in religiöse Betrachtungen versunken,
zubrachte [46]). Hier mochte er über die verschiedenen herrschenden

45) Nach muselmännischer Tradition ward die Kaaba zuerst von En=
geln oder von Adam, dann von Abraham und Iſmael gebaut,
hernach von den Amalekiten und später von den Djorhamiden
wieder vergrößert. Dießmal lieferte ein bei Djidda gestrandetes
Schiff die Baumaterialien dazu, und ein griechischer Baumeister,
welcher Bakum hieß, leitete den Bau. J. und Ch. geben hier
die verschiedenen Sagen vom schwarzen Steine. Adam brachte
ihn mit aus dem Paradiese; während der Sündfluth blieb er im
Berge Kubeis verborgen. Ein Engel brachte ihn Abraham wie=
der, als er die Kaaba baute. H. Fresnel zweifelt, ob es ein
roher Stein ist, oder ob er Menschengestalt hat, und neigt sich
zu letzterer Ansicht hin (s. journal Asiat. 3me série, T. VI. S.
205). Folgende Stelle aus J. und Ch. läßt mich das Ge=
gentheil glauben: „Der schwarze Stein war ursprünglich ein
Engel, der Adam im Paradiese bewachen sollte, und von Gott
nach Adams Sünde in einen Stein verwandelt ward. Er wird
aber am Auferstehungstage sich mit Hand, Ohren, Zunge und
Augen erheben, und den frommen Pilgern als Zeuge beistehen.“
46) Daß Mohammed nicht nur während des Monats Ramadhan,
wie bisher nach Abulfeda von allen Europäern berichtet worden,

Religionen seiner Zeit nachgedacht, und die an ihnen haftenden Mängel entdeckt haben. Leicht konnte er, auf seinen Reisen sowohl, als in Arabien selbst, wo sich zahlreiche Juden [47]) und Christen aufhielten, mit dem Juden= und Christenthum bekannt worden seyn, ohne gerade die heilige Schrift selbst gelesen zu haben. Durch seinen Umgang mit beiden sowohl, als durch eigenes Nachdenken mußte der Götzen= oder Ster= nendienst, welcher in Mekka vorherrschend war, ihm als Irr= thum und Aberglaube erscheinen, doch konnte ihm auch die Schattenseite der beiden geoffenbarten Religionen, wie sie zu seiner Zeit gelehrt wurden, nicht verborgen bleiben. Er mußte die Juden tadeln, welche Jesus verkannten, der von Gott ge= sandt war, um das entartete Judenthum zu reformiren, und statt seiner Esdras und die Rabbinen wie Götter verehrten; die Christen aber, die, wie er sich später ausdrückt, dem ein= zigen Gotte einen Sohn und Gefährten zur Seite stellten. Da mochte er, wenn er auf Abraham zurückblickte, der weder

sondern auch sonst im Jahre manche Tage in der Höhle des Berges Hara zubrachte, wird ausdrücklich von J. bemerkt: „Mohammed pflegte mehrere Nächte nacheinander in der Höhle Hara zuzubringen, manchmal drei, manchmal neun, zuweilen den ganzen Monat Ramadhan, oder sonst einen." (Au Ghairaha). Derselbe citirt auch eine Stelle aus Ibn Alathir, die man auch bei S. fol. 36 findet, nach welcher schon Mohammeds Großvater im Ramadhan den Berg Hara bestieg, und daselbst die Armen speiste. Das Gleiche, so fährt J. fort, that jetzt auch Moham= med, zog sich aber dann zurück, war andächtig und verehrte Gott nach der Weise Abrahams, dessen Glauben er befolgte, bis er selbst zum Propheten erkoren ward. Die letzten Worte dieser Stelle, für welche auch viele Verse des Korans zeugen, machen die im Texte folgenden Vermuthungen zur Gewißheit.

47) Abd Al Muttalib war sogar Beschützer eines Juden. Dieser wurde, so erzählt J. gleich auf der ersten Seite seiner Biographie, auf einem Markte in Tehama, auf Anstiften Harbs, Sohn Ommejja's, in Folge eines Wortwechsels erschlagen, worauf Abd Al Muttalib jeden Umgang mit Harb vermied, bis er den Ver= wandten des Juden hundert Kameele als Sühne bezahlte.

Jude noch Christ war, und doch als wahrer gläubiger, Gott ergebener (muslim) Mann, nicht nur bei den Juden und Christen als ein heiliger Prophet galt, sondern auch von den Arabern als Vater Ismaels und Erbauer der Kaaba verehrt ward, auf den später häufig ausgesprochenen Gedanken kommen, daß die heilige Schrift von Juden und Christen theils verfälscht, theils falsch gedeutet worden, und sich berufen fühlen, wieder einen reinen Glauben herzustellen, wie wir ihn bei Abraham noch im alten Testamente finden. Hatte aber Mohammed einmal auf dem Wege der Reflexion diesen Punkt erreicht, so konnte auch seine lebhafte Phantasie nicht mehr lange unthätig bleiben, und er mußte bald, sei es träumend oder in aufgeregtem Gemüthszustande, einen Engel mit göttlicher Offenbarung sehen, der das, was er für wahr erkannte, sanctionirte. Eine solche Selbsttäuschung ist bei Mohammed um so begreiflicher, da er sich früher als Epileptiker [48]) den

48) Daß Mohammed Epileptiker war, wissen wir nicht nur aus Theophanes und den ihm folgenden christlichen Schriftstellern, welche daher die moderne Kritik der Verläumbung anklagen konnte, auch nicht aus einzelnen darauf hindeutenden Stellen des Korans und der Ueberlieferung, die sich zur Noth anders interpretiren lassen, sondern aus den ältesten und zuverläßigsten muselmännischen Biographen. Da indessen dieser Punkt schon von Gagnier bestritten worden, und in der neuesten Zeit, selbst von Orientalisten, denen so viele Quellen zu Gebote stehen, nicht einmal mehr erwähnt ward, so wird es nicht überflüssig sein, einige darauf bezügliche Stellen aus J. und Ch. wörtlich wiederzugeben. Es heißt bei Ersterem: Ibn Ishak berichtet nach dem was er von seinen Meistern gehört hat: (an Schujúchihi). Mohammed wurde wegen des bösen Auges behandelt, als er in Mekka war, bevor ihm der Koran geoffenbart ward. Als der Koran zu ihm herunter kam, hatte er dieselben Anfälle (asábahu), die er früher gehabt. Er hatte nämlich auch früher schon eine Art Ohnmacht (ma juschbihu' l'ighmáa) nach heftigem Zittern; seine Augen schloßen sich, sein Gesicht schäumte und er brüllte wie ein junges Kameel. Da sagte ihm Chadidja: (Gott sei ihr gnädig!) Ich will dir jemanden bringen, der

Vorurtheilen seiner Zeit gemäß, von bösen Geistern besessen hielt, und setzt leicht diese Bewußtlosigkeit, welche wahrschein=

dich heilt (einen Teufelsbeschwörer); er antwortete aber: ich brauche jetzt Niemanden (s. den arabischen Text im journ. Asiatique, Juillet 1842). Auf der vorhergehenden Seite liest man bei J., auch bei S. fol. 37: Chadidja sagte zu Mohammed (nach dessen erster Vision), wenn dir der Engel wieder erscheint, so benachrichtige mich davon. Da erschien ihm Gabriel wieder und er sagte ihr: ich sehe ihn. Da setzte sie ihn zuerst auf ihren linken, dann auf ihren rechten Schenkel und fragte: siehst du ihn noch? er antwortete: ja. Da sagte sie: drehe dich um und setze dich auf meinen Schooß. Als er dieß gethan, fragte sie wieder: siehst du ihn? er antwortete: ja. Da nahm sie ihren Schleier vom Haupte und fragte: siehst du ihn noch immer? dießmal antwortete er: nein. Da sagte sie: bei Gott! es ist wahr, es ist wahr, es war ein Engel und kein Teufel. Auf diese Tradition stützt sich der Verfasser der Hamzijjah (Scharaf Eddin Abußiri, der auch die bekannte Burda verfaßt) in folgenden Worten: Darauf kam Gabriel in ihr (Chadidjas) Haus, denn der Verständige wünscht die (zweifelhaften) Dinge wohl zu prüfen; da warf sie ihren Schleier weg, um zu erkennen, ob es wahre Offenbarung oder Ohnmacht (ighmaû) u. s. w. Darauf bemerkt J.: Chadidja wußte von Waraka, daß ein reiner Engel vor dem Anblick eines entblößten Frauenkopfes entfliehen müßte, während Teufel ihn recht gut ertragen. Zu dem Worte ighmaû bemerkt J., das ist eine gewisse Krankheit, welche Mohammed zuweilen anfiel. Der Dichter meint aber besonders die Ohnmacht, welche durch Djinn hervorgerufen wird, wie dieß auch bei den Wahrsagern der Fall ist, weshalb auch Mohammed selbst zu Chadidja sagte: „ich fürchte für meine Seele," denn nichts war ihm verhaßter als die Wahrsager. Es wird übrigens weiter unten gesagt werden, daß der Prophet schon früher in Mekka dieselben Anfälle hatte, wie zur Zeit, als ihm der Koran geoffenbart ward. Uebrigens waren keineswegs alle Visionen Mohammeds Folgen epileptischer Anfälle. J. und Ch. haben über die verschiedenen Arten, wie ihm der Koran geoffenbart worden, folgende merkwürdige Stellen: „Harith Ibn Hischam fragte einst den Propheten: auf welche Weise kommt dir die Offenbarung zu? Er

lich am häufigsten nach großen Geistesanstrengungen über ir=
gend eine wichtige Frage wiederkehrte, dem überirdischen Zu=

antwortete: manchmal erscheint mir ein Engel in Menschengestalt
(gewöhnlich in der seines Freundes Dihja) und spricht mit mir;
manchmal vernehme ich aber (ohne Jemanden zu sehen) Töne,
wie von einer Schelle oder Glocke (bekanntlich gehört heftiges
Ohrensausen auch zu den Symptomen der Epilepsie), da wird es
mir sehr arg; wenn er (der unsichtbare Engel) mich dann ver=
läßt, habe ich aufgenommen, was er mir geoffenbart.“ Bei J.
heißt es dann noch: „Manche Offenbarungen hatte auch Moham=
med unmittelbar von Gott, so die in der Nacht der Himmel=
fahrt, andere im Traume, denn er sagte oft: der Traum eines
Propheten ist Offenbarung. Wieder andere legte ihm Gott nach
eigenem Nachdenken in sein Herz (alilmu-l-ladzi julkibi allahu
taala fi kalbihi inda-l-idjtihadi).“ Ueber die mit Fallsucht zu=
sammenhängenden Visionen liest man noch bei J. „Eine Tra=
dition, welche auf Aischas Aussage sich gründet, lautet: Der
Prophet ward ungeheuer schwer, so oft ihm der Engel erschien;
bei der größten Kälte strömte der Schweiß von seiner Stirne,
seine Augen wurden roth und zuweilen brüllte er wie ein junges
Kameel.“ Ferner: „Zeid Jbn Thabit erzählt: wenn die Offenbarung
zu dem Propheten herabkam, ward er sehr schwer; einst fiel sein
Schenkel auf den meinigen, und bei Gott, es gibt keinen so
schweren Schenkel, wie der des Gesandten Gottes war. Zuweilen
ward ihm eine Offenbarung, wenn er sich auf seinem Kameele
befand, da zitterte es, daß man glaubte, es würde zusammen=
brechen und gewöhnlich kniete es nieder.“ Ferner: „So oft der
Prophet eine Offenbarung erhielt, glaubte man, seine Seele
würde ihm genommen, da hatte er immer eine Art Ohnmacht
und sah wie ein Betrunkener aus.“ Zum Schluße dieser An=
merkung nur noch eine Stelle aus der Traditionssammlung Mus=
lims. Abu Hureira erzählt: „Wenn die Offenbarung zu Moham=
med herabkam, konnte keiner von uns sein Auge zu ihm erheben,
nach einem anderen Berichte ward er böse, wenn man ihn an=
sah, sein Gesicht war mit Schaum bedeckt, seine Augen schlossen
sich und manchmal brüllte er wie ein Kameel.“ Nach allen diesen
Berichten wird wohl Niemand bezweifeln, daß Mohammeds Bi=
sionen größtentheils mit epileptischen Anfällen in Verbindung

sammenleben mit Engeln zuschreiben, und das, was nach dem Erwachen klar vor seiner Seele lag, als eine himmlische Offenbarung betrachten konnte.

Zweites Hauptstück.

Mohammeds Sendung. Die ersten Muselmänner. Ihre Leiden und Auswanderung nach Abyssinien. Hamza und Omar. Verfolgungen der Kureischiten. Chadidjas und Abu Talibs Tod. Ausflug nach Taif. Nächtliche Reise nach Jerusalem. Huldigung der Medinenser. Verlobung mit Sauda und Aïscha.

In seinem vierzigsten Jahre [49]) hatte Mohammed die erste Vision, in welcher der Engel Gabriel ihm als Ueber-

standen. Ich glaube aber nicht wie Theophanes, daß er, um seine Krankheit zu verbergen, die Erscheinung Gabriels vorschob, sondern im Gegentheil, daß er durch dieses Uebel selbst veranlaßt ward, daran zu glauben.

49) Ueber den Tag und Monat weichen die Traditionen von einander ab, doch nehmen die meisten, darunter auch S. (fol. 37) den Monat Ramadhan an. H. v. Hammer bestimmt den 27. Ramadhan, und setzt (S. 40) hinzu: „Indessen sollte hierüber um so weniger ein Zweifel obwalten, als im Koran selbst ausdrücklich gesagt ist, daß er in der Nacht Kadr, d. i. in der 27. des Mondes Ramadhan, vom Himmel gesendet worden." Dieß erinnert mich an einen Scheich in Egypten, der mir sagte: wie kannst du an Mohammed zweifeln, da doch sein Name über der Pforte des Paradieses geschrieben steht? Es sind ja die Ausleger des Korans gerade darüber uneinig, wann die Nacht Kadr war. Nicht-Orientalisten könnten geradezu glauben, Kadr, d. h. Macht, oder göttliche Bestimmung, sei identisch mit 27. Ramadhan. Wenn aber auch im Orient diese Nacht jetzt als leilat Alkadr gefeiert wird, so sind damit diejenigen, welche eine andere Nacht dafür halten, noch nicht widerlegt; übrigens ist man selbst in Bezug auf die Feier dieser Nacht nicht im Reinen. (Vergl. Lane modern Egypt. II. S. 238 und Abulfeda ed. Noel des Vergers, p. 107.) Auch ist H. v. H. mit sich selbst in Widerspruch, da er Mohammeds Geburt in den Monat Rabial Awwal setzt,

bringer einer göttlichen Offenbarung nahte, die er ihm im Namen des Herrn und Schöpfers, der den Menschen durch die Feder gelehrt, was er nicht weiß, zu lesen befahl [05]). Schweißbedeckt und zerschlagen von diesem Gesichte und der darauf folgenden Ohnmacht kam er zu Chadidja, ließ sich von ihr zudecken, und erzählte ihr, was er gesehen, noch immer ungewiß [51]), ob nicht irgend ein böser Geist sein Spiel mit

die erste Offenbarung aber in den Monat Ramadhan und doch sie (S. 38) „mit der Vollendung seines vierzigsten Jahres" statt finden läßt. Wo bleiben denn die sechs Monate vom 12. Rabial Awwal bis zum 27. Ramadhan?

50) Die darauf bezüglichen Verse, im Anfang der 96. Sura, werden von den meisten Biographen Mohammeds, als die ihm zuerst geoffenbarten angesehen, wozu nöthig zu wissen ist, daß nach muselmännischer Tradition der Engel ihm wirklich ein seidenes Tuch, auf welchem diese Verse geschrieben waren, vorhielt, bis er durch das Lesen derselben sie auswendig gelernt. Schon de Sacy (mém. de l'académie des inscriptions, T. L. p. 295) bemerkt richtig, daß die natürliche Deutung dieser Worte dafür spricht, daß Mohammed lesen konnte; nur die Tradition, nach welcher Mohammed auf den ersten Befehl zu lesen, antwortete: „ich kann nicht lesen" nimmt das Gegentheil an. Indessen wird auch diese nicht allgemein anerkannt, da nach einigen Berichten Mohammed antwortete: „ich kann nicht gut lesen" (la uhsinul kirâata), womit nur gesagt sein soll, daß Mohammed vorher keine Bücher gelesen, was auch in der 29. Sura, Vers 45 und 47 ausdrücklich bemerkt wird, um den Verdacht zu entfernen, als hätte er das, was er als unmittelbare Offenbarung des Himmels verkündete, aus andern Quellen geschöpft.

51) Darüber, außer der schon in der vorletzten Anmerkung citirten Stelle, noch folgende: „Nachdem der Engel Gabriel Mohammed zum ersten Male erschienen war, kam er zitternd nach Hause und rief: deckt mich zu, ich fürchte für meine Seele; nach einer andern Tradition, für meinen Verstand. Chadidja sagte ihm: sei froh! Gott wird dich nicht beschämen, du bist ja liebevoll gegen deine Verwandten, aufrichtig in deinen Worten, scheuest keine Beschwerde, um deinem Nächsten zu dienen, unterstützest die Armen, bewirthest freundlich jeden Gast und die Wahrheit findet

ihm treibe. Chadidja und ihr Better Waraka ⁵²), der Sohn
Naufals, ein getaufter Jude, welcher das alte und neue Testament gelesen, und von letzterem sogar Einiges ins Arabische
übersetzt hatte, bemühten sich seine Zweifel an seiner göttlichen
Sendung zu zerstreuen, und bald darauf erschien ihm Gabriel

stets bei dir einen Verfechter." Sie ging dann mit ihm zu Wa-
raka, nach andern auch zu einem Mönche aus Ninive, welcher
Abdas hieß, und Beide erkannten ihn als einen in der heiligen
Schrift angekündigten Propheten an.

52) Nach dem Kamus mit zwei Fatha, und Naufal wie Djauhar,
also nicht Werka und Naufil. H. v. Hammer behauptet S. 57,
man habe vor ihm von Waraka in Europa keine Kunde gehabt.
Da er sonst häufig Gagnier citirt, so hätte er S. 100 lesen sollen, daß Waraka schon vor Mohammeds Sendung an ihn glaubte,
und S. 107, daß er ein in der heiligen Schrift bewanderter
Mann war und bei Gott schwur, Mohammed sei der schon von
Moses prophezeite Gesandte Gottes, was man übrigens auch
bei Abulfeda ed. Reiske, S. 28 findet. Nur nennt ihn Gagnier
„oncle" statt „cousin" des Propheten, auch bemerkt er nicht dabei, daß er ein Christ und Priester war, der das alte und neue
Testament ins Arabische übersetzt. Was die beiden ersten Punkte
betrifft, so muß man noch hinzusetzen, daß er früher Jude gewesen, was J. ausdrücklich bemerkt, und für seine Kenntniß und
Beurtheilung des alten Testaments von historischer Wichtigkeit
ist. Was den letzten Punkt angeht, so hat ihn H. v. H. bedeutend vergrößert. Die darauf bezügliche Stelle bei Ch. aus Buchari lautet wörtlich: Chadidja ging dann mit ihm (Mohammed)
zu Waraka, dem Sohne Naufals, welcher ein Better Chadidjas
war, und im Heidenthume (vor Mohammeds Sendung) zum
Christenthume übergegangen war. Er schrieb arabisch, nach einer
andern Lesart hebräisch; er schrieb arabisch aus dem Evangelium,
so viel es Gott gefiel. (Mit andern Worten: Gott weiß wie
viel): wakâna iaktubul kitab Alarabijja, wafi riwâ-
jatin Alibranijja°iaktubu bilarabijjati min alindjil
ma schâallahu an iaktuba.) Was H. v. H. vollends von
einem achtzehnjährigen innigsten Umgange Warakas mit Mohammed berichtet, mag wohl wahr sein, bleibt aber, da keine
Quelle dafür spricht, nichts als eine Vermuthung.

wieder mit den Worten: „Bei [53]) der Feder und dem was (von den Engeln) damit aufgezeichnet wird, du bist durch die Huld deines Herrn nicht von Genien besessen, sondern dir wird einst ein unaufhörlicher Lohn werden, denn dein Glaube ist erhaben."

Unmittelbar nachher, oder vielleicht gleichzeitig mit dieser Versicherung erhielt er dann den Befehl in der Nacht, mit den Offenbarungen des Himmels sich zu beschäftigen, und seinen Glauben weiter zu verbreiten. Die hierauf bezüglichen Verse des Korans lauten: „O du, der du dich einhüllst, durchwache die Nacht bis auf einen Theil derselben, die Hälfte, oder etwas mehr oder etwas weniger, und lies aufmerksam die (von Gott geoffenbarte) Schrift, denn wir werden dir ein schweres Wort zusenden. Das Aufstehen in der Nacht bahnt den laut ausgesprochenen Worten den Eingang ins Herz [54])." Dann: „O du, der du dich zudeckst, stehe auf und predige, verkünde die Größe deines Herrn, reinige dein Gewand, bleibe fern vom Götzendienste und spende keine Gaben, in der Absicht mehr dafür zu erhalten."

Endlich werden Mohammed, nach den meisten Commentatoren des Korans, folgende noch immer den Eingang zu

53) Diese Verse bilden den Anfang des 68. und die folgenden den Anfang des 73. und 74. Kapitels des Korans. Die Traditionen weichen sowohl über die Reihefolge derselben, als über die Zeit, welche zwischen jeder dieser Offenbarungen lag, von einander ab; die von mir als die natürlichste angenommene, ist nach einer Tradition bei J. von Djabir Ibn Zeid, mit der noch eine andere übereinstimmt, welche Mohammed den Anfang der 68. Sura lesen läßt, als Chadidfa von Waraka zurückkam. Die 74. Sura, welche ihm als Prediger aufzutreten befiehlt, dürfte wohl erst drei Jahre später erschienen sein, wo er öffentlich als Prophet auftrat, da sich dieser Befehl nicht füglich als ein heimliches Proselytenmachen deuten läßt.

54) Ich habe diesen Vers etwas frei nach dem Commentare des Djalalein übersetzt, da der wörtliche Sinn nicht zum Zusammenhange paßt.

jedem Gebete und den Anfang des Korans bildenden Verse gleich in den ersten Tagen seines Prophetenthums mitgetheilt:

Im Namen Gottes, des Allmilden, des Allbarmherzigen. Lob sei Gott, dem Herrn der Welten. Dem Allmilden, Allbarmherzigen. Dem Herrn des Gerichtstages. Dich beten wir an und bei dir suchen wir Hülfe. Leite uns auf den geraden Pfad, den Pfad derer, denen du gnädig bist und nicht derer, denen du zürnst und die im Irrthume sind."

Mohammed forderte in den ersten drei Jahren nach der Erscheinung Gabriels nur seine intimen Freunde und Hausgenossen auf, ihn als einen Propheten anzuerkennen. Unter jenen war Abu Bekr, der nachherige Chalif, der nur zwei Jahre jünger war, als Mohammed, der erste, und unter diesen Mohammeds Sklave Zeid [54]) und sein Vetter Ali, den er als Kind in einem Hungersjahre, um dessen Vater Abu Talib einige Erleichterung zu verschaffen, zu sich genommen, welcher aber auch jetzt noch nicht einmal das Jünglingsalter erreicht hatte [55]). Durch Abu Bekr ward der spätere Chalif Othman

54) Zeid ward in einem Kriege zwischen dem Stamme Kalb, zu dem er gehörte, und dem Stamm Tai, in zarter Jugend als Beute weggeführt und als Sklave verkauft. Sein Vater erkannte ihn einst in Mekka wieder, und bot Mohammed ein Lösegeld für ihn an. Mohammed wollte ihn frei abziehen lassen, aber Zeid hatte ihn so lieb gewonnen, daß er ihn seinem Vater vorzog. J. und S. fol. 40.

55) Es ist schwer, Ali's Alter näher zu bestimmen, da die Berichte darüber von acht bis elf Jahren von einander abweichen; nur so viel ist gewiß, daß er nicht älter als elf Jahre war, indem er in einem noch erhaltenen Verse sich rühmt, schon als Knabe sich zum Islamismus bekehrt zu haben. Da indessen manche Muselmänner das Knabenalter nur bis zu neun Jahren rechnen, und den Chalifen Râschid billahi als Beispiel anführen, der in seinem neunten Jahre schon einen Sohn zeugte, so nehmen die meisten Biographen an, Ali sei damals erst acht Jahre alt gewesen. Bei

für den neuen Glauben gewonnen, ferner Abdurrahman Jbn Auf, Saad Jbn Abu Wakkaß, ein Vetter Mohammeds, Talha, der Freigebige und Zubeir, ein Neffe Chadidjas. Die drei erstgenannten waren, wie Abu Bekr selbst, Kaufleute, Saad war Waffenschmied und Talha Metzger. Zu den ersten Muselmännern gehört auch Arkam, in dessen Haus sie ihre heimlichen Zusammenkünfte hielten, nachdem sie in einer Höhle in der Nähe von Mekka, wo sie zuerst sich zum Gebete versammelt hatten, von Ungläubigen überrascht und mißhandelt worden waren [56]), auch der Zwerg Abd Allah Jbn Masud, von dem Mohammed sagte: verspottet ihn nicht, denn er überwiegt doch jeden andern auf der Wage der Frömmigkeit, ferner Abu Dsurr, der Enthaltsame, welcher zuerst den Propheten mit den Worten Salâm Alaika (Friede oder Heil sei mit dir) anredete, und der später berühmte Feldherr Abu Ubeida. Einige zählen noch Bilal [57]), den ersten Muaddsin (Gebetausrufer)

S. fol. 39 wird er zehnjährig genannt. Auch Zubeir, Saad und Talha waren nicht viel älter als Ali. J.

56) S. Ende fol. 41. Bei diesem Vorfalle ward das erste Blut durch Mohammeds Lehre vergossen, indem Saad einen Ungläubigen mit einem Kameelkinn verwundete. Arkams Haus ist jetzt unter dem Namen Cheizaran's Haus bekannt, so hieß nämlich die Sklavin, welcher der Chalif Mahdi es schenkte, nicht Mahdi selbst wie bei Gagnier, S. 123.

57) Bilal war nach S. (fol. 54) ein Sohn Rubahs und ward als Sklave der Beni Djumah geboren. Ommejja, der Sohn Chalafs, einer der Häupter der Beni Djumah, ließ ihn, als er erfuhr, daß er Muslim geworden, vierundzwanzig Stunden hungern und dursten, dann führte er ihn zur Mittagsstunde in die Wüste und ließ ihn auf den Sand hinstrecken, der so heiß war, daß man Fleisch darin braten konnte, dann legte er ihm einen großen Stein auf die Brust und sagte ihm: du kommst nicht von der Stelle, bis du stirbst oder Mohammed verläugnest und Lat und Uzza anbetest, er aber rief immer: Gott ist einzig, ich werde Allah keine Gefährten zur Seite stellen. Eines Tages ging Abu Bekr an ihm vorüber, als er in diesem Zustande sich befand. Da sagte er zu Ommejja: wie lange wirst du diesen Armen noch fol-

zu den frühesten Muselmännern, so wie auch Chalid, den Sohn Saïds, welcher sich im Traume am Eingang der Hölle befand, von der ihn Mohammed befreite, und Suheib, den Sohn eines persischen Statthalters, welcher in griechische Gefangenschaft gerathen, auf der Messe von Okaz als Sklave verkauft worden war, und gleichzeitig mit Ammar sich zu Mohammed begab. Zu den ersten Frauen, welche dem neuen Glauben huldigten, gehören Um Afdhal, die Gemahlin des Abbas, die Abyssinerin Baraka oder Um Eiman, und Asma, die Tochter Abu Bekrs. Ueber einige andere sind ebenfalls die Berichte nicht gleichlautend, die jedoch darin mit einander übereinstimmen, daß die Zahl der Gläubigen in den ersten drei Jahren nicht vierzig überstieg, und daß es meistens junge Leute, Fremde, oder Sklaven waren. Mohammed faßte daher im vierten, oder nach Einigen im fünften Jahre, den Entschluß, öffentlich als Prophet aufzutreten und zunächst seine Verwandten für seinen neuen Glauben zu gewinnen, worauf folgende Verse des Korans geoffenbart wurden: „Verkündige laut, was dir befohlen worden, denn wir (Gott) genügen dir (als Schutz) gegen die Spötter, welche Gott noch andere Götter beigesellen, sie werden es einst erfahren. Wir wissen wohl, daß ihre Reden dir die Brust beengen werden, aber preise und lobe den Herrn, falle vor ihm nieder und bete ihn an, bis dich der Tod [58] heimsucht."

tern? fürchtest du Gott nicht? ich habe einen Schwarzen, der viel stärker ist als Bilal und deinen Glauben theilt, ich will dir ihn statt seiner geben. Ommejja nahm den Tausch an, worauf Abu Bekr Bilal die Freiheit schenkte."

[58] H. v. H. übersetzt (S. 58) „bis die Ueberzeugung der Wahrheit wird kommen." Nicht-Orientalisten könnten etwa diese Worte auf die Ungläubigen beziehen, im Texte heißt es aber ausdrücklich „bis zu dir gelangen wird" (ja'tika), also nicht die Ueberzeugung, die hatte er ja schon, sondern der Tod, wie Djalal Eddin ausdrücklich bemerkt, Sura 15, Vers 94—99. Die folgenden Verse, Sura 26, Vers 213—222.

4*

Dann noch folgende, in welcher abermals die Meinung, als sei er von Dämonen besessen, widerlegt wird:

„Predige deinen nächsten Geschlechtsverwandten und breite deine Flügel über die Gläubigen aus, die dir folgen. Sage denen, die dir kein Gehör schenken: ich bin nicht mehr verantwortlich für eure Thaten und vertraue auf den Erhabenen, den Allbarmherzigen, der dich sieht, wenn du stehst oder dich drehst unter denen, die ihn anbeten, denn er hört und weiß Alles. Soll ich euch sagen, zu wem sich die bösen Geister herablassen? zu den Lügnern und Frevlern [59]). Diesen theilen sie das (von Engeln) Gehörte mit, aber die Meisten lügen noch dazu."

Mohammed kostete es indessen einen großen Kampf, bis er den einmal gefaßten Entschluß ausführte; denn selbst nachdem er den Gläubigen die angeführten Verse als eine göttliche Offenbarung mitgetheilt hatte, wartete er noch einen ganzen Monat, bevor er den erhaltenen Befehl vollzog; er sah in dieser Zeit so übel aus, daß sein Oheim glaubte, er sei krank, und gewiß mußte es ihm bei dem geringen Erfolg, den er wahrscheinlich von seiner Predigt voraussah, etwas bedenklich scheinen, sich öffentlich dem Spott und dem Haß der Ungläubigen preis zu geben. Doch eines Morgens bestieg er den Hügel Safa, ließ alle seine Verwandten zu sich rufen und bedrohte sie mit dem Feuer der Hölle, wenn sie nicht ihrem Unglauben entsagen würden. Da sagte sein Oheim Abu Lahab, welcher eine Schwester Abu Sofians zur Frau hatte, dem Mohammed sowohl aus altem Familienhasse, als weil er seiner Herrschaft gefährlich werden konnte, ein Dorn im Auge

---

59) Abermals ein rabbinisches Vorurtheil, nach welchem die Djinn die Engel belauschen, und dann das Gehörte den Zauberern und Wahrsagern mittheilen. Da indessen nach der muselmännischen Legende die Djinn in Mohammeds Geburtsnacht aus ihren Vesten vertrieben wurden, und mit Sternschnuppen verfolgt werden, wenn sie sich wieder den Ritzen des Himmels nähern, so werden diese Verse auf die Vergangenheit bezogen.

sein mußte: Verderben über dich! Haſt du uns dazu rufen laſſen? Noch niemals hat jemand seinen Verwandten so schlimme Botschaft gebracht als du. Er hob dann einen Stein auf und wollte ihn nach Mohammed werfen. Dieser rief: Verderben mögen die Hände Abu Lahabs, Verderben über ihn! Nichts hilft ihm sein Geld, noch ſonſtiger Erwerb, flammendes Feuer wird ihn verzehren, auch ſein Weib, das mir [60]) Dornen ſtreut, wird mit einem Strick aus Palmenfaſern am Halſe zur Hölle geführt."

Einige Tage nach dieſem Vorfalle verſammelte Mohammed ſeine Verwandten wieder [61]) und ſagte ihnen: Wenn ich die ganze Welt anlügen wollte, so würde ich doch euch, meinen Verwandten, die Wahrheit nicht vorenthalten, aber Gott der Einzige ſendet mich zur ganzen Welt und zu euch insbeſondere

60) So erklären nicht nur J. und Ch., ſondern auch Djelalabbin die Worte hammâlat alchatab, dieſelben nehmen auch, wie es übrigens ſchon der Sinn erfordert, das Wort tabbat als Fluch. Nicht wie H. v. H. (S. 61) „Verdorben ſind die Hände"; dann: „ſein Weib wird das Holz dazu tragen."

61) Nach Einigen bei ſeinem Oheim Abu Talib, nach Andern in ſeinem eigenen Hauſe. Ich folge hier lieber Tabari bei J. und Ch., als Abulfeda, welcher Mohammed ſeine Verwandten zwei Tage nacheinander zu Milch und Hammelfleiſch einladen, und dann Ali zu ſeinem Vezier erklären läßt, weil dieß, wie J. ganz richtig bemerkt, einem von Schiiten erfundenen Mährchen gleichſieht, da doch Ali nach einigen Traditionen damals erſt elf, und in keinem Falle noch vierzehn Jahre alt war. Die Worte „waana ahdathuhum u. ſ. w., welche Noel des Vergers richtig nach Reiſke überſetzt: „J'etais parmi eux le plus jeune d'années, mes yeux étaient chassieux, mon ventre gros, mes jambes grêles." H. v. H. aber unrichtig: „Ich will ihnen die Zähne brechen, und die Augen ausſtechen und den Bauch aufſchlitzen und die Schenkel verſtümmeln," fehlen ganz bei J. Bei S. fol. 41 wird auch nichts von einer Mahlzeit erwähnt, ſondern blos geſagt, daß Mohammed, nachdem er drei Jahre lang im Stillen den Islam gepredigt, von Gott den Befehl erhielt, ihn laut und öffentlich zu verkündigen.

als seinen Apostel. Bei Gott, ihr werdet einst sterben, so wie ihr jetzt einschlafet; und wie ihr wieder erwachet, so werdet ihr einst auferstehen; dann müßt ihr von euern Thaten Rechenschaft geben, und werdet belohnt für eure Tugend im Paradiese und bestraft wegen eurer Laster in der Hölle. Bei Gott, o Söhne Abd Al Muttalibs, niemals brachte jemand den Seinigen wichtigere Kunde als ich, sowohl in Betreff des jenseitigen, als des dießseitigen Lebens. Abermals erhob sich Abu Lahab und rief: „O Söhne Abd Almuttalibs! Bei Gott! dieser Mensch bringt Unheil über euch, ergreifet ihn, ehe andere ihn anfeinden. Liefert ihr ihn dann aus, so begehet ihr eine Feigheit, nehmet ihr euch aber seiner an, so werdet ihr unterliegen gegen die übrigen Stammglieder Kureischs sowohl, als gegen andere arabische Stämme.“

Da indessen Abu Lahabs Rede eben so wenig als die Mohammeds Eindruck auf die Versammlung machte, und dessen Verwandten, obgleich in ihrem Unglauben verharrend, ihm dennoch ihren Schutz nicht entzogen, so bestieg er abermals den Hügel Safa, nach Einigen den Berg Kubeis, und forderte mit lauter Stimme sämmtliche Kureischiten zu seinem Glauben auf. Mohammeds Predigten fanden kein Gehör bei ihnen, doch begnügten sie sich damit, ihn zu verspotten [62]), bis er

---

62) Wenn Mohammed vor Kureischiten vorüberging, deuteten sie mit den Fingern nach ihm und sagten: hier ist der Enkel Abdalmuttalibs, welcher weiß, was im Himmel vorgeht. Wenn er irgendwo saß und Stellen aus dem Koran las, kam ein anderer und erzählte ein Mährchen, ein dritter recitirte ein Gedicht und ein vierter musicirte. Zuweilen gingen ihm auch Leute nach, welche sich fortwährend räusperten. Eines Tages, als er in der Kaaba betete, ward sein Kleid mit allerlei Unrath, der vor dem Tempel lag, bedeckt. Ein anderes Mal kam ein Kureischite zu ihm und sagte: gib deinen Glauben auf! willst du Geld, schöne Frauen, oder gelüstet du nach Herrschaft? Sage, was du willst, es soll dir gewährt werden, siehst du einen Geist, von dem du dich nicht befreien kannst, so wollen wir den Arzt von unserem Gelde bezahlen (S. fol. 47 und 48). Als er alles ausschlug, forderte

ihre Götzen ohnmächtig, ihre Väter unwiffend und fie felbft
albern nannte, da begaben fich Manche von ihnen zu Abu
Talib und baten ihn, entweder Mohammed zu entfernen, oder
ihn von feinen Läfterungen abzuhalten. Den Bitten, welche
unerhört blieben, folgten bald Drohungen von Seiten der
Kureifchiten, welche zum Theil wirklich noch an ihren Göttern
hiengen, zum Theil aber auch vorausfehen mußten, daß wenn
Mohammed einmal als Prophet anerkannt fein wird, er der
ariftokratifchen Herrfchaft in Mekka bald ein Ende fehen würde.
Abu Talib befchwor Mohammed, fich und ihn in keine fo
fchwierige Lage zu verfehen, und ftellte ihm vor, daß er nicht
mehr lange im Stande fein würde, ihn gegen fo mächtige und
fo erbitterte Feinde zu befchüßen. Aber Mohammed antwortete ihm: „Bei Gott, wenn fie die Sonne zu meiner Rechten
und den Mond zu meiner Linken fehen, werde ich auch von
meinem Vorhaben nicht abftehen, bis Gott mich eines Beffern
überzeugt, oder mir den Tod fendet." Nach diefen Worten
ging er weinend weg, denn er glaubte, fein Oheim habe ihn
fchon verlaffen; aber diefer rief ihn zurück und fagte ihm: geh
wohin und fprich was du willft, bei Gott, ich liefere dich deinen Feinden nicht aus. Da indeffen Abu Talib wirklich zu
fchwach war, um Mohammed länger allein vor Mißhandlun-
gen zu bewahren, bat er die übrigen Söhne Häfchims und
Al Muttalibs, Mohammed in Schuß zu nehmen, und Abu
Lahab war der einzige, der fich nicht als deffen Befchüßer erklärte [63]). Wenn es aber auch die Kureifchiten nicht wagten,
man verfchiedene Wunder von ihm, worauf er ftets antwortete:
ich bin nicht dazu gefandt, fondern nur um euch das mir von
Gott geoffenbarte Buch zu bringen u. f. w.

63) Nach I. begaben fich die Kureifchiten ein drittes Mal zu Abu
Talib, und boten ihm an Mohammeds Stelle einen andern jungen Mann (bei S. fol. 43 Umara Ibn Walid) als Pflegefohn
an, worauf er fagte: habt ihr je ein Kameelweiblein gefehen,
das feine Zärtlichkeit einem andern als feinem Jungen fchenkt?
Bei S. antwortete er: ein fchöner Vorfchlag! ich foll einen der
Eurigen ernähren und ihr wollt meinen Sohn tödten.

Mohammed geradezu mit offener Gewalt aus der Welt zu schaffen, so scheuten sie sich doch nicht, ihn auf jede Weise zu kränken, und wenn sie ihn allein trafen, zu mißhandeln; wenig fehlte, so wäre er sogar einmal in der Kaaba erwürgt worden. Sein Freund Abu Bekr, der ihm zu Hülfe kam, ward so lange mit Sandalen geschlagen, bis seine Nase ganz flach ward.

Noch gefährlicher ward aber die Lage derjenigen Gläubigen, welche zu minder angesehenen Familien gehörten, so daß Mohammed im fünften Jahre seiner Sendung ihnen rieth, ihre Heimath zu verlassen. Als sie ihn fragten, wohin sie flüchten sollten? deutete er nach Abyssinien hin und sagte: dort regiert ein Fürst, der kein Unrecht duldet, bleibet dort, bis Gott uns seine Hülfe sendet. Elf Männer und vier Frauen, darunter der spätere Chalif Othman mit seiner Gattin, der Tochter Mohammeds, folgten zuerst diesem Befehle und gingen im Monate Radjab an das Meer, wo gerade zwei abyssinische Schiffe vor Anker lagen, die sie für vier Dinare aufnahmen. Die Muselmänner, deren Zahl sich durch neue Auswanderer immer vermehrte, lebten glücklich in Abyssinien, als im Monat Schawal [64]) sich das Gerücht verbreitete, Mohammed sei mit

64) So bei J. und Ch., auch bei Gagnier, S. 121, nicht wie bei H. v. H., der sie vor ihrer Einschiffung nach Mekka zurückkehren läßt. S. fol. 69 zählt sogar dreiunddreißig Zurückgekehrte auf, woraus zu schließen ist, daß ihre Rückkehr nicht unmittelbar nach der ersten Auswanderung stattfand, die nur aus elf Männern und vier Frauen bestand. Die Veranlassung zu diesem Gerüchte war nach J. und Ch., wie auch bei Gagnier a. a. O.: daß die Kureischiten mit Mohammed niederfielen, als er die 53. Sura vollendet hatte, in welcher von den Götzen Allat, Uzza und Mana die Rede ist. Das Mährchen, welches schon Maraccius S. 466 anführt, nach welchem, als Mohammed diese Götzen erwähnte, der Teufel seine Stimme nachahmte und ausrief: „es sind erhabene Jungfrauen (eigentlich Schwäne), deren Fürbitte wünschenswerth," worauf der 53. Vers der 22. Sura sich beziehen soll, erklärt J. im Namen verschiedener Theologen

den Kureischiten ausgesöhnt, worauf sich wieder Manche nach
Arabien einschifften. Aber als sie nur noch eine Stunde von
Mekka waren, hörten sie, daß die zu ihnen gelangte Kunde
ungegründet war. Einige kehrten daher wieder nach Abyssinien
zurück, andere begaben sich heimlich oder von Kureischiten ge=
schützt, nach Mekka, verließen aber zum Theil auch die Stadt
bald wieder mit neuen Glaubensgenossen. Da die Kureischiten,
denen es nicht gleichgültig sein konnte, daß die Muselmänner
einen sichern Zufluchtsort fanden, die Auswanderer vergebens
bis an das Meer verfolgen ließen, sandten sie später Amru,
den Eroberer Egyptens und Abd Allah ibn Rabia mit vielen
Geschenken an den Fürsten von Abyssinien, um deren Auslie=
ferung zu erwirken, aber ihre Bemühungen waren fruchtlos,
denn der Nadjasi, wie die Araber die Fürsten von Abyssinien
nennen, sah bald ein, daß die Muselmänner dem wahren
Glauben viel näher waren, als die Kureischiten [65]). Noch

und Biographen als eine Erfindung von Ketzern, die daher
auch Beidhawi nicht in seinen Commentar aufnahm. Es läßt
sich nicht annehmen, sagt er, daß Mohammed so ungläubige
Worte ausgestoßen, noch, daß Satan die Macht habe, sich in
göttliche Offenbarung zu mischen. J. mag als Muselmann ganz
recht haben, einem Ungläubigen ist es aber wohl erlaubt, zu ver=
muthen, daß Mohammed, der vielen Verfolgungen müde, und an
dem Erfolg seiner Bemühungen verzweifelnd, einen Augenblick
mit den Kureischiten zu capituliren gesonnen war, und wirklich
ihre Götter als vermittelnde Wesen zwischen Gott und den Men=
schen anerkannte, was er aber bald nachher als einen teuflischen
Gedanken erklärte: Meine Vermuthung wird fast zur Gewißheit
durch folgende Stelle bei J.: Hafiz Abdamjati erzählt: „Eines
Tages, als Mohammed allein war, und darüber nachdachte, wie
sein Volk sich gänzlich von ihm losgesagt, wünschte er, aus Ver=
langen nach ihrer Bekehrung, Gott möchte ihm doch etwas offen=
baren, das eine Annäherung zwischen ihm und den Mekkanern
zu Stande bringe."

65) Djafar soll nach Ch. und S. fol. 20 folgende Rede gehalten
haben, von der aber gewiß ein Theil späterer Zusatz ist: Wir
waren unwissend, wußten nichts von Gott und seinen Gesandten,

schmerzlicher als diese verfehlte Mission war den Kureischiten die bald darauf folgende Bekehrung Hamza's, Oheim des Propheten, und des nachherigen Chalifen Omars, Neffe Abu Djahl's, der Mohammed nicht weniger als Abu Lahab auf jede Weise zu kränken suchte. Hamza's Uebergang zum Islam fand weniger aus Ueberzeugung, als aus Theilnahme an dem Schicksal seines Neffen statt. Er kam eines Tages von der Jagd mit umhängtem Pfeilbogen, als er hörte, Mohammed sei, ohne die mindeste Veranlassung gegeben zu haben, von Abu Djahl beschimpft, mit Koth beworfen und mit Füßen getreten worden. Hamza lief außer sich vor Zorn in den Tempel, wo Abu Djahl mit einigen anderen Kureischiten sich befand, und versetzte ihm einige Schläge mit seinem Bogen. Als Abu Djahl von Mohammeds Unglauben sprach, sagte er: Nun, auch ich glaube nicht an eure steinernen Götter, könnt ihr mich wohl zwingen? Bei diesen Worten wollten die Beni Mahzum, zu denen Abu Djahl gehörte, ihrem Verwandten zu Hülfe kommen, aber Abu Djahl, der entweder den Zorn eines Mannes fürchtete, welcher später wegen seiner Tapferkeit und seiner Stärke den Beinamen „Löwe Gottes" erhielt,

wir aßen Leichen, begingen allerlei Schändlichkeiten, verletzten das Schutzrecht und die den Verwandten gebührende Liebe, der Starke fraß den Schwachen auf, bis uns Gott einen Propheten sandte, dessen Geschlecht, Wahrhaftigkeit und Tugend wir kennen; der forderte uns auf, Gott allein anzubeten und die Götzen zu verabscheuen, er empfahl uns das Gute und verbot uns das Schlechte, wir sollen wahr in unsern Worten und treu in unseren Handlungen sein, unsere Verwandten lieben und die Schwachen beschützen. Er verpflichtete uns zum Gebet, zu Almosen, Fasten und anderen frommen Werken, und hielt uns fern von Lüge, Unzucht und sonstigem Unrecht u. s. w. Ueber die Zeit dieser Mission sind die Traditionen von einander abweichend, S. fol. 22 setzt sie vor Omars Bekehrung, manche setzen sie erst in das Jahr, wo Mohammed sich in Abu Talibs Veste einschloß, und die Zahl der Auswanderer zunahm. Andere lassen Othman diese Rede halten.

oder vielleicht hoffte, er würde nach der an ihm genommenen
Rache sich wieder besänftigen und dem alten Glauben treu
bleiben, hielt sie zurück, indem er ihnen sagte: Lasset ihn!
denn ich habe wahrlich seinen Neffen schwer mißhandelt. Da
indessen, trotz dieser Nachgiebigkeit Abu Djahls, Hamza den=
noch zu Mohammed überging, waren die Kureischiten so sehr
erbittert, daß sie diesen heimlich aus der Welt zu schaffen be=
schlossen, und dessen Mörder hundert Kameele und tausend
Unzen Silber versprachen. Drei Tage nach Hamzas Bekehrung,
erbot sich ihnen der 26jährige Omar als solcher. Er war
schon auf dem Wege nach Mohammeds Wohnung, um die
Mordthat zu vollbringen, als er Nueim, oder nach Einigen
Saad, einem heimlich bekehrten Muselmanne begegnete, der,
um ihn von der Ausführung seines Vorhabens abzuhalten,
ihm sagte: Ehe du Mohammed tödtest, den gewiß seine Ver=
wandten rächen werden, suche zuerst die Deinigen zu deinem
Glauben zurückzuführen. Ist Jemand von den Meinigen ab=
trünnig [66]? fragte Omar erstaunt. Deine Schwester Fatima,
antwortete Nueim, und ihr Gatte [67]. Omar lief sogleich in

[66] Das Wort, dessen sich die Kureischiten bedienten (saba), um den
Uebergang zu Mohammed auszudrücken, bedeutet überhaupt: sich
von seinem Glauben ab= und einem andern zuwenden, es ward
aber besonders im gehässigen Sinne gebraucht, so daß der Sâbi,
wie Omar Mohammed nannte, unserem Apostat, oder dem fran=
zösischen renégat entsprach.

[67] Bei H. v. Hammer (S. 67) sagte Saad, als Omar es nicht
glauben wollte: „Du wirst dich überzeugen, wenn du zu ihnen zu
Tische gehest, weil sie mit dir nicht werden essen wollen." Dazu
in einer Note: „Raubhatol-Ahbab und Chamis." Bei letzterem
habe ich davon keine Spur gefunden, ich erlaube mir daher auch
zu zweifeln, ob ersterer richtig citirt oder verstanden worden, da
auch nirgends etwas davon erwähnt wird, daß es den Musel=
männern verboten war, mit Nicht-Muselmännern zu speisen, be=
sonders wenn die Speisen von Muselmännern zubereitet worden.
Wie konnte Mohammed seine Verwandten zu sich einladen? Wie
hätten denn so Manche ihren Glauben vor den Ihrigen verborgen

die Wohnung seiner Schwester, welche gerade mit ihrem Gatten Saïd sich von Chabbab die zwanzigste Sura lehren ließ. Als Omar an der Thüre klopfte, verbarg sich Chabbab schnell, ließ aber in der Eile das Blatt zurück, auf welchem das genannte Kapitel geschrieben war. Fâtima konnte daher nicht länger ihren Glauben verläugnen, sie wiederholte sogar, als Omar sie und ihren Gatten mißhandelte, in seiner Gegenwart das mohammedanische Glaubensbekenntniß: „Ich bezeuge, daß es keinen Gott gibt außer Gott, und daß Mohammed sein Gesandter." Nachdem aber Omar seiner Wuth Luft gemacht, bereute er seine Rohheit, und wünschte das zurückgebliebene Blatt zu lesen. Fâtima gab es ihm aber nicht, bis er sich wusch [68]) und ihr versprach, es ihr unversehrt zurückzugeben. Omar las mit zunehmender Bewunderung die ersten vierzehn Verse dieses Kapitels, in denen von Gottes Größe und Einheit, und von Moses Sendung die Rede ist; die zwei folgenden Verse vollendeten seine Bekehrung. Sie lauten: „Die Stunde wird kommen, die ich den Menschen verbergen will, damit einem jeden Vergeltung werde für sein Streben. Lasse dich in deinem Glauben daran nicht stören durch Ungläubige, die nur ihrer Leidenschaft folgen, sonst bist du verloren." Er begab sich hierauf zu Mohammed, der in Arkams Haus [69])

halten können? Daß jetzt kein Gesetz den Muselmännern verbietet, mit Christen oder Juden zu speisen, bedarf kaum einer Erwähnung.

68) Schon vor Mohammed war es Sitte, sich die Hände zu waschen, ehe man nicht nur etwas Heiliges, sondern nur etwas Erhabenes berührte, oder überhaupt irgend eine feierliche Handlung beging. So berichtet Tibrizi: als der Dichter Harith seine Muallakah dem König Amru vorgetragen hatte, sagte ihm dieser: Recitire sie nie wieder, ohne dir vorher die Hände zu waschen.

69) Nach einer anderen Tradition befand sich Mohammed schon im Tempel, Omar schlich leise in seine Nähe, und hörte, wie er die 61., und nach einigen die 69. Sura las. Als er das Kapitel vollendet hatte, und Omar vor sich stehen sah, fragte er ihn erschrocken: in welcher Absicht bist du hierher gekommen? Um zu

verborgen war, bekannte sich zu seinem Glauben, und bewog ihn unter seinem und Hamzas Schutz öffentlich nach dem Tempel zu ziehen [70]). Die Muselmänner, nach einigen vierzig, nach andern fünfundvierzig an der Zahl, theilten sich in zwei Reihen, deren eine Omar und die andere Hamza anführte, machten zum großen Aerger der Kureischiten den Kreis um die Kaaba, und verrichteten ihr Gebet darin. Omar durfte am folgenden Tage wieder in der Kaaba ungestört beten, denn Abu Djahl, so sehr er auch Mohammed als Lästerer verfolgte, ließ doch seinem Neffen nichts zu Leide thun. Da aber ein anderer Muselmann in der Kaaba mißhandelt ward, sagte Omar: bei Gott, ich will nicht besser sein, als meine armen Glaubensgefährten. Er ging hierauf zu seinem Oheim und sagte ihm: „ich entbinde dich von deinem Schutze," und begann sogleich sich selbst gegen seine und seiner Glaubensgenossen Feinde zu vertheidigen. Seinem Beispiele folgte auch Othman Ibn Mazun, welcher unter dem Schutze seines Oheims Walid Ibn Mugheira gestanden war.

Da indessen die Kureischiten immer neue Mordpläne gegen Mohammed und seine Anhänger schmiedeten, hielt es Abu Talib für gerathen, ihn mit einem Theile der Gläubigen aus Mekka zu entfernen, und in ein wohlbefestigtes Schloß außerhalb Mekka zu bringen, während andere Muselmänner zu ihren Glaubensbrüdern nach Abyssinien auswanderten, die jetzt eine Gemeinde von 83 Männern und 18 Frauen bildeten [71]). Noch

bekennen, antwortete Omar, daß es nur einen Gott gibt, und daß du dessen Gesandter. Den Anfang des 14. Verses habe ich nach dem Kamus übersetzt, nicht wie Maroccius und A. „prope sum ut revelam eam."

70) S., J. und Ch. Nach einem anderen Berichte soll ihn früher schon Abu Bekr zu einem öffentlichen Zuge nach der Kaaba veranlaßt haben. Aus beiden geht hervor, daß Mohammed selbst viel verzagter, als seine beiden Anhänger war.

71) So bei J., Ch., nach Ibn Ishak nimmt 33 Männer an, ich vermuthe aber hier einen Schreibfehler, da im Arabischen 30 und

einmal forderten die Kureischiten Mohammeds Auslieferung von Abu Talib, sie erboten sich die doppelte Sühne für ihn zu entrichten, und schlugen vor, damit sie nicht als dessen Mörder vor ihm erscheinen[72]), jemand, der nicht zu ihrem Stamme gehöre, solle ihn aus der Welt schaffen. Da aber Abu Talib unerschütterlich war, und seine nächsten Verwandten, die Söhne Haschims, so wie die Muttalibs[73]), sowohl Muselmänner, als Heiden, ihm schützend zur Seite standen, so wurden sie alle von den beiden andern Hauptzweigen der Kureischiten, d. h. von den Söhnen Naufals und Abd Schems in Acht erklärt. Die Urkunde, in welcher sich letztere verbindlich machten, Mohammeds Beschützer als Feinde anzusehen, und jeden Verkehr mit ihnen abzuschneiden, bis sie ihn ausliefern würden, ward am ersten Muharram des siebenten Jahres nach der Sendung Mohammeds[74]) im Innern der Kaaba aufgehangen, und den Geächteten blieb keine andere Wahl, als sich gleichfalls zu Mohammed zu begeben, wo sie durch die Unzu-

80 sich leicht verwechseln lassen, weil weder J. noch Ch. eine Verschiedenheit der Tradition anführen, und J., wie auch Abulfeda, bei dem oben erwähnten falschen Gerüchte 33 Mann nach Mekka zurückkehren läßt, die sich doch zum Theil wieder nach Abyssinien einschifften, und zu denen sich auch nach Ch. später viele neue Auswanderer (chalk Kathir) gesellten. Die mir später zugekommene Handschrift des S. macht meine Vermuthung zur Gewißheit, denn es heißt fol. 58: „Die Gesammtzahl der Auswanderer waren 83, wenn man Ammar Ibn Jasir, an dessen Auswanderung gezweifelt wird, mitrechnet."

72) Bekanntlich galt es bei den alten Arabern für die größte Feigheit, für den Tod eines Verwandten an dessen Mörder keine Rache zu nehmen.

73) Nicht Abd Almuttalib wie bei H. v. H. (S. 70), dieser war ja selbst ein Sohn Haschims, sondern Muttalib, der wie Naufal und Abd Schems ein Bruder Haschims war.

74) Ch., auch Gagnier, S. 132. Demnach war Mohammed, als er sich einschloß, noch nicht volle 47 Jahre alt. Das folgende findet man bei J.

gänglichkeit der Schlucht, in welcher das Schloß lag, vor ihren
Feinden geschützt waren. Doch fürchtete Abu Talib selbst
hier so sehr irgend einen Verrath, daß Niemand wissen durfte,
wo Mohammed schlief; er mußte jede Nacht das Bett, welches
man für das seinige hielt, verlassen, und sich in ein anderes
legen. In dieser Schlucht brachten sie nahe an drei Jahren
zu, obschon sie selbst an den nothwendigsten Lebensbedürfnissen
Mangel litten, indem sie selbst nur während der heiligen
Monate [75]) nach Mekka kommen durften, und die Kureischiten
alles aufboten, damit ihnen keiner ihrer heimlichen Freunde
etwas zuführe. Als endlich die Feinde Mohammeds sahen,
daß derselbe unerschütterlich in seinem Glauben, und daß seine
Verwandten lieber jeden Mangel ertragen, als ihn ausliefern
wollten, und als in Mekka selbst viele Stimmen sich gegen
ihre Härte vernehmen ließen [76]), so waren sie geneigt, den
Bann aufzuheben. Da indessen die in der Kaaba aufbewahrte
Urkunde, in welcher ausdrücklich gesagt war, „sie würden mit
den Haschimiten keinen Frieden schließen, bis sie Mohammed

---

75) Während derselben wurde gewiß damals noch jede Feindseligkeit
eingesteckt; dem sei aber wie ihm wolle, so bemerkt Ch. ausdrücklich, daß sie während der Feste (mausam) nach Mekka kamen, so
auch Gagnier 132 nach Djannabi. H. v. H., der (S. 70) behauptet, sie seien sogar verhindert worden, die Pflichten der Wallfahrt zu vollziehen, hätte wenigstens eine Quelle anführen sollen.
76) Selbst Abu Sofian gestand nach J. ein, daß es Unrecht von ihnen
wäre, ihre Vetter in solcher Noth zu lassen. Auch erzählt er,
was man auch bei S. fol. 71 findet, daß einige andere Mekkaner, meistens Verwandte Mohammeds, sich verbanden, um die
Aufhebung des Banns zu erwirken. Die Legende läßt nun Mohammed seinem Oheime sagen: Die Würmer haben die Urkunde
bis auf den Namen Gottes, oder nach einigen den Namen Gottes
aufgefressen. Abu Talib begab sich hierauf nach Mekka und begehrte die Urkunde zu sehen, um wo möglich einen Frieden zu
schließen, und da sie zum Theil zernichtet war, so drang die Ansicht derjenigen, welche schon vorher zu seinen Gunsten gesprochen
hatten, durch.

ausliefern," sie fesselte, so zernichteten dieselbe in der Nacht
wahrscheinlich einige Freunde Mohammeds, so daß der Be=
freiung der Abgeschlossenen kein Hinderniß mehr im Wege stand.

Nicht lange nach Mohammeds Rückkehr nach Mekka be=
suchte ihn eine christliche Karawane aus Nadjran [77]), ein
Städtchen, sieben Tagereisen südlich von Mekka, im Tempel,
und ward so sehr von seinen Reden eingenommen, daß sie,
trotz der sie verspottenden Kureischiten, sich dennoch zu seinem
Glauben bekannte. Das Gleiche that Djammâd, ein Teufels=
beschwörer aus dem Stamme Azd, der in Mekka gehört hatte,
Mohammed sei von Dämonen besessen, und sich in der Absicht,
ihn zu heilen, zu ihm begeben hatte. Mohammed sagte ihm
aber: „Du behauptest, Menschen von Dämonen befreien zu
können? Nur Gott dürfen wir um Hülfe anflehen, wen er
leitet, kann Niemand irre führen, wen er aber im Irrthum
läßt, den kann niemand davon befreien. Bekenne, daß es nur
einen Gott gibt, der mich zu seinem Gesandten erwählt."

In diese Zeit, wo die Perser Syrien und einen Theil
Egyptens eroberten, fällt die Offenbarung der dreißigsten Sura
des Korans, in welcher Mohammed voraussagt, daß die jetzt
von den Persern geschlagenen Griechen nach einigen Jahren
wieder die Oberhand über dieselben gewinnen würden. Mo=
hammed, der wahrscheinlich die Unzufriedenheit der Perser mit
Chosru Perwiz kannte, und die daraus entsprungenen Unruhen
voraussah, beruhigte damit die Muselmänner, welche natürlich
als Männer der Schrift, wie sie der Koran nennt, das heißt
als solche, die an eine Offenbarung glauben, an dem Schicksal
der Christen innigen Antheil nahmen, während die heidnischen
Mekkaner die Kunde von dem Siege der Perser mit Frohlocken
aufnahmen. Nach der Offenbarung dieses Kapitels ging Abu

---

77) Diese und die folgende bisher noch unbekannte Bekehrung erzählt
J. aus dem Ujûn Alathr. Die erstere auch S. fol. 76, wobei
aber bemerkt wird, daß nach einer andern Tradition diese Christen
nicht aus Nadjran, sondern aus Abyssinien waren. Nach fol.
123 kamen sie erst in Medina zu Mohammed.

Bekr mit einem Kureischiten eine Wette um zehn Kameele ein, daß die Griechen in drei Jahren wieder über die Perser siegen würden. Als Mohammed davon hörte, sagte er zu Abu Bekr: „gehe eine größere Wette ein, aber setze noch einige Jahre hinzu." Abu Bekr wettete dann um hundert Kameele, daß die Perser vor Verlauf von neun Jahren wieder besiegt werden. Als er die Wette gewann und Mohammed den Erlös der Kameele brachte, ließ ihn dieser unter die Armen vertheilen [78]).

78) Ch. Derselbe läßt aber Abu Bekr die Wette erst nach der Schlacht von Ohod (624) gewinnen, was mit den sonstigen Nachrichten über den Krieg zwischen den Persern und Griechen nicht übereinstimmt, auch den übrigen muselmännischen Traditionen widerspricht, welche die Griechen am Schlachttage von Bedr zu gleicher Zeit mit den Muselmännern über ihre heidnischen Feinde siegen lassen. Das von Manchen in diese Zeit gesetzte Wunder des getheilten Mondes verdient um so weniger im Texte eine Aufnahme, als selbst viele Muselmänner das dieser Legende zum Grunde liegende 54. Kapitel des Korans auf den jüngsten Tag beziehen. Doch mag folgende Legende aus J. hier an ihrem Platze sein: Ein Reisender erzählt: „Ich machte einst mit meinem Oheim und meinem Vater eine Geschäftsreise von Chorasan nach Indien, da kamen wir gleich an der Grenze Indiens in die Nähe eines Dorfes, auf das sogleich die mit uns reisenden Kaufleute zuliefen. Wir fragten sie nach dem Namen dieses Dorfes, sie antworteten uns: es ist das Dorf des Scheich Zein Eddin Almuammir. Wir folgten ihnen bis zu einem Baume, der vor dem Dorfe stand, unter dem sich viele Leute schatteten, die uns willkommen hießen. Als wir unter dem Baume saßen, sahen wir einen Korb an einem der Zweige aufgehängt, und als wir fragten, was er enthalte, hörten wir, der Scheich Zein Eddin halte sich in diesem Korbe auf, der noch den Propheten gesehen und jetzt über 600 Jahre alt ist. Auf unser Verlangen, den Scheich zu sehen, und einiges von ihm über Mohammed zu hören, ließ ein anderer Alter den Korb herunter, und siehe da, er war mit Baumwolle gefüllt, und der Scheich saß darin, wie ein Huhn auf ihrem Neste. Der Alte, der ihn heruntergelassen, sagte ihm dann etwas ins Ohr, worauf jener in persischer Sprache, die wir verstanden, mit einer Stimme, welche

Betrübender als die Nachricht von der Niederlage der Griechen war für Mohammed, der im zehnten Jahre seiner Sendung erfolgte Tod seines Oheims und Beschützers, Abu Talib, welchem auch bald seine Gattin Chadidſa ins Grab folgte. Abu Talibs Beharrlichkeit im Glauben seiner Väter — denn noch in den letzten Zügen, als die ihn umgebenden Muſelmänner ihm das mohammedaniſche Glaubensbekenntniß aus-

nicht ſtärker als Bienengeſumme war, begann: Als ich einst im Jünglingsalter mit meinem Vater eine Handelsreiſe nach dem Hedjas machte, und in einem der Thäler Mekkas mich befand, ſah ich einen ſanften Knaben, der Kameele hütete, und durch einen ſtarken Regenbach von denſelben getrennt ward. Sobald ich ſeine Verlegenheit bemerkte, näherte ich mich ihm und trug ihn auf meinen Schultern über den Bach, ſetzte ihn bei ſeinen Kameelen nieder, worauf er mich dankend verließ. Nach vielen Jahren, als wir in unſerem Dorfe eines Nachts beiſammen ſaßen, ſahen wir, wie ſich der Mond ſpaltete, und die eine Hälfte nach Weſten, die andere nach Oſten zog; hierauf trat eine Weile eine große Finſterniß ein, bis endlich wieder die eine Mondhälfte von Oſten und die andere von Weſten kam, und ſich wieder mitten im Himmel vereinigten. Dieſe Erſcheinung ſetzte uns alle in Erſtaunen, bis wir endlich von einer Karawane vernahmen, ein Mann, aus dem Geſchlechte Haſchim, ſei als Prophet aufgetreten, und die Bewohner Mekkas ſeien ſo lange in ihn gedrungen, er möchte ſie doch durch ein Wunder überzeugen, bis auf ſein Gebet ſich der Mond ſpaltete. Da ich dieſen Propheten auch zu ſehen wünſchte, reiſte ich nach Mekka, und bat, bei ihm vorgelaſſen zu werden. Sobald er mich erblickte, lächelte er, und fragte mich, ob ich ihn nicht erkenne? ich antwortete: nein. Da ſagte er: erinnerſt du dich nicht, einſt in der Nähe dieſer Stadt einen Knaben über einen Bach getragen zu haben? Dieſer Knabe war ich. Er ließ mir dann Datteln vorſtellen, und als ich einige gegeſſen, reichte er mir die Hand und forderte mich auf, das mohammedaniſche Glaubensbekenntniß abzulegen; als ich dieß gethan, freute er ſich, und ſagte mir beim Weggehen ſechs Mal: „Gott ſegne dein Leben!" Nun hat mir Gott für jedes Mal hundert Jahre geſchenkt; ich befinde mich jetzt in meinem ſechsten Jahrhunderte und erwarte deſſen Ende."

preſſen wollten, ſagte er: ich ſterbe in dem Glauben Abd Almuttalibs [79]) — widerlegt am beſten die vielen Wunder, welche
die Legende um Mohammeds bisheriges Leben ausſtreut, ſo
wie aber auch auf der andern Seite, die Liebe, mit der er an
ihm hieng und die Opfer, die er ihm brachte, uns nicht ge-
ſtatten, Mohammed für einen Lügner oder Betrüger zu halten.
Sei es nun, daß Abu Talib ſeinen Neffen für einen Geiſtes-
kranken oder von Dämonen geplagten Menſchen hielt, ſo war
er gewiß von deſſen reiner Abſicht überzeugt, und iſt die von
Sebt Ibn Djuzi angeführte Tradition, nach welcher ſchon
Abd Almuttalib in ſeinen letzten Jahren den Götzendienſt auf-
gab, wahr, ſo konnte auch Abu Talib im Glauben an die
Einheit Gottes gelebt haben und geſtorben ſein, ohne deshalb
ſeinen Neffen als einen Propheten anzuerkennen. Mohammed
beweinte ihn und erſlehte, trotz ſeines Unglaubens, Gottes
Gnade für ihn. Die Todtenwaſchung und übrigen damals
üblichen Leichenceremonien beſorgte [80]) Ali auf Mohammeds
Befehl. Weniger als Abu Talib betrauerte Mohammed ſeine
Gattin Chadidſa, gegen die er zwar ſo rückſichtsvoll war, daß
er, ſo lange ſie lebte, keine andere Frau zu ihr heirathete, ob-
ſchon er dieß nach den damals herrſchenden Geſetzen und
Sitten recht gut gekonnt hätte, und obſchon ſie erſt in einem
Alter von fünfundſechzig Jahren ſtarb. Aber noch war kein

[79]) Dieſe Tradition bei J. und Ch. ſcheint mir glaubwürdiger, als
die andere, welche man bei S. fol. 83 und Abulfeda findet, der
zu Folge Abu Talib geſagt haben ſoll: „ich würde mich gerne
belehren, aber ich fürchte, man möchte glauben, ich thue es aus
Furcht vor der Todesſtunde.“ Man ſieht doch wahrlich nicht ein,
wenn er wirklich von Mohammeds Sendung überzeugt war,
warum er nicht früher Muſelmann geworden. Die Verſe, welche
auch für Abu Talibs Ueberzeugung ſprechen, gehören in eine
Kategorie mit denen, welche Amina vor ihrem Tode dichtete.
Vergl. die Anmerkung 4.

[80]) So bei J. und Ch. nicht Mohammed ſelbſt. Ueber die Zeit zwiſchen Abu Talibs und Chadidſas Tod ſtimmen die Berichte nicht
überein, doch geben die meiſten nur drei Tage an.

5*

Monat nach ihrem Tode verflossen [81]), so heirathete er Sauda, eine gläubige Wittwe, die ihren Gatten, mit dem sie nach Abyssinien ausgewandert war, kurz vorher verloren hatte, und bald darauf verlobte er sich auch mit der siebenjährigen Aïscha, der Tochter Abu Bekrs. Mohammeds Honigwochen waren aber von kurzer Dauer, denn die Kureischiten, die seit Abu Talibs Tod wieder gehässiger gegen ihn geworden waren, nöthigten ihn bald, abermals Mekka zu verlassen. Er wandte sich nach Taïf, einem zwei Tagereisen östlich von Mekka gelegenen Städtchen, dessen Bewohner, die Thakifiten, mit ihm verwandt waren. Aber nicht nur sein Versuch, sie zu seinem Glauben zu bekehren, mißlang, sondern sie versagten ihm auch sogar ihren Schutz. Auch seine Bitte bei den Häuptern des Städtchens, seinen Besuch bei ihnen geheim zu halten, ward ihm nicht gewährt. Sie schickten ihm Sklaven und Kinder nach, die ihn bis zum Städtchen hinaus, mit Steinen verfolgten, von denen ihn einige schwer verwundeten, trotz der Bemühungen seines Sklaven Zeid, der ihn auf dieser Reise begleitete, sie von ihm abzuwehren. Aeußerst niedergeschlagen kehrte er nach Mekka zurück, durfte es jedoch nicht wagen, die Stadt zu betreten, bis Mutim, der Sohn Adi's, ihn unter seinen Schutz nahm. Je weniger aber Mohammed bei den verstockten Arabern Gehör fand, je größer die Schwierigkeiten wurden, mit denen er zu kämpfen hatte, um so inniger mußte sein Verhältniß zu Gott und der Geisterwelt werden, und um so höher in seinen eigenen Augen die Stufe, auf welche ihn Gott gestellt, der ihn zu einer so schwierigen Sendung erkoren. So begreift man, daß er auf seiner Rückkehr von Taïf eine Vision hatte, in

81) So ausdrücklich bei J. Die Verlobung mit Aïscha, die er erst in Medina heirathete, soll im folgenden Monate, nach einigen aber noch vor seiner Vermählung mit Sauda stattgefunden haben. Chadidja starb nach J. und Ch. im Ramadhan, und vor Ende Schawwal (des darauf folgenden Monats) verließ Mohammed Mekka, also nicht drei Monate nach Chadidjas und Abu Talibs Tod, wie bei H. v. H. (S. 74).

welcher die Genien [82]) ihm als Propheten huldigten, wie dieß in dem damals geoffenbarten zweiundsiebenzigsten Kapitel des Korans erzählt wird, und daß er bald darauf [83]), dem Anfang

82) Der Glaube an Genien, welchen die Juden aus der Babyloni-schen Gefangenschaft nach Palästina verpflanzt, wurde wahrschein-lich auch durch sie, wenigstens in der Gestalt, die er durch Mo-hammed erhielt, in Arabien einheimisch. In den rabbinischen Schriften ist häufig von diesen Djinn, unter dem Namen Schedim die Rede. Es sind Mittelgeschöpfe zwischen Engeln und Men-schen, die essen, trinken, sich begatten und sterben, die aber sehr lange leben und sich vor den Menschen unsichtbar machen, oder jede beliebige Gestalt annehmen können. Sie sind auch in gute und Böse, Gläubige und Ungläubige getheilt, die häufig mit einander Krieg führen. (S. Lane modern Egypt. I. 283 u. ff. und Eisenmenger, T. II. Kap. VIII).

83) Ueber Jahr, Monat und Tag dieser Nachtreise und Himmelfahrt weichen die Traditionen von einander ab, doch nehmen die mei-sten das dritte Jahr vor der Hidjrah an. Die wunderbare Reise von Mekka nach Jerusalem ist im Koran angedeutet, obschon sich allerdings der erste Vers der dreizehnten Sura auf irgend eine natürliche Reise des Propheten nach Palästina beziehen ließe. Die Himmelfahrt aber beruht blos auf mündlicher Tradition, denn werden auch an andern Stellen des Korans Quellen und andere Gegenstände des Paradieses erwähnt, so konnte, selbst nach mohammedanischen Begriffen, Mohammed auf gewöhnlichem Wege der Offenbarung davon Kunde erhalten haben, ohne daß er selbst mit eigenen Augen in dieser Nacht dieß alles gesehen habe. Viele Muselmänner, die an die Nachtreise glauben, läug-nen daher die Himmelfahrt, und Manche wollen sogar in der Nachtreise nur einen Traum oder eine Vision erkennen. Die ganze, poetisch ausgeschmückte, aber auch furchtbar überladene Legende kann man bei Gagnier, II. S. 195—251 nachlesen. Daß Mohammed absichtlich diese sonderbare Reise erzählte, um seine Lehre durch ein Wunder zu begründen, wie H. v. H. (S. 79) glaubt, ist mir ganz unwahrscheinlich, denn wenn die Kureischiten durch ein Wunder überzeugt zu werden wünschten, so war es gewiß ein solches, dessen sie Augenzeugen sein konnten, wie etwa das des gespaltenen Mondes, nicht aber durch die Erzählung un-

der siebenzehnten Sura zufolge, in einer anderen Vision von einem nur für Propheten geschaffenen geflügelten Pferde (Borak) nach dem Tempel von Jerusalem, und von da bis über den siebenten Himmel hinauf in die Nähe Gottes getragen wurde, wo nicht nur die Patriarchen und früheren Propheten ihn als den geliebtesten Gesandten Gottes begrüßen, sondern auch die Engel ihm den Vorzug vor ihnen einräumen mußten, und Gott selbst ihn als die Perle und Zweck der Schöpfung verkündete. Diese letzte Vision, in welcher ihm auch das Gebot des fünfmaligen täglichen Gebets [84]) geoffenbart ward,

glaublicher Begebenheiten, die wieder nur auf Mohammeds Aussage beruhten. Sollen wir etwa der Legende Glauben schenken, welche Mohammed die Zweifler dadurch überzeugen läßt, daß er ihnen ein treues Bild von Jerusalem und dessen Tempel entwirft, nach einem Modell, das ihm der Engel Gabriel vorhält, und daß er ihnen verschiedene Nachrichten von Karawanen bringt, die auf dem Wege zwischen Mekka und Syrien waren?? — Noch unwahrscheinlicher ist, daß er dieses Wunder erdichtete, um das zweite Kapitel des Korans dadurch zu sanctioniren, wie H. v. H. (S. 88) vermuthet, denn sind auch, der Legende zufolge, die letzten Verse dieses Kapitels während der Himmelfahrt geoffenbart worden, so ist doch nach allen Interpretatoren des Korans der übrige gesetzgebende Theil, welcher nach H. v. H. einer besondern Sanction bedurfte, erst mehrere Jahre später in Medina erschienen.

84) Die Zeit der Gebete ist: 1) Sonnenuntergang. 2) ungefähr 5/4 Stunden nachher. 3) Tagesanbruch. 4) Mittagsstunde. 5) Ungefähr die Mitte zwischen letzterer und dem Beginn der Nacht. Das eigentliche Gebet besteht nur aus mehrmaliger Wiederholung, je nach den verschiedenen Tageszeiten, der Worte: „Gott ist allmächtig, sei gepriesen höchster Gott! Gott erhöre den, welcher ihn lobpreist! Das höchste Lob gebührt dir, o Herr! Zu dir beten wir und für dich üben wir gute Werke, Friede sei mit dir, o Prophet! und Gottes Gnade und Segen, mit dir und allen wahren Verehrern Gottes.". Dazu kommt noch das mohammedanische Glaubensbekenntniß, die Begrüßung der Engel und das Hersagen mehrerer kleinerer Kapitel des Korans.

erschien selbst seiner gläubigen Tante, Um Hani, so unglaub=
würdig, daß sie ihn am Kleide festhielt, und bei Gott beschwor,
sich doch ja nicht durch deren weitere Mittheilung bei den Ku=
reischiten lächerlich zu machen.   Mohammed, bei dem auch
dießmal Traumbild, Vision und Wirklichkeit sich in einander
auflösten, gab ihr kein Gehör, und die Folge war, daß nicht
nur die Kureischiten ihn mehr als je verlachten, sondern selbst
einige Gläubige von ihm abfielen.   Während aber für Mo=
hammed jede Hoffnung, als Prophet anerkannt zu werden,
verloren schien, ward noch in demselben Jahre der Grund zu
seiner künftigen Größe gelegt.   Nachdem er nämlich während
der heiligen Festmonate auf den verschiedenen Messen sowohl,
als in Mekka selbst, vergebens bei vielen Stämmen Schutz ge=
sucht, aber kein Gehör gefunden hatte, weil es immer hieß:
„deine eigenen Leute müssen dich doch am besten kennen,“ wen=
dete er sich zuletzt noch an sechs oder acht Medinenser, und
lud sie auf dem nördlich von Mekka sich erhebenden Hügel
Akaba [85]) ein, sich zu ihm zu setzen und ihn anzuhören.   Er
fragte sie, zu welchem Stamme sie gehören, und als sie ihm
sagten, sie seien Chazradjiten, ein früher mit den jüdischen
Bewohnern Medinas verbündeter [86]), und damals sie beherr=

85) Dieser Hügel liegt auf der linken Seite der Straße von Mekka
     nach Mina, wo später eine Moschee gebaut ward, welche „die
     Huldigungsmoschee“ genannt ward. J.

86) So bei J. und Ch. nach Kastalani.   Abulfeda nennt sie blos
     Bundesgenossen, daß aber die weit zahlreicheren Chazradjiten da=
     mals abhängig von den Juden waren, wie H. v. H. S. 78 be=
     richtet, ist gewiß ein Irrthum.   Auch gehören die Stämme Tasm
     und Djadis, welche H. v. H. als Verbündete der Juden von
     Medina nennt, bekanntlich zu den längst untergegangenen, wie
     Aad und Thamud.   Was die Feindschaft der Chazradjiten und
     der Ausiten betrifft, so erzählt J. und Ch., daß nicht lange vor=
     her die Schlacht von Buath oder Bughath, ein Ort, zwei
     Tagereisen von Medina, zwischen diesen beiden Stämmen vorge=
     fallen war.   Die Veranlassung zum Kriege war nach J., daß ein
     Ausite einen Schützling der Chazradjiten erschlug.   Nach den da=

schender Stamm, aus dem auch die Haschimiten von mütterlicher Seite her abstammen, trug er ihnen die Grundlehren
des Islams vor. Mohammed fand bei diesen Leuten um so
leichter Gehör, als sie ihn für den Propheten oder Messias
halten konnten, den, wie sie wohl wußten, die Juden täglich
erwarteten. Als er sie aber fragte, ob sie ihn bei sich aufnehmen und ihn beschützen wollten, antworteten sie: „Das können wir jetzt noch nicht, denn noch leben wir in Zwiespalt mit
den Ausiten, die einen Theil unserer Stadt bewohnen; warte
daher bis zum nächsten Jahre, vielleicht wird Gott bis dahin
den Frieden wieder unter uns herstellen, dann können wir
vereint dir einen sichern Zufluchtsort anbieten." Es sei aber,
daß die Feindschaft zwischen den beiden Stämmen bis gegen
Ende des Jahres fortdauerte, oder daß die bekehrten Medinenser in ihrer Heimath weniger Anklang fanden, als sie gehofft hatten, so ist gewiß, daß der Islamismus in diesem Jahre
in Medina noch wenig Fortschritte machte, denn auf dem folgenden Pilgerfeste (621 nach Chr.) erschienen nur zwölf Muselmänner aus Medina, worunter fünf, welche schon im vori-
gen Jahre Mohammed als Propheten anerkannt hatten. Von
den sieben neuen Proselyten gehörten nach den meisten Berichten fünf den Chazradjiten und zwei den Ausiten an. Sie
hatten wieder eine Zusammenkunft mit Mohammed auf dem
Hügel Akaba, wo sie ihm die Huldigung darbrachten, welche
er dem Koran zufolge nach der Eroberung von Mekka von
den zum Islamismus sich bekehrenden Frauen verlangte. Sie
mußten nämlich geloben, daß sie Gott keinen Gefährten geben,
nicht stehlen, keine Unzucht treiben, keinen Kindermord begehen,
nicht lügen und von den guten Vorschriften Mohammeds nicht
abweichen wollten. Sie waren aber noch zu schwach, um sich
anheischig zu machen, ihn gegen seine Feinde in Schutz zu

maligen Gebräuchen sollte der Mörder die bestimmte Sühne zu
entrichten, angehalten, aber nicht wegen des Mordes eines Schütz-
lings wieder getödtet werden. Da aber dennoch ein Chazradjite
Blutrache nahm, brach der Krieg zwischen ihnen und den Ausiten aus.

nehmen. Zwar flüchteten sich schon in diesem Jahre manche
Muselmänner nach Medina [87]), aber die bekehrten Medinenser
selbst mußten ihren neuen Glauben verheimlichen, wenn sie
sich nicht manche Verfolgungen von den Heiden zuziehen woll=
ten [88]). Indessen verbreitete sich der Islam im Stillen immer
mehr in Medina, besonders seitdem Mohammed den gelehrten
Mußab dahin sandte, dessen Predigten und Koransvorlesungen
vielen Beifall fanden. Dieser war es auch, welcher nach
vielen einzelnen Bekehrungen die neuen Glaubensbrüder jeden
Freitag zum Gebete und zu religiösen Besprechungen vereinigte,
daher auch dieser Tag später zum Feiertage eingesetzt ward.
Im nächsten Jahre endlich, als Mohammed 53 Mondjahre
alt war, befanden sich unter den medinensischen Pilgern drei=
undsiebenzig [89]) Muselmänner und zwei Muselmänninnen, welche

87) J. und Ch., auch S. fol. 96 bemerken ausdrücklich, daß Abu
Salama und einige andere bald nach der ersten Huldigung, nach
Medina auswanderten; wahrscheinlich mußten sie aber ihren
Glauben so gut wie die Medinenser selbst bis nach der zweiten
Huldigung geheim halten, was ebenfalls von J. berichtet wird,
nicht wie bei Gagnier (S. 281), der sie erst nach der zweiten
Huldigung abreisen läßt. Nach letzterer ward die Auswanderung
aber allgemein und von Mohammed geboten.

88) Daß auch in Medina die Muselmänner in der ersten Zeit vielen
Widerstand fanden, geht schon aus dem, was Abulfeda (nach S.
fol. 88), von Useid erzählt, hervor, welcher mit seinem Schwerte
auf Mußab zuging und ihm sagte: „was kommst du hierher, um
unsere Schwachköpfe irre zu führen? entferne dich, wenn dir dein
Leben theuer ist."

89) So bei Abulfeda, auch bei J. und Ch. nach Ibn Hischam (S.
fol. 90), andere zählen 70, wieder andere 71 oder 72 Männer.
Sie kamen mit 300, nach Einigen sogar mit 500 heidnischen
Pilgern aus Medina, welche noch gar nicht wußten, daß sich
Muselmänner unter ihnen befanden, denn nach S. fol. 92 kamen
die Kureischiten am Morgen nach der Huldigung zu einigen von
ihnen, um ihnen Vorwürfe zu machen, sie schwuren aber bei
Gott, sie wüßten von dem ganzen Vorfalle nichts. Einer sah

auf Akaba mitten in der Nacht mit Mohammed ein förmliches Schutz= und Trutzbündniß schlossen, und ihn einluden, mit den Seinigen nach Medina auszuwandern. Abbas, der zwar, wie Abu Talib, seinen Glauben damals noch nicht geändert hatte, aber dennoch seinen Neffen beschützte, und ihn auch zu dieser Versammlung begleitete, machte die Medinenser auf die Folgen dieses Bündnisses aufmerksam; er stellte ihnen vor, daß sie dadurch gewissermaßen ganz Arabien den Krieg erklären, und bat sie, da doch Mohammed unter seinem Schutze in Mekka noch sicher wäre, ihn nicht zu sich zu rufen, wenn sie nicht den festen Entschluß gefaßt und Macht genug hätten, ihn gegen seine Feinde zu vertheidigen [90]). Sie waren aber unerschütterlich und sagten zu Mohammed: „Mache nur deine Bedingungen, und fordere für Gott, für dich und deine Anhänger, was wir zu leisten haben." Darauf erwiederte Mohammed: „Für Gott

den andern an, denn sie wußten in der That nichts davon (so bemerkt S.), und hatten nicht falsch geschworen.

90) So bei Abulfeda und noch ausführlicher bei J. und Ch., nach S. fol. 91. H. v. H. läßt (S. 90) Abbas sagen: „Daß nachdem Mohammed von der Gemeine der Kureisch ausgeschlossen sei, er nichts besseres thun könne, als sich nach Medina zu begeben"; er citirt dazu in einer Note: „Abulfeda vita, S. 43." So lauten Abbas' Worte allerdings nach der fehlerhaften Uebersetzung Gagnier's: „Mohammedem nostis undenam sit. Et quidem eum a populo nostro jam seclusimus: ille enim in se habet ea, ob quae a patria sua exulare mereatur" u. s. w. Der Fehler rührt von der falschen Deutung des Wortes manaa her, welches hier vertheidigen und nicht ausschließen bedeutet. Aber schon Reiske und nach ihm Noel des Vergers haben diese Stelle richtig wiedergegeben. Sie lautet bei letzterem: „Nous l'avons défendu contre nos compatriotes et il trouve dans son pays estime et protection. Cependant il veut absolument se réunir à vous et dévenir un des votres etc." Die folgenden arabischen Worte, über welche Reiske so verschiedene Lesearten anführt, lauten bei J. wie bei Noel des Vergers in seiner Anmerkung, S. 114, eben so bei S. fol. 91. Der Hauptfehler besteht in der Verwechslung von wâfunua oder tuwafuna mit takifunn.

begehre ich, daß Ihr ihn allein, ohne Gefährten anbetet, für mich und meine Glaubensgenossen aber, daß Ihr uns wie euer eigenes Leben und das eurer Frauen und Kinder be= schützet, daß Ihr mir gehorchet in Freud und Leid, und stets die Wahrheit bekennet, ohne einen Tadel zu fürchten." Da riefen sie einstimmig, wir schwören dir es, und gaben ihm den Handschlag der Huldigung. Mohammed ernannte dann, dem Beispiele Jesu folgend, ehe sie aus einander gingen, zwölf von ihnen als Vorsteher. Den Kureischiten blieb aber diese Zusammenkunft nicht verborgen; schon in der Nacht vernahm man eine Stimme von der Höhe des Hügels, welche den Mekkanern zurief: „Wollt Ihr den Getadelten sammt den Ab= trünnigen haben, die ein Bündniß geschlossen, um euch zu be= kriegen[91])?" Und gleich am folgenden Morgen wurde den Verbündeten nachgesetzt und einer derselben unter vielen Miß= handlungen nach Mekka zurückgebracht, wo er so lange gefol=

---

91) Nach der Ansicht der muselmännischen Biographen kam diese Stimme vom Teufel und Mohammed soll darauf geantwortet haben: „Teuflischer Zwerg (Izb oder Azab) Akabas, du Feind Gottes, bei Gott ich mache dir ein Ende." Mohammed (der Preiswürdige) wird in diesem Satze bei Ch. und J., nach S. fol. 92 mudsammam (Tadelnswerthe) genannt, die Muselmänner wie gewöhnlich Subat (plur. von Sâbi, Abtrünniger) und die Bewohner der Umgebung Mekkas: Ahl Al djabâdjib, welches nach dem Kamus unter anderem die Hügel und Plätze Mekkas, oder einen Ort bei Mina bedeutet. Gagnier hat diese ganze Stelle mißverstanden. Sie lautet bei ihm (S. 278): „O vous qui logez dans des hotelleries, ne vous défiez vous point de **Mohammed le Sabien? Les Sabiens sont d'intelligence avec lui. Ils s'assemblent sous main pour vous faire la guerre."** Es heißt dann bei J. noch nach einer andern Tradition: „Eine Stimme rief: Gemeinde Kureisch, die Ausiten und Chazradjiten haben geschworen, euch zu bekriegen. Da erschraken die Verbündeten. Mohammed sagte ihnen aber: Fürchtet nichts! es ist Iblis, der Feind Gottes, niemand von euern Feinden hört ihn." J. setzt dann noch hinzu: „Diese beiden Traditionen widersprechen sich nicht, denn Izb gehört auch zur Gattung der Iblis."

tert ward, bis ihn ein alter Handelsfreund unter seinen Schutz nahm. Von dieser Stunde an wurden auch die Muselmänner in Mekka, welche manche bisher als Neuerer mehr bedauert und verachtet, als gehaßt hatten, als wahre Feinde angesehen und als solche behandelt, so daß ein jeder, sobald er es nur konnte, nach Medina zu flüchten suchte. Mohammed selbst blieb indessen noch fast drei[92] Monate in Mekka, entweder weil er so lange als möglich es verhüten wollte, sich zu einem Flüchtlinge zu machen, wahrscheinlicher, weil er warten wollte, bis sein Anhang in Medina, wo noch immer die Heiden die Mehrzahl bildeten, und nicht selten Streitigkeiten zwischen ihnen und den Muselmännern vorfielen, noch festeren Fuß gefaßt haben würde. Er behielt auch seine zuverläßigsten Freunde Ali und Abu Bekr bei sich, mit denen er im Nothfalle auszuwandern gedachte. Letzterer hielt immer zwei Kameele zur Reise bereit, um auf den ersten Wink Mohammeds die Stadt

92) Ueber die Zeit zwischen der zweiten Huldigung und Mohammeds Flucht weichen die Nachrichten von einander ab. Die Huldigung wird indessen allgemein auf einen der drei Tage (Ajjam Attaschrik) nach dem Opferfeste (11—13. Dsul Hudjah) gesetzt; der Tag der Flucht aus Mekka aber von manchen auf den 12. Rabial Awwal, von andern auf den 8., wieder von andern auf den ersten. Nach Einigen kam er sogar am 1. schon in Medina an. Auch über die Dauer seines Aufenthalts in der Höhle sind die Meinungen getheilt, da Manche die Nacht seiner Ankunft zu den drei Nächten zählen, andere nicht. Die zuverläßigsten Traditionen bei Ch. lassen ihn am ersten Rabial Awwal Mekka verlassen, und am 12. in Medina anlangen. Demnach hätte die eigentliche Auswanderung am 13. September 622 stattgefunden, statt am 20. nach Abulfeda, welcher den 8. Rabial Awwal als den Tag der Flucht angibt. Keinesfalls aber am 22. Juli, wie bei H. v. H. (S. 92). Bekanntlich ist die Flucht Mohammeds von der Aera der Hidjrah verschieden, die mit dem ersten Muharram jenes Jahres beginnt. S. Abulfeda I. 62 in der Ausg. von Reiske und Ideler's mathemat. und technol. Chronologie II. 486. (Vergleiche auch Anmerk. 101).

verlaſſen zu können. Den Kureiſchiten konnte aber, nachdem alle übrigen Muſelmänner ausgewandert waren, Mohammeds Abſicht nicht verborgen bleiben; ſie beſchloſſen daher abermals in einer Sitzung, welche ſie in dem an den Tempel anſtoßen= den Rathhauſe hielten, auf den Vorſchlag Abu Djahls, wel= chen ein Unbekannter, der ſich für einen Mann aus der mit ihnen befreundeten und verwandten Provinz Nedjd ausgab, unterſtützte, Mohammed in der Nacht zu ermorden. Die mit der Mordthat beauftragten Kureiſchiten umzingelten ſein Haus gleich beim Anbruch der Nacht, wollten aber, wahrſcheinlich um den Kampf mit den Haſchimiten zu vermeiden, mit der Aus= führung ihres Planes eine ſpätere Nachtſtunde abwarten [93]). Mohammed hatte aber, vielleicht durch denſelben Unbekannten, der, um ſeine Sympathie für ihn um ſo ſicherer zu verbergen, am heftigſten gegen ihn geſprochen hatte, von dem Beſchluſſe ſeiner Feinde Kunde erhalten [94]), er ließ daher Ali in ſeinem Gewande, und unter ſeiner Decke ſich ſo niederlegen, daß ihn die Kureiſchiten von Außen ſehen konnten, aber natürlich für

[93) Nach einigen unwahrſcheinlichen Berichten wollten ſie den Morgen abwarten, ſie fürchteten keine Rache, denn es war ein Mann aus jeder Familie dabei; ſie beſchloſſen daher die That gemeinſchaft= lich bei hellem Tage auszuführen. Bei S. fol. 101 heißt es, ſie wollten warten, bis er eingeſchlafen ſein würde. Auf der andern Seite heißt es dann aber: „als Mohammed ſie durch eine Hand voll Staub geblendet hatte und weggegangen war, kam jemand zu ihnen und ſagte ihnen, daß ſie Mohammed vergebens auf= lauern. Da ſie aber Ali in ſeinem Gewande für ihn hielten, glaubten ſie es nicht, und blieben bis zum Morgen ſtehen. Erſt als Ali aufſtand, ſahen ſie, daß ſie überliſtet worden." Solche Widerſprüche rühren von der Verſchiedenheit der Traditionen her.

94) Die muſelmänniſchen Biographen halten dieſen Unbekannten für den Teufel, weil er den Vorſchlag Abu Djahls unterſtützte; ich halte ihn viel eher für Mohammeds Engel, der, um als Fremder in das Rathhaus eingelaſſen zu werden, ſich ein Nedjdi, d. h. nach J. Bewohner einer gegen Mohammed feindſelig geſtimmten und mit den Kureiſchiten verwandten Provinz, nannte.

Mohammed halten mußten. Während sie aber, die Augen stets auf den verkleideten Ali geheftet, an dem Gelingen ihres Vorhabens nicht zweifelten, und es daher für überflüssig hielten, die andern Theile des Hauses zu bewachen, stieg Mohammed von der entgegengesetzten Seite über eine Mauer herunter [95]), und flüchtete sich zu Abu Bekr. Mit diesem begab er sich nicht gleich auf den Weg nach Medina, weil er wohl wußte, daß seine Feinde, sobald sie ihre Täuschung einsehen, ihn dahin verfolgen würden, sondern er ging mit ihm in eine Höhle [96])

[95]) Dieser zur Erklärung der Flucht so wesentliche Umstand ward bisher von keinem Europäer noch erwähnt, ich habe ihn auch blos bei J. gefunden, der eine Tradition anführt, nach welcher Mohammeds Dienerin, Um Rubab, sich vor ihm hinneigte, damit er über sie auf die Mauer steigen konnte; er sagt dann: „Freilich widerspricht diese Tradition einer andern, der zufolge Mohammed alle die vor seiner Thüre standen, mit Staub bestreute, doch wäre es möglich, daß er dieß that, wenn er auch aus irgend einem uns unbekannten (?) Grunde nicht zur Thüre hinausgehen wollte." Möglich wäre es auch, daß Mohammed schon Nachmittag, sobald er von dem Vorsatze seiner Feinde Kunde erhielt, sein Haus verließ und sich zu Abu Bekr begab, dafür spricht ebenfalls eine Tradition bei J. und Ch., auch bei S. fol. 102, in welcher Aischa sagt: „Der Prophet pflegte uns immer Morgens oder Abends zu besuchen, an diesem Tage aber kam er während der stärksten Sonnenhitze, und mein Vater sagte gleich, es muß was Wichtiges vorgefallen sein." Mohammed wünschte dann mit Abu Bekr allein zu bleiben, und gab ihm die Nachricht, daß Gott ihm auszuwandern befohlen u. s. w. Sollen wir etwa glauben, er sei noch einmal nach Hause gegangen, damit die Rettung um so wunderbarer scheine?? Ali's Verkleidung kann deßhalb doch stattgefunden haben, damit Mohammed des Nachts um so sicherer aus Abu Bekrs Haus entkommen konnte, das gewiß auch bewacht war, denn nach allen Traditionen stiegen sie mit einander durch ein Fenster im Hinterhause auf die Straße herab. Bei S. a. a. O. facharadjâ min chauchatin liabi bekrin fi zahri beitihi.

[96]) Die Legende von der Spinne, welche, damit man Mohammed nicht in der Grotte suche, ihr Gewebe vor die Oeffnung zog,

des ungefähr eine Stunde östlich von Mekka gelegenen Berges Thaur. Abu Bekr bestellte vorher jemanden, der ihm seine Kameele vor die Höhle führen und ihm als Wegweiser dienen sollte, und beauftragte seine Kinder, ihm jede Nacht Lebensmittel und Nachricht von dem, was sich in der Stadt ereignet, zu bringen.

Die heilige Schrift der Muselmänner [97] spricht ziemlich deutlich dafür, daß Mohammed mehr durch List oder Gewandtheit, als durch ein Wunder gerettet worden, denn man liest darin: „(Gedenke o Mohammed!) als die Ungläubigen eine List ersannen gegen dich, um dich festzunehmen, zu tödten oder zu verbannen, da waren sie recht schlau, aber Gott setzte ihrer List eine andere entgegen, denn keine List vermag etwas gegen ihn."

Drittes Hauptstück.

Mohammeds Flucht nach Medina. Die erste Moschee. Brüderschaft unter den Muselmännern. Sein Verhältniß zu den Juden. Die Kibla, Ibsan und Ramadhan. Ali's Hochzeit mit Fatima. Verschiedene Raubzüge. Entweihung der heiligen Monate. Das Treffen von Bedr.

Mohammed blieb mit Abu Bekr drei Tage und drei Nächte in der Höhle des Berges Thaur. In der vierten

und der Tauben, welche ein Nest davor bauten und Eier hinein legten, ist bekannt; weniger die des Baumes, welcher auf Mohammeds Befehl sich vor derselben erhob, um ihn zu beschatten und die Oeffnung ganz zu verbergen, und der Quelle, welche der über die Flüsse des Paradieses gesetzte Engel mit Wasser versehen mußte. Andere ähnliche Wunder, mit denen die Legende diese Reise ausschmückt, übergehe ich.

97) Sura VIII. Vers 29. Manche beziehen auch den 9. Vers des 36. Kapitels auf Mohammeds Flucht, und dieser Vers gab wahrscheinlich zur Legende Veranlassung, als habe Mohammed die Verschworenen mit Staub bestreut, so daß er mitten durch sie gehen konnte, ohne von ihnen gesehen zu werden, doch ist eine

Nacht, als sie wahrscheinlich hörten, daß diejenigen, welche sie verfolgten, zurückgekehrt waren, machten sie sich auf den Weg nach Medina, folgten aber nicht der gewöhnlichen Karawanenstraße, sondern hielten sich mehr in der Nähe des rothen Meeres [98]). Noch war indessen nicht alle Gefahr für Mohammed vorüber, denn die hundert Kameele, welche die Kureischiten auf seinen Kopf setzten, als sie statt seiner Ali in seinem Gewande fanden, lockten immer neue Verfolger herbei. Er ward noch von Suràfa eingeholt, der ihn aber, weil sein Pferd bis an den Bauch einsank, und das Pfeil-Loos, das er über sein Unternehmen befragte, zu Gunsten Mohammeds entschied, verschonte. Nachher begegnete er Bureida [99]), der ihm

allgemeinere Deutung, nach welcher die Verstocktheit der Ungläubigen recht sinnlich dargestellt wird, viel natürlicher und dem Zusammenhange entsprechender.

98) J. und Ch., auch S. fol. 104. Bei letzterem fol. 102 findet man auch, was ich von Abu Bekrs Kindern gesagt.

99) So die glaubwürdige Tradition bei J.; nach einer anderen, die auch Ch. anführt, war Bureida auch ausgezogen, um ihn zu tödten. Als er Mohammed eingeholt hatte, fragte ihn dieser: „Wie heißt du?" Er antwortete: Bureida. Da sagte Mohammed zu Abu Bekr: „Unsere Sache steht gut (weil nämlich die Wurzel dieses Wortes im Arabischen frisch und gut sein, bedeutet)." Er fragte dann wieder: aus welchem Stamme? „Aus dem Stamme Aslam." So sind wir gerettet, sagte Mohammed zu Abu Bekr (ebenfalls nach der Grundbedeutung des arabischen Wortes). „Und aus welchem Zweig?" aus dem Zweig Sahm (Loos und Pfeil), „so hat dein Loos getroffen," sagte Mohammed zu Abu Bekr (nicht wie bei H. v. H. S. 95 „charadj sehmek jaani charadj nassibek, wörtlich: „ruck' mit deinem Antheil heraus;" es heißt charadja und nicht charadj). Bureida fragte dann Mohammed, wie er heiße? und als er seinen Namen nannte, sprach Bureida sein Glaubensbekenntniß aus. Man sieht erstens nicht ein, warum er sich bekehrte, denn Mohammeds Wortspiele waren doch kein genügender Grund dazu, dann begreift man nicht, wie er Mohammed verfolgte, ohne ihn zu kennen. S. fol. 104 erwähnt nur die Verfolgung Suràfa's, aber die Bureida's

aber nicht nur nichts zu Leid that, sondern sich sogar mit seinen Stammgenossen, der Beni Sahm, zum Islamismus bekehrte, die Binde von seinem Turban als Fahne an seine Lanze knüpfte und ihn nach Medina begleitete. In der Nähe dieser Stadt, welche damals noch Jathrib hieß, traf er die längst schon ausgewanderten Gläubigen Talha und Zubeir, welche ihm sowohl, als Abu Bekr einen weißen Obermantel schenkten [100]), und bald nachher, als die ihn mit Sehnsucht erwartenden Muselmänner von seinem Anzug Nachricht erhielten, bewaffneten sie sich und zogen ihm entgegen. Mohammed begab sich aber nicht gleich in die Stadt, sondern stieg in dem drei Viertelstunden südlich von derselben gelegenen Dorfe Kuba bei dem Ausiten Kolthum, Scheich der Beni Amru, ab, wo ihm sogleich einige frische Datteln zur Erquickung gereicht wurden. In diesem Dorfe blieb Mohammed vier Tage, und gründete daselbst die noch jetzt bestehende Moschee der Gottesfurcht, welche indessen nach andern Berichten schon vor seiner Ankunft bestanden hatte, und nur später von ihm verändert ward. Am ersten Freitag, nach den zuverläßigsten Berichten am fünften Tage [101]) nach seiner Ankunft in Kuba, versammelte er die Muselmänner zum Gebete, und hielt die erste Predigt, in welcher er der Gemeinde die wichtigsten dogmatischen Theile seiner Religion auseinandersetzte [102]). Nach dem

nicht. Dem Suraka verspricht Mohammed nach der Legende Chosroe's Armbänder, und Bureida die Stelle eines Kadhi in Meru, was sie auch Beide erhalten haben sollen, denn auch Suraka bekehrte sich nach der Eroberung von Mekka.

100) J. und Ch.

101) Hier ist S. und nach ihm Abulfeda mit sich selbst im Widerspruch, denn er läßt fol. 105 Mohammed am 12. in Kuba ankommen, und sagt doch: es war ein Montag, während der 12. ein Freitag war. Diesem Irrthume liegt wahrscheinlich eine Verwechslung von Kuba mit Medina zum Grunde, da er nach andern Traditionen (S. Anmerk. 92) am 8. in Kuba ankam und am 12. in Medina einzog.

102) Nach anderen Berichten verließ er Kuba vor dem Gebete und

Gebete ritt er nach Medina und stieg bei dem Chazradsiten Abu Ajub ab, der zum Zweige der Beni Nadsar gehörte, mit denen er durch Abd Al Muttalibs Mutter verwandt war. Abu Ajub, der später unter Muawia's Chalifat mit dessen Sohn Jezid gegen die Griechen zog, und vor den Mauern von Konstantinopel starb, räumte ihm den unteren Theil seiner Wohnung ein, und zog sich mit seiner Familie in den oberen zurück. Nach einigen Tagen wollte er Mohammed den obern Stock abtreten, dieser blieb aber wegen der vielen Besuche lieber unten wohnen. Am dritten Tage nach Mohammeds Ankunft

betete erst in Medina. Ch. führt die Predigt nach dem Muntaka des Tabari an. Ich theile sie in einer Uebersetzung mit, obschon ich deren Aechtheit nicht verbürgen möchte: „Preis sei Gott und Lob, bei ihm suche ich Hülfe, ihn flehe ich um Gnade an, ich glaube an ihn, und erkläre mich als Feind aller derer, die ihn läugnen. Ich bekenne, daß es nur einen Gott gibt, der keinen Gefährten hat. Mohammed (warum in der dritten Person??) ist sein Diener und Gesandter; er bringt euch Leitung, Licht und Belehrung, nachdem lange kein Prophet erschienen ist, die Erkenntniß des Wahren abgenommen, der Irrthum sich verbreitet und der Untergang der Menschen sich genähert hat. Ich weiß euch aber nichts angelegentlicher zu predigen, als Gott zu fürchten und für jenes Leben zu sorgen. Wer mit reinem Herzen im Verborgenen und öffentlich nach Gottes Willen lebt, der findet jetzt schon Hülfe bei ihm, und einst reichen Vorrath. Vertrauet auf Gott, der von sich selbst sagt: „Bei mir wird das Beschlossene nicht mehr abgeändert, und ich thue meinen Dienern kein Unrecht." Sündiget nicht! denn Gott hat euch seinen Pfad geleitet und sein Buch gelehrt, um zu unterscheiden den Wahrhaftigen vom Lügner. Seid wohlthätig, wie er es gegen euch ist, und entfernt euch von seinen Feinden. Kämpfet eifrig für die Sache Gottes, der euch durch den Namen Muselmänner ausgezeichnet hat, von denen, die seine Zeichen nicht erkennen und sich ins Verderben stürzen. Es gibt keinen Schutz und keine Macht, außer bei Gott dem Erhabenen. Denket stets an Gott und arbeitet für jenes Leben, das diesem irdischen vorzuziehen ist. Es gibt keinen Schutz und keine Macht außer bei ihm."

in Medina traf auch Ali von Mekka ein, der nur ein Paar
Stunden wegen seiner Mitwirkung zu Mohammeds Flucht ein=
gesperrt geblieben war [103]. Die Mekkaner scheinen sich weiter
nicht mehr viel um Mohammed gekümmert zu haben, denn sie
ließen nicht nur Ali, seinen eifrigsten Anhänger, zu ihm ziehen,
sondern auch bald nachher seine Töchter Fatima und Um Kol=
thum, seine Gattin Sauda und seine Erzieherin Um Eiman.
Rukejja war schon vorher mit ihrem Gatten Othman ausge=
wandert, und nur Zeinab ward von ihrem ungläubigen Gatten
Abul Aaß in Mekka zurückgehalten. Auch seine Braut Aïscha
und die übrigen Angehörigen Abu Bekrs kamen mit der Familie
Mohammeds, geleitet von Mohammeds Sklaven, Zeid, und
Abu Bekrs Diener, Abballah, wohl erhalten in Medina an.
Aber sowohl Mohammeds nächste Verwandten, als die meisten
anderen Auswanderer konnten in der ersten Zeit das Klima
von Medina nicht gut ertragen, sie litten an Fieber und mit=
unter auch an Heimweh. Um letzterem Uebel so viel als mög=
lich zu steuern, suchte ihnen Mohammed die aufgegebene Fa=
milie durch eine neue zu ersetzen, indem er eine förmliche
Verbrüderung [104] zwischen fünfundvierzig Ausgewanderten und

103) Nach einigen Berichten geschah ihm gar nichts, dieß wäre mög=
lich, weil wahrscheinlich die Kureischiten im Augenblicke ihrer Ent=
täuschung nur daran dachten, Mohammed nachzusetzen. Auf der
anderen Seite wird hingegen berichtet: Ali kam mit blutenden
Füßen in Mekka an, weil er aus Furcht vor den Kureischiten nur
des Nachts reiste und den Tag über sich verbarg, woraus man
schließen dürfte, er sei heimlich entflohen. Wie kam es aber, daß
man Mohammeds und Abu Bekrs Familie in Frieden ziehen
ließ? ich glaube fast, daß die muselmännischen Biographen die
Leiden und Gefahren der ersten Gläubigen viel größer darstellten,
als sie wirklich waren, und daß die Kureischiten recht froh waren,
sie alle los zu werden.

104) Sowohl den Zweck, als die Dauer der Verbrüderung habe ich
nach J. und Ch. angegeben, die Erklärung des letzten Verses der
8. Sura gibt auch Djalalein so an. Er bemerkt gleich beim 75.
Vers, wo es heißt: die Auswanderer und Hülfsgenossen sind ein=

eben so vielen gläubigen Medinensern zu Stande brachte, welche so weit ging, daß jedes verbrüderte Paar mit Hintansetzung der Blutsverwandten sich beerbte. Diese Brüderschaft bestand bis nach dem Treffen von Bedr, welches den Muselmännern so viele Achtung verschaffte, und ihr Leben in Medina so angenehm machte, daß sie keiner besonderen Verbindung mehr bedurften; da kehrte jeher wieder zu seiner Familie zurück, und die Verwandten wurden durch den Schluß des achten Kapitels des Korans wieder in ihr früheres Erbrecht eingesetzt. Die Stelle lautet: Diejenigen, die Verwandten haben, stehen einander näher (bei Erbschaften, als die Glaubensverwandten) im Buche Gottes, der alles weiß.

Noch vor dieser Verbrüderung, welche nach den meisten Berichten im fünften Monate nach Mohammeds Ankunft in Medina stattfand, ward der Bau der Moschee begonnen, welche noch heute Mohammeds Grab umschließt, und von den meisten Pilgern nach der Wallfahrt nach Mekka besucht wird. Der dazu gekaufte Platz war ehedem ein mit Dattelbäumen be-

ander am Nächsten, mit Ausnahme der nicht ausgewanderten Gläubigen: „Dieses wird am Schluße der Sura aufgehoben." Und zum Schluße der Sura bemerkt er, was ich im Texte eingeklammert habe (fi'l irthi min attawâruthi bilîmani). Vergl. auch Sale's Koran in der Uebersetzung von Arnold, S. 210. H. v. Hammer hat (S. 97) den Zweck dieser Verbrüderung verkannt, und den Vers, wodurch sie aufgehoben ward, falsch erklärt. Der Leser urtheile aus seinen eigenen Worten: „Zugleich kam die Verbindung von fünfundvierzig Männern, theils Ausgewanderten (von Mekka), theils Hülfsgenossen (von Medina) zu Stande, vermöge dessen sie sich verbanden, dem Propheten in allen Gefahren mit gewaffneter Hand und Aufopferung ihres Lebens beizustehen. Viele derselben besiegelten diesen Bund in der Schlacht von Bedr mit ihrem Blute, und auf dieselben bezieht sich der nach dieser Schlacht gesandte Vers des Korans: „Die da glauben und auswanderten und kämpften mit euch, diese sind von den Euern. Von den Verwandten stehen Einige (die Verbündeten) höher, als die andern im Buche Gottes, der alle Dinge weiß."

pflanzter Begräbnißort gewesen; man mußte daher zuerst die
Todten ausgraben und die Bäume abhauen, deren Holz in=
dessen zum Bau verwendet ward. Es war ein äußerst ein=
faches Gebäude, nur sieben, nach Einigen sogar nur fünf Ellen
hoch, die Wände waren größtentheils aus Backsteinen, der
Boden ward erst später mit Kies belegt und Palmzweige bil=
deten das Dach. Die Moschee hatte hundert Ellen im Ge=
vierte, und drei Thore; das hintere Thor oder das südliche,
wo jetzt die Kibla ist, das Thor Atika, welches auch das der
Barmherzigkeit genannt ward, und das Thor Gabriels, auch
unter dem Namen „Thor der Familie Othmans" bekannt. Ein
Theil der Moschee diente den armen Muselmännern zur Woh=
nung und hieß Soffat [105]). Des Nachts wurde sie mit Spähn
von Dattelnbäumen beleuchtet, bis Tamim Abbâri nach Medina
kam und einige Oellampen stiftete. Mohammed stand in der
ersten Zeit auf dem Boden, den Rücken an einen Palmstamm
gelehnt, erst später, als die Zahl der Muselmänner sich ver=
mehrte, bestieg er, um während des Gebets und der Predigt
von seinen Zuhörern gesehen zu werden, eine Erhöhung
(minbar) von drei Stufen [106]). Auf dieser Tribüne predigte

105) Alle Einzelnheiten dieser Moschee habe ich aus J. und Ch. ge=
schöpft. Die für die damalige Zahl der Gläubigen unverhältniß=
mäßige Größe der Moschee erklärt sich dadurch, daß sie gewisser=
maßen auch zugleich ein Armenhaus war, was man auch am
Schlusse von Abulfeda's Leben Mohammeds findet.

106) Als Mohammed zum ersten Mal diese Tribüne bestieg, so lautet
die Legende, stieß der Stamm, an den er bisher seinen Rücken
gelehnt hatte, ein Wehegeschrei aus, gleich dem eines Kameels,
dem man sein Junges entreißt. Mohammed rief ihn dann zu
sich und sagte ihm: „Wenn du willst, lasse ich dich in einen Garten
pflanzen, wo du wieder frisch aufleben kannst, oder ich erhebe dich
einst ins Paradies, damit Gottes Freunde sich an deinen Früchten
laben." Der Stamm zog letzteres vor und ward einstweilen unter
die Tribüne begraben. Daß dieser Stamm oder Stock nach
Cordova gebracht worden sei, wie H. v. H. (S. 97) berichtet,
habe ich bei J., aus dem es Ibrahim Halebi geschöpft haben

er [107]) zuweilen sitzend, zuweilen stehend an einen Stock gelehnt.
Abu Bekr scheute sich nach Mohammeds Tod die dritte Stufe
zu ersteigen, und Omar blieb sogar auf der ersten Stufe ste=
hen. Othman ward es daher sehr übel genommen, als er
die Stelle des Propheten zu betreten wagte, und sie mit Sei=
denstoffen belegte. Indessen ließ sich schon Muawia eine
Tribüne oder Kanzel von fünfzehn Stufen errichten. Auch
die ganze Moschee ward von den spätern Chalifen umgestaltet,
und aus einem einfachen Bethause in einen glanzvollen Tem=
pel verwandelt. Schon Omar war genöthigt, sie zu vergrö=
ßern, doch ließ er ihr die alte Einfachheit, und gebrauchte die=
selben Baumaterialen, welche zu ihrer ersten Gründung ange=
wandt wurden. Unter Othman erhielt sie eine Länge von 160
und eine Breite von 150 Ellen, an die Stelle der gebrannten
Erde mit hölzernen Pfosten, traten Steine und bemalte Säulen,
und ein Plafond von Ebenholz verdrängte die über Balken
hingeworfenen Palmzweige. Unter Walid [108]) ward sie bis
auf 200 Ellen verlängert, ihre Breite war auf der Vorder=
seite ebenfalls 280 Ellen und auf der Hinterseite 180 Ellen.
Damals wurden die Häuser der Gemahlinnen Mohammeds,

soll, nicht gefunden. J. erzählt nur bald darauf: „Die schönste
Kanzel der Welt war die von Cordova. Sieben Meister arbei=
teten sieben Jahre lang daran, und erhielten 10050 Mithkal Gold
für ihren Taglohn. Dort wurden auch vier Blätter von Oth=
mans Koran aufbewahrt, die mit seinem Blute befleckt waren."

107) S. fol. 107 gibt die zwei ersten Anreden, welche Mohammed in
dieser Moschee hielt, sie lauten zusammen dem Inhalte nach über=
einstimmend mit der in Anmerkung 102 angeführten, und scheinen
mir eben so unächt, als Jene.

108) Der Chalif Walid, der im Jahr 705 den Thron bestieg, und
unter dessen Regierung Musa und Tarik Spanien unterjochten,
während andere Feldherrn bis an die Grenze von China drangen,
spielt in der Geschichte der arabischen Architektur keine geringere
Rolle, als in der, muselmännischer Eroberungen. Das erste Mi=
naret auf der großen Moschee zu Damaskus ward auch unter
seinem Chalifate erbaut. Herbelot.

welche dieser in der Nähe der Moschee bauen ließ, umgerissen, und der Moschee einverleibt. Unter Mahdi [109]) und Mamun [110]) ward sie um das Doppelte vergrößert, später aber zwei Mal vom Feuer zerstört, und ist jetzt nur etwa 160 Ellen lang und 130 breit. Die sechs Thore, welche sie unter Omar erhielt, sind wieder auf vier reducirt worden, und heißen: Gabriels=, Frauen=, Barmherzigkeits= und Friedens=Thor. Das erste Häuschen oder besser die erste Hütte, welche Mohammed neben die Moschee bauen ließ, war die seiner Gattin Sauda, dann seiner Braut Aïscha, welche er nach einigen Berichten schon im siebenten, nach anderen erst im siebenzehnten Monate nach seiner Ankunft in Medina heirathete. Sie erzählt diese

109) Harun Arraschids Vater, Mahdi, war nicht weniger prachtliebend, als der eben genannte Walid, und seine Freigebigkeit grenzte an Verschwendung. Eine Wallfahrt nach Mekka soll ihn 6 Millionen Dinare gekostet haben, was nicht unglaublich ist, wenn man weiß, daß er unter Anderem zur Reise so viele Kameele mit Eis beladen ließ, daß er während seines ganzen Aufenthalts in Mekka seine Getränke damit erfrischen konnte. Er starb auf der Jagd im Jahr 785 nach einer zehnjährigen glanzvollen Regierung, ibid.

110) Mamun, der Sohn Harun Arraschids, sollte nach den Bestimmungen seines Vaters Chorasan verwalten, und als nächster Thronerbe mit seinem jüngern Bruder Amin im Gebete erwähnt werden. Da aber Amin diesen Bestimmungen zuwider handelte, erklärte ihm Mamun den Krieg. Amins Truppen wurden geschlagen, und schon im Jahr 812 beschränkte sich seine Herrschaft nur noch auf die Stadt Bagdad. Im folgenden Jahre ward er von einem von Tahirs Soldaten ermordet. Mamun hatte indessen noch viele Empörungen zu bekämpfen, zuerst der Aliden, und als er diesen zu Gefallen einen Abkömmling Ali's zu seinem Nachfolger ernannte, der Abassiden, welche Ibrahim, Mahdi's Sohn, als Chalifen ausriefen. Im Jahr 816 brach er endlich nach Bagdad auf; Ibrahim mußte fliehen und der Vezier Fadhl mit seinem Aliden wurde dem Volkshasse geopfert. Mamun starb auf einem Kriegszuge gegen den Kaiser Theophilus im Jahr 833. War er auch als Regent nicht lobenswerth, so hat er sich als Beschützer der Künste und Wissenschaften unsterblich gemacht.

Begebenheit selbst mit folgenden Worten [111]): „Als wir nach Medina kamen, stiegen wir bei dem Chazradjiten Harith ab, da ward ich fieberkrank und verlor meine Haare. Eines Tages, als ich noch in einer Schaukel lag und einige Freundinnen bei mir waren, kam meine Mutter, und hieß mich aufstehen; ich folgte ihr, ohne zu wissen, was sie von mir wollte, bis an unsere Hausthüre. Da nahm sie etwas Wasser und wusch mir Gesicht und Kopf. Dann führte sie mich in die Wohnung, und siehe da! es befanden sich viele Frauen der Hilfsgenossen darin, die mir entgegenriefen: zum Glück und zum Segen! Diese Frauen putzten mich dann ein wenig auf, und stellten mich dem Gesandten Gottes vor. Ich war damals erst neun Jahre alt [112]).“ Der Hochzeitschmaus bestand aus einem Becher Milch, den Mohammed aus dem Hause Saads erhielt, der ihn abwechselnd mit Asad speiste, und das ihr zugesagte Heirathsgut aus zwölf Okk Silber, welche ihm sein Schwiegervater geschenkt hatte. Reihen wir an diese Hochzeit die Trauung Ali's mit Mohammeds Tochter, Fatima, welche einige

---

111) Diese Erzählung ist aus J. und Ch. nach Buchari und Muslim; bei J. kommen einige andere noch vor, welche aber im Wesentlichen mit dieser übereinstimmen. Nach den Meisten fand diese Ceremonie in der Wohnung Abu Bekrs statt, nach einigen in Aïschas Haus.

112) Aïscha hatte nach einer Tradition stets zwei ihrer Gespielinnen bei sich. Eines Tages, als Mohammed von einem Feldzuge heimkehrte, sah er sie mit einem papierenen Pferde spielen, das Flügel hatte; da fragte er sie: „Hast du je ein Pferd mit Flügeln gesehen?“ Ich habe noch kein solches gesehen, antwortete sie, wohl aber gehört, daß der Prophet Salomon ein solches besaß; da lachte Mohammed so heftig, daß man seine Stockzähne sehen konnte. Aïscha erreichte nach den zuverläßigsten Berichten ein Alter von 63 Jahren, ihr Tod ist daher in das Jahr 56 der Hidjrah zu setzen. Man hat von ihr 2210 Traditionen, von denen nach J. 174 allgemeine Anerkennung gefunden. Sie ward aber dennoch nicht neben Mohammed begraben. Darnach ist D'Herbelot im Artikel Aïscha zu berichtigen.

Monate später stattfand, über deren eigentliche Zeit aber die
Traditionen eben so sehr von einander abweichen, wie über
die Vermählung Mohammeds mit Aïscha. Auch über das
Alter des Bräutigams stimmen die Ueberlieferungen nicht mit
einander überein, doch nehmen die Meisten an, Ali sei damals
noch nicht zweiundzwanzig [113]), und Fatima erst fünfzehn Jahre
und sechs Monate alt gewesen. Um ein Heirathsgut von 400
Drachmen aufzubringen, mußte Ali nach Einigen sein Panzerhemd, nach Andern sein Kameel verkaufen. Die eigentliche
Hochzeit ward aber nach sämmtlichen orientalischen Quellen
erst am Ende des zweiten Jahres der Hidschrah gefeiert [114]).
In der Hochzeitsnacht ließ sich Mohammed Wasser bringen
und verrichtete damit die Waschung, welche vor dem Gebete
üblich ist, dann goß er von diesem Wasser über Ali und Fatima, und sagte: Gottes Segen in sie, Gottes Segen über sie,
Gottes Segen zu ihnen, bei ihrer Vereinigung. Ihre Aussteuer bildeten zwei Röcke, ein Kohelapparat, zwei silberne
Armbänder, ein ledernes Kopfkissen mit Palmenlaub gefüllt,
ein Becher, eine Handmühle, zwei große Wassergefäße und ein
Krug; als Bett hatten sie nur ein Hammelfell und eine Decke,
welche so kurz war, daß sie nur die Hälfte ihres Körpers be-

113) Dieses Alter stimmt mit der Meinung derjenigen überein, welche
behaupten, Ali sei erst acht Jahre alt gewesen, als er zum Islam
übertrat; nur müßte dann seine Trauung in das erste Jahre der
Hidschrah gesetzt werden.

114) Nicht wie bei H. v. Hammer, welcher die Trauung von der eigentlichen Hochzeit (Bina) nicht unterscheidet. Ch. gibt auch hier
die Trauungsformel, die aber wahrscheinlich einer späteren Zeit
angehört und keiner besondern Erwähnung verdient, eben so wenig, als einige andere Traditionen, die von der, welcher ich gefolgt bin, in Kleinigkeiten abweichen. Im Eingang zur eigentlichen Trauungsformel sagt Mohammed unter anderem: „Gelobt
sei Gott, der die Menschen erhoben durch seine Religion, und
geehrt durch seinen Propheten Mohammed." Dieser Satz allein
wird wohl genügen, um meine Zweifel an dem Alter dieser
Chutbah, wie sie die Araber nennen, zu rechtfertigen.

deckte. Diesen ärmlichen Hausmobilien entsprach auch der Hochzeitsschmauß, welcher in einer Schüssel voll Datteln und Oliven bestand.

Fassen wir, um nachher Mohammeds Kriegszüge nicht zu unterbrechen, hier noch die verschiedenen Gebote zusammen, die Mohammed in den ersten zwei Jahren nach der Hidjrah an die Gläubigen erließ, so lassen sie sich am leichtesten an sein Verhältniß zu den Juden knüpfen und aus demselben erklären. Mohammed scheint in der ersten Zeit große Hoffnungen auf sie gebaut zu haben, dieß konnte er mit einigem Recht, da die Dogmen der jüdischen und mohammedanischen Religion so ziemlich mit einander übereinstimmen, und die Erscheinung eines Propheten nach Moses sogar von diesem ausdrücklich angezeigt war. Er schloß bald nach seiner Ankunft in Medina mit ihnen so gut wie mit den Stämmen Aus und Chazradj ein förmliches Bündniß, und um sie noch mehr an sich zu fesseln, machte er ihnen manche Concessionen, die er später widerrief. Er be-stimmte Anfangs Jerusalem zur Kibla, das heißt zu der Seite, welcher man beim Gebete das Gesicht zuwenden sollte, ließ den Juden, die den Islam annahmen, ihre Sabbathfeier [115] und andere mosaischen Gesetze, und beobachtete sogar selbst das Fasten des Jom Kipur, d. h. des zehnten Tages im Monat

---

115) Darüber hat J. folgende merkwürdige Stelle: Es wird berichtet: „Als Abdallah ben Salâm und einige andere Juden sich zum Islam bekehrten, beharrten sie bei der Verehrung des Sabbat und der Verabscheuung des Kameelfleisches und der Kameelmilch. Dieß fiel den übrigen Muselmännern auf, und sie sagten zu Mo-hammed: Ist die Tora ein göttliches Buch, so laß auch uns deren Vorschriften befolgen. Hierauf sandte der erhabene Gott den Koransvers (II. 208): „Ihr, die ihr glaubet, gebet euch vollkom-men dem Islam hin! Folget nicht den Schritten Satans, er ist euer offenbarer Feind!“ Mohammed blieb natürlich keine andere Wahl übrig, denn hätte er den Gläubigen den Genuß des Ka-meelfleisches oder dessen Milch verbieten wollen, so wäre ihnen geradezu Arabien zur unmöglichen Heimath geworden.

Tischri, mit welchem das jüdische Jahr beginnt [116]). Als er sich aber in seinen Hoffnungen getäuscht sah, und nur Wenige sich ihm anschloffen, die Meisten aber, theils weil sie einen Messias aus dem Geschlechte Davids erwarteten, theils weil sie alle mosaischen Gesetze beibehalten wollten, ihm nicht nur kein Gehör schenkten, sondern ihn sogar zum Gegenstande ihres Spottes machten, da näherte er sich wieder mehr dem alten arabischen Glauben. In der Moschee zu Medina sowohl, als zu Kuba ward die Kibla, nach den besten Berichten siebenzehn Monate nach der Auswanderung, nach Mekka gerichtet, und ein Monat später ward an die Stelle des Aschur, wie die Muselmänner den jüdischen Fasttag nannten, der den Arabern heilige Monat Ramadhan zum Fastmonate bestimmt. Die darauf bezüglichen Verse des Korans lauten [117]): „O ihr, die ihr glaubet! Es sind euch Fasten vorgeschrieben, wie sie es Andern vor euch waren, o möchtet ihr (dadurch) gottesfürchtig werden! Eine bestimmte Zahl Tage (habt ihr zu fasten), wer aber (während derselben) krank oder auf der Reise ist, der hat

116) Außer diesem Fasttage fasteten die Muselmänner, ehe der Ramadhan geboten ward, auch noch den 13., 14. und 15. Tag eines jeden Monats, und diese Tage wurden nach J. „die weißen Tage" genannt. Nach einigen Traditionen auch den zehnten Tag des Monats Muharram, des ersten muselmännischen Monats, welcher auch für die Kureischiten ein Festtag gewesen sein soll. Wahrscheinlich hatten die Kureischiten schon, dem Beispiele der Juden folgend, den zehnten Tag des ersten Monats des arabischen Jahres zum Fasttage bestimmt. Als aber Mohammed im September nach Medina kam, und die Juden, welche durch ihre Schaltmonate stets mit dem Sonnenjahre in Einklang bleiben, gerade ihren Fasttag hatten, während die Araber damals im Monate Rabial Awwal, d. h. im dritten Monate ihres reinen Mondjahres sich befanden, ließ Mohammed diesen Fasttag an dem den Juden heiligen Tagen beobachten. So bei J. (Vergl. darüber auch Pocock spec. hist. Arab. ed. White, S. 301).

117) Surat II. Vers 184—186. Ueber die verschiedenen anderen Interpretationen des Wortes julikunahu. Vergl. Maraccius S. 68.

sie durch so viele andere Tage zu ersetzen; wem es aber zu schwer fällt, der muß als Sühne einen Armen speisen, wer gerne noch mehr thun will, dem kommt es zu gute, doch ist es noch besser, wenn ihr fastet. Wenn ihr das wisset (so befolget es auch), der Monat Ramadhan (ist der Fastmonat), an welchem der Koran herabgestiegen, als Leitung für die Menschen und klare Zeichen des Lichts und der Scheidung (des Wahren vom Falschen) u. s. w." An die Faste des Ramadhan schließt sich das Gebot der Almosen am Ende des Monats [118]), ebenfalls eine Annäherung an die Gebräuche der heidnischen Araber, welche, wie wir schon bei Abd Almuttalib gesehen, während dieses ganzen Monats eine besondere Mildthätigkeit gegen die Armen ausübten. Auch feierte er im zweiten Jahre in Medina zum ersten Male das eigentliche Wallfahrtsfest, opferte dabei einen Widder, von dem er einen Theil mit den Seinigen verzehrte und das Uebrige den Armen verschenkte, und gebot allen Gläubigen das Gleiche zu thun. Auch wurde, um nichts mit Juden und Christen gemein zu haben, welche durch Trompeten und Glocken die Gebetsstunde anzeigten, das Idsan [119]) eingeführt, d. h. das Ausrufen derselben durch eine Menschenstimme zuerst von der Kanzel, dann von der Terrasse und später vom Minaret der Moscheen herab. Die hiebei noch

118) Nach diesem Gebote muß für jeden Muselmann ohne Unterschied des Geschlechts und Alters, ja sogar für den Sklaven ein Maaß von ungefähr 5⅓ Pfund von den gewöhnlichen Lebensmitteln des Ortes, in welchem man sich befindet, den Armen gegeben werden. Dieses Gebot, welches nach allen Berichten im zweiten Jahre der Hidjrah erschien, darf nicht (wie bei H. v. H. S. 111) mit dem allgemeinen Gebote der Almosen verwechselt werden, das nach Einigen erst später mitgetheilt ward. Letzteres ist eine Art Armensteuer von Vieh, Getreide, Früchten, Geld und Handelsgegenständen, je nach dem Betrag derselben.

119) Ueber die Zeit, in welchem das Idsan eingeführt ward, weichen die Traditionen von einander ab, einige nehmen das erste Jahr der Hidjrah an, andere, und dieß ist wahrscheinlicher, erst nach der Veränderung der Kibla.

jetzt üblichen Worte sind: „Gott ist der Höchste, ich bekenne, daß es nur einen einzigen Gott gibt, daß Mohammed Gottes Gesandter ist. Kommet zum Gebete! Erscheinet zum Heil! Gott ist der Höchste. Es gibt nur einen einzigen Gott." Bei dem Frühgebete wird noch hinzugesetzt: „Beten ist besser als Schlafen."

Unter den wenigen Juden, welche Mohammed huldigten, wird besonders der schriftgelehrte Abd Allah ben Salam genannt, der an ihn drei talmudische Fragen gerichtet, und durch deren Beantwortung sich von dessen prophetischem Geiste überzeugt haben soll. Die erste dieser Fragen betrifft die Geschlechtsähnlichkeit des Kindes mit Vater oder Mutter, die zweite die Speise der Frommen im Paradiese, und die dritte das Wahrzeichen des jüngsten Tages [120]).

Die Glaubensänderung dieses gelehrten Mannes, so wie einiger andern, welche Mohammed in den Stand setzten, mit der ganzen talmudischen Dialektik und Spitzfindigkeit gegen die Juden zu polemisiren, mehr aber noch die durch den Islam sich wieder allmählig herstellende Einigkeit zwischen den Stämmen Aus und Chazradj, aus deren Unfrieden sie so viele Vortheile gezogen hatten, mußte die Juden Medinas zu wahren Feinden der Muselmänner machen. Obschon sie aber Mohammed auf jede Weise herabzusetzen und die noch heidnischen

120) Die Antwort auf die erste Frage, die ich in keiner Uebersetzung wiedergeben kann, lautet nach einer Tradition bei J.: Idsa ala mâu-r-raradjuli mâal marati djâal-wâladu dsakaran, waidsa ala mâul marati mâu-r-radjuli djâa untha. Diese Antwort stimmt ganz mit dem überein, was Ibn Esra zum dritten B. M. 12,2 berichtet, nur darf das Wort ala nicht wie bei J. durch Sabaka, sondern im Gegentheil im wörtlichen Sinne „daraufkommen" genommen werden. Auf die zweite Frage antwortete Mohammed: Die Leber des Seeungeheuers, wobei er wahrscheinlich den großen Fisch Liwjatan meinte, worüber man das Nähere bei Eisenmenger, II. S. 873 und 74 findet. Die Antwort auf die dritte war: ein großes Feuer, ebenfalls übereinstimmend mit jüdischen Sagen. Vergl. Eisenmenger, II. S. 700.

Araber ihm zu entfremden suchten, obschon Mohammed sogar eine langwierige Krankheit, an welcher er darniederlag, ihrem Zauber zuschrieb[121]), so ließ er es doch zu keinem offenen Bruch mit ihnen kommen, denn er wendete lieber die wenigen Kräfte, die ihm damals zu Gebote standen, gegen seine gefähr= licheren Feinde, die mächtigen Kureischiten, welche ihn genö= thigt hatten, seine Heimath zu verlassen.

Schon im ersten Jahre nach seiner Ankunft in Medina hatte nämlich Mohammed den Krieg gegen Diejenigen, welche sich feindselig gegen ihn und die Gläubigen benahmen, im Namen Gottes erlaubt, und ihnen den Beistand des Himmels zugesagt. Bald darauf ward ihnen sogar der Krieg gegen ihre Verfolger geboten, und mit Ausnahme der vier heiligen Monate gegen alle Ungläubigen erlaubt[122]). Die ersten

121) Darüber hat J. Folgendes: Der Jude Lebid, Sohn Aaßams, suchte sich durch einen jüdischen Knaben, welcher Mohammed be= diente, von seinen Haaren zu verschaffen, und knüpfte sie an Mohammeds Bild, das er nach Einigen aus Wachs, nach Andern aus Teig verfertigte. In diese Wachs= oder Teigfigur steckte er eine Nadel und spannte eine Bogensehne darüber, in die er elf Knoten knüpfte, und begrub sie in einen Brunnen. Mohammed ward aber durch den Engel Gabriel davon benachrichtigt; er sandte Ali, um die Figur auszugraben, die Knoten wurden nach einander gelöst, Mohammed fühlte sich immer besser und ward ganz hergestellt, als der letzte Knoten verschwand. Nach Einigen hatten die Töchter Lebids diese Figur in ein Grab verborgen. Als Talisman gegen Zauber erschienen dann die beiden letzten Kapitelchen des Korans, in welchen Gott als Schutz gegen böse Menschen und Geister angerufen wird.

122) Der erste in Bezug auf den Krieg erschienene Vers lautet: „Er= laube denjenigen, welche bekriegt werden, daß auch sie Krieg führen, denn man thut ihnen Unrecht, und Gott ist mächtig genug sie zu beschützen (XXII. 41)." Zum Gebot ward der Vertheidigungskrieg hierauf durch folgenden Vers (II. 191): „Kämpfet auf dem Pfade Gottes gegen diejenigen, die euch bekämpfen, überschreitet aber nicht das Maaß, denn Gott liebt die Uebelthäter nicht." Dieser Vers ward später durch den folgenden aufgehoben: „Bekämpfet

Kriegszüge der Muselmänner, welche damals kaum ein paar hundert Mann ins Feld zu stellen hatten, konnten natürlich nur gegen mekkanische Karawanen gerichtet sein; sie waren aber doch nicht ohne Bedeutung, wenn man bedenkt, daß der von Wüsten umgebenen und blos durch den Handel blühenden Stadt Mekka, kein schwererer Schlag versetzt werden konnte, als wenn die von ihr ausgesandten Karawanen, die auf ihrem Zuge nach Syrien ziemlich nahe an Medina vorüberkommen mußten, keine Sicherheit mehr fanden [123]). Den ersten Feldzug an der Spitze von sechzig oder siebenzig Hülfsgenossen unternahm Mohammed selbst nach den meisten Berichten gerade elf Monate nach seiner Ankunft in Medina. Er galt einer Ka-

sie (die Ungläubigen), wo ihr sie findet, und vertreibt sie aus dem Orte, wo sie euch vertrieben haben," ferner durch den 6. der 9. Sura, welcher lautet: „Sobald die heiligen Monate vorüber sind, bekämpfet die Götzendiener, wo ihr sie findet, nehmet sie gefangen, belagert sie und lauert ihnen überall auf; wenn sie sich aber bekehren, das Gebet beobachten und Almosen geben, so lasset sie ihrer Wege gehen, denn Gott vergibt gerne und ist barmherzig." Ueber die Erlaubniß, auch während der heiligen Monate Krieg zu führen, weiter unten.

123) Es ist nicht schwer, diese ersten Züge der Muselmänner vor den Augen europäischer Leser herabzuziehen, und sie zu verdammen, wer aber die damaligen Sitten der Araber, oder nur das jetzige Beduinenleben kennt, dem erscheinen sie in einem ganz andern Lichte. Einen feindlichen Stamm überfallen und berauben, war und ist noch eben so wenig entehrend, als bei uns die Wegnahme eines Schiffes zwischen zwei gegen einander Krieg führenden Völkern. Einer Kriegserklärung bedarf es bei den Arabern nicht mehr, wo einmal Feindseligkeiten stattgefunden. Den Namen Kriegszug (Ghazwat) verdienen solche Züge immerhin, weil doch die meisten Karawanen ein bewaffnetes Geleite hatten, gegen das man sich schlagen mußte. Daß Mohammed als Prophet sich für eben so berechtigt halten konnte, gegen die Ungläubigen zu kämpfen, die dazu noch seine Feinde waren, wie Moses gegen die Bewohner Palästinas, wird jeder Unpartheiische gerne einräumen.

rawane der Kureischiten, welche Mohammed in dem ungefähr zwei Stunden von Abwa, zwischen Mekka und Medina gelegenen Städtchen Waddan zu überraschen hoffte. Aber der Scheich der Beni Dhamrah [124]), denen ein Theil der Waaren gehörte, welche die Kureischiten nach Syrien schicken wollten, kam ihm mit Friedensvorschlägen entgegen, und er zog ein Bündniß mit diesem Stamme der Beraubung der Karawane vor. Der zwischen ihnen geschlossene Vertrag lautet: „Im Namen Gottes, des Allbarmherzigen, Allgnädigen. Dieses ist die Schrift von Mohammed, dem Gesandten Gottes (dem Gott gnädig sei) an die Beni Dhamrah. Ihnen werde Sicherheit an ihren Gütern und ihrem Leben, und Beistand gegen diejenigen, welche sie anfeinden [125]); hingegen sollen sie kämpfen für den Glauben Gottes, so lange das Meer ein Wollflöckchen benetzt, und wenn der Prophet dem Gott gnädig sei, sie zu seinem Schutze auffordert, müssen sie seinem Aufrufe folgen. Hiedurch erlangen sie den Schutz Gottes und seines Gesandten, dem Gott gnädig sei."

Im folgenden Monate zog er an der Spitze von zweihundert Mann gegen eine zweitausend fünfhundert Kameele starke mekkanische Karawane bis gegen den Berg [126]) Buwat,

124) Die Beni Dhamrah stammen von Bekr, dem Sohne Abd Mana, dem Sohne Kinanah's, ab. (Vergleiche Sujutis Lub Allubab S. 165).

125) H. v. H. theilt S. 103 auch diesen Brief mit; bis hieher ist seine Uebersetzung richtig; statt des folgenden liest man aber bei ihm: „Denn kämpfen sie nicht auf Gottes Wegen? der ihnen gnädig; und wenn sie ihn um Hülfe anrufen, so erhört er sie. Dieses ist Gottes Gewähr' und seines Gesandten Gewähr zu ihrer Sicherheit." Die Worte des Textes lauten bei J.: „Illa an juharibu fî dîni-l-lâhi ma balla bahrun sufatan waanna-l-nabijja sala allahu alaihi wasallama idsa daahum linassratin adjâbuhu alaihim bidsalika dsimmatu-l-lâhi wadsimmatu rasulihi sala allahu alaihi wasallama."

126) Buwat ist nach dem Kamus ein Berg, welcher einige Tagereisen von Mekka im Gebiete des Stammes Djuheina liegt. Bei Ch.:

welcher an der Grenze von Tehama, vier Tagereisen von Mekka liegt, aber sein Unternehmen blieb fruchtlos, denn als er dahin kam, war die Karawane schon vorübergezogen. Auch sein dritter Zug, zwei Monate später, gegen eine tausend Kameele starke und von Abu Sofian angeführte Karawane, welche in Syrien für 50,000 Dinare Waaren einkaufen sollte, war nicht glücklicher, denn als er nach Uscheirah, ein Dorf in der Nähe der Hafenstadt Janbu, kam, vernahm er, daß auch diese Karawane schon vorübergezogen. Es war dieselbe, welcher er bei ihrer Heimkehr auflauerte, und die das Treffen bei Bedr veranlaßte. Doch schloß er auch auf diesem Zuge ein Bündniß mit dem Stamme der Beni Mudlidj [127]). Hier gab er Ali den Beinamen Abu Turâb (Vater des Staubes), weil er ihn mit Ammâr, dem Sohne Jâsir's, in der Wüste schlafend, und so mit Staub bedeckt fand, daß man ihn kaum noch sah [128]). Wenige Tage nachher unternahm Mohammed [129]) seinen vierten

Buwat oder Bawat, ist ein Berg in der Nähe von Radhwa, eine Tagereise von Janbu und vier von Medina, hier ist der Anfang der Provinz Tehama.

27) Auch die Beni Mudlidj, welche im Gebiete von Janbu sich aufhielten, sind ein Zweig der Beni Kinanah, und waren nach S. fol. 128 Bundesgenossen der Beni Dhamrah.

128) Nach andern Berichten gab er Ali diesen Beinamen, weil er, so oft er mit seiner Gattin uneinig war, in die Moschee ging und sich Staub auf den Kopf streute. Der von mir angegebene Grund ist nach S. a. a. O.

129) Nach allen Berichten bei J., Th. und S. a. a. O. verfolgte Mohammed selbst den Räuber Kurz, und ernannte für die Dauer seiner Abwesenheit Zeid Ibn Haritha zum Statthalter von Medina, nur bei H. v. H. (S. 104) sandte er dem Räuber den Seid B. Harise nach. Diesem Irrthum zufolge schreibt er auch S. 113: „Nach fünf sogenannten Feldzügen und drei sogenannten Frohnkämpfen, bei welchen allen nur einmal gefochten und Einer erschlagen ward, hatte endlich das Treffen bei Bedr statt." H. v. H. nennt nämlich diejenigen Züge, welche Mohammed selbst anführte „Frohnkämpfe," und die übrigen „Feldzüge." Was die arabischen Benennungen dafür betrifft, so gebrauchen sie für er-

Zug gegen Kurz Ibn Djabir, welcher eine medinensische Vieh=
heerde weggetrieben hatte; er setzte ihm bis nach dem Thale
Safwan, in der Nähe von Bedr, weshalb auch dieser Zug der
erste von Bedr heißt, nach, konnte ihn aber nicht einholen.
Mohammed hatte schon auf den drei letzten Zügen eine weiße
Fahne bei sich, welche er im ersten Saad Ibn Abi Wakkaß,
im zweiten seinem Oheim Hamza und im dritten Ali anver=
traute. Auch ernannte er jedesmal, ehe er Medina verließ,
einen Stellvertreter, und zwar zuerst Saad Ibn Ibâdah, dann
Saib Ibn Othman, hierauf Abu Salma Ibn Abd Alasad und
während des vierten Zuges Zeid Ibn Hâritha. Außer diesen
vier Zügen, welche Mohammed selbst anführte, fanden vor dem
Treffen von Bedr noch mehrere andere auf seinen Befehl
statt, aber nur der letzte derselben verdient einzelner merkwür=
digen Umstände und des nachher erschienenen Koranverses
willen, eine besondere Erwähnung. Mohammed ließ nämlich
Abd Allah Ibn Djahsch zu sich kommen, und sagte ihm, er
möge mit acht, nach einigen mit zwölf Mann, welche früher
unter Ubeida's Befehl gestanden waren, den Weg nach Süd=
arabien einschlagen. Um aber jede weitere Erörterung über
den Krieg während des heiligen Monats Radjab, in welchem
dieser Zug stattfand, zu vermeiden, vielleicht auch, um desto
eher Gehorsam zu finden, bei einer so gefahrvollen Sendung,
gab er ihm statt aller weitern Verhaltungsbefehle einen ver=
siegelten Brief, mit der Weisung: ihn erst am dritten Tage
seiner Reise zu öffnen, und verlieh ihm als Lohn den ehren=

stere „Ghazwat“ vom Zeitwort „ghaza,“ welches nichts anderes
als „zu einem Kampfe ausziehen“ bedeutet, folglich auch auf den
unbedeutendsten Zug gegen eine bewaffnete Karawane recht gut
paßt. Die andern nennen sie „Sarijjat“ vom Zeitworte „sara,“
„bei Nacht gehen,“ weil diese kleinern Abtheilungen größtentheils
heimlich bei Nacht marschirten. Züge von weniger als fünf Mann
werden auch „Baath“ (Sendung, Gesandtschaft) genannt. Mohammed selbst unternahm nach den meisten Berichten siebenund-
zwanzig Züge, und achtunddreißig fanden unter anderen Anführern statt.

vollen Titel Befehlshaber der Gläubigen (Emir Al Mu'minin), den später Omar zuerst als Chalif führte [130]). Abd Allah vollzog den Willen des Propheten, und als er am dritten Tage dessen Brief erbrach, fand er darin den Befehl, mit seinen Waffengefährten in das Thal von Nachla, zwischen Mekka und Taïf zu ziehen, und daselbst einer Karawane der Kureischiten aufzupassen. Abd Allah theilte den Inhalt dieses Schreibens seinen Gefährten mit, und fragte sie, wer ihm folgen wolle, denn, setzte er hinzu, der Prophet hat mir ausdrücklich verboten, jemanden mit Gewalt mitzunehmen, was

130) Die bisher unbekannten näheren Umstände dieses Zuges habe ich aus J. und Ch. nach den ältesten Biographien Mohammeds, darunter auch S. fol. 129. Der Brief, welchen Abd Allah erhielt, lautete: „Im Namen Gottes, des Allbarmherzigen, des Allgnädigen. Ziehe mit deinen Gefährten (Gottes Segen sei mit dir!) in das Thal von Nachla, und lauere daselbst den Karawanen der Kureischiten auf, vielleicht kannst du uns einige Nachricht über sie bringen." Das Factum des Briefs hat man keinen Grund zu läugnen, denn aus den beiden im Texte angegebenen Gründen, mochte Mohammed diesen Befehl lieber schriftlich, als mündlich ertheilen; er war auch gewiß so diplomatisch gefaßt, daß Mohammed je nach den Folgen Abd Allah's Verfahren gutheißen oder tadeln konnte; nur der letzte Satz des Briefes scheint mir ein späterer muselmännischer Zusatz, erfunden, um Mohammed von dem Verdachte zu reinigen, als habe er die heiligen Monate, noch ehe sie durch ein göttliches Gebot aufgehoben worden, entweiht; denn da Nachla südöstlich von Mekka, auf dem Wege nach Jemen liegt; so begreift man nicht, was Mohammed daran liegen konnte, Nachricht über die Bewegungen der Karawanen zwischen Südarabien und Mekka zu erhalten, da doch, bis sie zu ihm gelangen und er sich rüsten konnte, die Waaren längst den Ort ihrer Bestimmung erreicht haben mußten. Um Mohammed zu entschuldigen, setzen einige seiner Biographen wahrscheinlich auch den Kampf auf den ersten Radjab, während andere den letzten des Monats angeben, so daß nach seiner Absicht der Zweck dieses Zuges vor oder nach dem heiligen Monate hätte erreicht werden können.

mich betrifft, ich bin entschlossen, auch allein den Befehl des Gesandten Gottes zu vollziehen. Er setzte hierauf seinen Weg weiter fort, und alle seine Gefährten folgten ihm. Unterwegs entlief aber das Kameel, auf welchem zwei seiner Soldaten (Saab und Otba) ritten, sie blieben daher zurück, um es aufzusuchen, während Abd Allah mit seinen übrigen sechs oder zehn Mann den Weg nach dem Thale Nachla fortsetzte. Hier angelangt, sahen sie Kameele der Kureischiten vorüberziehen, welche mit Zibeben, Leder und andern Waaren beladen, und nur von vier Mann begleitet waren. Abd Allah folgte ihnen in einiger Entfernung, bis sie Halt machten, und da er bemerkte, daß er ihnen verdächtig erschien, ließ er einem der Seinigen das Haupthaar abscheeren und in ihrer Nähe umhergehen, so daß sie glaubten, es seien Pilger, welche in Mekka die Pflicht der Umra erfüllt hätten [131]). Während sie aber, keine Gefahr ahnend, und auf die Heiligkeit des Monats Radjab vertrauend, in welchem sie sich befanden, keine weitere Vorsicht mehr gebrauchten, überfiel sie Abd Allah mit den Seinigen, tödtete Einen von ihnen (es war der erste Araber, welcher durch die Hand eines Muselmannes fiel), nahm zwei [132])

---

131) Nach J. war der Monat Radjab darum heilig, damit die nicht allzu weit von Mekka wohnenden Araber den Tempel besuchen konnten, denn schon vor Mohammed war außer der großen Wallfahrt noch ein zweiter Besuch des Tempels, Umra genannt, üblich. Die entfernteren Araber aber entledigten sich dieser Pflicht einige Tage vor oder nach dem Pilgerfeste, was auch noch heut zu Tage die meisten muselmännischen Pilger thun. Vergl. über die Umra, Murabja d'Ohsson tableau de l'Empire Ottoman. Nach der Uebersetzung von Beck, II. S. 64—66.

132) H. v. H., welcher doch auch den Chamis benutzt haben will, erwähnt nicht nur von Mohammeds Brief, von dem Zurückbleiben Saads und Otba's, so wie von Abd Allah's List nichts, sondern er spricht auch (S. 104 u. 105) nur von einem Gefangenen, obschon im Chamis, wie auch bei S. a. a. O. sogar ihre Namen (Hikam Ibn Keisan und Othman Ibn Abdallah) genannt werden. Erschlagen wurde nur Amru Ibn Alhadhrami. Ob dieß H. v.

gefangen und nur der vierte entkam, und suchte Hülfe. Er konnte aber Abd Allah, der sogleich mit den beiden Gefangenen und allem Gute der Ueberwundenen seine Rückkehr antrat, nicht mehr einholen, und dieser kam glücklich in Medina an.

Die erste Nachricht von der Entweihung des heiligsten Monats erregte aber eine solche Unzufriedenheit selbst unter den Muselmännern in Medina, daß auch Mohammed sich mißbilligend darüber gegen Abd Allah äußerte, und ihm sagte, er habe ihm doch nicht befohlen, während des heiligen Monates Blut zu vergießen; auch weigerte er sich, den ihm angebotenen fünften Theil der Beute anzunehmen. Da indessen diese wackern Soldaten allzu sehr gekränkt wurden, und übrigens, obgleich Mohammed behauptete, sie haben gegen seinen Willen gehandelt, es doch in ganz Arabien hieß: die Muselmänner erlauben Raub und Mord, während der heiligen Monate, da ferner Mohammed, um den Handel der Mekkaner zu zernichten, ihnen nicht gerne vier sichere Monate im Jahre gönnte, erschien folgender Vers des Korans [133]): „Sie werden dich fragen (so spricht Gott zu Mohammed) über den heiligen Monat (nämlich) über den Krieg während desselben. Antworte! Der Krieg ist eine schwere Sache, aber die Leute von Gottes Pfad abhalten, ihn läugnen, und die Gläubigen aus seinem heiligen Tempel vertreiben, ist eine weit größere Sünde in den Augen Gottes; Empörung (gegen ihn) ist schlimmer, als Mord. Sie werden doch nicht aufhören, euch zu bekämpfen,

H. auch zugibt, weiß man nicht, denn S. 104 heißt es bei ihm: „Die neun Moslimen überfielen sie (die Karawane) in dieser Sicherheit (des heiligen Monats), schlugen die Anführer todt, und nahmen einen der Begleiter der Karawane gefangen." Dann liest man aber auf der folgenden Seite: „Abdallah B. Habschesch, der Anführer, der erste, welcher mit seinen acht Mann nach acht frühern blutlos abgelaufenen Frohnkämpfen und Feldzügen endlich einen Mann erschlagen und einen gefangen u. s. w." Auch Gagnier (S. 309) spricht von zwei Gefangenen, nennt aber den einen „Nasir fils de Wagja."

[133]) Sura 2, Vers 217.

bis sie euch von eurem Glauben abtrünnig machen, wenn sie es können. Wer von euch aber seinen Glauben abschwört, und als Ungläubiger stirbt, dessen Werke sind in dieser und jener Welt zwecklos, er wird zum Gefährten der Hölle, in der er ewig verbleibt."

Nach der Sendung dieses Verses nahm dann Mohammed seinen Theil von der Beute. Für die beiden Gefangenen wurde ihm von den Kureischiten ein Lösegeld von achtzig Okk Silber geboten, einer derselben bekehrte sich aber zum Islam, den andern sandte er nicht eher nach Mekka, bis Saad und Otba, welche zurückgeblieben, wieder in Medina angelangt waren.

Im Ramadhan [134]) des zweiten Jahres der Hidjrah un-

134) Ueber den Tag, an welchem Mohammed Medina verließ, weichen die Nachrichten von einander ab, bei S. fol. 131 ist gar kein Tag bestimmt, nach Tabari und Kastalani war es der zwölfte, nach Ibn Hischam der achte, nach Abulfeda und dem Kitab Alaghani (s. journal Asiatique, 3me série, T. VII. p. 107) der dritte. Da der 17. Ramadhan ziemlich allgemein für den Schlachttag gehalten wird, so ist letzteres Datum das Unwahrscheinlichste, denn Mohammed brachte gewiß nicht vierzehn Tage auf dem Wege von Medina nach Bedr zu. Ob übrigens die Angabe des Schlachttages richtig ist, muß auch noch bezweifelt werden, denn nach allen Berichten soll die Schlacht an einem Freitag vorgefallen sein, der 17. Ramadhan aber war an einem Dienstag, wenn man, wie es ganz richtig ist, den ersten Muharram des ersten Jahres der Hidjrah auf Freitag den 16. Juli 622 setzt, oder an einem Montag, wenn man den 15. Juli als den Anfang der Aera der Hidjrah annimmt. Wie wenig übrigens auf solche Tagbestimmungen zu bauen ist, haben wir schon bei Mohammeds Ankunft in Medina gesehen, und zeigt sich hier wieder deutlich denn derselbe Ibn Hischam, der die Schlacht von Bedr auf Freitag den 17. Ramadhan setzt, sagt auch nach dem Chamis, Mohammed habe Medina am Montag den 8. Ramadhan verlassen. Die guten Leute haben eben die verschiedenen Traditionen wiedergegeben, ohne sich viel darum zu kümmern, ob sie sich widersprechen, oder nicht.

ternahm Mohammed selbst den ersten größern Zug, in der
Absicht, die aus Syrien zurückkehrende große Karawane der
Kureischiten auszuplündern, welcher er auf ihrer Hinreise ver=
gebens in Uscheira aufgelauert hatte. Die Aussicht auf eine
reiche Beute lockte dießmal eine größere Mannschaft unter
seine Fahne als bisher, denn es schlossen sich zum ersten Male
den dreiundachtzig [135]) Ausgewanderten auch einundsechzig Au=
siten und hundertundsiebenzig Chazradjiten an, und jede dieser
drei Truppenabtheilungen hatte ihren besondern Fahnenträger.
Doch hatten diese dreihundert und vierzehn Mann nur siebenzig
Kameele und zwei oder drei Pferde bei sich, die sie abwechselnd
bestiegen. Da aber Abu Sofian, welcher die mekkanische Ka=
rawane anführte, sobald er die Grenze des Hedjas erreichte,
von Mohammeds Absicht Kunde erhielt, sandte er einen Eil=
boten nach Mekka, um Truppen zu seiner Vertheidigung her=
beizurufen. Dhamdham, welcher diese Botschaft übernahm,
eilte auf einem Dromedare nach Mekka. In der Nähe des
Tempels machte er Halt, schnitt seinem Reitthiere, als Zeichen
der Verzweiflung, die Nase und die Ohren ab, kehrte dessen
Sattel um, zerriß sein Gewand, und rief: Gemeinde Kureisch!
die Karawane [136])! die Karawane! Mohammed ist mit seinen
Gefährten euern Gütern entgegengezogen, welche ihr Abu

135) Die hier angegebene Zahl ist nach Ibn Ishak, bei J. und Ch.,
S. fol. 148 und bei Caussin de Perceval (im angef. Bd. des
s. A.). Andere zählen nur 313 Muselmänner, worunter 73 oder
80 Muhadjirin und die übrigen Ansar. Von diesen 313 ziehen
Manche noch acht Mann ab, welche sich gerüstet hatten, aber
wegen verschiedener Abhaltungen zurückbleiben mußten. Auch über
die Zahl der Pferde, von eins bis fünf, sind die Berichte ver=
schieden, doch nehmen die Meisten nur zwei oder drei an. Nach
Ch. hatten sie nur sechs Panzer und acht Schwerter bei sich, ihre
Waffen bestanden demnach nur aus Pfeilbogen und Lanzen.
136) Das heißt nach J. so viel, als „eilet zur Karawane!" Das hier
gebrauchte arabische Wort Latimah bedeutet eigentlich nach dem
Kamus eine Karawane, welche Moschus transportirt. H. v. H.
hat dafür (S. 114) „die Ohrfeige, die Ohrfeige!"

Sofian anvertraut, ich weiß nicht, ob ihr sie noch einholet. Hülfe! Hülfe! Abu Djahl wiederholte dann diesen Nothruf auf dem Dache der Kaaba, und sogleich bewaffneten sich die Kureischiten, und schlugen den Weg nach Syrien ein. Sie waren neunhundert fünfzig, nach Einigen tausend Mann stark mit hundert Pferden und siebenhundert Kameelen. Mohammed, welcher von dem Auszuge der Mekkaner noch keine Ahnung hatte, verfolgte eine Strecke weit die Straße nach Mekka, ließ sie aber dann zu seiner Linken liegen und wendete sich rechts, dem rothen Meere zu, nach der Richtung des Brunnens Bedr, welcher achtundzwanzig Pharasangen südwestlich von Medina liegt, und an welchem die Karawane der Kureischiten vorüber= zukommen pflegte. Da aber Abu Sofian, welcher seiner Ka= rawane vorausgeeilt war, in Bedr die Spuren von Moham= meds Kundschaftern entdeckte [137]), wich er vom gewöhnlichen Wege ab, und zog in aller Eile längs der Küste des rothen Meeres fort, bis er einen so großen Vorsprung vor Moham= med gewann, daß er außer aller Gefahr war. Er sandte dann den Kureischiten einen Boten, um sie von seinem glück= lichen Durchzuge zu benachrichtigen, und zur Rückkehr nach Mekka zu bewegen. Als diese in Djohfa [138]) hörten, daß ihre Karawane in Sicherheit gebracht, wollten Manche, die nur zur Vertheidigung derselben ausgezogen waren, wieder nach Mekka zurückkehren. Andere riethen von einem Kampfe mit Menschen, die nichts zu verlieren haben, ab [139]), wieder Andere schlugen

137) Man erkannte Mohammeds Kundschafter an den Dattelkernen, welche sie weggeworfen, denn die aus der Gegend von Medina waren kleiner, als die übrigen. (Th. bei dem Feldzuge von Radji, wo die Muselmänner auf dieselbe Weise erkannt wurden.)

138) Djohfa ist nach dem Kamus der Standplatz der syrischen Pilger und liegt 82 Meilen von Mekka.

139) Omair, welcher als Kundschafter in die Nähe von Mohammeds Truppen gesandt wurde, sagte: „Sie sind nur etwas über 300 Mann stark, aber sie führen den Tod mit sich, es sind Leute, die kein anderes Gewerbe, und keine andere Stütze, als ihre Waffen haben, bei Gott, es wird keiner von ihnen fallen, ehe er seinen

sich nicht gerne mit Truppen, unter denen sich so viele Landsleute, ja sogar viele nahe Verwandten befanden. Dazu kamen
noch verschiedene düstere Träume, welche großen Schrecken
verbreiteten. Doch drang endlich der Vorschlag Abu Djahls
durch, welcher dahin ging, ihren Zug bis Bedr fortzusetzen,
um hier frisches Wasser zu nehmen, und für die Rettung der
Karawane einige Tage der Freude und Belustigung zu widmen.
Die Truppen aus dem Stamme Zuhra kehrten jedoch dreihundert Mann stark [140]), nach Mekka um, denen sich auch viele
andere Mekkaner anschlossen. Auch im Lager der Muselmänner
bei Dsafiran waren indessen die Stimmen getheilt, als sie von
dem Anzuge der Kureischiten Kunde erhielten; denn die meisten
Muselmänner waren nur in der Aussicht, eine schwach verthei-
digte Karawane auszuplündern, Mohammed gefolgt, keineswegs
aber, um sich mit einem ihnen an Zahl weit überlegenen Feinde

Mann getödtet." Otba sagte: „Gemeinde Kureisch! Bei Gott!
führet keinen Krieg gegen Mohammed und seine Gefährten! denn
habt ihr sie besiegt, wird keiner von euch dem andern mehr ohne
Groll ins Gesicht sehen können, denn einer wird des anderen
Stammgenossen oder Verwandten erschlagen. Drum kehret zurück,
und überlasset den andern Arabern den Kampf mit Mohammed,
besiegen sie ihn, so ist ja euer Wunsch erfüllt, wo nicht, so macht
er auch euch zu Schanden, und ihr erreichet euern Zweck nicht.
O ihr Männer! lasset die Schande (der Rückkehr) an meinem
Haupte haften. Man sage: Otba ist ein Feigling. Ihr wisset
aber wohl, daß ich es sonst nicht bin." J. und Ch., auch S.
fol. 135. Der Anfang auch bei C. de P. Otba's Rede, heißt
es bei S., den auch Hakim, Chadidjas Neffe, unterstützte, blieb
nicht ohne Eindruck, aber Abu Djahl hetzte den Bruder des bei
Nachla getödteten Kureischiten auf, welcher laut nach Rache schrie,
bis der Kampf beschlossen ward.

140) Ch. gibt die Zahl der Zuhriten auf dreihundert an, bei J. heißt
es: „Es waren gegen hundert, nach Andern dreihundert." H.
Caussin de Perceval schweigt über ihre Zahl; auch ist sie bei
S. fol. 134 nicht angegeben. Letzterer setzt dann hinzu, es flohen
dann auch Einzelne aus allen übrigen Zweigen Kureischs, nur
von den Beni Adij Ibn Kaab, kehrte Niemand zurück.

zu meſſen. Aber ⋅nicht nur ſdie Häupter der Ausgewanderten
erklärten ſich bereit, ihm überall hin zu folgen, ſondern auch
Saad und Mikdad, welche am meiſten Einfluß auf die Medinenſer hatten, ergaben ſich vollkommen in Mohammeds Willen,
worauf dieſer, von der veränderten Richtung der Karawane
noch nicht unterrichtet, ausrief: „Folget mir, und ſeid frohen
Muths! wir werden entweder die Karawane ausplündern oder
die Truppen der Kureiſchiten ſchlagen. Der Himmel hat mir
es verſprochen [141].‟ So brachen denn die Muſelmänner auf,

141) Bei Gagnier, dem auch H. v. H. folgt, berathet ſich Mohammed
    mit den Häuptern ſeiner Truppen, ob er den Kureiſchiten oder
    der Karawane entgegenziehen ſolle. Dieß mag als Legende ganz
    gut klingen, iſt aber vor einer geſunden Kritik nicht haltbar, und
    wird aus dieſen eigenen Worten Mohammeds bei J. und Ch.
    und S. fol. 132, ſo wie bei C. de P. widerlegt. Mohammed
    konnte, um die Karawane auszuplündern, keinen beſſeren Weg,
    als den von Bedr einſchlagen, wo ſie, wie er von ſeinen Kund-
    ſchaftern vernommen, am folgenden Tage hätte eintreffen müſſen,
    wenn ſie nicht ihre Richtung verändert hätte. Daß aber die
    Mohammedaner dieß erſt nach dem Aufbruche von Dſafiran er-
    fuhren, geht aus folgendem hervor. „Mohammed ließ in der
    folgenden Nacht (ſo erzählt J., Ch., S. fol. 133 und C. de P.)
    Ali, Zubeir und Saad die Gegend von Bedr auskundſchaften.
    Sie kamen mit zwei Gefangenen zurück, welche ausſagten, ſie
    gehörten zu den Truppen der Kureiſchiten, für die ſie Waſſer
    holen wollten. Die Muſelmänner, welche glaubten, ſie gehören
    zur Karawane, ließen ſie, in der Hoffnung, ihnen ein anderes
    Geſtändniß auszupreſſen, ſo lange prügeln, bis ſie ſagten: wir
    gehören zu Abu Sofians Karawane. Mohammed, der während
    dieſer Unterſuchung betete, ſagte nach vollendetem Gebete: „Ihr
    habt dieſe Leute geſchlagen, als ſie die Wahrheit ſagten, und in
    Ruhe gelaſſen, als ſie logen.‟ Von dieſen Leuten erfuhr dann
    Mohammed erſt die Nähe und die Zahl der Kureiſchiten, welche
    hinter einem Hügel ſüdlich von Bedr gelagert waren. In Dſa-
    firan konnte er noch immer hoffen, die Karawane werde vor den
    Kureiſchiten in Bedr eintreffen, und es handelte ſich nur darum,
    ob man es darauf ankommen laſſen ſollte, zuerſt den Truppen zu
    begegnen und ein Treffen zu wagen. Die obige Legende, welche

und zogen gegen Bedr, das sie am folgenden Tage vor den Kureischiten erreichten, weil in der Nacht ein heftiges Gewitter den schlammigen Boden, welchen diese durchziehen mußten, erweicht hatte, während Jene durch den auf ihrer Seite minder starken Regen nur um so leichter den fester gewordenen Sandboden überschreiten konnten. Mohammed nahm sogleich von allen Brunnen Besitz, und ließ in der Nähe des letzten ein Becken graben und füllen, so daß die Seinigen Ueberfluß an Wasser hatten. Einige Kureischiten, welchen es daran mangelte, wurden sogleich mit Pfeilen empfangen, als sie sich dem Brunnen näherten, um welchen die Muselmänner sich gelagert hatten. Hierauf traten drei Kureischiten aus den Reihen, und forderten die Muselmänner zum Zweikampfe auf. Drei Medinenser nahmen die Herausforderung an; da aber jene sich nur mit ihnen ebenbürtigen Mekkanern schlagen wollten, sandte ihnen Mohammed Ubeida, Hamza und Ali als Kämpen ent-

---

S. nicht aufgenommen hat, hat übrigens auch J. und Ch. aus dem Kaschaf. Sie lautet: „Als Mohammed im Thale Dsafiran war, sagte ihm der Engel Gabriel: Gott verspricht dir entweder die Karawane oder die Kureischiten. Mohammed sagte hierauf zu seinen Gefährten: Die Kureischiten sind in aller Eile von Mekka ausgezogen, was ist euch lieber, die Karawane oder der Krieg? Da antworteten sie (einige von ihnen?): Die Karawane ist uns lieber. Mohammed ward blaß und fuhr fort: die Karawane ist schon längs der Meeresküste fortgezogen, und Abu Djahl rückt heran (dieß widerspricht dem Anfang der Legende). Da sagten sie: O Gesandter Gottes! verfolge die Karawane und lasse den Feind! Der Prophet gerieth in Zorn. Da hielt Abu Bekr eine schöne Rede (für den Krieg), dann Omar, dann Saad und zuletzt Mikdad.“ Diese Legende stützt sich übrigens auf den 7. Vers des 8. Kapitels des Korans, welcher lautet: „Als euch Gott eine der beiden Abtheilungen verhieß, wünschtet ihr, daß es die schwächere sei, Gott wollte aber, daß die Wahrheit durch sein Wort offenbar werde, und die Ungläubigen ausgerottet werden.“ Dieser Vers beweist aber nichts, da er sich recht gut so deuten läßt, daß sie wünschten, zuerst der Karawane zu begegnen.

gegen [142]).   Die beiden letzten waren bald mit ihren Gegnern
fertig, als sie aber hierauf Ubeida, welcher verwundet ward,
zu Hülfe eilten, und auch seinen Gegner tödteten, sprangen
die Kureischiten herbei, und das Handgemenge ward allgemein.
Mohammed gab den Muselmännern Ahad (einzig) zum Losungsworte, und begab sich dann mit Abu Bekr in eine Hütte,
welche man ihm auf einer kleinen Anhöhe, in der Nähe des
Kampfplatzes errichtet hatte, und vor welcher einige Dromedare
bereit standen, auf denen er, im Falle einer Niederlage, nach
Medina hätte entfliehen können.   Hier betete er: „Gott, erfülle
jetzt dein Versprechen! geht dieses Häuflein heute zu Grunde,
so wirst du auf der Erde nicht mehr angebetet.“   Die Muselmänner beobachteten auf Mohammeds Befehl einige Zeit nur
die Defensive, und wehrten den Angriff der Kureischiten mit
ihren Pfeilbogen ab.   Erst als diese vom Kampfe ermüdet,
vom Durste ermattet und durch den Tod einiger ihrer Krieger
bestürzt waren, fielen sie auf Mohammeds Geheiß [143]) über

142) In einem Gedichte über das Treffen von Bedr von Ibn Djabir
  heißt es, weil diese drei den ersten Sieg errungen: „Frage Ubeida
  nach ihnen (den Kureischiten) und Hamza, und laß dir von Ali
  erzählen, was ihnen widerfahren an diesem Schlachttage!“
  (Ubeida sal anhum wahamza fastami' hadithahum fi dzaliki-l-
  jaumi min Ali).   Bei H. v. H., der dieses ganze Gedicht nach
  seiner Art übersetzt, lautet dieser Vers (S. 119):

  > „Obeide zog vom Leder und Hamsa zog das Schwert,
  > Hier ward die Ueberlieferung vom Ali ganz bewährt.“

  Ubeida ward zu gleicher Zeit mit seinem Gegner verwundet und
  starb auf der Heimkehr nach Medina.   Hamza und Ali aber gebührt der größte Antheil an dem Siege von Bedr.   Ersterer,
  welcher einen Straußfedernbusch auf der Brust trug, tödtete allein
  neun Feinde und letzterer elf.   Drei oder vier erschlugen sie gemeinschaftlich.

143) Mohammed betete inbrünstig, so lauten die muselmännischen Berichte, bis ihm sein Mantel von den Schultern fiel.   Abu Bekr,
  der bei ihm im Zelte war, hob ihn auf und sagte ihm: „Du hast
  genug gebetet, Gott wird seine Verheißung erfüllen.“   Mohammed
  hatte dann eine Art Ohnmacht (vielleicht wieder einen epilepti-

ihren Feind, und erfochten über ihn einen vollständigen Sieg. Nur vierzehn Muselmänner blieben in dem Treffen, während die Mekkaner siebenzig Todte zählten und vierundvierzig, nach einigen ebenfalls siebenzig der Ihrigen gefangen wurden. Unter den Gefallenen war auch Abu Djahl, von Mohammed der Pharaon seines Volkes genannt, auf dessen Anstiften dieses Treffen stattgefunden, und unter den Gefangenen Abbas, der reiche Oheim Mohammeds. Die getödteten Heiden wurden zusammen in einen Brunnen geworfen. Mohammed rief dann die Angesehensten unter ihnen bei ihren Namen, und sagte: „Wehe euch, ihr Stammgenossen des Propheten! Ihr habt mich für einen Lügner erklärt, während Fremde mir glaubten, ihr habt mich vertrieben, Andere haben mich aufgenommen, ihr habt mich angefeindet, während Andere mich beschützt; hat sich nun die Zusage eures Herrn bestätigt? Mein Herr hat erfüllt, was er mir verheißen." Auf die Frage der Umstehenden, wie so er Leichen anrede? antwortete er: „Sie hören mich wohl, obgleich sie nicht antworten können." Mohammed sandte hierauf zwei Eilboten nach Medina [144]), um den Sieg der Muselmänner

schen Anfall); als er wieder zu sich kam, sagte er lächelnd zu Abu Bekr: „Sei frohen Muths, Abu Bekr! Gottes Hülfe ist gekommen. Gabriel hat die Zügel seines Rosses ergriffen und dieser Wüste zugelenkt und mir Gottes Beistand zugesagt." Mohammed trat dann aus dem Zelte, ermuthigte seine Truppen durch die Hinweisung auf das Paradies für jeden, der im Kriege gegen die Ungläubigen fällt, schleuderte eine Hand voll Kies gegen den Feind, und rief: „Schmach über ihr Angesicht!" und gab den Seinigen den Befehl zum Angriff. Von den Wundern, welche der von Mohammed geschleuderte Kies geübt, so wie von den ihm zu Hülfe gekommenen Engelschaaren erzählen die Biographen gar Vieles. Ich übergehe diese Sagen, welche gar kein historisches Interesse haben, und verweise auf Gagnier, S. 326, 327 und C. de P. a. a. O., S. 129, 130. Von den sich darauf beziehenden Koransversen weiter unten.

144) Es heißt im Texte, S. fol. 140: Er sandte Abd Allah Ibn Rawâha und Zeid Ibn Harith zu den Leuten der obern und untern

in der Stadt und deren Umgebung zu verkünden; er blieb noch drei Tage in Bedr, dann trat er auch den Rückweg nach Medina an. Unterwegs ließ er zwei der Gefangenen hinrichten; der Eine, Nadhr, hatte häufig den Koran als eine Kopie persischer Mährchen und Legenden verspottet, der Andere, Okba, hatte in der ersten Zeit, als Mohammed seinen neuen Glauben predigte, ihn einst im Tempel überfallen, und hätte ihn wahrscheinlich ohne das Dazwischentreten Abu Bekrs erwürgt. Die übrigen Gefangenen ließ Mohammed mit Schonung behandeln. Auch theilte er, noch vor der Ankunft in Medina, die nach dem Treffen gemachte Beute in gleiche Theile unter Alle, die ihn auf diesem Zuge begleitet hatten, ohne zwischen denen, welche viel oder wenig, oder auch gar nichts erbeutet hatten, zu un-

Theile (ila Ahli-l-âlijah und Assâfilah). H. C. de P. übersetzt (S. 133) ersteres durch „partie méridionale du Hédjaz, ou contrée supérieure," und letzteres durch „Médine et le Hédjaz septentrional ou inférieur." Ich folge lieber dem Kamus, nach welchem mehrere Ortschaften außerhalb Medina Aliah hießen, weil es gleich darauf heißt: „Abd Allah rief: O ihr Gemeinde der Verbündeten! empfanget die frohe Botschaft u. s. w.," woraus hervorgeht, daß auch er in der Nähe von Medina war. Auch liest man bei S. fol. 150 bei Gelegenheit des Mordbefehls gegen Kaab Ibn Alaschraf: „Von Kaab wird erzählt: Als die Kämpfer von Bedr geschlagen wurden, und Zeid Ibn Haritha zu den Bewohnern des Safilah und Abd Allah Ibn Rawâha zu den Bewohnern des Aliah kamen als Glücksboten, welche der Gesandte Gottes den Muselmännern Medinas gesandt (ila man bilmadinati min almuslimina) sagte er: wenn das Alles wahr ist, so ist das Innere der Erde (der Tod) besser, als ihre Oberfläche u. s. w." Ich vermuthe daher, daß mehrere Dörfer oder Vorstädte auf der einen Seite von Medina Safilah, und auf der entgegengesetzten, wie dieß auch bei Mekka war, Aliah hießen, auch liest man bei Th. am Anfang des Feldzuges gegen die Beni Keinukaa: „Diese Juden wohnten nach dem Kamus in Medina. Im Wafa liest man: Ihre Wohnung war bei der Brücke Buthan, welche an das Aliah stößt." Buthan oder Batihan ist aber auch nach dem Kamus ein Platz in Medina selbst.

terscheiden, und er selbst begnügte sich mit dem Antheile eines gemeinen Soldaten. Erst nach seiner Rückkehr nach Medina erschien das Gebot des Korans, wonach der fünfte Theil jeder Beute dem Propheten, für ihn selbst, seine Verwandten, die Armen, Waisen und Wanderer zufallen sollte [145].

Dieses Treffen bei Bedr, so unbedeutend es auch scheinen mag, bildete doch die Grundlage zu Mohammeds künftiger Größe, und hätte ihm auch die Plünderung der reichen Karawane mehr materiellen Vortheil gebracht, so war doch die moralische Kraft und das erhöhte Vertrauen, welche er durch diesen glänzenden Sieg über einen ihm etwa um das Doppelte überlegenen Feind gewonnen, für ihn von weit größerer Wichtigkeit. Uebrigens beweisen einzelne Züge, welche uns seine Biographen überliefert haben, daß schon in dieser Schlacht der Glaube an ihn bei manchen Muselmännern den höchsten Grad erreicht hatte. Als er aus seiner Hütte trat, und den Kämpfern das Paradies verhieß, sagte Omeir, welcher gerade einige Datteln verzehrte: „Bach! Bach! [146] wenn zwischen mir und dem Paradiese nur der Tod von Feindeshand liegt, so hoffe ich, es bald zu bewohnen." Er warf sogleich seine Datteln aus der Hand, ergriff sein Schwert, stürzte sich in die Mitte des Feindes und kämpfte bis zum Tode.

Maads, dem Sohne Amru's, ward die Hand abgeschlagen, doch war sie noch durch die Haut am Arme befestigt; er schleifte sie eine Weile nach, und kämpfte immer fort; als ihn der Schmerz überwältigte, trat er sie mit dem Fuße ab und stürzte sich von Neuem ins Schlachtgetümmel.

Als man die erschlagenen Kureischiten, unter denen auch Otba, der Sohn Rabia's, war, in den Brunnen warf, ward

---

145) Sura 8, Vers 41. Vor Mohammed war es Sitte in Arabien, daß die Stammhäupter oder Feldherrn den Viertheil der Beute für sich behielten. J. und S. fol. 255. Dieses Gesetz muß daher von dem Volke günstig aufgenommen worden sein.

146) Bach ist ein Ausruf der Verwunderung über etwas Schönes und Angenehmes. S. fol. 136.

deſſen Sohn, Abu Hudſeifa, welcher zugegen war, blaß. Da
fragte ihn Mohammed: „Glaubſt du, dein Vater habe ein
beſſeres Loos verdient?" Nein, antwortete Abu Hudſeifa, aber
ich hoffte, ſein Verſtand, ſeine Ueberlegung und ſeine Tugend
würden ihn zum Islam führen, und ich bin nur darüber be=
trübt, daß er als Ungläubiger umgekommen.

Auch die Kureiſchiten hatten ihre Heroen. Aswad, der
Sohn Abd Alaſads, ſchwur, obgleich vor dem Zweikampfe ein
jeder Kureiſchite, der ſich dem Waſſerbehälter näherte, dem
ſichern Tode entgegenging: „Bei Gott, ich werde aus eurem
Behälter trinken, oder ihn einreißen oder darin ſterben." Hamza
trat ihm entgegen, und hieb ihm ein Bein ab, aber er ſchleppte
ſich auf der Erde bis an das Becken hin, ſprang hinein, trank
davon, und ſuchte es mit dem noch übrigen Fuße zu zerſtören,
bis endlich Hamza ihm den Todesſtoß verſetzte.

Abul Bahtari, den Mohammed ſeinen Soldaten zu ver=
ſchonen befahl, weil er ihn häufig in Mekka beſchützt hatte,
und mit zu denen gehörte, welche die Zernichtung der Urkunde
begehrten, die den Bann der Familie Haſchim enthielt, wollte
die Gnade nur unter der Bedingung annehmen, daß ſie auch
Djunade, welcher hinter ihm auf dem Kameele ſaß, zu Theil
werde, und als ihm dieſe Bitte nicht gewährt ward, ſagte er:
„Lieber mit meinem Freunde ſterben, als mir von den Frauen
Mekkas nachreden zu laſſen, ich habe ihn, um mein Leben zu
retten, geopfert;" ſie vertheidigten ſich dann noch, ſo lange ſie
konnten, und fielen zu gleicher Zeit. Die günſtige Stellung
der Muſelmänner, an eine Anhöhe gelehnt, und in der Nähe
eines Brunnens, ſcheint, ſo viel ſich aus den einſeitigen Be=
richten, welche zu uns gelangt ſind, urtheilen läßt, am meiſten
dazu beigetragen zu haben, daß ihnen die Ehre des Tages
blieb, obſchon auch der mühſame Weg, welchen die Kureiſchiten
vor der Schlacht zurückzulegen hatten, und beſonders der Ab=
fall der Zuhriten mit vielen andern, alſo mehr als des dritten
Theils der Truppen, nicht außer Acht gelaſſen werden darf.

Mohammed ſchrieb indeſſen den errungenen Sieg der Hülfe

Gottes allein zu, welcher Engel vom Himmel gesandt, um die schwache Zahl seiner Truppen zu verstärken. So heißt es im achten Kapitel des Korans, wo manche Begebenheiten dieser Schlacht mehr oder minder deutlich erwähnt werden: „Als ihr euern Herrn um Hülfe anriefet, antwortete er euch: ich werde euch eine Verstärkung von tausend [147]) auf einander folgenden Engeln senden. Gott that dieß aber nur, um euch eine frohe Botschaft zu geben, damit euer Herz sich beruhige, aber die Hülfe kommt nur von ihm allein."

Aber auch der materielle Gewinn dieses Feldzugs war nicht unbedeutend für die Muselmänner, denn außer vielen Waffen und Kameelen, die sie erbeuteten, erhielten sie auch eine beträchtliche Geldsumme als Lösegeld für die Gefangenen [148]). Selbst Abbas mußte sich loskaufen [149]), obgleich er sich dadurch

147) In der dritten Sura, Vers 124 und 125 ist von dreitausend und fünftausend Engeln die Rede, wobei Djalalein bemerkt, Gott habe zuerst tausend, dann dreitausend, dann fünftausend Engel gesandt.

148) Es wurde je nach ihrem Vermögen von tausend bis viertausend Drachmen für den Mann bezahlt.

149) So bei J., Ch. und C. de P., S. 136. Nicht wie bei H. v. H., bei dem es S. 117 heißt: „Lieber, als das von ihm (Abbas) geforderte Lösegeld zu zahlen, bekannte er sich zum Islam." Mohammed antwortete ihm, bei J. und Ch., auf seine Einrede: „Wir haben dich einmal in den Reihen unserer Feinde gefunden, und behandeln dich als solchen." Dann sagte er ihm zum Troste den Koransvers: „Verkünde, o Prophet! deinen Gefangenen, daß wenn Gott weiß, daß ihr Inneres gut ist, er ihnen besseres geben wird, als das, was ihnen (als Lösegeld) abgenommen worden ist." (Sura 8, Vers 73). H. v. H. nennt auch a. a. O. statt Nabhr und Okba (f. Abulfeda ed. N. S. 51, Gagnier, S. 332) Moßaab und Ebi Chalef als die beiden Gefangenen, welche Mohammed hinrichten ließ, während Nabhr nach J. Mußab, einen der angesehensten Muselmänner, den H. v. H. selbst S. 125 als Fahnenträger in der folgenden Schlacht von Ohod nennt, anflehte, er möchte Fürbitte für ihn einlegen. Ubeß Jbn Challaf war ein Freund Okba's, den Mohammed in der Schlacht von Ohod tödtete. S. Anmerk. 178.

zu entschuldigen suchte, daß er in seinem Innern ein Gläubiger und gezwungen worden sei, an dem Kriege Theil zu nehmen. Hingegen ließ Mohammed mehrere Gefangenen, die armen Familien angehörten, ohne Lösegeld wieder in ihre Heimath zurückkehren, und begnügte sich mit ihrem Schwure, daß sie nie mehr an irgend einem feindlichen Unternehmen gegen Muselmänner Theil nehmen würden. Auch Abbas reiste wieder nach Mekka zurück, obschon er nach manchen Traditionen sich wirklich heimlich zum Islam bekehrt hatte, und diente Mohammed fortan als Spion [150]). Abu Lahab, ein anderer Oheim Mohammeds, welcher in seinem Hasse gegen den neuen Glauben verharrte, und nur aus Unpäßlichkeit nicht nach Bedr ziehen konnte, jedoch statt seiner Aßi, den Sohn Hischams, gestellt hatte, überlebte die Niederlage von Bedr nicht lange. Als die Kunde davon nach Mekka gelangte, ward er von Abbas' Gattin im Vorhofe des Tempels mißhandelt, und

150) Ueber Abbas' Bekehrung sind die Traditionen sehr verschieden von einander. Man liest bei Ch.: „Die Gelehrten behaupten in ihren Geschichtsbüchern. Abbas sei schon sehr früh Muselmann geworden, habe aber seinen Glauben geheim gehalten.“ Mohammed sagte den Muselmännern am Schlachttage von Bedr: „Wenn ihr Abbas begegnet, so tödtet ihn nicht, denn er ist den Götzendienern nur gezwungen gefolgt.“ Abul Jusri nahm ihn gefangen; er kaufte sich aber los, kehrte nach Mekka zurück, und wanderte später nach Medina aus, so berichtet Abu Saïd. Andere behaupten, er habe erst am Schlachttage von Bedr den Islam angenommen, und sei am Tage der Eroberung von Mekka dem Propheten entgegen gekommen. Abu Amru sagt: „Er ist vor der Eroberung von Cheibar Muselmann geworden, aber erst bei der Eroberung von Mekka bekannte er seinen Glauben öffentlich, und wohnte dann den Feldzügen von Honein, Taif und Tabuk bei.“ Ferner wird gesagt: „Er war vor der Schlacht von Bedr schon Muselmann, und gab dem Propheten Nachricht von dem, was sich in Mekka zutrug. Auch wollte er schon früher nach Medina auswandern, aber der Prophet schrieb ihm: Dein Aufenthalt in Mekka ist zweckmäßiger u. s. w.“

sieben Tage darauf starb er an einer blatternartigen Seuche [151]), welche man für so ansteckend hielt, daß sich ihm niemand während seiner Krankheit näherte und seine Leiche drei Tage unbeerdigt liegen blieb; erst am vierten Tage stießen sie ihn mit langen Stangen in eine Grube, und warfen einen Haufen Steine über ihn.

Viertes Hauptstück.

Der Krieg mit den Beni Keinukaa. Einige andere Scharmützel. Das Treffen von Ohod. Mehrere Sendungen auf Meuchelmord. Krieg mit den Benu Nadhir. Verbot des Weines. Hochzeit mit Haßa und Zeinab, Tochter Chuzeimas. Belagerung von Medina. Hinrichtung der Beni Kureiza. Vermählung mit Um Salma, Zeinab bint Djahsch und Djaweira. Aïscha's Abentheuer.

Mohammeds Freude über den Sieg bei Bedr ward bald durch die Nachricht vom Tode seiner Tochter Rukeßa getrübt, welche man gerade beerdigte, als Zeid den Medinensern den glücklichen Ausgang des Treffens verkündete. Sie war schon krank, als Mohammed Medina verließ, weßhalb auch ihr Gatte, Othman, zu Hause blieb. Omar ließ ihm später seine Tochter Haßa antragen, aber Othman wollte sie nicht heirathen. Als Omar sich hierüber bei Mohammed beklagte, sagte dieser: Othman ist eine edlere Gattin als deine Tochter, und dieser ein edlerer Gatte als Othman bestimmt." Er gab hierauf Othman seine Tochter Um Kolthum zur Frau, und heirathete

151) Diese Krankheit heißt wörtlich: die Linse. Nach dem türkischen Kamus besteht sie in schwarzen Flecken, welche, wie die Blattern, an irgend einem Theile des Körpers hervortreten und den Tod verursachen. Bei J. liest man: Absa ist eine pestartige Krankheit, welche die Araber für sehr ansteckend halten, so daß, als Abu Lahab davon befallen ward, seine eigenen Söhne ihn verließen, es sind kleine Geschwüre (bathra), welche wie Linsen aussehen. Bei Ch. aus dem Tabari dasselbe, nur nennt er es nicht bathra, sondern karha, also mehr eine Beule.

8*

selbst Omars [152]) Tochter Haffa. Bald darauf vermählte er
sich auch mit Zeinab, Tochter Chuzeima's, welche wie Haffa,
vorher einen seiner Gefährten zum Gatten gehabt. Wenige
Wochen nach Rukejjas Tod sah Mohammed seine Tochter
Zeinab wieder, denn ihr ungläubiger Gatte, Abul Aaß, der
sie in Mekka zurückgehalten, war auch unter den Gefangenen
von Bedr, und erhielt die Freiheit nur unter der Bedingung,
daß er sie auch seiner Gattin Zeinab schenke [153]).

Die nächste Folge des errungenen Sieges war, daß Mo=
hammed es endlich wagte, seinem Haffe gegen die Juden, mit

152) Nicht wie bei H. v. H., S. 135, welcher Haffa zur Tochter
Othman's macht. S. Abulfeda ed. N. S. 117 des arabischen
Textes und S. 194 in der Ausgabe von Reiske. Diese Ehe
schloß er erst im Monat Schaaban, des dritten Jahres der Hidjrah.

153) J. und Ch. erzählen nach S. fol. 143: Mohammed schickte dann
Zeid mit einem Medinenser, um sie abzuholen. Sie warteten an
einem bestimmten Orte (bei S. im Thale Jadjidj) außerhalb
Mekka, wohin sie Kinanah, ein Bruder des Abul Aaß, führen
sollte. Als er aber unterwegs mit ihr war, verfolgten ihn einige
Kureischiten, worunter auch Habbar, der mit einer Lanze nach
ihrer Sänfte stieß; aber Kinanah trieb sie mit seinem Pfeilbogen
zurück. Endlich kam auch Abu Sofian herbei, welcher zu Kinanah
sagte: „Du thust sehr Unrecht, so bei hellem Tage vor aller Welt
Zeinab ihrem Vater zuzuführen, du weißt doch, in welcher Lage
wir Mohammed gegenüber uns befinden, sollen wir nun noch
unsere Demüthigung und Schwäche zur Schau tragen, und ihm
so öffentlich seine Tochter zurückschicken? Bei Gott! ich mag sie
nicht hier behalten, kehre nur jetzt mit ihr um, daß man sage,
wir haben sie nicht fortziehen lassen, dann kannst du des Nachts
heimlich mit ihr davon gehen." Kinanah billigte diesen Vorschlag;
ging wieder mit Zeinab in die Stadt zurück, und übergab sie Zeid
erst in einer der folgenden Nächte. Als Mohammed Habbar's
Rohheit gegen seine Tochter vernahm, sagte er zu den Seinigen:
„Wenn ihr Habbar findet, so verbrennet ihn!" Am folgenden
Tage sagte er aber: „Es ziemt nur Gott, die Menschen durch
Feuer zu züchtigen, wenn ihr ihn findet, so tödtet ihn mit dem
Schwerte!"

denen er schon lange in gespannten Verhältnissen lebte, durch Mordbefehle und Krieg Luft zu machen. Aßma, die Tochter Merwans [154], welche einige Satyren gegen ihn geschrieben, ward gleich nach seiner Rückkehr nach Medina auf seinen Befehl oder wenigstens mit seinem Wissen von Omeir, dem Sohne Adiß, einem alten Blinden, aus dem Stamme der Chatmiten, zu welchem auch Aßma's Gatte gehört hatte, in der Nacht auf ihrem Ruhebette ermordet, und als der Mörder am folgenden Morgen nach dem Gebete Mohammed davon in Kenntniß setzte, sagte dieser: „Es stoßen sich nicht zwei Ziegen darum." Er fuhr dann, zu den anwesenden Muselmännern sich wendend, fort: „Wer von euch einen Mann sehen will, der Gott [155] und seinem Gesandten Beistand leistete, der betrachte Omeir, den Sohn Adiß." Omar fragte erstaunt: „Hat dieser Blinde einen Weg gefunden Gottes Gebot (des heiligen Kriegs) zu vollziehen?" „Schweige Omar!" versetzte Mohammed, „er heißt nicht der Blinde, sondern der Hellsehende." Einige Tage nach=

154) Merwan, welcher bei H. v. H. (S. 112), der diese Mordthat vor dem Treffen von Bedr erzählt, Mewar heißt, war ein Jude. Der Stamm der Chatmiten aber, dem der Gatte der Gemordeten und der Mörder selbst angehörte, war nach J., Ch. und Lub Allubab kein jüdischer, wie H. v. H. (S. 113) glaubt. Nach dem Suheili bei J. mochte leicht ein persönlicher Haß mit im Spiele gewesen sein, denn der Mörder Omeir wird bei ihm als Aßma's erster Gatte genannt.

155) Diese Worte Mohammeds und noch mehr sein Gebet bei dem folgenden Mordbefehle gegen Kaab lassen glauben, daß Mohammed wirklich nach dem Willen Gottes zu handeln glaubte, wenn er die Feinde des Islams auf jede mögliche Weise aus der Welt schaffen ließ. Die Koransverse, welche ihre Vertilgung längst ausgesprochen, gaben diesen Mordbefehlen eine gewisse gesetzliche Form, und lassen sie sich auch vom moralischen Standpunkte aus nicht entschuldigen, so dürfen sie doch auch nicht in die gewöhnliche Klasse eines Meuchelmordes gesetzt werden, besonders wenn man auf die arabischen Sitten Rücksicht nimmt, nach welchen zwischen feindlichen Stämmen jede Mordthat erlaubt ist.

her, nach Andern einige Tage vorher, ward der Jude Abu Afak [156]), ein hundertundzwanzigjähriger Greis, welcher, wie Aßma die Muselmänner verächtlich und verhaßt zu machen suchte, von Salim, dem Sohne Omeirs, ermordet. Hierauf [157]) ward die nächste Veranlassung ergriffen, den Beni Keinukaa, einem der drei jüdischen Stämme, welche Medina und dessen Umgebung bewohnten, den Krieg zu erklären. Ein Jude heftete einer muselmännischen Milchfrau, welche sich weigerte, ihr Gesicht zu entschleiern, ohne daß sie es merkte, ihr Kleid mit einer Stecknadel an den Rücken, so daß sie zum allgemeinen Gelächter ward. Dieß sah ein Muselmann und tödtete auf der Stelle den muthwilligen Juden. Des letztern Stamm= genossen fielen dann über den Muselmann her, und erschlugen ihn. Sobald Mohammed davon in Kenntniß gesetzt ward, forderte er die Beni Keinukaa auf, sich zum Islam zu be= kehren, und auf ihre Weigerung zog er gegen sie ins Feld, und belagerte die festen Schlösser, in welche sie sich einge= schlossen hatten. Fünfzehn Tage hielten sie die Belagerung aus, als ihnen aber von ihren Glaubensgenossen keine Hülfe ward, ergaben sie sich dem Feinde. Mohammed ließ sie fesseln, um sie desto leichter erschlagen zu können, aber Abd Allah, der Sohn Ubejj's, der Sohn Saluls, ein angesehener Chazradjite [158]),

156) Diesen Juden, welcher nicht nur bei J. und Ch., sondern auch im Kamus Abu Afak heißt, nennt H. v. H. (S. 121) „Abu Aaß," und setzt noch hinzu, „d. i. der Vater der Dummheit," eine Be= deutung, die nur auf Afak paßt.

157) Nach den meisten Berichten zog Mohammed am 14. Schawwal, also nicht ganz ein Monat nach dem Treffen von Bedr, gegen die Beni Keinukaa ins Feld. Andere setzen diesen Feldzug einige Monate später.

158) Er war ein Beschützer der Juden, aber nicht ihr Glaubensgenosse, wie H. v. H. ihn S. 137 nennt. Nach J. und Ch., auch Abul= feda, S. 51 und S. fol. 124 gehörte er zu den Heuchlern (mu= nafikin), von denen häufig im Koran die Rede, und war in sei= nem Innern stets ein Feind Mohammeds, weil vor dessen Ankunft in Medina man auf dem Punkte war, ihn zum Könige zu erwählen.

unter deſſen Schutz die Juden ſtanden, brachte es durch ſeine
Bitten, vielleicht auch durch ſeine Drohungen [159]) endlich dahin,
daß ihnen Mohammed das Leben ſchenkte, und ſich damit begnügte, ſie, von all ihrer Habe beraubt, nach Syrien zu exi-
liren. Einige Monate nachher ward wieder ein Mordbefehl
gegen den Juden Kaab, den Sohn Aſchrafs ertheilt, welcher
die Erſchlagenen von Bedr in Elegien betrauert, und die Mekkaner zur Rache angeſpornt hatte. Mohammed begleitete die
Mörder, welche ſich in ſeinem Hauſe verſammelten, und unter
denen ſich ein Neffe [160]) und ein Milchbruder Kaabs befand,
die ihn ins Freie zu locken wußten, eine Strecke Wegs, und
entließ ſie dann mit den Worten: „Gehet in Gottes Namen!
Gott ſtehe ihnen bei!" und als ſie ihm am folgenden Morgen

159) Es heißt bei J. und Ch. nach S. a. a. O. Abd Allah bat Mohammed um Gnade für die Gefangenen, Mohammed ſchenkte ihm
aber kein Gehör. Er faßte dann Mohammed an ſeinem Panzerhemde. Mohammed gerieth in Zorn und ſagte: „Wehe dir Abdallah! laß mich los!" Abdallah verſetzte: „Bei Gott! ich laſſe
dich nicht los, bis du mir meine Bitte gewährſt, denn ſie bilden
meine Stärke, ſie haben mich gegen die Schwarzen und die Rothen
(gegen Jedermann) vertheidigt, bei Gott, ich bin ein Mann, der
das Schickſal fürchtet." Darauf rief Mohammed: „Laſſet ſie frei!
Gott verdamme ſie und ihn (Abd Allah) mit ihnen!" Unmittelbar
nachher erſchien der 59. und 60. Vers des 5. Kapitels, welche
lauten: „O ihr, die ihr glaubet, wählet keine Juden und keine
Chriſten zu euern Schutzgenoſſen, ſie mögen ſich ſelbſt unter einander beſchützen, wer von euch ſich mit ihnen befreundet, der gehört zu ihnen; Gott leidet kein ſündhaftes Volk. Du ſiehſt, wie
diejenigen (Muſelmänner), die ein krankes Herz haben, ſich ihrer
annehmen und ſagen: „Wir fürchten, es möchte uns ein Unglück
begegnen u. ſ. w."

160) Kaabs Vater war ein Auſite, der in Medina ſich mit einer Jüdin
verheirathete. Mohammed ben Maslama, der an der Spitze der
Mörder ſtand, war ein Schweſterſohn Kaabs, und Abu Naila,
welcher unter dem Vorwande, ſeine Waffen gegen einige Lebensmittel zu verpfänden, zu Kaab ging, war ſein Milchbruder.
J. und S. fol. 151.

Kaabs Kopf brachten, rief er: „Gelobt sei Gott!" Nach dieser Sendung erklärte Mohammed alle Juden gewissermaßen für vogelfrei [161]).

Die übrigen Unternehmungen Mohammeds während der dreizehn Monate zwischen dem Treffen bei Bedr und dem bei Ohod, von dem sogleich die Rede sein wird, bestehen theils aus Zügen gegen Feinde, welche keinen Kampf wagten, theils aus Sendungen gegen mekkanische Karawanen, die vergebens statt des gewöhnlichen Weges längs des rothen Meeres einen mehr östlichen nach Syrien einschlugen. Was die Feldzüge betrifft, so war der Erste gegen die Beni Suleim und Ghatafan gerichtet, welche feindliche Absichten gegen ihn hegten [162]); er setzte ihnen aber vergebens bis zu einer Quelle nach, welche Karkarat Alkadar [163]) hieß, und acht Stationen weit von Medina liegt. Hier fand er einen Hirten mit fünfhundert Kameelen, die er als Beute mit sich nach Medina schleppte, von

161) So bei Ch. nach Ibn Ishak a. a. O. Ein Muselmann erschlug dann gleich darauf einen jüdischen Kaufmann, der stets sein Wohlthäter gewesen. Der Bruder des Mörders schlug diesen, und sagte ihm: „Feind Gottes! warum bringst du diesen Mann um? Bei Gott, das meiste Fett an deinem Leibe kömmt von seinen Geschenken." Darauf erwiederte der Mörder: „Bei Gott, wenn derjenige, der mir befohlen hat, ihn zu tödten, mich heißen würde dir den Kopf abzuschlagen, ich würde es auch thun." Jener sagte dann: „Bei Gott, der Glaube hat einen wunderbaren Grad bei dir erreicht!" und ward auch Muselmann. (Der Mörder hieß Mucheißa und sein Bruder Chuweißa.)

162) Diesen Feldzug unternahm Mohammed schon acht Tage nach seiner Rückkehr von Bedr; ich habe ihn nur, um das was seine Fehden mit den Juden betrifft, nicht zu unterbrechen, nach dem gegen die Beni Keinukaa erzählt. Doch sind über die Reihefolge dieses und der drei folgenden Feldzüge die Nachrichten sehr verschieden.

163) Diese Quelle in dem Gebiete der Beni Suleim heißt nach J. und Ch. Kadar, weil viele Vögel von dunkler Farbe dieses Namens sich dort versammeln.

der er zum erften Male nach dem neuen Gefetze den fünften
Theil für fich behielt.

Der zweite Zug galt zweihundert Kureifchiten, welche Abu
Sofian [164]) bis in das Gebiet von Ureidh, drei Meilen von
Medina geführt hatte, wo fie zwei Leute [165]) erfchlugen und
einige Dattelnbäume abbrannten. Sobald aber Mohammed
gegen fie auszog, ergriffen fie die Flucht, und ließen, um defto
fchneller zu entkommen, ihren Mehlvorrath im Stich, daher
auch diefer Feldzug der des Mehls (Sawik) [166]) hieß.

Der dritte Zug war gegen die Beni Ghatafan, welche
fich abermals gegen Mohammed gerüftet und mit einigen anderen Stämmen verbündet hatten. Er zog ihnen bis nach
Dfu Amarr in die Provinz Nedfd entgegen, und nöthigte fie
fich ins Gebirge zu flüchten. Auf diefem Zuge gerieth Mohammed in große Lebensgefahr, denn als er, auf die Entfernung des Feindes vertrauend, allein im Freien fchlief, ward
er plötzlich von Duthur, dem Häuptlinge feiner Feinde, überfallen. Diefer ftellte fich mit gezücktem Schwert vor ihn, und

---

164) Abu Sofian fchwur nach der Schlacht von Bedr, weder ein Frauen-
zimmer, noch Weihrauch zu berühren, bis er einen Zug gegen
die Mufelmänner unternommen. Sein Schwur lautete nach J.
und S. fol. 148: „Kein reinigendes Waffer follte feine Haut berühren," woraus zu fchließen ift, daß bei den Arabern auch vor
Mohammed fchon gewiffe Wafchungen nach dem Beifchlafe üblich
waren.

165) Es war nach J., Th. und S. fol. 149 ein Verbündeter, und einer,
der unter deffen Schutz ftand.

166) Sawik heißt eigentlich Mehl von gerößeter Frucht, die man vorher wohl gewafchen, damit fie fich beffer halte. Diefes Mehl mit
Waffer, Butter oder Honig gekocht, bildete die gewöhnliche Nahrung der Araber. H. v. H., welcher ftatt Sawik Sowek lieft,
macht daraus den Namen eines Ortes. Es heißt bei ihm S.
120: „Das zweite Mal (zog der Prophet) wider einen Haufen
von Mekka, welcher zu Sowek, im Gebiete von Aridh, unter
Ebi Sofians Anführung, Saaten der Moslimen von Medina ver-
brannt und Einen derfelben getödtet hatte."

fragte ihn: „Wer beschützt dich jetzt gegen mich?" Gott, antwortete Mohammed. Bei dieser Antwort entfiel Duthur das Schwert [167]. Mohammed ergriff es schnell, und fragte: „Wer beschützt dich jetzt gegen mich?" Niemand, antwortete Duthur. Mohammed begnadigte ihn aber, worauf jener ausrief: „Bei Gott, du bist besser als ich, ich bekenne, daß es nur einen Gott gibt, und daß Mohammed sein Gesandter [168]."

Der vierte Kriegszug galt wieder, wie der erste, den Beni Suleim, die aber auch dießmal bei der Nachricht von Mohammeds Heranrücken das Weite suchten [169].

Wichtiger als diese kleinen Excursionen ist der nächstfolgende Feldzug im Schawwal des dritten Jahres der Hidjrah gegen dreitausend Mekkaner und andere Feinde des Islams, welche gegen Medina heranzogen. Bei diesen Truppen waren siebenhundert Bepanzerte, zweihundert Reiter und fünfzehn der vornehmsten Frauen Mekkas, welche die Krieger durch ihr Wehegeschrei über die Erschlagenen bei Bedr zur Rache an-

---

167) Nach J. fiel Duthur selbst um. Die Legende läßt den Engel Gabriel Duthur das Schwert aus der Hand stoßen. Nicht unmöglich wäre es, daß Mohammeds Antwort ihm den Muth zur Ausführung seines Mordes genommen hätte, wahrscheinlicher aber, daß er stolperte, und wie J. berichtet, wirklich umfiel, oder wie nach einer andern Tradition bei Ch., daß ihn beim Ausholen ein Schmerz an den Schultern (ein Krampf?) überfiel. Nach dieser Tradition hieß der Mörder Ghaweirath, der Sohn Harith's. Aehnliche Mordversuche mit wunderbarer Vereitlung derselben werden noch bei andern Gelegenheiten erzählt, ich fand sie aber nicht mehr der Erwähnung werth.

168) Nach anderen Traditionen bei Ch. forderte ihn Mohammed auf, sich zu seinem Glauben zu bekennen, er weigerte sich aber, und machte sich nur verbindlich, nie mehr mit dessen Feinden gemeine Sache zu machen.

169) Dieser Zug, welchen einige für denselben, wie den von Karkarat Alkadar halten, heißt der von Bahran oder Bohran, ein Ort nach J. und Ch. im Hedjas, acht Stationen von Medina, in der Nähe von Furu. Bei S. fol. 149 heißt dieser Zug der von Furu.

spornten. Als Mohammed durch seinen Oheim Abbas [170]) von dem Auszuge der Kureischiten und ihrer Bundesgenossen, an deren Spitze Abu Sofian stand, Kunde erhielt, versammelte er seine Gefährten, theilte ihnen den Brief seines Oheims mit, und schlug ihnen vor, den Feind in Medina zu erwarten. Bleiben sie in ihrem Lager, sagte er, so haben sie einen schlechten Standpunkt; versuchen sie es in die Stadt zu dringen, so wird es uns leicht, sie zu vertheidigen, denn während wir mit unseren Schwertern ihnen den Weg versperren, werden unsere Frauen und Kinder sie von den Terrassen unserer Häuser aus mit Steinen todt werfen [171]). Mohammeds Vorschlag ward

170) Mohammed — so heißt es bei J. und Ch. — nach dem Wafa, war im Dorfe Kuba, als ihm ein Bote, welcher den Weg von Mekka nach Medina in drei Tagen zurücklegen mußte, den Brief seines Oheims brachte; er ließ sich ihn von Ibn Kaab vorlesen, und theilte ihn Saad Ibn Rabia mit, befahl aber beiden, dessen Inhalt zu verschweigen, bis er selbst nach Medina zurückgekehrt war, wo er die Häupter der Muselmänner zu einer Berathung versammelte.

171) Bei S. fol. 154 heißt es nur: „Kommen sie zu uns, so bekämpfen wir sie;" dann folgt: „Dieß war auch die Ansicht Abdallah Ibn Ubeji's." Die im Texte angeführten Worte sind nach J. und Ch., welche übrigens bemerken, daß nach einer andern Tradition diese Vertheidigungsweise von Abd Allah, dem Sohne Ubeji's, angerathen ward, und daß er noch hinzusetzte: „Bei Gott, wir sind nie gegen einen Feind ausgezogen, ohne einen Verlust erlitten zu haben, während noch Niemand unsere Stadt angegriffen hat, ohne von uns geschlagen worden zu sein." Einige behaupten — so fährt J. fort — Abd Allah habe für den Auszug gestimmt, diese Behauptung ist aber falsch, denn als er später mit dreihundert Mann zurückkehrte, sagte er: (diese Worte finden sich auch bei Abulfeda und im Sirat Arrasul, fol. 153) „Mohammed hat meinen Rath verworfen und den Anderer angenommen, kommt ihr Leute, wozu sollen wir uns hier schlagen lassen?" H. v. H. folgt (S. 124) geradezu dieser von J. verworfenen Ansicht, ohne auch nur die andere richtige zu erwähnen, die man doch schon bei Abulfeda und bei Gagnier S. 355 findet.

von den Aeltesten seiner Gefährten gut geheißen, aber die Jün=
gern, Kampfluftigen, besonders die, welche an dem Treffen bei
Bedr keinen Antheil genommen, erklärten eine solche Verthei=
digung für eine Feigheit, und forderten gegen den Feind ins
Feld geführt zu werden. Mohammed mußte nachgeben und
den Befehl zum Auszuge ertheilen. Als er gerüstet an der
Spitze der Muselmänner stand, wollten zwar diejenigen, welche
für den Auszug gestimmt, sich seinem Willen ergeben, und in
der Stadt bleiben, jetzt sagte er aber: „Es ziemt einem Pro=
pheten nicht, wenn er sich einmal zum Kampfe gerüstet, die
Waffen niederzulegen, bis Gott zwischen ihm und seinen Fein=
den entschieden hat." Er verließ daher Medina mit tausend,
nach Einigen nur mit neunhundert Mann, und zog gegen den
zwei bis drei Meilen von Medina gelegenen Berg Ohod,
gegenüber dem Feinde, welcher im Dorfe Dsu Huleifa, im
Thale Ureibh, ungefähr eine Stunde davon sein Lager auf=
geschlagen hatte. Unterwegs stieß Mohammed auf eine jüdi=
sche Truppenabtheilung von sechshundert Mann, welche Bun=
desgenossen des Abd Allah Ibn Ubeïï Ibn Saluls waren; er
forderte sie auf, sich zum Islamismus zu bekennen, und als
sie sich weigerten, wollte er sie nicht zu Kampfgenossen, und
nöthigte sie, nach Medina zurückzukehren, worauf dann auch
Abd Allah mit dreihundert Mann Chazradjiten [172]) sich zurückzog,

---

[172]) Nicht mit dreihundert Juden, wie bei H. v. H. S. 125. J. be=
merkt ausdrücklich, eben so Abulfeda, S. 55, daß Abd Allah mit
dreihundert Heuchlern gegen Mohammeds Willen bei dem Garten
Schaut zwischen Ohod und Medina umkehrte; die Juden, seine
Bundesgenossen aber, schickte Mohammed selbst schon vor Schaut
nach der Stadt zurück. Bei S. a. a. O. liest man: „Ibn Ishak
berichtet: als Mohammed in Schaut anlangte, zwischen Medina
und Ohod, trennten sich von ihm Abd Allah, der Sohn Ubeïï's,
mit dem dritten Theile der Mannschaft und sagte: Er (Moham=
med) hat andere angehört und meinen Rath verworfen, wir wissen
nicht, wozu wir hier unser Leben hingeben sollen; er kehrte dann
zurück mit seinen Anhängern aus seinem Volke (min kaumihi),
den Heuchlern und Zweiflern. Abd Allah, der Sohn Amru's,

so daß nur siebenhundert Mann bei Mohammed blieben, von denen viele mit verzagtem Herzen einem Kampfe entgegen sahen [173]). Mohammed stellte diese Truppen am Fuße des Berges Ohod auf, und verbot ihnen, den Angriff zu beginnen; den fünfzig Bogenschützen aber, welche die einzige offene Seite des Berges gegen den Feind vertheidigen sollten, gab er den bestimmtesten Befehl, keinen weitern Antheil am Kampfe zu nehmen, sondern blos, sowohl im Falle einer Niederlage, als eines Sieges, die Muselmänner vor einem Ueberfalle der feindlichen Reiterei von dieser Seite her zu bewahren. Das Losungswort der Muselmänner war: tödte! tödte! [174]) das der Kureischiten, unter deren Anführern die später so berühmt gewordenen Feldherrn Chalid und Amru Ibn Aaß waren, lau-

folgte ihnen, und rief ihnen zu: „Denket an Gott und verlasset euer Volk und euern Propheten nicht im Angesicht ihres Feindes!" Sie erwiederten: „Wüßten wir, daß es zu einem Gefechte käme, so würden wir euch nicht überliefern (dem Feinde), aber wir glauben dieß nicht." Er rief ihnen dann nach: „Gott verstoße euch, ihr Feinde Gottes, und mache euch seinem Propheten entbehrlich!" Die Hilfsgenossen sagten dann: „O Prophet Gottes! sollen wir nicht die mit uns verbündeten Juden zu Hülfe rufen?" Er antwortete: „Wir brauchen sie nicht."

173) Ein Theil der Truppen, so berichtet J. und Ch. nach dem Wafa, wollte nach Abd Allah's Rückkehr nicht weiter ziehen, während ein Anderer auf dem Kampfe bestand; wenig fehlte, so wäre es zwischen diesen beiden Partheien der Muselmänner zu Thätlichkeiten gekommen.

174) Bei J. liest man anta (du), vielleicht ein Ausruf zu Gott. Bei Ch. aber, und bei S. (fol. 154) heißt es: Amit, Amit, tödte! Nicht wie bei H. v. H. (S. 126) „Volk!" Er scheint Ummat gelesen zu haben, aber das mim hat kein Teschdid, und der letzte Buchstabe ist ein ta, nicht ein ha mit zwei Punkten. Uebrigens kommt dasselbe Wort bei dem Feldzuge gegen die Beni Mußtalik vor, dort war das Losungswort: Ja mansur amit (Sieggekröntes Volk tödte!) wo doch gewiß nicht Ummat gelesen werden kann. Auch bemerkt dort J.: mit diesem Losungsworte deuteten sie ihren Sieg vorher an, durch die Niederlage ihrer Feinde.

tete: O Uzza! O Hobal! Mohammed übergab sein Schwert dem Abu Dudjana, welcher sich verbindlich machte, es nicht eher niederzulegen, bis es zerschlagen oder krumm gebogen. Es hatte die Inschrift: „Feigheit bringt Schande, vorwärts rücken Ehre, nicht durch Feigheit entrinnt der Mann seinem Schicksal." Er band dann eine rothe Binde um sein Haupt, welche die Inschrift hatte: „Hülfe kommt von Gott, der Sieg ist nahe. Feigheit im Kriege ist Schande, wer entflieht, kann doch der Hölle nicht entrinnen." Er kämpfte in der vordersten Reihe, und rief: „Ich bin es, dem mein Freund das Versprechen abnahm — weil wir im Kampfe stets bei den Edlen — daß ich niemals in den hintern Reihen weilen werde, so lange ich fechte mit dem Schwerte Gottes und seines Gesandten [175]." Hind durchlief die Reihen der Ungläubigen und rief: „Muthig! Ihr Söhne Abd Dars [176]), Beschützer

175) Diese arabischen Verse, die ich der Treue willen lieber in Prosa wiedergegeben, lauten bei H. v. H.:

„Ich bin der auf den Freund vertraut,
Der mit dem Schwert im Palmenhaine haut.
Daß diese Welt besteh', ist nicht gewährt,
Denn ich, ich schlage sie mit Gottes Schwert."

Die arabischen Worte bei Ch. lauten:

„Ana-l-ladsi âhadani Chalîli, wanahnu bissafhi lada-n-nachîli
An lâ akûma-d-dahra fi-l-kajjûli, adhrib biseifi-l-lâhi warrasûli."

Sie stehen auch bei S. fol. 154, nur liest man kubul statt kajjul.

176) Die Söhne Abd Dars hatten, wie schon in der Einleitung erwähnt worden, das Recht, die Fahne im Kriege zu tragen, und waren also die Vorkämpfer der folgenden Truppen, welche daher im Texte bei Abulfeda adbar heißen, was Noel des Vergers unrichtig (S. 45) durch „familles" übersetzt. Reiske übersetzt S. 93: „Defensores tergorum vestrorum (et earum quae vobis a tergo sunt)." Dazu in einer Note: „Tergora sunt hoc loco feminae quas retro habebant viri bellatores." Dann noch am Schlusse des Bandes (S. 19): „Terga vestra: honesta ratio dicendi pro: uxores vestrae. Nam verecundantur nomen expressum uxor et filia, sed circumlocutionibus et me-

der Truppen, hauet zu mit scharfen Klingen, wir sind die
Töchter der Sterne, wir wandeln auf Teppichen, wie leichte
Kata's, unser Haar duftet Moschus aus, Perlen schmücken
unsern Hals, schreitet ihr vorwärts, so umarmen wir euch,
fliehet ihr aber, so scheiden wir von einander, und zwar nicht
wie Liebende." Das erste Zusammentreffen war zu Gunsten
der Muselmänner, deren Bogenschützen die feindliche Reiterei
zurücktrieben, und deren Vorkämpfer sieben Fahnenträger einen
nach dem andern niedermähten. Schon begannen die Mekkaner
zu fliehen, und die Muselmänner verließen ihre Stellung am
Berge Ohod und verfolgten sie mit dem Schwerte in der
Hand. Als aber auch über vierzig Bogenschützen den ihnen
von Mohammed angewiesenen Platz verließen, aus Furcht, sie
möchten bei der Beute zu kurz kommen, da erneute Chalyd
seinen Angriff mit der Reiterei, überwand leicht die wenigen
zurückgebliebenen Schützen, und fiel in den Rücken der Muselmänner, welche sehr bald in die größte Verwirrung geriethen,
und die Ihrigen vom Feinde nicht mehr zu unterscheiden wußten. Mohammed selbst ward an den Wangen und den Lippen
verwundet, verlor einen [177] der Vorderzähne, und stürzte in
einen Graben. Hamza ward von einem abyssinischen Sklaven
getödtet, auch der Fahnenträger Mußab, der Sohn Omeirs,
fiel, und da er von derselben Gestalt wie Mohammed war,

taphoris designant etc." Diese Bemerkung ist richtig, auch wird
nach dem Kamus das Wort „zahrun" (Rücken) für „Familie"
gebraucht, aber niemals „adbâr". J., der Hinds Kriegsruf erklärt, sagt zu dem Worte „adbâr" ai aakabu-n (mit Alif und
Aïn) nâsi. Das heißt: die hinten folgenden Leute.

177) Nicht vier, wie bei H. v. H., S. 128, welcher wahrscheinlich ra-
baijat mit arba verwechselt. Schon bei Abulfeda ist nur von
einem Zahne die Rede, und Noel des Vergers bemerkt mit Recht
(S. 121), daß nur einer von den zwei in Konstantinopel aufbewahr-
ten Zähnen wirklich Mohammed angehören konnte. Auch bei S.
fol. 156 ist nur von einem Zahne die Rede, ebenso bei J. und
Ch. Von vier Zähnen ist nirgends eine Spur zu finden. Auch
Reiske (S. 95) übersetzt unrichtig: „Dentes ejus incisores."

hieß es: „Mohammed ist todt!" Dieß erhöhte noch den Muth der Ungläubigen, während die Muselmänner nur um so eiliger die Flucht ergriffen, und zum Theil nach Medina flüchteten, um die Vermittlung Abd Allah's nachzusuchen. Vergebens rief Uns, der Sohn Nadhrs: „Ist auch Mohammed todt, so lebt doch Mohammeds Gott, und stirbt nie, kämpfet und sterbet für das, wofür er gekämpft hat und gestorben ist!" Seine Worte fanden kein Gehör, und hätte nicht Kaab, der Sohn Maliks, den mit einem doppelten Panzerhemde und einem Helme be= deckten Propheten unter den Verwundeten an seinen Augen erkannt, so wäre er wahrscheinlich auf dem Schlachtfelde ge= blieben [178]. Sobald dieser Abu Bekr, Omar und zehn oder

178) Diese bisher noch unbekannten nähern Umstände von Mohammeds Rettung habe ich aus S., J. und Ch. Bei Ersterem heißt es fol. 157: „Der Erste, der den Gesandten Gottes wieder erkannte, nachdem die Muselmänner geschlagen waren, und den Propheten für todt hielten, war Kaab, der Sohn Maliks. Dieser sagte: Ich erkannte ihn an seinen Augen, welche unter seiner Sturm= haube hervorleuchteten. Da rief ich mit lauter Stimme: Ge= meinde der Muselmänner! freuet euch! hier ist der Gesandte Gottes. Mohammed befahl mir aber durch einen Wink zu schwei= gen (wahrscheinlich aus Furcht, die Kureischiten möchten aufs Neue gegen ihn heranbringen). Als die Muselmänner den Gesandten Gottes erkannten, richteten sie ihn auf, und führten ihn an eine Höhle auf einer Anhöhe. Unter seinen Begleitern waren Abu Bekr, Omar, Talha, Zubeir und einige andere. Hier wurde er von Ubeii Ibn Challaf verfolgt, der schon längst ein Pferd beson= ders gut fütterte, um es einst im Kampfe gegen Mohammed zu gebrauchen. Mohammed versetzte ihm aber einen Hieb in den Nacken, woran er später starb. (Dieß ist das einzige Mal, wo Mohammed thätigen Antheil am Kampfe nahm.) Ali brachte dann Wasser, das Mohammed so schlecht fand, daß er es nicht trinken konnte, jener wusch ihm daher Gesicht und Kopf damit. Auf einmal kam Chalid mit einigen anderen Kureischiten den Hügel heran, auf dem Mohammed mit den Seinigen sich befand. Mo= hammed betete, und Omar mit den übrigen Ausgewanderten trieben sie zurück. Mohammed wollte dann einen Felsen erglim=

zwölf andere seiner Gefährten davon benachrichtigte, daß der
Prophet noch am Leben, sammelten sie sich um ihn, und bahn=
ten sich mit dem Schwerte in der Hand einen Weg zu einer
Höhle auf einer Anhöhe. Als sie aber auch hier verfolgt
wurden, bestiegen sie einen Felsen auf dem Gipfel dieser An=
höhe, wo sie sich leicht gegen den Feind vertheidigen konnten,
der übrigens, weil Mohammed für todt galt, sich um die üb=
rigen Muselmänner wenig mehr kümmerte, sondern statt die
Lebenden weiter zu verfolgen, die Todten verhöhnte und ver=
stümmelte. Hind und die übrigen mekkanischen Frauen gingen
in ihrer Unmenschlichkeit so weit, daß sie abgeschnittene Nasen
und Ohren wie Perlen zusammenreihten, und als Halsketten
und Armbänder trugen; erstere versuchte es sogar, Hamza's
Herz zu fressen, was ihr jedoch nicht möglich war [179].

Als die Ungläubigen den Rückzug antraten, verließ auch
Mohammed seinen Felsen wieder, sorgte für die Beerdigung

> men, der auf dieser Anhöhe sich erhob, da er aber sehr schwach,
> und von zwei Panzerhemden umkleidet war, konnte er nicht hin=
> aufkommen. Talha nahm ihn daher auf die Schultern, und trug
> ihn hinauf."

179) Hamza war so verstümmelt, daß man ihn kaum mehr erkannte.
Mohammed gerieth bei seinem Anblick in solche Wuth, daß er
sagte, wenn ihm Gott wieder einen Sieg über die Kureischiten
verleihe, er siebenzig (nach einer andern Tradition dreißig) der
Ihrigen ebenso verstümmeln würde. Nicht wie bei H. v. H., S.
129: „Als Mohammed auf die Frage, wo Hamza? dessen Tod
erfuhr, schwor er denselben mit dem Tode von siebenzig Koreisch
zu vergelten." Auch Noel des Vergers hat das bei Abulfeda
vorkommende Wort laumaththilanna unrichtig durch: „Je vengerai
sur trente des leurs la mort de Hamza" übersetzt. Mohammeds
Gefährten riefen dann: „Bei Gott! wenn uns Gott je wieder
einen Sieg über die Kureischiten verschafft, so wollen wir sie auf
eine Weise verstümmeln, wie es nie ein Araber gethan." Später
erschien aber der Vers des Korans: „Strafet ihr, so seid gerecht
in eurer Vergeltung, ertraget ihr das Schlimme aber mit Geduld,
so kommt es den Duldenden zu gut (S. 16, V. 126)," worauf Mo=
hammed das Verstümmeln gänzlich verbot. Ch., J. u. S. fol. 161.

der Getödteten, tröftete die Verwandten der Gebliebenen durch
die Verficherung, daß fie ein befferes Leben fortleben [180]),
und verbot ihnen daher auch fich ins Geficht zu fchlagen, das
Haupthaar abzufcheeren, die Kleider aufzureißen und alle an=
dere damals übliche Trauerbezeugungen; er geftattete ihnen
nur die Todten zu beweinen, weil „die Thränen dem betrüb=
ten Herzen Erleichterung verfchaffen.“

Die Nacht nach der Schlacht war indeffen für die Mufel=
männer noch eine fehr unruhige, denn fie fürchteten jeden Au=
genblick, die Kureifchiten möchten umkehren und Medina über=
fallen. Auch zog Mohammed am folgenden Tage [181]) mit
feinen Truppen bis nach Hamra=al=Afad, acht Meilen weit
von Medina, um dadurch den Mekkanern zu zeigen, daß fein
Muth noch nicht gebrochen und er ein zweites Treffen nicht
fcheue. Diefe hatten in der That, als fie in in Rauha, unge=
fähr vierzig Meilen von Medina anlangten — vielleicht weil
fie dort erft vernahmen, daß Mohammed noch beim Leben [182]) —

180) Eh. berichtet aus Maâlim Attanzil: „Der Gefandte Gottes fagte:
als eure Brüder am Schlachttage von Ohod fielen, legte Gott,
der Erhabene, ihre Seelen in den Körper grüner Vögel, welche
an den Flüffen und Früchten des Paradiefes fich labten, und in
allen Theilen des Paradiefes unter dem Schatten des himmlifchen
Thrones luftwandelten. Aber in ihrer Seligkeit über die köftli=
chen Speifen und Getränke, und ihren herrlichen Aufenthaltsort
riefen fie: O wüßten doch unfere Brüder, was uns Gott erwie=
fen, damit fie nicht ablaffen vom heiligen Kriege! Da fagte Gott,
der Erhabene: ich will ihnen Nachricht von euch geben, und fandte
den Vers herab: Glaubet nicht, daß diejenigen, welche auf dem
Pfade Gottes erfchlagen worden, todt find, denn fie leben fort u. f. w.“
(S. 3, Vers 170).

181) Das Nähere über diefen Zug, den Abulfeda ganz übergeht, aus
I., Ch. und S. fol. 162 u. 163.

182) Dieß ift wohl das Wahrfcheinlichfte, obfchon nach einer Tradition
bei S. (fol. 160.) Abu Sofian fchon vor feinem Abzuge von
Omar erfahren haben foll, daß Mohammed noch am Leben. Das
Ganze klingt aber fo mährchenhaft, daß es keinen Glauben ver=
dient. Der Lefer beurtheile felbft diefe Stelle: „Als Abu Sofian

beschlossen, nach Medina zurückzukehren, gaben aber diesen Vor-
satz auf, als Mibad, ein Ungläubiger aus dem Stamme Chu-
zaah, der es jedoch mit Mohammed besser, als mit den Mekkanern meinte, ihnen berichtete, er sei Mohammed mit einem
zahlreichen Heere auf dem Wege begegnet. Drei Tage lagerte
Mohammed in Hamra Alasad, und ließ des Nachts, um den
Feind über die Zahl seiner Truppen, welche mit Inbegriff
vieler schwer Verwundeten kaum noch sechshundert Mann stark
waren [183]), zu täuschen, eine große Anzahl Wachfeuer anzünden.
Erst als er durch einen Boten, welchen ihm Mibad sandte,
weggehen wollte, bestieg er einen Berg, und rief mit lauter
Stimme: Wohl gethan! Laß mich! Der Krieg ist unbeständig,
dieser Tag für den von Bedr, erhebe dich Hobal! Der Gesandte
Gottes sagte zu Omar: Antworte ihm! Dieser rief: Gott allein
ist erhaben und gepriesen! Kein Vergleich zwischen uns! Unsere
Erschlagenen sind im Paradiese, die Eurigen in der Hölle. Als
Abu Sofian dieß hörte, rief er: Komm her, Omar! Der Gesandte Gottes sagte zu Omar: Geh zu ihm hin, und sieh, was
er will. Als Omar zu ihm kam, sagte Jener: Ich beschwöre
dich bei Gott, sage mir, haben wir Mohammed erschlagen?
Omar antwortete: Bei Gott, nein, er vernimmt sogar deine
Worte. Da sagte Abu Sofian: Ich glaube dir eher, als Ibn
Kamia, welcher behauptete, Mohammed getödtet zu haben. Dann
rief Abu Sofian: Es sind von euren Todten verstümmelt worden,
bei Gott, es geschah weder mit meinem Willen, noch gegen denselben, ich habe es nicht ge-, auch nicht verboten; beim Weggehen rief er dann: Stellt euch das nächste Jahr in Bedr ein!
Da sagte Mohammed zu einem seiner Gefährten: antworte ihm:
Es sei so!"

183) Die Zahl der bei Ohod gebliebenen Muselmänner wird von den
meisten Biographen auf siebenzig angegeben, vielleicht aber nur,
um sie mit der Zahl der bei Bedr gefangenen Kureischiten in
Einklang zu bringen, weil diese Niederlage als eine Strafe für
das Lösegeld, das damals von den Ungläubigen angenommen
wurde, betrachtet wird; einige nehmen jedoch nur vier bis sechs-
undsechzig an. Von den Kureischiten blieben zwei oder dreiundzwanzig, darunter Ubeii, der Sohn Challafs, den Mohammed
selbst erschlug.

9*

erfuhr, daß die Kureischiten durch die ihnen gegebene falsche
Nachricht erschreckt, statt eine zweite Schlacht zu wagen, weiter
nach Mekka gezogen seien, hob er das Lager auf, und kehrte
nach Medina zurück.   Auf diesem Zuge fielen den Muselmännern zwei nach dem Treffen von Ohod zurückgebliebene
Kureischiten in die Hand, welche beide getödtet wurden.   Der
eine war der Dichter Abul Azza, welcher schon in der Schlacht
von Bedr gefangen worden war, den aber Mohammed, weil
er ein armer Familienvater war, begnadigt hatte, unter der
Bedingung, daß er nie mehr an irgend einer Feindseligkeit
gegen die Muselmänner Theil nehmen würde.   Als er auch
dießmal Mohammed um Gnade anflehte, erwiederte dieser:
„Du sollst nicht im Rathhause zu Mekka deinen Bart streichen
und sagen: ich habe Mohammed zwei Mal hintergangen.
Der Gläubige wird nicht zwei Mal von einem Schlangen-
neste gestochen." [184])   Der andere war Muawia, der Sohn
Mughira's, Großvater von mütterlicher Seite des späteren Chalifen Abdul Malik Ibn Merwan.   Diesem wurden
zwar auf Othmans Fürbitte drei Tage zu seiner Rettung gegönnt, da man ihn aber am vierten Tage noch in Medina
fand, ward auch er wie Abul Azza von Zeid erschlagen.

Auf die Schlacht von Ohod, welche einige auf den siebenten,
andere auf den vierzehnten Schawwal des dritten Jahres der
Hidjrah setzen [185]), folgten mehrere andere unglückliche Ereignisse für die Muselmänner.   Von sechs Koranlesern, welche
Mohammed den Stämmen Adhal und Kara auf ihr Verlangen

---

184) Die arabischen Worte lauten: Almuminu la juldaghu min djuhrin
marratein.   Dafür hat H. v. H. (S. 130): „der Gläubige wird
von einem Streiche nicht zweimal verletzt."

185) Der Schlachttag war nach allen Traditionen ein Samstag, nach
Abulfeda den 7., nach S. (fol. 162) den 15. Schawwal. Zählt
man die Hidjrah von Freitag dem 16. Juli 622 an, so war der
7. Schawwal richtig ein Samstag, der 15. aber ein Sonntag.
Dieses Datum entspricht dem 23. oder 31. März 625, nicht wie
bei H. v. H. (S. 129) dem 22. April 624.

geschickt, um sie in den Lehren des Islams zu unterrichten [186]), wurden vier bei der den Hudseiliten gehörenden Quelle Radji getödtet, und zwei nach Mekka verkauft, wo sie bis zu Ende der heiligen Monate eingesperrt, dann öffentlich hingerichtet wurden, und einer derselben so lange unbeerdigt blieb, bis zwei Muselmänner [187]) des Nachts ihn wegtrugen. Bei dem Brunnen Mauna, vier Tagereisen von Medina, in der Provinz Nedsd, kamen ungefähr zu gleicher Zeit achtunddreißig, nach einigen sogar achtundsechzig [188]) andere gelehrte Muselmänner um, welche den Islam in dieser Provinz predigen sollten, und von den Beni Suleim überfallen wurden. Auch mißlang die Unternehmung Amru's, des Sohnes Ommessa's, welcher sich auf Mohammeds Befehl heimlich nach Mekka begab, um Abu Sofian meuchlings zu ermorden. Er ward von Muawia, dem Sohne Abu Sofians, entdeckt, und konnte nur mit Mühe sein eigenes Leben retten [189]). Glücklicher als Amru, war Abd Allah, der Sohn Uneis', gegen Sofian, den Sohn Chalids, welcher einer der Schuldigsten an dem Verrathe bei

186) So bei Abulfeda und S. fol. 166. Bei anderen heißt es: Mohammed sandte sie nach Mekka, um Kundschaft über das Vorhaben der Kureischiten einzuziehen. Als Häuptling dieser sechs oder nach Einigen zehn Muselmänner wird von den Einen Aßim, von den Andern Marthad genannt.

187) Zubeir und Mikdad, denen Mohammed für diese That das Paradies verhieß. Die zwei Hingerichteten hießen Zeid Ibn Abathna und Chubeib Ibn Adij (S. fol. 166 und Abulfeda) H. v. H. erwähnt (S. 133) nur letztern, den er Chabib nennt.

188) Sie waren 41, nach Einigen 71 an der Zahl, und nur zwei entkamen: Kaab, der Sohn Zeid's, welchen man für todt hielt, der aber wieder zu sich kam, und Amru, der Sohn Ommessa's, der gefangen und wieder freigelassen wurde (Abulfeda und Andere).

189) Ch. und J. aus dem Iktifa, während andere diese Sendung erst ins sechste Jahr der Hidjrah setzen. Als Grund derselben wird angegeben, Mohammed habe einen Mekkaner mit einem Dolche ertappt, welcher von Abu Sofian abgesandt war, ihn zu ermorden.

Radſi war, weßhalb Mohammed ſeinen Kopf verlangte. Als
Abd Allah ihn Mohammed brachte, ſchenkte er ihm dagegen
einen Stock, und ſagte: „Er diene dir zur Stütze im Para=
dieſe und als Zeichen zwiſchen uns am Auferſtehungstage!“[190]
Auch Abu Salma's Zug an der Spitze von hundertundfünfzig
Kriegern gegen die Beni Aſad, welche feindliche Geſinnungen
gegen den Propheten hegten, bot den Muſelmännern einen
kleinen Erſatz für die verſchiedenen Unfälle, die ſie erlitten;
denn wenn er auch den Feind nicht mehr einholen konnte, ſo
kehrte er doch mit einer ſehr reichen Beute nach Medina zu=
rück[191]. Noch größer waren die Vortheile, welche der, auch
in andern Beziehungen merkwürdige Zug gegen den jüdiſchen
Stamm der Beni Nadhir, der Zuhra, einen feſten Platz ganz
in der Nähe von Medina inne hatte, den Muſelmännern ge=
währte. Folgendes ſoll die Veranlaſſung zu dieſem Kriege ge=
weſen ſein. Amru, der Sohn Ommejja's, der Dhamrite, der ein=
zige Muſelmann, welcher bei dem Treffen am Brunnen Mauna
begnadigt worden, erſchlug auf ſeiner Rückkehr nach Medina
zwei Männer der Beni Amir. Dieſe waren aber Schützlinge
Mohammeds, weßhalb ihre Verwandten von ihm die Sühne
für die Gemordeten begehrten. Mohammed[192] wendete ſich
daher an die Beni Nadhir, welche ſeine Bundesgenoſſen ſo=

---

190) So wörtlich bei J., auch bei S. fol. 266 lieſt man: „Ich (Abd
Allah) fragte den Geſandten Gottes: warum haſt du mir dieſen
Stock geſchenkt?“ Er antwortete: „Als ein Zeichen (âjatun) zwi=
ſchen mir und dir am Auferſtehungstage, denn ſehr wenig Leute
werden an jenem Tage eine Stütze haben.“ Abd Allah trennte
ſich dann von dieſem Stock nicht mehr, und ſeinem letzten Willen
zufolge mußte man ihn auch in ſein Grab legen.

191) Sie war ſo bedeutend, daß nach Abzug des Fünfttheils für Mo=
hammed doch jeder Krieger noch ſieben Kameele und viele Schafe
erhielt, auch drei Hirten wurden auf dem Berge Katan, im Ge=
biete der Beni Aſad, zu Gefangenen gemacht, und als Sklaven
verkauft. J.

192) Er war nur von Abu Bekr, Omar, Ali und einigen andern Mu=
ſelmännern begleitet (S. a. a. O.).

wohl, als die der Beni Amir waren, und sprach sie um ihren
Beistand und ihre Vermittlung an [193]). Die Häupter der
Juden zeigten sich bereitwillig, ihm seine Bitte zu gewähren,
und luden ihn zum Essen ein, verabredeten dann aber unter-
einander, ihn von der Terrasse des Hauses, vor welchem er
saß, mit einem großen Mühlsteine todt zu werfen. Mohammed
durchschaute ihr Vorhaben [194]) und entfloh plötzlich nach Medina, ohne auch nur seine Begleiter davon zu benachrichtigen.
Diese suchten ihn daher lange vergebens, bis sie endlich einen
von Medina kommenden Reisenden trafen, der ihnen sagte:
er sei Mohammed am Thore der Stadt begegnet; da kehrten
auch sie dahin zurück. Mohammed ließ den Beni Nadhir
hierauf ankündigen, daß er ihnen zehn Tage zur Auswanderung aus ihren Wohnorten gestatte, nach Ablauf dieser Frist
aber sie mit dem Tode bestrafen würde. Die Juden waren
bereit, diese Bedingungen anzunehmen, aber Abballah, der

193) So im Sirat Arrasul (fol. 168 und 169) und bei J. und Ch.,
nicht wie bei Gagnier, S. 381, nach welchem Amru zwei Juden
der Beni Nadhir ermordet, und diese von Mohammed die Sühne
für die Gemordeten begehrt hätte. Nach einer andern Tradition
hatten sie Mohammed und drei Muselmänner zu sich geladen, um
über seinen Glauben zu disputiren. Abulfeda schweigt ganz über
die Veranlassung dieses Feldzugs.

194) Nach muselmännischer Legende ward er vom Engel Gabriel gewarnt; wahrscheinlich bemerkte er, daß jemand mit einem großen
Steine auf die Terrasse stieg, nachdem die Juden verschiedene
geheime Unterredungen mit einander gehalten. Vielleicht war
auch ein Verräther unter den Juden selbst. Auf diesen Vorfall
beziehen einige Koranausleger den 12. Vers der 5. Sura: „O
ihr Gläubigen gedenket der Gnade eures Herrn gegen euch, als
Leute ihre Hände gegen euch ausstrecken wollten, und er sie aber
abhielt von euch," während andere ihn auf Ungläubige, welche
Mohammed auf dem Zuge von Dsat Rika ermorden wollten,
beziehen. (S. fol. 170). Letzteres ist um so wahrscheinlicher,
da die auf diesen Feldzug sich beziehenden Begebenheiten in einem andern Kapitel beisammen stehen. Auch Djalalein bezieht
diesen Vers nicht auf die Juden.

Sohn Ubeff's, der Sohn Abi Saluls, versprach ihnen Hülfe, so daß sie es wagten, ihn zum Kriege herauszufordern. Da sie aber weder von Abd Allah, noch von ihren Glaubensgenossen, den Beni Kureiza, unterstützt wurden, so blieb ihnen nichts übrig, als sich in ihre festen Schlösser, in der Nähe von Medina, einzuschließen. Mohammed belagerte sie mit seinen Truppen, und ließ die Dattelbäume, welche ihren größten Nahrungszweig bildeten, abbrennen und ausreißen [195]). Nach einer Belagerung von sechs Tagen [196]) entschlossen sich endlich die Juden zu einer Auswanderung, unter der Bedingung, daß ein Jeder, mit Ausnahme der Waffen, so viel Habe mit sich führen durfte, als ein Kameel tragen könnte. Mohammed genehmigte diesen Vorschlag, und ließ einen Theil von ihnen nach Syrien, einen andern nach Cheibar ziehen.

Die hier gemachte Beute, so wie die von den Juden verlassenen Güter, erklärte Mohammed, weil sie ohne Schwertstreich erobert worden, als sein Eigenthum, mit dem er nach Willen verfahren könnte. Er theilte sie daher unter die Ausgewanderten, und nur wenige arme Hülfsgenossen erhielten etwas davon.

Ueber diesen Feldzug spricht sich der Koran folgenderweise aus:

„Gott preiset was im Himmel und auf Erden ist, er ist der Allverehrte, der Allweise. Er ist es, der die Ungläubigen unter den Schriftbesitzern aus ihren Wohnungen vertrieb zu

195) Dieß erregte selbst unter den Muselmännern eine solche Unzufriedenheit, daß sie durch folgenden Koransvers beschwichtigt werder mußten: „Was ihr abschneidet an Dattelnbäumen, oder was ihr auf ihren Wurzeln bestehen lasset, das erlaubt Gott, er wird die Ruchlosen (die des Propheten Anordnungen tadeln) beschämen (oder auch die Juden auf diese Weise bestrafen)." Dieser Vers ist der 5. des 59. Kapitels, welches unmittelbar nach diesem Feldzuge erschien. (S. fol. 169, auch J. und Ch.).

196) So bei S. (im Rabial Awwal des 4. Jahres). Nach anderen bei J. und Ch. dauerte die Belagerung von fünfzehn bis fünfundzwanzig Tagen.

den schon früher Ausgewanderten [197]).   Ihr dachtet nicht, daß
sie auswandern würden, sie selbst glaubten, ihre festen Plätze
würden sie gegen Gott (Gottes Strafe) beschützen, aber Gott
fiel über sie her von einer ganz unerwarteten Seite, und warf
Schrecken in ihr Herz, so daß ihre Häuser von ihren eigenen
Händen [198]) sowohl, als von denen der (sie bekriegenden)
Gläubigen verwüstet wurden.   Nehmet dieß zur Belehrung,
ihr, die ihr Augen habt.   Hätte Gott nicht Verbannung über
sie verhängt, so hätte er sie schon in dieser Welt gezüchtigt [199]),
doch in jener harrt ihrer die Pein der Hölle.   Dieses (ist ihr
Loos) weil sie sich Gott und seinem Gesandten widersetzten; [200])
wer sich Gott widersetzt, den bestraft er mit Strenge.   Sowohl
euer Abhauen einiger (ihrer) Dattelbäume, als eure Schonung
Anderer geschah mit der Erlaubniß Gottes, denn er straft

197) Dieser Vers wird gewöhnlich anders gedeutet.   Nach Djalalein
wäre die Rede von der ersten Verbannung, im Gegensatze zu
der zweiten, welche unter Omar stattfand; aber abgesehen davon,
daß der gesunde Menschenverstand eine solche wunderbare Auslegung nicht zuläßt, paßt sie auch gar nicht zur Präposition li.
Maraccius übersetzt: „Ipse est, qui ejecit eos.... e domibus
suis ad primam congregationem (eorum in Syriam).   Ullmann
übersetzt: „Er ist es, der die ungläubigen Schriftbesitzer bei ihrer
ersten Auswanderung aus ihren Wohnungen vertrieb," ebenfalls
gegen den gewöhnlichen Gebrauch des li, und, wie er dieß in
der Note nach Maraccius erklärt, mit Rücksicht auf die zweite
Vertreibung unter Omar.   Nach meiner Uebersetzung ist der
massdar im Sinne maful zu nehmen, und mit den früher Ausgewanderten meint er die Beni Keinukaa, welche nach dem Treffen
von Bedr verbannt wurden.

198) Um schnell alles, was sich mitschleppen ließ, hinwegzunehmen.

199) D. h. nach Djalalein durch Todschlag und Gefangenschaft.   Mohammed will durch diesen Vers sagen, daß die eingangene Capitulation nach Gottes Willen war.

200) Widerspricht dieser Vers nicht gewissermaßen dem, was die muselmännischen Biographen von einem Mordversuche der Juden erzählen?   Würde sich Mohammed so gelind ausdrücken, wenn sie
wirklich ihm nach dem Leben getrachtet hätten??

damit (mit dem Abhauen) die Uebelthäter.   Die Beute, die
Gott von dem Ihrigen seinem Gesandten zugewendet (wird
nicht wie sonst getheilt), denn ihr seid weder zu Pferd, noch
mit Kameelen gegen sie ausgezogen [201]), aber Gott, der All=
mächtige, verleiht seinem Gesandten die Herrschaft über was
er will.   Auch die Beute, welche Gott seinem Gesandten von
den Bewohnern der (sich freiwillig unterwerfenden) Städte ge=
währt, gehört Gott, seinem Gesandten, dessen Verwandten, den
Waisen, den Armen und den Wanderern [202]), (dieß befiehlt
Gott), damit sie nicht immer den Reichen [203]) unter euch ab=
wechselnd zufalle.   Nehmet an, was euch der Gesandte gibt,
und enthaltet euch dessen, was er euch versagt, fürchtet Gott,
denn seine Strafe ist hart. (Sie gehört besonders) den Armen
unter den Ausgewanderten, welche sich von ihrer Heimath und
ihren Gütern getrennt haben, um damit Gottes Gnade und
Wohlgefallen zu erlangen; diese sind die wahren Gläubigen! [204])
Hast du nicht gesehen, wie die Heuchler ihren ungläubigen
Freunden unter den Schriftbesitzern sagten: werdet ihr ver=
trieben, so wandern wir mit euch aus, wir werden Niemanden
gegen euch gehorchen, werdet ihr bekriegt, so stehen wir euch
bei.   Aber Gott bezeugt, daß sie Lügner sind.   Wenn jene

201) Damit will Mohammed nicht sagen, daß überhaupt dem Fußvolk
kein Antheil an Beute gebühre, sondern er meint nur damit, sie
haben keinerlei Kriegsbeschwerden gehabt, wodurch sie einen Theil
der Beute verdient hätten, indem sie ihre Heimath nicht verließen,
und die Juden sich ohne Kampf unterwarfen.

202) Der Prophet erhielt nach Djalalein $^{21}/_{25}$ der ganzen Beute, und
$^{4}/_{25}$ werden unter seinen Verwandten, den Armen, Waisen und
Reisenden vertheilt, während, wie schon bemerkt, bei gewöhnlicher
Beute $^{4}/_{5}$ unter den Truppen vertheilt ward, und der Prophet
für sich nur $^{1}/_{25}$ erhielt.

203) Weil damals wahrscheinlich die Unbemittelten, welche weder für
Lebensmittel sorgen, noch ein Kameel, um sie in der Wüste nach=
zuschleppen, herbeischaffen konnten, nicht oft an den Kriegszügen,
besonders an den entfernteren, Theil nehmen konnten.

204) Sura 59, Vers 1—8.

vertrieben werden, so ziehen sie nicht mit ihnen weg, werden
sie bekämpft, so leisten sie ihnen keinen Beistand, und thäten
sie es auch, so würden sie bald den Rücken kehren, und jene
blieben hülflos. Wahrlich, sie (die Heuchler) fürchten euch
mehr, als Gott in ihrem Innern, denn sie sind unverständige
Leute [205]). Sie (die Juden) werden euch nicht vereint be=
kämpfen, sondern (einzeln) in ihren festen Plätzen oder hinter
ihren Mauern. Sie besitzen eine so bedeutende Macht, daß
du glaubst, sie werden sich vereinen, aber ihre Herzen sind
getheilt, denn es ist ein thörichtes Volk. Es wird ihnen wie
andern [206]) kurz vor ihnen ergehen, welche auch die Züchtigung
für ihre Unternehmung fühlen mußten, und die einst noch schwere
Pein trifft. Jene aber (die Heuchler) gleichen dem Satan,
welcher die Menschen zum Unglauben verleitet, und wenn sie
ungläubig geworden, ihnen sagt: ich theile eure Schuld nicht;
ich fürchte den Herrn der Welt." [207])

Um diese Zeit ward auch den Muselmännern der Genuß des
Weines als sündhaft erklärt [208]), weil er mehr Unheil, als Nutzen

---

205) Diesen Vers habe ich nach Djalalein übersetzt, welcher ihn auf
die Heuchler bezieht, und als Grund angibt, „weil Gottes Strafe
erst später (als die eurige) erfolgt;" auch hier hat das nomen
actionis wieder eine passive Bedeutung. Maraccius übersetzt
diesen Vers unrichtig: „Certe vos (fuistis) robustiores (illis)
ob metum (immissum) in pectora eorum a Deo..." Ullmann
ebenso: „Wahrlich, ihr seid stärker, denn sie, weil Gott einen
Schrecken in ihr Herz geworfen, deßwegen, weil sie unverständige
Menschen sind."

206) Wie den Juden vom Stamme Keinukaa, oder nach Djalalein, wie
den Ungläubigen bei Bedr.

207) Dieselbe Sura, Vers 11—16.

208) Ueber den Genuß des Weines spricht sich der Koran folgender=
maßen aus: Zuerst Sura II. Vers 119: „Man wird dich fragen
in Betreff des Weines und des Spiels, sage: in Beiden liegt eine
große Sünde, doch auch einiger Nutzen für die Menschen; die
Sünde, zu der sie Veranlassung geben, ist aber größer, als der
Nutzen, den sie gewähren." Dann Sura IV. Vers 42: „O ihr

bringt, und wahrscheinlich war die Gefahr, in welcher Mo=
hammed schwebte, während seine Begleiter sich vielleicht diesem
Getränke ergaben, die Veranlassung zu diesem Verbote. Auch
befahl Mohammed nach dem Feldzuge gegen die Beni Nadhir
seinem Secretäre Zeid Ibn Thabit, die jüdische Schrift zu lernen,
weil er seine Correspondenz mit den noch übrigen Juden Medinas
und der Umgebung keinem Juden mehr anvertrauen wollte [209]).

> Gläubigen! kommet nicht zum Gebete, wenn ihr betrunken seid,
> damit ihr wisset, was ihr betet." Endlich Sura V. Vers 99 und
> 100: „O ihr, die ihr glaubet! der Wein, das Spiel, die Bild=
> säulen (für Götzen) und das Pfeilerloos sind Abscheulichkeiten
> von den Werken Satans, haltet euch fern davon! vielleicht wer=
> det ihr dadurch vor Unheil bewahrt. Der Satan will durch den
> Wein und das Spiel nur Haß und Feindschaft unter euch aus=
> streuen, und euch von frommer Andacht und dem Gebete abhal=
> ten, werdet ihr (diesen Lastern) wohl entsagen?" Von diesen vier
> Versen erschienen wahrscheinlich die beiden letzten nach dem ersten,
> daher auch manche Biographen und Commentatoren das absolute
> Verbot des Weines erst in das sechste Jahr der Flucht setzen.
> Vers 42 der 4. Sura mochte noch später erschienen sein, weil in
> demselben Verse auch das Reiben mit Sand bei Ermanglung des
> Wassers geboten ist, das erst auf einem der folgenden Züge ge=
> geben ward. Aus dem Verbote, nicht betrunken zu beten, kann
> nicht gefolgert werden, daß das Betrinken überhaupt erlaubt sei,
> sondern höchstens, daß auch nach dem Verbote des Weines noch
> Fälle von Trunkenheit vorkamen.

209) Ch. aus dem Aßl Alaßil und Tirmedsi. In der Tradition, welche
Ch. wörtlich anführt, heißt es: jüdische Schrift oder Schrift
der Juden (Kitab al Jahûd). Bei Ch. selbst aber, im Anfang
des Artikels liest man: „In diesem Jahre befahl der Gesandte
Gottes dem Zeid, Sohn Thabits, das Syrische zu lernen"
(bitaallumi Assirjanijjah), woraus man schließen könnte, daß die
Juden Arabiens sich der syrischen Schrift bedienten. Auch bei J.
im Kapitel von den Secretären Mohammeds (Bd. IV.) liest
man: „Zeid Ibn Thabit erzählt: der Gesandte Gottes (über den
Heil) befahl mir das Syrische zu lernen, indem er sagte: ich
vertraue den Juden meine Briefe (oder Schrift kitâbi) nicht an,
und es verging kein halber Monat, als ich sie vollkommen ge=

Nicht ganz zwei [210]) Monate nach dem Kriege mit den Juden war Mohammeds Leben auf dem Feldzuge gegen die Beni Muharib und Thalaba, in der Provinz Nedjd, wieder in Gefahr, indem ihm ein Araber plötzlich das Schwert entriß, und ihn damit tödten wollte. Dieser Feldzug heißt darum der des Wunders, weil Mohammed, wie auf dem von Dsu Amarr auf eine wunderbare Weise gerettet worden sein, und auf der Rückkehr noch manches Außerordentliche vollbracht haben soll. Er heißt aber auch Dsat Arrika (der Fetzen), entweder nach dem Namen des Berges, welcher das Ziel dieses Zuges war, oder weil die Truppen ihre verwundeten Füße mit Lumpen umbanden, oder weil sie auf dem Wege ihre zerfetzten Fahnen ausbesserten. Einige leiten den Namen dieses Feldzugs auch von einem Baume ab, welcher so heißt, und in jener Gegend einheimisch ist. Zu einem Kampfe kam es auf diesem Zuge nicht, nur einige Frauen wurden weggenommen, die Männer nahmen aber eine feste Stellung auf dem Berge ein, wo die Muselmänner, nach Einigen vier, nach Andern sieben bis achthundert Mann stark, es nicht nur nicht wagten, sie anzugreifen, sondern sogar einen feindlichen Ueberfall befürchteten. Darum ward auch hier zum ersten Male das sogenannte Furchtgebet (Salat Alchauf) angeordnet, welches abwechselnd von einem Theile der Truppen nach dem andern gebetet wird [211]).

lernt hatte; ich schrieb dann für den Propheten an sie, und las ihm ihre Briefe vor.

210) So bei S. fol. 169 und Andern. Buchari hingegen behauptet, dieser Feldzug könne erst nach dem von Cheibar stattgefunden haben, denn Abu Musa wohnte ihm bei, und erzählt, wie er mit wunden Füßen zurückkam, weil sie nur zu sechs ein Kameel hatten. Abu Musa kehrte aber erst nach dem Feldzuge von Cheibar aus Abyssinien zurück.

211) Ist der Feind auf der Seite, nach welcher man beim Gebete das Gesicht hinwenden soll, so dürfen alle Truppen zusammen beten, nur nicht zu gleicher Zeit niederfallen; ist der Feind aber auf einer andern Seite, so betet der Imam abwechslungsweise mit

Auch die zwei folgenden Feldzüge, nach Bedr und nach Daumat Aldjandal, einem Orte an der syrischen Grenze, in der Nähe von Tabuk, fünf Tagereisen von Damaskus, liefen ohne Blutvergießen ab. Ersteren unternahm Mohammed im Monat Schawwal [212]), des vierten Jahres der Hidjrah, mit fünfzehnhundert Mann, worunter aber nur zehn Reiter, in der Erwartung daselbst Abu Sofian [213]) zu treffen; dieser war in

der Hälfte der Armee, während die andere Hälfte den Feind beobachtet. Siehe Sura IV. Vers 101, welcher nach den Koransauslegern auf diesem Feldzuge erschien, wo der Feind nicht auf der Seite der Kibla war. Was die Wunder angeht, welche Mohammed geübt haben soll, so erzählt J. und S., daß er ein Kameel, welches gar nicht mehr vorwärts wollte, nur mit seinem Stock stieß, und es lief sogleich schneller, als alle übrigen. Ferner erzählt J.: „Eine Beduinin brachte ihm einen von Teufeln besessenen Sohn, er spuckte ihm in den Mund, und jener ward befreit. Djabir bereitete ihm drei Eier zu, er aß davon mit allen seinen Gefährten, sie waren alle satt, obschon sie kein Brod dazu gegessen hatten, und als Djabir die leere Schüssel wegnehmen wollte, waren noch alle drei Eier darin. Ein Kameel kam stöhnend und schäumend auf ihn zu gelaufen, da sagte er zu seinen Gefährten: wisset ihr, was mir dieses Kameel sagt? es fleht meine Hülfe an gegen seinen Herrn, der es schon mehrere Jahre an den Pflug spannt, und nun gar schlachten will; er befahl dann Djabir, den Eigenthümer des Kameels, zu rufen; die Sache verhielt sich, wie Mohammed voraus gewußt, und er überredete den Eigenthümer des Kameels, daß er es verschonte." Man wird mir es wohl nicht verargen, wenn ich derartige Mährchen, mit denen die Orientalen ihre Geschichte würzen, die sie aber mit demselben Ernste, wie die unbestrittenen historischen Facta auftragen, nur selten anführe.

212) Nach S. fol. 171 im Schaaban, ich folge aber lieber andern bei J., welche Schawwal annehmen, weil man eine andere Tradition findet, nach welcher er mit dem Neumonde des Dsul Kaada in Bedr ankam, und doch gewiß nicht über zwei Monate auf dem Wege war.

213) Nach den muselmännischen Biographen hatte Abu Sofian am Schlusse seiner Unterredung mit Omar, nach der Schlacht von

der That schon auf dem Wege nach Bedr, kehrte aber, als er
von Mohammeds Auszug Nachricht erhielt, wieder nach Mekka
zurück. Letzterer war einen Monat später gegen die Bewohner
von Daumat Albjandal gerichtet, welche mehrere Karawanen
ausgeplündert und sich mit Mohammeds Feinden verbündet
hatten. Sie ergriffen die Flucht, sobald Mohammed mit tausend Mann herannahte, und überließen ihm ihre Heerden und
einige Hirten, welche sie nicht zu retten im Stande waren.
Mohammed begnügte sich mit dieser Beute, und kehrte, ohne
bis Daumat Albjandal vorgerückt zu sein, nach Medina zurück.

Von größerer Bedeutung, besonders wegen einiger Vorfälle auf der Heimkehr, ist der nächstfolgende Feldzug, welchen
Mohammed im folgenden Jahre [214]) gegen die Beni Mustalik
unternahm, die sich an der Quelle Mureisi, in der Gegend
von Kudeid, zu einer kriegerischen Unternehmung gegen ihn
versammelt hatten. Er fiel so unerwartet über sie her, daß
sie keine Gegenwehr zu leisten im Stande waren. Zehn Mann
blieben beim ersten Angriff der Muselmänner, worauf die
Uebrigen entweder die Flucht ergriffen, oder sich gefangen

Ohod, demselben gesagt: „Wir treffen uns das nächste Jahr in
Bedr." S. Anmerkung 182. Da mir aber jene ganze Unterredung
verdächtig vorkommt, so ist es mir wahrscheinlicher, daß Mohammed es für eine Ehrensache hielt, vielleicht auch seinen Vortheil dabei fand, die Messe von Bedr zu besuchen, welche alljährlich im Anfang des Dsu-l-Kaaba acht Tage lang gehalten
ward, und daß Abu Sofian mit den Mekkanern dasselbe thun
wollte, es aber unterließ, als er hörte, daß Mohammed von so
vielen Truppen begleitet war. An einen Krieg im Monate Dsul
Kaaba konnte gewiß Abu Sofian niemals gedacht haben, da
dieser Monat einer der vier Heiligen ist, welche doch die Mekkaner
noch immer streng beobachteten.

214) Im Schaaban des fünften Jahres der Hidjrah. So bei J. und
Ch. nach Ibn Djuzi. Andere, worunter Buchari, setzen diesen
Zug noch in das vierte Jahr, während wieder andere, worunter
Ibn Hischam, dem auch Abulfeda folgt, ihn erst in das sechste
Jahr der Hidjrah setzen.

nehmen ließen; auch eine Heerde von tausend Kameelen und fünftausend Schafen fiel in die Hände der Mohammedaner. Unter den Gefangenen, welche sich auf zweihundert Familien beliefen, und unter den Siegern als Sklaven und Sklavinnen vertheilt wurden, war auch Barra, Tochter Harith's, Häuptling der Beni Mustalik. Diese fiel Thabit Ibn Keis zu, und forderte ihn auf, ihr das Lösegeld zu bestimmen, durch welches sie sich loskaufen könne. Da er aber einen allzu hohen Preis setzte, kam sie zu Mohammed, und bat ihn, ihren Herrn zu bestimmen, daß er ihr ein geringeres Lösegeld festsetze [215].

215) Nicht wie bei H. v. H., S. 147, „um in ihres Vaters Namen eine Bitte vorzutragen." Bei S. fol. 189 heißt es: „sie flehte seine Hülfe an wegen ihres Lösegeldvertrags (tastaïnuhu fi kitâbatihâ). Bei J. ausführlicher: „Thabit bestimmte neun Okt Gold als ihr Lösegeld, da ging sie zum Gesandten Gottes, und sagte ihm: Thabit hat meine Freiheit an ein Lösegeld geknüpft, das ich nicht auftreiben kann, ich bitte dich daher um deinen Beistand." Der Koransvers (S. 24, Vers 34), welcher dem Sklaven oder der Sklavin das Recht gibt, ihren Freiheitsbrief gegen ein bestimmtes Lösegeld zu fordern, und es dem Herrn sogar zur Pflicht macht, nachher noch etwas von dem festgesetzten Lösegelde nachzulassen, lautet:

„Diejenigen, die (aus Armuth) nicht heirathen können, sollen enthaltsam leben, bis ihnen Gott von seiner Gnade Vermögen schenkt. Fordern diejenigen, die eure Rechte erworben (Sklaven oder Sklavinnen) einen Freiheitsvertrag von euch, so setzet ihn auf, wenn ihr Gutes von ihnen wisset (d. h. wenn sie die festgesetzte Summe auf eine ehrliche Weise aufzutreiben im Stande sind), und schenket ihnen von den Gütern, die euch Gott geschenkt. Auch sollt ihr eure Mädchen (Sklavinnen), welche einen tugendhaften Lebenswandel führen wollen, aus Verlangen nach irdischen Gütern nicht dem Laster Preis geben. Thut ihr ihnen Gewalt an, so vergibt ihnen Gott und erbarmt sich ihrer." Letzteres Verbot, welches nach Djalalein auf die Klage einer Sklavin Abdallah's Ibn Ubeji erschien, die ihr Herr aus Gewinnsucht prostituiren wollte, beweist, daß die Medinenser den Mekkanern wegen ihrer Unsittlichkeit nicht viel Vorwürfe machen konnten.

Barra war aber von so ausgezeichneter Schönheit, daß Mohammed ihr sagte: „Ich weiß dir etwas besseres, als dir zu
einem mäßigern Lösegeld zu verhelfen, ich will es ganz für
dich entrichten. Werde meine Gattin!" Da sie diesen Antrag
annahm, heirathete sie Mohammed, obschon er zu den schon
genannten Frauen im vierten Jahre der Hidjrah Um Salma [216]),
die reizende Wittwe eines aus Abyssinien zurückgekehrten Muselmannes, und kurz vor diesem Feldzuge auch noch Zeinab,
die Tochter Djahsch's, geheirathet hatte, von der sich sein freigelassener Sklave und Adoptivsohn Zeid, wahrscheinlich ihm zu
Gefallen, scheiden ließ. Letztere Heirath, welche auch noch
darum getadelt ward, weil ein Adoptivsohn bisher wie ein
Sohn betrachtet ward, dessen Gattin dem Vater stets verboten

---

216) Ihr Eigenname war Hind. Sie war so liebenswürdig, daß, als
ihr Gatte starb, Omar und Abu Bekr um sie warben, aber ihre
Anträge wurden zurückgewiesen. Als Mohammed um sie werben
ließ, gab sie zur Antwort: „Ich sehe drei Hindernisse: ich bin sehr
eifersüchtig, von krampfhaften Anfällen heimgesucht (mussâba),
und habe keinen Verwandten, der mich dir antraue." Mohammed
begab sich dann selbst zu ihr, und sagte ihr: „Ich werde zu Gott
beten, daß er dir die Eifersucht aus dem Herzen nehme, und dich
von deinen Anfällen heile, und hast du keinen Verwandten, der
dich mir antraut, so ist auch keiner da, der unserem Bündnisse
ein Hinderniß in den Weg lege." Sie ward ihm dann von ihrem
Sohne, welcher noch sehr jung war, angetraut. Ch. Bei J.
liest man: „Als Mohammed um sie werben ließ, antwortete sie:
Der Gesandte Gottes ist mir ein willkommener Gatte, aber ich
bin keine junge Frau mehr, habe vier kleine Kinder und bin sehr
eifersüchtig." Mohammed erwiederte hierauf: „Was dein Alter
betrifft, so bist du doch viel jünger als ich, und setzest dich daher
keinem Tadel aus, wenn du mich heirathest. Für die vaterlosen
Kinder wird Gott und sein Gesandter sorgen, und ich werde zu
Gott beten, daß er dir deine Eifersucht aus dem Herzen nehme."
Er heirathete sie dann, und führte sie in die Wohnung seiner
verstorbenen Gattin, Zeinab, Tochter Chuzeima's, in welcher noch
ein Säckchen mit Gerste, eine Handmühle, eine Pfanne und ein
Topf mit Schmalz war.

bleibt, rief folgende Koransverse hervor: „Gott hat keinem Menschen zwei Herzen in sein Inneres gegeben, eben so wenig eure Gattinnen (die ihr bei Scheidungsformeln wie den Rücken eurer Mütter betrachtet) zu euren Müttern geschaffen, auch sind eure angenommenen Söhne nicht eure wahren Söhne; dieß sind nur Worte, die ihr so mit eurem Munde aussprecht, aber Gott sagt die Wahrheit und leitet auf den rechten Pfad. Nennet sie nach ihren Vätern, das findet Gott billiger, und kennet ihr ihre Väter nicht, so betrachtet sie als Brüder im Glauben und als Freunde. Euer Irrthum hierin wird euch nicht als Sünde angerechnet, wohl aber die (schlimme) Absicht eures Herzens. Gott ist gnädig und barmherzig." [217]. Damit man aber nicht glaube, Mohammed habe Zeid veranlaßt, sich von Zeinab scheiden zu lassen, erschien auch noch folgender Vers: „(Gedenke) wie du (Mohammed) demjenigen, welchen Gott und du selbst mit Wohlthaten überhäuft, (Zeid) sagtest: behalte deine Gattin und fürchte Gott! dabei aber in deinem Innern verbargst, was Gott bekannt machte (deine Absicht sie zu heirathen, wenn er sie entläßt), und die Menschen fürchtetest, während Gott allein gefürchtet zu werden verdient. Wir gaben dir sie dann zur Gattin, sobald Zeid seinen Entschluß (sich von ihr zu scheiden) vollführt hatte, damit die Gläubigen kein Bedenken mehr tragen, sich mit den Frauen ihrer Adoptivsöhne zu vermählen, sobald diese von ihnen geschieden sind, und Gottes Befehl ward vollzogen." [218] Um endlich auch diejenigen zu widerlegen, welche behaupten mochten: Mohammed gebe um seinetwillen neue Gesetze, fährt er also fort: „Der Prophet beging kein Unrecht, indem er nach Gottes Lehre handelte, die schon von andern (Propheten) vor ihm befolgt ward. Gottes Befehl mußte der Bestimmung gemäß vollzogen werden (wie er es von andern ward), welche die Botschaften Gottes gebracht, und nur ihn allein, keinen andern fürchteten. Außer Gott braucht man Niemanden Rechenschaft abzulegen.

217) Sura 33, Vers 4 u. 5.
218) Dieselbe Sura, Vers 36.

Mohammed war nie der Vater eines eurer Männer; er ist
der Gesandte Gottes und das Siegel (der Letzte) der Propheten."[219]). Mohammeds Vermählung mit Barra war se-
genbringend für alle ihre Stammgenossen, denn sobald sie unter den Muselmännern bekannt ward, schenkten viele von ihnen
den Gefangenen, welche mit ihr verwandt waren, die Freiheit [220]).

Während aber ein Theil der Muselmänner, welche Mo-

[219] Vers 37—39. Man wird sich nicht wundern, daß Maraccius
seine Refutationes zu dieser Sura beginnt: „Inter alia quae ma-
nifeste demonstrant Alcoranum non esse a Deo, illud est prae-
cipuum, quod in eo Mahometus omnia fere ad commodum suum
metitur." Doch wir enthalten uns unseres Urtheils über Mohammed bis zum Schlusse des Werks, und bemerken hier nur,
daß Mohammed selbst, freilich ehe er sie gesehen, für Zeid um
Zeinab hatte werben lassen, welche, so wie auch ihre Verwandten,
glaubten, Mohammed werbe für sich, und ihre Einwilligung wieder zurücknehmen wollten, als sie vernahmen, daß er für Zeid
geworben; darauf bezieht sich der 35. Vers dieser Sura, worin
gesagt ist, daß wenn einmal Gott und sein Gesandter etwas beschlossen, niemand etwas anderes wählen darf. Maraccius hat
Djalalein's Commentar zu diesem Vers, ben er S. 561 anführt,
gänzlich mißverstanden, auch hat er falsch gelesen alimahu (im
Singul.) statt alimâhu (mit Alif). Djalalein sagt: „Dieser Vers
erschien in Betreff Abd Allah's Ibn Djahsch und seiner Schwester
Zeinab, um die der Prophet warb, dabei aber Zeid Ibn Haritha
meinte. Ihnen Beiden (Zeinab und ihrem Bruder) war es aber
nicht recht, als sie es erfuhren, denn sie hatten früher (bei der
Werbung) geglaubt, der Prophet werbe um sie für sich selbst."

[220] So bei Z. und Ch., auch schon bei Gagnier, S. 438. Nicht wie
bei Reiske, S. 117 und Noel des Vergers, S. 57, nach welchen
Mohammed hundert Familienhäuptern die Freiheit schenkte.
(Sie haben unrichtig faa'taka statt fau'tika gelesen). Bei S.
a. a. O. heißt es ausführlich: „Als sie erfuhren.... ließen sie
frei, was in ihren Händen war, und es wurden durch Mohammeds Ehe mit ihr hundert Familien befreit," ebenso bei Z. und
Ch. (faarsalu ma biaidihim falakad u'tika bitazwidjihi ijjaha
mi'atu ahli beitin etc.).

hammed begleiteten, alles aufbot, um ihn zu ehren, war ein anderer, an dessen Spitze der schon oft erwähnte Abd Allah Ibn Ubeii stand, stets eifersüchtig auf Mohammeds immer wachsendes Ansehen, und benützte jeden Vorfall, um ihn verhaßt zu machen. Eine Rauferei zwischen einem Diener Omars und einem Schützlinge der Chazradjiten, bei welcher Letzterer eine Ohrfeige erhielt, die ohne Mohammeds Dazwischenkunft bald zu einem allgemeinen blutigen Kampfe zwischen den Ausgewanderten und Hülfsgenossen geführt hätte, veranlaßte Abd Allah zu sagen: „Eine solche Schmach ist uns noch nie weberfahren, haben sie das wirklich gethan? [221]) Sie sind bald mächtiger und zahlreicher, als wir. Auf uns und diese geflüchteten Kureischiten paßt das alte Sprüchwort: Mästest du deinen Hund, so frißt er dich auf. Aber bei Gott, wenn wir nach Medina zurückkehren, soll der Starke den Verächtlichen (Mohammed) vertreiben.‟ Zu seiner Umgebung gewendet, fuhr er dann fort: „Das habt ihr euch selbst gethan. Ihr habt sie bei euch aufgenommen und mit ihnen euer Vermögen getheilt, bei Gott! hättet ihr ihnen nichts von dem Eurigen gegeben, so wären sie in ein anderes Land gezogen.‟

Als diese Worte Mohammed hinterbracht wurden, gab er trotz der brennenden Mittagshitze den Befehl zum Aufbruch, und ließ, aus Furcht das Vorgefallene möchte bei müßigem Zusammensitzen neue Reibungen veranlassen, die Truppen die ganze Nacht durch bis zum folgenden Mittag marschiren, so daß zur Zeit, wo er Halt machen ließ, sie so ermattet waren,

---

221) Sowohl bei J., nach welchem ich diese Aeußerungen Abd Allah's angeführt, als bei Ch. und S. (fol. 188) liest man statt des „lafaaluha‟ bei Abulfeda, das schon Reiske aufgefallen ist, akad faaluha, wobei das Fürwort auf das, was er vernommen (daß nämlich sein Schützling geschlagen worden), zu beziehen ist. Da Abulfeda die ältern Quellen abkürzte, und doch gerne so viel als möglich ihre eigenen Worte beibehielt, wird er häufig etwas unklar, wie dieß auch aus der vorangegangenen Anmerkung zu ersehen ist.

daß sie sich nur nach Ruhe und Schlaf sehnten [222]). Omar wollte zwar nach seiner Weise, der Sache ein kurzes Ende machen, und entweder selbst Abd Allah erschlagen, oder, um keine allgemeine Feindschaft zwischen den Hülfsgenossen und Ausgewanderten zu erregen, ihn von Abbad Jbn Baschir, einem Mohammed ergebenen Hülfsgenossen, erschlagen lassen [223]). Mohammed wagte es aber nicht, aus Furcht vor den zahlreichen und mächtigen Freunden Abd Allah's [224]). Dieser hatte seinerseits, als ihn Mohammed in Medina wegen seiner Aeußerung zur Rede stellte, nicht den Muth sie einzugestehen, sondern

222) Mohammed selbst sagte zu Useid, welcher ihn fragte, warum er zur ungewöhnlichen Stunde den Befehl zum Aufbruch ertheilt: „Hast du nicht gehört, was Abd Allah gesagt?" Nicht wie bei Gagnier, S. 439, welcher Mohammed zurückbleiben, und Useid ihm sagen läßt: „Vous demeurez derrière, lorsque ce n'est point le tems de demeurer." Useid sagte dann zu Mohammed: „Verzeihe ihm, denn man war auf dem Punkte ihn zu krönen, als du nach Medina kamst."

223) Auch Abd Allah's eigener Sohn soll zu Mohammed gesagt haben: „Willst du meinen Vater mit dem Tode bestrafen, so beauftrage mich mit seiner Hinrichtung, denn tödtet ihn ein anderer, so werde ich als zärtlicher Sohn Blutrache an ihm nehmen, und einen Gläubigen für einen Ungläubigen tödten."

224) Bei S. a. a. O. sagt er zu Omar: „Wie soll ich das thun? Da werden die Leute sagen: Mohammed läßt seine Gefährten erschlagen." Er fürchtete also das Gerede, und gewiß noch mehr die Thaten der Leute, wo es sich handelte, einen Empörer zu bestrafen. Dieß geht noch besonders aus folgenden Worten bei S. fol. 189 hervor: „Später, wenn er (Abd Allah) sich etwas gegen Mohammed erlaubte, machten ihm seine eigenen Leute Vorwürfe darüber, und wiesen ihn zurecht. Als der Gesandte Gottes davon unterrichtet ward, sagte er zu Omar: Bei Gott! hätte ich an dem Tage, wo du mir riethest, ihn erschlagen zu lassen, deinen Rath befolgt, so wären manche Leute in Wuth gerathen, die ihn heute auf meinen Befehl selbst erschlagen würden. Ich sehe wohl ein, erwiederte Omar, daß deine Anordnungen mehr Heil bringen, als die meinigen."

nannte den Hinterbringer einen Lügner; doch war er, selbst als eine göttliche Offenbarung ihn wirklich für schuldig erklärte, nicht feig genug, Mohammed um Verzeihung zu bitten, und als einige seiner Stammgenossen ihn dazu bereden wollten, sagte er: „Ihr habt mich aufgefordert Gläubiger zu werden, ich ward Gläubiger; ihr habt mir befohlen die Armensteuer von meinem Vermögen zu geben, ich gab sie; nun fehlt nichts mehr, als daß ich noch vor Mohammed niederfalle."

Diese Vorfälle waren die Veranlassung zu der theils auf dem Heimweg, theils nach Mohammeds Rückkehr nach Medina erschienenen Sura, der Heuchler, aus der folgende Verse hier als Bestätigung der Tradition eine Erwähnung verdienen:

„Wenn die Heuchler zu dir kommen, sagen sie: wir bekennen, daß du der Gesandte Gottes bist, und Gott weiß, daß du sein Gesandter bist, aber Gott bezeugt, daß die Heuchler Lügner sind. Sie nehmen ihren Eid (mit dem sie ihren Glauben beschwören) nur als Schutzmittel, und halten dadurch (Andere) vom Pfade Gottes ab.... Sagt man ihnen: kommet (entschuldiget euch!) der Gesandte Gottes wird (Gott) um Gnade für euch bitten, so wenden sie ihren Kopf weg, und du siehst, wie sie sich mit Hochmuth zurückziehen.... Sie sind es, die (zu ihren Freunden) sagen: Gewähret denjenigen, die bei dem Gesandten Gottes sind (den Ausgewanderten), keine Unterstützung, damit sie ihn verlassen. Aber Gottes sind die Schätze der Himmel und der Erde, es fehlt jedoch den Heuchlern an Einsicht. Sie sagen: wenn wir nach Medina zurückkehren, soll der Mächtige von uns den Verächtlichen vertreiben. Aber Gott allein besitzt Macht und sein Gesandter und die wahren Gläubigen, doch die Heuchler wissen das nicht." [225]

225) Sura 63, Vers 1, 2, 5, 7 und 8. Diese Offenbarung hängt wieder mit einem epileptischen Anfalle zusammen. Man liest bei J.: Zeid Ibn Arkam (derselbe Jüngling, welcher Abd Allah's Rede Mohammed hinterbrachte) erzählt: „Ich sah, wie der Gesandte Gottes einen heftigen Anfall hatte (achadsathu burhâ), Schweißtropfen seine edle Stirne bedeckten, und die Vorderbeine

Ein anderer, eben so unangenehmer Vorfall, welcher sich auf der Heimkehr nach Medina ereignete, veranlaßte eine entgegengesetzte Offenbarung, eine solche nämlich, welche die Angeklagten für unschuldig erklärte. Dieses Ereigniß ist für den Charakter Mohammeds und die Art seiner Offenbarungen so wichtig, und wegen verschiedener Nebenumstände so merkwürdig, daß es hier wohl eine ausführlichere Darstellung, nach Aïscha's eigener Erzählung, finden mag [226]).

So oft der Gesandte Gottes eine Reise machte (so berichtet seine Gattin Aïscha), pflegte er zwischen seinen Frauen zu loosen, und diejenige, welche das Loos traf, durfte ihn begleiten. Auf dem Feldzuge gegen die Beni Mußtalik war ich Mohammeds Begleiterin. Auf solchen Reisen führte man mir immer mein Kameel vor, ich setzte mich in meine Sänfte, die dann meine Leute auf das Kameel hoben und festbanden, dann ging einer derselben vor dem Kameele her und führte es an

seines Kameels schwer wurden, da sagte ich: der Gesandte Gottes erhält gewiß eine Offenbarung, und hoffte, Gott werde meine Worte als wahr erklären. Als der Gesandte Gottes wieder zu sich kam, faßte er mich an den Ohren, hob mich in die Höhe, und sagte: Junger! deine Ohren haben gut gehört; Gott hat deine Worte bestätigt und die der Heuchler Lügen gestraft." Von diesem Tage an hieß Zeid: der mit aufmerkenden Ohren Begabte.

226) Die folgende Darstellung ist fast wörtlich nach S. fol. 190—192, mit einigen Zusätzen aus J. Es ist die einzige Tradition, welche über diese Begebenheit zu uns gelangt ist, und nur nach diesem Actenstücke können wir ein Urtheil fällen. Es muß jedem Leser selbst überlassen bleiben, was er von Aïscha's Treue denken will, nur vergesse er nicht, daß von den vier Urhebern der Anklage gegen sie drei verdächtig sind. Abd Allah, als bekannter Heuchler und innerer Feind Mohammeds, Hamnah, als Schwester Zeinabs, Aïscha's gefährliche Nebenbuhlerin und der Dichter Hasan, der eigentlich nur das Gerede der Leute zu einigen pikanten Versen benützte. Der einzige, so viel wir wissen, unpartheiische Ankläger war Mistah, welcher nicht nur Abu Bekrs Vetter war, sondern auch von ihm verpflegt ward.

einem Strick. Auf der Heimkehr, als wir nicht weit von
Medina unſer Lager hatten, gab Mohammed in der Nacht den
Befehl zum Aufbruch. Man führte wie gewöhnlich ein Kameel vor mein Zelt und ſtellte meine Sänfte daneben. Schon
wollte ich einſteigen [227]), als ich mein Halsband von Dhafari-
ſchen Muſcheln vermißte; da ging ich wieder zurück, an die
Stelle, wo ich es verloren hatte, und ſuchte es, bis ich es
wiederfand. Inzwiſchen kamen aber meine Leute, welche
glaubten, ich ſei ſchon eingeſtiegen, luden meine Sänfte auf
das Kameel, ohne zu bemerken, daß ſie leer war — denn damals waren die Frauen nicht ſtark, weil ſie kein Fleiſch aßen
— und zogen damit fort. Als ich daher wieder an die Stelle
kam, wo ich einſteigen wollte, ſah und hörte ich Niemanden
mehr. Ich hüllte mich in mein Tuch ein und ſetzte mich
nieder, weil ich dachte, ſobald man mich vermißt, wird man
mich hier ſuchen. Da kam Safwan, der Sohn Muattals
vorüber, welcher wegen eines Geſchäftes hinter den Truppen
zurückgeblieben war [228]). Als er mich bemerkte und erkannte
— denn er hatte uns früher ſchon geſehen, ehe uns ein Vorhang den Männern entzog [229]) — rief er: Wir ſind Gottes,

227) Nicht wie bei H. v. H., welcher (S. 144) ſie aus der Sänfte
ſteigen läßt, um ihr Halsband zu ſuchen. Wie konnte Aïſcha
ausſteigen, ohne daß der Kameeltreiber das Kameel anhielt und
niederknieen ließ?? H. v. H. ſetzt noch hinzu: „Da ich ſchmächtig
und leicht, wurden die Kameeltreiber der Erleichterung der Sänfte
nicht gewahr und zogen fort.“ Dieſe Bemerkung iſt nothwendig,
wenn die Sänfte noch auf der Erde war, und die Treiber ſie
leer auf das Kameel hoben, war ſie aber ſchon aufgebunden, da
hätte höchſtens das Kameel die Erleichterung wahrnehmen müſſen.
S. auch Djalalein zu Sura 24, Vers 11.

228) Nach Andern gehörte er zur Nachhut der Truppen. Als ſolcher
kommt er auch bei der letzten Pilgerfahrt Mohammeds vor.

229) Nach dem 50. Verſe der 33. Sura, welcher lautet: „O ihr, die
ihr glaubet! Betretet die Häuſer des Propheten nicht, außer wenn
es euch erlaubt wird zu einer Mahlzeit, wartet aber nicht (in
ſeinen Häuſern) bis ſie zubereitet iſt, ſondern tretet erſt hinein,

und kehren einst zu ihm zurück. Die Gattin des Gesandten Gottes! Wie so bist du zurückgeblieben? Ich antwortete ihm

wenn ihr gerufen werdet; entfernt euch wieder, sobald ihr gegessen habt, und verweilet nicht zu traulicher Unterhaltung, denn damit werdet ihr dem Propheten lästig, der sich vor euch schämet (euch weggehen zu heißen), aber Gott schämt sich nicht vor der Wahrheit. Begehret ihr etwas von den Frauen des Propheten, so redet sie hinter einem Vorhange deßhalb an, dieß erhält euer und ihr Herz reiner. Ihr dürfet dem Gesandten Gottes auf keine Weise beschwerlich fallen, auch seine Frauen niemals nach seinem Tode heirathen, denn dieß wäre in den Augen Gottes eine große Sünde." Dieser Vers erschien nach J. an dem Abende, als Mohammed zu seiner Hochzeit mit Zeinab, der geschiedenen Gattin Zeids, viele Gäste eingeladen hatte, die sich, selbst als Mohammed aufstand, noch nicht entfernten und bis spät in die Nacht in seiner Wohnung verweilten. Dieses Gebot, welches nur Mohammeds Frauen angeht, hat mit dem der Verschleierung des Hauptes, das ein allgemeines ist, nichts gemein. Letzteres befindet sich im 32. Verse der 24. Sura, welcher lautet: „Sage den gläubigen Frauen, sie sollen ihre Augen niederschlagen, und von ihrer Zierde (Schönheit) nichts sehen lassen, als was (nothwendig) sichtbar werden muß. Sie sollen ihren Schleier um ihren Busen schlagen, und ihre Zierde nur ihren Männern zeigen, oder ihren Vätern, oder ihren Schwiegervätern, Söhnen, Stiefsöhnen, Brüdern, den Söhnen ihrer Brüder oder Schwestern, ihren Frauen, ihren Sklavinnen und den Männern ihres Gefolges, die leidenschaftlos sind, oder Kindern, welche die Blöße der Frauen nicht beachten. Auch sollen sie mit ihren Füßen nicht so auftreten, daß man ihren Schmuck (Fußschellen) bemerke. Bekehret euch alle zu Gott, ihr Gläubige, damit es euch wohl ergehe." Von einem Verschleiern des Gesichtes ist in diesem Verse keine Rede. Djalalein bemerkt ausdrücklich zu den Worten: „was nothwendig erscheinen muß," „das ist das Gesicht und die Hände." Zu den Worten: „Sie sollen ihren Schleier um ihren Busen werfen," bemerkt er: „das heißt: ihr Haupt, ihren Hals und ihre Brust mit einem Schleier bedecken." Vom Verschleiern des Gesichtes handelt der Korán nach Djalalein im 56. Verse dieser Sura, welcher lautet: „O Prophet! sage deinen Gattinnen, deinen

nicht. Da führte er mir sein Kameel vor, und trat zurück, bis ich aufgestiegen war, dann trieb er es fort, und eilte so sehr er konnte, um die Truppen einzuholen; aber die Sonne stand schon hoch am Himmel, als wir ihr Lager außerhalb der Stadt erreichten, und da man mich allein mit Safwan ankommen sah, ersannen die bösen Menschen allerlei Lügen. Bald nach meiner Ankunft in Medina erkrankte ich, so daß mir von dem Gerede der Leute, das bis zum Gesandten Gottes und zu meinen Eltern gelangte, nichts zu Ohren kam. Doch vermißte ich bei Ersterem die Zärtlichkeit und Theilnahme, die er mir bei anderen Unpäßlichkeiten bewies; denn als er mich besuchte, während meine Mutter bei mir war, die mich pflegte, fragte er blos, wie wir uns befinden, und sagte sonst kein Wort. Sobald ich daher wieder etwas gestärkt war, hielt ich bei ihm um die Erlaubniß an, zu meiner Mutter zu gehen, damit sie mich bis zu voller Genesung in ihrem Hause pflege, und meine Bitte ward mir gewährt. Nach mehr als zwanzig Tagen, als ich wieder genas, ging ich eines Abends mit meiner Großtante, Um Mistah, aus; unterwegs stolperte sie und verwünschte ihren Sohn; als ich sie deßhalb tadelte, fragte sie: Weißt du denn nichts? und als ich ihre Frage verneinte, er-

Töchtern und den (übrigen) Frauen der Gläubigen, sie sollen einen Theil ihres Uebertuches über sich herabhängen lassen (d. h. nach Djalalein sie sollen das große Tuch „mulâtun," welches sie beim Ausgehen umwerfen, über das Gesicht herabhängen lassen, so daß nur ein Auge unbedeckt bleibe), dadurch werden sie eher erkannt (als freie Frauen), und nicht beleidigt (wie Sklavinnen, die mit freiem Gesicht ausgehen)." Nach dieser Erklärung wäre das djilbâb des Textes nichts anderes, als was jetzt noch die Egyptierinnen „milâja" oder auch Chabara nennen, worüber man Lane modern Egyptians, I. 53 vergleichen kann. Lane scheint diesen Vers nicht gekannt zu haben, denn er führt an zwei Stellen (S. 56 und 223) als eine Eigenheit der Egyptierinnen an, daß die Frauen mehr Anstand nehmen, ihren Kopf als ihr Gesicht sehen zu lassen, was doch ganz schriftgemäß ist, da dieses nur beim Ausgehen bedeckt werden muß.

zählte sie mir, was die Lügner, unter denen ihr Sohn Mistah war, mir nachgeredet. Sobald ich dieß hörte, ging ich nach Hause, und weinte so lange, daß ich glaubte, mein Herz würde zerspringen. Dann sagte ich zu meiner Mutter: Gott verzeihe dir! die Leute reden mir so viel Schlimmes nach, und du sagst mir kein Wort davon? Sie antwortete mir: Nimm das nicht zu schwer, meine Tochter! es gibt wenig schöne, von ihrem Gatten geliebte Frauen, denen nicht ihre Nebenbuhlerinnen Manches nachreden. Bei diesen Worten kam der Gesandte Gottes in unser Haus, und ließ Ali und Usama rufen, um ihre Ansicht über diese Sache zu vernehmen. Letzterer erklärte mich für rein und das Gerede der Leute für eitle Verläumdung. Ersterer aber sagte: Gesandter Gottes! es gibt ja viele andere Frauen [230]), du kannst an Aïscha's Stelle eine andere

230) Nicht wie bei Gagnier (S. 447), welcher Ali sagen läßt: „Vous n'êtes pas le seul, o Apôtre de Dieu à qui Dieu envoie de pareilles afflictions; il y a bien d'autres femmes qui ressemblent à la votre." Ueberhaupt hat Gagnier in dieser Erzählung so viel Mangelhaftes, daß es zu umständlich wäre, alles zu erwähnen. Nach einer andern Tradition bei J. sagte Ali: „Aïscha ist gewiß unschuldig, denn als du einst mit einem unreinen Schuhe betetest, hieß dich der Engel Gabriel ihn ausziehen; wie sollte Gott dir eine unreine Gattin lassen?" Nicht wie bei H. v. H. (S. 145), welcher Ali's Antwort anführt und dann hinzusetzt: „Diese Antwort, welche die Meinung Ali's, daß sich Mohammed vom verdächtigen Weibe scheiden müsse, klar an den Tag legte, verzieh ihm Aïscha nie." Es heißt im Anfang der Antwort: „achadsta baraat aïscha min" (ich entnehme Aïscha's Unschuld daraus u. s. w.), und nach derselben: „fasurra salla Allahu alaihi wasallama bidsalika" (Mohammed, über den Heil, freute sich damit), gerade wie bei der Antwort Omars, welcher sagte: „Hast du nicht Aïscha nach Gottes Bestimmung geheirathet, und glaubst du, daß dir Gott ein unkeusches Weib bestimmt?" Oder nach einer andern Tradition: „Läßt doch Gott keine Mücke, denn es möchte etwas Unreines an ihr sein, deinem Körper nahe kommen, wie sollte er ihn nicht vor einem unreinen Weibe bewahren?" Eben so sagt Othman: „Bewahrt Gott deinen Schatten

heirathen, doch frage einmal ihre Sklavin aus, da magst du die Wahrheit erfahren. Mohammed ließ die Sklavin rufen, und sobald sie hereintrat, fiel Ali mit einer Tracht Prügel über sie her, und schrie sie an: Berichte dem Gesandten Gottes die Wahrheit über deine Herrin! Sie antwortete: bei Gott, ich weiß nur Gutes von ihr; der einzige Fehler, den sie je beging, war, daß sie einst, als ich meinen Teig geknetet hatte, und beim Weggehen sie bat, darauf Acht zu geben, einschlief, so daß ihn unser Schaf fraß. Hierauf kam Mohammed in das Gemach, in welchem ich weinend bei meinen Eltern und einer Freundin saß, die mit mir weinten, und nachdem er Gott gepriesen, sagte er: Du weißt wohl Aïscha, was die Leute von dir sagen, fürchte Gott! und hast du wirklich gesündigt, so gestehe deine Sünde ein und bekehre dich zu Gott, welcher die Buße seiner Sklaven annimmt. Als er mir dieß sagte, konnte ich keine Thränen mehr vergießen, ich schwieg eine Weile, dann sagte ich zu meinen Eltern: Warum antwortet ihr nicht, statt meiner, dem Gesandten Gottes? Sie geriethen in die größte Bestürzung, und sagten: Wir wissen nicht, was wir antworten

sogar, daß er nicht die Erde berühre, wie sollte er dein Weib so tief sinken lassen?" Eben so unrichtig ist die folgende Phrase: „Wenn Mohammed aber Aïscha's und seine Ehre durch die vom Himmel gesandten Verse in den Augen der Gläubigen für alle Zeiten gerettet .... so bestrafte er doch das untreue Weib, indem er ihr zwei neue Nebenbuhlerinnen gab, die erste in der Tochter des Haris, des gefangenen Stammherrn der Beni Moßtalak" (als die zweite nennt H. v. H. dann Seineb, die Tochter des Habschesch, Seïds Weib), da Mohammed nach allen Berichten Letztere schon vor diesem Feldzuge und Barra, wie schon Abulfeda berichtet, während desselben heirathete, während das Abentheuer mit Aïscha erst auf der Heimreise in der Nähe von Medina vorfiel, und Mohammed erst in Medina selbst Kunde davon erhielt. Ueber die Zeit der Vermählung Mohammeds mit Zeinab kann man Gagnier, S. 416 vergleichen, und S. fol. 191, wo es heißt: Zeinabs Schwester redete Aïscha Böses nach, in der Absicht, Mohammeds Liebe zu jener dadurch zu vermehren.

sollen. Da sagte ich, nachdem ich wieder durch viele Thränen mein Herz erleichtert hatte: Ein solches Unglück ist noch über kein Haus hereingebrochen. Bei Gott, ich kann wegen der erwähnten Sünde keine Buße thun; Gott weiß, daß ich unschuldig bin, wie kann ich ein Verbrechen gestehen, das ich nicht begangen? Läugne ich aber, was die Leute sagen, so glaubet ihr mir doch nicht; ich kann daher nur wie Josephs Vater [231]) ausrufen: Geduld ist eine schöne Tugend, und Gott will ich um Hülfe anflehen. Dabei hoffte ich aber keineswegs, daß wegen eines schwachen Geschöpfes meinesgleichen eine Offenbarung stattfinden würde; doch dachte ich, vielleicht wird der Gesandte Gottes im Schlafe ein Gesicht haben, das ihn von meiner Unschuld überzeugt. Aber plötzlich fiel der Gesandte Gottes in Ohnmacht, wie dieß gewöhnlich vor einer Offenbarung der Fall war, man hüllte ihn in sein Gewand, und legte ein lebernes Kissen unter seinen Kopf. Sobald ich dieß sah, war meine ganze Unruhe vorüber, denn da ich meine Unschuld kannte, so wußte ich wohl, daß Gott mir nicht Unrecht thun würde. Meine Eltern aber waren in der größten Angst, bis der Gesandte Gottes wieder zu sich kam, weil sie fürchteten, das böse Gerede möchte von Gott bestätigt werden. Als Mohammed endlich wieder zu sich kam, setzte er sich aufrecht, und trocknete die Schweißtropfen von seiner Stirne, die wie Perlen herabrollten, obschon wir in einem Wintertage waren. Dann sagte er: Freue dich Aïscha! Gott hat mir deine Unschuld geoffenbart. Er ging dann in die Moschee, machte den Leuten Vorwürfe, die seiner tugendhaften Gattin und dem nicht minder tadellosen Safwan Böses nachgeredet, und verkündete ihnen folgende Koransverse:

„Haltet es für kein Unglück, daß einige unter euch mit Lügen auftraten, denn es bringt euch manches Gute. Ein je-

231) Im 19. Vers des 12. Kapitels, als seine Söhne ihm Josephs blutiges Hemd brachten. Es heißt im Texte bei S.: „Ich wollte Jakob sagen, konnte aber nicht auf diesen Namen kommen, da sagte ich Josephs Vater."

der von ihnen hat für seine Schuld zu büßen, und wer sich die größte aufgeladen [232]), den trifft schwere Pein. Warum hatten nicht, als diese Verläumbung zu euch gelangte, die gläubigen Männer und Frauen die beste Meinung einer vom Andern [233]), und (darum auch) gesagt: das ist eine offenbare Lüge? Haben sie etwa vier Zeugen beigebracht? Da sie keine Zeugen aufbringen konnten, so erscheinen sie vor Gott als Lügner. Waltete nicht Gottes Gnade und Barmherzigkeit über euch, so hätte euch in dieser und jener Welt, wegen eurer Reden schwere Pein getroffen, denn ihr habt mit euren Zungen ausgestreut und mit eurem Munde ausgesagt, was ihr nicht wisset; ihr hieltet dieß für eine geringe Sache, sie ist aber in den Augen Gottes sehr wichtig. Habt ihr doch nicht, als ihr sie hörtet, gesagt: es ziemt uns nicht darüber zu sprechen, sei gepriesen (o Herr!) das ist eine große Lüge. Gott warnt euch daher, nie mehr zu derartigem zurückzukehren, wenn ihr wahre Gläubige sein wollet. Gott offenbart euch seine Verse, er der Allwissende, Allweise. Diejenigen, welche wünschen, daß sich Schändlichkeiten gegen Gläubige verbreiten, trifft schwere Pein in dieser und jener Welt, Gott weiß Alles, ihr wisset nichts u. s. w." [234])

"Wer eine tugendhafte Frau verläumdet und nicht vier Zeugen beibringt, den geißelt mit achtzig Schlägen, und nehmt nie mehr ein Zeugniß von ihm an, denn er ist ein Bösewicht.

232) Damit ist Abd Allah Ibn Ubejj gemeint, welchen er nicht geißeln ließ.

233) Bei S. sagte Abu Ajub zu seiner Gattin, welche von Aischa's Schuld sprach: Würdest du eine solche Schuld begehen? Sie antwortete: nein. Nun, fuhr er fort, so wird auch Aischa verläumdet, welche besser ist, als du. Mohammed macht daher den Leuten Vorwürfe darüber, daß sie nicht eben so gedacht. H. Ullmann hat diesen Vers unrichtig übersetzt: "Haben nicht die gläubigen Männer und die gläubigen Frauen, als ihr das hörtet, das beste davon in ihrem Herzen gedacht, und gesagt: dies ist offenbare Lüge."

234) Sura 24, Vers 11—20.

Eine Ausnahme machen diejenigen, welche sich nachher bekehren und Gutes üben, denn Gott ist gnädig und barmherzig."[235]

Diesen letzten Versen zufolge ließ Mohammed Mistah, den Dichter Hasan und Hamnah, die Schwester seiner Gattin Zeinab, geißeln; Abd Allah, der Sohn Ubeß's aber, der Erste, welcher Aïscha's Schuld aussprach, ward wegen seines hohen Ansehens auch dießmal verschont, und, um überhaupt die ganze Sache sobald als möglich in Vergessenheit zu bringen, ermahnte Mohammed die reichen Muselmänner, den Bedürftigen wegen ihrer Theilnahme an Aïscha's Verläumbung, nichts zu entziehen[236]. Auch beschenkte er den Dichter Hasan, welcher zu seinen Prügeln auch noch einen Schwerthieb von Safwan selbst erhalten hatte, so reichlich, daß er seine Satyre gegen Aïscha in einem sie bis zum Himmel erhebenden Lobgedichte widerrief.

Nach einigen Traditionen hatte Aïscha auf diesem Feldzuge schon einmal ihr Halsband verloren; die Truppen wurden dadurch so lange aufgehalten, daß sie zur Betstunde die Quelle nicht erreicht hatten, zu der sie ohne diese Verspätigung gelangt wären, und konnten sich daher vor dem Gebete nicht waschen. Da erschien der Koransvers[237], welcher, wie nach

235) Sura 24, Vers 4 u. 5.

236) Abu Bekr schwur, seinem Vetter Mistah jede Unterstützung zu entziehen. Da erschien der 23. Vers derselben Sura, welcher lautet: „Die Begüterten und Bemittelten unter euch sollen nicht schwören, daß sie den Verwandten, den Armen und den frommen Auswanderern nichts mehr geben wollen, sondern sie sollen ihnen verzeihen, und ihr Vergehen vergessen; wollt ihr denn nicht auch, daß Gott euch verzeihe? Gott ist auch gnädig und barmherzig."

237) Sura IV. Vers 42 und Sura V. Vers 7. Letzterer, welcher zugleich das Nähere über das Gebot der Waschung enthält, lautet: „O ihr, die ihr glaubet! wenn ihr euch zum Gebete erhebet, so waschet euer Gesicht und eure Hände bis zu den Ellbogen, und berühret euern Kopf und eure Füße bis zu den Knöcheln; wenn ihr unrein seid, so reiniget euch; seid ihr aber krank oder auf der Reise und kommt von einem unreinen Orte, oder seid mit

jüdischem Gesetze, in solchen Fällen gestattet, statt der Waschung
sich mit Sand oder Erde zu reiben.

Mohammed konnte sich zu seiner nochmaligen Nachsicht
gegen Abd Allah, den Sohn Ubeß's, dessen Bestrafung ihm
viele Feinde unter den Chazradsiten zugezogen hätte, nur
Glück wünschen, denn ungefähr zwei Monate [238]) nach dem
Zuge gegen die Beni Mußtalik hatte er einen Kampf
zu bestehen, in dem er bei größerer Opposition im Innern
Medinas, hätte unterliegen müssen. Auf das Anstiften der
Häupter der vertriebenen Juden von dem Stamme Nadhir,
verbanden sich gegen ihn die Kureischiten, die Stämme Ghatafan, Murra, Laschdsa, Fazara und einige andere aus Tehama
und Nedsd, denen sich auch zuletzt noch die in der Nähe von
Medina wohnenden Juden Beni Kureiza [239]) anschlossen,
und zogen, zehntausend Mann stark, gegen Mohammed. Dieser
ward aber durch ihm befreundete Chozaiten früh genug von
dem Vorhaben der Verbündeten unterrichtet, um Anstalten zu
seiner Vertheidung treffen zu können. Das unglückliche Treffen
von Ohod war bei den Muselmännern noch in allzu frischem
Andenken, als daß sie dießmal einem noch zahlreichern Feinde
auf offenem Felde entgegen zu treten gewünscht hätten. Man
beschloß einstimmig, nicht nur keine Schlacht zu wagen, sondern
auch, um Medina vor einem Angriffe zu schützen, die Stadt
mit einem breiten Graben zu umgeben, eine Vertheidigungs=

einer Frau in Berührung gekommen, und findet kein Wasser, so
reibet euer Gesicht und eure Hände mit gutem Sande. Gott
will euch keine Last aufbürden, sondern euch nur reinigen, damit
seine Huld euch vollkommen werde; vielleicht seid ihr dankbar
dafür.“

238) Im Schawwal des 5. Jahres. März 627.

239) Ihr Häuptling, Kaab Ibn Asad, zögerte lange, ehe er mit den
Verbündeten gemeine Sache machte. Er wollte zuerst Huseii, den
vertriebenen Nadhiriten, gar nicht in sein Haus lassen, weil er
wohl wußte, daß er ihn zum Kriege reizen würde. Erst als Huseii
seine Gastfreundschaft in Zweifel zog, öffnete er ihm die Thüre.
S. fol. 173.

maßregel, welche bisher in Arabien unerhört war, und die auf den Rath eines zum Islam bekehrten Persers angewendet ward²⁴⁰). Um die Muselmänner zur Arbeit anzuspornen, legte Mohammed selbst Hand ans Werk, und während Manche sich der Verzweiflung hingaben, prophezeite er, als seine Haue drei Mal einem Steine Funken entlockte, die Eroberung des Südens aus den Händen der Araber, des Ostens, aus denen der Perser und des Nordens und Westens, aus denen der Byzantiner²⁴¹), ohne sich um das Gespötte der Ungläubigen

240) Nach einer Tradition bei J. ward nicht die ganze Stadt von einem Graben umgeben, sondern nur die eine offene Seite derselben, von der man am meisten einen feindlichen Angriff befürchtete. Dieß ist höchst wahrscheinlich, da aus allem, besonders aus Sura XXXIII. Vers 13, hervorgeht, daß Mohammed außer den Truppen, welche ihm gegenüber jenseits des Grabens lagen, auch noch die Stadt zu bewachen hatte, und von dieser Seite her besonders einen Ueberfall der Juden befürchtete. Bei J. heißt es ausdrücklich, Mohammed sandte Salma, den Sohn Aslams mit 200 und Zeid Ibn Haritha mit 300 Mann nach Medina, um die Frauen und Kinder vor einem Ueberfalle der Beni Kureiza zu schützen, als er hörte, daß diese den Bund gebrochen. Auch bei S. fol. 176 erzählt Safia: „Als ich in einem festen Schlosse mit anderen Frauen und Kindern und dem Dichter Hasan Ibn Thabit war, da ging ein Jude um das Schloß herum; es war zur Zeit, als die Beni Kureiza schon zu dem Feinde übergegangen waren, und zwischen ihnen und uns war niemand, der uns beschützte, denn der Gesandte Gottes stand den Verbündeten gegenüber, und konnte nicht von seiner Stelle weichen. Da sagte ich zu Hasan: ich fürchte, dieser Jude möchte seinen Glaubensgenossen unsere schwache Seite zeigen, während der Gesandte Gottes anderwärts beschäftigt ist; geh hinunter und tödte ihn!" u. s. w. Wahrscheinlich war dieß vor der Ankunft Salma's und Zeid's mit ihren Truppen.

241) Die Legende verwandelt diese Funken in ein großes Licht, bei welchem Mohammed die fürstlichen Paläste von Damask, Sanaa und Madain sah. Auch werden hier wieder mehrere wunderbare Speisevermehrungen erzählt.

zu kümmern. Während der Arbeit sang er einige Verse des
Dichters Abd Allah Ibn Rawaha [242]), in denen er Gott für
seine Leitung dankte, seinen Schutz anflehte, und seinen festen
Entschluß aussprach, den Verführungen der Ungläubigen zu
widerstehen. Die Muselmänner sagten ihm in einem anderen
Verse ihren fortwährenden Beistand zu, und obschon einige sich
von der Arbeit zurückzogen, war doch, als der Feind herannahte, der Graben vollendet, und von dreitausend Mann, mit
denen Mohammed aus Medina auszog, vertheidigt. Ueber
zwanzig Tage lagerten die Verbündeten vor dem Graben, und
wechselten nur einige Pfeilschüsse mit den Muselmännern. Von
den Kureischiten, welche an einer Stelle, wo der Graben etwas schmaler war, über denselben setzten, fiel einer hinein und
ward getödtet, ein anderer blieb in einem Zweikampfe mit Ali,
worauf dann die Uebrigen so schnell als möglich zu den Ihrigen zurückkehrten. Mohammeds Lage ward indessen immer
bedenklicher, denn die Bewachung des Grabens und der außerhalb desselben gelegenen festen Schlösser nahm die Kräfte
seiner Truppen so sehr in Anspruch, daß ihre Zahl sich immer
verminderte. Er wollte daher von den Beni Ghatafan durch
Aufopferung des Drittheils der Datteln Medina's den Frieden
erkaufen. Als aber der Friedensvertrag unterzeichnet werden
sollte, sagte Saad Ibn Ibada und Saad Ibn Maads, damals
Häupter der Ausiten und Chazradjiten, die Mohammed noch
zuvor befragte: „Thust du dieß in Folge einer Offenbarung,
oder ist es dein bestimmter Befehl, so müssen wir gehorchen.
Handelst du aber nur so um unsertwillen, so unterlasse es!"
Mohammed antwortete: Hätte mir Gott etwas befohlen, so
würde ich euch nicht um Rath fragen, aber bei Gott, ich that

---

242) So bei J., es waren nicht „aus dem Stegreife hergesagte Verse,"
    wie H. v. H. S. 139 glaubt, der daraus beweisen will, „daß
    Mohammed das Sylbenmaaß wohl verstand," während alle mu-
    selmännische Biographen das Gegentheil behaupten, oder wenig-
    stens darin übereinstimmen, daß er nie eigentliche Verse gedichtet.
    S. meine poetische Literatur der Araber, S. 59 und 60.

dieß nur, weil ich sah, daß die Araber gleichsam aus einem Bogen Pfeile gegen euch schleudern und euch von allen Seiten bedrängen, da wollte ich ihre Kräfte doch einigermaßen zersplittern." Saad Ibn Maads erwiederte hierauf: „O Gesandter Gottes! einst hatten wir und die Beni Ghatafan dieselben Götter und denselben Glauben, und doch aßen sie keine unserer Datteln, die sie nicht kauften oder wir ihnen aus Gastfreundschaft vorstellten, und jetzt, wo uns Gott durch den Islam und durch dich geehrt hat, sollen wir ihnen unsere Habe umsonst geben? Das wollen wir nicht, bei Gott, sie sollen nur unsere Schwerter haben!" [243] Saad zernichtete hierauf den Vertrag, und Mohammed nahm zur List seine Zuflucht, indem er Nueim, einem Araber aus dem Stamme Ghatafan, welcher heimlich zum Islam übergegangen war, den Auftrag gab, gegenseitiges Mißtrauen zwischen den Verbündeten zu erwecken [244]. Nueim begab sich zuerst zu den Beni Kureiza, seinen alten Freunden, und machte sie auf die Verschiedenheit ihrer Lage, von der der Kureischiten und Beni Ghatafan aufmerksam. Diese können

[243] J. und S. (fol. 174). Eine ähnliche Frage, wie die Saad's, kommt auch bei dem Treffen von Bedr vor, als Mohammed zuerst bei einem Brunnen, welcher mehr nach Medina zu lag, lagern wollte, da sagte ihm Chabbab: „Hat dir Gott diesen Ort als Lager angewiesen, so dürfen wir ihn nicht überschreiten, ist es aber blos deine eigene Ansicht, so laß uns lieber bis zum äußersten Brunnen ziehen" (S. fol. 134 und Andern), was dann auch geschah. Auch in dem Feldzuge von Tabuk kommt eine ähnliche Frage seiner Rathgeber und dieselbe Antwort Mohammeds vor. Hierin liegt ein wesentlicher Unterschied zwischen Mohammed und Christus, der nie besondere Offenbarungen hatte, dessen ganzes Wesen vielmehr als eine Sendung des Himmels angesehen seyn sollte.

[244] Diese bisher noch von keinem Europäer beschriebenen näheren Umstände von Nueims List, sind aus J. und S. fol. 176. Wahrscheinlich versäumte er es auch nicht, die Beni Ghatafan und Kureisch einander gegenseitig verdächtig zu machen, wozu ihm der Separatfrieden, welchen erstere mit Mohammed schließen wollten, eine gute Gelegenheit bot.

11 *

schon einen Krieg gegen Mohammed wagen — sagte er ihnen
— denn werden sie auch geschlagen, so können sie in ihre
Heimath fliehen, wo sie ihre Frauen, ihre Kinder und ihre
Güter haben. Was wollt ihr aber dann beginnen, da ihr doch
allein zu schwach seid, den Krieg mit Mohammed fortzusetzen? Wollt ihr in ein anderes Land fliehen und eure Familie und eure Habe hier zurücklassen? Darum rathe ich euch,
mit den Verbündeten nicht eher gemeine Sache zu machen, bis
sie euch einige der Vornehmsten unter ihnen als Geißeln ausliefern und euch die Versicherung geben, daß sie nicht eher
abziehen, bis Mohammeds Macht gebrochen sein würde." Als
seine Worte den gewünschten Eindruck gemacht hatten, verließ
er die Juden und begab sich zu den Kureischiten und Beni
Ghatafan, und sagte ihnen: „Ich habe vernommen, die Beni
Kureiza bereuen es, mit euch ein Bündniß geschlossen zu haben,
sie haben schon Mohammed Friedensanträge gemacht und ihm
versprochen, die Edelsten unter euch in seine Hände zu liefern;
seid daher auf eurer Hut, falls sie Geißeln von euch verlangen."
Diese List hatte den besten Erfolg, denn als an einem Freitag
Abend die Juden aufgefordert wurden, ihre Truppen Samstag
früh zu senden, um gemeinschaftlich einen Sturm gegen Medina zu unternehmen, erklärten sie: „Wir ziehen an unserem
Ruhetage nicht in den Krieg, und werden überhaupt keinen
thätigen Antheil daran nehmen, bis uns Geißeln überliefert
werden." Die Kureischiten und Beni Ghatafan sahen in dieser
Antwort nur eine Bestätigung der Aussage Rueims, und blieben unthätig in ihrem Lager, aus Furcht vor einem Verrathe
von Seiten der Juden. Da um diese Zeit auch noch eine so
kalte, stürmische Witterung eintrat, daß sie weder ein Feuer
anzuzünden, noch ein Zelt aufrecht zu erhalten im Stande
waren, hoben sie die Belagerung auf [245]), und zogen ein Jeder wieder in seine Heimath zurück.

[245] Abu Sofian gab zuerst den Befehl zum Aufbruch, und beeilte sich
so sehr, daß er sein Kameel bestieg, noch ehe es losgebunden
war; ihm folgten dann die Beni Ghatafan.

Folgende Koransverse schildern die bedenkliche Lage der Medinenser während dieser Belagerung:

„O ihr Gläubigen! gedenket der Gnade Gottes, als euch (kriegerische) Schaaren überfielen, wir aber einen Sturm und unsichtbare (Engel) Schaaren gegen sie sandten, denn Gott sah ihr Unternehmen. Als sie euch von der Höhe und der Tiefe her bedrängten, und eure Augen nichts anderes mehr (als Feinde) sahen und euer Herz bis in die Kehle stieg, und ihr auf verschiedene Weise von Gott dachtet. Dort wurden die Gläubigen geprüft und ein heftiges Zittern ergriff sie. Als die Heuchler und die Schwachherzigen sagten: Gottes und seines Gesandten Verheißungen waren nur Täuschung, und ein Theil von ihnen sagte: O Bewohner Jathribs! hier (am Graben) ist kein Bleiben für euch, geht (in die Stadt) zurück, und ein Theil von ihnen wirklich bei dem Propheten um die Erlaubniß (zurückzukehren) anhielt, indem sie sagten: unsere Häuser sind blosgestellt; sie waren aber nicht ohne Schutz, sondern sie wollten nur (vor dem Feinde) fliehen. Und wäre der Feind aus der Umgebung zu ihnen in die Stadt gezogen, und hätte sie zur Empörung aufgefordert, so hätten sie sich empört und (um gegen die Gläubigen zu kämpfen) sie bald wieder verlassen....... Sie glaubten, die Verbündeten würden nie mehr wegziehen, und wenn sie je wiederkämen, würden sie sich zu den Arabern der Wüste versetzt wünschen, und (nur aus der Ferne) sich nach euch erkundigen, doch wären sie auch in eurer Mitte geblieben, so hätten sie doch nur einen geringen Antheil am Kampfe genommen..... Gott hat aber die Ungläubigen mit ihrer Wuth zurückgetrieben, sie haben keinen Vortheil errungen. Gott der Mächtige und Starke hat sogar die Gläubigen vor einem Kampfe bewahrt." [246]

246) Sura 33, Vers 9—14, 20 und 25. In der Uebersetzung des 14. Verses bin ich von Maraccius abgewichen, bei welchem er lautet: „Quodsi entratum fuisset ad eos ab extremis partibus ejus (nempe Medinae) et rogati fuissent (ut amplectarentur) schisma: certe accessissent ad illud; sed non permansissent in eadem

Abu Sofian soll nach seinem Abzuge folgenden Brief an Mohammed geschrieben haben:

„In deinem Namen, o Gott! Ich schwöre bei Lat, Uzza, Isaf, Naïla und Hobal, ich zog gegen dich mit einem Heere und wollte dich ausrotten, um nie mehr zu dir zurückkehren zu müssen, aber ich sah, daß du ein Treffen scheutest und dich durch einen Graben schütztest, eine List, welche die Araber nie kannten; sie kennen nur den Schutz ihrer Lanzen und die Schärfe ihrer Schwerter; dieß thatest du nur, um unseren Schwertern nicht zu begegnen; doch steht dir noch ein Schlacht= tag bevor, wie der von Ohod.‟

Mohammed soll darauf geantwortet haben:

„Von Mohammed, dem Gesandten Gottes, an Sachr[247]), den Sohn Harbs.

„Nach meiner Erwähnung Gottes, in dessen Namen ich alles vollbringe [248]), wisse, daß dein Brief mir zugekommen.

(Medina) nisi modicum (tempus) (quia scilicet Deus perdidisset eos).‟ H. Ullmann hat in seiner wortgetreuen Uebersetzung für das einzige Wort „Alfitnatu,‟ das Maraccius durch „schisma‟ und ich durch „Empörung‟ wiedergegeben: „Die Gläubigen zu verlassen und wider sie zu kämpfen,‟ und doch setzt er am Schlusse des Verses, wie Maraccius, die Note hinzu: „Indem die Strafe Gottes sie daraus vertrieben haben würde.‟ Der 20. Vers lautet bei U.: „Sie glaubten, daß die Verschworenen nicht nach Mekka kommen würden, und wenn die Empörer kämen, so würden sie wünschen u. s. w.‟ Im 25. Verse übersetzt er das Wort ghaiz, welches Wuth oder Zorn bedeutet, durch „Muth.‟ Derartige Unrichtigkeiten in der neuesten deutschen Koransübersetzung nöthigten mich, fast durchgängig die Koransverse selbst anzuführen, statt blos darauf zu verweisen.

247) Sachr war der eigentliche Name Abu Sofians (S. fol. 42), welches nur „Sofians Vater‟ bedeutet. Daß sein Vater Harb hieß, welcher ein Sohn Ommeja's war, ist bekannt. Für diese beiden Eigennamen hat H. v. H. (S. 142) „an den Felsen, den Sohn des Krieges.‟ Ein Compliment, das Abu Sofian nicht verdiente, und gewiß Mohammed ihm nicht machen wollte.

248) Es heißt im Texte wie gewöhnlich in muselmännischen Briefen:

Bei Gott, du gibst dich vielen Täuschungen hin. Was deine
Züge gegen uns betrifft, und deinen Wunsch uns auszurotten,
so ist das eine Sache, welche Gott nach seinem Willen lenken
wird, indem er uns ein gutes Ende verleiht. Ueber dich wird
aber ein Tag kommen, an dem ich Lat, Uzza, Isaf, Naïla und
Hobal zerbrechen werde, um dich daran (an die eben ausgesprochene Ueberzeugung, daß wir zuletzt den Sieg davon tragen) zu erinnern; du Blödsinniger unter den Söhnen Gha-
libs." [249])

Gleich am Tage [250]) nach dem Abzuge der Verbündeten
zog Mohammed, angeblich in Folge einer göttlichen Offenbarung [251]), an der Spitze von dreitausend Mann, gegen die

amma baadu, das, wie J. bemerkt, so viel bedeutet, als: nach
dem Spruche: Im Namen Gottes, des Gnädigen und Barmherzigen.

249) Es heißt im Texte: „Hatta udsakkiraka dsalika ja safihu bani
Ghalib." Ghalib ist bekanntlich der neunte Ahnherr Mohammeds,
von dem auch Abu Sofian abstammte. Diesen letzten Satz übersetzt H. v. H: a. a. O.: „Für dich wird der Tag kommen, wo
zerbrochen liegen werden Allat und Asa und Asaf und Nail und
Hobal, bis beiner sich erinnern werden, o Blöder! die
Söhne des Ueberwältigenden."

250) So bei allen Biographen, also Ende März oder April 627. Daß
dieser Feldzug im fünften Jahr der Hidsrah, welches mit dem 2.
Juni 626 beginnt, stattfand, gibt auch H. v. H. zu, denn S. 147
heißt es bei ihm: „Das Jahr, das zwischen dem Frohnzuge wider
die Beni Karisa (so heißen bei ihm die Kureiza) und dem nächsten mit dem Frieden von Hobaibe endenden verfloß u. s. w.,"
dazu in einer Note: „VI. Jahr der Hidsrah." Auch gibt er (S.
120) zu, daß das Treffen bei Bedr im 2. Jahr der Hidsrah
stattfand; und dennoch heißt es bei ihm S. 142, bei dem Zuge
gegen die Beni Kureiza: „Er zog mit nicht weniger als dreitausend Mann wider sie aus, so hatte sich seine Macht in dem
seit der Schlacht von Bedr verflossenen Jahre ver-
zehnfacht."

251) Dießmal erschien ihm Gabriel in der Gestalt Dihias, aus dem
Stamme Kalb. Diese Art Offenbarung wird auch von J. er-

Beni Kureiza ins Feld, um sie für ihre Treulosigkeit zu bestrafen. Sie waren, wie ihnen Nueim richtig vorausgesagt, viel zu schwach, um sich mit den Muselmännern auf offenem Schlachtfelde zu messen; es blieb ihnen daher nichts übrig, als in ihren festen Schlössern Schutz zu suchen. Mohammed umzingelte sie aber von allen Seiten, und beschloß nicht eher zu weichen, bis sie sich ihm ergeben oder vor Hunger umkommen

wähnt (s. Anmerk. 48). Dihja mochte in der That als Freund und Rathgeber Mohammeds guter Engel gewesen sein. Merkwürdig ist, daß hier nach muselmännischer Tradition der Engel, oder Dihja, nicht blos von Mohammed allein, sondern auch von andern gesehen ward. Man liest bei S. fol. 178: „Gegen Mittag kam Gabriel auf einem Maulesel geritten; er hatte ein seidenes Tuch als Kopfbinde, und über den Sattel seines Maulesels war eine sammtne Decke ausgebreitet. Er sagte zum Gesandten Gottes: hast du die Waffen schon niedergelegt, Gesandter Gottes? Er antwortete: ja. Aber die Engel, versetzte Gabriel, haben die Waffen noch nicht niedergelegt. Wir haben bis jetzt die Verbündeten verfolgt, nun befiehlt dir Gott gegen die Beni Kureiza zu ziehen, auch ich gehe dahin, um Schrecken unter sie zu verbreiten. Mohammed ließ sogleich ausrufen: wer gehorsam ist, der bete das Aßrgebet nirgends anders, als bei den Beni Kureiza.“ Auf der folgenden Seite liest man: „Als Mohammed in Sauzein, ehe er zu den Beni Kureiza gelangte, einige seiner Gefährten traf, fragte er sie: ist jemand an euch vorüber gekommen? Sie antworteten: o Gesandter Gottes! Dihja, der Sohn Chalifa's, der Kalbite, ist auf einem weißen Maulesel vorübergeritten, dessen Sattel mit Sammt bedeckt war. Der Gesandte Gottes sagte: es war Gabriel, welcher zu den Beni Kureiza gesandt ward, um ihre festen Schlösser zu erschüttern und ihr Herz mit Schrecken zu erfüllen.“

Mohammeds Bekanntmachung in Betreff des Aßrgebets, womit er andeuten wollte, daß ein Jeder sich ohne Verzug vor den Schlössern der Beni Kureiza einfinden sollte, hat Gagnier mißverstanden, denn bei ihm heißt es (S. 406): „Quiconque entendra cet ordre et voudra se montrer obeissant qu'il ne dirige son intention à la prière du soir, que contre les enfans de Koreidha.“

würden. Während der Belagerung, welche fünfundzwanzig
Tage dauerte, suchten sie auf jede Weise eine Capitulation zu
erhalten, Mohammed verwarf aber alle ihre Anerbietungen,
und bestand auf eine Uebergabe auf Gnade und Ungnade.
Die Juden, im Vertrauen auf die Fürbitte der Ausiten, ihrer
Bundesgenossen, verließen endlich ihre Schlösser und ließen
sich von den Muselmännern fesseln. Die Ausiten beschworen
in der That Mohammed, diese Juden nicht härter zu behan=
deln, als die Beni Keinukaa, denen er auf die Fürbitte der
Chazradjiten das Leben geschenkt. Mohammed, der ihnen keine
Gnade widerfahren lassen wollte, schlug den Bittenden vor,
ihren Häuptling Saad als Schiedsrichter über das Schicksal
der Gefangenen anzuerkennen. Die Ausiten fügten sich gern
in diesen Ausspruch, weil sie glaubten, Saad würde gewiß das
Leben seiner ehemaligen Bundesgenossen verschonen. Moham=
med war aber vom Gegentheile überzeugt, weil er wußte, daß
Saad an einer Wunde, die er bei der Vertheidigung des
Grabens erhielt, schwer darniederlag, und daher nicht zur
Milde gegen die Juden, welche diesen Krieg angefacht, gestimmt
sein würde. Saad, welcher in der Moschee zu Medina unter
einem Zelte lag, in welchem Rufeida, eine wohlthätige Frau
aus dem Stamme Aslam, die hülflosen Verwundeten pflegte
und aus Frömmigkeit selbst bediente [252]), ward auf einem Esel

252) So bei J., auch bei S. fol. 180, wo noch hinzugesetzt wird:
„Der Gesandte Gottes hatte nämlich, als Saad am Graben von
einem Pfeile getroffen ward, seinen Leuten gesagt: bringet ihn
in das Zelt Rufeidas, ich werde ihn bald besuchen.“ Die Worte
des Textes bei S. lauten: „Wakana rasulu-l-lahi salla-l-lahu
alaihi wasallama kad djaala sa'da-bna Maadsin fi chaimatin
liimraatin min aslam jukalu laha Rufaidah fi mas-
djadihi kanat tudâwi Aldjarha watahtasibu binafsiha ala
chidmati man kanat fihi dhaiatan min almuslimina. Wakana
rasulu-l-lahi kad kâla likaumihi hina asâbahu-s-sahmu bil-
chandaki idjalûhu fi cheimati Rufeidata hatta audahu min
karibin.“ Der letzte Satz soll nämlich erklären, warum Saad
sich in diesem Zelte befand, das doch für Verlassene, „derer sich

ins Lager geholt. Als er vernahm, wozu er gerufen worden, ließ er alle Anwesenden schwören, daß sie sein Urtheil, wie es auch sein mag, vollziehen würden, und nachdem dieß geschehen, sagte er: „Ich verurtheile alle Männer zum Tode, Frauen und Kinder zur Gefangenschaft, und erkläre all ihre Habe als eine Beute der Muselmänner." Mohammed ließ dieses Urtheil, das er ein göttliches nannte, auf einem öffentlichen Platze in Medina vollziehen, und die Geschlachteten, ungefähr sieben= hundert an der Zahl, denen auch noch eine Frau zugesellt ward, die einen Muselmann mit einem Mühlsteine todt gewor= fen, in große Gruben werfen, welche zu diesem Behufe auf dem Hinrichtungsplatze gegraben wurden. Die Beute ward wie gewöhnlich vertheilt, nur erhielten hier zum ersten Male die Reiter, deren sechsunddreißig bei den Truppen waren, das Dreifache eines Fußgängers. Unter den Frauen, welche zum Theil in der Provinz Nedjd gegen Pferde und Waffen ver= tauscht wurden, befand sich Rihâna, welche Mohammed für

niemand unter den Muselmännern annahm," bestimmt war. Die Bedeutung des tahtasibu, im Sinne „sich irgend ein Opfer oder ein Unglück, als etwas in jenem Leben zu vergeltende anrechnen, findet man im Kamus." Ein Zelt in der Moschee kommt auch noch nach S. fol. 246, bei den Abgeordneten der Thakisiten vor; es kann nicht befremden, wenn man sich erinnert, daß die erste Moschee zu Medina nur mit einigen Palmzweigen bedeckt war, und daß ein Theil derselben, Soffat genannt, den Armen zur Wohnung diente (s. Abulfeda am Schlusse des Lebens Moham= meds). Wie ganz anders klingt dieß in folgendem Satze des H. v. H. (S. 143) „Saad ben Moas, der in der Verschanzung Medinas verwundet, in dem Zelte des Spitals lag, welches unmittelbar an der Moschee des Propheten zu Medina (also vier= hundert Jahre früher ein Spital am Tempel zu Medina, als an dem zu Jerusalem)." Bei Gagnier (S. 410) liest man über Saad: „Il etait allité sous la garde d'une certaine femme du bourg de Rafida, qui s'employait à guérir les playes, et l'apôtre de Dieu l'avait fait mettre dans la mosquée de Medine, afin qu'étant proche de lui, il put le visiter souvent."

sich behielt, und die er nach einigen Berichten, als sie später das Judenthum abschwor, heirathete [253]). Der Koran resumirt die Resultate dieses Zuges in folgendem Verse: „Gott vertrieb diejenigen der Schriftbesitzer (Juden), welche ihnen (den Verbündeten) beigestanden aus ihren festen Plätzen, und warf Schrecken in ihr Herz. Einen Theil von ihnen habt ihr erschlagen, und einen andern gefangen genommen; er hat euch ihr Land, ihre Wohnungen, ihre Güter, so wie ein anderes Land, das ihr vorher nie betreten, zum Erbtheil gegeben. Gott ist allmächtig." [254]) Bald nach diesem großen Gemetzel ward auch noch ein einzelner Jude [255]) aus Cheibar, wegen seiner feindseligen Unternehmungen gegen Mohammed, auf dessen Befehl von einigen Chazradjiten meuchlings ermordet, die nicht hinter den Ausiten zurückbleiben wollten, welche den Juden Kaab aus der Welt geschafft.

253) Nach andern zog sie auch dann noch vor, seine Sklavin zu bleiben.

254) Dieselbe Sura, Vers 26. Was das andere Land betrifft, das hier noch erwähnt wird, so ist nach Djalalein, das von Cheibar darunter zu verstehen, das sie später eroberten. Den Anfang dieses Verses übersetzt U.: „Er veranlaßte auch, daß von den Schriftbesitzern Mehrere aus ihren Festungen herabkamen, um ihnen, den Verschworenen, Beistand zu leisten u. s. w."

255) Sein Name war Sulam Ibn Abi=l=Hakik, sein Beiname Abu Rafii. Bei S. (fol. 265) wird auch noch ein Jude aus Cheibar, welcher Juseir hieß, und die Beni Ghatafan gegen Mohammed aufhetzte, mit einigen andern meuchlings ermordet. Mohammed sandte nämlich den Dichter Abd Allah Ibn Rawaha mit einigen Muselmännern nach Cheibar, und ließ ihn einladen zu ihm nach Medina zu kommen, damit er ihn zum Häuptlinge seines Bezirks ernenne, gab jenem aber den Befehl, ihn unterwegs mit seinen Begleitern zu ermorden. Bei J. sollte er unter einem anderen Vorwande nach Medina gelockt werden.

Fünftes Hauptstück.

Mohammed unternimmt eine Wallfahrt nach Mekka. Die Mekkaner widersetzen sich. Friedensschluß mit den Kureischiten. Feldzug von Cheibar. Mohammed soll vergiftet werden. Er heirathet Safia und Um Habiba. Sein Bekehrungsschreiben an den Fürsten von Abyssinien. An Chosroes II. Heraklius und Andere. Vertragsmäßige Wallfahrt nach Mekka. Vermählung mit Meimuna. Bekehrung Amru's und Chalid's. Feldzug von Muta.

Hatte aber auch Mohammed die Belagerung der Verbündeten glücklich überstanden, und an einem Theile derselben eine furchtbare Rache genommen, so mußten doch die in den Augen der Araber verächtlichen Vertheidigungsanstalten, zu denen er genöthigt ward, ihm einen Theil seines Ansehens rauben, so daß er in dem ganzen darauf folgenden Jahre an keine bedeutende Unternehmung denken konnte. Er selbst stellte sich nur zwei Mal an die Spitze einiger hundert Soldaten; einmal ohne Erfolg, um die Beni Lahian, welche an dem Verrathe von Radji Theil genommen, zu züchtigen, und einmal, um die Räuber seiner Kameele zu verfolgen. Seine Sendungen in diesem Jahre hatten größtentheils Karawanenraub, Meuchelmord oder Ueberrumpelung zerstreuter Horden feindlicher Stämme zum Zweck, und verdienen gar keine besondere Erwähnung.

Wie sehr sein Ansehen um diese Zeit gesunken sein mußte, geht am Besten daraus hervor, daß höchstens vierzehn, nach zuverlässigen Berichten aber nur siebenhundert Mann dem Aufrufe zu einer Wallfahrt nach Mekka, die er an alle Gläubigen im Monate Dsul Kaada des sechsten Jahres [256]) ergehen ließ, Folge leisteten [257]). Diesen Entschluß faßte Mo-

[256] April 627.

[257] Es heißt bei S. (s. 193): „Mohammed fürchtete sich vor den Kureischiten, sie möchten ihn bekriegen, oder ihm den Zutritt zum Tempel nicht gestatten, darum forderte er alle Araber der Umgegend auf, ihm zu folgen; aber viele der Araber blieben zurück, und er zog mit den Ausgewanderten und Hülfsgenossen, und

hammed angeblich in Folge eines Traumes, in welchem er sich
mit seinen Gefährten in voller Sicherheit beim Pilgerfeste in
Mekka befand, wobei ihm auch die Schlüssel der Stadt über=
reicht wurden.   Sobald er diesen Traum, welcher für eine
Offenbarung galt [258]), seinen Gefährten mitgetheilt hatte,
konnte er, obgleich sein Aufruf nicht den erwünschten Anklang
fand, dennoch nicht mehr von seinem Vorsatze abstehen. Uebri=
gens durfte er, im Vertrauen auf die Scheu der Kureischiten
während der heiligen Monate, oder auf heiligem Gebiete Krieg
zu führen, auch mit dieser geringen Truppenzahl einen Zug
nach Mekka wagen.   Damit man ihn aber als einen Pilger
und nicht als einen Krieger ansehe, legte er in Dsu Chuleifa
seine gewöhnlichen Kleider ab, und warf das Pilgergewand
um, ließ seine Leute keine andere Waffen tragen, als ein
Schwert in der Scheide; auch führte er siebenzig Kameele
mit, die er als Opferthiere bezeichnen ließ [259]). In Osfan, ei=
nem Orte zwei Tagereisen von Mekka angelangt, kam ihm
Baschr, den er als Kundschafter nach Mekka gesandt hatte,
entgegen, und sagte ihm, die Kureischiten haben von sei=
nem Zuge Kunde erhalten, sich sogleich zum Kriege gerü=

denen, die sich ihm angeschlossen hatten u. s. w." Bei J. noch
deutlicher: „Die Araber sagten: sollen wir ihm zu Leuten folgen,
die ihn in seinem eigenen Hause in Medina bekriegt und seine
Gefährten getödtet haben? Sie entschuldigten sich daher durch
Geschäfte, Familienangelegenheiten u. dergl., aber Gott, der Er=
habene, strafte ihre Entschuldigungen Lügen, durch die Worte:
Sie sprechen mit ihren Zungen, was nicht in ihrem Herzen ist."
(Sura 48, Vers 11).   Dadurch läßt sich auch die verschiedene
Angabe der Zahl der Muselmänner, welche Mohammed folgten,
erklären, da vielleicht anfangs so viele beisammen waren, dann
aber nach und nach sich die Hälfte zurückzog.

258) S. die Anmerk. 48.
259) Dieses Zeichen bestand darin, daß man einen Einschnitt in den
Höcker machte, und ihnen ein Stück Leder oder eine alte San=
dale um den Hals hieng.   Ersteres heißt ischâr und letzteres
taklid. J., auch im Kamus, nur nicht so bestimmt.

stet [260]), und Chalid an der Spitze der Reiterei nach Kura Alghanimi [261]) vorausgeschickt, um ihm den Weg nach Mekka zu versperren. Als Mohammed dieß vernahm, fragte er, ob Niemand ihn einen Weg nach Mekka führen könnte, auf welchem er den feindlichen Truppen nicht begegnen würde? und da ein Mann aus dem Stamme Aslam sich dazu erbot, verließ er den geraden Weg nach Mekka, schlug einen andern sehr beschwerlichen über Hügel und Schluchten ein, und kam erst wieder bei Hudeibia, einem Orte in der Nähe von Mekka, wo das heilige Gebiet beginnt, und er weniger einen Krieg befürchtete, aus dem Gebirge hervor. Hier ließ er die Zelte aufschlagen, zum Erstaunen und zur Unzufriedenheit seiner Begleiter, welche geradezu nach Mekka zu ziehen wünschten [262]). Mohammed hatte sich kaum niedergelassen, als schon ein Gesandter der Mekkaner erschien, um ihn nach seiner Absicht zu fragen, und als er hörte, er wolle nur die Pflichten der Pilgerfahrt vollziehen, kehrte er in die Stadt zurück, und rieth

260) Es heißt im Texte bei S. und J.: „Sie haben Tigerhäute angezogen, sie lagern in Dsu Tawa, haben Mutterkameele mit ihren Jungen bei sich, und rufen Gott zum Zeugen an, daß sie dich nicht nach Mekka kommen lassen.“ Dsu Tawa ist nach dem Kamus ein Ort in der Nähe von Mekka, welcher jetzt den Namen Zahir führt. Was die Mutterkameele angeht, so heißt dieß nach J. so viel als: sie sind mit gehörigem Proviant versehen, da sie Fleisch und Milch haben, und werden daher, wegen Mangel an Lebensmitteln, nicht ihr Lager zu verlassen genöthigt seyn.

261) Dieses Thal liegt nach dem Kamus zwei Tagereisen von Mekka, doch sind diese Tagereisen wahrscheinlich kleiner, als die von Osfan nach Mekka, so daß Kura Alghanimi zwischen Osfan und Mekka läge.

262) Als sein Kameel sich niederließ, sagte Mohammed: „Derjenige, welcher den Elephanten (welchen Abraha ritt) zurückhielt, ließ auch mein Kameel nicht weiter ziehen. Bei dem, in dessen Hand Mohammeds Seele ist, die Kureischiten werden heute nichts von mir fordern, das ich ihnen nicht gewähren werde, um den Krieg zwischen Verwandten in heiliger Zeit und auf heiligem Gebiete zu vermeiden.“ J. u. S.

den Häuptern derselben, ihm dieß zu gestatten. Da dieser Bote aber ein Chozaite war, und sie wohl wußten, daß die Chozaiten ihnen nicht sehr zugethan, so machten seine Worte keinen Eindruck, und einstimmig riefen sie: „Wenn Mohammed keinen Krieg will, so kehre er zurück, bei Gott, er soll nicht uns zum Trotze in die Stadt ziehen! das sollen uns die Araber nicht nachreden!" Djalis, einem andern zu Mohammed gesandten Araber vom Lande, welcher des Chozaiten Ansicht theilte, und es für eine Sünde hielt, einen Pilger, der mit Opferthieren erscheint, den Zutritt zur Stadt und zum Tempel zu versagen, antworteten die Kureischiten: „Schweige du, Beduine! du kennst Mohammeds List noch nicht." Als Urwa, der Thakifite, ein mütterlicher Verwandter Abu Sofians, diese verführerischen Reden der Gesandten hörte, erbot er sich, ins muselmännische Lager zu gehen, um Mohammed zur Rückkehr zu bewegen. „Du hast allerlei Gesindel um dich versammelt," sagte er [263]) ihm unter Anderem, „und bist damit gegen deine

263) Urwa berührte während der Unterhaltung, wie dieß oft bei den Arabern geschieht, Mohammeds Bart, da schlug ihm sein Neffe Mughira auf die Hand. Als er ihn erkannte, sagte er ihm: „Verräther! habe ich nicht erst vor Kurzem deine Schlechtigkeit abgewaschen?" Mughira hatte nämlich, ehe er zum Islam überging, dreizehn Mann von den Beni Malik, ein Zweig der Thakifiten, ermordet. Die Verwandten der Ermordeten forderten Genugthuung von Mughira's Familie, und Urwa war genöthigt, die Sühne der Ermordeten zu bezahlen. So bei S. fol. 195. Ausführlicher bei J., wo noch hinzugesetzt wird: „Die Ermordeten seien Tempeldiener der Lat gewesen, und Mughira habe sich ihnen auf einer Reise nach Egypten angeschlossen, wohin sie Geschenke für den dortigen Statthalter zu bringen hatten." Dafür liest man bei H. v. H. S. 151: „Mughira hatte nämlich kurz vorher zu Alexandrien dreizehn Tempeldiener der Allat aus den Beni Malik, getödtet, ihre Habe geraubt u. s. w." Dazu in einer Note: „Die Allat zu Alexandrien wird wohl die ägyptische Neith gewesen sein, welche eines mit der persischen Anaitis oder der weiblichen Mitra." Wahrlich viele Mühe umsonst, denn die

Stammgenoſſen gezogen, um ſie zu beſchämen, aber bei Gott, mir iſt, als ſähe ich dich ſchon verlaſſen von deinen Leuten, denn die Kureiſchiten haben ihre Tigerhäute angezogen und geſchworen, du dürfteſt ihre Stadt nicht betreten.“ Aber auch Urwa verließ das Lager der Muſelmänner mit anderen Geſinnungen, denn er hatte ſich überzeugt, daß Mohammed zwar keine kriegeriſchen Abſichten hege, daß aber, wenn man ihn angriffe, ſeine Bekenner ihn bis zum Tode vertheidigen würden [264].

erſchlagenen Beni Malik waren nicht in Alexandrien, ſondern in ihrer Heimath, in Arabien, Diener der arabiſchen Göttin Lat. Sie wurden übrigens nicht in Egypten, ſondern nach J. auf der Heimreiſe von Mughira erſchlagen. H. v. H. läßt auch unrichtigerweiſe Mohammed ſtatt Urwa zu Mughira ſagen: „Kaum habe ich dein erſtes Unrecht gut gemacht, ſo begehſt du ſchon ein neues,“ und, dieſem Irrthume zufolge, auch Mohammed ſtatt Urwa ben Frieden herſtellen. Die Worte des Textes lauten bei S.: „Kala (Urwa) ai ghudaru wahal ghasaltu sauataka illa bilamsi kala-bnu Hischamin arada urwah bikaulihi hadsa anna-l-mughirgh-bna Schu'bah kabla islamihi katala thalathata aschra radjulan min bani malikin min thakifin fatahajadja-l-hajjani min thakifin banu malikin rahtu-l-maktulina walahlafa rahtu-l-mughirah fawadda urwah-l-maktulina thalatha aschrata dijjatin waasslahu dsalika-l-amra.“

Bei J. wird erzählt: der Statthalter von Egypten beſchenkte die Geſandten, Mughira, der aber nicht zu ihnen gehörte, erhielt nichts, dieß erregte ſeinen Neid; er beſchloß daher ſie umzubringen, und gab ihnen ſo viel Wein zu trinken, bis ſie bewußtlos niederſanken, dann fiel er über ſie her, ermordete ſie, plünderte ſie aus, flüchtete ſich zu Mohammed und ward Muſelmann.

264) Urwa ſagte: „Ich habe die perſiſchen Choſroen, die griechiſchen Kaiſer und die abyſſiniſchen Nadjaſi geſehen, aber bei Gott, ſo wird kein Fürſt von ſeinen Unterthanen verehrt, wie Mohammed von ſeinen Gefährten. Waſcht er ſich, ſo möchte ein jeder ſich mit ſeinem Waſſer benetzen, entfällt ihm ein Haar, ſo ſpringen ſie in die Wette, um es wie etwas Heiliges aufzubewahren, ſelbſt was er ausſpuckt, iſt ein Gegenſtand der Verehrung für ſie, ſpricht er, ſo ſchweigen alle, ja man wagt es kaum den Blick zu ihm zu erheben.“ Abulfeda, S. u. J.

Mohammed sandte einen Chuzaiten [265]) nach Mekka, um mit
Abu Sofian zu unterhandeln, aber die Mekkaner lähmten sein
Kameel, und hätten ihn, ohne das Dazwischentreten fremder [266])
Araber, ermordet. Jetzt sollte Omar sich nach Mekka begeben,
da er aber keinen Beschützer daselbst hatte, lehnte er den Auf=
trag ab, und an seine Stelle ward Othman nach Mekka ge=
sandt. Dieser wurde mehrere Tage in Mekka zurückgehalten,
so daß sich im Lager der Muselmänner das Gerücht verbrei=
tete, er sei getödtet worden. Mohammed, der nunmehr das
Schlimmste erwartete, ließ sich von seinen Truppen nochmals
huldigen, und Treue und Ausdauer bis zum Tode schwören,
und nur ein einziger (Djadd Ibn Keis) verbarg sich hinter
seinem Kameele, um nicht zu schwören. Man vernahm in=
dessen bald, daß Othman noch beim Leben; auch erschien Su=
heil, der Sohn Amru's, als Bevollmächtigter der Kureischiten,
um mit Mohammed einen Frieden zu schließen, der auch nach
einiger Discussion, trotz der heftigsten Opposition von Seiten
Omars [267]), zu Stande kam. Die deßhalb von Ali ausgestellte
Urkunde lautet:

265) Sein Name bei S. und J. Hirasch, der Sohn Ommejja's, er
ritt auf einem Kameele, das Mohammed gehörte, und Tha'lab
(Fuchs) hieß.

266) Es heißt im Texte bei S. und J. Ahabisch, worunter einige mit
den Kureischiten verbündete auswärtige arabische Stämme zu ver=
stehen sind, welche so heißen, weil der Bund auf dem Berge
Habschi, in der Nähe von Mekka, geschlossen worden. Da schwuren
sie einander gegenseitigen Beistand, „so lange eine Nacht dunkel
wird, ein Tag leuchtet, und der Berg Habschi fest steht." J. und
Kamus. Nach J. waren es die Beni Hun, Harith und Muß=
talik, nach dem Kamus die Beni Kinanah, Chuzeima und Chuzaa,
was dasselbe ist, da die Beni Hun von Chuzeima, die Beni
Harith von Kinanah und die Beni Mußtalik von Chuzaa ab=
stammen; nur sind die Benennungen im Kamus allgemeiner. Die
Chuzaiten fielen gleich nach dem Friedensschlusse von den Kurei=
schiten ab.

267) Omar sagte zu Abu Bekr: Ist er nicht der Gesandte Gottes?

„In deinem Namen, o Gott! [268]) Folgendes ift der Frie=
densvertrag zwifchen Mohammed, dem Sohne Abd Allah's,

ja; find wir nicht Gläubige? ja; find fie nicht Ungläubige? ja.
Warum follen wir denn unfern Glauben auf eine folche Weife
erniedrigen laffen? Omar, widerfeße dich nicht dem Willen des
Propheten! (wörtlich halte fest an feinem Steigbügel!) Omar
wiederholte dann diefelben Fragen vor Mohammed felbft, der
ihm antwortete: ich bin der Gefandte Gottes und fein Knecht,
ich werde feine Befehle ftets vollziehen, er wird mich nicht ver=
derben. Später fagte dann Omar: ich habe viel gebetet und
gefaftet, Almofen gegeben und Sklaven befreit, aus Furcht,
mich mit diefen Worten verfündigt zu haben. S. fol. 196.

268) Auch über diefe Formel ward noch geftritten, da Ali ftatt der=
felben die bei den Mohammedanern übliche: „Im Namen Got=
tes, des Allmilden, Allbarmherzigen" fchreiben wollte. Noch
heftiger ward aber die Debatte, als Ali dem Namen Mohammeds
die Worte „Gefandter Gottes" beifügte, die Suheil nicht laffen
konnte. Wenn Mohammed in meinen Augen ein Gefandter
Gottes wäre, fagte er, fo würde ich ihm nicht den Zutritt zum
Tempel verfagen. Ali konnte fich nicht dazu entfchließen, diefe
Worte wieder auszulöfchen, und Mohammed mußte es mit eige=
ner Hand thun. Derfelbe Streit kam fpäter vor, als Ali mit
Muawia einen Waffenftillftand fchloß, und fich „Fürft der Gläu=
bigen" nannte, da fagte Muawia: wenn ich ihn dafür halten
könnte, fo würde ich keinen Krieg mit ihm führen. Nach einer
Tradition, welche J. aus Buchari anführt, hätte nicht Ali, fon=
dern Mohammed felbft diefen Friedensvertrag gefchrieben. Die
Gelehrten Spaniens nehmen diefe Tradition als wahr an, und
behaupten, fie widerfpräche nicht dem 48. Verfe der 29. Sura,
in welcher Gott zu Mohammed fagt: „Du haft früher keine
Schrift gelefen und keine mit deiner Rechten gefchrieben," indem
ja in diefem Verfe nicht gefagt ift, daß nicht Mohammed nach
der Offenbarung des Korans ohne Lehrer, ebenfalls auf wunder=
bare Weife fchreiben und lefen lernte, denn wenn er fich die Ei=
genfchaft eines „ungelehrten" beilegt, fo bezieht fich dieß nur
auf die Zeit feiner Sendung. Nach einer andern Tradition wei=
gerte fich Ali ftatt der Worte „Gefandter Gottes" blos den Na=
men von Mohammeds Vater zu feßen, und bei dem Wortwechfel

und Suheil, dem Sohne Amru's: der Krieg soll zehn Jahre
lang zwischen beiden Partheien aufhören, so daß keiner von
dem Andern etwas zu fürchten habe. Kommt einer von den
Kureischiten ohne Erlaubniß seines Herrn zu Mohammed, so
muß er ihn ausliefern, während die Kureischiten mohammeda=
nische Ueberläufer nicht auszuliefern haben. Jede Feindselig=
keit unterbleibe zwischen ihnen; es finde weder Diebstahl, noch
irgend ein Betrug zwischen ihnen statt. Es steht jedem frei,
mit Mohammed oder den Kureischiten ein Bündniß zu schlie=
ßen. Mohammed kehrt dieses Jahr zurück, ohne die Stadt
Mekka zu betreten; das künftige Jahr aber verlassen die Ku=
reischiten die Stadt, und Mohammed kann mit den Seinigen
drei Tage darin zubringen, jedoch nur mit den Waffen eines
Reisenden, nämlich mit einem Schwerte in der Scheide²⁶⁹).

Kaum war dieser Vertrag von Ali's Hand geschrieben,
als Abu Djandal, Suheil's Sohn, herbeigesprungen kam, wel=
cher wegen seines Uebertrittes zum Islamismus gefesselt wor=
den war, und nunmehr Mohammed Schutz anflehte. Dieser
sah sich aber, zum großen Aergerniß der Muselmänner, welche
überhaupt mit diesem schmählichen Frieden höchst unzufrieden
waren²⁷⁰), genöthigt, ihn auf Verlangen seines Vaters zurück=

darüber wurden die Muselmänner so erbittert, daß sie bald Su=
heil und die ihn begleitenden Mekkaner mißhandelt hätten. Mo=
hammed, um der Sache ein kurzes Ende zu machen, schrieb selbst
„Abd Allah" statt „Gesandter Gottes." Man kann demnach
glauben, daß Mohammed wirklich später schreiben und lesen ge=
lernt, daraus aber ein Geheimniß gemacht; hier indessen, aus
Furcht es möchte zu Thätlichkeiten kommen, welche zu einem
Krieg geführt hätten, sich lieber verrieth.

269) So bei S., bei J. heißt es „und einem Bogen," wornach also blos
die Lanze ausgeschlossen wäre.

270) Niemand hatte an der Eroberung Mekka's gezweifelt, heißt es
bei S. fol. 197 wegen des Gesichts, das der Prophet in Medina
gehabt, sie waren daher sehr niedergeschlagen über diesen Ver=
trag und ihre Heimkehr. Als man ihn bei seiner Rückkehr des=

zuweisen und der Züchtigung der Kureischiten preis zu geben. Mohammed stieß auf förmlichen Ungehorsam, als er seinen Leuten befahl, die Opferthiere zu schlachten und sich die Haare abzuscheeren, wodurch er gleichsam zeigte, daß er an keine Pilgerfahrt mehr denke. Er selbst mußte den Anfang machen, und auch dann ließen sich noch Manche nicht ganz abscheeren, sondern begnügten sich, ihre Haare ein wenig abzustutzen.

So traurig auch dieser Zug endete, mochte doch Mohammed jetzt schon die günstigen Folgen dieses Friedensschlusses voraussehen, und vielleicht war auch sein ganzes Streben nur dahin gegangen, irgend einen Friedensschluß mit seinen Feinden zu Stande zu bringen, weil er nur dann eine schnellere Verbreitung seines Glaubens hoffen konnte. Während früher Kureischiten und Mohammedaner sich nur mit dem Schwerte in der Hand begegneten, konnten sie jetzt sich ohne Gefahr unter einander vermengen und Gespräche über den Glauben anknüpfen, welche fast immer ein für den Islam günstiges Resultat haben mußten. Die raschen Fortschritte, welche der neue Glaube nunmehr machte, beweist, daß Mohammed sich nicht getäuscht; daß er aber diese Ueberzeugung schon bei seiner damaligen Rückkehr nach Medina hatte, geht aus folgenden Koransversen hervor, die er auf dem Wege nach Medina verkündete: „Wahrlich, wir haben dir einen offenbaren Sieg bestimmt [271]), dadurch (durch den heiligen Krieg) wird dir Gott

halb zur Rede stellte, sagte er: habe ich denn vorausgesagt, daß ich in diesem Jahre nach Mekka kommen werde?

271) Dieser Vers kann auf verschiedene andere Weise erklärt werden. Man kann das Wort fath als Hülfe oder Beistand deuten, und den Vers auf den Zug von Hudeibia beziehen, auf welchem Gott Mohammed beigestanden; man kann dieses Wort auch mehr nach seiner allgemeinen Bedeutung „öffnen" nehmen, und an die im Friedensvertrage bedungene Erlaubniß nach Mekka zu ziehen denken, oder endlich, wie dieß muselmännische Interpretatoren wollen (s. Samachschari bei Maraccius, S. 662) den ganzen Vers als eine Verkündigung der einstigen Eroberung Mekka's, und den Gebrauch der vergangenen Zeit als eine prophetische Licenz ansehen.

deine vergangenen und zukünftigen Sünden vergeben, seine
Gnade an dir vollenden, und dich den geraden Weg führen.
Gott wird dir einen mächtigen Beistand leisten. Er ist es,
der seine Sekina [272] in die Herzen der Gläubigen herabgesandt, damit ihr Glaube noch stärker werde, denn Gottes sind
die Schaaren des Himmels und der Erde. Er ist allwissend
und allweise [273]..... Diejenigen, die dir huldigten (in Hudeibia) huldigten Gott. Gottes Hand (schwebte) über den
Ihrigen (als sie sie Mohammed zur Huldigung hinstreckten),
wer seinen Eid bricht, der begeht einen Verrath an sich selbst,
wer aber treu erfüllt, was er Gott gelobt, dem wird er einen
schönen Lohn geben. Die Araber, welche zurückgeblieben, werden dir (bei deiner Rückkehr nach Medina) sagen: unsere Güter und unsere Familie haben uns abgehalten, bete zu Gott,
daß er uns vergebe! Aber sie sprechen mit ihren Zungen, was
sie nicht im Herzen haben. Sage (ihnen aber), wer vermag
etwas für euch bei Gott, wenn er euch etwas Gutes oder
Schlimmes zufügen will? Gott kennt stets eure Handlungsweise. (Ihr waret nicht verhindert), sondern ihr habt geglaubt,

272) Dieses aus dem Rabbinischen aufgenommene, und daher in seiner
wahren Bedeutung den spätern Koranauslegern und Lexicographen
unbekannte Wort, hat schon Geiger in seiner Schrift: Was hat
Mohammed aus dem Judenthume aufgenommen? S. 54 u. 55,
und nach ihm noch ausführlicher Dettinger in der Tübinger Zeitschrift für Theologie, 1834, 1. S. 17 u. ff. erläutert. Es drückt
die unmittelbare Anwesenheit eines hülfreichen Ausflusses der
Gottheit aus, welcher, dem menschlichen Herzen zuströmend, seinen
Glauben stärkt, und ihm dadurch eine innere Gemüthsruhe verleiht, welche ihn bei allen äußeren Stürmen und Versuchungen
aufrecht erhält. Die hier folgenden Worte: Gottes sind die
Schaaren u. s. w., lassen an einen Engel als Träger dieses
himmlischen Geistes denken; oder vielleicht stellte sich Mohammed
die Schechina selbst als einen Engel vor, wie ja auch Gabriel
und der heilige Geist von ihm häufig als gleichbedeutend gebraucht werden.

273) Sura 48, Vers 1—4.

der Gesandte und die Gläubigen würden nie mehr zu ihren Familien zurückkehren. Ihr hattet eine schlimme Meinung (von diesem Zuge) und stürztet euch dadurch ins Verderben [274]. Wir haben ein großes Feuer bereitet für die Ungläubigen, die nicht an Gott und seinen Gesandten glauben [275]...... Gott hatte Wohlgefallen an den Gläubigen, als sie dir huldigten unter dem Baume, er wußte, was in ihrem Herzen vorging, er sandte seine Sekina über sie herab und belohnt sie durch baldigen Sieg [276]...... Er (Gott) ist es, der eure Hände von ihnen (den Mekkanern) und die ihrigen von euch abgehalten im Thale Mekkas, nachdem er euch über sie den Sieg verliehen, Gott kannte ihr Unternehmen [277]..... Als die Herzen der Ungläubigen mit Grimm und heidnischer Heftigkeit erfüllt waren, sandte Gott über den Gesandten und die Gläubigen seine Sekina herab, und verband sie zum Worte der Gottesfurcht, dessen sie würdiger waren (als die Ungläubigen), Gott ist allwissend. Gott hat in Wahrheit das Gesicht seines Gesandten bestätigt: Ihr sollet, so Gott will, in den heiligen

274) D. h. zoget euch durch euern Ungehorsam die Strafe Gottes zu. Es heißt wörtlich im Texte: und wurdet ein zu Grunde gehendes Volk.

275) Dieselbe Sura, Vers 10—13.

276) Dieselbe Sura, Vers 18. Dieser baldige Sieg war die unmittelbar nach diesem Zuge folgende Eroberung von Cheibar; man kann diese Worte nicht wie die des ersten Verses deuten, weil gleich darauf folgt „und vieler Beute," was weder auf dem Zuge nach Hudeibia, noch bei der Eroberung von Mekka der Fall war. Ungewiß ist aber, ob dieser Vers auch auf der Heimkehr nach Medina erschien, und Mohammed seinen Sieg über die Juden von Cheibar mit Gewißheit voraussah, oder ob erst nach der Eroberung von Cheibar.

277) Dieselbe Sura, Vers 24. Dieser Vers bezieht sich auf eine auch von S. Ende fol. 196 gepriesene Großmuth Mohammeds, dem man vierzig bis fünfzig (nach Djalalein achtzig) Kureischiten brachte, welche im Lager der Muselmänner bei Hudeibia gefangen wurden, und die er wieder frei abziehen ließ.

Tempel einziehen, in Sicherheit, theils mit abrasirtem, theils mit kurz geschorenem Haupte; fürchtet nichts, er weiß, was ihr nicht wisset, und bestimmt euch ohnedieß noch einen nahen Sieg." [278])

Mohammed erfüllte pünktlich die in Hudeibia eingegangenen Bedingungen, indem er Abu Baßir, welcher wie Abu Djandal als verfolgter Muselmann seinen Schutz suchte, den Mekkanern, die ihn reclamirten, wieder auslieferte. Da aber Abu Baßir auf dem Wege einen der Mekkaner, die ihn abholten, erschlug, und abermals zu Mohammed kam, nahm ihn dieser zwar nicht bei sich auf, doch hielt er sich auch nicht verpflichtet, ihn abermals auszuliefern. Abu Baßir trieb sich daher an der syrischen Grenze herum und übte mit vielen andern Flüchtlingen, die sich ihm nach und nach zugesellten, Straßenraub gegen die Karawanen der Kureischiten. Um ihren Handel zu sichern, räumten diese daher Mohammed für die Zukunft auch das Recht ein, die zu ihm übergehenden Männer bei sich aufzunehmen, nachdem er schon früher eine göttliche Offenbarung verkündet hatte [279]), derzufolge es nicht gestattet ward, musel-

278) Dieselbe Sura, Vers 26 und 27. Der letzte Vers sollte dem Vorwurfe begegnen, als sei sein Traumgesicht unerfüllt geblieben.
279) Den zehnten Vers der 60. Sura, welcher lautet: „O ihr, die ihr glaubet! wenn gläubige Frauen zu euch flüchten, so prüfet sie — Gott kennt wohl ihren Glauben am besten — habt ihr sie als wahrhaft gläubig erkannt, so sendet sie nicht den Ungläubigen zurück, sie gehören ihnen nicht gesetzmäßig zu, so wie ungläubige Männer gläubigen Frauen gesetzlich untersagt sind. Gebet nur den Männern, was sie für sie (an Heirathsgut) ausgegeben. Ihr begeht keine Sünde, wenn ihr sie heirathet, sobald ihr ihnen ihren Lohn (Heirathsgut) gebet. Haltet nicht das Gut der Ungläubigen zurück, fordert zurück, was ihr ausgegeben, und sie mögen zurückfordern, was sie ausgegeben; dieß ist ein Urtheil Gottes, der so richtet zwischen euch. Er ist allwissend, allweise." Was die Prüfung angeht, so bestand sie in einem Eide, daß sie weder aus Liebe zu einem andern Lande, noch aus Haß zu ihrem

männische Frauen auszuliefern, welche des Glaubens willen zu ihm flüchteten.

Noch in demselben Jahre erschien auf eine besondere Veranlassung [280]) eine andere, die Ehe betreffende Offenbarung, derzufolge der heidnische Ausdruck: „Sey mir wie der Rücken meiner Mutter!" der bisher, von einem Gatten an seine Gattin gerichtet, eine Scheidung zur Folge haben mußte, als eine unsinnige Formel erklärt ward, die durch Freilassung eines Sklaven, Speisevertheilung an sechzig Arme oder zweimonatliches Fasten unwirksam gemacht werden könne.

Obschon aber Mohammed keinen Grund hatte, seinen Zug nach Mekka zu bereuen, mußte er doch auch dießmal wieder, wie nach dem Treffen bei Ohod und der Belagerung von Medina, um die Klagen der Unzufriedenen und Kurzsichtigen zu stillen, einen Feldzug gegen die Juden anordnen, der eine reiche Beute versprach. Dießmal galt es denjenigen, welche das Gebiet von Cheibar [281]), vier bis fünf Tagereisen nord=

Gatten, noch aus Leidenschaft zu einem Muselmanne, sondern aus reiner Liebe zu Gott und seinem Gesandten ausgewandert.

280) Chaula, die Tochter Thalaba's, zu der ihr Gatte Aus, der Sohn Samit's, gesagt hatte: „Sey mir wie der Rücken meiner Mutter!" kam zu Aischa und bat sie, Mohammed zu fragen, ob dieß nach muselmännischem Gesetze als eine Scheidungsformel anzusehen wäre. Mohammed bejahte Aischa's Frage. Erst als Chaula schon wieder nach Hause gegangen war, wurden ihm die vier ersten Verse der 58. Sura geoffenbart. Da indessen Aus keinen Sklaven hatte, und arm und kränklich war, so daß er weder Speisen vertheilen, noch fasten konnte, schenkte ihm Mohammed das Nöthige, um seinen Schwur zu lösen. J. Hier sieht man aus dem Koran selbst, daß diese Offenbarung auf besondere Veranlassung stattfand, denn der erste der vier genannten Verse lautet: „Gott hat die Worte der Frau, die dich wegen ihres Gatten anging, und (ihre Noth) zu Gott klagte, gehört, denn Gott, der alles sieht und alles hört, vernimmt eure Bitte."

281) Cheibar liegt nach J. aus Sirat Alhafiz Aldamjati, acht Stationen von Medina. Die Station oder Post (Barida), setzt J.

östlich von Medina, inne hatten. Mohammed zog im ersten Monate des siebenten Jahres, ungefähr sechs Wochen nach seiner Rückkehr von Hudeibia, mit vierzehnhundert Mann [282]), worunter zweihundert Reiter, gegen sie aus, und betete, als er vor den befestigten Schlössern anlangte, in die sie sich bei der Nachricht von seinem Herannahen geflüchtet hatten: „O Gott! Herr der Himmel, mit allem, was sie bedecken, Herr

hinzu, hat bekanntlich vier Pharasangen (farsach), eine jede zu drei Meilen. S. gibt die Entfernung nicht näher an, doch zählt er (fol. 200) drei Nachtlager, bevor Mohammed nach Cheibar kam: Ußr, Sahba und Radji. Er lagerte zwischen letzterem Orte und Cheibar, fährt dann S. fort, um die Beni Ghatafan abzuhalten, den Juden, welche ihre Bundesgenossen waren, zu Hülfe zu kommen. Cheibar scheint nach Abulfeda nicht der Name eines einzelnen Ortes, sondern des ganzen Bezirks, in welchem die Juden ihre Niederlassungen hatten, gewesen zu sein. Er bedeutet wahrscheinlich nicht Festung, wie Abulfeda glaubt, sondern Conföderation, obschon das Wort חבר allerdings Ps. 122, Vers 3 in diesem Sinne vorkommt. Nach dem Marasid-al-Ittila (bei Noel des Vergers S. 120) lag Cheibar acht Stationen weit von Medina. Die von mir angegebene Entfernung ist nach Burckhardt. Fadak liegt nach J. sechs Tagereisen von Medina; nach dem Kamus in der Gegend von Cheibar.

282) Nicht wie bei H. v. H. (S. 163) „aus zweitausend Fußgängern und zweihundert Reitern." Er selbst schreibt übrigens weiter unten: „Das ihnen zufallende vierte Fünftel der Beute (die drei ersten sind dem öffentlichen Schatze zum Unterhalte der Wittwen, Waisen und Reisenden, zur Verpflegung der Armen, heilig, das fünfte gehörte dem Propheten) ward in achtzehn Theile getheilt, wovon die zwölfhundert Fußgänger zwölf Theile, die zweihundert Reiter aber sechs, d. i. das Dreifache der Fußgänger erhielten." Ich würde ein solches Versehen gar nicht der Rüge werth gehalten haben, wenn nicht ohnedieß die ganze Stelle einer Berichtigung bedürfte, da bekanntlich die Truppen vier Fünftheile der Beute erhielten, die Armen, die Verwandten Mohammeds, die Waisen und Reisenden aber von dem übrigen Fünftel, das Mohammed zufiel, verpflegt werden mußten, so daß Mohammed für sich eigentlich nur $\frac{1}{25}$ der Beute behielt.

der Erde, mit allem, was sie trägt, Herr der Winde, mit
allem, was sie anwehen, wir flehen dich an um das Gute
dieser Plätze, nebst allem, was sie enthalten und bitten dich uns
zu bewahren vor dem Schlimmen dieser Plätze und ihrer Bewohner." Mohammeds Gebet ward erhört, die Schlösser
Naim, Kamuß, Kulla, Bara, Ubeji, Sab wurden erstürmt,
Watih und Sulàlim öffneten nach einer hartnäckigen Vertheidigung ihre Thore, unter der Bedingung, daß der Mannschaft
freier Abzug gestattet werde; diese Bedingung ward dann dahin geändert, daß sie im Besitze ihrer liegenden Güter bleiben,
Mohammed aber die Hälfte ihres Ertrags als Tribut bezahlen
sollten. Unter dieser Bedingung ergaben sich auch, ohne einen
Angriff abzuwarten, die Bewohner von Fadak, weßhalb auch
die Güter Fadaks nicht unter den Truppen vertheilt, sondern
wie die der Beni Nadhir, Privateigenthum Mohammeds wurden [283]). Nicht zufrieden mit den Gütern von Fadak und dem
Fünftel der übrigen Beute, wählte Mohammed noch für sich
die im Schlosse Kamuß erbeutete Jüdin Safia, Tochter Hujeii's,
welche er auf der Rückkehr heirathete, denn sie bekehrte sich
zum Islam, und ward eine zärtliche Gattin Mohammeds, ob
gleich sie ihre nächsten Verwandten durch ihn verloren hatte [284]).

283) So bei J., S. (fol. 203) und Abulfeda, S. 81. Nicht wie bei
H. v. H. a. a. O., welcher auch Watih und Selam zum Pro-
phetengute zählt. Abulfeda würde zwar nicht gegen den H. v. H.
zeugen, da nach seiner Angabe auch Watih und Sulalim mit dem
Schwerte erobert wurden, aber bei S. heißt es ausdrücklich, daß
diese beiden Schlösser capitulirten, eben so bei J., und dennoch
wurde die Beute getheilt, weil sie erst nach langem Kriege sich
ergaben, während Fadak es gar nicht zur Belagerung kommen
ließ.

284) Unter diesen war auch Kinanah, der nach Einigen ihr Gatte, nach
Andern ihr Bruder war. Mohammed ließ ihn erschlagen, weil
er einen Theil der Schätze verborgen hatte (S. fol. 203). Diesen
Juden Kinanah verwandelt H. v. H. a. a. O. in „Beni Ke-
nana, welche Freunde der Juden von Cheibar." S. auch Gagnier II. S. 57.

Die Hochzeitsnacht feierte er unter einem Zelte, das Abu Ajub bewachte. Zeinab hingegen, eine andere Jüdin, die Nichte Marhabs, einer der jüdischen Häuptlinge, welcher in einem Zweikampfe mit einem Muselmanne [285]) fiel, wollte den Tod der ihrigen rächen, und reichte Mohammed, der sich in einem der eroberten Schlösser von ihr bewirthen ließ, einen vergifteten Braten. Mohammed spie zwar den ersten Bissen, an dem er wahrscheinlich einen fremdartigen Geschmack bemerkte, wieder aus; doch soll er in seiner Sterbestunde zur Schwester eines seiner Tischgenossen, welcher von diesem Braten gegessen hatte und sogleich daran starb, gesagt haben: „In dieser Stunde fühle ich, wie mir die Herzader von dem Bissen zerspringt, den ich mit deinem Bruder in Cheibar genommen." [286]) Als Zeinab wegen ihres Verbrechens von Mohammed zur Rede gestellt ward, sagte sie: „Du weißt, wie mein Volk von dir behandelt ward, ich dachte daher: bist du blos ein Fürst, so schaffe ich ihm Ruhe vor dir; bist du ein Prophet, so wirst du davon unterrichtet." [287])

285) Nach Abulfeda und Andern war Ali sein Gegner, nach S. (fol. 201) Mohammed Ibn Maslama.

286) So wörtlich bei S. (fol. 203), bei Abulfeda sagt er: „Der Bissen von Cheibar kehrte mir nimmer wieder, und zu dieser Stunde zerspringt meine Herzader." Ich habe auch nach S. Zeinab eine Nichte, und nicht eine Schwester Marhabs genannt, wie Gagnier S. 60 und H. v. H. S. 164. Ersterer läßt auch Mohammed die angeführten Worte an die Mutter des Verstorbenen richten. Dieser Irrthum rührt daher, daß er Baschr hieß, und sie den Beinamen Um Baschr führte, weil sie auch einen Sohn gleichen Namens hatte.

287) Die Traditionen stimmen nicht mit einander überein, ob sie hingerichtet oder begnadigt ward. Nach S. fol. 203 verzieh ihr Mohammed. Als Seitenstück zu diesem Gnadenakte, welcher mit andern Mordbefehlen in Widerspruch steht, berichtet S. (fol. 205) noch einen andern Zug Mohammeds, der, wenn er wahr ist, uns doch nicht zweifeln läßt, daß er selbst bei seinen Raubzügen nach bestimmten Grundsätzen handelte: Als Mohammed vor einer der

Dieser Vorfall ward wahrscheinlich die Veranlassung des Verbots, das Mohammed an die Truppen ergehen ließ, kein von den Juden erbeutetes Küchengeräthe und sonstiges Geschirr zu gebrauchen, wenn es nicht vorher mit Wasser ausgekocht worden. Mit diesem Verbote erschienen noch vier andere: der Genuß des zahmen Eselfleisches, der reißenden Thiere und Raubvögel, der Beischlaf einer erbeuteten schwangern Frau und der Verkauf der Beute vor ihrer Theilung [288]). Auf der Rückkehr von dem Feldzuge von Cheibar, welcher ungefähr sechs Wochen [289]) dauerte, besiegte Mohammed auch die Juden

Festungen Cheibar's lagerte, kam der Hirt Aswad zu ihm, welcher für einen Juden von Cheibar eine Heerde Schafe auf die Weide führte, und ließ sich von ihm im islamitischen Glauben belehren, den er auch alsbald annahm. Er fragte dann Mohammed: „Was soll ich mit meiner Heerde beginnen, die mir ein Jude anvertraut?" Mohammed antwortete: „Schlage den Schafen ins Gesicht, daß sie umkehren." Aswad hob eine Hand voll Kieselsteine auf und warf sie der Heerde ins Gesicht, und sie lief wieder zurück in das Schloß, das ihr Eigenthümer bewohnte. Als die Heerde darin war, näherte sich Aswad mit andern Muselmännern diesem Schlosse, um es zu erstürmen, aber er ward von einem Steine getroffen, der ihn tödtete, noch ehe er ein einziges Gebet verrichtet hatte. Man hüllte ihn in ein Tuch und brachte ihn vor Mohammed. Dieser warf einen Blick auf ihn, wendete ihn aber sogleich wieder von ihm ab. Als seine Gefährten ihn fragten, warum er sich sogleich von ihm abwende? sagte er: „Seine beiden Gattinnen von den schwarzäugigen Huri sind jetzt bei ihm und schütteln den Staub von seinem Gesichte und rufen: Gott bestaube das Gesicht dessen, der dich bestaubt und tödte den, der dich getödtet!"

288) S. fol. 200 und 201, und das erste Verbot bei J.

289) Bei Abulfeda, J. und S. heißt es: Cheibar ward im Safar erobert. Bei letzterem liest man vor der folgenden Wallfahrt (fol. 208): „Als der Gesandte Gottes von Cheibar nach Medina zurückkehrte, verweilte er darin die beiden Rabia, die beiden Djumadi u. s. w.," woraus deutlich hervorgeht, daß er Ende Safar in Medina zurück war; der ganze Feldzug, welcher im

von Wādi-l-Kura, worauf dann die von Teima sich freiwillig,
unter denselben Bedingungen wie die von Fadak, unterwarfen.

In Medina stand Mohammed eine andere Freude bevor,
die er selbst der, welche ihm die Eroberung von Cheibar verursachte, gleich stellte. Es war das Wiedersehen der letzten
aus Abyssinien zurückgekehrten Muselmänner, unter denen auch
Um Habiba, die Tochter Abu Sofians, war, um welche Mohammed nach dem Tode ihres zum Christenthume übergetre-
tenen Gatten, durch Amru Ibn Ommejja hatte werben lassen²⁹⁰).

Muharram begann, konnte also höchstens zwei Monate gedauert
haben. Nur H. v. H. gibt ihm, ohne auch nur eine Quelle zu
citiren (S. 157), eine Dauer von sechzehn Wochen.

290) Nach J. und andern Arabern ward die Trauung schon in Abyssinien durch den Fürsten (Nadjaschi) als Bevollmächtigter Mohammeds, und durch Chalid, den Sohn Saïd's, als Um Habiba's
Bevollmächtigter vollzogen. Man braucht aber nur die Trauungsformel zu lesen, in welcher Nadjaschi bekennt, „daß es keinen
Gott gibt außer Gott, daß Mohammed der Gesandte Gottes ist
den Jesus, der Sohn Maria's, verkündigt," um das Mährchenhafte dieser Procurationstrauung einzusehen. Dieses Bekenntniß
des Nadjaschi ist sogar im offenbaren Widerspruche mit dem,
was die Araber selbst von seiner Bekehrung durch Mohammeds
Schreiben erzählen, wenn man, wie H. v. H. S. 165 annimmt,
daß er es erst nach der Eroberung von Cheibar, an ihn sowohl,
als an andere Fürsten richtete. H. v. H. glaubt ferner (S. 156),
Um Habiba mußte nahe eine Vierzigerin seyn, weil sie „eine der ersten Bekennerinnen des Islams mit ihrem Gemahle vor zwanzig
Jahren nach Abyssinien ausgewandert," dagegen ist zu bemerken,
daß die erste Auswanderung im fünften Jahre nach Mohammeds
erster Offenbarung, Um Habiba's Vermählung mit Mohammed
aber, wie die Eroberung von Cheibar, im Anfang des 7. Jahres
der Hidjrah, also des 20. der Offenbarung stattfand, demnach
die zwanzig Jahre sich auf fünfzehn reduciren; nimmt man
dann ein Alter von fünfzehn Jahren für ihre erste Vermählung
an, was gewiß für eine Araberin nicht zu wenig ist, so mochte
sie, als Mohammed sie heirathete, erst dreißig Jahre alt gewesen seyn.

Die gute Aufnahme, welche die Gläubigen bei dem christlichen Fürsten von Abyssinien gefunden, brachte wahrscheinlich Mohammed zuerst auf den Gedanken, den bisher nur den Arabern verkündeten neuen Glauben, durch Gesandtschaften an ausländische Fürsten zu verbreiten zu suchen, die sich auch jetzt um so leichter bewerkstelligen ließen, als die Muselmänner durch den Frieden von Hudeibia ohne Gefahr überall umherziehen konnten. Er mochte besonders viel von der Empfänglichkeit der Christen für seine Religion hoffen, da er nicht nur Jesus als Propheten, sondern auch seine Mutter als unbefleckte Jungfrau anerkannte.

Die wichtigsten Koransverse über Jesus und Maria lauten: „Und als die Engel sagten: o Mariam, Gott hat dich auserkohren und gereinigt und ausgezeichnet vor allen Frauen der Welt. O Mariam, weihe dich deinem Herrn, falle nieder und verbeuge dich mit denen, die sich (vor Gott) verbeugen. Dieß sind geheimnißvolle Begebenheiten, die wir dir (Mohammed) offenbaren. Du warst nicht zugegen, als sie das Loos warfen [291], (um zu wissen) wer von ihnen Mariam erziehen sollte, und als sie mit einander (deßhalb) stritten. Als die Engel sagten: o Mariam, Gott verkündet dir sein Wort, sein Name ist Masih, Isa, der Sohn Mariam's, angesehen in dieser, so wie in jener Welt, und (ist) von denen, die Gott nahe stehen. Er wird die Menschen in der Wiege schon anreden, und auch als Mann und wird zu den Frommen gehören. Sie sagte: o Herr, wie soll ich einen Sohn gebären, da mich ja kein Mensch berührt? Er antwortete: so wird es seyn; Gott schafft, was er will, wenn er etwas beschlossen hat, so sagt er

---

291) Dieß bezieht sich auf vorhergehende Verse, in welchen erzählt wird, daß Hanna ihre Tochter Maria nach Jerusalem brachte, und, nach den Erklärungen der Commentatoren, Zakaria, der Vater Johannes' des Täufers, mit anderen Priestern stritt, wer von ihnen die von ihrer Mutter Gott geweihte Maria erziehen sollte, und endlich mit einander loosten, das Loos aber zu Gunsten Zakaria's entschied.

nur: werde! und es wird. Wir werden ihn die Schrift leh=
ren und die Weisheit, und die Tora und das Evangelium, er
ist unser Gesandter an die Söhne Israels. (Er wird ihnen
sagen:) ich komme zu euch mit einem Zeichen von euerm
Herrn; ich will euch aus Thon die Gestalt eines Vogels bil=
den und ihn anhauchen, so wird er mit dem Willen Gottes
ein (wirklicher) Vogel werden. Ich werde Blinde und Aus=
sätzige heilen, und mit dem Willen Gottes Todte beleben, und
euch sagen, was ihr esset und was ihr in euern Häusern auf=
bewahret. Darin liegt doch wahrlich ein Zeichen für euch,
wenn ihr Gläubige seyd. Ich bestätige, was vor mir war,
(nämlich) die Tora, und erlaube euch Einiges von dem, was
euch verboten ist, und bringe euch ein Zeichen von eurem Herrn.
Fürchtet Gott und seyd gehorsam! [292]...... Als Gott sagte:
o Isa, ich werde dich zu mir nehmen [293] und erheben und

292) Sura III. Vers 42—49.

293) Ich habe das Wort tawaffa nach seiner ursprünglichen Bedeutung
wiedergegeben, da es eben so gut von der Seele Jesu, als von
seiner ganzen Person verstanden werden kann, und diese Stelle
wenigstens nicht beweist, daß Mohammed an den wirklichen Tod
Jesu glaubte. Mit Recht bekämpft übrigens Dettinger (s. Tü=
binger Zeitschrift für Theologie, 1831, 3, S. 47) die Meinung
Wahls, als spreche der Koran eine Himmelfahrt Jesu aus, und
zwar nicht nur, weil mehrmals im Koran gesagt wird: „Jede
Seele muß den Tod verkosten," und weil Jesus selbst (Sura 19,
Vers 32) ausruft: „Friede über den Tag, an dem ich geboren,
so wie über den, an welchem ich sterbe," sondern noch ganz be=
sonders wegen des 144. Verses der dritten Sura, welcher lautet:
„Mohammed ist nur ein Gesandter. Schon sind die Gesandten
vor ihm gestorben, wollt ihr euch daher wieder zurückwenden
(von seinem Glauben), wenn er einst stirbt oder erschlagen wird?
u. s. w." Mohammed hätte gewiß dieß nicht sagen können, wenn
er selbst erklärt hätte, daß Jesus wirklich unsterblich im eigentli=
chen Sinne des Wortes war. So heißt es auch im 35. Verse
der 21. Sura: „Wir haben keinem Menschen vor dir Unsterb=
lichkeit verliehen; werden sie wohl ewig leben, da du doch sterben
mußt." Nicht unwahrscheinlich ist aber, daß sich Mohammed, den

absondern von den Ungläubigen, und diejenigen, die dir folgen, höher stellen als die Ungläubigen, bis zum Tage der Auferstehung; dann kehret ihr alle zu mir zurück, da will ich zwischen euch richten über eure Streitfragen [294]...... Vor Gott ist Isa dem Adam gleich, den er aus Erde geschaffen, ihm sagte: werde! und er ward [295].... Und sie (die Juden) sagen: wir haben den Mesich, Isa, den Sohn Mariam's, den Gesandten Gottes getödtet. Sie haben ihn aber nicht getödtet und nicht gekreuzigt, sondern es schien ihnen nur so; [296] diejenigen, die darüber anderer Meinung sind, zweifeln an ihm und haben keine (wahre) Kenntniß von ihm, sondern folgen nur Vermuthungen; gewiß sie haben ihn nicht getödtet, sondern Gott hat ihn zu sich erhoben, er ist mächtig und allweise...... Diejenigen, welche sagen: Gott ist Mesich, der Sohn Mariam's,

Christen gegenüber, um sie desto leichter für sich zu gewinnen, über dessen Tod nicht deutlich aussprach.

294) Dieselbe Sura, Vers 54.

295) Dieselbe Sura, Vers 58. Dieser Vers spricht ziemlich deutlich gegen die Meinung derjenigen, welche behaupten, nach der Lehre des Korans sey Jesus vom Engel Gabriel gezeugt worden.

296) Das ist die natürliche Bedeutung der Worte schubbiha lahum, wo etwa noch Alamru (die Sache) zu suppliren wäre. Das Wort tasohbihun hat nach dem Kamus zwei Bedeutungen, entweder „vergleichen, ähnlich machen (benzitmek im türkischen) oder durch Aehnlichkeit täuschen und verwirren" (tachlit watalbis eilemek). Will man indessen hier nach den muselmännischen Interpretatoren an eine wirkliche Verwechslung Jesu mit einer ihm ähnlichen Person denken, und das Wort schubbiha als Passivum der ersten Bedeutung nehmen, so darf man es nicht auf Jesus, sondern wie dieß Djalalein thut, auf den (freilich nicht ausgedrückten) maktul oder Maslub (Getödteten oder Gekreuzigten) beziehen, welcher für sie (um sie zu täuschen) (von Gott) (Jesu) ähnlich gemacht wurde. Unrichtig oder wenigstens ganz frei ist daher Gerocks Uebersetzung „er wurde ihnen nachgeahmt." (Ich bedaure Gerocks Christologie des Korans nicht in diesem Augenblicke vor mir zu haben, das hier citirte ist nach Umbreits Recension dieses Werks, in den Studien und Kritiken, 1841, I. S. 256).

sind Ungläubige. Der Mesich (selbst) sagte: O Söhne Israels! betet Gott an! meinen und euern Herrn. Wer Gott einen Genossen gibt, den schließt er aus dem Paradiese aus, und die Hölle wird seine Wohnung. Niemand steht den Ruchlosen bei. Diejenigen, welche sagen: Gott ist der dritte der Drei, sind Ungläubige. Es gibt nur einen Gott, und die Ungläubigen, die von solchen Worten nicht ablassen, trifft schwere Pein [297].... Und als Gott sagte: O Isa, Sohn Mariams! hast du zu den Menschen gesagt: nehmet mich und meine Mutter als Götter außer Gott an? antwortete er: sey gepriesen! (d. h. fern von mir eine solche Gotteslästerung!) es ziemt mir nicht zu sagen, was ich nicht in Wahrheit bin; wenn ich es gesagt hätte, so würdest du es wissen. Du kennst mein Inneres, ich aber nicht das deinige, du weißt alles Verborgene. Ich habe ihnen nur gesagt, was du mir befohlen hast: betet Gott an, meinen und euern Herrn, ich bewachte sie, so lange ich unter ihnen verweilte, und als du mich (zu dir) nahmst, beobachtetest du sie, du bist es ja, der über alles wacht [298]..... Gedenke Mariam's in der Schrift! (im Koran) als sie sich absonderte von ihrer Familie nach einem östlichen Orte, und sich vor ihr hinter einem Vorhang verbarg, da sandten wir ihr unsern Geist, der sich ihr in der Gestalt eines vollkommenen Menschen vorstellte. Da rief sie: ich nehme meine Zuflucht zum Barmherzigen vor dir (entferne dich!) wenn du Gott fürchtest. Er aber sagte: ich bin gesandt von deinem Herrn, um dir einen reinen Knaben zu schenken [299]..... Sie empfing

---

297) Sura V. Vers 81 u. 82.

298) Dieselbe Sura, Vers 125 u. 126.

299) Sura XIX. Vers 16—19. Diese Stelle soll nach Gerock dafür sprechen, daß Mohammed Gabriel für den Vater Jesu halte, aber ich stimme ganz mit Umbreit (a. a. O. S. 259) darin überein, daß dieß durchaus nicht bei einer natürlichen Auslegung dieser Verse darin zu finden ist. Daß der Engel Gabriel ihr in Menschengestalt erscheint, kann doch nicht auffallen, da er ja nach muselmännischer Tradition auch Mohammed zuweilen so erschien;

ihn und zog sich mit ihm an einen entlegenen Ort zurück. Da befielen sie die Geburtswehen an dem Stamme eines Palmbaumes, und sie sagte: o wäre ich doch vor dieser (Stunde) gestorben und längst vergessen! Da rief es (das [300] Kind) ihr von unten herauf zu: sey nicht betrübt! Gott hat schon zu deinen Füßen ein Bächlein fließen lassen, und schüttle nur den Stamm des Palmbaums zu dir heran, so werden frische, reife Datteln zu dir herabfallen. Iß und trinke und ergöze dein Aug (an mir), und siehst du jemanden (der dich wegen meiner fragt) so sage: ich habe Gott Schweigen gelobt, ich werde heute Niemanden sprechen. Als sie dann zu ihren Leuten kam und das Kind trug, sagten sie: du hast etwas Schweres begangen. O Schwester Harons! dein Vater war kein schlechter

eben so wenig der Ausdruck „einen Sohn schenken," der ja Vers 5 und Sura III. Vers 38 auch von Zakaria vorkommt, welcher zu Gott sagt: schenke mir einen Erben, wobei er doch gewiß an keine Einwirkung physischer Kräfte von Seiten der Gottheit dachte. Wenn Maria bei der Erscheinung des Engels erschrickt, so war es, ehe sie wußte, daß er wirklich ein Engel, sondern ihn wegen seiner menschlichen Gestalt für einen Menschen hielt, und wenn sie bei Jesu Geburt sich den Tod wünscht, so war es aus Furcht, Niemand möchte dessen wunderbare Empfängniß glauben.

300) Auch hier theile ich die Meinung Gerocks und Umbreits, und lasse lieber diese Worte aus dem Munde des Kindes, als aus dem des Engels zu ihr heraufsteigen, da jenes, wenn auch nicht gerade unter ihr, doch recht gut zu ihren Füßen liegen mochte. Mehr als der Ausdruck „unter ihr" spricht aber noch für diese Meinung, daß Maria, als ihre Leute ihr Vorwürfe machten, auf das Kind hindeutete, gleichsam es aufforderte, statt ihrer zu sprechen, wie hätte sie das gekonnt, wenn es nicht schon vorher gesprochen hätte? In der 3. Sura wird ihr allerdings vom Engel vorausgesagt, ihr Sohn werde schon in der Wiege sprechen, diese ist aber eine medinensische und jene eine mekkanische, und wenn auch, wie wir in der Folge zeigen werden, die Ueberschrift der Sura nicht immer für deren ganzen Inhalt maßgebend ist, so spricht doch hier der Styl dafür, daß die ganze 19. Sura früher erschien.

Mann und deine Mutter keine [301]) schlechte Frau. Da gab sie ihnen durch Zeichen zu verstehen, sich an das Kind zu wenden. Sie sagten: wie sollen wir mit einem Kinde in der Wiege sprechen? Das Kind sagte aber: ich bin ein Knecht Gottes, er hat mir die Schrift gegeben und mich zum Propheten bestimmt und mich gesegnet, wo ich auch bin und mir geboten zu beten, Almosen zu geben, so lange ich lebe. Er hat mich liebevoll gegen meine Mutter geschaffen, nicht hochmüthig und nicht verworfen. Friede (Gottes) ruht über dem Tage, an dem ich geboren bin, so wie über dem, an welchem ich sterbe und wieder zum Leben auferweckt werde." [302])

Sobald Mohammed den Entschluß gefaßt hatte, Missionäre auszusenden, redete er die Gläubigen, von der Kanzel herab, folgendermaßen an:

„Gott sendet mich aus Barmherzigkeit an alle Menschen; seyd mir nicht ungehorsam, wie es die Jünger Jesu, dem Sohne Maria's, waren, der, als er sie aufforderte, seinen Glauben zu verbreiten, nur bei denen Gehör fand, die er in die Nähe, nicht aber bei denen, die er in die Ferne senden wollte."

Jesus klagte dieses seinem Herrn, und am folgenden Morgen sprachen diejenigen, welche Schwierigkeiten gemacht hatten, die Sprache der Völker, zu denen sie gesandt werden sollten, damit sie ihre Unkenntniß der Sprache nicht als Vorwand gebrauchen konnten [303]).

Sein erstes Schreiben war an den mit ihm durch die Auswanderer schon befreundeten Fürsten von Abyssinien gerichtet [304]) und lautete:

301) Mohammed hat wahrscheinlich im Flusse der Rede Mariam, Arons Schwester, mit der Mutter Jesu verwechselt. Die muselmännischen Commentatoren wissen indessen andere Ausflüchte. Daß er aber die Jungfrau Maria für eine wirkliche Schwester Arons gehalten habe, glaube ich nicht, sondern eher, daß ihre Väter bei ihm gleiche Namen führen.

302) Dieselbe Sura, Vers 22—32.

303) S. fol. 263.

304) J., aus dem ich diesen und die folgenden Briefe übersetzt

„Im Namen Gottes, des Allbarmherzigen, des Allmilden. Von Mohammed, dem Gesandten Gottes, an den Nadjaschi, König der Abyssinier:

„Werde Muselmann, ich will Gott für dich preisen, den Einzigen, den Wahrhaftigen. Bekenne immerhin, daß Jesus, der Sohn Maria's, der Geist Gottes und sein Wort, das er über die tugendhafte und keusche Jungfrau Maria geworfen (alkâha); welche dann Jesus vom göttlichen Geiste und Athem empfing, so wie der Herr Adam mit seiner Hand geschaffen. Erkenne aber Gott als den Einzigen an, der keinen Genossen hat, und glaube Du und deine Unterthanen an Gott und an mich als seinen Gesandten. Dieß ist mein wohlgemeinter Rath, nimm ihn an! Heil dem, welcher der Leitung folgt!"

Bei dieser Veranlassung ließ sich Mohammed das erste Siegel stechen, welches die Inschrift hatte: „Mohammed, Gesandter Gottes."

Der Fürst von Abyssinien soll auf dieses Schreiben geantwortet haben: [305])

bemerkt dieß ausdrücklich. Der Ueberbringer war Amru Ibn Ommejja, welcher nach einigen Berichten zugleich Träger eines anderen Schreibens war, in welchem Mohammed um Um Habiba warb. Demzufolge wäre, wie schon in einer vorhergehenden Note bemerkt worden, dieses Schreiben jedenfalls vor den Feldzug von Cheibar zu setzen, denn bei seiner Rückkehr von Cheibar war Um Habiba mit den andern Ausgewanderten schon in Medina. Es muß aber auch, wenn es wirklich das Erste war, vor den Zug von Hudeibia gesetzt werden. S. Anmerk. 307.

305) Verbürgen möchte ich die Aechtheit dieses Schreibens nicht, obgleich es nichts Befremdendes enthält. Ein Christ, wie der Nadjaschi, mochte wohl Mohammed, im Verhältnisse zu seinen heidnischen Landesgenossen, für einen Gesandten Gottes halten, um so mehr, da doch allerdings manche Stellen des Evangeliums sich auf einen nach Christus erscheinenden Propheten beziehen lassen. Vielleicht trug auch Handelseifersucht zwischen den Mekkanern und Abyssiniern dazu bei, daß der Nadjaschi Mohammed gerne unterstützte. Uebrigens ist es auch schwer zu bestimmen, wer eigentlich

„Im Namen Gottes, des Allbarmherzigen, des Allmilden. An Mohammed, den Gesandten Gottes, von dem Nadjaschi.

„Der schönste Friede komme über dich, o Prophet Gottes, von dem einzigen Gotte, der mich zum Islam geleitet. Dein Schreiben ist mir zugekommen. Bei Gott, dem Herrn des Himmels und der Erde! Jesus selbst hätte nichts hinzuzusetzen, zu dem was du von ihm sagst; darum habe ich auch deinen Vetter [306]) und die übrigen Muselmänner in meine Nähe gezogen. Ich erkenne dich als wahren, frühere Verheißungen bestätigenden, Gesandten Gottes an, und huldige dir als solchem vor Djafar, dem Sohne Abu Talibs und den übrigen Muselmännern, und ergebe mich ganz dem Willen des Herrn der Welt."

Gleichzeitig [307]) mit dem Schreiben an den Fürsten von

dieser Nadjaschi war; da die Araber es nicht sehr genau mit der Verleihung ihrer Königstitel nehmen, so war es am Ende der Scheich eines kleinen Distrikts an der Arabien gegenüber liegenden afrikanischen Küste, statt des wirklichen Königs von Aethiopien. (S. auch Reinaud monumens Arabes, Turcs et Persans du cabinet de M. le Duc de Blacas, 1. 230).

306) Dieß ist Djafar, Ali's Bruder.

307) Da dieser Brief vor Chosroe's Tod abging, dem Ende Februar 628 sein Sohn Siroes auf dem Throne folgte, so kann er nicht, wie S. und die andern Araber glauben und Europäer nachschreiben, nach dem Zuge von Hudeibia geschrieben worden sein, welcher im elften Monat des sechsten Jahres der Hidjrah stattfand, das mit dem 10. Mai 628 endigte. Vergleiche über Chosroe's Tod, des Kaisers Heraklius eigenen Bericht im chronicon paschale, p. 398 der Pariser Ausgabe. Assemani bibl. oriental. III. 1. p. 416 und nach ihnen alle neuere Historiker. Biogr. universelle, Rühs, Schlosser und zuletzt noch Robinson in seiner Beschreibung Palästina's, II. 236. Bei Nikbi ben Massoud in den not. et extraits de la bibl. du roi, T. II. p. 357 muß wohl ein Fehler seyn, denn dort liest man: Mohammeds Flucht habe im 20. Jahr von Chosru's Regierung stattgefunden, während er doch sieben- oder achtunddreißig Jahre regierte, und jedenfalls

Abyssinien ging ein anderes an Chosru Perwiz (Chosroes II.), König von Persien, folgenden Inhalts ab:

„Im Namen Gottes, des Allbarmherzigen, des Allmilden. Von Mohammed, dem Gesandten Gottes, an Chosru, den Herrn Persiens. Heil dem, welcher der Leitung folgt, an Gott und seinen Gesandten glaubt, der da bekennt, daß es nur einen einzigen Gott gibt, dessen Diener und Gesandter Mohammed ist. Ich fordere dich dazu im Namen Gottes auf, der mich gesandt allen Lebenden zu predigen, und allen Ungläubigen die Wahrheit zu verkündigen. Werde Muselmann, so wirst du gerettet, weigerst du dich, so lastet auf dir die Schuld aller Magier."

Chosru las nur die Ueberschrift des Briefes, und sobald er Mohammeds Namen vor dem Seinigen sah, zerriß er ihn und entließ den Gesandten. Er schrieb dann seinem Statthalter Badsan, welcher in seinem Namen die Herrschaft über Jemen führte, er möchte den Kureischiten, der sich für einen Propheten ausgibt, von dieser Anmaßung zurückbringen oder ihm sein Haupt senden. Inzwischen starb aber Chosru, Mohammed sagte daher zu den Boten, durch welche Badsan ihm den Befehl seines Herrn übersandte: „Kehret zu Badsan zurück! denn Gott hat seinen Herrn getödtet." [308])

Im siebenten Jahre der Hidsrah [309]) sandte Mohammed

---

mehrere Jahre vor Mohammed starb. Es soll wahrscheinlich im 30. statt im 20. heißen.

308) Bei den Arabern ward Mohammed durch den Engel Gabriel von Chosru's Tod unterrichtet. Dem Europäer ist es aber sehr begreiflich, daß Mohammed Chosru's Tod, wenn auch nicht früher als Badsan, doch vor Ankunft seiner Gesandten in Medina erfuhr.

309) Der Brief, den Mohammed an Heraklius geschrieben haben soll, so wie der an den Statthalter von Egypten trägt das Gepräge der Unächtheit; denn nach der Aufforderung zum Islam, wie die beiden Ersten, enthalten sie den 63. Vers der 3. Sura, welcher lautet: „O ihr Männer der (heiligen) Schrift! Kommt herbei zu einem Worte, das gleich sey zwischen euch und uns, daß wir nämlich nur einen Gott anbeten, und ihm keinen Genossen zu-

ein Schreiben an den Kaiser Heraklius, welcher sich damals in Palästina aufhielt. Der muselmännische Gesandte fand eine

fügen, daß Niemand einen andern (Menschen) an Gottes Stelle zu seinem Herrn erhebe. Wenden sie sich davon ab, so saget (ihr Gläubigen) ihnen: Bekennet wenigstens, daß wir wahre Muselmänner."

Abgesehen davon, daß dieser Vers nach der Meinung vieler Interpretatoren erst im 9. Jahre der Hidjrah bei Gelegenheit der Bekehrung einer christlichen Karawane von Nadjran erschien, so paßt er gar nicht als Anrede an Heraklius, wenn man auch, wie bei J. das erste Wort (kul Sage) des Verses ausläßt. Die ganze Sendung möchte ich aber deßhalb nicht bezweifeln, wenn auch die Byzantiner nichts davon erwähnen, um so weniger, da Heraklius' Reise nach Jerusalem mit dem von den Persern wieder eroberten Kreuze, von der auch bei J. die Rede ist, der ihn in Folge eines Gelübdes, als Dank für den Sieg über die Perser zu Fuß von Edessa nach Jerusalem pilgern läßt, wirklich mit der Zeit der übrigen Bekehrungsversuche Mohammeds übereinstimmt. Es ist übrigens schwer, die Zeit der Reise des Heraklius nach Jerusalem zu bestimmen. Theophanes I. 504 der Ausgabe von Niebuhr läßt ihn im Frühling nach dem Jahre seines Friedensschlusses mit den Persern, also im Jahr 629 von Konstantinopel aufbrechen, um das heilige Kreuz nach Jerusalem zurückzubringen. Diesem folgte auch Pagi zu Baronius' Annalen des Jahres 627 und 628. Nach Nicephorus hingegen (p. 15 der Pariser Ausg.) reiste er nach dem Friedensschlusse zuerst nach Jerusalem, also noch im Jahr 628, und kehrte dann erst in die Hauptstadt zurück. Fragen wir nun, welchem von Beiden eher zu folgen ist, so müssen uns des Ersteren eigene Worte veranlassen, seine Angabe zu verwerfen. Er erzählt nämlich, daß Heraklius von Jerusalem nach Edessa reiste, wo er sich mit kirchlichen Angelegenheiten beschäftigte, und von hier nach Hierapolis, wo er die Nachricht von dem Tode des persischen Königs Syroes erhielt. Da doch aber eine solche Nachricht gewiß Heraklius so bald als möglich überbracht ward, und Syroes, der am 25. Februar den Thron bestieg, nach den meisten Berichten nur sieben bis acht Monate regierte, so kann Heraklius diese Reise nicht erst im Jahr 629 gemacht haben. (Vergl. über die Dauer von Syroe's Regierung Nikbi ben Massud in den gute Aufnahme bei ihm, obgleich er in seinem Glauben beharrte. Noch freundlicher wurde Mohammeds Gesandter bei dem Statthalter von Egypten aufgenommen, der ihm zwei Sklavinnen und einige andere kostbare Gegenstände als Geschenk sandte. Auch Haudsa[310]), der persische Statthalter der Provinz Jamama, der eine Aufforderung zur Annahme des Islams erhielt, suchte sich Mohammeds Gunst durch kostbare Geschenke zu erwerben, während Harith Ibn Schimar, der Byzantinische, über die syrischen Araber gebietende Statthalter, seinen Gesandten schlecht aufnahm und ihn sogar mit einem Kriege bedrohte[311]).

not. et extraits des mso. de la bibliot. du Roi, II. 358, Mirchond bei de Sacy mém. sur diverses antiquités de la Perse, p. 409. Elmakin, p. 12 und Eutych. annal. II. 253). Nimmt man aber selbst ein Jahr für die Dauer von Syroe's Regierung an, wie man bei Theophanes am Anfang dieses Kapitels liest, eben so bei Bar hebraeus in einer Stelle seiner Chronik (in einer andern gibt er 9 Monate an. Vergl. Assemani bibl. orient. III. 1. p. 415), so hätte doch Heraklius jedenfalls noch im April seinen Tod erfahren sollen, während er, wenn er erst im Frühling von Konstantinopel aufbrach, und sich in Tiberias, in Jerusalem und Edessa längere Zeit aufhielt, gewiß nicht vor dem Monate Juni oder Juli in Hierapolis eintraf. Ich glaube daher, daß man nicht wie bisher alle neueren Historiker, zuletzt noch Robinson in seinem Palästina, II. S. 236 gethan, Heraklius Reise nach Jerusalem in den Frühling 629, sondern in den Herbst 628 setzen sollte, nur nicht vor den Monat September, weil Nicephorus nach Darstellung der Feierlichkeiten in Jerusalem hinzusetzt: δευτέρα δὲ ἦν ἰνδικτιῶν, ἡνίκα ταῦτα επραττετο (es war die zweite Indiction, als dieß geschah) und die zweite Indiction mit dem ersten September 628 begann. Dieß stimmt dann auch mit den Kirchenhistorikern überein, nach welchen Heraklius dem Exaltationsfeste beiwohnte, das am 14. September gefeiert wird.

310) So bei J. und im Kamus (ha, waw, dsal). Der Gesandte hieß Salit Ibn Amru Al Amiri, nicht wie bei H. v. H., der (S. 165) den Statthalter Silit ben Amru nennt. S. auch Abulfeda, p. 84.

311) Nach J. wollte er schon gegen Mohammed ins Feld ziehen, aber

Diese und einige andere ähnliche Missionen an kleinere Fürsten Arabiens beschäftigten Mohammed bis in den Monat Dsul Kaada, wo es ihm, dem mit den Kureischiten geschlossenen Vertrage gemäß, gestattet war, nach Mekka zu pilgern. Da zog er, wohl bewaffnet, mit denselben Truppen, die ihn im vergangenen Jahre begleitet hatten, von Medina aus, nachdem er hundert Reiter unter der Anführung Mohammeds Jbn Maslama vorausgeschickt hatte. Als die Kureischiten Moham-

Heraklius hielt ihn davon ab. Dieser soll auch, um über Mohammed nähere Erkundigungen einziehen zu können, befohlen haben, daß man ihm einige seiner Landsleute bringe, welche des Handels willen häufig nach Palästina kamen. Man holte Abu' Sofian, welcher gerade mit einer Karawane in Gaza war, und Heraklius ließ durch seinen Dolmetscher folgende Fragen an ihn richten: „Welcher Familie gehört Mohammed an? Einer angesehenen, antwortete Abu Sofian; ist vor ihm jemand unter euch mit ähnlichen Worten aufgetreten? nein; galt er, ehe er sich einen Propheten nannte, für einen Lügner? nein; war einer aus seiner Familie vor ihm König? nein; gehören seine Anhänger der vornehmen oder der geringen Klasse an? der geringen. Nimmt ihre Zahl zu oder ab? sie nimmt immer zu; fallen manche seiner Anhänger wieder von ihm ab? nein; ist er seinem gegebenen Worte treu? ja; wir leben jetzt in Frieden mit ihm, doch wissen wir noch nicht, wie er die Verträge vollziehen wird. Habt ihr schon Krieg gegen ihn geführt? ja; wer war Sieger? bald er, bald wir; was sind denn seine Vorschriften? wir sollen die Götter unserer Väter aufgeben, und nur einen Gott anbeten, Almosen geben, unserem Worte treu seyn und sündhafte Genüsse verabscheuen." Heraklius soll durch diese Unterredung mit Abu Sofian sehr für den Islam eingenommen worden seyn, ihn doch, aus Furcht den Thron zu verlieren, nicht angenommen haben. Darauf läßt sich nichts anderes sagen als: „Se non e vero e ben trovato." Daß Abu Sofian als Heide den Islam so günstig schildert, darf nicht befremden, denn er sagt selbst bei J.: „Bei Gott, ich hätte damals gern gelogen, aber ich schämte mich vor den Arabern, die bei mir waren." Auch suchte er zuletzt Mohammed durch die nächtliche Himmelfahrt lächerlich zu machen.

meds Vortrab sahen, sandten sie ihm Mukriz Ibn Haß ent=
gegen, und ließen ihm sagen: „Du haft weder in deiner Jugend
noch später irgend einen Verrath begangen, wie magst du
jetzt in voller Kriegsrüstung heranziehen, da doch unser Vertrag
dir nur die Waffen eines Reisenden, nämlich das Schwert in
der Scheide gestattet?" Mohammed antwortete darauf, daß
im Vertrage nur der bewaffnete Einzug in das Gebiet von
Mekka ihm untersagt sei, er werde daher diesen Punkt erfüllen,
und an der Grenze des heiligen Gebiets die Waffen ablegen.
Dieß that er auch als er vor Mekka anlangte, und ließ
Aus, den Sohn Chaula's, mit einer Abtheilung Soldaten
zu ihrer Bewachung zurück. Als Mohammed mit seinen Leuten
einzog, sagten die in der Stadt zurückgebliebenen Mekkaner:
(die vornehmsten Bewohner Mekkas hatten sich nämlich auf
den Berg Keinukaa, welcher sich über die Stadt erhebt, be=
geben —). „Da kommen Leute, welche das Fieber von Jathrib
(Medina) geschwächt."[312]) Da rief Mohammed, der dieß hörte,
„Gott erbarme sich dessen, der den Ungläubigen heute Beweise
von seiner Kraft gibt."[313]) Darauf hüllte er sich in sein Pilger=
tuch, aus dem nur sein rechter Arm hervorging, und lief an
der Spitze seiner Begleiter dreimal um den Tempel herum[314]);

312) So bei J. Bei S. (fol. 208) liest man auch wie bei Abulfeda
(S. 85) fi usrin wadjahdin und dazu noch waschiddatin.
Aber auch diese Worte bedeuten eher einen allgemeinen schlechten
Zustand in Bezug auf die Gesundheit und äußere Verhältnisse,
als eine Ermüdung von der Reise, wie Reiske und Noel des
Vergers diese Worte Abulfeda's übersetzen.

313) So übersetzt schon N. de V. richtig, während Reiske arahum für
die erste Person nimmt. Bei S. und J., wo dieselben Worte
vorkommen, liest man nach arahum die Worte: aljauma min
nafsihi kuwwatan.

314) So bei S. und J., auch bei Gagnier II. 81. Bei Abulfeda heißt
es: er sprang vier Mal herum (ramala fi arbaat aschwât). Dieß
kann nur ein Schreibfehler seyn, den seine Herausgeber hätten
verbessern sollen. (S. auch Muradgea d'Ohsson Schilderung des
ottoman. Reichs v. Beck, II. 47).

die übrigen vier Umzüge machte er aber, um die Muselmänner nicht zu sehr zu ermüden, langsamen Schrittes, daher bis auf den heutigen Tag noch jeder Pilger drei von den sieben Um= zügen um den Tempel zu Mekka springend zurücklegt. Moham= med wollte in der Kaaba beten, dieß ward ihm aber nicht ge= stattet. Er lief dann nach altarabischer Sitte dreimal von dem Hügel Safa nach dem Hügel Merwa, wie einst der Sage nach Hagar dreimal hin= und herlief, um sich nach Wasser für ihren Sohn umzusehen. Bei Merwa ließ er dann die von Medina mitgebrachten Opferthiere schlachten und sein Haupthaar ab= scheeren. Er brachte, dem Vertrage gemäß, drei Tage in Mekka, wahrscheinlich bei seinem Oheim Abbas, zu, der ihm seine Schwägerin Meimuna antraute. Mohammed wollte noch in Mekka die Hochzeit feiern, und die Mekkaner zum Hochzeits= schmaus einladen [315]), diese erinnerten ihn aber am vierten Tage an sein gegebenes Wort, so daß er genöthigt war auf= zubrechen und in Sarif, außerhalb dem Gebiete von Mekka, wohin ihm sein Sklave, Abu Rafi, Meimuna brachte, seine letzte Ehe zu vollziehen.

Dieser Verbindung mit einer einundfünfzig jährigen Wittwe verdankte Mohammed wahrscheinlich die bald darauf folgende Bekehrung ihres Neffen [316]) Chalid, Sohn Walids, der später

315) J. und S. fol. 209. Auch die Trauung während des Tempel= besuches wird von einigen Muselmännern bestritten, da sie sonst nicht erlaubt ist, während andere behaupten, Mohammed habe darin, wie in manchen anderen Dingen, eine Ausnahme machen dürfen. S. Abulfeda ed. N. de V., p. 130.

316) Diese, Chalids Uebergang zum Islamismus und Mohammeds Vermählung mit Meimuna, erklärende Verwandtschaft, gibt Ch. und J. an. Bei ersterem liest man im Kapitel „von den Gat= tinnen Mohammeds," welches gleich nach der Vermählung mit Chadidja, unter den Begebenheiten des 5. Jahres, steht: „Ferner (heirathete Mohammed) Meimuna die Tochter Hariths, aus dem Stamme Hilal. Ihre Mutter hieß Hind, Tochter Aufs, Sohn Zuheirs; ihr früherer Name war Barra, aber der Gesandte Gottes nannte sie Meimuna. Sie ist die Tante des Ibn Ab=

wegen seines kriegerischen Talents und Glücks „das Schwert Gottes" genannt ward. Gleichzeitig mit ihm gieng auch Amru Ibn Aaß, der nachherige Eroberer Egyptens, zu Mohammed über. Dieser war gerade in Abyssinien, als Amru, Mohammeds Gesandter, dahin kam, um die dortigen Gläubigen zurückzurufen; das freundliche Benehmen des Nadjaschi gegen sie, veranlaßte ihn auch den neuen Glauben näher zu prüfen, und die Persönlichkeit Mohammeds, den er in Mekka sah, vollendete seine Bekehrung.

Amru gab in dem ersten Zuge, den er nach der syrischen Grenze unternahm, in der Hoffnung, die dortigen Araber, von denen seine Mutter herstammte, zum Islam zu bekehren, Beweise von seiner Tüchtigkeit, aber auch von seiner Klugheit und grenzenlosen Herrschsucht. Als er nämlich an den Brunnen Dsat Sulasil, im Lande der Beni Djudsam kam, fand er diese Beduinen so feindlich gegen den Islam gestimmt, daß er in aller Eile einen Boten an Mohammed sandte und ihn um Verstärkung seiner geringen Truppenzahl bat. Mohammed sandte ihm den sanftmüthigen Abu Ubeida, welcher später bei der Eroberung von Damask sich so menschenfreundlich benahm, mit vielen der ersten Ausgewanderten, worunter auch Abu Bekr und Omar. Das Erste, was Amru dem ihm zu Hülfe eilenden Veteranen Abu Ubeida sagte, war: „Du bist zur Verstärkung meiner Leute hieher gesandt, stehst folglich unter mei=

bas und des Chalid, Sohn Walids. Ihre Schwestern waren Um Fabhl, die Gattin des Abbas und Lubaba die Jüngere, die Gattin Walids, Sohn Mughira's, der Machzumite, Mutter Chalids, Sohn Walids u. s. w." Bei J. in demselben Kapitel im 4. Bande liest man noch: „Sie war früher mit Masud, dem Sohne Amru's, verheirathet gewesen, der sich von ihr scheiden ließ, dann mit Abu Rahm (oder Dahm), den sie überlebte. Als sie der Prophet heirathete, war sie 51 Jahre alt, nach den wahrsten Berichten; sie erreichte ein Alter von 80 Jahren und ward in Sarif begraben, an der Stelle, wo Mohammed die Hochzeitsnacht feierte."

nem Befehle." Abu Ubeida erwiederte: „Du bleibst der Be=
fehlshaber deiner Leute und ich führe die meinigen an." Da
aber Amru auf den Oberbefehl über sämmtliche Truppen be=
stand, sagte ihm Abu Ubeida: „Wisse Amru! Mohammeds
letzter Auftrag vor meinem Abmarsche war: im Einverständ=
nisse mit dir zu handeln; weigerst du dich daher, mir zu ge=
horchen, nun so stelle ich mich unter deinen Befehl." Amru
griff bald nachher den Feind an und schlug ihn, als ihn aber
die Muselmänner weiter verfolgen wollten, hielt er sie zurück.
Auch erlaubte er, trotz der strengen Kälte in der folgenden
Nacht, nicht, daß man Feuer anzünde. Als einige Ausge=
wanderte darüber murrten, begnügte er sich, ihnen zu sagen:
„habt ihr nicht den Befehl, mir zu gehorchen?" und als sie
diese Antwort bejahten, sagte er: „nun so gehorchet auch!"
Erst als er nach Medina zurückkam, und Mohammed ihn
fragte, warum er kein Feuer anzünden und den Feind nicht
verfolgen ließ? sagte er: „ich hielt meine Leute zurück, weil
bei einem weitern Nachsetzen in das feindliche Gebiet dem
Feinde leicht hätte Verstärkung zukommen können, die ihn in
Stand setzte, sich wieder gegen uns zu wenden. Ich ließ auch
kein Feuer anzünden, aus Furcht, der Feind möchte sehen wie
gering unsere Truppenanzahl und mit erneuertem Muthe käm=
pfen. Als er endlich auch noch angeklagt war, das Gebet
ohne Reinigung verrichtet zu haben, sagte er: „hat nicht Gott
der Erhabene (im Koran) gesagt: stürzet euch nicht mit eigener
Hand ins Verderben? Bei Gott, das Wasser war so kalt,
daß ich an der Waschung gestorben wäre." Mohammed lachte
über diese Antwort und entließ ihn [317]).

Chalids Talent als Feldherr, ward auch gleich bei der
ersten Schlacht, welche nach seiner Bekehrung zwischen den
Muselmännern und den von den Griechen unterstützten Ara=

---

[317]) J., der Anfang auch bei S. (fol. 266), die Theologen wundern
sich darüber, heißt es bei ersterem, daß Mohammed ihm nicht
befahl, das Gebet nach der Reinigung zu wiederholen.

bern, bei **Muta**, in der Nähe von Krak statt fand ³¹⁸), allgemein anerkannt; denn als Zeid Ibn Harith, Ali's Bruder
Djafar, und der Dichter Abd Allah Ibn Rawaha, die drei
von Mohammed ernannten Häupter der Truppen, gefallen
waren, ward er von den noch Stand haltenden Soldaten einstimmig zu ihrem Führer erwählt ³¹⁹). Er konnte zwar dem
ihm an Zahl allzusehr überlegenen Feinde ³²⁰) den Sieg nicht
mehr streitig machen, doch rettete er die Muselmänner vor
einer gänzlichen Niederlage, und brachte die, welche sich unter
seine Fahne gereiht, in guter Ordnung nach Medina zurück. ³²¹)

Veranlassung zu diesem ersten Kriege zwischen den Bekennern des Islams und denen des Christenthums, war die
Hinrichtung eines von Mohammeds Gesandten ³²²), auf Befehl

318) Diese Schlacht fiel nach S. (fol. 209) I. und Abulfeda (S. 86
der Ausgabe von N. de V.) im Monat Djumadi-l-Awwal des 8.
Jahres vor; nur H. v. H. setzt (S. 181) diesen Feldzug, ohne
auch nur einen Grund anzuführen, nach der Eroberung von Mekka
und dem Feldzuge von Honein und Taïf.

319) Vor ihm ward nach S. und I. Thabit Ibn Arkam erwählt, er
lehnte aber das Feldherrnamt ab.

320) Nach den muselmännischen Berichten waren die christlichen Araber
von den Stämmen Lahm, Bekr und Djudsam mit den ihnen
beistehenden Griechen 10,000 Mann stark, während die Armee
der Mohammedaner nur 3000 Mann zählte.

321) Chalid soll durch verschiedene Hin- und Hermärsche den Feind
getäuscht haben, so daß er glaubte, es seyen neue Truppen aus
Medina nachgekommen, und darum die weitere Verfolgung der
Muselmänner unterließ.

322) Sein Name war Harith Ibn Omeir aus dem Stamme Azd; er
war nach Einigen auf dem Wege zu dem Fürsten von Bosra, nach
andern zu Heraklius. Der Zweck seiner Gesandtschaft an letztern
ist nicht bekannt, denn er darf keinesfalls mit dem Ueberbringer
des oben erwähnten Schreibens verwechselt werden, welcher nach
allen Quellen Dihja Ibn Chuleifa Alkalbi hieß, derselbe, unter
dessen Gestalt der Engel Gabriel zuweilen Mohammed erschien.
Nach I. soll Mohammed den Truppen befohlen haben, die Mönche,

des Ghaſſaniden Amru Ibn Schurahbil. Mohammed hatte wahrſcheinlich gehofft, ſeine Truppen würden den Fürſten Amru,
gegen den dieſer Feldzug gerichtet war, nicht zum Kriege ge-
rüſtet finden. Als ſie daher in der Gegend von Balka erfuhren, daß eine ſtarke griechiſche Armee ihnen entgegen ziehe,
waren ſie unentſchloſſen, ob ſie einen Kampf wagen, oder
weitere Befehle von Mohammed abwarten ſollten. Abb Allah
Ibn Rawaha entſchied für den Krieg, indem er ſagte: „Kämpfen wir im Vertrauen auf unſere Zahl und unſere Stärke,
oder kämpfen wir für den Glauben, mit dem uns Gott beehrt?
Vorwärts! wir erringen entweder den Sieg oder den Märtyrer-
tod!“

Mohammed war noch viel zu ſchwach, um den Krieg mit
den Griechen fortzuſetzen; er konnte nur über den Verluſt ſeiner
drei treueſten Freunde weinen, und ihre Verwandten tröſten [323],
aber nicht ihren Tod rächen.

Sechstes Hauptstück.

Die Kureiſchiten verletzen den Friedensvertrag. Abbas und Abu Sofian. Die Eroberung von Mekka. Die von der Amneſtie Ausge-
ſchloſſenen. Mohammeds Predigt und verſchiedene Geſetze. Zerſtörung
der Götzenbilder. Feldzug von Honein. Belagerung von Taïf. Unzufriedenheit bei Vertheilung der Beute. Rückkehr nach Medina. Tod
einer Tochter und Geburt eines Sohnes.

Mohammeds ganze Aufmerkſamkeit war bald nach dem
Feldzuge von Muta wieder nach Mekka gerichtet, denn ſchon
im Schaaban verletzten die, vielleicht durch die Niederlage der
Muſelmänner wieder kühner gewordenen Mekkaner, den mit
ihm geſchloſſenen Frieden, indem ſie Feindſeligkeiten gegen die

Frauen, Kinder und Blinden zu verſchonen und ihnen verboten
haben, Häuſer zu zerſtören und Bäume abzuſchneiden.

323) Den Verwandten Djafars ſagte er: er habe im Traume Djafar
im Paradieſe mit zwei Flügeln aus Edelſteinen geſehen, als Erſatz für die beiden Arme, die er im Kampfe verloren.

Chuzaiten begingen, welche nach dem Friedensschluſſe von Hudeibia mit Mohammed den Schutz= und Trutzbund erneuerten, den ſchon ihre Väter mit deſſen Großvater Abd Almuttalib gegen die Söhne Naufals und Abd Schems geſchloſſen hatten. Dieß war eine offenbare Verletzung des Friedensvertrags, welcher jedem arabiſchen Stamme die Wahl ließ, ſich mit Mo= hammed oder ſeinen Feinden zu verbinden. Als daher die Chuzaiten Mohammed berichteten, daß ſie an der ihnen ge= hörenden Quelle Watir, in der Nähe von Mekka, plötzlich von den Beni Bekr, denen auch Kureiſchiten beiſtanden, über= fallen, und daß ihnen zwanzig Mann getödtet worden, erklärte er ſich als ihren Beſchützer und traf die nöthigen Anſtalten zu einem Zuge gegen Mekka. Die Kureiſchiten, welche nur des Nachts, in der Hoffnung unerkannt zu bleiben, ſich unter die Beni Bekr gemiſcht und ſie mit Waffen verſehen hatten, bereuten bald was ſie gethan, denn ſie konnten vorausſehen, daß die Chuzaiten Mohammeds Beiſtand anflehen würden. Sie ſandten daher Abu Sofian, den Sohn Harbs, der an dem Vorgefallenen gar keinen Antheil genommen hatte, nach Medina, um den Frieden mit Mohammed von Neuem zu befeſtigen und wo möglich noch zu verlängern. Mohammed, der aber von dem Vorgefallenen ſchon unterrichtet war und aus dieſem Schritte Abu Sofians ſeine Schwäche erkannte, ſchenkte ſeiner Bitte kein Gehör. Abu Bekr, Omar und Ali, deren Vermittlung er in Anſpruch nahm, wieſen ihn ebenfalls zurück [324]), und

324) Nach S. (fol. 213) beſchwor er dann Fatima, Ali's Gattin, ihrem Knaben Haſan zu ſagen: er möchte ſich als ſeinen Beſchützer erklären. Sie antwortete: mein Sohn iſt noch zu jung, um als Beſchützer aufzutreten, auch hilft kein Schutz gegen den Willen des Geſandten Gottes. Er ſagte dann zu Ali: ich ſehe, daß es ſchlecht mit meiner Angelegenheit ſteht, ertheile mir doch einen Rath! Bei Gott! erwiederte Ali, ich weiß nichts, das dich retten könnte, doch du biſt ja das Oberhaupt der Beni Kinanah; ſage den Muſelmännern die Fortdauer deines Schutzes zu, und reiſe wieder in deine Heimath zurück! Glaubſt du, daß das etwas

seine eigene Tochter Um Habiba gestattete ihm nicht, sich auf Mohammeds Teppich niederzulassen. Abu Sosian erklärte dann öffentlich, daß er seinerseits den Frieden als fortbestehend betrachte und daher jedem Muselmanne volle Sicherheit zusage, und kehrte wieder nach Mekka zurück. Die Mekkaner waren zwar sehr bestürzt als Abu Sosian unverrichteter Sache von Medina zurückkehrte, doch waren sie weit entfernt, an einen so nahen Wiederausbruch des Krieges zu denken. Mohammed, der dieß wohl wußte, bot daher Alles auf, um seine Absichten zu verheimlichen [325]). Er beschied alle seine Bundesgenossen nach Medina, ohne ihnen den Zweck ihres Zusammenkommens anzuzeigen, und als der Feldzug nach Mekka beschlossen war, ließ er alle Wege dahin sperren, um die Kureischiten zu überfallen, ehe sie Zeit genug fänden, ihre Verbündeten einzuberufen. Indessen versuchte es Hatib, der Sohn Baltaa's, den Häuptern Mekka's Nachricht von Mohammeds Vorhaben zu geben. Dieser erhielt aber Kunde davon und ließ die Trägerin des Briefes, die Sängerin Sara aus Mekka, welche ihn unter den Haarflechten verborgen und einen ungewöhnli-

helfen wird? fragte dann Abu Sosian. Ich glaube nicht, antwortete Ali, doch weiß ich nichts anderes. Er ging dann in die Moschee, und erklärte den gegenseitigen Frieden als fortbestehend, dann kehrte er nach Mekka zurück. Als die Kureischiten ihn fragten, wie es ihm gegangen? sagte er: „Ich habe Mohammed gesprochen, aber er hat mir keine Antwort gegeben, ich ging dann zu Abu Bekr, und fand auch nichts Gutes an ihm; hierauf wendete ich mich an Omar, und fand ihn noch gehässiger, endlich begab ich mich zu Ali, diesen fand ich am weichsten, ich befolgte daher auch den Rath, den er mir ertheilte." Als er den Kureischiten hierauf erzählte, was er gethan, sagten sie ihm: „Bei Gott, man hat dich zum Besten gehabt, denn da deine Erklärung ohne Mohammeds Uebereinstimmung stattfand, so hilft sie auch nichts."

325) Auch betete er: „O Gott entziehe den Kureischiten jeden Kundschafter und jede sonstige Nachricht, damit wir sie überfallen." (S. fol. 214). Die arabischen Worte lauten: „Alujûna walachbara." S. den Kamus unter Ain.

chen Weg eingeschlagen hatte, anhalten und nach Medina zu=
rückführen. Von Mohammed wegen seines Verraths zur Rede
gestellt, sagte Hatib: „Mein Glaube an Gott und dich als
seinen Gesandten ist immer derselbe; ich weiß, daß die Kurei=
schiten dir nicht widerstehen können; ich bezweckte mit diesem
Briefe nichts Anderes, als meiner in Mekka zurückgebliebenen
Familie, derer sich Niemand annimmt, einen Beschützer zu ver=
schaffen.“ Omar wollte diese Entschuldigung nicht gelten lassen,
und forderte seinen Kopf. Mohammed schenkte ihm aber, weil
er bei Bedr mitgekämpft, das Leben [326]). Um indessen ähn=
liche Vorfälle zu verhindern, erschienen folgende Koransverse:

326) Die Worte des Textes bei Abulfeda (S. 88) laalla Allahu kad
   ittalaa u. f. w. sind etwas dunkel, und haben daher zu mancher=
   lei Mißgriffen Veranlassung gegeben. Gagnier übersetzt sie (S.
   103): „Propheta autem, forte an, inquit, Deus iis qui proelio
   Bedrensi interfuerunt revelavit. (Dazu in einer Note, daß sie
   jedenfalls Mekka erobern werden). Tum subjecit: vos (Korai=
   schitis) quidquid volueritis jam denunciate; modo vobis ignosco.“
   Bei Reiske (S. 145) sagt Mohammed: „Novit quidem Deus
   omnia quae agunt et agent illi, qui ad Bedr strenue pugnarunt
   (quorum hic Hateb unus est) et nihilominus delictorum veniam
   ipsis in antecessum quasi dedit, dum dixit: agite pro lubitu:
   ego enim ignosco vobis.“ H. v. H. läßt Mohammed (S. 172)
   sagen: „Er war bei Bedr; was weißt du, wie Gott die Waffen=
   gefährten von Bedr ansieht! thut, was ihr wollt; (ihr Schlacht=
   gefährten von Bedr) ich habe euch die Thaten voraus verziehen.“
   Bei N. de V. (S. 72) antwortet Mohammed: „Dieu savait sans
   doute ce que feraient les guerriers de Bedr lorsqu'il a dit:
   faites ce que vous voudrez votre pardon vous sera accordé.“
   Letztere Uebersetzung ist offenbar die richtigste, nur weiß ich nicht,
   warum H. N. de V. das Zweifelhafte, das doch in dem Worte
   laalla liegt, zur Gewißheit gemacht hat? Ich würde die Stelle
   bei Abulfeda übersetzen: „Vielleicht hat Gott die Gefährten von
   Bedr erkannt (oder durchschaut) und (ihnen) gesagt: thut, was
   ihr wollt! es sey euch schon zum voraus vergeben.“ Mohammed
   hatte wahrscheinlich schon vorher gesagt, was J. bei dem Zuge
   von Hudeibia erwähnt: „O ihr Leute, Gott vergibt allen denen,

„O ihr, die ihr glaubet, wählet nicht meine und eure
Feinde zu Freunden, indem ihr ihnen Beweise eurer Theil=
nahme zu geben suchet; sie haben die Wahrheit, die euch er=
schienen ist, geläugnet und den Gesandten vertrieben. Glaubt
ihr daher an Gott, euern Herrn, so hütet euch, wenn ihr zum
heiligen Kriege, auf meinem Wege und zu meinem Wohlge=
fallen ausziehet, ihnen mit verborgener Freundschaft entgegen=
zukommen — ich weiß was ihr verheimlichet und was ihr offen=
baret — wer von euch so etwas thut, der ist schon vom rech=
ten Pfade abgewichen. Haben sie euch in ihrer Gewalt,
so sind sie doch eure Feinde, und strecken ihre Hände und ihre
Zungen aus, um euch Schlimmes zuzufügen und suchen euch
zum Unglauben zurückzubringen. Eure (unglaubigen) Ver=
wandten und eure Kinder werden euch nichts nützen, am Aufer=
stehungstage werdet ihr getrennt, denn Gott sieht eure Werke.
Ihr hattet doch ein schönes Beispiel an Abraham und denjeni=
gen (Glaubigen), die mit ihm waren, als sie zu ihrem Volke
sagten: wir sagen uns los von euch und von dem was ihr
außer Gott anbetet; wir verläugnen euch und es bestehe Haß
und Feindschaft zwischen uns und euch bis ihr an den einzigen
Gott glaubet. Vielleicht wird Gott (einst) zwischen euch und
euern Feinden wieder (durch ihre Bekehrung) Freundschaft her=
stellen. Gott ist mächtig, gnädig und barmherzig. Gott ver=
bietet euch nicht, gegen diejenigen, die euch nicht bekriegen
wegen eures Glaubens und euch nicht aus ihrem Lande ver=
bannen, gerecht und liebevoll zu seyn; Gott liebt die Gerechten,
diejenigen aber, die euch bekämpfen wegen eures Glaubens
und euch aus ihrem Lande vertrieben, und die ihnen dazu ge=

welche dem Kampfe von Bedr und dem Zuge von Hudelbia bei=
gewohnt.“ Man kann vielleicht auch so übersetzen: „Vielleicht ist
Gott den Kämpfern von Bedr erschienen, und hat ihnen gesagt:
thut, was ihr wollt u. s. w.“ Dieselben Worte liest man bei
S. (fol. 214), nur steht vorher: „wama judrika ja omar.“ Die=
ser Hatib wird bei S. (fol. 263) auch als Gesandter Moham=
meds an den Statthalter von Egypten erwähnt.

holfen haben, verbietet euch Gott zu Freunden zu nehmen, wer mit ihnen Freundschaft anknüpft ist ein Uebelthäter [327]).

Am zehnten Ramadhan des achten Jahrs [328]) zog Moham= med an der Spitze von zehntausend Mann gegen Mekka, dar= unter waren siebenhundert Ausgewanderte und viertausend Hilfs= genossen, welche zusammen achthundert Pferde hatten und von denen kein Einziger zurückblieb. Der Stamm Muzeina stellte tausend Mann, Aslam vierhundert, Suleim siebenhundert, Dju= heina achthundert, Ghifar vierhundert, die Uebrigen gehörten den Stämmen Aschdja, Tamim, Keis, Asad, Kaab und Ki= nanah an [329]). In der Nähe von Abwa ließen sich Abu So= fian [330]) Ibn Harith und Abd Allah Ibn Abi Ommejja, beide

327) Sura 60, Vers 1—4 u. 7—9.

328) Erster Januar 630.

329) Sowohl die Zahl der Truppen, als die Namen der mit Moham= med verbündeten Stämme habe ich nach S. und J. angegeben. Unter den Beni Kaab sind die von Amru abstammenden zu ver= stehen, welche einen Zweig der Chuzaiten bilden. (S. Sujuti's Lub Allubab ed. Veth. p. 223).

330) Dieser Abu Sofian darf nicht mit Abu Sofian Ibn Harb, dem Haupte der Kureischiten, wie bei H. v. H. (S. 172) verwechselt werden. Harith, Abu Sofians Vater, war Mohammeds Oheim, Bruder seines Vaters Abd Allah, für ihn legte Um Salma Für= bitte ein, nicht aber für Abu Sofian, den Sohn Harbs, den Abbas unter seinen Schutz nahm. Dieser zögerte auch mit seinem Glaubensbekenntnisse, während jener in der Absicht sich zu be= kehren, sich zu Mohammed begab. Abd Allah Ibn Abi Ommejja war auch ein Vetter Mohammeds, denn seine Mutter Atika war ebenfalls eine Schwester Abd Allah's, er war auch zugleich sein Schwager, denn Um Salma war seine Schwester von väterlicher Seite, daher sagt sie ihm auch bei S. (fol. 204): „O Gesandter Gottes! der Sohn deines Oheims und der Sohn deiner Tante und (zugleich) dein Schwager (Ibnu Ammika wa'bnu ammatika wasihruka)." Gagnier (II. 114) unterscheidet schon die beiden Abu Sofian, nur weiß er von der Verwandtschaft nichts, und nennt Abu Sofian blos ehemaliger Freund und Milchbruder Mo= hammeds.

Better Mohammeds, aber bisher seine bittersten Feinde [331]), bei
ihm melden; er wollte ihnen aber trotz der Fürbitte seiner Gattin
Um Salma, Schwester des Letztern, kein Gehör schenken.
Als Abu Sofian, der auch seinen Sohn bei sich hatte, dieß
hörte, schwur er, wenn Mohammed ihn nicht aufnehme, so
würde er mit seinem Sohne in der Wüste umherirren, bis sie
vor Hunger und Durst umkommen. Diese Worte rührten Mo-
hamed, der sie dann zu sich rufen ließ und ihnen das Glaubensbekenntniß des Islams abnahm.

Mohammeds Maaßregeln, um seinen Zug geheim zu halten, waren so gut genommen, daß er schon in dem Thale Marr
Azzahran in der Nähe von Mekka lagerte, bevor die Kureischiten davon sichere Kunde erhielten. In diesem Nachtlager
ließ er zum erstenmale zehntausend Wachfeuer anzünden [332]).

331) Abd Allah hatte ihm einst in Mekka gesagt: „Bei Gott, ich werde
dir nicht eher glauben, bis du vor meinen Augen eine Leiter
nimmst, darauf in den Himmel steigst, dann mit vier Engeln
herunter kommst, die bezeugen, daß du ein Gesandter Gottes.“
(S. fol. 49). Auf ihn und einige andere Mekkaner, welche ähnliche Wunder von Mohammed begehrten, beziehen sich folgende
Koransverse: „Sie sagten: wir glauben dir nicht, bis du uns
aus der Erde eine Quelle entspringen lassest, oder dir ein Garten
wird mit Dattelnbäumen und Weinstöcken, aus deren Mitte du
Bäche hervorströmen lassest. Oder über uns den Himmel in
Stücke zusammenstürzen machest, wie du gegen uns (in deinen
Drohungen) behauptetest, oder uns mit Gott und seinen Engeln
entgegen kommst. Oder dir ein goldenes Haus wird, oder du in
den Himmel steigst, und auch dann glauben wir nicht, bis du uns
vom Himmel eine Schrift bringst, die wir lesen. Sprich! (so
sagt Gott zu Mohammed) Gepriesen sey mein Herr! bin ich etwas anderes, als ein Mensch? ein Gesandter? Wenn den Leuten
die Leitung zukommt, so hält sie nichts Anderes vom Glauben
ab, als daß sie sagen: hat Gott wohl einen Menschen zum Gesandten genommen? Sprich! wenn Engel auf der Erde traulich
umherwandelten, so würden wir ihnen vom Himmel einen Engel
als Gesandten herabsenden.“ (Sura 17, Vers 91—95).

332) So bei J. und S. (fol. 215), nicht wie bei H. v. H. (S. 172)

Hier dachte sein Oheim Abbas, welcher — wahrscheinlich von Allem unterrichtet — ihm schon bis nach Djohfa [333]) entgegengekommen war: wenn Mohammed als Feind nach Mekka zieht, so ist es um die Kureischiten geschehen. Er bestieg daher Mohammeds Maulthier und ritt voraus nach Arak, gegen den Berg Arafa zu, in der Hoffnung, Holzhauer oder eine Milchfran zu treffen, durch die er den Kureischiten Nachricht von dem Lagerplatze Mohammeds geben könne, damit sie zu ihm kommen und ihn um Gnade und Sicherheit anflehen. Auf einmal hörte er Abu Sofian und des Chuzaiten Budeil's Stimme, welche die Unruhe und Ungewißheit über Mohammeds Unternehmen herausgetrieben hatte. Sie unterhielten sich gerade über die Wachfeuer, welche sie in der Ferne sahen. Budeil glaubte, die Chuzaiten ziehen heran um Rache an den Beni Bekr zu nehmen, Abu Sofian fand sie aber viel zu zahlreich, als daß sie den Chuzaiten allein angehören sollten. „Wehe dir! Abu Hantala!" rief ihm jetzt Abbas zu: „es ist Mohammed, der mit einem zahlreichen Heere heranrückt; wenn du in seine Hand fällst, so ist es um deinen Kopf geschehen." „Was soll ich thun?" fragte Abu Sofian. „Setze dich zu mir auf mein Maulthier," antwortete Abbas, „ich bringe dich zum Gesandten Gottes, den du um Gnade anflehen mußt." Abbas [334]) brachte

in Djohfa; letzterer Ort ist gar nicht in der Nähe von Mekka, wie H. v. H. berichtet, sondern liegt zweiundachtzig Meilen davon. (S. den Kamus, S. 732 der gedruckten Ausgabe).

333) Nach Einigen bis Dsu Huleifa. Abbas. war der letzte Auswanderer, Mohammed sagte ihm daher: „Deine Auswanderung ist die Letzte, so wie meine Sendung als Prophet." Er kam mit seiner ganzen Familie, die er nach Medina sandte, während e r wieder mit Mohammed nach Mekka umkehrte. J. Vergl. über Abbas, Anmerk. 150.

334) So bei S. (fol. 215—17), dem auch Abulfeda folgt, bei J. nach Buchari, wurde Abu Sofian mit Budeil und Hakim Ibn Hizam von Mohammeds Spionen ergriffen, die sie, ohne sie zu erkennen, zu Omar führten, welcher die Nachtwache befehligte. Als dieser

ihn unangefochten durch die Truppen, denn Niemand wagte es, Mohammeds Maulthier anzuhalten; als sie aber vor Omar vorüberritten, der sogleich Abu Sofian erkannte, sagte er: „Gepriesen sei Gott, der einen solchen Feind Gottes in meine Gewalt liefert, ohne daß irgend ein Vertrag mich bindet." Abbas erklärte sich aber als seinen Beschützer, bis Mohammed sein Urtheil gesprochen haben würde. Omar strengte sich dann an, um Mohammeds Zelt zu erreichen, Abbas kam ihm aber mit seinem Maulesel zuvor [335]). Sobald Omar ins Zelt trat, forderte er Abu Sofians Kopf mit solchem Ungestüm, daß Mohammed, der zur Milde geneigt war, es für klug hielt, den Ausspruch über sein Schicksal auf den folgenden Morgen zu verschieben. Abbas bewachte Abu Sofian diese Nacht, und als er ihn des Morgens wieder vor Mohammed führte, sagte ihm dieser: „Wehe dir, Abu Sofian! siehst du endlich ein, daß es keinen Gott gibt, außer Gott?" Abu Sofian antwortete: „Wie mild und edel bist du! bei Gott! ich glaube wohl, daß, gäbe es noch andere Götter außer Gott, sie mir beistehen würden." „Erkennst du auch endlich," fragte Mohammed ferner, „daß ich Gottes Gesandter bin?" „Du bist mir theurer als Vater und Mutter," erwiederte Abu Sofian, „aber davon bin ich bis jetzt noch nicht vollkommen überzeugt." [336]) „Wehe

die Gefangenen zu Mohammed bringen ließ, begegnete ihnen Abbas, und nahm sie unter seinen Schutz.

335) Es heißt ausdrücklich bei S. (fol. 216): „Er strengte sich an, um zum Gesandten Gottes zu gelangen, ich spornte aber mein Thier und kam ihm zuvor, so viel als ein schwerfälliges Thier einem schwerfälligen Manne zuvorkommen kann; ich stieg dann ab, und ging zum Gesandten Gottes, da trat auch Omar herein u. s. w." Bei Abulfeda heißt es blos: „Dann lief er gegen den Gesandten Gottes, ich holte ihn ein u. s. w."

336) Die Worte des Textes lauten wörtlich übersetzt: „Aber was dieses betrifft, bei Gott, so ist in der Seele etwas davon (abziehendes) bis jetzt." Das Wort min muß hier in der Bedeutung von an genommen werden, wie in dem Verse: „Wehe den Hartherzigen

dir!" schrie ihn Abbas an, „werde Muselmann und bekenne,
daß es nur einen Gott giebt und daß Mohammed sein Gesandter, ehe dir der Kopf abgeschlagen wird!" Diese Drohung vermochte ihn endlich, das islamitische Glaubensbekenntniß abzulegen. Mohammed war so sehr damit erfreut, daß
er ihm auch Gnade für alle Diejenigen zusagte, die entweder
zu Hause bleiben, oder sich in den Tempel, oder in Abu Sofians oder in Hakims Hause flüchten würden, und als jener damit noch nicht zufrieden war, ließ er auch noch bekannt machen,
daß wer sich zu Abu Rawaiha's Fahne flüchtet, ebenfalls Sicherheit finde. Als Abu Sofian auf diese Weise für sein Volk
gesorgt hatte, wollte er zur Stadt zurückkehren, um die Einwohner zur Unterwerfung zu ermahnen, aber Mohammed
wünschte sich ihm zuvor in der Mitte seines Heeres zu zeigen.
Er befahl daher Abbas, mit ihm an eine enge Stelle des Tha-
les zu gehen, wo er es am besten vorüberziehen sehen konnte.
Abu Sofian war erstaunt über die Zahl und gute Haltung und
Ausrüstung der mohammedanischen Truppen, und als er endlich
Mohammed selbst in der Mitte einer ganz mit Eisen bedeckten
Schaar Hülfsgenossen und Auswanderer sah, sagte er zu Abbas:
„Diesen kann Niemand widerstehen, bei Gott, das Reich deines
Neffen ist sehr groß." „Er ist ein großer Prophet," versetzte
Abbas, „doch gehe jetzt und suche dein Volk zu retten!" Abu
Sofian eilte dann voraus nach Mekka und rief: „Gemeinde
Kureisch! Mohammed naht heran mit einer Macht, der ihr
nicht widerstehen könnt, nur wer sich in mein Haus, in das
Hakims, in den Tempel, unter Abu Rawaiha's Fahne flüchtet, oder
in seinem eigenen Hause bei verschlossener Thüre bleibt, wird
verschont." Mohammed rückte inzwischen mit seinen Truppen
bis Dsu Tawa [337]) unmittelbar vor Mekka heran. Hier theilte er
sie auf folgende Weise: Zubeir, welcher den linken Flügel be-

von (d. h. sich abwendend von) der Erwähnung Gottes (min
dsikri-l-lâhi)." S. Kamus.

[337]) Dsu Tawa ist dem Kamus zufolge ein Ort in der Nähe von
Mekka, welcher jetzt Zahir heißt.

fehligte, sollte mit einem Theile der Truppen über Kuda [338]) in die Stadt ziehen; Saad Ibn Ibada, der an der Spitze der Hülfsgenossen stand, über Kadaa [339]), und Chalid Ibn Walid, der General des rechten Flügels, welchem die verbündeten Stämme untergeben waren, durch die Niederung Mekka's. Er selbst begab sich, auf einem Kameele reitend, mit den Ausgewanderten über Adsachir [340]) auf die Höhe [341]) von Mekka, wo ihm sogleich ein Zelt aufgeschlagen ward. Da aber Saad während des Zuges ausrief: „Heute ist ein Tag des Krieges, heute wird das heilige Gebiet nicht verschont!" ernannte Mohammed, welcher seine Heftigkeit fürchtete, dessen milderen Sohn Keis zum Generale der Hülfsgenossen. Zubeir und Keis fanden keinen Widerstand, denn die meisten Mekkaner hatten sich nach Abu Sofians Rückkehr in ihre Häuser eingeschlossen; Chalid stieß aber am Hügel Chandama auf eine Schaar Ungläubigen, an deren Spitze Safwan, der Sohn Ommejja's Akrama, der Sohn Abu Djahls, und Suheil, der Sohn Amru's, standen, welche ihm den Zugang versperren wollten; er schlug sie aber nach kurzem Kampfe zurück [342]) und durfte auf Mo=

338) Kuda heißt nach dem Kamus ein Berg in dem niederen Theile Mekka's auf der Straße nach Jemen.

339) Kadaa ist der Name eines Berges auf der Anhöhe von Mekka, von welcher Seite Mohammed am Tage der Eroberung einzog. J. und Kamus.

340) So bei S. (fol. 217). Ueber Adsachir findet man im Kamus blos „ein Ort in der Nähe von Mekka, wahrscheinlich am Berge Kadaa, über welchen Mohammed seinen Einzug gehalten haben soll."

341) Nach J. auf dem Berg Hadjun, wo auch Zubeir seine Fahne aufstecken sollte.

342) Nach S. ergriffen sie die Flucht, nachdem zwölf oder dreizehn Mann getödtet worden. Nach Abulfeda verloren sie achtundzwanzig Mann. Nach andern bei J. wurden siebenzig Mann getödtet; der erste Bote, welchen Mohammed an Chalid gesandt, hatte ihm nämlich den Befehl gebracht, Alles niederzuhauen, was ihm begegnet, statt: Niemanden zu tödten, der keinen Widerstand leistet; so daß Mohammed ihn auf Abu Sofians Bitte durch einen zwei=

hammeds ausbrücklichen Befehl den flüchtigen Feind nicht weiter verfolgen.

Als in der ganzen Stadt die Ordnung hergestellt war, begab sich Mohammed nach dem Tempel und umkreiste ihn siebenmal auf seinem Kameele, berührte jedesmal den heiligen Stein mit einem Stabe, den er in der Hand hatte, und zerbrach die Gözen, die um die Kaaba herum standen. Hierauf ließ er sich die Pforten des Tempels öffnen [343]), dankte Gott

ten Boten zu sich rufen ließ. Nach J. erlaubte hingegen Mohammed selbst den Chuzaiten, sich an den Beni Bekr zu rächen, doch sollte eine Stunde nach dem Einzug, welcher nach den meisten Berichten am 20. Ramadhan stattfand, kein Blut mehr vergossen werden.

343) Die Traditionen weichen von einander ab, ob man die Schlüssel mit Gewalt herbeischaffen mußte, oder ob Othman Ibn Talha, der bisherige Schlüsselbewahrer, sie gern hergab, und schon früher, gleichzeitig mit Chalid, zum Islamismus übergegangen und bei ihm in Medina geblieben war. Letzteres ist nicht wahrscheinlich, da doch gewiß die Kureischiten nach seiner Auswanderung den Tempel nicht geschlossen, sondern entweder die Schlüssel in seinem Hause holen, oder neue verfertigen ließen, also entweder seine oder andere Schlüssel vorhanden seyn mußten. Ich habe darum bei der Bekehrung Chalids und Amru's, Othmans nicht erwähnt, und gebe der Tradition den Vorzug, derzufolge Ali nach der Eroberung dem Othman die Schlüssel mit Gewalt entriß. Mohammed erstattete sie aber dann in Folge des im Tempel erschienenen 56. Verses der 4. Sura, Othman, ihrem früheren Besitzer wieder, worauf er den Islam annahm. H. v. H. läßt (S. 170) Osman B. Talha's Bekehrung gleichzeitig mit der Chalids stattfinden, dann schreibt er (S. 175), ohne auch nur ein Wort in einer Note hinzuzusetzen: „Osman, der Sohn Ebi Talha's, in dessen Händen bisher die Schlüssel der Kaaba, weigerte sich dieselben herzugeben. Ali entriß sie ihm mit Gewalt, und gab sie dann auf Mohammeds Befehl in dessen Hände zurück, worauf der Schlüsselbewahrer der Kaaba ihm als Moslim dankte." J. macht ausdrücklich auf die Unvereinbarkeit der beiden Traditionen aufmerksam, und Ibn Hischam, der (fol. 186) Othmans Bekehrung

für seinen Beistand, dann ging er hinein, ließ das Bildniß
Abrahams [344]) und anderer Propheten und Engel, mit denen

mit der Chalid's berichtet, sagt bei Mohammeds Eintritt in den
Tempel (fol. 219) nur, daß Ali die Schlüssel verlangte, Mohammed aber sie Othman wiedergab und ihn zum Bewahrer derselben
einsetzte, nicht aber, daß sie von ihm genommen worden, weil er
sie wahrscheinlich bei seiner Auswanderung zurückgelassen hatte,
auch sagt er nicht, daß er bei dieser Gelegenheit Moslim ward.
Djannabi bei Gagnier (II. 132) sucht den Widerspruch der beiden
Traditionen dadurch zu heben, daß er Othman, nachdem er die
Schlüssel wieder erhalten, sein Glaubensbekenntniß nur erneuern
läßt; aber nicht nur das Wort aslama spricht gegen eine solche
Deutung, sondern auch der Anfang der Tradition, wo Othman
sagt: „Wüßte ich auch, daß er der Gesandte Gottes, so würde
ich doch nicht gehorchen." Ich dachte zuerst, daß etwa Othman
Ibn Talha, Ibn Abi Talha, mit seinem Oheim Othman Ibn
Abi Talha verwechselt worden, daß Letzterer sich mit Chalid bekehrte, Ersterer aber, welcher Schlüsselbewahrer war, erst nachdem
ihn Mohammed in seiner Würde bestätigte, den Islam annahm.
Talha, der Aeltere, hatte nämlich nach J. zwei Söhne, von denen
der eine auch Talha und der andere Othman hieß. Talha der
Jüngere hatte auch einen Sohn mit Namen Othman. Dieser
nannte sich also Ibn Talha Ibn Abi Talha, und jener blos Ibn
Abi Talha. Ich fand aber dann bei J. und S. (fol. 225), daß
Othman Ibn Abi Talha schon im Treffen bei Ohod geblieben,
und sein Sohn Scheiba, der nach Othman des Neffen Tod
Schlüsselbewahrer ward, deßhalb in der Schlacht von Honein
Mohammed tödten wollte. Als Mohammed die Schlüssel Othman
geben und Ali sie behalten wollte, erschien der Koransvers: „Gott
befiehlt euch das anvertraute Gut denen zurückzugeben, denen es
gehört u. s. w."

344) Nach J. war auch das Bildniß der Jungfrau Maria in der Kaaba.
Nach Harawis Beschreibung der Kaaba auch das von Jesus. Beide
erwähnt auch Burckhardt nach der Geschichte Mekka's von Azraki.
S. Abulfeda ed. N. de V., p. 132. Beim Zerstören dieser Bildnisse sagte Mohammed: „Gott verderbe ein Volk, das Bildnisse
macht von Dingen, die es nicht schaffen kann; sie wußten wohl,

das Innere der Kaaba geschmückt war, verwischen; erst nach=
dem dieß geschehen war, mußte Bilal zum Gebete rufen. Noch
vor dem Gebete trat Abu Bekrs alter, blinder Vater in den
Tempel und legte sein Glaubensbekenntniß ab. Mohammed
sagte ihm: er hätte wohl zu Hause bleiben dürfen, er wäre
zu ihm gekommen. Abu Bekr versetzte aber: es ziemt ihm
eher dich zu besuchen, als daß du dich zu ihm bemühtest. Nach
vollendetem Gebete fragte Mohammed die Häupter der Kurei=
schiten, welche bei ihm im Tempel waren: Was glaubt ihr
wohl, daß ich euch jetzt thun werde? Sie antworteten: nichts
als Gutes, edler Bruder und edler Oheim! Geht! sagte Mo=
hammed, ihr seid frei. Nur elf Männer und vier Frauen
hatte Mohammed bei seinem Einzuge zum Tode verurtheilt,
aber nur bei drei Männern und einer Frau ward das Urtheil
wirklich vollzogen. Der Erste, welcher keine Gnade finden
sollte, war Abd Allah Ibn Saad Ibn Abi Sarh, ein ehe=
maliger Sekretär Mohammeds, der aber manches von dem,
was ihm Mohammed diktirte, willkührlich verändert hatte [345]
und dann wieder als Abtrünniger nach Mekka entflohen war.
Sein Milchbruder Othman, zu dem er sich flüchtete, legte aber
Fürbitte für ihn ein, welche auch Mohammed, nach langem Zögern,
in der Hoffnung, einer seiner Getreuen würde ihn erschlagen,
endlich annahm [346]. Der Zweite war Abdallah Ibn Chatal,

daß Abraham und Ismael nichts mit Pfeilen des Looses zu thun
hatten, wie sie diese Bilder vorstellen."

345) Sollte man nicht daraus schließen, daß Mohammed nicht lesen
konnte? wie hätte Abd Allah es sonst wagen können, etwas zu
verfälschen? Nach J. veränderte er indessen nur die Worte, welche
gewöhnlich am Schlusse der Verse stehen: Wie „Gott ist allweise,
allwissend" und dergl., und sagte dann: Mohammed weiß selbst
nicht, was ihm geoffenbart wird.

346) Es heißt wörtlich bei S., J. und Abulfeda: „Der Prophet schwieg
lange, zuletzt begnadigte er ihn und er ward Muselmann. Dann
sagte er (Mohammed) zu seinen Gefährten: ich habe geschwiegen,
damit einer von euch aufstehe und ihn erschlage. Sie versetzten:
warum hast du uns keinen Wink gegeben? Er antwortete: es

der ebenfalls sich früher bekehrt hatte, dann aber auf einer
Reise die er machte um Almosen zu sammeln, einen andern
Muselmann, den ihm Mohammed als Diener mitgegeben,
weil er ihm etwas nicht gekocht, was er gewünscht hatte,
erschlug und darauf wieder nach Mekka als Abtrünniger ent=
floh. Auch seine beiden Sängerinnen, die gemeinschaftlich
mit ihm Spottgedichte gegen Mohammed dichteten, wurden
zum Tode verurtheilt. Abballah wurde aus der Kaaba geholt
und umgebracht. Auch an einer der Sängerinnen ward das
Todesurtheil vollzogen, die andere flehte aber um Gnade, die
ihr Mohammed auch gewährte [347]. Der Dritte war Huwei=
rath, der Sohn Nufeils, welcher einer der heftigsten Verfol=
ger Mohammeds war so lange er sich noch in Mekka aufhielt
und auch das Kameel stieß und umwarf, auf welchem Fatima
und Um Kolthum, die beiden Töchter Mohammeds, von Mekka

ziemt nicht einem Propheten jemanden durch einen Wink tödten
zu lassen." So bei S. Alnabijju la iaktulu bilischârati. Bei
Abulfeda sagt er: Propheten üben keinen Verrath mit den Augen.
Dafür liest man bei H. v. H. (S. 176): „Jetzt flüchtete er zu
seinem Milchbruder Othman, der zwei Mal fürbat, ohne daß
Mohammeds Schweigen die Bitte gewährte; das dritte Mal ge=
währte er sie, aber kaum war Othman hinausgegangen, als Mo=
hammed sagte: Ist denn keiner hier, der mich von diesem Hunde
befreie? Die gewöhnliche Formel, mit welcher er Meuchelmord
veranlaßte, den er nicht befohlen haben wollte. Beschrs Eifer
vollzog denselben." Dieß ist gegen alle Quellen, welche berichten,
Abd Allah habe bis zum Chalifate Othmans gelebt, der ihn zum
Statthalter von Egypten ernannte, was großes Murren verur=
sachte. Ja H. v. H. selbst schreibt im Leben Othmans (S. 304):
„Noch im selben Jahre änderte Osman den Statthalter von
Egypten, Amru's, des Sohnes des Aaß, Stelle dem Abballah
Ben Saad Ben Serih verleihend." Es heißt bei J., daß
Mohammed während seines Schweigens besonders von Ammar Ibn
Baschr erwartete, daß er Abballah erschlagen würde, weil er
früher es gelobt hatte.

347) S., J. und Abulfeda, die Begnadigung der Einen aber nur bei
J. und S. fol. 218.

nach Medina reisten. Ali erschlug ihn am Tage der Eroberung. Der Vierte war Mikjas, Sohn Subabas. Diesem wurde ein Bruder auf dem Feldzug gegen die Beni Muhtalik, aus Versehen, von einem andern Muselmanne getödtet. Mohammed nöthigte ihn, die gewöhnliche Sühne an Mikjas zu entrichten. Nachdem aber Mikjas das Geld empfangen, erschlug er doch meuchlings den unschuldigen Muselmann und entfloh nach Mekka. Er saß beim Weine mit einigen Kureischiten als sein Vetter Numeila ihn auf Mohammeds Befehl erschlug [348]). Der Fünfte, Habbar Ibn Aswad, hatte unter andern Bosheiten, die er gegen Mohammed und seine Familie ausübte, auch einst das Kameel, auf welchem seine Tochter Zeinab ritt, zum Fallen gebracht, und Zeinab starb in Folge der bei diesem Sturze erlittenen Verletzung. Habbar ward jedoch später wieder begnadigt [349]). Der Sechste war Akrama, der Sohn Abu Djah'ls, der nicht weniger als sein Vater Mohammed haßte und anfeindete und noch bei Chalids Einzug Widerstand leistete. Als er sich von seinen Truppen verlassen sah, ergriff er die Flucht, und wollte sich nach Jemen einschiffen. Aber seine Gattin Um Hakim flehte Mohammed um Gnade für ihn an und er ward bald einer der frommsten Muselmänner und der tapfersten Krieger unter den muselmännischen Truppen. Auch Safwan, der Sohn Ommejja's, welcher mit Akrama am Tage der Eroberung noch gekämpft hatte und ebenfalls von der Amnestie ausgeschlossen war, wurde durch die Fürbitte seines Vetters Omeir Ibn Wahb von Mohammed begnadigt. Eben so die beiden

---

348) J. Dafür hat H. v. H. (S. 176): „Mikjas, der Sohn Ssababes, war ein Abtrünniger, der am Tage der Eroberung Wein trank, und ihn in seinem Tode durch die Blutschuld eines Mordes büßte."???

349) So bei J., auch bei Gagnier (II. 139), welche Mohammeds Worte bei der Begnadigung anführen. Nicht wie bei H. v. H. a. a. O., nach welchem er von einem der Gefährten erschlagen wurde. S. erwähnt Habbar gar nicht, gewiß ein Beweis, daß er nicht hingerichtet ward.

Satyriker Harith Ibn Hischam, ein Bruder Abu Djahls und Zuheir Ibn Ommeffa [350]), welche Umm Hani, die Schwester Alis, unter ihren Schutz nahm. Kaab [351]), der Sohn Zuheirs, ein anderer zum Tode verurtheilter Dichter, rettete sich durch die Flucht, und ward im folgenden Jahre, weil er Mohammeds Lobsänger geworden, nicht nur begnadigt, sondern auch ehrenvoll beschenkt. Wahschi war der elfte von der Begnadigung ausgeschlossene, weil er Hamza bei Ohod erschlagen hatte, doch auch er fand später Gnade bei Mohammed. [352]). Die beiden Frauen, welche Mohammed außer den schon genannten Sängerinnen tödten laffen wollte, waren Hind, die Gattin Abu Sofians, und die Sängerin Sara [353]), welche Hatibs

350) So bei S. (fol. 218) und J. Letzterer bemerkt aber dabei, daß Azraki in seiner Geschichte Mekkas, an Zuheir Ibn Abi Ommeffa's Stelle, den Dichter Abd Allah Ibn Rabia nennt. Sie suchten bei Um Hani Schutz, weil sie dem Stamme Mahzum angehörten, aus dem auch ihr Gatte war.

351) Nicht „Soheir, der Sohn Kaabs," wie bei H. v. S. (S. 177). Diesem Dichter schenkte Mohammed, während er sein Lobgedicht recitirte, seinen Mantel (burda) vom Leibe, daher auch das Gedicht, welches uns erhalten, auch gedruckt und übersetzt wurde, den Namen burda führt. (S. Caabi Ben Sohair carmen in laudem Muhammedis dictum denuo multis conjecturis emendatum, latine versum etc., ed. G. W. Freytag. Halae 1823).

352) Er kam später mit andern Bewohnern Taifs, wohin er sich geflüchtet hatte, zu Mohammed, und legte vor ihm das Glaubensbekenntniß ab, ehe er erkannt ward. Mohammed ließ sich dann von ihm erzählen, wie er Hamza erschlagen, wollte ihn aber nachher nicht wieder sehen. Unter Omar ward er mehrere Male als Trunkenbold gegeißelt. J.

353) S. a. a. O., J. und Abulfeda (S. 94 in der Ausgabe von N. de V.) Hier liefert H. v. H. ein Seitenstück zu Abd Allah (S. die Anm. 346), indem er (S. 171) die Ueberbringerin des Briefes, die er Saa nennt, zu Sul-Halifet, wo man den Brief auf ihr fand, zusammenhauen läßt, und S. 177 schreibt: „Saa, eine Freigelaffene Abd Mottalibs, litt den über sie verhängten gewaltsamen Tod, doch sind die Quellen über die Zeit deffelben uneins."

Brief überbringen wollte. Sie hatte sich, als der Brief bei
ihr gefunden ward, zum Islam bekehrt, entfloh aber bald nach=
her nach Mekka und sang wieder Spottlieder gegen Moham=
med. Sie wurde indessen zum zweitenmale begnadigt, und
auch an Hind ward das Todesurtheil nicht vollzogen [354]).

Als Mohammed im Tempel gebetet und die Häupter der
Kureischiten zur Gottesfurcht ermahnt und beruhigt hatte, be=
stieg er den Hügel Safa, und sah, nach einem stillen Gebete,
so voller Rührung nach dem Tempel und in die Stadt hinab,
daß einige Medinenser unter sich sagten: der Gesandte Gottes
liebt mit ganzer Seele seine Heimath und seine Stammgenossen,
wer weiß, ob er sie je wieder verlassen wird! Mohammed,

Er hätte doch schon aus Abulfeda sehen sollen, daß diese Sara
dieselbe ist, welche Hatibs Brief überbrachte. Ihre Begnadigung
liest man bei J. und S. Sie ward nach Letzterem unter dem
Chalifate Omars von einem Pferde getreten und starb in Folge
der dabei erhaltenen Verletzung.

354) Hind kam verkleidet vor Mohammed und legte das Glaubensbe=
kenntniß ab, dann gab sie sich erst zu erkennen und ward begna=
digt. Harith fand aber Gnade, noch ehe er Muslim ward, denn
als Bilal von der Kaaba herab zum Gebete rief, befand er sich
mit Abu Sofian und Attab Ibn Useid in einem Winkel des Tem=
pels; da sagte Letzterer: „Gott war doch gnädig gegen meinen
Vater Useid, daß er ihn dieß nicht mehr anhören ließ.“ Harith
sagte darauf: „Bei Gott, wüßte ich, daß es wahr wäre (was
Bilal verkündet), so würde ich ihm folgen.“ Abu Sofian sagte:
„Ich schweige, denn diese Steine würden meine Worte Moham=
med hinterbringen.“ Dieses Gespräch kam in der That Moham=
med zu Ohren, er ging auf sie zu, und wiederholte ihnen, was
sie gesagt. Da legten Harith und Attab ihr Glaubensbekenntniß
ab, und sagten, setzt Ibn Hischam (fol. 219) hinzu: „Bei Gott,
das konnte dir Niemand sagen, denn wir waren allein.“ Manche
zählen noch einige andere zu den genannten elf Verurtheilten;
gewiß ist, daß noch einige besonders um Gnade anhielten, viel=
leicht aber nur wegen des Bewußtseins ihrer früheren Schuld,
ohne daß Mohammed sie ausdrücklich von der Begnadigung aus=
geschlossen hatte.

der dieß hörte, ging auf sie zu und sagte ihnen: ich habe bei eurer Huldigung euch geschworen mit euch zu leben und zu sterben, ich wäre nicht Gottes Diener und sein Gesandter, wenn ich euch jetzt verließe. Er ließ sich dann auf diesem Hügel nieder und empfing die Huldigung der Mekkaner, welche schaarenweise herbeiströmten, um ihn als Gesandten Gottes anzuerkennen und den Götzendienst abzuschwören. Hier sagte er einem Manne, der sich ihm zitternd nahte: sei unbefangen, ich bin kein König, ich bin der Sohn einer Frau aus dem Stamme Kureisch, welche in der Sonne getrocknetes Fleisch aß. Die Männer mußten zu dem gewöhnlichen Glaubensbekenntnisse noch hinzu setzen, daß sie jeden heiligen Krieg mitzukämpfen sich verpflichten, und die Frauen: daß sie seine Vorschriften befolgen, nicht stehlen, nicht buhlen, ihre Kinder nicht tödten, nicht lügen und bei Trauerfällen weder ihre Kleider zerreißen, noch ihre Haare ausraufen oder sich das Gesicht verkratzen wollten [355].

Am folgenden Tage, als einige Chuzaiten in Mekka einen aus dem mit den Beni Bekr verbündeten Stamme Hudseil erschlugen, begab sich Mohammed wieder in den Tempel und hielt folgende Anrede an das versammelte Volk: „O ihr Leute! Gott hat die Stadt Mekka geheiligt an dem Tage, als er Himmel und Erde, Sonne und Mond erschuf, und sie bleibt ein Heiligthum bis zum Tage der Auferstehung. Wer an Gott und den letzten Tag glaubt, darf kein Blut darin vergießen und keinen Baum fällen; es war Niemanden vor mir erlaubt und wird es

---

355) So bei J. Im Koran Sura 60, Vers 12, wo Gott Mohammed vorschreibt, wie er sich von Frauen huldigen lassen soll, ist von den Beschränkungen der Trauer keine Rede. Derselbe erzählt auch, daß Hind nach ihrer Begnadigung sich manche witzige Bemerkung über diese Huldigungsformel erlaubte. Zu den Worten „buhlet nicht.‟ sagte sie: „Das brauchst du einer tugendhaften Frau nicht zu verbieten, sie mag eine Gläubige oder Ungläubige seyn.‟ Zu dem Verbote des Kindermordes bemerkte sie: „Sehr gut, wir sollen unsere Kinder, so lange sie noch klein sind, schonen, und er läßt sie dann umbringen, wenn sie erwachsen sind u. dgl. m.‟

auch keinem mehr nach mir werden, und selbst mir war es nur am Tage der Eroberung bis zum Nachmittagsgebete gestattet. Diese Stadt bleibt aber von nun an wieder so heilig, wie sie es ehedem war, dieß verkündige der Anwesende von euch den Abwesenden. Sagt jemand: der Prophet hat doch auch Blut darin vergießen lassen, so antwortet ihm: Gott hat es seinem Gesandten erlaubt, euch aber nicht. Enthaltet euch des Mordens, ihr Chuzaiten, denn es ist schon zu viel Blut geflossen; ich werde die Blutsühne bezahlen für den Mann, den ihr jetzt erschlagen, begeht ihr aber nach dieser Stunde wieder eine Mordthat, so werde ich seinen Verwandten die Wahl lassen, ob sie den Mörder tödten oder ein Lösegeld annehmen wollen."[356]

356) Dieß stimmt ganz mit dem 179. Vers der zweiten Sura überein, welcher lautet: „O ihr, die ihr glaubet! Bei Mordthaten ist euch das Vergeltungsrecht vorgeschrieben. Der Freie sterbe für die Ermordung eines Freien, der Sklave für die eines Sklaven, und ein Weib für die eines Weibes. Erlassen aber die Verwandten des Ermordeten dem Mörder die Todesstrafe, so sollen sie mit Milde ihn wegen der Sühne belangen, und er sie in Güte bezahlen; das ist eine Erleichterung von eurem Herrn und eine (gegen euch waltende) Barmherzigkeit. Wer aber nach empfangener Sühne sich dennoch rächt, den trifft schwere Pein." Ich habe diesen Vers etwas freier als sonst wiedergegeben, weil er wörtlich übersetzt gar keinen Sinn gibt. Zu den Worten „Weib für Weib" bemerkt Djalalein, daß die mündliche Tradition sie nur als allgemeine Regel der Gleichheit zwischen Mörder und Ermordetem betrachtet, und besonders daraus schließt, daß kein Gläubiger für einen Ungläubigen getödtet werde, wohl aber ein Mann für die an einem Weibe begangene Mordthat. Die Sühne für ein Weib beträgt jedoch nur die Hälfte von der eines Mannes, nämlich fünfzig Kameele. Diesem Verse zufolge bleibt es demnach den Verwandten des Ermordeten überlassen, ob der Mörder mit dem Tode bestraft werden soll oder nicht, und das nennt der Koran eine „Erleichterung" im Verhältnisse zum mosaischen Gesetze, das immer ein Leben für das andere fordert. (Vergleiche Michaelis mosaisches Recht, II. S. 421 und VI. S. 37). Auch bei Verletzung eines Gliedes läßt Mohammed dem Beschä-

Minder heilig war für Mohammed die Stadt Mekka in
sittlicher Beziehung, da er wieder auf einige Zeit eine Art

bigten die Wahl, ob der Thäter auf gleiche Weise verstümmelt
werden, oder ob er eine Sühne bezahlen soll. Auch hierin war
Moses strenger, indem er für alle Fälle volles Vergeltungsrecht
walten ließ. Die spätern Rabbinen hingegen ließen, selbst wenn
der Verletzte es begehrte, den Thäter niemals körperlich bestrafen,
sondern nöthigten ihn nur so viel zu bezahlen, als der Beschä-
digte durch die Verstümmelung zum Verkaufe als Sklave weniger
werth geworden. Wegen dieser Abweichung vom mosaischen Gesetze tadelt der Koran die Juden im 53. Verse der 5. Sura, welcher lautet: „Wir haben ihnen (den Juden) in ihrer Schrift verordnet: Leben für Leben, Aug für Aug, Nase für Nase, Ohr für
Ohr, und (überhaupt) Vergeltung für jede Wunde. Wer sie (die
Vergeltung) aber freiwillig erläßt, dem wird Gott (auch) seine
Sünden verzeihen, wer nicht nach den göttlichen Offenbarungen
entscheidet, ist ein Frevler." Die Worte waman tasaddaka u. s. w.
lauten wörtlich nach Djalalein bei Maraccius: „Sed qui eleemo-
synam fecerit de ea (idest poena) haec erit expiatio illi (idest
si laesus condonet hanc injuriam laedenti, haec condonatio in-
serviet pro expiatione peccati laedentis seu illius qui laesus
fuit.") Ich halte aber letztere Erklärung für die allein richtige.
Ganz verfehlt ist Geigers Uebersetzung (S. 200): „Wer sich mit
einem Almosen abfinden läßt, so sey ihm dieß Sühnung," denn
das Wort tasaddaka heißt etwas herschenken, hier dem Thäter die
Strafe, nicht Almosen annehmen. Unverständlich ist die Ullmanns:
„Sollte aber einer dasselbe als Almosen zurückgeben, so mag es
zu seiner Versöhnung angenommen werden." (Soll sich das Fürwort dasselbe auf das Wort Leben des vorhergehenden Verses
beziehen??) Nach J. soll Mohammed bei diesem Vorfalle gesagt
haben: „Wollte ich einen Muselmann für einen Ungläubigen hingeben, so würde ich Hirasch (so hieß der Mörder) mit dem Tode
bestrafen." Nach demselben gab Mohammed auch noch folgende
Gesetze an diesem Tage: „Leute verschiedenen Glaubens sollen
einander nicht erben. Man soll keine Tante und Nichte zugleich
heirathen. Wer eine Forderung macht, muß Beweise bringen,
und wer sie läugnet, soll schwören. Eine Frau darf ohne Ver-

15*

Miethehe gestattete, welche er während des Feldzugs von Chei=
bar verboten hatte [357]). Sie bestand darin, daß ein Mann
gegen einen Lohn sich auf eine bestimmte Zeit mit einer Frau
ohne Ehevertrag verband, und sie nach Ablauf dieser Zeit wie=
der ohne weitere Formalität entließ.

Mohammed blieb fünfzehn bis achtzehn [358]) Tage in Mekka
und sandte während seines Aufenthalts verschiedene seiner Feld=
herrn in die Umgegend, um die Götzenbilder zu zerstören und
die Araber zu seinem Glauben aufzufordern. Amru Ibn Aaß
erhielt den Auftrag, den Götzen Suwa zu zerstören, welcher
von dem Stamme Hudseil verehrt ward. Der Diener dieses
Götzen bekehrte sich zum Islam, als er sah, daß er den Strei=
chen Amru's nicht widerstehen konnte.

Saad Ibn Zeid ward an die Meeresküste gesandt, um
das dort aufgestellte Götzenbild Mana, welches von den Stäm=
men Aus und Chazradj angebetet ward, zu Boden zu werfen;
als er darauf zuging, sprang ein schwarzes, nacktes Weib her=
vor, mit fliegenden Haaren, schlug die Hände über einander,
und schrie: Wehe! Wehe! Saad haute sie mit seinem Schwerte
zusammen, und ließ die Kapelle einreißen.

Den Götzen Uzza, der in Nachla einen Hain hatte,
nach welchem die Kureischiten wallfahrten, sollte Chalid Ibn
Walid zernichten. Er ritt mit dreißig Mann nach Nachla und
zerstörte diesen Hain mit seinem Götzen, und kehrte wieder
nach Mekka zurück. Da fragte ihn Mohammed: Hast du Je=
manden gesehen? Er antwortete: nein. So kehre noch einmal
dahin zurück! Chalid begab sich in aller Eile noch einmal nach
Nachla, und dießmal fand er die Priesterin, welche mit flie=
genden Haaren umherlief, sich Erde auf den Kopf streute, und

wandten keine dreitägige Reise machen. An den beiden Festtagen
ist es verboten zu fasten."

357) Nach J. blieb diese Art Heirath (mat'n) das ganze Jahr hindurch
erlaubt.

358) Bei S. (fol. 223) fünfzehn Tage, bei J. aus Buchari achtzehn
Tage.

rief: O Uzza! o Geliebte! Er theilte sie mit seinem Schwerte
in zwei, und erstattete Mohammed Bericht davon, welcher ihm
sagte: dießmal hast du Uzza zernichtet.

Kaum war er von dieser Sendung zurück, befahl ihm
Mohammed, an der Spitze von dreihundertundfünfzig Mann,
einen Streifzug nach der Provinz Tehama zu unternehmen,
um die dortigen Araber für den Islam zu gewinnen. Als er
aber das Gebiet der Beni Djabsima betrat, welche in der
Gegend von Jalamlam, zwei Tagereisen südlich von Mekka,
wohnten, ritten sie ihm bewaffnet entgegen; denn obgleich sie
schon Muselmänner waren, trauten sie doch weder ihm, noch
den Beni Suleim, aus denen ein Theil seiner Mannschaft be=
stand, weil sie ehedem seinen Oheim und einige Männer von
den Beni Suleim, auch Auf, den Vater Abd Arrahmans, der
ebenfalls bei Chalid war, erschlagen hatten. Chalid drohte ihnen,
er würde sie als Feinde behandeln, wenn sie nicht absteigen; kaum
war aber ein Theil von ihnen abgestiegen, als er sie von sei=
nen Kriegern umzingeln und gefangen nehmen ließ. Er fragte
sie dann: seyd ihr Gläubige oder Ungläubige? sie wollten ant=
worten: wir sind Gläubige, statt aber den bei den Moham=
medanern üblichen Ausdruck „aslamna" (wir sind Muslim
geworden) zu gebrauchen, sagten sie aus alter Gewohnheit:
„Saba'na" (wir sind von unserm frühern Glauben abtrünnig
geworden); dieses Wort genügte dem rachsüchtigen und grau=
samen Feldherrn, um den Befehl zu ertheilen, die Gefangenen
niederzumetzeln, der jedoch nicht allgemein befolgt ward [359]).

359) Ueber diesen Zug Chalids liest man bei J.: „Als die Beni
Djabsima erfuhren, daß Chalid mit den Beni Suleim heranziehe,
bewaffneten sie sich, und ritten ihm entgegen. Chalid sagte ihnen:
bekehret euch zum Islam! Sie antworteten: wir sind Musel=
männer. „So werfet eure Waffen weg und steigt ab!" „Das thun
wir nicht, denn bei Gott, unser harrt nur der Tod, wenn wir
die Waffen ablegen, denn wir trauen weder dir, noch dem, der
dich gesandt." „Ihr findet keine Gnade, wenn ihr nicht absteigt."
Ein Theil von ihnen stieg dann ab, und Chalid ließ sie gefangen

Als Mohammed von Chalids blutdürstigem Verfahren unterrichtet ward, hob er die Hände gen Himmel, und rief: „Gott, ich bin rein vor dir, und habe keinen Antheil an dem, was Chalid gethan." Er sandte dann Ali zu den Beni Djab-sima, um ihnen die Sühne für die Erschlagenen zu bezahlen, und das, was ihnen geraubt worden, zu ersetzen. Chalids Arm war ihm aber zu unentbehrlich, als daß er ihn so bestraft

nehmen, die übrigen aber zerstreuten sich. Nach einer anderen Riwajat sagte ihnen Chalid: was seyd ihr? Muselmänner oder Ungläubige? sie sagten: Muselmänner, wir beten, glauben an Mohammed, haben eine Moschee gebaut und lassen zum Gebete rufen." Nach einem andern Ausdrucke der Ueberlieferung konnten sie nicht gut sagen: wir haben uns zum Islam bekehrt, und sag-ten daher, wir haben unsern frühern Glauben verändert. (Lam juhsinu an jakûlu aslamna fakâlu saba'na. Diese Worte, welche auch Gagnier zu Abulfeda S. 111 aus Buchari anführt, übersetzt er unrichtig: „At illis non placuit dicere: Islamismum amplec-timur. Quin contra dicere exorsi sunt: Sabaïsmum profitemur.") „Was wollt ihr denn mit euern Waffen?" fragte dann Chalid. „Wir haben Feinde unter den Arabern, von denen wir einen Ueberfall besorgten." „So leget sie ab!" Als sie dieß gethan, ließ sie Chalid binden und unter seine Gefährten vertheilen. Am folgenden Morgen ließ er ausrufen: wer einen Gefangenen bei sich hat, der bringe ihn um! aber die Ausgewanderten und Hülfsgenossen gehorchten nicht, sondern ließen sie frei. Bei S. (fol. 222) heißt es nur: „Chalid betrat das Gebiet der Beni Djabsima, und tödtete einige von ihnen." Bei Abulfeda: „Die Beni Djabsima kamen ihm bewaffnet entgegen. Da sagte ihnen Chalid: legt die Waffen ab — denn diese Leute hatten sich schon zum Islam be-kannt — sie legten die Waffen ab. Chalid ließ sie aber fesseln, und gab sie dem Schwerte Preis." Diese Stelle haben Gagnier, Reiske und Noel des Vergers unrichtig übersetzt, indem sie die Worte fainna-n-nâsa kad aslamu als Aufforderung Chalids und nicht als Zwischensatz betrachtet. Letzterer übersetzt: „Il les en-gagea à déposer leurs armes et à embrasser l'Islamisme comme les autres." Nach den angeführten Quellen halte ich den Her-gang der Sache, so wie ich ihn angegeben, für den wahrschein-lichsten.

hätte, wie er es verdiente [360]). Als er jedoch die Schuld auf Abd Arrahman Ibn Auf, einen der ältesten Muselmänner, wälzen wollte, sagte ihm Mohammed: „Chalid, lasse meine Gefährten! denn wenn du auch einen Haufen Gold, so groß wie der Berg Ohod, für göttliche Zwecke verwenden würdest, so könntest du doch nicht das Verdienst eines einzigen ihrer Morgen= oder Abendgänge erreichen."

Die Züge Chalids und anderer mohammedanischen Feld= herrn in der Umgebung von Mekka ließen die entfernteren arabischen Stämme des Hedjas nicht mehr zweifeln, daß früh oder spät auch sie einen Angriff zu erwarten hätten, wenn sie nicht ihre Freiheit und den Glauben ihrer Väter opfern woll= ten. Die kriegerischen Stämme Thakif, Hawazin und einige andere [361]) faßten daher den Entschluß, gegen Mohammed ins

360) Mohammeds Nachsicht gegen Chalid ward auch von Abu Bekr nachgeahmt, als er unter dessen Chalifat Malik Ibn Nuweira erschlug, obschon er sich zum Islam bekannte, und nur Almosen verweigerte. Wie dießmal aus Privatrache, so benützte dort Cha= lid aus Lüsternheit zu Maliks Frau, ein einziges ihm entschlüpftes Wort, um ihn mit dem Tode zu bestrafen. Chalid sagte ihm nämlich: Gebet und Almosen gehören zusammen, das Eine wird ohne das Andere nicht angenommen. Darauf fragte Malik: „Hat das euer Herr (Mohammed) befohlen?" „So nennst du ihn also nur unsern Herrn und nicht auch den Deinigen?" unterbrach ihn Chalid, und ertheilte den Befehl zu dessen Hinrichtung. (S. Abulfeda ed. Reiske I. 214). Chalid nahm dann — so berichtet J. an dieser Stelle — Maliks Haupt, und gebrauchte ihn mit zwei anderen Steinen als Unterlage für den Kessel, in welchem für ihn Fleisch gekocht ward. Omar sagte nach diesem Vorfalle zu Abu Bekr: „Setze ihn ab, denn sein Schwert hat eine Scharte!" Der Chalif antwortete aber: „Ich habe gehört, wie der Gesandte Gottes sagte: Chalid ist ein vortrefflicher Diener Gottes und Freund seiner Stammgenossen; er ist eines der Schwerter Got= tes, welches Allah gegen die Ungläubigen und Heuchler gezogen."

361) Bei S. (fol. 223) werden noch die Stämme Naßr, dem Malik Ibn Auf angehörte, Djuscham, aus welchem Dureid war, Saad, bei denen Mohammed als Säugling sich aufhielt, und ein Theil

Feld zu ziehen, bevor er durch einen längern Aufenthalt in Mekka seine Streitkräfte noch vermehre. Sie ernannten Malik Ibn Auf zu ihrem Oberhaupte, der, um der größten Anstrengung und Ausdauer seiner Leute sicher zu seyn, trotz dem Widerspruche des alten kriegskundigen Dureid, ihnen befahl, ihre Frauen und Kinder und ihre ganze Habe mitzuführen. Sobald Mohammed durch seinen Kundschafter, Abd Allah Ibn Abi Hadr, von ihrem Vorhaben Nachricht erhielt, versammelte er die Krieger, die mit ihm in Medina ausgezogen, und denen sich zweitausend Mekkaner, worunter noch achtzig Ungläubige, anschlossen, in der Absicht, gegen das Thal Autas [362]) zu rücken, wo der Feind sein Lager hatte. Als er aber in das Thal Honein [363]) kam, ward er so unerwartet, und mit einer solchen Heftigkeit von dem Feinde angegriffen, der sich aller Pässe bemeistert, die Hügel mit Schützen besetzt und in verschiedenen Schluchten aufgelauert hatte, daß sich ein panischer Schrecken seiner ganzen Armee bemeisterte, und jeder nur in der Flucht sein Heil suchte. Die Muselmänner, denen zwar nur drei Mann getödtet, wahrscheinlich aber sehr viele verwundet wurden, befanden sich in einer solchen Bestürzung, daß schon manche Kureischiten, welche ihm gefolgt waren, es wagten, ihre Freude über diese Niederlage laut werden zu lassen. So sagte Abu

der Beni Hilal genannt. Hingegen wird bemerkt, daß die Beni Kaab und Kilab keinen Antheil am Kriege nahmen, obgleich sie auch zu Hawazin gehörten. Auch sagte Dureid, als er dieß hörte, zu Malik: „Die Schärfe und die Anstrengung fehlt (alhaddu waldjidda), wäre es ein Tag der Ehre und des Ruhms, so würde Kaab und Kilab nicht zurückbleiben; ich wollte, ihr hättet euch an diesen Beiden ein Beispiel genommen."

362) Autas, ein Thal, das den Beni Hawazin gehörte, liegt zwischen Dsat Jrk und Djamra. Vergl. Abulfeda ed. N. S. 134.

363) Ueber Honein liest man bei J.: „Der Name eines Ortes in der Nähe von Taïf, nach Einigen in der Richtung von Dsu'l Madjaz, wo während des Heidenthums eine Messe gehalten wurde; nach Andern ist Honein der Name eines Bezirks zwischen Mekka und Taïf."

Sofian Ibn Harb: „Ich denke, sie werden bis an das Mee-
resufer fliehen." Djabala, ein Bruder Safwans, der sich noch
als Heide der muselmännischen Armee angeschlossen hatte,
sagte: „Heute wird Mohammeds Zauber schwinden." Scheiba,
der Sohn Othmans Ibn Abi Talha, dessen Vater im Treffen
bei Ohod geblieben, sagte: „Heute will ich Rache nehmen,
heute will ich Mohammed erschlagen." [364] Ein kleines Häuflein [365], über dessen Zahl die Traditionen von zehn bis dreihundert von einander abweichen, harrte jedoch bei Mohammed
aus, welcher zu wiederholten Malen rief: „Ich bin der Gesandte Gottes, ich bin Mohammed, der Sohn Abd Allahs, ich
bin der Diener Gottes und sein Gesandter. Ich bin der
Prophet, der nicht lügt, ich bin der Sohn Abd Almuttalibs." [366]
Da Mohammeds Ruf von Niemanden gehört ward, schrie
Abbas, der eine so starke Stimme hatte, daß man sie in einer
Entfernung von vier Stunden vernahm, auf seinen Befehl:
„O ihr Auswanderer und Hülfsgenossen, die ihr Mohammed
bei Hudeibia gehuldigt! Herbei ihr Besitzer der (zuerst in Me-
dina erschienenen) Sura der Kuh!" Dieser Nothruf ward ver-
nommen, die Tapfersten und Muthigsten eilten herbei, und
fielen aufs Neue über den Feind her, und schlugen ihn zurück.
Mohammed selbst blieb indessen in Honein, und sandte Abu
Amir an der Spitze der Truppen in das Thal Autas, wo die

364) S. fol. 225.

365) Unter ihnen war Abu Sofian Ibn Harith und sein Sohn Djafar,
Abu Bkr, Omar, Ali, Abbas und sein Sohn Fadhl, Rabia Ibn
Harith, Usama Ibn Zeid und Eiman. S. a. a. O.

366) Da diese Worte im Arabischen einen Vers bilden, von Mohammed aber behauptet wird, er habe nie Verse gemacht, so nehmen
einige Biographen an, daß der Ausdruck Vers nur auf absichtlich
gedichtete Verse paßt, nicht aber auf einen Satz, welcher zufällig
einen Vers bildet. Nicht wie bei H. v. H., nach welchem (S.
179) die Biographen sich streiten, „ob sie trotz der Reime und
des Sylbenmaaßes Poesie oder göttliche Eingebung." Es
heißt bei J.: „Ma warada mauzûnun la an kassdin, la jukâlu
lahu schi'run."

Beni Hawazin versammelt waren. Abu Amir ward während des Kampfes tödtlich verwundet, aber sein Vetter, Abu Musa, trug einen vollständigen Sieg davon; siebenzig der Ungläubigen wurden erschlagen, die übrigen ergriffen die Flucht, und überließen einen großen Theil ihrer Frauen und Kinder und ihre ganze Habe den Muselmännern. Unter den Getödteten war auch Dureid, der in einer Sänfte der Armee gefolgt war. Der Muselmann, der sein Kameel anhielt, schlug mit einem schlechten Schwerte auf ihn drein. Da sagte ihm Dureid: „Wie schlecht hat dich deine Mutter mit Waffen versehen! Nimm doch lieber mein eigenes Schwert, und schlage so, daß es weder die Knochen (der Brust), noch das Hirn treffe." Auch sagte er ihm, als er hörte, er sey einer von den Beni Suleim: „Erzähle deiner Mutter, du habest Dureid, den Sohn Simma's, getödtet, vielleicht kennt sie mich, denn ich habe wahrlich an manchem Schlachttage schon eure Frauen beschützt." Er hatte sich nicht geirrt, denn als der Sulamite seiner Mutter sagte, er habe Dureid erschlagen, schrie sie: „Bei Gott, der hat drei deiner Mütter [367]) aus Feindes Hand befreit." Unter den Gefangenen war eine Milchschwester Mohammeds, welcher er die Wahl ließ, ob sie bei ihm bleiben, oder zu den Ihrigen zurückkehren wolle. Im Koran heißt es von diesem Feldzuge,

[367]) So bei S. (fol. 227), wahrscheinlich seine beiden Großmütter und eine Urgroßmutter, oder drei andere Frauen seines Vaters. S. erzählt dann ferner: als er niederfiel und sich entblößte, war sein Sitzplatz und das Innere seiner Schenkel vom vielen Reiten wie Papier. (Idjanuhu wabutunu fachdseihi mithla-l-kirtâsi min rukûbi-l-cheili). Daraus entstand wahrscheinlich folgender Satz bei Gagnier (II. 169): „Le corps fut incontinent dépouillé, et les chevaux et les chariots lui passant par dessus le ventre, sa carcasse demeura écrasée et applatie comme une feuille de parchemin battue." Das Ganze hat freilich keinen historischen Werth, es diene nur als Beispiel, wie selbst gelehrte und sonst gewissenhafte Orientalisten leicht auf Irrwege gerathen können, wenn sie sich nicht von jedem Worte des Textes Rechenschaft zu geben suchen, und sich mit einem à peu près begnügen.

welcher der von Honein, Autas oder Hawazin genannt wird: „Gott ist euch an vielen Orten beigestanden, so auch an dem Schlachttage von Honein, als ihr stolz waret auf eure große Zahl, die euch aber nichts half. Die Erde ward euch bei all ihrer Weite zu eng, und ihr kehrtet dem Feinde den Rücken. Gott ließ dann einen Geist der Ruhe (Sekina) über seinen Gesandten und die Gläubigen herab, und sandte unsichtbare Schaaren, um die Ungläubigen zu züchtigen." [368]

Nachdem die Hawazin vollkommen besiegt waren, blieb Mohammed nur noch die Unterwerfung der Thakifiten übrig, welche sich in die befestigte Stadt Taïf geworfen hatten. Er ließ daher auf den Rath des Persers Salman [369] die nöthigen

---

[368] Sura 9, Vers 26 u. 27. Der Legende zufolge hob Mohammed auch hier, wie bei Bedr, eine Hand voll Kies von der Erde auf und schleuderte sie gegen den Feind.

[369] Dieser Salman, derselbe, der auch bei der Belagerung von Medina den Rath ertheilte, die Stadt mit einem Graben zu umgeben, war nach S. fol. 30 u. ff. in einem Städtchen bei Ispahan geboren, wo er mit einigen Christen bekannt ward, deren Glauben er annahm. Er flüchtete dann auf ihren Rath nach Syrien und trat in den Dienst eines Patriarchen von Damaskus. Nach dessen Tode blieb er bei seinem Nachfolger. Als auch dieser starb, begab er sich nach Moßul, dann nach Nißibin und zuletzt nach Amuria. Hier vernahm er, daß in Arabien ein Prophet aufgetreten, der den Glauben Abrahams wieder herstellen wollte. Da ihm das Christenthum eben so wenig als der Magismus befriedigte, so schloß er sich einer arabischen Karawane an, welche des Handels willen nach Amuria gekommen war. Die Araber, welche zu den Beni Kalb gehörten, plünderten ihn aber auf dem Wege aus und verkauften ihn als Sklaven an einen Juden von Wadi-l-Kura. Dieser verkaufte ihn seinem Vetter aus Medina, einem der Beni Kureiza, bei welchem er blieb, bis Mohammed nach Medina kam, der ihm sein Lösegeld verschaffte. Die ganze Erzählung bei S. ist übrigens mit so vielen Wundern verflochten, daß ich nur so viel daraus nahm, als der Name Salmans und die Umstände, unter welchen er im Leben Mohammeds auftritt, rechtfertigen. Nach einigen Koransauslegern ist von ihm im

Belagerungsmaschinen [370]) verfertigen, und zog mit seinen Truppen bis vor die Mauern Taïfs. Da sie aber hier zu sehr den Pfeilen der Belagerten ausgesetzt waren, entfernten sie sich von den Mauern, und suchten sie dadurch zur Uebergabe zu bewegen, daß sie die Weinstöcke, welche zur Stadt gehörten, abhauten. Aber die Thakifiten blieben unerschütterlich, nur einige Sklaven, welchen Mohammed die Freiheit versprach, entwischten aus der Stadt, die übrige Mannschaft vereitelte alle Versuche der Muselmänner, die Mauern zu zerstören, indem sie die Schildbächer, unter deren Schutz die Belagerer sich der Stadt nähern wollten, mit glühenden Eisen durchbohrten. Mohammed blieb über zwanzig Tage vor Taïf liegen, und als er sich nicht im Stande sah, die Stadt einzunehmen, gab er den Befehl zum Aufbruch. Da aber viele Krieger über diesen

103. Vers der 16. Sura die Rede, welcher lautet: „Wir wissen wohl, daß sie (die Ungläubigen) sagen: ein Mensch lehrt ihn den Koran; aber derjenige, auf den sie hinweisen, spricht eine fremde Sprache, während die des Korans eine klare arabische ist." (S. Maraccius, p. 400). Da indessen diese Sura eine mekkanische ist, so müßte entweder Salman schon in Mekka zu Mohammed gekommen seyn, oder dieser und die andern damit zusammenhängenden Verse müßten zu einer andern Sura gehören, was, wie wir in der Folge sehen werden, nicht selten der Fall ist.

370) Nach J. machten hier die Muselmänner zum ersten Male Gebrauch von Wurfmaschinen. Auch S. (fol. 229) berichtet: Urwa Ibn Masud und Ghilan Ibn Salma waren nicht bei dem Treffen von Honein, weil sie in Djorasch die Verfertigung und den Gebrauch von Wurfmaschinen (madjanik) und Sturmbächern (dabâbât) lernten. Zu letztern bemerkt J.: sie waren aus Ochsenleder, und die Leute gingen darunter, um sich den Mauern zu nähern und sie zu durchbrechen. Als Erfinder der Wurfmaschine gilt bei den Muselmännern der Teufel, welcher zuerst eine große Wurfmaschine für Nimrod errichtete. Dieser gottlose König hatte nämlich für Abraham einen so großen Scheiterhaufen aufthürmen lassen, daß, als er in Brand gerieth, sich niemand ihm nähern konnte, um Abraham hineinzuwerfen, da gab Satan den Plan zu einer Wurfmaschine her. Ch.

Befehl murrten, ließ sie Mohammed noch einen Sturm ver=
suchen, der, wie er wohl voraussah, ohne Erfolg blieb [371]).
Mohammed zog dann nach Djirrana [372]), wohin er die bei
Honein und Autas gemachte Beute und Gefangenen hatte
bringen lassen. Kaum war er hier angelangt, als eine Depu=
tation der Hawazin erschien, welche die Unterwerfung ihres
Stammes anzeigte, und um Rückerstattung ihrer Habe und
ihrer Frauen und Kinder bat, unter denen auch die Verwandten

[371]) So bei J., aber S. erwähnt nichts von einem Sturme, nach
Mohammeds Befehl zum Aufbruch. Dem sey, wie ihm wolle,
so ist gewiß, daß er Taïf nicht eroberte, und die Beute, von der
in der Folge die Rede ist, von Honein und Autas herrührte.
(Abulfeda ed. N. S. 98 und S. fol. 230). Nur bei H. v. H.
(S. 180) liest man, ohne daß er eine Quelle nenne: „Trotz die=
ser Antwort (Mohammeds gegen die Stürmung Taïfs) gab er
den Bitten der Gefährten, welche auf Sieg und Beute erpicht,
nach. Viele derselben wurden im Kampfe verwundet, die Beute
war glänzend. Sechstausend Männer und Weiber, vierund=
zwanzigtausend Kameele, vierzigtausend Schafe, viertausend Okka
Silbers wurden vertheilt u. s. w." Alle folgenden charakteristi=
schen Scenen bei Vertheilung der Beute übergeht H. v. H., hin=
gegen liest man bei ihm a. a. O.: „Während der Belagerung
verrichtete Mohammed sein Gebet in dem Zelte seiner beiden
Gemahlinnen Omm Selma und Zeinab, welche ihn auf dieser
Reise begleiteten." Diese wichtige Nachricht muß aber nach S.
(fol. 229) dahin berichtigt werden, daß er zwischen den beiden
Zelten seiner beiden Gemahlinnen betete (bein alkubbatein), was
sich übrigens von selbst versteht, denn da Mohammed als Imam
vorbetete, so konnte schwerlich das Zelt seiner Frauen alle Nach=
betenden fassen. S. setzt noch hinzu: „Als die Thakifiten sich zum
Islam bekehrten, baute Amru Ibn Ommeija an jener Stelle eine
Moschee." Auch bei Gagnier (II. S. 176) liest man: „Tant que
le siège dura il eut pour coutume de faire la prière entre ces
deux tentes."

[372]) Djirrana oder Dji'rana, ist nach dem Kamus der Name eines
Ortes zwischen Mekka und Taïf, nach Gagnier (p. 180), der
aber den Namen falsch schreibt, näher gegen Mekka hin, als ge=
gen Taïf.

seiner Säugamme Halima waren. Mohammed fragte sie: „Was ist euch lieber, euer Gut oder eure Familie?" und als sie Letztere vorzogen, sagte er: „Was mich und die Söhne Abd Almuttalibs betrifft, so sind wir bereit auf unsern Antheil an den Gefangenen zu verzichten, damit ihr aber noch mehr erlanget, so erscheinet vor mir nach dem Mittaggebete, und saget: wir flehen den Gesandten Gottes an, daß er den Muselmännern zurede, uns unsere Frauen und Kinder zurückzugeben, und die Muselmänner, daß sie bei ihm Fürbitte für uns einlegen." Die Abgeordneten befolgten diesen Rath und kaum hatte Mohammed auf seinen und der Söhne Abd Almuttalibs Antheil verzichtet, als die Ausgewanderten ausriefen: „Was unsern Antheil betrifft, so stellen wir ihn zur Verfügung des Gesandten Gottes." Die Hülfsgenossen folgten auch diesem Beispiele, nur die Beni Tamim und Fazara [373] forderten ihren Antheil, für den ihnen Mohammed einen sechsfachen Theil an den Gefangenen, welche er im nächsten Kriege erbeuten würde, versprach. Mohammed ließ auch durch einen der Abgeordneten Malik Ibn Auf, welcher sich nach Taïf geflüchtet hatte, sagen, daß wenn er sich ihm als Muslim unterwerfen wollte, er ihm ebenfalls alles, was ihm bei Honein genommen worden, zurückerstatten, und dazu noch hundert Kameele schenken würde. Malik folgte dieser Einladung, und Mohammed ernannte ihn zum Oberhaupte über einige Stämme,

---

373) Im Namen der Ersteren sprach sich Akra Ibn Habis und der Letzteren Ujeina Ibn Haßan gegen die Freilassung der ihnen zukommenden Gefangenen aus. Auch Abbas Ibn Mirdas sagte: „Was mich und die Beni Suleim angeht, so bestehen wir auf unserem Antheil." Die übrigen Häupter der Beni Suleim riefen aber: „Nicht so, wir stellen unsern Antheil zur Verfügung des Gesandten Gottes," worauf Abbas sagte: „Wehe euch! ihr beschämet mich." J. und S. fol. 231. Nach Ersterem verbot dann Mohammed hier zum ersten Male denen, welche Sklavinnen heimführten, sie zu berühren, bis ein Monat oder eine Periode vorüber ist, und wenn sie schwanger sind, bis nach ihrer Entbindung.

die sich mit ihm bekehrten, und an deren Spitze er von nun
an fortwährend die Thakifiten beunruhigte. Die Muselmänner,
welche es wahrscheinlich bald bereuten, auf ihre Gefangenen,
die sich auf sechstausend Seelen beliefen, verzichtet zu haben,
und befürchten konnten, Mohammeds Großmuth möchte sie
zuletzt auch noch um ihren Antheil an der übrigen Beute bringen, forderten aber bald nachher mit einem solchen Ungestüm
die Theilung derselben, daß er sich hinter einen Baum flüchten
mußte, und ihm sein Mantel vom Leibe gerissen wurde [374]).
Da sagte er: „O ihr Leute! gebet mir meinen Mantel wieder!
Bei Gott! hättet ihr so viel Vieh erbeutet, als die Provinz
Tehama Bäume zählt, ich würde euch kein Stück davon vorenthalten. Habt ihr mich je als einen Geizhals, Lügner oder
Betrüger gefunden?" Er riß dann einem Kameele ein Haar
aus, und fuhr fort: „Bei Gott, ich habe nie von eurer Beute
ein Kameelhaar mehr, als meinen Fünfttheil genommen, und
dieser wird stets zu eurem Besten verwendet." Mohammed
vertheilte dann wie gewöhnlich die vier Fünfttheile unter den
Truppen, seinen Fünfttheil verschenkte er aber an diejenigen
Männer, deren Anhänglichkeit ihm am meisten am Herzen
lag [375]). Abu Sofian erhielt hundert Kameele und vierzig
Okk Silber, und seine Söhne Jezid und Muawia erhielten
jeder das Gleiche. Ferner schenkte er hundert Kameele an
Hakim Ibn Hizam, an Harith Ibn Hischam, an Suheil Ibn

---

374) So bei S. (fol. 232). J. erzählt dieß erst, nachdem Mohammed
von seinem Fünfttheile so viel weggeschenkt hatte. Letzteres ist
wahrscheinlicher, obgleich das Verschenken der Gefangenen und
überhaupt das lange Zögern mit der Vertheilung der Beute
Grund genug zur Unzufriedenheit geben mochte.

375) Es heißt bei J.: es gab drei Klassen von Leuten, deren Herz
Mohammed zu gewinnen suchte, die eine, um sie zu bewegen,
den Islam anzunehmen, wie Safwan Ibn Ommeïa, der sich damals noch nicht bekehrt hatte; die andere, um ihren Islam zu
befestigen, wie Sofian, der Sohn Harbs, der mit Widerstreben
den Islam angenommen; und die dritte, um ihre Bosheit dadurch abzuwenden, wie Ufeïna, Akraa und Abbas Ibn Mirdas.

Amru, an Safwan Ibn Ommejja und noch an mehrere einfluß=
reiche Männer [376]), die er durch seine Freigebigkeit zu gewinnen
hoffte. Einige andere erhielten fünfzig oder vierzig Kameele.
Unter letzteren war auch der seit Kurzem erst bekehrte Dichter
Abbas Ibn Mirdas, der aber, mit diesem Geschenke unzufrie=
den, einige Verse dichtete, worin er darüber klagte, daß er
nicht so gut bedacht worden, als andere, die doch sowohl auf
dem Kampfplatze als in der Versammlung ihm nachstehen,
worauf ihm Mohammed auch hundert Kameele schenkte [377]).
Als er aber auf diese Weise gegen Einzelne so über alle
Maßen freigebig war, trat ein Mann aus dem Stamme Ta=
mim zu ihm heran, und sagte ihm: „Du handelst heute nicht
gerecht und strebst nicht nach Gottes Wohlgefallen." Moham=
med schrie ihn an: „Wehe dir! wenn ich nicht gerecht bin,
wer wäre es denn?" Omar war sogleich wieder bei der Hand,
um dem Unzufriedenen den Kopf abzuschlagen, aber Moham=
med hielt ihn zurück [378]). Auch die Hülfsgenossen ließen es

376) Sie hießen bei S. (fol. 232) Harthu Ibnu-l-Harthi, Huweitab
Ibn Abd Aluzza, Ala Ibn Djaria, Ujeina Ibn Haßan, Akraa
Ibn Habis. Die drei erst genannten sowohl, als Hakim Ibn
Hizam fehlen bei Abulfeda.

377) Mohammeds Worte waren (S. fol. 232): „Geht und schneidet
ihm die Zunge ab, und gebet ihm, bis er zufrieden ist!" J. setzt
dann hinzu: Als Abbas dieß hörte, fing er an zu zittern, und
glaubte wirklich, man wolle ihn verstümmeln. Erst als man ihn
an den Platz führte, wo das erbeutete Vieh aufgestellt war, und
ihn wählen ließ, was er wollte, sagte er: auf diese Weise will
mir Mohammed die Zunge abschneiden (wie wir zu sagen pfle=
gen: den Mund stopfen), bei Gott! ich nehme nichts. Moham=
med sandte ihm dann noch sechzig Kameele, und nach Andern auch
noch ein Ehrenkleid.

378) Nach einigen Traditionen, die aber der Europäer verwerfen muß,
soll Mohammed prophezeit haben, daß von diesem Manne, wel=
cher den Beinamen Dsu-l-Chuweißara hatte, die ersten Ketzer
(Charidjiten) entspringen würden, was sich allerdings bestätigte,
indem sein Sohn Harkusch einer der Ersten war, welche Ali bei

nicht an Klagen darüber fehlen, daß Mohammed seinen ganzen
Antheil an Kureischiten und andere Araber, die nicht zu ihnen
gehören, verschenkt. Ihnen sagte aber Mohammed, als ihm
ihre tadelnden Reden berichtet wurden [379]): „Waret ihr nicht

Saffein verließen, und eine besondere Sekte bildeten. Nach dem
Kamus war Dsul Chuweißara selbst dieser Harkusch, was mit der
ersten Leseart Abulfeda's nach Ibn Hischam übereinstimmt. (S.
Abulfeda ed. N. de V., p. 100 u. 101).

379) Diese merkwürdige, noch von keinem Europäer mitgetheilte Rede
Mohammeds, habe ich aus J. und S. (fol. 233). Die Worte
der Unzufriedenen führt S. nicht an, sondern sagt nur: es ging
so weit, daß manche sagten: Mohammed kehrt bei Gott wieder
zu seinen Leuten zurück. Bei J. liest man: „Einer der Hülfsgenossen sagte: bei Gott sonderbar! während unsere Schwerter
noch von dem Blute der Kureischiten triefen, verschenkt ihnen
Mohammed unsere Beute; ist dieß auf Gottes Befehl geschehen,
so müssen wir es geduldig ertragen, hat es aber der Gesandte
Gottes aus eigenem Antrieb gethan, so soll er uns sagen, was
wir begangen haben, daß er uns so zurücksetzt.“ Saad begab
sich zu Mohammed, und sagte ihm: die Hülfsgenossen murren
darüber, daß du alle Beute den Kureischiten und ändern Arabern
verschenkst und keinen von ihnen mit einem Geschenke erfreuest.
Mohammed erwiederte: und du, Saad, was sagst du dazu?
Saad antwortete: ich bin nicht anders, als meine Stammgenossen (d. h. ich theile ihre Unzufriedenheit). So versammle die
Häupter deiner Stammgenossen in diesem Zelte, sagte Mohammed u. s. w.“ In einer Randglosse bei S. a. a. O. werden
verschiedene Ansichten der Gelehrten angeführt, über das, was
Mohammed verschenkte. Nach den Einen verschenkte er blos das
ihm gehörende Fünfundzwanzigstel, doch hätte er darüber Nie-
manden Rechenschaft zu geben gehabt; nach Andern verschenkte er
Alles aus der Masse der Beute, dem Anfang der 8. Sura zufolge: „Sie werden dich fragen, in Betreff der Beute, sage: die
Beute gehört Gott und seinem Gesandten,“ und hierin machte
Mohammed eine Ausnahme von allen ihm folgenden Feldherrn.
Die letzte (und wahrscheinlichste) Ansicht ist die, daß er den Fünft-
theil, von welchem vier Theile seinen Verwandten, den Armen,
Waisen und Reisenden gehörten, nach Wohlgefallen verschenkte,

auf Abwegen, als ich zu euch kam, und gelangtet ihr nicht durch mich zur göttlichen Leitung? waret ihr nicht arm und wurdet durch mich reich? waret ihr nicht entzweit, und wurdet durch mich vereinigt?" Sie antworteten: „Gewiß, o Gesandter Gottes, du hast uns mit Wohlthaten überhäuft." Mohammed fuhr dann fort: „Seht ihr Hülfsgenossen! wenn ihr wolltet, so könntet ihr mir in aller Wahrheit entgegnen: du kamst zu uns als ein Lügner verschrien, wir glaubten dir; als ein Ver= folgter, wir schützten dich; als ein Flüchtling, wir nahmen dich auf; als ein Hülfsbedürftiger, wir unterstützten dich. So den= ket ihr aber nicht, und doch könnt ihr euch darüber aufhalten, daß ich einigen Leuten, um ihr Herz zu gewinnen, weltlichen Tand hingegeben? Seyd ihr nicht zufrieden, ihr Hülfsgenossen! wenn diese Leute mit Schafen und Kameelen heimziehen, wäh= rend ihr mit dem Gesandten Gottes in eurer Mitte heim= kehret? Bei dem, in dessen Hand Mohammeds Seele! wäre nicht das Verdienst der Auswanderung, so möchte ich zu euch gehören, und wenn die ganze Welt einen Weg wandelte, und ihr einen andern, ich würde den Eurigen wählen. Gott er= barme sich eurer und eurer Kinder und Kindes Kinder!" Bei diesen Worten brachen die Hülfsgenossen in lautes Schluchzen aus, und riefen: „Wir sind zufrieden mit unserem Loos."

Mohammed kehrte hierauf nach Mekka zurück, besuchte den Tempel, erfüllte die übrigen Pflichten der Pilgerfahrt (Umra), ernannte den achtzehnjährigen Attab zum Statthalter von Mekka, und gesellte ihm Muads Jbn Djabal als geistli= ches Oberhaupt bei. Dann zog er wieder mit seinen Truppen nach Medina, wo er am vierundzwanzigsten Dsul Kaada an= langte. Bald nach seiner Ankunft ward er durch die Krank= heit und den Tod seiner Tochter Zeinab tief betrübt, durch die Geburt seines Sohnes Jbrahim aber, von der koptischen Skla= vin Maria, aufs höchste erfreut. Er gab Almosen, schenkte

so wie es auch fortan jedem Jmam zusteht, den ganzen Fünfttheil der Beute ausnahmsweise zu einem besondern, dem Jslam dien= lichen, Zwecke zu verwenden, statt ihn schriftgemäß zu vertheilen.

Sklaven die Freiheit, und ließ ihn auf dem Lande bei den Beni Mazin erziehen.

Siebentes Hauptstück.

Die Abgeordneten in Medina. Armensteuer. Gebet um Regen. Feldzug von Tabuk. Schreiben an den Fürsten von Eila. Zerstörung einer Moschee. Gesetze über den Ehebruch. Haremscenen wegen Maria. Abu Bekrs Wallfahrt. Verändertes Kriegs= und Völkerrecht. Briefwechsel mit Museilama. Ibrahims Tod.

Das folgende Jahr [380]) war weniger durch glänzende Waffenthaten, als durch friedliche Unterhandlungen, und das

---

380) Das neunte der Hidjrah (20. April 630—9. April 631). Dieses Jahr und nicht das zehnte, wie bei H. v. H. (S. 201) heißt das der Deputationen. S. Abulfeda ed. N. S. 102. S. fol. 251 (dsikru sanati tisin watusamma sanatu-l-wufûdi) und Gagnier II. S. 204. Viele Deputationen trafen allerdings auch noch im zehnten Jahre ein, doch die meisten im neunten, als Folge der Eroberung von Mekka. Ich werde daher hier die Interessantesten zumal nach S. und J. erwähnen, obschon einige davon erst einer spätern Zeit angehören. H. v. H. tadelt auch a. a. O. diejenigen, welche vor ihm das Wort wufûd durch „Gesandtschaften" übersetzt: „Gesandschaften sind Risalat, ein Gesandter ist Resul; Wufud sind Deputationen." Diese Bemerkung ist nicht ganz richtig; nimmt es doch selbst der Kamus so genau nicht, welcher das Wort wafidun (sing. von wufud), wie Resul durch Eldji (Gesandter) und das nomen actionis wufud wie risalat durch Eldjilik (Gesandtschaft) wiedergibt. Der Unterschied dieser beiden Worte liegt namentlich darin, daß wafada gebraucht wird, wenn man in irgend einer Angelegenheit, sey es für sich selbst, oder als Abgeordneter, vor einem Fürsten erscheint, während rasala immer eine Sendung bedeutet, aber gleichviel an wen. Daß das Wort wafada nicht immer eine Deputation ausdrückt, kann man schon aus Abulfeda ersehen, welcher es auch a. a. O. von Kaab Ibn Zuheir gebraucht, der ganz allein zu Mohammed kam, und ihn nur um seine Begnadigung anflehte.

16 *

Herbeiströmen unzähliger Deputationen ausgezeichnet, welche
theils den Islam annahmen, theils wenigstens Mohammeds
weltliche Oberherrschaft anerkannten. Einige derselben sind
sowohl für Mohammed, als für die Sitten seiner Zeit so
charakteristisch, daß sie eine besondere Erwähnung verdienen.
Eine der merkwürdigsten war die der Beni Tamim, unter
denen sich auch Akraa Ibn Habis befand, der schon den Feld=
zug von Honein mitgemacht, und von Mohammed mit hundert
Kameelen beschenkt worden war. Diese Abgeordneten kamen,
um die ihnen von den Muselmännern weggeführten Gefan=
genen zurückzufordern. Die Beni Tamim hatten nämlich einen
Muselmann, der bei den Beni Kaab Almosen einsammelte,
vertrieben, worauf Mohammed Ujeina gegen sie sandte, der
ihnen elf Mann, einundzwanzig Frauen und dreißig Kinder
entführte und nach Medina schleppte. Sobald die Abgeord=
neten in Medina anlangten, schrieen sie vor Mohammeds Woh=
nung: „Komme heraus! laß sehen, wer von uns der beste
Dichter ist, und am meisten Ruhm erworben hat; denn unser
Lob ist eine Zierde, unser Tadel aber ein Schandfleck." Sie
lärmten so lange vor seinem Hause, daß er trotz der glühen=
den Mittagshitze zu ihnen heraustrat und auf ihre Heraus=
forderung antwortete: „Ich bin nicht als Dichter von Gott
gesandt, auch strebe ich nicht nach Ruhm." Sie baten ihn
dann, ihre Dichter und Redner anzuhören. Als Mohammed
dieß gestattete, trat Utarid Ibn Hadjib hervor, und sprach:
„Gepriesen sey Gott, der allein über uns steht und dessen auch
würdig ist, der uns zu Königen der Erde geschaffen, und uns
unendliche Reichthümer geschenkt, die wir zu Wohlthaten ver=
wenden; der uns das höchste Ansehen von allen Bewohnern
des Ostens verliehen; kein Stamm gleicht uns an Zahl, noch
an Kriegsrüstung; sind wir nicht die Häupter der Menschheit
und ihre Krone?[381] Wer sich mit uns an Ruhm messen will,

---

[381] Ein Seitenstück zu dieser Prahlerei findet man bei dem Dichter
Amru Ibn Kolthum: „Wir fällen die Erde, bis sie uns zu eng
wird, und das Meer ist von unsern Schiffen bedeckt."

der zähle so viel Angehörigen, wie wir. Wenn wir wollten, so könnten wir noch lange so fortfahren, doch wer wagt es nur so viel von sich zu sagen!"

Als Utarid vollendet hatte, sagte Mohammed zu Thabit Ibn Keis: „Erhebe dich und antworte diesem Manne!" Da begann Thabit: „Gepriesen sey der Herr, der Himmel und Erde geschaffen, und durch sie seinen Willen vollzogen, dessen Wissen sein ganzes Reich umfaßt, dem Alles sein Dasein zu verdanken hat, dessen Allmacht es gefiel uns zu Königen zu erheben, der von den Besten seiner Geschöpfe einen Gesandten erkohren, ausgezeichnet durch den Adel seines Geschlechts und die Wahrheit seiner Rede, dem er seine Schrift offenbarte, und den er zum Führer der Menschen bestimmte. Als dieser Gesandte die Menschen zum Glauben an ihn aufforderte, waren die Ausgewanderten die Ersten, die seinem Rufe folgten; Männer aus seinem Volke, von edelster Abkunft, schönster Gesichtsbildung und reinstem Lebenswandel. Wir aber waren das erste Volk, das dem Gesandten Gottes seinen Beistand zusagte. Wir sind die Hülfsgenossen Gottes und die Viziere seines Gesandten, wir bekriegen alle Menschen, bis sie glauben; nur wer an Gott und seinen Gesandten glaubt, rettet sein Blut und sein Gut, alle Ungläubigen befehden wir, und der Sieg wird uns immer leicht. Ich beschließe diese Rede, indem ich Gottes Gnade für mich und alle Gläubigen anflehe."

Nach diesem rhetorischen Wettstreite begann ein poetischer zwischen Amru Ibn Ahtam, einem Dichter der Beni Tamim, und Hasan Ibn Thabit, den Mohammed als Verfechter der Muselmänner rufen ließ. Des Erstern Gedicht begann:

„Wir sind die Edlen, mit uns kann kein Stamm sich messen. Wir sind die Häupter, unter uns wird der Vierttheil vertheilt. Oft wenden wir uns trotzend von Andern ab, niemand wagt es aber uns zu trotzen, so erheben wir uns, wenn um Ruhm gestritten wird."

Darauf erwiederte Hasan Ibn Thabit:

„Wir stehen dem Gesandten Gottes bei und seinem Glauben, und trotzen seinen Widersachern, den Nahen und Entfernten; so lange wir auf der Erde wandeln, sind wir die Besten der Lebendigen, und unsere Todten sind die edelsten Grabbewohner."

Hierauf begann der Dichter Zibirkan Ibn Bedr ein Gedicht, in welchem er besonders die Gastfreundschaft seines Stammes hervorhob, während Hasan abermals mit dem Schutze, welchen die Hülfsgenossen dem Propheten angedeihen ließen, sich brüstete. Endlich erhob sich noch der Tamimitische Dichter Akraa Ibn Habis, und sprach:

„Wir sind gekommen, damit unsere Vorzüge bekannt werden, wenn um die Krone des Ruhmes gestritten wird. Die Häupter aller Stämme der ganzen Menschheit sind wir, gibt es im ganzen Hedjas ein zweiter Darim?

Zum dritten Male begann jetzt Hasan:

„Prahlet nicht so, ihr Söhne Darims! denn euer Ruhm wird zu Schande, wenn wir unsere Tugenden erwähnen. Wollt ihr euern Ruhm dem unsrigen zur Seite setzen, so erscheinet ihr uns als ein Gesindel von Ammen und Knechten." [382]

Als Akraa diese Verse hörte, sagte er: „Bei meinem Vater! sein (Mohammeds) Redner ist besser, als der unsrige, sein Dichter ist größer, als wir, und auch ihre Stimme ist lauter, als die unsrige." Er legte dann sein Glaubensbekenntniß ab, die übrigen Abgeordneten folgten ihm, und Mohammed gab ihnen nicht nur ihre Angehörigen zurück, sondern entließ sie auch noch mit andern Geschenken.

Das Geschrei dieser Abgeordneten bei ihrer Ankunft, so wie der laute Dichterkampf und noch lautere Streit zwischen Omar und Abu Bekr über das Talent der verschiedenen Ta-

---

382) Diese Gedichte sind nach J., bei S. fol. 252 werden noch mehrere angeführt, ihr Inhalt ist aber so sehr der Prosa ähnlich, welche ich vollständig wiedergegeben habe, daß sie keine besondere Erwähnung verdienen.

mimitischen Dichter, waren die Veranlassung zu folgenden Koransversen [383]):

„O ihr, die ihr glaubet! erhebet eure Stimme nicht über
die des Propheten, und schreiet ihn nicht an, wie ihr euch unter
einander anschreiet, sonst möchten eure Werke nicht gedeihen
und ihr merket es nicht. Diejenigen, die vor dem Gesandten
Gottes ihre Stimme nicht laut erheben, sind es, deren Herz
Gott als ihn fürchtend erprobt hat, sie finden Vergebung und
großen Lohn. Die Mehrzahl derjenigen, welche dich hinter
deinen Wohnungen hervorriefen, waren unverständig; hätten
sie gewartet, bis du hervortratst, so wäre es besser für sie
gewesen, doch Gott ist gnädig und barmherzig." [384])

Nicht minder anziehend ist die Bekehrungsgeschichte Adis's,
aus dem Stamme Tai, Sohn des wegen seiner beispiellosen
Freigebigkeit sowohl, als wegen seines Dichtertalents und rit-
terlicher Tugenden in ganz Arabien hochverehrten Hatim.
Hören wir sie aus Adis's eigenem Munde: „Kein Araber haßte
den Gesandten Gottes so sehr, wie ich; ich war ein Christ und
meiner Meinung nach ein religiöser Mann, ich war der Fürst
meines Volkes, und mir gehörte der vierte Theil der Beute [385]).
Als ich von den Feldzügen Mohammeds hörte, sagte ich zu
einem jungen Beduinen, der meine Kameele auf die Weide

---

383) J. und S. a. a. O., auch Djalalein zu den folgenden Koransversen. S. Maraccius, p. 668.

384) Sura 49, Vers 2—5.

385) Es heißt bei S. (fol. 255), aus dem ich diese Erzählung entnommen: „Wakuntu asiru fi kaumi bilmirbâi," und bei J.:
„Achudsu-r-ruba min alghanaïm;" Letzterer setzt dann hinzu,
was man auch im Kamus unter mirbâu findet, wo diese Tradition angeführt wird, daß es bei den heidnischen Arabern Sitte
war, ihren Fürsten den vierten Theil der Beute zu überlassen.
Gagnier (II. 202), der auch den Anfang dieser Erzählung nach
Ibn Ishak anführt, hat mirbâu (mit Alif nach dem ba) mit mir-
bau (ohne Alif) verwechselt, und übersetzt daher: „Je me faisais
porter au milieu de mon peuple sur un char trainé par quatre
chevaux."

führte: halte mir immer einige starke, doch leichtfüßige Kameele in meiner Nähe bereit, und wenn du hörst, daß Mohammeds Truppen dieses Land betreten, so gib mir gleich
Nachricht davon! Eines Morgens kam der Junge zu laufen,
und sagte mir: Adiß, führe jetzt aus, was du beim Herannahen
mohammedanischer Truppen zu thun beschlossen, denn ich habe
so eben ihre Fahnen erblickt [386]). Ich ließ mir meine Kameele
bringen, lud meine Frau und Kinder darauf, und flüchtete mich
nach Syrien zu meinen Glaubensgenossen. Meine Schwester
Saffána (Perle) aber, welche im Städtchen war, das die
Truppen überfielen, ward unter anderen Gefangenen nach
Medina geschleppt. Als der Prophet an ihr vorüberging, rief
sie ihm zu: o Gesandter Gottes! Mein Vater ist todt, mein
Ernährer ist abwesend, begnadige mich! Gott wird dir auch
gnädig seyn [387]). Wer ist dein Ernährer? fragte sie Mohammed, sie antwortete: Adiß, der Sohn Hatims. Mohammed versetzte: er ist vor Gott und seinem Gesandten entflohen, und ging
weiter. Am folgenden Tage kam der Prophet wieder an ihr
vorüber, da sagte ihr ein Mann, der hinter ihr stand: — sie
erfuhr nachher, daß es Ali war — stehe auf, und rede ihn
noch einmal an! Sie erhob sich und rief wieder: mein Vater
ist todt und mein Ernährer abwesend, begnadige mich! Gott
wird dir auch gnädig seyn. Es sey! sagte dann Mohammed,
du bist frei, doch bleibe hier, bis du eine sichere Reisegesellschaft
findest, der du dich anschließen kannst, um zu den Deinigen zu
gelangen. Sie blieb dann in Medina, bis eine Karawane

---

386) Die Muselmänner, welche gegen die Taïten heranzogen, standen
unter dem Oberbefehle Ali's, welcher bei diesem Ueberfalle auch
ihren Götzen Fuls zerstörte. Er hatte zwei Fahnen, eine weiße
und eine schwarze bei sich. J. Nach dem Kamus hieß dieser
Götze Fils.

387) Dafür hat Gagnier a. a. O.: „Faites moi, je vous prie, parti-
cipante du don que Dieu vous a fait." Die Worte des Textes
lauten: „fa'maun alajja manna allahu alaika." Auch läßt er
Mohammed sie gleich bei ihrer ersten Bitte begnadigen.

der Beni Kudhaa nach Syrien reiste, da bat sie Mohammed
um Erlaubniß sich ihr anzuschließen und zu mir zu reisen. Mo=
hammed schenkte ihr Kleider, ein Kameel und das nöthige
Reisegeld. Eines Tages, als ich bei meinen Leuten saß, da
kam ein Kameel auf unsere Wohnung zu, und siehe da! meine
Schwester saß darauf. Als sie vor mir stand, sagte sie: o
Bösewicht! o Selbstsüchtiger, du denkst an die Rettung deiner
Frau und deiner Kinder, und kümmerst dich nicht um die Toch=
ter deines Vaters! Ich sagte: o Schwesterchen! du hast recht,
ich weiß mich nicht zu entschuldigen, doch sprich nur Gutes!
Was hältst du denn von diesem Manne (Mohammed)? Ich
halte ihn für einen Propheten, der alle, die ihn aufsuchen,
gut aufnimmt. Ich rathe dir alsbald zu ihm zu reisen, er
wird bald König seyn, du wirst dann nicht erniedrigt, wenn
Andere in Arabien durch ihn erhoben werden. Ich dachte:
bei Gott! sie hat Recht, und machte mich sogleich auf, reiste
nach Medina, begab mich zu ihm in die Moschee und grüßte
ihn. Er fragte mich nach meinem Namen, und als ich ihn
nannte, stand er auf und ging mit mir in sein Haus. Auf
dem Wege hielt ihn eine schlanke, schwächliche Frau an; er
blieb bei ihr stehen, und unterhielt sich mit ihr über ihre An=
gelegenheit. Da dachte ich: bei Gott, das ist nicht königlich.
Als wir endlich in sein Haus kamen, reichte er mir einen le=
dernen mit Palmfasern ausgestopften Polster und hieß mich
darauf sitzen; ich wollte ihn ihm selbst überlassen, aber er drang
in mich, bis ich mich darauf niederließ, dann setzte er sich auf
die nackte Erde. Da dachte ich wieder: bei Gott! da geht es
nicht fürstlich her. Er forderte mich dann drei Mal nach ein=
ander auf, mich zum Islam zu bekehren; ich erwiederte aber
immer: ich habe meinen Glauben. Da sagte er: ich kenne
deinen Glauben besser als du, gehörst du nicht der Sekte der
Rakusi [386] an? Nimmst du nicht deinen Leuten den Vierttheil

---

[386] Von dieser Sekte heißt es bei J. und im Kamus: sie steht in
der Mitte zwischen dem Sabäismus und dem Christenthume.

der Beute weg, und handelſt ſo dem chriſtlichen Glauben zuwider? Aus dieſen Worten erkannte ich ihn als einen von
Gott geſandten Propheten, der mehr als Andere weiß. Dann
fuhr er fort: du wirſt vielleicht nicht gern Muſelmann, weil
du uns ſo arm findeſt, aber bei Gott! die Zeit iſt nahe, wo
den Bekennern des Iſlams ſo viele Reichthümer zufließen
werden, daß man ſie nicht alle wird aufbewahren können;
vielleicht ſchreckt dich die Anzahl der Feinde des Iſlams im
Verhältniß zum kleinen Haufen ſeiner Bekenner ab, aber bei
Gott, bald wird eine Frau allein ohne Furcht auf ihrem Kameele von Kadeſia nach dem Tempel Gottes pilgern können.
Denkſt du vielleicht, die Herrſchaft und die Macht iſt in den
Händen der Ungläubigen, ſo wiſſe, daß die Zeit nicht fern iſt,
wo wir die weißen Schlöſſer Babyloniens erobern werden.
Als er vollendet hatte, legte ich das muſelmänniſche Glaubens-
bekenntniß ab." [387])

Die Huldigung der Beni Harith Ibn Kaab, welche Nadſ-
ran bewohnten, und der Aufforderung Chalids zufolge, den
Mohammed zu ihnen geſandt, ſich zum Iſlam bekehrten, verdient keine beſondere Erwähnung, wohl aber das Schreiben,
das ihnen Mohammed nachher durch Amru Ibn Hazm ſandte,
weil man daraus manche einzelne im Koran nicht erwähnte
Geſetze des Iſlams, wie ſie noch heute beobachtet werden,
kennen lernt. Es lautet:

„Im Namen Gottes, des Allbarmherzigen, Allgnädigen.
Dieß iſt die Unterweiſung von Gott und ſeinem Geſandten.
Ihr, die ihr glaubet, bleibet dem geſchloſſenen Bündniſſe ge-
treu, und handelt der Urkunde zufolge, welche Mohammed,
der Prophet Gottes, Amru Ibn Hazm mitgegeben. Dieſen
hat er vor Allem zur Gottesfurcht ermahnt, denn Gott iſt
mit denen, die ihn fürchten und tugendhaft ſind, und ihm be-

387) S. fol. 256 ſetzt noch hinzu, daß Adiſ ſpäter oft ſagte: „Er habe
     die beiden letzten Vorausſagungen in Erfüllung gehen ſehen, und
     hoffe auch noch die Verwirklichung deſſen, was Mohammed in
     Betreff der unermeßlichen Reichthümer prophezeit, zu erleben.

fohlen, nie vom Wege des Rechts abzuweichen. Der Zweck seiner Sendung ist euch Heil zu bringen und euch zu zeigen, wie ihr dessen würdig werden könnet. Er soll euch den Koran lehren, den aber Niemand berühre, der nicht rein [388]), und euch erklären, was Recht und was Unrecht ist; es soll euch vor Gewaltthätigkeit warnen, die Gott haßt, er soll euch das Paradies verheißen, und mit der Hölle drohen und die Werke angeben, die euch zu dem einen oder zu dem andern führen. Er soll euch ferner in den Gebräuchen und Pflichten der Wall= fahrt (hadj) und der Pilgerfahrt (Umra) unterweisen, so wie in denen des Gebets. Niemand bete in fremden Kleidern, die ihm zu kurz sind; niemand trage seine Haare in Flechten, bis zu den Schultern herab! Bricht ein Streit unter euch aus, so rufe niemand seine Stammgenossen oder seine Gemeinde zu Hülfe, sondern flehet Gottes Hülfe allein an, der keinen Genossen hat; wer dieses Verbot übertritt, der werde mit dem Tode bestraft. Ferner soll er euch die verschiedenen Waschun= gen zeigen, des Gesichtes, der Hände bis zu den Ellbogen, der Füße bis zu den Knöcheln und des Hauptes, wie es Gott befohlen, so wie das Verbeugen und Niederfallen beim Ge= bete, das zur bestimmten Zeit verrichtet werden muß, nämlich des Morgens, des Mittags, bevor die Sonne sich nach Westen zu neigen beginnt, des Nachmittags, bei Sonnenuntergang und nach dem Anbruch der Nacht. Besonders ermahne er euch das öffentliche Gebet am Versammlungstage (Freitag) [389]) nicht

---

388) Dieses Verbot findet sich im Koran, Sura 56, Vers 78.

389) Ueber die Feier des Freitags, welcher schon vor Mohammed, wenn auch nicht ein heiliger, doch ein öffentlichen Zusammenkünf= ten geweihter Tag war, heißt es im Koran (Sura 62, Vers 9 bis 11): „O ihr, die ihr glaubet, wenn am Versammlungstage zum Gebete gerufen wird, so eilet hin, wo man Gottes gedenkt, und lasset die Handelsgeschäfte! Dieß ist besser für euch, wenn ihr es wissen wollt. Ist das Gebet verrichtet, dann zerstreut euch auf Gottes Erde, und suchet, was seine Güte euch gespendet, denket oft an Gott, dieß wird euch Segen bringen. Als sie (die

zu verſäumen, und euch vorher zu baden. Er hat auch die Weiſung den fünften Theil der Beute in Empfang zu nehmen, ſo wie auch die Armenſteuer, welche Gott den Gläubigen vor= geſchrieben, nämlich: von dem Ertrag der Erde [390]) den zehn= ten, wenn ſie durch Quellen oder Regen, den zwanzigſten Theil aber nur, wenn ſie durch Menſchenhand bewäſſert wird; von zehn Kameelen [391]) zwei Schafe und von zwanzig vier; von

Medinenſer) Waaren ſahen oder Spiel (Tamburine, welche die Karawane begleiteten), wendeten ſie ſich dieſen zu, und ließen dich (Mohammed, in der Moſchee) ſtehen. Sage ihnen! was bei Gott iſt (der Lohn jenſeits) verdient den Vorzug vor Waaren und Spiel; auch iſt Gott der beſte Nahrungsſpender." Dieſen Verſen zufolge beſteht die eigentliche Feier dieſes Tages im öf= fentlichen Gebete zur Mittagsſtunde, vor und nach demſelben iſt aber keine Ruhe geboten.

390) Darunter verſteht man die verſchiedenen Sorten Getreide, Dat= teln und Zibeben.

391) Eigentlich auch ſchon von fünf Kameelen ein Schaf, von 15 drei, von 20 vier, von 25 ein weibliches Kameel, das ins zweite Jahr geht, von 36 eines, das ins dritte Jahr geht, von 46 eines, das das dritte Jahr zurückgelegt hat, von 61 eines, das ins fünfte Jahr geht, von 76 zwei Kameelinnen, die das zweite Jahr zurückgelegt, von 91 zwei Kameelinnen, die das dritte Jahr zurückgelegt, von 121 drei Kameelinnen, die ins dritte Jahr gehen u. ſ. f. Bei Muradgea d'Ohsson tableau de l'empire Ottoman, deutſch von Beck, Bd. I. S. 451 iſt durchweg das Alter der Kameelinnen falſch angegeben. So lieſt man dort „von 25—35 eine Kameelin von zwei Jahren" für „bintu-l-mahadhin" (bei Ibn Kaſim) „eine von drei Jahren" für „bintu labunin" u. ſ. w. Auch heißt es dort (S. 452): „Von 121—125 zwei Kameelinnen von vier Jahren und einen Schöps, ſtatt drei, die ins dritte Jahr gehen. Endlich iſt noch S. 453 von einem Zehnten von Pferden die Rede, derer nicht nur dieſer Brief nicht erwähnt, ſondern von denen Ibn Kaſim ausdrücklich bemerkt, es ſey nichts dafür zu ent= richten, eben ſo wenig als von Mauleſeln und Eſeln. Wahr= ſcheinlich weichen die Schafiiten, für die Ibn Kaſim ſein Handbuch geſchrieben, hierin von den anderen orthodoxen Lehrern des Is= lams ab.

vierzig Stück Rindvieh eine Kuh, von dreißig ein ins zweite Jahr gehendes Kalb [392]); von vierzig Schafen Eines [393]), das ists, was Gott den Gläubigen als Almose auferlegt, wer aber mehr gibt, dem kömmt es zu gut. Jeder Jude und Christ, der zum Islam übergeht, soll als Muselmann betrachtet werden und in Allem euch gleich seyn; diejenigen aber, die bei ihrem Glauben beharren wollen, die sollen Tribut bezahlen, nämlich für jeden Erwachsenen, männlichen oder weiblichen Geschlechts, für den Freien wie für den Sklaven, einen Dinar an Geld oder an Werth. Wer diesen Tribut entrichtet, wird ein Schutzgenosse Gottes und seines Gesandten, wer ihn aber verweigert, wird als ein Feind Gottes und seines Gesandten und aller Gläubigen betrachtet." [394])

Die Deputation der Beni Fazara ist darum nennenswerth, weil sie nach einigen Berichten die Veranlassung zu einem Gebete um Regen ward, das noch jetzt fast wörtlich so in trockenen Jahren verrichtet wird. Als nämlich Mohammed sie fragte, wie es in ihrem Lande gehe, antworteten sie: „Unser Boden ist ausgebrannt, unser Vieh geht zu Grunde und unsere Familien hungern, drum bete doch zu deinem Herrn, daß er uns Regen sende." Mohammed ging in den Tempel, betete

---

392) Bei weniger als dreißig findet keine Verpflichtung statt.

393) Nach Ibn Kasim entweder ein Schaf, das ins zweite, oder eine Ziege, die ins dritte Jahr geht; von 121 muß man zwei geben, von 201 drei, von 400 vier, dann für jedes folgende Hundert eins mehr. Nicht wie bei M. d'Ohsson a. a. O.: „Von 121 bis 399 muß man drei geben." Im Koran ist nur überhaupt an mehreren Orten geboten Almosen (zaka'tun) zu geben, aber die nähern Bestimmungen gründen sich blos auf mündliche Tradition. Auffallend ist, daß sowohl in diesem Schreiben, als in einem andern ähnlichen, das Mohammed an die Könige Himjars sandte, von der Armensteuer, welche von Silber und Gold zu entrichten ist, nämlich eines von vierzig, keine Erwähnung geschieht, obschon sie auch durch idjmaa festgesetzt ist, und auf mündliche Tradition, nach Einigen sogar auf den Koran sich stützt.

394) Vergl. Sura 9, Vers 30.

zwei Rikas, dann wendete er sein Obertuch um, kniete nieder, hob die Hände gen Himmel und betete: „Gott! tränke uns mit einem Regen der Barmherzigkeit, der überall reichlich fließt, lange anhält, in den Boden dringt, ihn schmückt und befruchtet und ihm gutes Futter entlockt. Gott! belebe damit den Boden und erquicke die Menschen, die unter Zelten leben, so wie die Angesiedelten. Gott! verleihe der Erde ihren Schmuck wieder und sende deine Ruhe auf uns herab! [395]) Bewahre uns aber, o Gott! vor einem Regen der Ueberschwemmung, der Zerstörung und des Verderbens! O Gott! um uns (laß regnen) und nicht über uns, auf Anhöhen und Hügel, in die Tiefen der Thäler und Baumgärten.“

Auch die Beni Thakif unterwarfen sich freiwillig noch im

[395]) Das folgende soll Mohammed erst nach einer Woche gebetet haben, als der Regen alle Wege um Medina ungangbar machte. Die Worte des Textes lauten: „Hawalina wala alaina ala-likâmi wa-z-zirâbi wabutuni-l-audiati wamanâbiti-sch-schadjari.“

Dieß übersetzt H. v. H. (S. 207): „O Gott! sey für und nicht wider uns! nicht wider die Hügel und Bühel, die Tiefen der Thäler und die Pflanzen der Bäume!“

Das Gebet, wie es Ibn Kasim anführt, und wie es noch jetzt verrichtet wird, lautet: „Gott! (schenke uns) einen Regen der Barmherzigkeit und nicht der Strafe, nicht der Verwüstung, des Verderbens, der Zerstörung und Ueberschwemmung. Gott! über Hügel und Anhöhen, Baumgärten und Tiefen der Thäler. Gott! um uns und nicht über uns! Gott! einen Regen, der reichlich fließt, einen allgemeinen, befruchtenden, anhaltenden, in den Boden dringenden und ihn schmückenden (sende solchen Regen), bis zum Tage des Gerichts. Gott! labe uns mit einem Regen, und überlasse uns nicht der Verzweiflung! Gott! die Menschen und das Erdreich sind in Noth, Hunger und Drangsal, die sie nur dir klagen können. Gott! lasse unsere Saaten wachsen und unser Vieh Milch geben. Sende uns von den Segnungen des Himmels herab, daß die Erde ihre Segnungen hervorbringe! befreie uns aus einer Noth, der nur du ein Ende machen kannst, Gott! wir flehen dich um Vergebung an, laß den Himmel uns Regen spenden, denn du bist gnädig.“

neunten Jahre der Hidsrah, weil sie es nicht mehr wagen konnten, ihre Stadt Taïf zu verlassen, ohne von den sie umgebenden Muselmännern mißhandelt zu werden. Schon unmittelbar nach Mohammeds Abzug von Taïf folgte ihm der Thakifite Urwa Jbn Masud, und bekehrte sich zum Islam. Er kehrte dann wieder nach Taïf zurück, um seine Landsleute aufzufordern, seinem Beispiele zu folgen. Mohammed suchte ihn zwar zurückzuhalten, denn er war für sein Leben besorgt, weil er die Anhänglichkeit der Thakifiten zu ihrem Götzen wohl kannte. Urwa ließ sich aber, im Vertrauen auf das Ansehen, das er in seiner Heimath genoß, nicht abhalten, und bezahlte seinen frommen Eifer mit dem Leben. Einige Monate nachher, als die Zahl der zum Islam übergehenden Stämme immer zunahm, sahen sie doch die Nothwendigkeit ein, sich mit Mohammed zu versöhnen, und sandten ihm daher sechs, nach Einigen neunzehn Abgeordnete. In der Nähe von Medina begegneten sie Mughira, welcher die Heerde Mohammeds hütete. Er wollte ihre Ankunft Mohammed melden, aber Abu Bekr kam ihm zuvor. Mughira wollte inzwischen die Thakifiten belehren, wie sie Mohammed grüßen sollten; aber sie beharrten bei ihrem alten Gruße, welcher in einem einfachen „guten Morgen" bestand [396]). Mohammed ließ ihnen ein Zelt in einem Ecke der Moschee errichten und sie darin bewirthen; sie aßen aber, aus Furcht vergiftet zu werden, nichts, von dem

---

396) Die arabischen Worte ihres Grußes: am oder im sabahan wie inam oder inim, welches der gewöhnliche Gruß der Araber vor Mohammed war. Diesen übersetzt H. v. H. S. 201 durch „guten Morgen, Better!" Am heißt doch aber jedenfalls Oheim und nicht Better, und Sabah allein bedeutet doch Morgen und nicht guten Morgen. Ueber diesen Gruß, welcher im sechsten Verse der Muallakat von Zuheir vorkommt, sagt Zauzani: „Er wird auf vier verschiedene Weise gebraucht, entweder inim wie hasiba jahsibu oder inam wie alima ia'lamu oder Am von waama jaamu oder im von waama jaimu." S. auch den Kamus unter wa'mu (waw ain mim), S. 576.

nicht vorher Chalid gegessen hätte. Nach einiger Zeit erklärten sie sich bereit den Islam anzunehmen, nur sollte ihnen das Gebet erlassen und gestattet werden, ihre Göttin Lat, welche sie die große Herrin nannten, erst nach drei Jahren abzuschaffen. Mohammed sagte ihnen aber: Eine Religion ohne Gebet taugt nichts; auch über den zweiten Punkt war er unerbittlich, und gestattete nicht einmal eine Frist von einem Monate, um welche die Abgeordneten eigentlich nur darum nachsuchten, weil sie einen Aufstand der Frauen und Blödsinnigen fürchteten, wenn ihr Götze, noch ehe sie den Islam lieb gewonnen, zerstört würde. Das Einzige, was ihnen Mohammed zusagte, war, daß sie ihren Götzen nicht selbst zerstören müßten, sondern daß dieß durch Abu Sofian und Mughira, die er ihnen nachsenden wollte, geschehen könne. Die Abgeordneten gingen dann nach Taïf zurück, und machten die Einwohner der Stadt mit Mohammeds Bedingungen bekannt, ohne zu gestehen, daß sie dieselben schon angenommen hatten, und entwarfen ein so schreckliches Bild von seiner Macht und ihrer traurigen Lage, daß die Häupter der Stadt nach einigen Tagen sie bevollmächtigten, lieber Alles zu gewähren, als sich einem neuen Kriege auszusetzen. Jetzt erst gestanden die Abgeordneten, daß sie bereits den Frieden geschlossen, und nur aus Furcht, sie möchten Urwa's Schicksal theilen, es bisher verheimlicht hätten. Nicht alle Abgeordneten unterwarfen sich indessen Mohammed und seinem Glauben, manche stellten Forderungen an ihn, die er nicht gewährte, und kehrten dann wieder, ohne ein Bündniß mit ihm zu schließen, in ihre Heimath zurück. Unter diesen war Amir Ibn Tufeil, der Häuptling des mächtigen Stammes der Beni Amir. Er war einer der schönsten und angesehensten Männer Arabiens. Sein Herold pflegte auf der Messe zu Okaz auszurufen: „Wer eines Lastthieres bedarf, der findet es bei Amir; wer hungrig ist, den speiset er; wer sich fürchtet, dem verbürgt er durch seinen Schutz Sicherheit." So oft man ihm von einer Unterwerfung sprach, sagte er: „Ich habe geschworen nicht zu ruhen, bis mir alle Araber gehorchen, und ich soll jetzt diesem Kureischiten huldigen?" Indessen entschloß er sich doch mit zwei Freunden, Arbad, dem Bruder des Dichters Lebid, und Djabbar Ibn Sulma, nach Medina zu reisen, um Mohammeds Bekanntschaft zu machen. „Willst du mein Freund werden?" fragte er Mohammed, als er vor ihm erschien. „Nein, bei Gott," antwortete Mohammed, „bis du an den einzigen Gott glaubst, der keinen Gefährten hat." Amir wiederholte seine ersten Worte, aber Mohammed forderte ihn abermals auf, den Islam anzunehmen. Da sagte er: „Wirst du mich zu deinem Nachfolger bestimmen, wenn ich Muselmann werde?" Mohammed antwortete: „Die Herrschaft ist Gottes, er verleiht sie wem er will." „So will ich Muselmann werden," versetzte Amir, „wenn du dich mit der Herrschaft über die Städtebewohner begnügst und mich den Beduinen gebieten lassest." Als Mohammed ihm auch dieß nicht gewährte, fragte er: „Was soll mir denn der Islam frommen?" „Die Gemeinschaft mit allen andern Muselmännern," erwiederte Mohammed. Von einer solchen Gemeinschaft wollte aber der stolze Amir nichts wissen, er verließ daher Mohammed, ihm mit einem Kriege drohend [397]).

Aber nicht nur entferntere Beduinenstämme wagten es noch Mohammed Widerstand zu leisten, sondern es bestand auch jetzt noch in Medina selbst eine mächtige Opposition gegen alle seine Unternehmungen, die er trotz der Eroberung von Mekka nicht zu unterdrücken im Stande war. Am entschiedensten trat

[397] S. fol. 253 und ausführlicher J. Auch hier wird wieder erzählt, daß Mirbad Mohammed erschlagen wollte, während er mit Amir sich unterhielt, daß er aber Amirs Gestalt stets zwischen sich und Mohammed sah, so daß er nie zuschlagen konnte. Auch soll Mohammed sie verflucht haben, und Amir an der Pest gestorben und Mirbad vom Blitze erschlagen worden seyn, Djabbar aber sich zum Islam bekehrt haben. Diese Mordpläne und ihre wunderbare Vereitlung wiederholen sich aber so oft in der Lebensgeschichte Mohammeds, daß ich es fast bereue, auch nur die Ersten als ein historisches Factum angesehen zu haben.

sie bei dem Feldzuge von Tabuk auf, welchen Mohammed im Monat Radjab des neunten Jahres noch vor der gänzlichen Unterwerfung von Taïf anordnete, weil ihm die Kunde zukam, die Griechen rüsten an der Grenze von Arabien eine große Armee gegen ihn aus. Dießmal mußte er, gegen seine bisherige Gewohnheit, wegen der Entfernung des Kriegsschauplatzes, der Dauer des Feldzugs und der großen dazu nöthigen Rüstungen, seine Leute zum voraus mit dem Feinde, auf den es abgesehen war, bekannt machen. Das Andenken an die bei Muta erlittene Niederlage war aber noch zu frisch, als daß diese Mittheilung große Freude unter den Muselmännern hätte erregen können[498]). Dazu kam noch, daß das neunte Jahr der Hidjrah

498) Furcht vor den Griechen mag wohl der Hauptgrund gewesen seyn, warum so viele Araber zurückblieben; es heißt ausdrücklich bei J. und S. fol. 240: Als Mohammed nach Tabuk aufbrach, sagten die Heuchler einer zum andern: „Glaubt ihr, ein Krieg gegen die Söhne der Gelben (Griechen) ist dasselbe, wie wenn Araber gegen einander Krieg führen? mir ist, als sähe ich euch (Krieger) schon mit Fesseln belegt." Auch Abd Allah sagte spöttisch: „Mohammed will bei dieser Hitze und allgemeinen Noth einen so großen Feldzug unternehmen, er hält einen Krieg mit den Söhnen der Gelben für ein Spiel." Was den Ausdruck „Söhne der Gelben" betrifft, so bemerkt J. dazu: „Die Griechen (Rum) heißen Söhne der Gelben, weil sie von Rum, dem Sohne Esau's, dem Sohne des göttlichen Propheten Isak abstammen, welcher einen gelben Flecken hatte." Die Gelehrten in der alten Geschichte berichten: „Esau heirathete die Tochter seines Oheims Ismael, und sie gebar ihm Rum, der einen gelben Flecken hatte, so daß man ihn den Gelben nannte; nach Andern hatte sein Vater Esau einen gelben Flecken; wahrscheinlich soll hier gelb so viel als röthlich bedeuten, wie auch Sura II. Vers 69 die rothe Kuh gelb genannt wird, da Esau bekanntlich in der Bibel den Beinamen Edom (der Rothe) führt." Den sonderbarsten Vorwand, um nicht mit Mohammed zu ziehen, gebrauchte Djadd Ibn Keis, welcher nach J. zu Mohammed sagte: „O Gesandter Gottes! erlaube mir zurück zu bleiben, und bringe mich in keine Versuchung! Bei Gott, alle meine Leute wissen, daß niemand mehr das weibliche

kein gesegnetes war, und man daher Mühe hatte, den nöthigen Vorrath zu diesem Zuge aufzutreiben; die Hitze war noch drückend, und die Araber gerade mit der Dattelerndte beschäftigt, so daß selbst einige, Mohammed sonst ganz ergebene und als Rechtgläubige bekannte Männer, sich weigerten an diesem Feldzuge Theil zu nehmen. Mohammed beharrte indessen auf seinem Befehle, und seine treuesten Anhänger gingen den Uebrigen mit gutem Beispiele voran. Othman schenkte tausend, nach Einigen sogar zehntausend Dinare, als Beitrag zu den Kriegskosten her, so daß Mohammed ihn deßhalb nicht nur von den

Geschlecht liebt, als ich; ich fürchte daher, wenn ich die Frauen der Griechen sehe, ihnen nicht widerstehen zu können." Mohammed wendete sich von ihm ab, und Gott sandte (den 51. Vers der 9. Sura) herab: „Einer von ihnen sagt: erlaube mir (zurückzubleiben) und bringe mich in keine Versuchung. Sind sie aber nicht in der Versuchung gefallen? (schon durch den Wunsch zurückzubleiben) aber die Hölle wird einst die Ungläubigen umgeben." Nach einer andern Tradition (diese klingt noch annehmbarer) sagte Mohammed zu Djadd oder zu andern: „Ziehet mit nach Tabuk, da könnet ihr griechische Mädchen und Frauen erbeuten." Darauf ward ihm geantwortet: „Erlaube uns (oder mir) zu bleiben, damit wir in keine Versuchung kommen." Gegen die Heuchler, welche sich im Hause des Juden Saweilam versammelt hatten, sandte Mohammed den Ammar Ibn Jasir, und beauftragte ihn, sie über ihre Reden zurechtzuweisen. Sie kamen dann zu Mohammed und sagten: „Wir haben nur gescherzt." Darauf bezieht sich der 66. und 67. Vers der 9. Sura, in welcher gesagt wird: „Die Heuchler fürchten, es möchte eine Sura vom Himmel kommen, welche offenbart, was sie in ihrem Herzen verbergen, sie entschuldigen sich daher und sagen, sie haben nur gescherzt, aber Gott macht ihre Heuchelei bekannt." Es heißt im Texte bei S. fol. 240, Mohammed sagte zu Ammar: „Idrik alkauma fainnahum kad ichtaraku fasalhum" u. s. w. (gehe hin zu den Leuten, denn schon haben sie Lügen verbreitet und frage sie ꝛc.) Durch die Verwechslung des ichtaraka (mit punktirtem cha) mit ihtaraka (ha ohne Punkt) läßt wahrscheinlich H. v. H. S. 188 dieses Haus verbrennen.

17*

schon begangenen, sondern auch von allen künftigen Sünden frei sprach. Abu Bekr brachte sein ganzes Vermögen herbei, das aus viertausend Drachmen bestand, und als Mohammed ihn fragte: „Was hast du denn deiner Familie gelassen?" antwortete er: „Gott und seinen Gesandten." Auch Omar, Abbas und Abd Arrahman Ibn Auf schenkten große Summen her, und viele Frauen sandten ihren Schmuck als Beitrag zum heiligen Kampfe. Mit Mühe brachte jedoch Mohammed, trotz dem allgemeinen Aufgebote an alle Gläubigen und Verbündeten, eine Armee von dreißigtausend Mann zusammen, von der aber, als es zum Aufbruch kam, ein großer Theil mit Abd Allah Ibn Ubejj wieder umkehrte [399]. Den in Medina Zurückgebliebenen scheint Mohammed so wenig getraut zu haben, daß er es für nöthig fand, seinen Schwiegersohn Ali, so viel er auch bei jedem bisherigen Kampfe geleistet hatte, zum Schutze seiner Familie zurückzulassen [400]. Gegen diejenigen, welche

[399] Gleich am ersten Tage schlug Abd Allah mit den Truppen die unter ihm standen (wahrscheinlich ein Theil der Chazradjiten und ihrer Verbündeten), sein Lager in einiger Entfernung von dem Mohammeds, mehr nach Medina hin, auf, und als Mohammed weiter zog, blieb er zurück mit den Heuchlern und Zweiflern. Abd Allahs Truppen, heißt es bei S. (fol. 238) bildeten, nach dem, was man glaubt, nicht den geringern Theil der beiden Armeen (leisa biakalli-l-askarein), d. h. der unter ihm und unter Mohammed stehenden. J., der diese Worte anführt, bemerkt, doch ohne weitern Grund, es sey nicht wahrscheinlich, daß Abd Allahs Leute so zahlreich waren, als die Mohammeds, um wie viel weniger noch zahlreicher. Auch über die Gesammtzahl der Truppen sind die Traditionen nicht gleichlautend, da manche vierzig, andere sogar siebenzigtausend angeben, während mir selbst die Zahl dreißigtausend noch übertrieben scheint.

[400] Die Heuchler, denen gewiß seine Anwesenheit lästig war, verspotteten ihn und sagten: „Mohammed habe ihn nur zurückgelassen, weil er ihm zur Last wäre" (nicht „weil ihm der Feldzug und Mohammed lästig," wie bei H. v. H. S. 188), er bewaffnete sich dann, holte Mohammed noch in Djuruf ein, und fragte ihn, ob

unter den verschiedenartigsten Entschuldigungen oder auch ohne allen Vorwand zu Hause blieben, erschienen später unter andern folgende Koransverse: „Die Zurückgebliebenen freuen sich mit ihrem Aufenthalte im Rücken des Gesandten Gottes und scheuen den heiligen Kampf auf dem Wege Gottes mit ihrem Gut und ihrem Blut; sie sagten (einer zum andern) ziehet nicht aus, während der Hitze! sage ihnen aber: (so befiehlt Gott Mohammed) das Feuer der Hölle ist brennender, o wären sie doch verständig! Ihr Lachen ist nur von kurzer Dauer, sie werden aber einst lange weinen, als Strafe für ihre Handlungsweise. Wenn dich Gott zu ihnen zurückführt, und sie bei dir anhalten, dich auf irgend einem andern Zug zu begleiten, so sage ihnen: ihr sollt nie mehr mit mir ausziehen, und nie mehr an meiner Seite kämpfen; ihr habt das erste Mal an der Ruhe Wohlgefallen gehabt, so bleibet auch jetzt bei den Uebrigen zurück. Stirbt einer von ihnen, so sollst du auch nie für ihn beten, noch sein Grab betreten, denn sie glaubten weder an Gott, noch an seinen Gesandten, und starben als Uebelthäter." [401] Mohammed setzte indessen bei der größten Hitze, bei Mangel an Wasser und den nöthigen Lebensmitteln, seinen Zug fort,

---

das wahr wäre? Mohammed antwortete: „Sie haben gelogen, du sollst statt meiner diejenigen, die ich zurücklasse, bewachen, und mir seyn, was Aron dem Moses war, obgleich jener ein Prophet war, nach mir aber kein Prophet mehr auftreten wird. (S. fol. 238 und Abulfeda ed. N. S. 104).

401) S. Sura IX. Vers 83—86. Einige der Zurückgebliebenen folgten ihm jedoch später; so erzählt S. fol. 238: „Als Abu Cheithama an einem heißen Tage in seinen Garten kam, wo ihn seine beiden Frauen unter kühlen Zelten mit frischem Wasser und guten Speisen erwarteten, sagte er: der Gesandte Gottes ist dem Winde und der Hitze ausgesetzt, und Abu Cheithama soll hier im Schatten bei seinen schönen Frauen sitzen? das ist nicht recht, bei Gott! ich betrete ihr Zelt nicht." Er traf dann sogleich die nöthigen Anstalten zur Reise, und ritt dem Propheten bis Tabuk nach. Auf dem Wege traf er Omeir Ibn Wahb, der ebenfalls sich den Truppen anschließen wollte.

und so oft ihm neue Ausreißer gemeldet wurden, sagte er: „Lasset sie! ist etwas Gutes an ihnen, so bringt sie Gott wieder zu uns, wo nicht, so hat uns Gott Ruhe vor ihnen geschafft." Als endlich die Truppen ganz erschöpft nach dem etwa sieben Tagereisen nördlich von Medina liegenden Bezirk Hadjr kamen, an den dortigen Brunnen sich laben und in den in Felsen gehauenen Wohnungen einige Ruhe genießen wollten, gestattete es ihnen Mohammed nicht, weil der vom Koran [402]) sanctionirten Legende zufolge, hier der Wohnsitz des wegen seiner Gottlosigkeit untergegangenen Stammes Thamud gewesen; selbst diejenigen, welche schon Wasser genommen, und damit etwas gekocht oder Brod angeknetet hatten, mußten es

402) Von den Thamuditen, denen Gott den Propheten Salih sandte, der, um sie von seiner himmlischen Sendung zu überzeugen, ein Kameel aus einem Felsen hervorrief, ist an mehreren Stellen des Korans die Rede. Unter andern in der 7. Sura, Vers 74—81, welche lauten: „An Thamud (sandte Gott) ihren Bruder Salih, welcher ihnen zurief: betet Gott an, außer dem kein anderer ist, ihr habt ja einen Beweis von eurem Herrn, dieses Kameel Gottes dient euch ja als Zeichen, lasset es weiden im Lande Gottes, und thut ihm nichts zu leid, sonst trifft euch schwere Pein. Bedenket, daß euch Gott zu Nachfolgern der (zernichteten) Söhne Aad gesetzt und euch ein Land zur Wohnung angewiesen, in dessen Ebenen ihr Schlösser baut, und in dessen Berge ihr Häuser einhauen könnet, gedenket der Wohlthaten Gottes, und verbreitet nicht Verderben auf Erden. Da sagten die Vornehmen des Volkes zu den Geringern: wisset ihr, daß Salih von seinem Herrn gesandt ist? Sie antworteten: ja, wir glauben an seine Sendung. Die Vornehmen versetzten aber: wir glauben nicht daran. Sie lähmten dann das Kameel, waren widerspenstig gegen Gottes Befehl, und sagten zu Salih: erfülle nur deine Drohung gegen uns! wenn du ein Gottesgesandter bist. Da wurden sie von einem Erdbeben heimgesucht, und am folgenden Morgen lagen sie hingestreckt in ihren Wohnungen. Salih wendete sich aber von ihnen ab, und sagte: ich habe euch die Sendung meines Herrn gebracht, und euch treuen Rath ertheilt, ihr liebet aber treue Rathgeber nicht."

den Kameelen hinwerfen. Die folgende Nacht war so stür-
misch, daß Mohammed Niemanden erlaubte, sich allein vom
Lager zu entfernen; der Wind war dabei so glühend, daß
manche Leute, um nicht vor Durst umzukommen, ihre Kameele
schlachteten und alle Flüssigkeiten sammelten. Als indessen
Tags darauf der Sturm sich legte, ward die Armee von einem
starken Regen 403) erquickt, so daß sie ohne weitere Beschwerde
ihren Marsch bis zu dem ungefähr in der Mitte zwischen Medina und Damask liegenden Städtchen Tabuk fortsetzen konnte,
dessen fruchtbare Umgebung sie zum Rasten einlud. Hier empfing Mohammed die Häupter einiger Grenzstädte Syriens,
so wie auch den Fürsten des am rothen Meere gelegenen
Städtchens Eila, welche für einen jährlichen Tribut den Frieden erkauften. Das Schreiben, das er Letzterem ausstellte,
lautet:

„Im Namen Gottes, des Allbarmherzigen, Allgnädigen.
Dieß ist der Sicherheitsbrief von Gott und dem Propheten
Mohammed, dem Gesandten Gottes, an Johanna, den Sohn
Ruba's, und die Bewohner von Eila. Ihre Schiffe und Ka-
rawanen zu Land und zu Wasser stehen unter dem Schutze
Gottes und seines Propheten, eben so alle diejenigen, welche
zu ihnen gehören, es seyen Syrer, Südaraber oder Küsten-
bewohner 404). Wer von ihnen aber sich eine Neuerung erlaubt

403) Der Legende zufolge nach Mohammeds Gebet. Als man aber
durch die Erhörung dieses Gebets einen sogenannten Heuchler von
Gottes Liebe zu Mohammed überzeugen wollte, sagte er: „Es
zog eben gerade eine Wolke vorüber, die sich entlud." S. fol. 239.

404) Die etwas schwierigen Worte des Textes lauten bei J. und S.
fol. 240: „Faman ahdatha minhum hadathan fainnahu la jahulu
maluhu duna nafsihi wainnahu latajjibun liman åhadsahu min
almasi wainnahu la jahillu an jumnau maan jaridunahu wala tarikan jaridunahu min barrin au bahrin." Dafür hat H. v. H.
S. 190 „und wer hinfüro von ihnen etwas nimmt, der gefährdet
nur seine Seele. Mohammed ist gut den Menschen, die ihn
(zum Schutze nehmen); er erlaubt nicht, daß sie verhindert
werden an ihrem Willen, sey es zu Land, sey es zu Meer."

(d. h. diesem Vertrage zuwider handelt), der kann sein Leben nicht mehr durch sein Gut retten, sondern wer ihn ergreift, darf ihn als Gefangenen behandeln. Es soll ihnen kein Waffer versagt werden, von dem sie trinken, und kein Weg versperrt werden, den sie wandeln wollen, sowohl zu Land als zu Waffer."

Hier empfing Mohammed auch die Huldigung des christlichen Fürsten Ukeidar, der von dem christlichen Fürstenhause Kinda abstammte, und in Daumat Aldjandal resdirte. Chalid hatte ihm mit einer Abtheilung Reiter aufgelauert als er auf der Jagd war, seinen Bruder erschlagen und ihn gefangen genommen. Da er sich aber einen jährlichen Tribut zu entrichten erbot, durfte er wieder frei abziehen. Mit diesen sehr geringen Früchten für einen mit so vielen Schwierigkeiten verbundenen Feldzug mußte sich Mohammed begnügen, denn seine Gefährten fanden es nicht rathsam, sich mehr der syrischen Grenze zu nähern, welche von zahlreichen Truppen besetzt war [405]). Nach einem Aufenthalte von fünfzehn bis zwanzig

Gagnier, welcher diesen Brief in seiner Ausgabe des Abulfeda S. 124 anführt, wo aber nach tajjib das Wort liman, nach dem ra von juriduna ein ja fehlt, mâan (Waffer) für Mad und tarikan für tarifan zu lesen ist, übersetzt diese Stelle noch unrichtiger: „Quod si quis illorum novas acquisierit facultates, is opes suas non commutet pro anima sua: quod si quem hominem captivum fecerit, illum benevole tractet: neque committat ut prohibeantur a commeatu commodato, quem reddituri sunt, neque a fructibus regionis quos itidem reddituri sunt ei terra marique." Ich habe das Wort „hala" in der Bedeutung von hadjasa (dazwischen treten) genommen, wörtlich: sein Gut kann nicht zwischen ihn und sein Leben treten; das Wort „tajjib" heißt so viel als: hilal, eine erlaubte Wegnahme, wie auch die Franzosen in diesem Sinne „bonne prise" sagen, das Uebrige bedarf keiner Erläuterung.

405) Es heißt bei J.: „Mohammed hielt Rath mit seinen Gefährten, ob er Tabuk überschreiten sollte, da sagte ihm Omar: hast du den Befehl (von Gott) weiter zu ziehen, so thue es. Mohammed

Tagen brach er daher wieder nach Medina auf. Aber auch auf dem Rückwege hatte er noch mit manchen Widerwärtigkeiten zu kämpfen. Sein ausdrückliches Verbot, daß niemand ihm vorauseile zu einem Brunnen, an dem er vorüber kommen mußte, blieb unbeachtet, und als er dahin kam, war schon kein Wasser mehr darin, worauf er die Ungehorsamen verwünschte, aber unbestraft ließ. Auf einer steilen Anhöhe, über welche er mit wenigem Gefolge ritt, während die Truppen in der Ebene blieben, lauerten ihm zwölf vermummte Männer in der Nacht auf [406]), und er verdankte seine Rettung wahrscheinlich nur

erwiederte hierauf: hätte ich den Befehl weiter zu ziehen, so würde ich euch nicht um Rath fragen. Da versetzte Omar: O Gesandter Gottes! die Griechen sind ein zahlreiches Volk, und es befindet sich kein einziger Muselmann unter ihnen, übrigens sind wir ihnen schon nahe gerückt und deine Nähe hat sie in Schrecken versetzt (?), wir wollen daher dieses Jahr zurückkehren, bis du es wieder angemessen findest, einen Feldzug gegen sie zu unternehmen, oder Gott irgend eine Veranlassung dazu herbeiführt."

406) Die nähern Umstände sind bei J. nicht recht klar. Folgende sind seine Worte: „Es beschlossen zwölf Heuchler, von denen, welche Mohammed nach Tabuk begleitet hatten, auf der Anhöhe zwischen Tabuk und Medina verrätherisch gegen ihn zu handeln. Sie sagten: wenn er die Anhöhe besteigt, so stoßen wir ihn von seinem Kameele in das Thal hinab. Aber Gott benachrichtigte seinen Gesandten von ihrem Vorhaben. Als daher die Truppen an die Anhöhe kamen, ließ er ausrufen: der Gesandte Gottes will die Anhöhe allein besteigen, die Armee folge dem bessern Weg in der Ebene (m. a. W. umgehe den Berg; aber warum that er nicht dasselbe?) Die Truppen blieben nun im Thale, und Mohammed ritt über die Anhöhe, befahl Ammar Ibn Jasir sein Kameel zu führen, und Hudseifa es von hinten zu treiben. Nach dem Buche Dalail führte es Hudseifa und trieb es Ammar. Als er auf der Anhöhe war, hörte er einen Lärmen hinter sich und sein Kameel entfloh in solcher Eile, daß ein Theil seines Gepäcks herunter fiel. Der Gesandte Gottes gerieth in Zorn, und befahl Hudseifa die Lärmenden zurückzutreiben. Er nahm seinen Stock, und trieb damit die Kameele der Verräther zurück, welche vermummt waren,

seinem Kameele, das scheu wurde und so schnell lief, daß ein
Theil seines Gepäcks herunter fiel, während einer seiner Be=
gleiter die der Feinde aufhielt. Auf diesen Umstand bezieht
sich folgender Koransvers:

„Sie schwören bei Gott, sie haben nichts gesagt, aber sie
haben es gesagt das Wort des Unglaubens, und sind wieder
zum Unglauben zurückgekehrt, nachdem sie Muselmänner ge=
worden, und haben Pläne geschmiedet, die sie nicht ausführen
konnten. Zwar hatten sie für nichts Rache zu nehmen, als
daß Gott und sein Gesandter sie durch ihre Gnade reich ge=
macht [407]). Doch bekehren sie sich wieder, so wird es ihnen

und rief ihnen zu: zurück, ihr Feinde Gottes! Da diese merk-
ten (?), daß der Gesandte Gottes ihre List durchschaut, entflohen
sie, und mischten sich unter die Truppen in der Ebene. Mohammed fragte Hudseifa: hast du jemanden erkannt von den Leuten,
die du zurückgetrieben? er antwortete: nein, sie waren vermummt
und die Nacht war zu dunkel. (Omar Ibn Hamza berichtet: als
ich das gefallene Gepäck des Gesandten Gottes wieder sammeln
wollte, leuchteten meine fünf Finger wie fünf Lichter, bis ich alles
wiedergefunden). Nach einer andern Ueberlieferung antwortete
Hudseifa: ich habe das Kameel des N. N. und N. N. erkannt.
Weißt du, was sie beabsichtigten? fragte ihn hierauf Mohammed.
Sie wollten List gebrauchen, und mich herunterstürzen machen,
aber Gott hat mich von allem unterrichtet, doch verschweige ihre
Namen! Am folgenden Morgen fragte Useid den Gesandten Gottes, warum bist du gestern Abend über die Anhöhe geritten und
nicht lieber dem bessern Wege im Thale gefolgt? er antwortete
ihm: weißt du, was die Heuchler beabsichtigten? und erzählte ihm
den ganzen Vorfall. Useid forderte ihn auf sie zu nennen, und
machte sich verbindlich, ihm ihre Köpfe zu bringen. Mohammed
entgegnete: man sage nicht von mir, daß ich meine Leute in den
Krieg führe, und dann, wenn ich siegreich heimkehre, sie hinrichten
lasse. Mohammed ließ sie dann zu sich rufen, und machte ihnen
Vorwürfe, aber sie läugneten Alles, und schwuren bei Gott, nichts
von dem was er glaube, beabsichtigt zu haben."

407) Diese Stelle übersetzt U. unrichtig: „und ließen sie (ihre Pläne)
nur deßhalb fahren, weil Gott in seiner Güte und der Prophet

gut ergehen, wenden sie aber (Gott) den Rücken, so wird sie Gott mit schwerer Strafe heimsuchen." [408]

Auf dem Heimwege hielt Mohammed eine Predigt, in welcher unter Andern folgende Kernsprüche vorkamen: „Die schönste Unterhaltung ist das Buch Gottes, der beste Reichthum ist der des Herzens, der schönste Vorrath ist der an frommen Handlungen, die höchste Weisheit ist Gottesfurcht; Weiber sind das Netz, mit welchen Satan die Männer umstrickt, Jugend gehört halb und halb zur Raserei; selig wird der, welcher an Andern Belehrung nimmt, und wer das Unglück mit Geduld erträgt, dem steht Gott bei." [409]

Als Mohammed in Dsu Arwan, nur noch eine Stunde Wegs vor Medina, anlangte, ward er von den Beni Ghanim, welche ihre Brüder, die Beni Amru Ibn Auf, wegen der zu Kuba errichteten Moschee beneidet, und daher auch eine gebaut hatten, abermals eingeladen, sie durch sein Gebet einzuweihen. Schon bei seinem Auszuge von Medina hatten sie ihn nämlich dazu aufgefordert, er konnte sich aber nicht mehr so lange aufhalten, und versprach ihnen daher bei seiner Rückkehr ihren Wunsch zu gewähren. Damals hatte aber Mohammed, der Aussage der Abgeordneten der Beni Ghanim zufolge, geglaubt, sie wollten, obschon sie ganz in der Nähe von Kuba wohnten, dennoch aus Frömmigkeit eine Moschee bauen, damit auch bei schlechtem Wetter und dunkler Nacht selbst ältere und schwächliche Leute dem öffentlichen Gebete beiwohnen könnten. Inzwischen hatte er aber vernommen, daß die Beni Ghanim keineswegs aus Religiosität, sondern um die Araber der Umgebung von Kuba abzuhalten, eine Moschee bauen ließen, und daß sie nicht nur keine frommen Muselmänner, sondern sogar mit seinem Feinde, dem Mönche Abu Amir, im Einverständnisse

ihnen Reichthum gewährte." Meine Uebersetzung ist nach Djalalein, dem auch Maraccius folgt: „Et non reprobaverunt: nisi quod ditasset eos Deus etc."

408) Sura 9, Vers 76.
409) J. nach Ibn Al Athir.

waren, welcher sich damals in Syrien aufhielt, und die Griechen zu einem Kriege gegen die Muselmänner anspornte. Statt diese Moschee einzuweihen, sandte daher Mohammed zwei Männer dahin, mit dem Befehle sie zu verbrennen und niederzureißen. Auf diese Begebenheit beziehen sich folgende Koransverse [410]): „Und (unter ihnen sind) die eine Moschee gebaut, in der Absicht zu schaden (den Bewohnern Kuba's) aus Unglauben, um eine Spaltung unter den Muselmännern hervorzurufen, und in Erwartung dessen [411]), der schon früher Gott und seinen Gesandten bekämpfte. Sie schwören: wir haben nur Gutes bezweckt, aber Gottes Zeugniß erklärt sie als Lügner. Stehe nie zum Gebete darin, denn die Moschee, die auf Gottesfurcht gegründet ist vom ersten Tage an, verdient es eher, daß du dich darin aufhaltest. In dieser sind Männer, welche wünschten, gereinigt zu werden, und solche Menschen liebt Gott [412]). Ist nicht der, welcher sein Gebäude auf Gottesfurcht stützt, und in der Hoffnung seines Herrn Wohlgefallen zu erlangen, besser als der, welcher es auf den Rand einer zerfallenen Mauer gründet, so daß er damit in das Feuer der Hölle stürzt? Gott leidet kein ungerechtes Volk. Der Bau, den sie (die Beni Ghanim) errichtet, wird stets ihr

410) Sura 9, Vers 109—111.

411) Das heißt in Erwartung Abu Amirs. Dafür hat H. v. H. (S. 194): „Als eine Warte wider die, so für Gott kämpfen und seinen Gesandten," als wenn „haraba" mit folgendem Accusativ „für jemanden kämpfen" bedeutete. Maraccius, dem auch Sale und Gagnier (II. 230) folgen, hat das „haraba" schon richtig übersetzt, aber das irsâdan (mit sad) nicht. Seine Uebersetzung lautet: „Et ad locum insidiarum pro iis, qui pugnaverunt contra Deum et legatum ejus antea." Meine Uebersetzung ist nach Dialalein, welcher das Wort „irsâdan" durch „tarkiban" interpretirt. Diese Bedeutung ist übrigens die erste, welche der Kamus angibt, nämlich „etwas in Erwartung kommender Dinge vorbereiten."

412) Dafür hat U.: „Die Menschen sollen wünschen, in diesem sich zu reinigen, denn Gott liebt die Reinen."

Herz beunruhigen, bis es vergeht, Gott ist allwissend und all=
weise." [413]

Als Mohammed nach Medina zurückkam, verbot er den
Muselmännern, die ihm gefolgt waren, mit denen, welche zurück=
geblieben, zu sprechen. Er nahm jedoch, als sie sich bei ihm
entschuldigten, sein Verbot zurück, und hielt es nur noch gegen
Kaab Ibn Malik, Murara Ibn Rabia und Hilal Ibn Om=
mejja aufrecht, weil diese drei Männer als fromme Gläubige
bekannt waren, und er daher ihren Ungehorsam strafbarer fand,
als den der Heuchler. Am vierzigsten Tage befahl er ihnen
sogar, sich von ihren Frauen abzusondern, und erst am fünfzig=
sten verzieh er ihnen im Namen Gottes, und offenbarte fol=
gende Koransverse: „Gott wendete sich dem Propheten zu und
den Ausgewanderten und Hülfsgenossen, die ihm in der Stunde
der Noth folgten, nachdem das Herz Anderer schwankte; dann
begnadigte er auch diese, denn er ist mild und barmherzig;

413) Auch diesen Vers hat H. v. H. a. a. O. mißverstanden. Er
lautet bei ihm: „Aber das Gebäu derer, welche mit zweifelnder
Scheu im Herzen gebaut, wird bestehen, bis ihre Herzen ver=
gehen." Daß aber „reib" nicht zweifelnde Scheu, sondern ge=
wöhnlich Zweifel des Unglaubens bedeutet, ist bekannt; auch wäre
es unpassend, wenn dieser Vers sich auf die Bewohner von Kuba
bezöge, ihnen zu sagen: ihr Bau wird bestehen, bis ihr Herz sich
zerbröckelt, denn so heißt es wörtlich. Ich habe daher das Wort
raib hier nach dem Kamus im Sinne von „kalak" und „idhtirab"
genommen, und glaube, daß Mohammed sagen wollte: sie werden
mit Furcht vor jenseitiger Strafe oder mit Gewissensbissen daran
denken, bis zum Tode. Maraccius übersetzt diesen Vers: „Non
deficiet aedificium eorum, quod aedificaverunt cum haesitatione
(circa fidem) in cordibus suis, nisi abscindantur corda eorum
(per mortem) et Deus est sciens sapiens." U. bemerkt in einer
Anmerkung zu diesem Vers: „Dieses Gebäude wird so viele Re=
ligionszweifel an= und aufregen, daß sie über deren Lösung alle
gesunde Vernunft verlieren." Diese Erklärung scheint mir um
so unnatürlicher, da doch das Gebäude auf Mohammeds Befehl
zerstört ward.

zuletzt auch noch die drei Ausgeschlossenen (welche so lange abgesondert blieben), bis ihnen die weite Erde zu eng ward, ihr Herz sich gedrückt fühlte, und sie einsahen, daß es vor Gott keinen andern Zufluchtsort gibt, als bei ihm selbst; dann erst nahm er ihre Buße an, damit sie sich ganz zu ihm bekehren, denn Gott ist nachsichtig und barmherzig."[414]

414) Sura IX. Vers 119 und 120. Bei S. fol. 242 u. ff. wird eine bis auf Kaab zurückgehende Tradition angeführt, in welcher er seine und seiner beiden Gefährten Geschichte folgenderweise erzählt: „Ich habe alle Feldzüge, welche der Gesandte Gottes angeordnet, mitgemacht, mit Ausnahme des Feldzugs von Bedr, wo es anfänglich auf gar kein Treffen, sondern nur auf einen Angriff der Karawane der Kureischiten abgesehen war, weßhalb auch Gott und sein Gesandter den Zurückgebliebenen keine Vorwürfe machten. Hingegen war ich bei der Huldigung auf Akaba, die ich nicht mit dem Feldzuge von Bedr vertauschen möchte, wenn gleich dieser berühmter geworden. Was den Feldzug von Tabuk betrifft, so muß ich gestehen, daß ich nie kräftiger und wohlhabender war, als damals, denn ich besaß zwei Kamecle, was bei keinem andern Kriegszuge der Fall war. Aber bei allen andern Zügen erhielten wir den Befehl auszurücken, ohne daß wir wußten gegen wen, dießmal hingegen, weil wir bei großer Hitze einen weiten Weg zurückzulegen und einen zahlreichen Feind zu bekämpfen hatten, daher außerordentlicher Vorbereitungen bedurften, machte uns Mohammed mit seinem Vorhaben bekannt. Unzählbare Schaaren rüsteten sich zum Kriege, obschon ungern, wegen der Dattelvernbte, die sie an ihre Heimath fesselte. Auch ich beschloß dem Propheten zu folgen, verschob aber die Vorkehrungen zu einem solchen Zuge von einem Tage zum andern, bis endlich die Armee aufbrach. Ich nahm mir dann vor, sie noch einzuholen, aber auch damit zögerte ich so lange, bis es zu spät war. Ich bereute indessen bald meine Saumseligkeit, denn als ich ausging, begegneten mir nur Frauen, Kinder, Greise oder kranke Leute, oder solche rüstige Männer, welche als Heuchler bekannt waren... Als ich hörte, der Gesandte Gottes kehre von Tabuk zurück, fühlte ich mich beschämt; ich besann mich auf irgend eine Lüge, um meinen Ungehorsam zu bemänteln, und berieth mich mit allen meinen Familiengliedern über die beste Weise, seinem Zorne zu entgehen. Nach

Sieben andere, von denen welche zurückgeblieben waren, bereuten es so sehr, daß sie sich an die Mauer der Moschee

seiner Ankunft aber wich jeder Trug aus meinem Herzen, denn ich erkannte, daß ich nur durch Aufrichtigkeit mich retten könnte, und beschloß daher dem Gesandten Gottes die Wahrheit zu gestehen. Gleich am folgenden Tage ließ sich Mohammed nach dem Gebete in der Moschee nieder, um die Leute zu empfangen. Da kamen über achtzig der Zurückgebliebenen und entschuldigten sich bei ihm. Mohammed nahm ihre Entschuldigungen an, glaubte ihren Worten, und stellte ihr Inneres Gott anheim. Endlich trat ich vor ihn hin, da lächelte er ein Lächeln des Zornes, und fragte mich: was hat dich abgehalten? Ich antwortete: bei Gott! säße ich vor jedem andern als vor dir, ich würde durch irgend eine Entschuldigung ihn zu besänftigen suchen. Wenn ich dich aber auch heute durch eine Lüge hintergehen wollte, so könnte leicht Gott (durch eine Offenbarung) morgen deinen Zorn von Neuem gegen mich aufregen, darum will ich lieber meine Strafe dulden und offen gestehen, daß ich nie kräftiger und wohlhabender war, als zur Zeit, wo ich dir zu folgen unterließ. Da sagte der Gesandte Gottes: nun, du bist doch wenigstens aufrichtig. Mache dich auf und erwarte Gottes Entscheidung über dich! Als ich Mohammed verließ, machten mir manche Leute Vorwürfe, daß ich nicht auch wie so viele Andere irgend eine Entschuldigung vorgebracht. Schon wollte ich zu ihm zurückkehren und mich entschuldigen, als ich hörte, daß noch zwei andere fromme Muselmänner, Murara und Hilal, meinem Beispiele gefolgt; da ging ich meines Weges, und vernahm bald, daß der Gesandte Gottes jedermann verboten mit uns zu sprechen; darauf wich uns ein jeder aus, und nahm eine fremde Miene an, so daß mir mein heimathlicher Boden wie ein fremdes Land erschien. Meine beiden Gefährten verließen indessen ihr Haus nicht, ich ging aber aus, obschon niemand mit mir sprach, besuchte auch die Moschee, setzte mich neben den Gesandten Gottes und grüßte ihn, obgleich er meinen Gruß nicht erwiederte. Eines Tages, nachdem ich meinen besten Freund und Vetter Abu Kutaba in seinem Garten angeredet hatte, ohne daß er mir Gehör schenkte, und in größter Betrübniß in den Straßen Medina's umherlief, kam ein Syrer, und rief: wer zeigt mir die Wohnung Kaab Ibn Malik? die

feſtbanden und ſchwuren, nicht eher ihre Feſſeln abzulegen, bis
Mohammed ihnen verzeihen werde. Als er an ihnen vorüber=
kam, und ſie in dieſem Zuſtande ſah, ſagte er: und ich ſchwöre
ſie nicht eher zu befreien, bis ihnen Gott vergibt, denn ſie ha=
ben ihn erzürnt, indem ſie an dem heiligen Kriege keinen

Leute deuteten auf mich hin; er trat mir näher und überreichte
mir einen Brief von dem Fürſten der Ghaſſaniden, in welchem er
mich einlud, ſtatt bei Mohammed allerlei Kränkungen zu dulden,
mich zu ihm zu begeben. Als ich dieſes Schreiben geleſen hatte,
dachte ich: das iſt ein neues Unglück, iſt es ſo weit mit mir ge=
kommen, daß ſchon Ungläubige nach mir zu gelüſten wagen? ich
warf dann den Brief ins Feuer und ging nach Hauſe. Am ein-
undvierzigſten Tage kam ein Bote des Geſandten Gottes zu mir,
und befahl mir in ſeinem Namen, mich von meiner Frau zu
trennen. Ich ſagte ihr: gehe zu deinen Verwandten, und bleibe
dort, bis Gott über mich entſcheidet. Meine beiden Gefährten
erhielten denſelben Befehl, da aber Hilal ein alter Mann war,
geſtattete Mohammed ſeiner Frau, ihn zu bedienen. Ich verließ
nun die Stadt, und ſchlug mir ein Zelt auf dem Berge Sala
auf, und lebte zehn Tage darunter in dem Zuſtande, wie ihn
Gott ſchildert: die ganze weite Erde war mir eng. Am einund-
fünfzigſten Tage kam ein Bote zu mir zu reiten, und wünſchte
mir Glück zu Mohammeds Vergebung, welcher beim Frühgebete
bekannt gemacht hatte, daß Gott uns verziehen. Ich ſchenkte
dem Glücksboten meine einzigen Kleider, entlehnte andere, und
lief in die Moſchee, wo der Geſandte Gottes ſaß. Er war
von vielen Leuten umgeben, aber Niemand ſtand vor mir auf,
außer Talha, welcher mich grüßte und beglückwünſchte. Als ich
den Geſandten Gottes grüßte, ſagte er mir mit Freude ſtrahlen-
dem Geſichte: freue dich mit dem ſchönſten Tage, ſeitdem dich
deine Mutter geboren! Ich fragte: kommt die Gnade von dir
oder von Gott? er antwortete: Gott hat dich begnadigt. Ich
ſchenkte dann als Buße einen Theil meines Vermögens her, und
gelobte ſtets die Wahrheit zu ſagen, weil ſie mich vor dem Schickſale
der übrigen Zurückgebliebenen bewahrte, welche eine göttliche Offenbarung als Lügner erklärte, und bei Gott (ſo ſchließt Kaab ſeine
Erzählung), ich habe ſeit damals nie gelogen, und hoffe, daß
mich Gott der Erhabene auch fortan vor Lügen bewahren wird.“

Antheil genommen. Aber sie wurden bald durch folgende Koransverse befreit:

„Was diejenigen angeht, welche ihr Vergehen bekannt und
gute Werke (frühere gottgefällige Handlungen) mit schlimmen
vermischten und hofften, Gott, der Gnädige und Barmherzige,
werde ihnen vergeben, nimm von ihrem Gute als Almose und
reinige sie dadurch von ihrer Schuld, bete auch für sie, denn
dein Gebet bringt ihnen Ruhe. Gott hört und weiß Alles.
Wissen sie nicht, daß Gott die Buße seiner Knechte annimmt
und ihre Almosen? er ist gnädig und barmherzig."[415])

Nach Offenbarung dieser Verse verzieh ihnen Mohammed,
band sie los und nahm ihnen den dritten Theil ihres Vermögens ab[416]).

Bald nach seiner Rückkehr hatte Mohammed über einen
Ehebruchsprozeß ein Urtheil zu fällen. Schon früher, gleich
nach Aïscha's Abentheuer, hatte er zwar bestimmt, daß der
Ehebruch nur dann bestraft werden dürfe, wenn er durch vier
Zeugen bestätigt worden, doch dieses Gesetz war nur gegen
fremde Ankläger gegeben, dießmal trat aber ein Gatte selbst
als Kläger gegen seine Frau auf. Es war Uweimar, welcher
ihm nach Tabuk gefolgt war, und bei seiner Rückkehr, seine
Gattin, die er in vier Monaten nicht berührt zu haben behauptete, schwanger fand. Mohammed ließ die Frau rufen,
und forderte sie auf, ihre Schuld zu gestehen; sie beschwor
aber ihre Unschuld, und behauptete, Uweimar sey ein eifer-
süchtiger Mann. Da aber dieser auf seiner Anklage bestand,
erschienen folgende Koransverse:

„Derjenige, der seine Frau einer Schuld anklagt, und
keine andern Zeugen als sich selbst hat, soll vier Mal bei Gott
schwören, daß er die Wahrheit spricht, und das fünfte Mal
Gottes Fluch über sich herabrufen, wenn er gelogen. Die
Strafe wird aber der Frau erlassen, wenn auch sie vier Mal

415) Dieselbe Sura, Vers 104—106.
416) Z. und Djalalein zu den angeführten Versen.

Leben Mohammeds.   18

bei Gott schwört, daß ihr Mann ein Lügner und zum fünften Mal Gottes Fluch über sich herabruft, wenn er wahr gesprochen." [417]) Mohammed ließ, dieser Offenbarung zufolge, beide öffentlich in der Moschee nach dem Aßrgebete schwören, und als sie dieß gethan, erklärte er sie für geschieden [418]).

Ungefähr um dieselbe Zeit hatte Mohammed in seinem eigenen Harem eine unangenehme Scene, welche eine monatliche Trennung von seinen Frauen zur Folge hatte, und ebenfalls Veranlassung zu einer Offenbarung ward, die nicht alle Gläubigen, sondern nur Mohammed selbst und seine Gattinnen anging. Die Traditionen stimmen über die Einzelnheiten die-

417) Sura 24, Vers 6—10. Nach einer andern Tradition bei J. war der oben genannte Hilal Veranlassung zur Offenbarung dieser Verse. Mohammed wurde mehrmals um ein Urtheil über einen solchen Fall gebeten, er wich aber lange aus, bis er es endlich auf angegebene Weise fällte. Bekanntlich mußte auch nach mosaischem Gesetze eine von ihrem Gatten als Ehebrecherin angeklagte Frau einen sogenannten Reinigungseid schwören. Sie ward im Tempel entschleiert, der Priester nahm ein Gefäß mit Wasser, in das er Staub vom Boden des Heiligthums mischte, und sagte ihr einen Eid vor, welcher die schrecklichsten Flüche auf sie herabrief, wenn sie schuldig war, worauf sie „Amen" sagen mußte. Diese Verwünschungen wurden dann aufgeschrieben, die Schrift wieder in dem Wasser, das der Priester in der Hand hielt, ausgelöscht, und dieses Wasser mußte die Angeklagte trinken. S. Michaelis mos. Recht, T. V. S. 270 u. ff. Ich wundere mich, daß Geiger in seiner schon angeführten Schrift diesen offenbar aus dem Judenthume entlehnten Reinigungseid nicht erwähnt.

418) Nach den Schafiiten wird eine von ihrem Gatten des Ehebruchs angeklagte Frau, sobald sie sich durch diesen Eid reinigt, als von ihm geschieden betrachtet, und es bedarf keines weitern Scheidungsprocesses; auch darf sie der Mann in seinem Leben nicht mehr berühren, und selbst wenn sie es wollte, nicht wieder heirathen. Andere behaupten, der Kläger habe im vorliegenden Falle die Scheidungsformel schon ausgesprochen gehabt, ehe er sich zu Mohammed begab. J.

ser merkwürdigen Begebenheit nicht miteinander überein, doch geht aus den Zuverläßigsten so viel hervor, daß Mohammed an einem Tage, den er entweder seiner Gattin Aïscha, oder Hafßa widmen sollte, eine Zusammenkunft mit seiner Sklavin Maria hatte, und zwar in der Wohnung Letzterer, während sie ihren Vater besuchte. Als sie, wahrscheinlich früher als Mohammed vermuthete, zurückkam, und Maria aus ihrer Wohnung treten sah, gerieth sie in Zorn, und überlud Mohammed mit Vorwürfen. Dieser, um sie zu besänftigen, schwur, er werde Maria nie mehr berühren [419]), bat sie aber zugleich, das Vorgefallene zu verschweigen. Hafßa bewahrte aber nicht lange ein solches Geheimniß, sondern theilte es ihrer Freundin Aïscha mit, worauf es dann wahrscheinlich auch zu Mohammeds übrigen Gattinnen gelangte, die sich so gegen ihn benahmen, daß er sich von allen trennte, und allein auf einer Matte ohne Teppich, einen ganzen Monat in einem Dachstübchen zubrachte [420]). Auf diese Begebenheit beziehen sich folgende Koransverse [421]): „O Prophet, warum versagst du dir deinen Gattinnen zu gefallen, was Gott dir erlaubt hat? (deine Sklavin Maria) Gott ist gnädig und barmherzig. Er hat euch vorgeschrieben, wie ihr euch eures Eides entbinden könnet [422]). Gott steht euch

---

419) Nach Andern machte er ihr auch Hoffnung, daß nach seinem Tode Abu Bekr und Omar ihm nachfolgen würden. J.

420) Von dem Vergehen der übrigen Gattinnen ist nichts Näheres bekannt, auch treffen die folgenden im Koran erwähnten Vorwürfe nur Hafßa und Aïscha. Doch wird bei J. erzählt, sie seyen alle zumal zu Mohammed gekommen, und haben Geld begehrt, zur Zeit, als er Mangel daran hatte. Omar bewog ihn dann sich wieder mit ihnen zu versöhnen, indem er ihm sagte: „Wir waren freilich in Mekka gewöhnt, unsere Frauen zu beherrschen, hier gelten aber die Frauen mehr als die Männer, und die Unsrigen fangen an ihrem Beispiele zu folgen."

421) Sura 66, Vers 1—6.

422) Der Bemittelte soll zehn Arme speisen oder kleiden, oder einem Sklaven die Freiheit schenken, der Unbemittelte drei Tage fasten. Sura 5, Vers 98.

18*

bei, er ist allwissend, allweise. Als der Prophet einer seiner Gattinnen (Hafßa) ein Geheimniß anvertraute (den Schwur Maria zu entsagen), sie es aber offenbarte, und ihn Gott davon in Kenntniß setzte, da sagte er ihr [423]) einen Theil von dem, was sie geoffenbart, und verschwieg einen Theil, und als sie ihn fragte: wer hat dich davon in Kenntniß gesetzt? antwortete er: derjenige, der Alles weiß und von Allem Kunde hat (Gott). Wenn ihr Beide [424]) euch bekehret, denn schon

423) D. h. Hafßa, einen Theil ihrer Worte zu Aischa. J. bezieht aber dieses Fürwort auf Aischa, welcher Mohammed gesagt haben soll, er wisse, daß Hafßa ihr seinen Schwur, Maria nicht mehr zu berühren, mitgetheilt, von dem Versprechen der Nachfolge Abu Bekrs und Omars erwähnte er aber nichts, aus Furcht, es möchte unter den Leuten bekannt werden; das heißt mit andern Worten: er wollte Aischa nicht eingestehen, daß er wirklich Hafßa ein solches Versprechen gemacht. Diese Erklärung wäre so übel nicht, wenn nicht das ganze Versprechen Mohammeds, in Betreff der Nachfolge, als eine sunnitische Erfindung, noch der Bestätigung bedürfte. Meine Uebersetzung ist nach Djalalein, der auch Maraccius folgt: „Notificavit (ille Haphsae) partem illius (quod locuta fuerat cum Aisa), et reticuit partem (ejus, ne eam offenderet). Cum autem Mahometus retulisset eidem (Haphsae) hoc, dixit illa: etc." Aus Schonung, oder vielleicht, weil er nicht alles wieder erfahren, stellte er sie wahrscheinlich nur über einen Theil ihrer gegen ihn ausgestoßenen Worte zur Rede.

424) Hier ist im Texte der Dual gebraucht, denn diese Worte sind nur an die beiden Schuldigsten, an Hafßa und Aischa gerichtet, welche wahrscheinlich manche Ausdrücke gegen Mohammed gebraucht, die der Koran weislich verschweigt. Vielleicht wäre von dem ganzen Vorfalle der Nachwelt nichts bekannt geworden, wenn nicht Abu Bekr, der erste Sammler des Korans, in diesen Versen einen Beweis für die Rechtmäßigkeit seiner Nachfolge gefunden hätte. Denn der bekannte Ueberlieferer Jbn Abbas sagte (heißt es bei J.): bei Gott, das Chalifat Abu Bekrs und Omars findet sich in dem Buche Gottes, und las dann diese Verse. Daß sie aber nach Djalalein nichts beweisen, ist schon in der vorhergehenden Anmerkung gesagt worden.

hat sich euer Herz (zum Bösen) geneigt, (so ist es gut); ver=
bündet ihr euch aber gegen ihn, so ist Gott sein Beschützer
und der Engel Gabriel und die frommen Muselmänner und
andere Engel. Vielleicht wird ihm Gott, wenn er sich von
euch scheidet, bessere Gattinnen statt eurer geben, Gott Erge=
bene, Gläubige, Gehorsame, Bußfertige, Andächtige und Fa=
stende, sowohl Wittwen als Jungfrauen."

Da diese Haremscene wahrscheinlich in Medina zu vielem
Gerede Anlaß gab, dem nur Mohammeds Gegenwart einigen
Einhalt zu thun vermochte, er selbst auch nach einer Absonde=
rung von einem Monate nicht länger seine Gattinnen sich selbst
überlassen wollte, so fand er es nicht gerathen, sich zu dem
herannahenden Pilgerfeste nach Mekka zu begeben, sondern
ernannte an seiner Stelle Abu Bekr zum Emir der Pilger.
Als aber Abu Bekr schon abgereist war, sandte ihm Moham=
med, welcher durch den Tod seines politischen Rivalen, Abd
Allah Ibn Ubejj, so wie durch die freiwillige Unterwerfung
der mächtigsten arabischen Stämme, von denen täglich Abge=
ordnete eintrafen, kühner und stärker geworden, seinen Schwie=
gersohn Ali [425]) nach, und beauftragte ihn am Tage des Op=
ferfestes in Mina vor den versammelten Pilgern auszurufen:
„Kein Ungläubiger wird in das Paradies eingelassen, kein
Ungläubiger darf das künftige Jahr mehr als Pilger erscheinen,
kein Nackter [426]) darf mehr den Tempel umkreisen; nur wer

---

425) Abu Bekr, erstaunt darüber, daß ihm nicht der Auftrag ward, die
   Pilger mit dieser Offenbarung bekannt zu machen, erhielt von
   Mohammed die Antwort, daß eine neue Offenbarung durch ihn
   selbst oder Jemanden von seiner Familie verkündigt werden müsse.
   Abulfeda und S. fol. 247.

426) Was das Verbot, nicht nackt den Tempel zu umkreisen, betrifft,
   so wird dieß durch das, was S. fol. 26 von den Neuerungen der
   Kureischiten berichtet, klar. Dort liest man, daß die Kureischiten,
   um den fremden Arabern recht viel Ehrfurcht vor ihrem Tempel
   und heiligem Gebiete einzuflößen, ihnen, wenn sie als Pilger
   kamen, alle Speisen verboten, welche sie aus ihrer Heimath mit=
   gebracht; auch durften sie nicht in ihren Kleidern den Tempel

einen bestimmten Vertrag mit dem Propheten geschlossen, der kann bis zu dessen Ablauf ihn als gültig betrachten, den übrigen Ungläubigen aber sind nur noch vier Monate gegönnt, dann können sie nicht mehr auf den Schutz des Propheten zählen." Zugleich sollte Ali den jetzt erst erschienenen Anfang der neunten Sura des Korans in Mekka vorlesen. Diese ganze Sura ist nach der Meinung einiger mohammedanischen Interpretatoren die einzige größere, welche, mit Ausnahme einiger wenigen Verse, Mohammed auf einmal geoffenbart ward [427],

umkreisen, sondern entweder ganz nackt, oder in Kleidern, die einem Mekkaner gehörten. Wollte jemand in seinen eignen Kleidern den Tempel umkreisen, so mußte er sie gleich nachher, als etwas Gott Geweihtes ablegen, und Niemand durfte sie mehr berühren. Die Araber unterwarfen sich diesen Verordnungen, legten in Arafa ihre Kleider ab, die Männer umkreisten gewöhnlich den Tempel ganz nackt und die Frauen in einem weiten Hembe. Dieß Alles schaffte Mohammed ab, durch die Worte: „O Söhne Adams, leget euern Schmuck an in der Nähe eines jeden Tempels, esset und trinket, seyd nur nicht unmäßig, denn Gott liebt die Unmäßigen nicht." (Sura VII. Vers 32).

427) Nach einer Tradition bei Maraccius (S. 306) wäre die ganze Sura zumal erschienen. Djalalein sagt blos: die ganze Sura ward in Medina geoffenbart, mit Ausnahme der beiden letzten Verse, die schon in Mekka erschienen. Als zusammenhängendes Ganzes wird sie indessen von andern Interpretatoren des Korans nur bis zu Vers 115 betrachtet, denn dieser und der folgende, in welchen von der Fürbitte für Ungläubige die Rede ist, sollen schon erschienen seyn, als Mohammed für seinen Oheim Abu Talib betete. Einzelne Verse mögen auch vor dem Feldzug von Tabuk erschienen seyn, und Andere, wie die in Betreff der heiligen Monate, erst im folgenden Jahre; wenigstens wurden sie dann erst mitgetheilt. Doch ist der Kampf gegen alles Nichtislamitische der Hauptgegenstand dieser Sura. Sie ist nach muselmännischer Tradition in chronologischer Beziehung die vorletzte des ganzen Korans, nach Einigen sogar die Letzte. H. v. H., welcher Mohammeds Mutter an zwei Orten begraben, Othman sich zwei Mal bekehren, Sara und Abdallah vom Tode auferstehen läßt, nennt auch hier

während die Uebrigen aus vielen einzelnen, bei verschiedenen
Gelegenheiten erschienenen Offenbarungen zusammengesetzt worden. Erlaubt uns aber auch eine gesunde Kritik nicht, dieß
buchstäblich anzunehmen, so spricht doch der hier merkbare lo-
gischere Zusammenhang dafür, daß sie wenigstens ohne großen
Zwischenraum geoffenbart ward. Dem Beispiele des ältesten
arabischen Biographen Mohammeds folgend, geben wir daher
hier eine vollständige Uebersicht dieser auch durch ihren reinen
ungekünstelten Styl ausgezeichneten Sura, welche das Gepräge
reifer Ueberlegung und sorgfältiger Ausarbeitung an sich trägt.
Gleich am Anfang des Kapitels erklärt Mohammed jeden mit
den Ungläubigen bestehenden Frieden im Namen Gottes für
aufgehoben. Obschon er nämlich schon längst den Krieg während der vier heiligen Monate gestattet hatte, so war dieß doch
nur gegen seine offenen Feinde. Zwischen ihm und denjenigen
Ungläubigen aber, welche in Eintracht mit ihm lebten, war die
Uebereinkunft getroffen, daß sie während der vier heiligen Monate keine Feindseligkeit zu befürchten hätten, und ungestört die
verschiedenen Messen besuchen und die Pflichten der Pilgerfahrt
erfüllen könnten [428]). Jetzt kündete er ihnen den Frieden auf
und erklärte, daß nach einer Frist von vier Monaten ihnen
nichts übrig bleibe, als entweder den Islam anzunehmen oder

einmal die neunte und einmal die fünfte Sura die Letzte. S.
200 heißt es nämlich bei ihm: „Zu Ende dieses Jahres führte
Ebubekr die Wallfahrter nach Mekka, und er betete dabei die
neunte... Sura der Reue oder der Freisprechung, welche die
letzte (der Ordnung der Sendung nach) mit den Worten beginnt: Freisprechung u. s. w." Dann liest man S. 213: „Mohammed, welcher sein herannahendes Ende fühlen mochte, erklärte
diese Wallfahrt für die Vollendung seiner Sendung und des Islams durch den Vers der letzten bei dieser Gelegenheit gesandten
Sura... Diese letzte Sura heißt die des Tisches oder die der
Verträge u. s. w." Das Wahrscheinlichste ist, daß die neunte
Sura, als Ganzes betrachtet, wohl die letzte ist, und nur noch
einzelne Verse der Fünften nachher gesandt wurden.

428) S. a. a. O.

Tribut zu bezahlen, sie jedoch in letzterem Falle das heilige
Gebiet von Mekka nicht mehr betreten dürften. Nur diejenigen
Verträge mit den Ungläubigen, welche auf eine bestimmte Zeit
lauteten, sollten bis zum Ablauf derselben in Gültigkeit blei=
ben [429]). Den Muselmännern ertheilt er dann den Befehl,
diejenigen, die nicht an Gott und seinen Gesandten glauben,
auf jede Weise zu bekriegen, und mit den nächsten Verwandten
kein Bündniß zu schließen, wenn sie nicht ihre Vielgötterei
abschwören. Die Polytheisten sind unrein, sagt er ihnen, sie
sollen nach diesem Jahre sich nicht mehr dem heiligen Tempel
nähern; Gott, der euch schon so oft, unter andern auch bei
Honein beigestanden, wird euch den Verlust, den euer Handel
durch das Ausbleiben der Ungläubigen erleidet, auf andere
Weise ersetzen [430]). Auch Juden und Christen werden hierin
den Polytheisten gleichgestellt, denn jene nennen Esra, und diese
den Messias „Sohn Gottes,“ und führen dadurch die Menschen
irre. Die Juden verkaufen das Buch Gottes für geringen
Preis, und die Christen glauben an den Messias, den Sohn
Maria's, und an ihre Priester und Mönche, welche Schätze
aufhäufen, statt sie für edle Zwecke zu verwenden, und von
fremdem Gute zehren, mehr als an Gott selbst. Doch sollen
Juden und Christen außerhalb dem Gebiete von Mekka gedul=

---

429) Die ersten fünf Verse lauten: „Sicherheit von Gott und seinem
   Gesandten denjenigen Ungläubigen, mit denen ihr Verträge ge=
   schlossen. Ziehet frei im Lande umher vier Monate lang, wisset
   aber, daß Gott mächtig ist und die Ungläubigen beschämt. Gott
   und sein Gesandter machen den Leuten am Tage des großen Pil=
   gerfestes bekannt, daß sie sich lossagen von den Ungläubigen.
   Bekehret ihr euch, so ist es euer Heil, wendet ihr euch aber ab,
   so wisset, daß ihr Gottes Macht nicht entgeht. Verkündige den
   Ungläubigen schwere Pein. Nur bei denjenigen Ungläubigen,
   mit denen ihr Verträge geschlossen habt, denen sie auf keine Weise
   zuwider handeln, habt ihr die in denselben bestimmte Frist abzu=
   warten, denn Gott liebt die, welche ihn fürchten.“
430) Vers 29. Diesem Verse zufolge ist es noch jetzt den Richt-Musel=
   männern untersagt, das Gebiet von Mekka zu betreten.

det werden, wenn sie sich demüthigen und Tribut bezahlen [431]). Der Krieg gegen die Ungläubigen wird hierauf auch während der vier heiligen Monate nicht nur erlaubt, sondern sogar geboten; in andern Beziehungen aber die Heiligkeit der vier Monate beibehalten, und zwar für immer der erste, siebente, elfte und zwölfte Monat des Jahres, nicht wie bei den alten Arabern, die zuweilen, um nicht drei Monate nach einander einen Waffenstillstand zu halten, statt des ersten Monats den zweiten für heilig erklärten [432]). Mohammed wendet sich dann

431) Vers 30.

432) Vers 37 und 38. De Sacy hat in den mém. de l'academ., T. XLVIII. S. 613 aufs klarste dargethan, daß diese Verse nichts anderes bedeuten, als was ich hier angegeben, und bedürfte seine Behauptung noch eines neuen Beweises, so fände er ihn auch noch bei S. fol. 248, wo der Inhalt dieser ganzen Sura angegeben, und ebenfalls nur vor dem Verlegen des ersten Monates auf den zweiten die Rede ist. Von einem Schaltjahre, wie es die Juden haben, das heißt von dem Einschalten eines dreizehnten Monates, alle drei Mondjahre, um mit dem Sonnenjahre in Einklang zu bleiben, ist im Koran gewiß nicht die Rede. Es ist wahrscheinlich, daß die Araber früher ein solches Schaltjahr hatten. Man kann aber für gewiß annehmen, daß es jedenfalls vor Mohammed schon abgeschafft war, da während seiner ganzen Lebenszeit bei keinem seiner Biographen, die doch fast alle Ereignisse seines Lebens nach Monaten bestimmen, von einem dreizehnten Monate die Rede ist. (S. auch Ideler mathem. und techn. Chronologie, II. S. 498). H. v. H., welcher S. 215 schreibt: „Bei der Gelegenheit dieser letzten.... Wallfahrt änderte Mohammed auch die Kalender, indem er das Schaltjahr, wodurch die Araber bisher alle dreiundbreißig Jahre ihre neuen Mondenjahre mit dem ältern Sonnenjahre ausglichen.... aufhob," hätte es wenigstens der Mühe werth halten sollen, die von de Sacy gegen diesen alten Irrthum angeführten Beweise zu widerlegen, wenn er sich auch auf arabische Autoren stützt. Ohnehin ist der ganze Satz nicht recht klar, denn alle dreiundbreißig Jahre glichen sich die Mondjahre von selbst mit dem Sonnenjahre aus, nur während des Kreislaufs von dreiundbreißig Jahren bedurfte man

zu den Gläubigen, und macht denen Vorwürfe, welche zaudern, ihm in den heiligen Krieg zu folgen und ein bequemes Leben zu Hause, der durch den Kampf für Gott und seinen Propheten zu erringenden Seligkeit im Paradiese vorziehen. „Glaubet zwar nicht," setzt er jedoch hinzu, „daß Gottes Gesandter eurer bedürfe. Gott, der ihm beigestanden, als er allein mit Abu Bekr aus Mekka floh, könnte ihn leicht durch die Hülfe eines andern Volkes erheben und euch zu schwerer Pein verdammen." Er geht dann zu denen über, die unter verschiedenen Vor-wänden an dem Zuge nach Tabuk keinen Antheil nahmen, und sagt ihnen geradezu, daß wenn sie an Gott und den jüngsten Tag glaubten, sie gewiß nicht zurückgeblieben wären. Er wen-det sich mit noch mehr Bitterkeit zu den Heuchlern, deren ge-heime Gedanken und Unterredungen ihm Gott bekannt gemacht; er weiß, daß die Einen die Truppen einzuschüchtern suchten, während andere noch schlimmere Pläne schmiedeten; wenn sie aber zur Rede gestellt werden, sagen die Einen, wir scherzten nur, und die andern schwören sogar bei Gott, sie haben nichts

der Schaltjahre, um die Uebereinstimmung herzustellen. Eine ganz neue Ansicht über das Schaltjahr der Araber vor Mo ham-med, von der man bei den vielen Autoren, welche de Sacy a. a. O. anführt, nichts findet, und welche einen Beweis mehr liefert, daß die spätern Gelehrten auf den Grund der genannten Verse allerlei Conjekturen entwarfen, findet man bei J. im 4. Bande bei Gelegenheit der letzten Wallfahrt Mohammeds. Dort heißt es: „Man sagt, Mohammed habe bisher keine Wallfahrt von Medina aus unternommen, weil die Ungläubigen die Wallfahrt von der rechten Zeit entrückt hatten." Die heidnischen Araber verschoben sie nämlich jedes Jahr um elf Tage, bis sie nach dreiunddreißig Jahren wieder zur eigentlichen Zeit zurückkehrte, und darum sagte Mohammed bei dieser Wallfahrt: „Die Zeit hat ihren Kreislauf vollendet, nach ihrer Gestalt am Tage als Gott Himmel und Erde schuf" (nicht wie bei H. v. H. S. 216: „Die Zeit geht um wie ihre Gestalt verwandelt ward am Tage, wo Gott Himmel und Erde schuf"), weil sie in diesem Jahre wieder zu ihrer ur-sprünglichen Zeit zurückgekehrt war.

Böses im Herzen. Ihre Heuchelei ist aber Gott so verhaßt,
daß sogar seine Fürbitte vergebens wäre, und daß es ihm
nicht mehr erlaubt ist, nach ihrem Tode für sie zu beten [433].

433) Der 86. Vers, welcher nach S. fol. 250, nach Djalalein u. A.
erschien, nachdem Mohammed für Abballah Ibn Ubeii, wahrscheinlich aus Rücksicht für seinen großen Anhang, noch das Todtengebet verrichtet hatte, nicht wie bei H. v. H. S. 200: „Mohammed wohnte auch dem Begräbnisse Ebi ben Seluls bei, doch
verrichtete er für ihn nicht das Todtengebet, denn er war das
Haupt der Opposition beim Feldzuge von Tábuk u. s. w." Die
ganze merkwürdige Stelle lautet bei S.: „Ibn Ishak erzählt nach
Zuhri, der es von Abd Allah Ibn Abd Allah Ibn Otba gehört,
zu dem Ibn Abbas sagte: Ich hörte einst Omar Ibn Chattab
erzählen: als Abd Allah Ibn Ubeii starb, ward der Gesandte
Gottes... gerufen, um für ihn zu beten. Als er vor ihm stand
und beten wollte, drehte ich mich um und trat ganz nahe zu ihm
hin, und sagte ihm: o Gesandter Gottes! willst du für Abd Allah
den Feind Gottes beten, der an diesem Tage so und an jenem so
gesprochen? (wobei er die boshaften Reden Abd Allahs bei verschiedenen Gelegenheiten herzählte) Mohammed lächelte, bis ich ausgere-
det, dann sagte er: Laß mich, Omar! mir ist die Wahl gelassen
worden (von Gott, ob ich beten will) und ich habe gewählt. Es ist
mir gesagt worden (Vers 82): Erflehe Gottes Gnade für sie (die
Heuchler) oder nicht, wenn du auch siebenzig Mal für sie betest, so
verzeiht ihnen Gott dennoch nicht. Wüßte ich indessen, daß wenn
ich mehr als siebenzig Mal für ihn betete, Gott ihm verziehe,
so würde ich es thun. Der Gesandte Gottes (so fährt Omar
fort) betete dann für ihn und begleitete den Leichenzug und blieb
über seinem Grabe stehen, bis alles vorüber war. Ich wunderte
mich über mich selbst und meine Kühnheit gegen den Gesandten
Gottes, denn Gott und sein Gesandter wissen doch mehr. Aber
bei Gott, es stand nur wenig an, da erschienen diese beiden Verse
(der 82. und 86.) und nachher betete er für keinen Heuchler mehr
bis zu seinem Tode." Bei Gagnier wird diese Begebenheit ganz
verkehrt dargestellt. Nachdem er den Anfang ganz so wie ich erzählt, läßt er Mohammed auf Omars Frage antworten: (II. S.
240): „Oh bien! je lui suis propice; et je lui pardonne; quand
même je saurais que vous pourriez porter jusqu'à soixante et

Die Schwachen, Kränklichen und Armen, die weder Lebensmittel, noch Kameele zu einem solchen Zuge auftreiben können,
sind allein zu entschuldigen, aber die Reichen und Starken
werden mit der Hölle bestraft. Nachdem er dann noch einige
Beduinenstämme, die wahrscheinlich ihm zu folgen sich gewei-
gert, der Verstocktheit und der Heuchelei anklagt, lobt er besonders die Auswanderer und Hülfsgenossen, und verheißt
ihnen ewige Genüsse im Paradiese; auch verspricht er Gottes
Gnade denen, die zwar durch ihren Ungehorsam gesündigt,
doch später aufrichtige Buße gethan. Der Unterschied zwischen
wahrhaft Gläubigen und Heuchlern führt ihn dann auf die
schon erwähnte Moschee der Beni Ghanim. Es folgen nun
einige, nach den muselmännischen Koranauslegern, schon früher
erschienene Verse, die das Beten für ungläubige Verwandten
betreffen, dann andere, welche noch einzelne Umstände der von
Tabuk Zurückgebliebenen erwähnen, das Gebot die Heuchler zu
bekriegen wiederholen und den verschiedenen Eindruck schildern,
den die sie angehenden Offenbarungen auf sie machen. Den
Schluß dieser Sura bilden die zwei folgenden, gewiß nicht
hieher gehörenden Verse: „Es ist euch ein mächtiger Gesandter

dix le nombre des paroles outrageantes d'Abdollah, je conti-
nuerais le nombre de mes prières pour lui au delà. Le prophète pria donc pour lui, après quoi il se retira. Peu de tems
après cela, descendirent du ciel ces paroles de l'Alcoran:
quand bien même tu prièrois pour eux soixante et dix fois,
Dieu ne leur pardonnera pas.... ne prie donc point pour aucun
d'eux, lorsqu'il viendra à mourir, et ne te tiens point de bout
sur son tombeau; car ils ont été incrédules envers Dieu et
envers son apôtre. Omar entendant ces paroles dit: je le
croyais de ce nombre; en quoi je suis moi même étonné de
ma hardiesse et de ma présomption, à resister si opiniatrement
à l'apôtre de Dieu, mais Dieu et son apôtre savent mieux ce
qui en est." Von der andern bei Gagnier angeführten, höchst
unglaublichen Tradition, nach welcher Mohammed Abdallah aus
dem Grabe ziehen ließ, und ihm eines seiner Hemden anzog, ist
bei S. keine Spur zu finden.

aus eurer Mitte erschienen, dem eure Pein am Herzen liegt, der eure Leitung wünscht und mitleidsvoll gegen die Gläubigen ist. Wenden sie sich aber (von dir) ab, so sage ihnen! Gott genügt mir, es gibt keinen Gott außer ihm, auf ihn vertraue ich, er ist der Herr des großen Thrones."

Die Verkündigung der neunten Sura durch Ali, am Ende des neunten Jahres, hatte eben so glückliche Folgen für die Verbreitung des Islams als die Eroberung von Mekka, indem im folgenden Jahre auch wieder sehr viele Abgeordnete eintrafen, welche im Namen ihrer Fürsten oder Stämme, Mohammed als Propheten huldigten. Selbst aus Südarabien kamen Gesandte an, mit dem Glaubensbekenntnisse der himiaritischen Fürsten Harith Ibn Abd Kulal, Nu'man Dsi Ruein, Maafir, Hamdan und Nueim Ibn Abd Kulal. Mohammed sandte ihnen Maads Ibn Djabal mit einem Schreiben, ähnlich dem, welches er an die Beni Harith ergehen gelassen, und sagte ihm noch vor seiner Abreise: „Wenn dich die Leute der Schrift (Juden und Christen) nach den Schlüsseln des Paradieses fragen, so sage ihnen, sie bestehen in dem Bekenntnisse: es gibt nur einen Gott, der keinen Genossen hat." [434] Auch Farwa, der Sohn Amru's, Statthalter der Griechen über Maan [435] und dessen Bezirk, an der syrischen Grenze, ließ Mohammed durch einen Gesandten anzeigen, daß er sich zum Islam bekehrt und schenkte ihm einen weißen Maulesel. Er mußte aber, als die Griechen davon Kunde erhielten, seine Glaubensveränderung mit dem Tode büßen. Auch Museilama, welcher sich selbst als Propheten in der Provinz Jamama geltend machte, sandte zwei Männer nach Medina mit einem Schreiben, welches lautete:

„Von Museilama, dem Gesandten Gottes, an Mohammed, den Gesandten Gottes. Friede über dich! Wisse, daß ich dein

434) S. fol. 258.

435) Maan ist nach dem Kamus ein Städtchen auf der Pilgerstraße von Damaskus nach Arabien. Gagnier (II. S. 252) hat Amman für Maan gelesen, und dabei an das Ammon der Bibel gedacht.

Genosse im Prophetenthume bin. Uns (mir) gehört die eine
Hälfte der Erde, und den Kureischiten die andere Hälfte. Die
Kureischiten sind aber ungerecht." [436]

Als die Gesandten diesen Brief Mohammed überreichten,
fragte er sie, nachdem er ihn gelesen hatte: „Was saget ihr
dazu?" Sie antworteten: „Wir theilen seine Ansicht." Da
sagte Mohammed: „Bei Gott, wäret ihr nicht Gesandte, ich
würde eure Köpfe abschlagen lassen." Er schrieb dann an Museilama:

„Im Namen Gottes, des Allbarmherzigen, Allgnädigen.
Von Mohammed, dem Gesandten Gottes, an Museilama, den
Lügner. Friede über den, welcher der Leitung folgt! Die Erde
ist Gottes; er gibt sie wem er will von seinen Dienern. Ein
gutes Ende wird nur den Gottesfürchtigen zu Theil."

Der persische Statthalter über Jemen bekehrte sich auch
zum Islam, und erkannte Mohammed als seinen Oberherrn
an; ihm folgten bald die noch übrigen Beni Hamdan, denen
Ali den neuen Glauben predigte, so daß Mohammeds Glück
vollkommen gewesen wäre, wenn er nicht am Ende des neunten Jahres der Hidjrah seine Tochter Um Kolthum, und im
zehnten seinen einzigen Sohn, den anderthalbjährigen Ibrahim,

436) Nach einer anderen Tradition bei S. fol. 255 kam Museilama
selbst mit den Abgeordneten der Beni Hanifa vor Mohammed,
und forderte einen Antheil an der Regierung; aber Mohammed
schlug ihm alles ab, bis auf einen Dattelnzweig, den er in der
Hand hatte. Nach Andern, ebenfalls bei S. kam er zwar nach
Medina, doch erschien er nicht vor Mohammed, sondern blieb
zurück, um die Kameele zu hüten. Als Mohammed die Abgeordneten beschenkte, sagten sie ihm: „Wir haben noch einen Gefährten, welcher unsere Effekten hütet." Mohammed gab ihnen ein
gleiches Geschenk für ihn, und sagte: „Leisa bischarrikum ma-
kanun," d. h. es kann euch nichts Unangenehmes widerfahren.
Diesen Worten gab Museilama später eine allgemeine Deutung,
als bewahre er seine Leute vor jedem Uebel, und stützte darauf
seine Anmaßung als Prophet, ohne jedoch die Sendung Mohammeds zu läugnen.

den ihm seine geliebte Sklavin Maria [437]) geboren, verloren
hätte. Als er Letztern todt fand, sagte er: „Ich bin betrübt über
dein Scheiden, mein Auge weint und mein Herz ist traurig,
doch will ich keine Klagen ausstoßen, welche meinen Herrn
erzürnen; wäre ich nicht überzeugt, daß ich dir nachfolge, so
würde mein Kummer noch weit größer seyn, aber wir sind
Gottes, und kehren einst zu ihm zurück.“ Als Abd Arrahman
Ibn Auf ihn weinend fand, fragte er ihn: „Hast du nicht verboten die Todten zu beweinen?“ Er antwortete: „Nein, ich
habe nur das laute Wehegeschrei, das Aufkratzen des Gesichtes
und das Zerreißen der Kleider verboten. Thränen vergießen
bei einem Unglücksfall ist ein Werk der Barmherzigkeit, Toben
und Schreien aber teuflisch.“ Da an diesem Tage gerade
eine Sonnenfinsterniß in Medina sichtbar war, sagte jemand:
„Dieß ist ein Zeichen der Trauer um Ibrahim.“ Mohammed
versetzte aber: „Sonne und Mond sind unter der Zahl göttlicher Zeichen (Wunder), mit denen Gott seinen Dienern droht,
aber sie verfinstern sich nicht wegen des Lebens, noch wegen
des Todes eines Menschen.“ Als Ibrahim beerdigt ward,
stellte sich Mohammed über sein Grab, und rief ihm zu: „Mein
Sohn! sage: Gott ist mein Herr, der Gesandte Gottes war
mein Vater und der Islam mein Glaube.“ [438])

437) Nach J. mußte der Engel Gabriel Mohammed von Maria's
Treue, eben so gut wie früher von der Aischa's, überzeugen, denn
gerade zur Zeit ihrer Schwangerschaft ging sie viel mit einem
ihrer Landesgenossen um, den Mohammed sogar schon durch Ali,
nach Einigen durch Omar, aus Eifersucht wollte umbringen lassen.

438) Aus diesen Worten schließen einige Gelehrten, daß selbst Kinder
in Betreff ihres Glaubens im Grabe verhört werden; eine Meinung, welche in Bezug auf Erwachsene, auch die Juden mit den
Muselmännern theilen. Bei Letztern ruft noch immer ein Geist-
licher (Mulakkin) dem Verstorbenen im Grabe zu: Diener Gottes! Sohn einer Dienerin Gottes! Es werden alsbald zwei Engel zu dir niedersteigen, und dich fragen: wer ist dein Herr?
Antworte: Gott ist mein Herr in Wahrheit. Fragen sie dich nach
deinem Propheten oder dem von Gott Gesandten, so sage ihnen:

Achtes Hauptstück.

Mohammeds letzte Wallfahrt. Die Ceremonien derselben. Predigt über Blutrache und Wucher. Erb- und Eherecht. Speisegesetze. Er ordnet einen Feldzug nach Syrien an. Seine Krankheit und letzten Ermahnungen. Abu Bekr zum Imam ernannt. Mohammeds Tod. Omars Benehmen dabei. Streitigkeiten über die Nachfolge. Seine Beerdigung.

Im Monat Dsul Kaada des zehnten Jahres ließ Mohammed bekannt machen, daß er dieses Jahr nach Mekka pilgern würde, und lud die Gläubigen ein, ihm zu folgen. Schon im zweiten Jahre hatte nämlich Mohammed den Gläubigen die Pilgerfahrt [439]) nach Mekka, welche von frühester Zeit her

Mohammed ist der Gesandte Gottes in Wahrheit. Fragen sie dich über deinen Glauben, so antworte: der Islam ist mein Glaube; fragen sie dich über das Buch der Leitung, so sage: der Koran ist mein Leitungsbuch und die Muselmänner sind meine Brüder; und fragen sie dich wegen der Kibla (der Seite, nach welcher man sich zum Gebete wende), so sage: die Kaaba ist meine Kibla, ich habe gelebt und bin gestorben mit dem Bekenntnisse, daß es keinen Gott gibt außer Gott, und daß Mohammed sein Gesandter. Sie (die Engel) werden dir dann zurufen: schlafe Diener Gottes unter Gottes Schutz! (S. Lane an account of the manners and customs of the modern Egyptians, II. p. 302). Ich ergreife diese Gelegenheit, um auf einen kleinen Fehler aufmerksam zu machen, den H. Lane bei Uebersetzung des Todtengebets (S. 299) begangen, wo er das arabische Wort siat (sin, ain, ha mit zwei Punkten) von dem Zeitworte wasaa, weit seyn, durch „business" als wäre es von saa (sin, ain, ja) abzuleiten, wiedergegeben. Die weite Erde bildet doch einen bessern Gegensatz zum engen Grabe, als die Welt mit ihrer Geschäftigkeit.

439) Die Pilgerfahrt gehört zu den fünf Grundpfeilern des Islams. Die vier Uebrigen sind: Glaube an Gott und an Mohammeds Sendung, Gebet, Almosen und Fasten im Ramadhan. Ueber die Zeit, in welcher die Pilgerfahrt von Mohammed zum Gesetze gemacht ward, stimmen die Traditionen nicht miteinander überein, die Meisten nehmen jedoch das sechste und nur Wenige das neunte

in Arabien gebräuchlich war, durch folgende Koransverse vorgeschrieben:

„Wahrlich der Tempel zu Mekka ist der erste, welcher für
die Menschen errichtet ward, zum Heil und zur Leitung der
Welt. Darin sind offenbare Zeichen, (nämlich die Stelle, auf
der Abraham stand [440]); auch war er stets eine sichere Zuflucht
für jeden, der ihn betrat. Wer es daher vermag, ist gegen
Gott verpflichtet, nach diesem Tempel zu pilgern." Dießmal
wollte er nun selbst, vielleicht weil er sein nahes Ende fühlte,
diese Pflicht erfüllen, und zugleich den versammelten Pilgern
noch mündlich die wichtigsten Dogmen und Gesetze des Islams
vortragen. Er reiste am fünfundzwanzigsten [441]) von Medina

oder zehnte Jahr an. So bei J. Da indessen die Pilgerfahrt
im angeführten 97. Verse der dritten Sura bestimmt vorgeschrieben ist, und der 96., wenigstens nach Djalalein, schon zur Zeit der
Aenderung der Kibla, gegen die Juden, welche Jerusalem für das
älteste Heiligthum auf Erden hielten, erschien, so läßt sich nicht
zweifeln, daß auch der 97. damit zusammenhängende damals schon
gesandt ward. Die Meinungsverschiedenheit unter den Muselmännern kann daher nur auf die absolute Verbindlichkeit bei den
damals obwaltenden Verhältnissen sich beziehen, und dieß paßt
allerdings am besten zum sechsten Jahre, wo Mohammed zum
ersten Male pilgern zu können glaubte.

440) Abraham, so lautet die Legende, besuchte einst seinen Sohn Ismael
in Mekka, da er ihn aber nicht zu Hause fand, wollte er wieder
zurückkehren; aber seine Gattin nöthigte ihn, sich wenigstens vorher die Füße waschen zu lassen. Er stellte einen Fuß nach dem
andern auf einen Stein, der vor dem Hause lag. Dieser Stein,
an welchem noch die Spuren eines Fußes sichtbar, ward später
zum Tempelbau verwendet, und ist noch heute, wie der schwarze
Stein, ein Gegenstand besonderer Verehrung.

441) So bei S. fol. 261 und Abulfeda. Nach J. verließ er Medina
am 24.; er setzt aber hinzu, es war ein Donnerstag, was unrichtig ist, denn da der erste Muharram des 10. Jahres Dienstag
den neunten April 631 war, so fiel der 24. Dsu-l-Kaada auf einen
Freitag. Bei Gagnier (II. 258) liest man ganz richtig: „C'était
un samedi vingt cinquième jour du mois de Dhu'l-kaada."

ab, und obgleich damals in Medina die Blattern viele Muſel=
männer abhielten, ſchloſſen ſich ihm doch vierzig, nach Einigen
ſogar hundert und vierzehntauſend Pilger an. Um die ungern
Zurückbleibenden zu tröſten, ſagte er ihnen: „Ein Beſuch des
Tempels im Monat Ramadhan iſt eben ſo gottgefällig, als
eine Pilgerfahrt in dem dazu beſtimmten Monat Dſul Hudja.
Er ließ ſich von ſeinen neun Frauen begleiten, obſchon Aïſcha
lieber zu Hauſe geblieben wäre [442]). Dieſe mußte ihn, bevor
er das Pilgergewand anlegte, welches aus zwei Tüchern be=
ſteht, an denen gar nichts genäht iſt, und von denen das eine
über die Schultern geworfen, und das andere um die Hüften
gewunden wird, beräuchern und mit wohlriechendem Oele ein=
reiben.

Ueber die Abſicht, welche Mohammed beim Antritt der
Pilgerfahrt ausſprach, herrſchen verſchiedene Meinungen; da
nämlich jedem Muſelmanne ein zweimaliger Beſuch des Tem=
pels obliegt, der Eine an den beſtimmten Feſttagen, den wir
Wallfahrt nennen wollen (hadj), der Andere aber, den wir
zum Unterſchiede durch Pilgerfahrt bezeichnen (umra), auch zu
einer andern Zeit, ſo weiß man nicht, ob Mohammed gleich
Anfangs mit der Abſicht, ſich beiden Pflichten zugleich zu unter=
ziehen, ſeine Reiſe nach Mekka antrat, und ob er zuerſt die
der Wallfahrt und nachher die der Pilgerfahrt erfüllte, oder
umgekehrt [443]). Bei der Abreiſe von Dſu Huleiſa betete er

---

442) Sie weinte, heißt es bei J., in Dſu Huleiſa, und ſagte: „Sie
ſey unrein, und wolle nicht weiter mitgehen.“ Mohammed erwie=
derte aber: „Das iſt kein Grund, um an der Wallfahrt keinen
Antheil zu nehmen, du kannſt alle Pflichten des Pilgers erfül=
len, nur den Tempel darfſt du erſt umkreiſen, wenn du wieder
rein biſt.“

443) Da dieſe Pilgerfahrt Mohammeds als Norm für alle Zukunft
genommen ward, ſo glaubte ich ſie ſo ausführlich als möglich
nach den Traditionen von Dſabir bei J. beſchreiben zu müſſen.
Was die verſchiedenen Anſichten über die Abſicht Mohammeds
beim Umwerfen des Pilgergewandes angeht, ſo glaubt Abulfeda,
daß er beide Pflichten zugleich, ohne aus dem Pilgerzuſtande zu

nach altem Herkommen das Gebet, welches Talbijah heißt, und lautet: „Hier bin ich zu deinem Dienste, o Gott! hier bin ich zu deinem Dienste. Du haſt keinen Genoſſen, dir allein ziemt Lob, von dir kommen alle Wohlthaten, dein iſt das Reich, niemand theilt es mit dir." [444]) Er befahl dann Allen, die

treten, erfüllen wollte, und zwar zuerſt die des Hadj und dann der Umra; dieſe Art der Verbindung wird ikran genannt. Gagnier in ſeiner Ausgabe des Abulfeda, p. 130 führt eine Tradition des Buchari an, nach welcher Mohammed blos an die Pflicht der Wallfahrt dachte (ifrâd). Nach einer anderen Tradition bei J. ſprach Mohammed gar keine Abſicht aus, weil er erſt eine Offenbarung deßhalb abwarten wollte. Hernach ward ihm geoffenbart, daß wer Opferthiere mit ſich führe, zuerſt die Pilgerfahrt beabſichtige, dann zur Feſtzeit die Wallfahrt; wer aber nichts opfere, der beabſichtige zuerſt die Wallfahrt. Die Ceremonien und Pflichten der Umra und Hadj ſind ganz dieſelben, nur daß, wie ſchon erwähnt, Letztere zur Feſtzeit allein ſtattfinden, und Erſtere das ganze Jahr hindurch; auch gehört zur Letztern der Aufenthalt zu Arafa am 9. des Wallfahrtsmonats, von dem in der Folge die Rede ſeyn wird, was bei Umra nicht vorkommt. Unrichtig und unverſtändlich iſt daher, was N. de Vergers p. 139 aus d'Ohſſon citirt: „Il y a à proprement parler, quatre eſpèces de pélerinages: le premier qu'on appèle kiran eſt celui où le pélerin fait tout à la fois avec le même ihram, ſans le quitter, et la viſite du ſanctuaire et celle de l'Omra. Le ſecond ſe nomme temettou: c'eſt celui où le pélerin fait d'abord la viſite de l'omra, et après avoir abandonné ſon ihram, le reprend aux approches de la fête, pour s'acquitter avec les autres pélerins en corps de la viſite de la Caaba. Le troiſième eſt celui où l'on ne va qu'à la Caaba, et qu'on appèle par cette raiſon ifrad bil-hadj. Le quatrième enfin, qu'on déſigne ſous le nom d'ifrad bil-omra, c'eſt celui où le fidèle ſe borne à la viſite de l'omra." Die Eintheilungen und Benennungen ſind ganz richtig, was aber von einer „viſite du ſanctuaire," und „viſite de la Caaba" geſagt wird, iſt ganz falſch. S. auch Anmerkung 462.

444) Dieſes Gebet ſoll an Abraham erinnern, der von der Höhe des Berges Abu Kubeis, in der Nähe von Mekka, dem ganzen Men-

19*

ihm folgten, diese Worte laut nachzubeten. Den Einzug nach
Mekka hielt Mohammed von der Seite des Hügels Hadjun,
wie an dem Tage der Eroberung dieser Stadt, und begab sich
sogleich nach dem Tempel durch das Thor der Beni Scheiba,
welches jetzt unter dem Namen „Thor des Heils" bekannt ist.
Sobald er den Tempel zu Gesicht bekam, betete er: „O Gott,
vermehre das Ansehen, die Heiligkeit und Reinheit dieses Hau=
ses und derer, welche zu ihm pilgern." Mohammed berührte
dann den südöstlichen Pfeiler, und umkreiste die Kaaba sieben
Mal, drei Mal schnellen und vier Mal langsamen Schrittes.
Dann küßte er den schwarzen Stein, legte seine beiden Hände
darauf und rieb sich das Gesicht damit. Während er die
Kaaba auf seinem Kameele umkreiste, denn er war zu leidend,
um zu Fuß zu gehen, betete er: „O Herr, laß es uns in die=
sem und in jenem Leben wohl ergehen, und bewahre uns vor
der Pein der Hölle." Nachdem er den schwarzen Stein ge=
küßt hatte, betrat er die Stätte Abrahams, betete zwei Rikas
und las folgende Koransverse: „Sage: o ihr Ungläubige! ich
bete nicht an, was ihr anbetet, und ihr betet nicht an, was ich
anbete; ich habe nie angebetet, was ihr angebetet, und ihr nie,
was ich anbete. Ihr habt eure Religion und ich die mei=
nige [445]. Sage: Gott ist einzig, Gott ist ewig, er zeugt nicht
und ist nicht gezeugt, Niemand ist ihm gleich." [446] Hierauf
ließ er sich Wasser vom Brunnen Semsem reichen, trank davon
und wusch sich. Er machte dann sieben Mal den Weg von
dem Hügel Safa nach Merwa und zurück, und sagte dabei
den Koransvers: „Safa und Merwa sind von Gott geweihte
Plätze, wer eine Wallfahrt oder Pilgerfahrt nach dem Tempel
unternimmt, der begeht keine Sünde, wenn er sie umkreist,

schengeschlechte den wahren Glauben predigte. Durch ein gött=
liches Wunder ward seine Stimme in allen Theilen der Welt
gehört, und selbst Kinder im Mutterleibe antworteten: „Hier bin
ich zu deinem Dienste, o Gott."

445) Sura 109.
446) Sura 112.

wer gute Werke übt, dem wird es Gott der Allwissende loh=
nen." [447]) Auf Safa sowohl, als auf Merwa sagte er: „Gott
ist groß, es gibt nur einen einzigen Gott; er hat seine Ver=
heißung erfüllt, ist seinem Diener beigestanden, und hat allein
die Schaaren (der Feinde) zerstreut." Mohammed befahl
dann denjenigen, welche keine Opferthiere bei sich hatten, das
Pilgertuch bis zum achten des Pilgermonats abzulegen, und
die vollbrachten Ceremonien als die der Pilgerfahrt (Umra)
anzusehen [448]). Er selbst, so wie die andern, welche Opfer=
thiere mitgebracht, darunter auch Ali [449]), der gerade aus Süd=
arabien zurückkam, legten das Pilgergewand nicht ab. Am
achten begab sich Mohammed an der Spitze sämmtlicher Pilger
in das Thal Mina, und brachte den ganzen Tag und die Nacht
daselbst zu [450]). Am neunten ritt er, nach dem Morgengebete,

447) Sura II. Vers 160. Auf diesen beiden Hügeln, von denen der
erste einen Abhang des Abu Kubeis bildet, und der andere eine
Erhöhung in Mekka selbst ist, standen zur Zeit des Heidenthums
zwei Götzenbilder, welche die Araber verehrten; die ersten Mu=
selmänner nahmen daher Anstand, den alten Gebrauch fortzusetzen,
bis ihn Mohammed durch diesen Vers heiligte.

448) Dieser Befehl fand einigen Widerstand, denn die Leute hatten
die Reise als Wallfahrt und nicht als Pilgerfahrt unternommen,
auch wünschten sie in Allem Mohammed nachzuahmen. Moham=
med wies aber die Widerspenstigen zurecht, und seine eigenen
Frauen legten zuerst das Pilgergewand wieder ab.

449) Nach einer anderen Tradition hatte Ali zwar Opferthiere mitge=
bracht, sie waren aber noch nicht in Mekka angekommen. Da er
indessen beim Umwerfen des Pilgertuches die Absicht ausgespro=
chen hatte, sich in allem wie Mohammed zu verhalten, schlachtete
dieser seine Opferthiere im Namen Beider.

450) Dieser Tag, welchen noch jetzt sämmtliche Pilger in Mina zu=
bringen, heißt jaum attarwih, entweder Tag des Nachden=
kens, weil Abraham an diesem Tage in Zweifel war, ob das
Gesicht, in welchem ihm Gott befohlen, seinen Sohn zu opfern,
ein wahres Gesicht, oder nur ein Traum war, oder Tag des
Tränkens, weil im Thale Mina sich kein Wasser findet, und daher
die Pilger, ehe sie Mekka verlassen, ihren Durst stillen und ihr

nach dem ungefähr sechs Stunden nordöstlich von Mekka gele-
genen Berg Arafa, wo man ihm vorher schon ein Zelt aufgeschlagen hatte. Hier hielt er auf seinem Kameele eine
Predigt, in welcher er zuerst den Gläubigen einige auf die
Pilgerfahrt bezüglichen Gebote einschärfte. Die wichtigsten
Koransverse über diesen Gegenstand lauten: „Erfüllet die
Pflichten der Wallfahrt und der Pilgerfahrt, und werdet ihr
abgehalten, so bringet ein Opfer als Sühne; scheeret euer
Haupthaar nicht ab [451]), bis das Opfer seinen Bestimmungsort
erreicht hat; wer von euch krank ist, oder ein Leiden am Kopf
hat (so daß er die Haare nicht stehen lassen kann), der muß
dafür fasten oder Almosen vertheilen, oder ein Opfer bringen.
Seyd ihr in Sicherheit, und es verbindet jemand von euch die
Verpflichtungen der Pilgerfahrt mit denen der Wallfahrt [452]),

Vieh tränken, oder auch um keinen Mangel zu leiden, gefüllte
Wasserschläuche mitnehmen. Der folgende Tag hieß dann, ersterer
Meinung zufolge, jaum Arafa, Tag der Erkenntniß, weil Abraham,
durch Wiederholung des Gesichts, mehr Gewißheit über den göttlichen Befehl erhielt.

451) D. h. tretet überhaupt nicht aus dem Pilgerzustande, und erlau-
bet euch nichts von dem, was Pilgern verboten ist, bis euer Opfer
den Ort, wo es geschlachtet wird, erreicht hat.

452) Der arabische Ausdruck dafür ist tamattu' (mit ain am Schlusse)
diesen Ausdruck hat wahrscheinlich Maraccius nicht gekannt, und
daher die Erklärung des Jahja und Djalal addin, nach welchen
ich diese Stelle übersetzt, mißverstanden. Die bei Maraccius (S.
77) angeführten Worte des Jahja bedeuten: „Wer in den Wall-
fahrtsmonaten, nämlich im Schawwal, Dsul Kaada und Dsul
Hudja das Talbijah mit Absicht der Umra ausspricht, und dann
in diesem Jahre die Wallfahrt vollzieht und sie mit der Umra
verbindet, der muß ein leichtes Opfer (ein Lamm) bringen." Dafür hat Maraccius: „Qui familiam instituerit (er hat ahala
für ahalla gelesen) (id est uxorem duxerit) in visitatione in mensibus peregrinationis, nempe Soeval, vel Dulcaeda, vel Dulhoggia:
deinde peregrinatus fuerit, post annum illum, hujusmodi vir offeret
oblationem ex facilioribus." Djalalein sagt nichts Anderes, nur
spricht er nicht von der Absicht, sondern überhaupt von der Ver-

so soll er ein leichtes Opfer (ein Lamm) bringen, und wenn er keines findet, drei Tage während der Wallfahrtszeit fasten und sieben Tage nach seiner Heimkehr; doch gilt dieß nur von dem, dessen Familie nicht in der Nähe des heiligen Tempels wohnt. Fürchtet Gott, und wisset, daß seine Strafe hart ist. Die Wallfahrt hat ihre bekannten Monate, wer sie zu dieser Zeit auf sich nimmt, der soll sich des Beischlafs enthalten, kein

bindung der Umra mit Hadj, um nicht die verschiedenen, mit dem Anlegen des Pilgertuchs (ihram) verbundenen Beschränkungen (mahzurat nicht machturat) zwei Mal zu beobachten. Auch dieß übersetzt Maraccius unrichtig: „Qui commoratus fuerit in visitatione, nimirum causa absolvendi illam in septis locorum sacrorum Meccae, usque ad peregrinationem id est usque dum compleverit ea quae requiruntur ad peregrinationem itaut compleverit ea mensibus suis etc.,“ und setzt hinzu: „Videtur sermo esse de iis, qui non potuerint complere peregrinationem tempore suo.“ H. Ullmanns Uebersetzung dieser Stelle des Korans ist wenigstens unklar: „Wenn ihr vor Feinden sicher seyd, und es verschiebt Jemand den Besuch des Gotteshauses bis zur Pilgerfahrt.“ Hier handelt es sich nicht vom Verschieben, denn die Umra kann ja auch nach dem Hadj vollzogen werden, sondern vom „Verbinden.“ Ganz falsch ist aber das Folgende: „Dasselbe soll der thun, dessen Hausleute nicht zum heiligen Tempel gewandert sind.“ Der Unterschied besteht nämlich nicht darin, ob seine Leute ihn begleiten, oder nicht, sondern ob er in Mekka ansässig ist. Djalalein bemerkt dieß ausdrücklich, und setzt noch hinzu, daß nach den Schafiiten derjenige, der innerhalb zwei Tagreisen von Mekka wohnt, wie ein Bewohner Mekka's angesehen wird. Savary, den ich hier nur einmal citiren will, damit in Zukunft wenigstens deutsche Gelehrten keinen Gebrauch mehr davon machen (p. 36 der Ausg. v. Garcin de Tassy), übersetzt: „Lorsqu'il n'y aura rien à craindre, celui qui entreprendra le pélerinage de la Mecque, offrira après avoir visité les saints lieux, ce que son état lui permettra. Celui qui ne pourra rien offrir jeunera trois jours pendant la voyage et sept lorsqu'il sera de retour. Ce jeune complet sera de dix jours. Nous imposons cette pénitence à celui qui n'aura point de serviteurs à la Mecque. Craignez Dieu, il est terrible dans ses vengeances.“

Unrecht begehen und nicht hadern [453]) während der Wallfahrt. Gott kennt das Gute, das ihr übet, sammelt viele gute Werke, denn der beste Vorrath ist der an Gottesfurcht. Fürchtet mich, ihr, die ihr mit Vernunft begabt seyd!" [454]) Ferner: „O ihr, die ihr glaubet, entweihet nicht die Denkmäler [455]) Gottes, noch den heiligen Monat, noch die Opferthiere, oder das, was ihnen als Zeichen der Weihe angehängt wird; tretet Niemanden in den Weg, der nach dem heiligen Hause wallfahrt und darin die Gnade und das Wohlgefallen seines Herrn sucht, und jaget nicht bis ihr das Pilgergewand abgelegt. Lasset euch nicht durch durch den Haß der Leute, welche euch vom heiligen Tempel abgehalten, zu Gewaltthaten hinreißen. Stehet einander zu reinen und gottgefälligen Handlungen bei, aber vereiniget euch nicht zur Ungerechtigkeit und Gehässigkeit, fürchtet Gott, denn seine Strafe ist hart." [456]) Ferner: „O ihr, die ihr glaubet, tödtet kein Wild während der Pilgerfahrt, wer aber vorsätzlich ein Wild getödtet, der soll es durch ein ähnliches zahmes Thier [457]) ersetzen, nach dem Urtheile zweier rechtschaffener Männer, und vor der Kaaba opfern [458]), oder

453) Abu Bekr schlug seinen Diener, weil er ein Kameel verloren, und seine Tochter Aïscha, weil sie, aufgebracht darüber, daß Mohammed ihr Kameel mit Safia's Gepäck beladen, ihm gesagt: „Bist du ein Gesandter Gottes, so sey auch gerecht!" Mohammed wies ihn zurecht, und sagte ihm: „Das verträgt sich nicht mit dem Pilgergewande." Die Zeit der Wallfahrt sollte eine Zeit der Buße, der Enthaltsamkeit und der Andacht seyn, daher das Verbot mancher sinnlichen Genüsse und Vergnügungen. Das verirrte Kameel brachte Safwan nach, der auch dießmal wieder, wie bei Aïscha's Halsbandgeschichte, beim Nachtrab war. J.

454) Sura II. Vers 197 u. 198.

455) Man kann auch nach Djalalein und dem Kamus: „Uebertretet nicht die Lehren oder Vorschriften Gottes" übersetzen.

456) Sura 5, Vers 3.

457) Für einen Strauß z. B., heißt es bei Djalalein, ein Kameel, für einen wilden Stier oder wilden Esel eine Kuh, für ein Reh ein Lamm u. dgl.

458) Es muß nach Djalalein im heiligen Gebiete Mekka's geschlachtet

(für deſſen Werth) Arme ſpeiſen oder dafür faſten [459]), damit
er die Größe ſeines Vergehens fühle. Gott verzeiht, was
vorüber iſt, wer aber von Neuem ſein Gebot übertritt, den
beſtraft er, und Gott iſt mächtig zur Rache. Es iſt euch er=
laubt im Meere zu fiſchen [460]) und die Fiſche zu genießen, oder
mit auf den Weg zu nehmen, ihr dürft aber als Pilger kein
Wildpret genießen; fürchtet Gott, vor dem ihr (am jüngſten
Tage) verſammelt werdet. Gott hat die Kaaba als heiliges
Haus beſtimmt, zur Erhaltung [461]) der Menſchen, eben ſo die
heiligen Monate, die Opferthiere und was ihnen anhängt,
damit ihr (aus ſeiner Fürſorge für euch) erkennet, daß Gott
weiß, was im Himmel und was auf Erden geſchieht, und ihm
nichts verborgen iſt." [462])

> und den Armen vertheilt werden. Von den freiwillig geſchlach=
> teten Opfern wird auch gewöhnlich ein Theil den Armen ge=
> ſpendet.

459) Nach Djalalein für jedes Mud Korn einen Tag. Das Mud ent=
hält etwas über ein Pfund.

460) Im Arabiſchen wird daſſelbe Wort für Jagen und Fiſchen ge=
braucht, daher dieſe deutſchen Leſern überflüſſig ſcheinende Er=
laubniß.

461) Sowohl um ihren Glauben aufrecht zu erhalten, ſagt Djalalein,
als aus Fürſorge für ihr irdiſches Wohl, indem jeder Pilger
während derſelben Sicherheit findet, eben ſo, wer Opferthiere da=
hin bringt.

462) Sura 5, Vers 104—106. Dieſen Verſen ließen ſich noch einige
andere hinzufügen, ich ziehe aber vor, ſtatt deſſen hier in Kürze
das Kapitel der Pilgerfahrt nach dem Handbuche der Theologie
des Scheich Ahmed Ibn Huſein aus Iſpahan mitzutheilen, wel=
ches für die Schafiiten geſchrieben und von Ibn Kaſim und Scher=
bini commentirt worden iſt.

„Um zur Wallfahrt verpflichtet zu ſeyn, ſind ſieben Dinge
nothwendig. 1) Die Eigenſchaft eines Muſelmannes; 2) Voll=
jährigkeit; 3) Freiheit; 4) geſunder Verſtand; 5) Beſitz der nö=
thigen Lebensmittel zur Reiſe; 6) ein Reitthier bei einer Entfer=
nung von mehr als zwei Tagereiſen; 7) und Sicherheit des We=
ges. Grundpfeiler der Wallfahrt ſind: 1) das Ausſprechen der

Nachdem Mohammed die Pilger in den verschiedenen Ge=
sezen und Ceremonien der Pilgerfahrt unterrichtet hatte, sagte

Absicht dieses Gebot zu vollziehen, vor dem Eintritt in das heilige
Gebiet; 2) der Aufenthalt auf dem Berg Arafa am 9. des Dsul
Hudja; 3) der siebenmalige Umzug um den Tempel, am ersten
Festtage und 4) das siebenmalige Hin= und Herlaufen von Safa
nach Merwa. Die Grundpfeiler der Pilgerfahrt (Umra) sind die=
selben, nur ist bei Lezterer kein Aufenthalt auf Arafa erforderlich.
Außer diesen Grundpfeilern finden bei der Wallfahrt noch folgende
Verpflichtungen statt: 1) das Umwerfen des Pilgertuchs (ihram),
an dem dazu bestimmten Orte, je nach der Seite, von welcher
der Pilger herkommt; 2) das dreimalige Steinwerfen zu Djum=
rah; 3) das Abscheeren der Haupthaare (nach der Rückkehr von
Arafa, am 10.). Diesen schließen sich noch sieben durch Herkommen
geheiligte Vorschriften an: 1) die Pflichten der Wallfahrt vor
denen der Pilgerfahrt vollziehen; 2) das Gebet Talbijah beim
Eintritt in das heilige Gebiet beten; 3) den Tempel bei der An=
kunft in Mekka sieben Mal umkreisen; 4) in Muzdalifa die Nacht
vom 9. auf den 10. zubringen; 5) ein Gebet von zwei Rikas
nach dem Umkreisen des Tempels; 6) das Uebernachten in Mina
am 8., 10., 11. und 12.; 7) ein nochmaliges Umkreisen des
Tempels vor der Abreise von Mekka.

Zehn Dinge sind dem Pilger verboten: 1) etwas Genähtes
anzuziehen; 2) Männern den Kopf und Frauen ihr Gesicht zu
bedecken; 3) die Haare zu kämmen; 4) die Haare abzuscheeren
oder sonst auf eine Weise zu vertilgen; 5) die Nägel abzuschnei=
den; 6) der Gebrauch aromatischer Salben, Pulver oder Flüssig=
keiten; 8) einen Ehekontrakt zu schließen; 9) der Beischlaf; 10)
jede sinnliche Berührung des anderen Geschlechts. Nur durch
Uebertretung des Vorlezten wird indessen die Wallfahrt ungültig.

Wer den Standplaz in Arafa versäumt, der erfülle die Pflich=
ten der Pilgerfahrt, muß aber die der Wallfahrt in einem folgen=
den Jahre nachholen, und als Sühne ein Lamm schlachten. Wer
einen anderen Grundpfeiler der Pilgerfahrt unterläßt, muß ihn
gleich nachholen. Die Vernachlässigung einer der andern Ver=
pflichtungen wird durch ein Opfer gebüßt. Wer aber nur etwas
Herkömmliches unterläßt, bedarf keiner Sühne. Die Sühne findet
auf fünferlei Weise statt: 1) Wer ein mit der Wallfahrt verbun=

er: „Vernehmet meine Worte! denn ich weiß nicht, ob wir nach diesem Jahre hier noch einmal zusammentreffen." Er warnte sie dann zuerst vor Blutvergießen und ungerechtem Erwerb, besonders durch Wucher [463]. „Wer vom Wucher lebt (heißt es im Koran), wird (nach dem Tode) nicht anders auferstehen, als wie der, den Satan durch seine Berührung umstürzt [464]. Das ist die Strafe derer, welche sagen: Zins nehmen ist auch eine Art Handel; aber Gott hat den Handel erlaubt und den Wucher verboten. Wer Gottes Warnung vernimmt und sich fernerhin vom Wucher enthält, der mag behalten, was er schon hat [465], und seine Angelegenheit (Vergebung) bleibt Gott überlassen. Wer aber von Neuem Zins

denes Gebot nicht vollzieht, muß ein Lamm opfern, wenn er keines findet, drei Tage während der Wallfahrt und sieben in der Heimath fasten; 2) wer sich die Haare abscheert oder Gebrauch von Aroma macht u. dgl., der hat die Wahl, ob er ein Lamm opfern, drei Tage fasten oder sechs Armen, jedem etwas über ein Pfund Mehl schenken will; 3) wer nicht zur rechten Zeit in Mekka eintrifft, muß ein Lamm schlachten; 4) wer als Pilger jagt, muß entweder ein dem erlegten Wilde ähnliches Thier opfern, oder für dessen Werth Lebensmittel kaufen und sie den Armen vertheilen, oder für jedes Mud Mehl, das dafür gekauft werden könnte, einen Tag fasten; 5) wer das Verbot des Beischlafs übertritt, muß ein Kameel opfern, wenn er keines findet, eine Kuh, wenn keine zu haben ist, sieben Lämmer. In Ermanglung Letzterer muß er für den Werth eines Kameels Lebensmittel kaufen und den Armen schenken, und wenn keine zu haben sind, für jedes Mud, das gekauft werden könnte, einen Tag fasten."

463) J. und S. fol. 262.

464) Das heißt wahrscheinlich wie Fallsüchtige und halb Wahnsinnige, die von Teufeln besessen sind.

465) Die Worte des Textes lauten: „Falahu ma salafa," dazu Djalalein: „Ai la justaraddu minha" (d. h. es wird ihm nicht zurückgefordert). Diesen Vers übersetzt H. Ullmann: „Wer denselben (den Wucher) nun, von Gott gewarnt, unterläßt, dem wird Vergebung des Vergangenen, wenn er seine Angelegenheiten nach Gottes Willen führet."

nimmt, der verfällt auf ewig der Hölle. Gott segnet den Wucher nicht, mehrt aber das Almosen (d. h. die Güter deffen, der Almosen gibt), er liebt die Schuldigen und Ungläubigen nicht." [466] Ferner: „O ihr, die ihr glaubet, fürchtet Gott und erlaffet (den Schuldnern), was noch von Zins übrig bleibt [467]), wenn ihr wahre Gläubige seyd. Thut ihr es nicht, so wiffet, daß euch Gott und sein Prophet den Krieg erklärt. Bekehrt ihr euch aber, so bleibt euch das Kapital eures Ver= mögens. Begehet kein Unrecht, so wird auch euch kein Unrecht widerfahren. Ist der Schuldner in dürftigen Umständen, so wartet bis es ihm beffer geht, schenket ihr ihm aber die Schuld, so bringt es euch Heil, o wüßtet ihr das nur!" [468]) Diefer göttlichen Offenbarung zufolge erklärte er allen aus der Zeit des Unglaubens noch rückständigen Zins für verschollen, und ich be= ginne, sagte er, mit dem, welchen mein Oheim Abbas noch ausstehen hat. Eben so erklärte er, es dürfe für alles frü= her vergoffene Blut keine Rache mehr genommen werden, und die erste Mordthat, setzte er hinzu, die ohne Vergeltung bleibe, sey die an meinem Vetter Rabia Ibn Harith Ibn Abd Al= muttalib begangene.

Mohammed ging dann in seiner Predigt auf die Pflichten des Mannes gegen seine Frau und auf ihre Rechte an Erb= schaften, so wie überhaupt auf einige andere Punkte des Erb= rechts über, und theilte ihnen die diesen Gegenstand betreffen= den Offenbarungen nebst den nöthigen Erläuterungen mit, welche größtentheils in dem ersten Theile des Kapitels der Frauen enthalten sind, und folgendermaßen lauten:

„O ihr Leute! fürchtet euern Herrn, der euch von einem

---

466) Sura II. Vers 276—277.

467) Auch diese Worte: „Wadsaru ma bakia min arriba" hat H. Ull= mann nicht richtig übersetzt, sie lauten bei ihm: „Gebet zurück den Wucher, den ihr in Händen habt," was gerade dem Vers 276 widerspräche.

468) Diefelbe Sura, Vers 280 u. 281. Vergl. auch Sura III. Vers 130 und Sura XXX. Vers 39.

Menschen geschaffen, der aus diesem zuerst seine Gattin gebil=
det und dann aus Beiden viele Männer und Frauen entsprin=
gen ließ. Fürchtet Gott, bei dem ihr einander beschwöret [469]
und (ehrfürchtet) eure Blutsverwandten, denn Gott bewachet
euch. Gebet den Waisen (wenn sie das Mannesalter errei=
chen) ihr Vermögen heraus! tauschet nicht Schlechtes (Verbo=
tenes) für Gutes (Erlaubtes) ein [470]. Zehret nicht ihr Ver=
mögen mit dem Eurigen auf, denn das ist eine große Sünde.
Fürchtet ihr aber gegen Waisen eine Ungerechtigkeit zu begehen,
so (seyd nicht minder gewissenhaft gegen das weibliche Ge=
schlecht, und) heirathet [471] (nur) zwei, drei oder vier Frauen,
die euch gefallen, fürchtet ihr aber (auch dann noch) nicht billig
gegen sie handeln zu können, so heirathet nur eine, oder be=
gnügt euch mit dem, was eure rechte Hand erworben (einer
Sklavin), so wird es leichter, nicht ungerecht (gegen mehr
Frauen) zu handeln. Gebet den Frauen gerne ihre Morgen=
gabe, sind sie aber freigebig gegen euch darin, so genießet es
(d. h. das, was sie euch davon schenken) in Ruhe ohne
Scheu." [472] ..... Letzteres Gebot bezieht sich auf den Fall
einer Ehescheidung, deren nähere Bestimmungen wir der Voll=
ständigkeit willen auch hier in Kürze mittheilen wollen. Der
Mann kann seine Frau drei Mal entlassen, und ohne neuen
Ehevertrag, selbst gegen ihren Willen, sie, wenn sie schwanger
ist, während ihrer ganzen Schwangerschaft, und wenn nicht,

469) H. Ullmann unrichtig: „Zu dem ihr für einander betet." Man
kann nach Djalalein, wenn man walarhami liest, auch so über=
setzen: „Fürchtet Gott, bei dem ihr, so wie bei euern Verwandten
einander beschwöret. Noch jetzt kommt der Schwur: „Beim Leben
meines oder deines Vaters" häufig vor.

470) Das heißt dadurch, daß ihr das Bessere, das den Waisen gehört,
für euch nehmet, und ihnen Schlechteres dafür gebet.

471) Mohammed stellt die Pflichten des Mannes gegen seine Frau auf
eine Stufe mit denen des Pflegers gegen unmündige Waisen,
und richtet diese Worte an die Medinenser, welche acht bis zehn
Frauen heiratheten und ganz nach Willkühr behandelten.

472) Sura 4, Vers 1—3.

entweder bis zum Ablauf von drei Perioden oder drei Mo=
naten, wieder zurücknehmen [473]), muß aber auch während dieser
Frist (Iddat) für sie noch so gut, wie für seine übrigen Gat=
tinnen sorgen [474]). Nach Ablauf der Idda kann er sie bei
einer ersten und zweiten Scheidung mit ihrer Einwilligung
wieder heirathen, bei einer dritten aber nicht eher, bis sie
inzwischen einen andern Mann gehabt, der entweder gestorben
ist, oder ihr auch einen Scheidebrief gegeben hat [475]). Wer
seine Frau verstoßt, bevor er die Ehe vollzogen, braucht ihr
nur die Hälfte der Morgengabe zu bezahlen [476]). Der Mann
kann seine Frau nach Willkühr entlassen, die Frau aber nur
bei schweren Vergehen oder leiblichen Gebrechen des Mannes
eine Scheidung verlangen [477]). Während der oben genannten
Idda darf natürlich eine Frau keine neue Ehe schließen. Auch
bei Todesfällen darf eine schwangere Frau vor ihrer Entbin=
bindung nicht wieder heirathen, eine nicht Schwangere aber
nach vier Monaten und zehn Tagen [478]). Bei einer Frau,
welche vor Vollzug der Ehe geschieden wird, findet gar keine
Idda statt. Verstoßt jemand eine Frau, welche ein Kind an
der Brust hat, so muß er, bis das Kind zwei Jahre alt ist,

473) Nach Sura II. Vers 229—230 und Sura 65, Vers 4.

474) Nach Sura 65, Vers 6.

475) Nach Sura II. Vers 231.

476) Nach derselben Sura, Vers 238.

477) So in dem Handbuche des Scheich Ahmed. Ich wundere mich,
daß Lane in seinem schon oft angeführten Werke (I. 118) von
Letzterem nichts erwähnt, sondern nur von „considerable fault.“
Die im genannten Handbuche angeführten Krankheiten sind: Gei=
steskrankheit, Aussaß, Impotenz und zwei andere nicht näher zu
bezeichnenden Uebel an den Geschlechtstheilen. Auch weiß ich
nicht, worauf Lane auf der folgenden Seite seine Behauptung
stützt: daß eine geschiedene Frau nach ihrer Entbindung noch vier=
zig Tage warten muß, bevor sie sich einem andern Mann hingibt;
im Koran wird nur die Entbindung als Idda angegeben, und
auch bei Scheich Ahmed wird nichts davon erwähnt.

478) Nach Sura II. Vers 235.

(die gewöhnliche Zeit des Entwöhnens) auch für die Mutter sorgen." [479])

Was das Erbrecht der Frauen und Mädchen angeht, so bestimmt der Koran folgendes: „Den Männern gebührt ein Theil von dem, was ihre Eltern oder Anverwandten hinter= lassen, und den Frauen gebührt ein bestimmter Theil davon, die Hinterlassenschaft sey groß oder klein! [480]) ... In Betreff eurer Kinder befiehlt euch Gott, einem Sohne so viel als zwei Töchtern zu geben, hinterläßt jemand über zwei Töchter (und keinen Sohn), so erhalten sie zwei Drittheile der Verlassen= schaft [481]), hinterläßt jemand nur eine Tochter, so gebührt ihr die Hälfte. Die Eltern eines Verstorbenen erhalten jeder den sechsten Theil der Verlassenschaft, wenn er Kinder hat; stirbt jemand aber kinderlos, so erben ihn seine Eltern ganz, und zwar erhält die Mutter den Drittheil der Verlassenschaft (und der Vater die übrigen zwei Drittheile). Hat der Verstorbene (zwei oder mehr) Geschwister, so erhält die Mutter nur den sechsten Theil nach Abzug der Legate des Verstorbenen und seiner Schulden [482]). Ihr wisset nicht, ob eure Eltern oder

479) Dieselbe Sura Vers 231. Ueber das Schicksal der Kinder nach zwei Jahren im Falle einer Scheidung bestimmt der Koran nichts Näheres. Die Meinungen der Theologen sind darüber getheilt. Vergl. Lane a. a. O.

480) Sura IV. Vers 6.

481) Den übrigen Drittheil erhalten die andern Verwandten des Ver= storbenen. H. Ullmann irrt, wenn er glaubt, das übrige Drittel floß in den öffentlichen Schatz.

482) Das Uebrige, heißt es bei Djalalein, erhält der Vater und die Geschwister bekommen nichts. Vernünftigerweise sollte man glau= ben, daß Letztere den sechsten Theil erhalten, welcher der Mutter entzogen wird. So liest man auch bei Lane modern Egyptians (S. 123): „If there be no children his father receives two thirds, and his mother the remaining third, or if there be bro= thers of the deceased, the mother has only onesixth and the said brothers have one-sixth." Die Worte bei Djalalein sind indessen so bestimmt, daß sie keine andere Interpretation

eure Kinder euch näher sind, darum ist alles von Gott, dem Allwissenden, Allweisen, bestimmt. Euch gehört die Hälfte von dem, was eure Frauen hinterlassen, wenn sie kinderlos sterben, hinterlassen sie aber ein Kind, so erhaltet ihr den vierten Theil der Erbschaft, nach Abzug der Legate und Schulden. Eure Gattinnen erben auch einen vierten Theil von dem, was ihr hinterlasset, wenn ihr keine Kinder habt, hinterlasset ihr aber Kinder, so erhalten sie nur den achten Theil, nach Abzug der Legate und Schulden. Stirbt ein Mann oder eine Frau kinder- und elternlos, hinterläßt aber einen Bruder oder eine Schwester [483]), so erhält jeder von diesen einen sechsten Theil

dulden, noch sich ein Schreibfehler vermuthen läßt. Nach den Worten des Textes „faliummihi assudsu,“ lauten sie: „Walbâ-kiju lilabi wala schajjun lilichwati.“ Daß das Wort ichwat im Texte durch Geschwister und nicht wie bei Maraccius, Ullmann und Lane durch Brüder zu übersetzen ist, bemerkt ebenfalls Dja-lalein, übereinstimmend mit dem Handbuche der Theologie von Scheich Ahmed und dem Commentare des Ibn Kasim, welches in allen Schulen der Schafiiten gelehrt wird. Ueber den ersten Punkt findet sich in diesem Werke zwar nichts Bestimmtes, doch werden unter den verschiedenen Verwandten, die in gewissen Fällen ein Sechstel erben, Geschwister nicht gezählt, woraus sich schließen ließe, daß sie wirklich nur hindernd für die Mutter ein-treten, ihr Antheil aber dem Vater anheimfällt.

483) Hier ist nach Djalalein und Ibn Kasim die Rede von einem Bru-der oder einer Schwester von mütterlicher Seite, von Geschwistern von väterlicher und von mütterlicher, oder auch nur von väter-licher Seite allein, handelt der letzte Vers dieser Sura, in wel-chem es heißt: „Stirbt jemand kinder- und elternlos, hinterläßt aber eine Schwester, so erbt sie die Hälfte seiner Verlassenschaft... hinterläßt er zwei Schwestern, so erhalten sie zwei Drittheile, hinterläßt er Brüder und Schwestern, so bekommen die Brüder das Doppelte der Schwestern.“ Ibn Masud liest sogar im Texte die Worte min ummin (von mütterlicher Seite). Maraccius, dem auch Ullmann folgt, hat diese Stelle gänzlich mißverstanden. Sie lautet: „Quod si fuerit vir aliquis, qui instituatur haeres illius, cui non sit genitor, neque proles: aut mulier (aliqua

der Verlassenschaft, sind mehr als zwei Geschwister da, so wird ein Drittheil unter sie in gleiche Theile vertheilt, nach Abzug der (die Erben) nicht in ihren Rechten beeinträchtigenden Legate [484]) und der Schulden. Das ist Gottes Befehl, des Allwissenden, Nachsichtsvollen." [485])

ejusdem status instituatur haeres) et hic habeat fratrem aut sororem: unicuique ex his duobus (detur) sexta pars (illius quod reliquit). Quod si fuerint plures quam his (unus vel una) hi (erant) participes in tertia parte etc." Auch der sonst so zuverlässige Lane hätte a. a. O. einen Unterschied zwischen Geschwistern von väterlicher und mütterlicher Seite machen sollen, und nicht ohne Weiteres schreiben: „If there be brothers and sisters of the deceased, but no parents, nor children, nor wives, the property is divided among them; the share of a male being double that of a female." Auch hier wird natürlich wieder was die Geschwister nicht erhalten, unter den übrigen Verwandten vertheilt.

484) Das heißt, die nicht ein Drittel des ganzen Vermögens übersteigen.

485) Dieselbe Sura, Vers 10 und 11. Als Ergänzung dieser Koransverse will ich hier, besonders für Juristen, das kurze Kapitel der Erbschaft aus Scheich Ahmed mittheilen, diese Herrn aber um Nachsicht mit meiner profanen Darstellungsweise bitten, die indessen als treue Uebersetzung des arabischen Textes, für sie auch nicht ohne Interesse seyn mag.

„Es gibt zehn Erben männlichen Geschlechts, die auf bestimmte Erbtheile Anspruch haben: 1) der Sohn; 2) der Sohn des Sohnes und weiter abwärts; 3) der Vater; 4) der Vater des Vaters und weiter aufwärts; 5) der Bruder; 6) der Sohn des Bruders und dessen weitere Nachkommen; 7) der Bruder des Vaters; 8) des Vaters Brudersohn und weitere Nachkommen; 9) der Gatte; 10) der Herr eines Sklaven, dem er die Freiheit geschenkt. Erbinnen gibt es nur sieben: 1) die Tochter; 2) des Sohnes Tochter; 3) die Mutter; 4) die Großmutter; 5) die Schwester; 6) die Gattin und 7) die Herrin eines Sklaven, dem sie die Freiheit geschenkt. Fünf der genannten erbfähigen Verwandten bleiben nie ohne Antheil: 1) der Gatte; 2) die Gattin; 3) der Vater; 4) die Mutter und 5) das leibliche Kind. Aus-

Die weiteren Koransverse in Betreff der Frauen lauten:
„Diejenigen eurer Frauenspersonen, welche eine Schändlichkeit

geschlossen von jeder Erbschaft sind folgende sieben: 1) der Sklave
(oder die Sklavin); 2) der Sklave, der durch den Tod seines
Herrn frei wird; 3) die Sklavin, welche ihrem Herrn ein Kind
geboren und ebenfalls durch den Tod ihres Herrn ihre Freiheit
erlangt; 4) der Sklave, welcher vertragsmäßig durch das Bei-
bringen einer bestimmten Summe in festgesetzten Terminen frei
wird; 5) der Mörder (des Verstorbenen); 6) der vom Islam
Abtrünnige; 7) und der eines andern Glaubens (so daß also auch
kein Gläubiger Ansprüche auf die Verlassenschaft eines Ungläubigen hat). Die Verwandtschaftsgrade in Betreff der Erbrechte
folgen in nachstehender Ordnung auf einander. Zuerst der Sohn,
dann der Sohn des Sohnes, dann der Vater, dann des Vaters
Vater, hierauf der Doppelbruder, dann der Bruder von väterlicher Seite, dann der Sohn des Doppelbruders, dann der Sohn
des Bruders von väterlicher Seite, dann des Vaters Bruder nach
derselben Ordnung (d. h. zuerst der Doppelbruder, dann der von
väterlicher Seite), dann des Vaters Brudersohn. Bei Ermanglung von Blutsverwandten tritt der Herr eines von ihm befreiten
Sklaven als dessen Erbe ein. Die verschiedenen Erben erhalten
nach der göttlichen Schrift (dem Koran) entweder die Hälfte, oder
ein Viertel, oder ein Achtel, oder ein Sechstel, oder ein Drittel,
oder zwei Drittel der Verlassenschaft. Folgende fünf erhalten (in
gewissen Fällen) die Hälfte: 1) die Tochter; 2) die Tochter des
Sohnes; 3) die Doppelschwester; 4) die Schwester von väterlicher
Seite und 5) der Gatte, wenn weder ein Kind, noch eines Sohnes Kind miterbt. (Die ersten zwei erhalten natürlich auch nur
dann die Hälfte, wenn kein Sohn, und die andern beiden, wenn
kein Bruder miterbt). Ein Viertel erhält: 1) ein Gatte, dessen
Gattin ein Kind oder eines Sohnes Kind hinterläßt und 2) eine
Gattin, dessen Gatte weder einen Sohn, noch eines Sohnes Kind
hinterläßt, im andern Falle erhält sie nur ein Achtel. Zwei Drittheile ist das Loos folgender vier: 1) zweier oder mehr Töchter;
2) zweier oder mehr Sohnes Töchter; 3) zweier oder mehr Dop-
pelschwestern; 4) zweier oder mehr Schwestern von väterlicher
Seite. Ein Drittel ist das Erbtheil 1) der Mutter, wenn vom
Verstorbenen kein Sohn, kein Sohneskind und nicht zwei oder

begehen, gegen die vier Männer als Zeugen auftreten, sollen in euren Häusern eingesperrt werden, bis der Tod sie heimsucht, oder Gott ihnen ein anderes Mittel zur Befreiung anweist." [486]).... Ferner: „O ihr, die ihr glaubet! es ist euch

mehr Geschwister da sind und 2) das der Geschwister von mütterlicher Seite. Den sieben folgenden Verwandten ist ein Sechstel bestimmt: 1) der Mutter, wenn ein Kind, eines Sohnes Kind, oder zwei Geschwister und darüber miterben; 2) der Großmutter, wenn keine Mutter mehr lebt; 3) der Tochter des Sohnes neben einer leiblichen Tochter; 4) der Schwester von väterlicher Seite neben einer Doppelschwester; 5) dem Vater neben einem Kinde, oder eines Sohnes Kind; 6) dem Großvater, wenn kein Vater mehr lebt und 7) und einem Bruder oder einer Schwester von mütterlicher Seite. Großmütter erben nichts neben Müttern und Großväter neben Vätern. Geschwister von mütterlicher Seite erben nichts, wenn der Verstorbene ein Kind, ein Sohneskind, einen Vater oder Großvater (und weiter aufwärts) hinterläßt. Doppelgeschwister verlieren ihren Antheil, wenn ein Vater, ein Sohn oder eines Sohnes Sohn da ist. Neben den drei Genannten muß natürlich auch ein Bruder von väterlicher Seite zurückstehen, außer diesen aber auch noch neben einem Doppelbruder. Folgende vier erhalten noch einmal so viel als ihre Schwestern: 1) der Sohn; 2) der Sohn des Sohnes; 3) der Doppelbruder und 4) der Bruder von väterlicher Seite. Bei folgenden vier Verwandten sind die Schwestern ganz ausgeschlossen: 1) bei des Vaters Brüdern; 2) bei den Söhnen der Letztern; 3) bei des Bruders Söhnen und 4) bei den männlichen Verwandten eines Herrn, der seinen Sklaven befreit."

486) Vers 14. Dieser Vers, welcher keinen Unterschied zwischen Mädchen und verheiratheten Frauen macht, ward nach Djalalein in der ersten Zeit des Islams geoffenbart, später ward dann anders über sie verfügt, indem Unverheirathete zu hundert Streichen und einem Jahre Verbannung, Verheirathete aber zur Steinigung verurtheilt wurden. H. Ullmann übersetzt unrichtig: „Wenn eure Frauen sich durch Ehebruch vergehen." Die Strafe von hundert Stockstreichen findet sich im 2. Vers der 24. Sura, wo es ihnen auch zugleich verboten ist, sich mit züchtigen Gläubigen zu verheirathen. Die Verbannung ist nur Sunna und nicht Korans-

nicht erlaubt, Frauen (verstorbener Verwandten) gegen ihren Willen euch als Erbschaft anzueignen [487]). Haltet auch eure Gattinnen [488]) (an denen ihr keinen Gefallen mehr findet) nicht ab einen anderen zu heirathen, in der Absicht, einen Theil ihrer Morgengabe ihr vorzuenthalten [489]), außer wenn sie eine offenbare Schändlichkeit begehen. Behandelt sie mit Güte, selbst wenn sie euch mißfallen, vielleicht hasset ihr manches, aus dem euch Gott viel Segen bereitet. Wollt ihr eure Gattin mit einer andern vertauschen [490]), so dürft ihr derselben nichts von

geseß. Die Steinigung für Verheirathete soll in einem verloren gegangenen, oder wie die Muselmänner sagen: in einem widerrufenen Verse gestanden seyn, dessen Inhalt jedoch Gesetzeskraft behielt. S. Anmerk. 554.

487) Es ist schon in der Einleitung gesagt worden, daß bei den alten Arabern die Frauen auch gewissermaßen zur Verlassenschaft gehörten, und den nächsten Verwandten des Verstorbenen als Erbe zufielen, und zwar so, daß sie nicht einmal eines Ehekontraktes bedurften, und keine Morgengabe zu entrichten hatten, sondern gleichsam in die Rechte des Verstorbenen als Erben eintraten.

488) So bei Djalalein, nicht wie bei Maraccius und Ullmann, welche diesen Satz mit dem Obigen verbinden. Es versteht sich auch von selbst, daß wenn Männer kein Erbrecht auf die Frauen ihrer Verwandten haben, sie dieselben auch nicht hindern können, einen Andern zu heirathen.

489) Weil nämlich bei der Scheidung die Morgengabe bezahlt werden muß, von der gewöhnlich nur ein geringerer Theil bei der Vermählung entrichtet und häufig zur Aussteuer verwendet wird. Dieser Vers verbindet den Mann, welcher keine Neigung zu seiner Frau hat, so daß er die ehelichen Pflichten gegen sie nicht erfüllen will, sie zu entlassen, und verbietet ihm, ihre Freiheit gegen einen Theil ihrer Morgengabe zu verkaufen, oder sie, um ihr dieselbe nicht bezahlen zu müssen, als Gattin zu behalten. So heißt es auch Vers 128: „So sehr ihr es auch möchtet, so ist es euch doch nicht möglich, gleiche Neigung für mehrere Gattinnen zu haben, doch dürft ihr keine ganz vernachlässigen und sie gleichsam in einen Zustand versetzen, wo sie weder ledig, noch verheirathet ist." Vergl. auch Anmerk. 497.

490) D. h. euch von einer Gattin scheiden und eine andere heirathen.

ihrer Morgengabe entziehen, selbst wenn sie ein Talent beträgt; möchtet ihr eine offenbare Sünde und Gewaltthat begehen? Wie wollt ihr ihnen etwas nehmen, nachdem ihr mit einander vereinigt waret, und ihr mit ihnen einen festen Vertrag geschlossen? Heirathet nicht die Frauen eurer Väter — doch wird euch das Geschehene verziehen — denn es ist eine Schändlichkeit und eine Verworfenheit. Verboten ist euch zu heirathen: eure Mütter, eure Töchter und eure Schwestern, die Schwestern eurer Väter und die eurer Mütter, die Töchter eurer Brüder und die eurer Schwestern, auch nicht eure Säugeammen, noch eure Milchschwestern, ferner weder die Mütter, noch die Töchter eurer Frauen, deren Erzieher ihr geworden, dieß Verbot tritt indessen erst dann ein, wenn ihr euren Frauen schon beigewohnt. Ferner heirathet nicht die Frauen eurer von euch abstammenden Söhne, auch nicht zwei Schwestern zusammen. Doch wird euch das Geschehene vergeben [491]), denn Gott ist gnädig und barmherzig. Jede verheirathete Frau ist euch verboten, mit Ausnahme derer, welche eure Rechte (im Kriege) erwirbt. Das ist Gottes Vorschrift für euch; alle Uebrigen (Frauen) sind euch erlaubt. Wenn ihr tugendhafte züchtige Frauen gegen eine Morgengabe heirathet, so müßt ihr ihnen auch, sobald ihr sie einmal besessen, den festgesetzten Lohn geben, ihr begehet jedoch kein Unrecht, wenn ihr mit ihrer Einwilligung später andere Bestimmungen treffet. Gott ist allwissend und allweise. Wer von euch nicht die Mittel hat, eine freie Gläubige zu heirathen, der heirathe ein gläubiges Mädchen, das seine Rechte erworben (eine Sklavin). Gott kennt euern Glauben [492]), ihr stammt alle einer vom andern

491) Aus dieser Bemerkung, welche sich auch bei dem Verbote des Vaters Frauen zu heirathen findet, geht hervor, daß dieß bei den Arabern zu Mohammeds Zeit Sitte war und daher manche noch solche Gattinnen hatten, die ihnen Mohammed hiemit zu behalten erlaubte.

492) Das heißt nach Djalalein, lasset es euch nicht schwer fallen, wenn ihr eine Sklavin heirathet, Gott kennt das Innere der Menschen,

ab. Heirathet die Sklavinnen nur mit der Erlaubniß ihres Herrn, gebet ihnen in Güte ihre Morgengabe, doch heirathet nur Tugendhafte, die sowohl öffentlich, als im Verborgenen züchtig leben. Begehen sie aber als eure Gattinnen eine Schandthat, so treffe sie die Hälfte der Strafe, welche Freie trifft [493]. Dieses (die Erlaubniß Sklavinnen zu heirathen) gilt für diejenigen (Unbemittelten) unter euch, welche sich vor einer Sünde [494] fürchten; enthaltet ihr euch aber davon, so ist es besser für euch. Gott ist gnädig und barmherzig [495]....

und manche Sklavin ist mehr werth als eine Freie, und übrigens sind alle Menschen gleich.

493) Sie werden niemals mit dem Tode bestraft, bemerkt Djalalein, sondern erhalten fünfzig Streiche und werden auf ein halbes Jahr verbannt.

494) Das heißt, welche fürchten, sie möchten, wenn sie unverheirathet bleiben, ihre Leidenschaft auf eine sündhafte Weise befriedigen. Maraccius übersetzt unrichtig: „Hoc (conjugium cum ancillis conceditur) illi qui timuerit ex vobis flagitium (ab ingenuis)." Nicht besser H. Ullmann: ‚Sklavinnen sind nur demjenigen erlaubt, welcher freie Frauen fürchtet, der Sünde wegen, in welche sie leicht verfallen."

495) Vers 18—24. Die in Vers 20 und 21 verbotenen Ehen sind es auch nach dem mosaischen Gesetze, mit Ausnahme der Nichte, welche Moses zu heirathen erlaubt. Wenn aber Mohammed hierin von dem mosaischen Gesetze abweicht, so hat er es doch bei der Erlaubniß, die er den Frauen gegeben, nahe Verwandten unverschleiert zu sehen, (Sura XXIV. Vers 32. Vergl. Anmerk. 229) berücksichtigt, da er, wie schon Michaelis (mosaisches Recht, II. 263) bemerkt, den Männern gerade diejenigen Frauen unverschleiert zu sehen erlaubt, welche sie nach demselben nie heirathen dürfen, weil dann von einem vertraulichern Umgange keine weitere Verführung zu befürchten ist. Der wahre Grund, warum in jenem Verse der Oheim nicht auch erwähnt ist, liegt gewiß darin, daß Mohammed, als er ihn schrieb, das mosaische Gesetz im Gedächtnisse, oder vielleicht einer seiner jüdischen Mitarbeiter dasselbe vor Augen hatte, in welchem es dem Oheim nicht verboten ist, seine Nichte zu heirathen, obschon der Neffe seine Tante nicht

Die Männer sind über die Frauen gesetzt wegen der Vorzüge, mit denen sie Gott begabt, und weil jene diese unterhalten. Die tugendhaften Frauen sind gehorsam und bewahren auch in Abwesenheit (ihrer Männer), was ihnen Gott zu bewahren befohlen. Weiset diejenigen Frauen zurecht, von denen ihr Widerspenstigkeit befürchtet (hilft dieß nichts), so lasset sie euer Bett nicht mehr theilen, und (hat auch dieß keinen Erfolg, so) züchtiget sie, gehorchen sie euch aber, so habt ihr kein Recht, sie zu mißhandeln. Gott ist erhaben und mächtig. Fürchtet ihr Zwiespalt unter Ehegatten, so sendet ihnen einen Schieds- richter aus seiner Familie und einen aus der Ihrigen, finden sie es für gut sie wieder mit einander zu versöhnen, so wird Gott die Eintracht unter ihnen herstellen, er ist allweise und kennt das Innere der Menschen [496]."

Nachdem Mohammed noch einige andere Ermahnungen [497]

heirathen darf. Die Nichterwähnung des Oheims bemerkt schon Lane S. 222. Aber der hier angegebene Grund ist gewiß eher anzunehmen als folgender, den er anführt: „Some think that they (uncles) are not admissible, and for this reason, lest they should describe the persons of their nieces to their sons; for it is regarded as highly improper for a man to describe the features or person of a female to one of his own sex, by whom it is unlawful for her to be seen etc."

496) Vers 33 u. 34.

497) Hieher gehört besonders noch der 232. Vers der 2. Sura, welcher lautet: „Wenn ihr euch von euern Frauen scheidet, und sie sind der bestimmten Frist (von drei Perioden, drei Monaten, oder der Entbindung, nicht vier Monate, wie bei Ullmann) nahe gekom- men, so nehmet sie entweder in Güte wieder auf, oder entlasset sie in Güte (nach Ablauf der Frist); haltet sie aber nicht bös- willig zurück, um ihnen Gewalt anzuthun; wer dieß thut, schadet sich selbst...." Es heißt eigentlich im Texte: „Wenn sie ihre Frist erreicht haben," doch hat Djalalein ganz recht, wenn er das Wort balaghna (sie haben erreicht) durch karabna inkidhaa id- datihinna (sie sind dem Ablauf ihrer Frist nahe gekommen) wiedergibt; denn ist sie einmal vorüber, so hat natürlich der Mann kein Recht mehr über die Frau. In diesem Verse will

zu einer guten Behandlung der Frauen, welche die Männer als ihre Gehülfinnen betrachten müssen, hinzugesetzt, und die Gläubigen nochmals aufgefordert hatte, den schon erwähnten heidnischen Gebrauch, die heiligen Monate zuweilen zu verschieben, abzuschaffen, fuhr er fort: „O ihr Leute! Satan hat gewiß alle Hoffnung verloren, je mehr in diesem Lande angebetet zu werden; doch seyd fortwährend auf eurer Hut, und handelt stets eurem Glauben gemäß! Haltet fest an dem Buche Gottes! denn wer es zur Leitung nimmt, geht nicht irre. Beherziget meine Worte! denn ich habe mein Ziel erreicht. Ihr habt als Haltpunkt das klare Wort Gottes und die Lehren seines Propheten. Vernehmet meine Worte und bedenket, daß alle Muselmänner Brüder sind, daß dem Einen nicht erlaubt

Mohammed den Männern verbieten, ihre Frauen durch eine solche fruchtlose Absonderung zu quälen, entweder um sie zu nöthigen, sich loszukaufen, oder um wenigstens während dieser Frist sie vernachläßigen zu dürfen. Im folgenden Verse ist dann das Wort balaghna buchstäblich zu nehmen, er ist aber nach Djalalein nicht an den Gatten gerichtet, denn der kann gewiß eine geschiedene Frau nach Ablauf der bestimmten Frist nicht mehr abhalten, einen andern Mann zu heirathen, sondern an den Vormund der Frau, welcher sie nicht hindern soll, nach einer Versöhnung ihren ersten Gatten wiederzunehmen. Djalalein bemerkt noch: „Dieser Vers erschien, als Jasar seine geschiedene Gattin wieder nehmen und ihr Bruder Mi'kal es nicht zugeben wollte. Es ist für die Unschuld und Sittenreinheit förderlicher, heißt es am Schlusse des Verses, wenn sie nach einer Versöhnung sich wieder heirathen, weil, bemerkt Djalalein, man gegen ein (gewesenes) Ehepaar mißtrauisch seyn muß, wegen der Anhänglichkeit, die zwischen ihnen besteht." Nicht wie bei Maraccius p. 82: „Ob suspicionem quae timetur in duobus conjugibus propter dissidium et certamen amoris inter se." Nach Maraccius hat auch Ullmann diesen Vers unrichtig übersetzt: „Wenn ihr euch von euern Frauen scheidet, und ihre bestimmte Zeit ist gekommen, dann hindert sie nicht einen andern Mann zu nehmen, wenn sie sich nach Billigkeit einigen wollen."

ist, was dem Andern gehört, wenn er es ihm nicht freiwillig schenkt."

Er sagte dann zu Rabia [498] Jbn Ommejia Jbn Challaf, welcher neben ihm stand, und seine leise gesprochenen Worte dem Volke mit starker Stimme wiederholte: „Sprich! o ihr Leute! der Gesandte Gottes fragt euch: wisset ihr, in welchem Monate ihr seyd, und in welchem Lande, und welcher Tag heute ist?" Rabia richtete diese Fragen an das Volk, welches antwortete: „Wir sind in einem heiligen Monate, und befinden uns in einem heiligen Gebiete, und heute ist das heilige Pil= gerfest." Da sagte Mohammed: „Verkündige ihnen, daß Gott ihnen befiehlt, bis zum Tage, wo sie von ihm aufgenommen werden, das Blut und das Gut ihrer Nächsten so heilig zu halten, wie diesen Monat, dieses Gebiet und diesen Festtag." Mohammed beschloß seine Predigt mit folgendem Koransverse, der nach muselmännischer Tradition ihm eben geoffenbart ward, als er noch auf seinem Kameele saß, und der letzte war, der ein Gebot oder Verbot enthielt: „Ihr dürft nicht essen, was von selbst gestorben, kein Blut, kein Schweinfleisch, was nicht im Namen Gottes geschlachtet [499]), was erwürgt, oder durch einen Schlag, durch einen Fall, oder durch einen Stoß ge= tödtet, oder von einem reißenden Thiere zerrissen worden, es sey denn, ihr habt es (noch lebend gefunden und) selbst ge= schlachtet, und nicht was zu Ehren eines Götzen geschlachtet worden. Theilet nichts unter euch durch das Pfeilloos [500]), denn alles dieß ist sündhaft. Heute werden die Ungläubigen

---

498) Auf Rabia selbst scheint diese Rede keinen sehr tiefen Eindruck gemacht zu haben, denn nach J. ward er unter Omars Chalifat als Weintrinker gezüchtigt, worauf er nach Syrien auswanderte und sich zum Christenthum bekehrte.

499) Die ersten vier Verbote sind hier nicht zum ersten Male erschie= nen, sie finden sich schon in der 6. Sura, Vers 118 und 145 und in der 16., Vers 115, welche Beide zu den in Mekka geoffen= barten Suren gehören, ferner in der 2., Vers 175.

500) Vergleiche die Einleitung, S. 17.

ihre Hoffnung aufgeben gegen euern Glauben [501]) (etwas zu vermögen), fürchtet sie nicht, sondern fürchtet nur mich! Heute haben eure Religionslehren ihre Vollständigkeit erreicht. Meine Huld ist euch vollkommen zu Theil geworden, ich habe den Islam zu eurem Glauben gewählt. Wer jedoch durch Hunger gezwungen ist (Verbotenes zu genießen), nicht aus Hang zur Sünde, gegen den ist Gott gnädig und barmherzig." [502])

Da dieser Vers und die beiden folgenden, welche gewiß auch gleichzeitig mitgetheilt wurden [503]), alle Speisegesetze Mo-

---

501) So nach Djalalein: „Sie werden nicht mehr hoffen, daß ihr abtrünnig werdet, nachdem sie dieß so sehr wünschten, weil sie nun gesehen, wie stark er ist." S. auch den Kamus unter ja alef sin, wo auch diesem Worte, mit min construirt, eine solche Bedeutung gegeben wird. Maraccius übersetzt unrichtig: „Hodie vae illis qui recesserunt a religione vestra," eben so Ullmann: „Wehe an diesem Tage denen, welche von eurer Religion abfallen." Sie haben das min fälschlich auf kafaru bezogen, das doch gewöhnlich mit b construirt wird, auch paßt das Wort heute gar nicht für diesen Sinn.

502) Sura 5, Vers 4. Als Mohammed diese Offenbarung erhielt, heißt es bei J., brachen fast die Vorderfüße des Kameels, auf dem er saß, zusammen, wegen der Schwere der Offenbarung. S. Anmerk. 48, S. 43. Omar weinte über den ersten Vers, und als Mohammed ihn fragte, warum er weine? antwortete er: „Da du unsern heutigen religiösen Zustand für den vollkommensten erklärt hast, so steht uns nur eine Verschlimmerung desselben in Aussicht." Bei Abulfeda war es Abu Bekr, der darin eine Andeutung auf Mohammeds nahen Tod sah, welcher in der That drei Monate und drei Tage nach dieser Offenbarung erfolgte.

503) Dafür spricht nicht nur der Inhalt, sondern auch ganz besonders das Wort aljauma (heute, oder nunmehr), das im vierten und im sechsten Verse vorkommt. Wir werden in der Folge sehen, daß selbst nach muselmännischer Tradition die Koransverse, eben so wenig als die Suren, chronologisch geordnet sind. So ist hier wahrscheinlich Vers 3 erst später hereingeflickt worden. Vers 5 erschien gewiß zuerst, dann Vers 6, hierauf Vers 2, welcher alles Rindvieh, worunter auch das Kameel, erlaubt, und zuletzt Vers 4.

hammeds enthalten, so will ich sie auch gleich anführen: „Sie werden dich fragen (so redet Gott oder der Engel Gabriel Mohammed an), was ihnen (zu genießen) erlaubt ist, sage (ihnen): alles, was gut schmeckt [504]) ist euch erlaubt, auch das Wild, das euch von abgerichteten Jagdthieren gebracht wird, die ihr (in der Jagdkunst) eingeübt, wie es euch Gott gelehrt, dürfet ihr genießen [505]); erwähnet nur den Namen Gottes dabei (d. h. wenn ihr das Jagdthier loslasset). Fürchtet Gott, denn er fordert schnell Rechenschaft. Heute wird euch alles Wohl= schmeckende erlaubt, auch die Speisen der Schriftbesitzer [506])

504) Dieses Koransgesetz ist auch von den späteren Theologen beibe= halten worden, und findet sich noch buchstäblich in dem schon häufig angeführten Handbuche, wo nur wilde, reißende Thiere, wie Lö= wen, Tiger, Bären, Wölfe und Raubvögel, wie Raben, Adler, Geier u. dgl. verboten sind. H. Lane irrt daher, wenn er (I. S. 112) schreibt: „Most animals prohibited for food by the mosaic law are alike forbidden to the Mooslim, the camel is an ex= ception." Pferdfleisch, das den Juden verboten ist, hat Moham= med bei dem Feldzuge von Cheibar ausdrücklich erlaubt, eben so wilde Esel, Hasen, Füchse u. a. m. Sura IV. Vers 159 heißt es sogar ausdrücklich: „Wir haben den Juden wegen ihrer Uebel= thaten gute Speisen verboten, die ihnen früher erlaubt waren" (und Mohammed auch den Muselmännern nicht verbietet).

505) Nach Djalalein und dem Handbuche der Theologie muß das Jagdthier so abgerichtet seyn, daß es wegläuft oder fliegt, sobald man es losläßt, zurück bleibt, wenn man es aufhält und nichts vom Wild frißt; ist es so eingeübt, daß es wenigstens drei Proben abgelegt, so darf man das von ihm getödtete Wild essen, wo nicht, nur in dem Falle, wo es noch lebend gefangen worden und geschlachtet werden kann. (Darnach ist Lane, I. S. 114 zu ergän= zen). Nach einer Tradition bei Djalalein, welche zum Gesetze ward, ist ein mit einem Pfeile getödtetes Wild auch erlaubt, wenn man beim Losdrücken den Namen Gottes erwähnt, und so ward auch später ein Geschossenes erlaubt.

506) D. h. der Juden und Christen. Wahrscheinlich war es bei Letz= tern in Arabien auch Sitte, die Thiere mit dem Messer oder einem sonstigen schneidenden Instrumente zu schlachten, sonst hätte

dürft ihr genießen, so wie eure Speisen ihnen erlaubt sind, eben so ist es euch gestattet, tugendhafte Frauen zu heirathen, sie mögen gläubig seyn, oder zu denen gehören, die vor euch eine Offenbarung erhalten, wenn ihr ihnen ihre Morgengabe entrichtet, doch müsset ihr sie als Gattinnen nehmen, nicht als Beischläferinnen, weder öffentlich, noch geheim. Wer vom Glauben abtrünnig wird, dessen (frühere) Werke sind vergebens, und er gehört in jener Welt zu den Untergehenden."

Nach dieser Predigt rief Mohammed Gott drei Mal zum Zeugen auf, daß er seinen Beruf als Prophet erfüllt, dann trank er in Gegenwart des ganzen Volkes einen Becher voll Milch, den ihm die Gattin seines Oheim Abbas geschickt, um damit zu zeigen, daß der neunte Tag des Dsu-l-Hudja kein Fasttag, wie er es bei den Heiden war; dann verrichtete er auf Arafa das Mittag- und Nachmittaggebet. Hierauf betete er noch: „O Gott! du hörst meine Worte, und siehst meinen Standpunkt, kennst mein Aeußeres und mein Inneres, und nichts von meinem ganzen Wesen ist dir verborgen. Ich, der schüchterne, flehende, Schutz suchende, Gnade bedürftige und Schwache, bekenne hier meine Sünde vor dir, und flehe dich an, wie der Arme den Reichen, zittre vor dir wie ein Verbrecher vor seinem Richter, und bete zu dir mit gebeugtem Nacken und thränenvollen Augen. O Gott! lasse mein Gebet

Mohammed, der doch geschlagenes Vieh, und was ohne Erwähnung des Namens Gottes getödtet worden, verbietet, ihre Speisen nicht erlaubt. Djalalein paraphrasirt freilich das Wort taam (Speise) durch Dsabaïh (Geschlachtetes), doch liegt dieß nicht im Worte. Heutigen Tages essen die frommen Muselmänner bei Juden, weil sie wissen, daß sie ihr Vieh und Geflügel im Namen Gottes schlachten, bei Christen aber nur, wenn sie einen muselmännischen Koch haben, der das Schlachten besorgt, und dafür bürgt, daß kein Schweinfleisch oder Schmalz auf den Tisch komme. Bei beiden enthalten sie sich auch von Speisen, die mit Wein zubereitet sind. Geiger irrt, wenn er (S. 200) glaubt, der vierte Vers, in welchem Geschlagenes, Erwürgtes u. dgl. verboten ist, gehöre zu dem Aufgehobenen.

nicht unerhört, sey gnädig und barmherzig gegen mich, du Be=
ster von allen, die um etwas gebeten werden, du bester Geber.
Zu dir nehme ich meine Zuflucht vor der Pein des Grabes,
vor der Unruhe des Gemüths, vor der Zerrüttung meiner
Verhältnisse und vor der Bosheit aller Boshaften."

Mohammed nahm dann Usama Ibn Zeid hinter sich auf sein
Kameel und ritt nach Muzdalifa, wo er übernachtete. Am fol=
genden Morgen ritt er auf einem Kameele mit Abbas, gleich
nach dem Frühgebete, wieder nach dem Thale Mina; alle erwach=
senen Pilger männlichen Geschlechts folgten ihm [507], Frauen
und Kindern aber hatte er, damit sie nicht ins Gedränge kom=
men, schon nach Mitternacht abzureisen erlaubt. Im Thale
Mina, bei Dsumrat Alakaba, ließ er sich von Abd Allah Ibn
Abbas sieben Steinchen aufheben, warf sie mit den Worten:
„Gott ist groß" hinter sich, und befahl allen Pilgern das
Gleiche zu thun; dann hielt er wieder eine Rede desselben
Inhalts wie die am vorhergehenden Tage. In Mina schlach=
tete er mit eigener Hand die dreiundsechzig Kameele, die er
von Medina mitgebracht, so viel als er Lebensjahre zählte,
und befahl Ali dasselbe zu thun mit den siebenunddreißig, die
er aus Jemen mitgeführt. Er ließ dann von jedem ein Stück=
chen abschneiden, und zusammen in einem Topfe für sich und
die Seinigen kochen, das Uebrige aber unter die Armen ver=
theilen. Nach der Mahlzeit ließ er sich von Mi'mar sein
Haupthaar scheeren, und schenkte die Hälfte davon Abu Talha

507) Eine Frau, die einen alten Vater hatte, welcher dem Zuge nicht
weiter folgen konnte, und doch die Pflicht der Pilgerfahrt erfüllen
wollte, fragte Mohammed beim Wegreiten, was er thun solle?
Er antwortete: er soll einer Andern für sich die Ceremonien der
Wallfahrt vollenden lassen. Manche Muselmänner lassen daher
auch, wenn sie die Wallfahrt nicht selbst unternehmen können,
einen Andern für sich wallfahren, dem sie die Reisekosten ersetzen.
(Vergl. das Nähere über einen solchen Stellvertreter bei d'Ohsson
Schilderung des ottoman. Reichs. Deutsch von Beck, II. S.
77—83).

die andere Hälfte gab er dem Volke preis, das kein ein=
ziges Haar verloren gehen ließ, sondern sie als Reliquie auf=
bewahrte [508]). Er ließ sich dann von Aïscha beräuchern, ritt
nach Mekka zurück auf einem Kameele mit Usama, machte
abermals sieben Umkreise um den Tempel, trank von dem
Wasser, das Abbas mit Datteln und Zibeben für die Pilger
zubereitet, hierauf ein wenig von dem Brunnen Zemzem, las
die Sura vom Berge Tur [509]), und kehrte wieder, ohne abzu=

508) In der Schlacht von Barmuk verlor Chalid die Mütze, die er
    unter seinem Helme trug, er suchte sie sehr lange, obschon er de=
    ren mehrere hatte und die verlorene ganz zerrissen war. Als
    man ihn fragte, warum ihm so viel an dieser Mütze liege, sagte
    er: „Ich hatte einige Haare vom Gesandten Gottes darin auf=
    bewahrt, mit denen ich in allen Schlachten siegte." J.

509) Es ist die 52. Sura, welche noch zu den ältern mekkanischen ge=
    hört. Sie lautet: „Bei dem Berge Tur (Sinai) bei der Schrift
    auf ausgebreitetem Pergament (die Tora und der Koran), bei
    dem besuchten Tempel, bei dem erhöhten Himmelsdache, bei dem
    schwellenden Meere, die Strafe deines Herrn trifft ein, nichts
    kann sie abwehren, an dem Tage, wo der Himmel wankt und
    die Berge erschüttert werden. Wehe dann denjenigen, welche
    (Gottes Gesandten) Lügner nannten und mit Eitelkeiten sich zer=
    streuten. An dem Tage, wo sie in das Feuer der Hölle gestoßen
    werden (mit den Worten): das ist das Feuer, an das ihr nicht
    glauben wolltet. Ist das wohl auch Zauber? (wie ihr Moham=
    meds Offenbarung genannt) brennet nun darin! gleichviel ob mit
    oder ohne Geduld, ihr empfanget die Vergeltung für eure Werke.
    Die Gottesfürchtigen aber ergötzen sich in Gärten und Wonne=
    plätzen an dem, was ihnen ihr Herr beschieden, und daran, daß
    er sie vor der Pein der Hölle bewahrt. (Ihnen wird zugerufen):
    Esset und trinket und genießet die Frucht eurer Werke! angelehnt
    auf Throne in Reihen aufgestellt. Wir geben ihnen Gattinnen
    mit großen Augen. Die Nachkommen der Gläubigen, die wir
    ihnen im Glauben folgen ließen, werden wir auch (im Paradiese)
    mit ihnen vereinen, und ihnen von (dem Verdienste) ihrer Werke
    (der Kinder willen) nichts entziehen; jedermann gilt als Unter=
    pfand für sein Thun. Wir versorgen sie mit Früchten und Fleisch,
    wie sie es wünschen, sie reichen einander den Weinkelch, der

steigen, nach Mina zurück. Hier brachte er drei Tage zu, und
wiederholte jeden Tag die Ceremonie des Steinwerfens, erklärte übrigens aber diese Tage als Freudentage. Am dreizehnten begab er sich in ein Zelt, das ihm Abu Rafi' in den
niedern Theilen Mekka's, zwischen dem Berge Abu Kubeis und
dem rothen Berge [510]) aufgeschlagen, und brachte die Nacht
darin zu. Vor Tagesanbruch aber machte er sich auf, und
hielt noch einmal sieben Umgänge um den Tempel, wobei er
die Mauer Multazim in der Nähe des schwarzen Steines berührte, und trat seine Rückkehr nach Medina an. Am achtzehnten hielt er bei dem Teiche Chum in der Nähe von Djohfa

weder thörichtes Geschwätz, noch Sünden hervorruft, und
Knaben werden (zu ihrer Bedienung) sie umgeben (so schön und
rein) wie Perlen in den Muscheln verschlossen. Es wird sich dann
Einer dem Andern zuwenden und ihn (über sein früheres Leben)
ausfragen. Die Einen werden sagen: Wir waren, als wir noch
bei den unsrigen (in dieser Welt) lebten, besorgt (um unser jen-
seitiges Wohl), darum war Gott gnädig gegen uns, und bewahrt
uns vor der brennenden Qual. (Andere sagen): Wir haben ihn
früher angebetet; er ist der Wohlthätige, der Barmherzige." Die
letzten 21 Verse dieser Sura stehen mit den hier angeführten 28
ersten in gar keinem Zusammenhangè, ich lasse sie daher auch hier
weg. Ich weiß überhaupt nicht, warum Mohammed nach J.
gerade d i e s e Sura las, wenn nicht etwa, weil er im Anfang
unter Anderm auch bei dem besuchten Tempel schwört, unter welchem indessen, nach Djalalein, nicht die Kaaba, sondern ein himm-
lischer, täglich von siebenzigtausend Engeln besuchter Tempel, verstanden seyn soll. Ich würde auch die erste Hälfte der Sura nicht
mitgetheilt haben, wenn sie nicht wegen der darin enthaltenen
Schilderung der Freuden der Paradiesesbewohner und der Qualen
der Sünder in der Hölle, auf die wir auch später zurückkommen
werden, wichtig wäre.

510) Nach einigen Traditionen versammelten sich hier einst die Kureischiten, als sie den Beschluß faßten, sich von den Haschimiten abzusondern, bis sie Mohammed ausliefern würden, nach Andern auf
dem Berge Hadjun, wo Mohammed bei seiner Ankunft abgestiegen war.

eine Rede vor den um ihn versammelten Gefährten, in wel=
cher er unter Andrem sagte: „O ihr Leute! ich bin ein Mensch
wie ihr, der Gesandte meines Herrn (der Todesengel) kann
mir jeden Augenblick erscheinen, und ich muß ihm folgen, da
werde ich über euch, und ihr werdet einst über mich befragt.
Was werdet ihr dann antworten?" Sie erwiederten: „Wir
werden bezeugen, daß du uns die göttlichen Offenbarungen
mitgetheilt, und mit vielem Eifer uns zum Guten gerathen
hast. Gott vergelte es dir!" Mohammed fuhr dann fort: „Ihr
bekennet doch, daß es nur einen Gott gibt, daß Mohammed
sein Diener und sein Gesandter, daß Paradies und Hölle eine
Wahrheit sind, daß der Tod und die Auferstehung nach dem
Tode gewiß sind, eben so die Stunde, in welcher die den
Gräbern entstiegenen Menschen vor Gericht gezogen werden."
Als sie Alles bejahten, beschwor er sie bei diesen heiligen Dog=
men, seine Familie, und besonders Ali, gegen den sich wegen
seiner Verwaltung in Jemen einige Klagen erhoben hatten,
stets zu lieben und zu ehren. „Wer mich liebt, sagte er, der
wähle auch Ali zum Freunde. Gott stehe dem bei, der ihn
beschützt, und verlasse den, der ihn anfeindet." Diese Worte
Mohammeds, welche selbst die eifrigsten Sunniten nicht läug=
nen, dienten später den verschiedenen Sekten der Schiiten zum
stärksten Beweis für die Rechte Ali's an das Chalifat, denn
das Wort maula, das Mohammed gebrauchte, bedeutet eben
so gut Herr und Gebieter, als Freund und Beschützer [511]),

511) Es ist schwer zu entscheiden, was eigentlich Mohammed damit
 meinte, da wir nicht genau den Zusammenhang seiner Rede ken=
 nen. Gewiß ist, daß er nicht geradezu Ali damit als seinen Nach=
 folger erklären wollte, sonst hätte er sich viel bestimmter ausgedrückt;
 es fragt sich nur, ob er es nicht wenigstens andeuten wollte, was
 höchst wahrscheinlich ist, wenn er diese Worte ohne besondere
 Veranlassung, nach der Erwähnung seines nahen Todes aussprach.
 Hängen sie aber, wie die Sunniten behaupten, mit einer Anklage
 Abu Bureida's gegen ihn zusammen, so war seine Absicht gewiß
 nur ihn als unschuldig zu erklären, und der Liebe aller Musel=
 männer zu empfehlen.

und feiern daher noch immer den achtzehnten Dsul Hudja als
einen Festtag. Ali selbst berief sich später als Chalife auf diese
Worte Mohammeds, doch nicht, um damit zu beweisen, daß
Abu Bekr und Omar Usurpatoren waren, sondern nur, um
die Anhänger Muawia's als Feinde Mohammeds zu erklären.
Mohammed setzte dann seine Reise bis Dsu Huleifa fort, wo
er eine Nacht zubrachte. Am folgenden Morgen brach er nach
Medina auf, und sagte, sobald er die Stadt erblickte: „Gott
ist groß, es gibt nur einen einzigen Gott, er hat keinen Genossen, sein ist das Reich, ihm ziemt Lob, er ist allmächtig.
Kehren wir nun in unsere Wohnungen zurück, und beten ihn
an und preisen ihn! Gott hat seine Zusage erfüllt, er ist seinem Knechte beigestanden, und hat allein die Schaaren zerstreut [512]).

Die Biographen Mohammeds beobachten ein vollkommenes
Schweigen über die drei Monate, welche zwischen seiner Rückkehr von der letzten Wallfahrt, welche die der Vollendung,
auch die des Abschieds genannt wird, und dem Ausbruch der
Krankheit, an welcher er starb, verflossen; das Einzige, was
sie berichten, ist, daß Mohammed wenige Tage vor seiner
Krankheit einen dritten Feldzug nach Syrien anordnete, und
Usama Ibn Zeid, dessen Vater bei Muta gefallen war, zum
Anführer der Truppen ernannte. Dieß war gegen Ende des
zweiten oder nach Andern am Anfang des dritten Monats des
elften Jahres der Hidjrah [513]). Bald darauf stand er in der
Nacht — vielleicht schon fieberkrank — auf, weckte seinen Sklaven Abu Mauhaba [514]), und sagte ihm: „Ich habe den Befehl
für die, welche auf der Grabstätte Bakia-l-Gharkad ruhen,

512) J. am Schlusse des Kapitels der Abschiedspilgerfahrt.
513) Zweite Hälfte des Monats Mai 632.
514) Da weder bei J., noch bei Gagnier, wo alle Sklaven Moham-
        meds aufgezählt sind (II. p. 344—346), dieser Beiname vor-
        kommt, so läßt sich nicht genau bestimmen, welcher Sklave es
        war, von dem diese Tradition herrührt. Bei S. heißt er: „Abu
        Muweihabat."

zu beten, begleite mich dahin!" Abu Mauhaba folgte ihm nach
diesem großen Begräbnißplatze Medina's. Als Mohammed
mitten unter den Gräbern war, sagte er: „Friede über euch,
ihr Bewohner der Gräber! Euer Zustand ist besser, als der
anderer (noch lebenden) Menschen. Wüßtet ihr nur, vor was
euch Gott bewahrt hat! Es nahen Stürme (politische Unruhen
und Religionsstreit) heran, die wie die Theile einer finstern
Nacht auf einander folgen, immer einer schlimmer, als der
Andere [515])." Er wendete sich dann zu Abu Mauhaba, und sagte
ihm: „Mir ist die Wahl gelassen, ob ich noch in dieser Welt,
deren Schätze mir geöffnet sind, verbleiben will, bis ich in das
Paradies komme (d. h. bis zum jüngsten Tage), oder ob ich
früher meinem Herrn begegnen will, und bei Gott, ich habe
Letzteres gewählt." Er betete dann für die Beerdigten, und
ging zu Aïscha, welche über Kopfschmerzen klagte. Mohammed
sagte ihr: „Laß mich lieber klagen, denn ich fühle heftige
Schmerzen." Dann fuhr er fort: „Was wäre es übrigens,
wenn du vor mir sterben solltest, und ich dich in dein Todten-
gewand legte, und auf deinem Grabe für dich betete?" Bei

515) H. v. H. legt Mohammed (S. 216) folgende Worte in den
Mund: „Heil euch, ihr Bewohner der Gräber! ruhig ist der
Morgen, an dem ihr erwacht, in Vergleich dessen, an dem die
Menschen erwachen. Wenn sie wüßten, wie euch Gott gerettet
(aus den Stürmen der Welt), würden die Unruhen abgeschnitten
werden, wie finstere Nacht vom hellen Tage; auf das Erste folgt
das Letzte, und das Letzte ist schlimmer, als das Erste." Die
Worte des Textes lauten bei J. und S. fol. 272: „Assalamu
alaikum ja ahlu-l-makabiri lahanijjun lakum ma assbahtum
fihi mimma assbaha-l-nasu fihi (lau ta'lamuna ma nadjakum
allahu) akbalat alfitanu kakit'i-l-leili-l-muzlimi, jatbau achiruha
awwalaha alachiratu ascharru min alûla." Die eingeklammerten
Worte fehlen bei S. Ueber das Wort kit'u (mit ain) vergleiche
den Kamus, wo man findet, daß es überhaupt in Verbindung
mit leilun, Dunkelheit der Nacht bedeutet, dann besonders den
letzten Drittheil der Nacht und auch den Ersten, welcher je nach
dem Mondstande der dunkelste ist.

Gott!" erwiederte Aïscha, „mir ist, als sähe ich dich dann in meine Wohnung zurückkehren, und mit einer deiner übrigen Frauen die durch meinen Tod entstandene Lücke ausfüllen."[516]) Mohammed lächelte über diese Antwort.

Von diesem Augenblicke an verschlimmerte sich sein Uebel immer mehr[517]), doch ging er noch aus, und brachte nach seiner Gewohnheit jeden Tag bei einer andern seiner Frauen zu. Als er aber in der Wohnung Meimuna's war, fühlte er sich so krank, daß er alle seine Frauen zusammenrufen ließ, und sie bat, ihm zu erlauben, nunmehr Aïscha's Haus nicht mehr zu verlassen. Mit verbundenem Kopfe, auf Ali und Fadhl Ibn Abbas gestützt, schleppte er sich dann mühsam nach Aïscha's Haus. Hier nahm sein Fieber in solchem Maaße zu, daß er, um sich einige Erleichterung zu verschaffen, sich sieben Schläuche Wasser über den Kopf gießen ließ, und zu Aïscha sagte: „Jetzt fühle ich, wie das in Cheibar genommene Gift mir die Herz=ader zerreißt." Da ihn indessen das Begießen einigermaßen erfrischt hatte, begab er sich in die, bekanntlich an seine Woh=nung stoßende Moschee, und setzte sich auf die Tribüne. Seine ersten Worte waren ein Gebet für die im Treffen von Ohod Gebliebenen, dann sagte er: „Gott hat einem seiner Diener die Wahl gelassen zwischen (den Genüssen) dieser und jener

516) So bei Abulfeda, J. und S. a. a. O. Bei Gagnier II. 276 antwortet Aïscha: „Voilà justement tout ce que je ferais pour vous. Par Dieu s'il vous arrivait de me rendre tous ces de=voirs funèbres, et qu'ensuite vous revinssiez dans ma maison, aucune de vos autres femmes ne voudrait plus coucher avec vous."

517) Abbas erkannte zuerst Mohammeds Krankheit, denn nach J. sagte er zu Ali: „Geh mit mir zum Gesandten Gottes, und fordere ihn auf, daß er etwas über seine Nachfolge bestimme, denn ich habe schon manche Söhne Abd Almuttalibs krank gesehen, und kenne die Entstellung ihres Gesichts vor ihrem Tode." Ali wei=gerte sich aber, ihm zu folgen, und erklärte, er könne sich nie dazu entschließen, eine solche Aufforderung an den Gesandten Gottes zu richten. J.

21 *

Welt und zwischen (der Seligkeit) seiner Nähe [518]), und er hat Letztere gewählt." Da Abu Bekr sogleich merkte, daß Mohammed sich selbst damit meinte, fing er an zu weinen, und sagte: „Wir wollen unser Leben und das unserer Kinder für dich hingeben." Mohammed rief ihm zu: „Mäßige dich, Abu Bekr!" Dann soll er, zur Gemeinde sich wendend, gesagt haben: „Seht ihr alle die Thüren, welche (aus Privathäusern) in die Moschee führen, schließet sie insgesammt, mit Ausnahme der von Abu Bekrs Haus, denn ich hatte keinen vorzüglichern Gefährten als ihn, und bedürfte ich unter den Menschen eines Freundes und Glaubensbruders, so würde ich ihn wählen, bis uns Gott bei ihm vereint." [519]) Mohammed empfahl dann

---

518) So ausdrücklich bei S. fol. 274 übereinstimmend mit dem, was er auf dem Begräbnißplatze zu Abu Muweihaba gesagt. Die Worte des Textes lauten: „Inna Abdan min ibadi-l-lahi chajjarahu allahu beina-d-dunia walachirati wabeina ma indahu." Bei Abulfeda heißt es nur: „Gott hat einen seiner Diener wählen lassen zwischen dieser Welt und seiner Nähe," was aber für Mohammed keine besondere Gnade wäre.

519) Diese Worte und dieser Befehl Mohammeds finden sich bei S. a. a. O. und bei J. Ich durfte sie nicht übergehen, obschon ich weit entfernt bin ihre Wahrheit zu verbürgen, denn natürlich soll daraus der Schluß gezogen werden, daß Mohammed seinen Schwiegervater Abu Bekr zu seinem Nachfolger bestimmte, und darum ihm die Beibehaltung seiner Communication mit der Moschee gestattete, weil er als Chalife sie häufig besuchen mußte. Die Schiiten verwerfen diese Tradition als eine lügenhafte, und setzen den Namen Ali an die Stelle Abu Bekrs. Nach einer anderen Tradition bei J. soll Mohammed gesagt haben: „Seht ihr die vielen Fenster, die auf die Moschee gehen? schließet sie alle, bis auf das Abu Bekrs." Einige Sunniten rechtfertigen die Tradition, welche Ali nennt damit, daß sie behaupten, die übrigen Häuser haben einen doppelten Ausgang gehabt, Ali's Haus aber nur eine einzige Thüre, und diese ging in die Moschee, daher Mohammed für ihn eine Ausnahme gemacht. Er befahl auch, den Sunniten zufolge, sämmtliche Fenster zu vermauern, die auf die Moschee gingen, und machte nur für Abu Bekr hierin eine Ausnahme.

auch Usama, und ermahnte die Truppen, welche sich darüber aufhielten, daß ein so junger Mann zu einem so wichtigen Kriegszuge an ihre Spitze gestellt worden, zum Gehorsam gegen ihn [520]). „Wer etwas gegen seine Ernennung zum Oberfeldherrn einwendet," sagte er, „der beleidigt damit seinen Vater, der doch gewiß ein würdiger Feldherr war."[521]) Dann

Den Befehl, in Betreff der Thüren, hatte Mohammed schon vor der Schlacht von Ohod ertheilt; denn in jener Tradition wird Hamza erwähnt, der nicht eher gehorchte, bis Mohammed erklärte, er habe ihn nicht aus eigenem Antrieb, sondern nach einer göttlichen Eingebung ertheilt. Schon die Verschiedenheit der vielen Berichte (riwajat), welche J. anführt, muß einiges Mißtrauen einflößen.

520) Nach dieser Ermahnung stellten sich viele Truppen unter Usama's Fahne ein, und lagerten in Djurf, einige Meilen von Medina, um dort dem Verlauf der Krankheit Mohammeds abzuwarten.

521) Sein Vater war der schon oft genannte Zeid, einer der ersten Bekenner des Islams und freigelassener Sklave Mohammeds. Nach einer Randglosse bei S. fol. 39 reiste seine Mutter Su'ba, als er acht Jahre alt war, mit ihm zu ihrer Familie, welche zu den Beni Maan, einem Zweige von Tai, gehörte, und ward unterwegs von Räubern überfallen, die ihn auf dem Markte von Hajascha als Sklaven verkauften. Später kam er nach S. in die Hand Hakims Ibn Chuzam, Neffe Chadidja's, welcher ihn aus Syrien mitbrachte und seiner Tante Chadidja schenkte. Mohammed fand so viel Wohlgefallen an ihm, daß er sich ihn von seiner Gattin zum Geschenke erbat, und ihm die Freiheit gab. Von Haritha Ibn Schurahbil, welcher zum Stamme Kalb gehörte, hat man noch folgende Verse, die er bei der Nachricht vom Verluste Zeids dichtete:

„Ich weine über Zeid, denn ich weiß nicht, ob er noch lebt und ich noch hoffen darf, oder ob der Tod ihn für immer von mir getrennt. Bei Gott, ich weiß gar nichts, und frage darum: hat dich ein flaches oder bergiges Land mir entrissen? Wüßte ich doch nur, daß du einst wiederkehrest, nichts weiter begehrte ich mehr von dieser Welt. Die Sonne erinnert mich an ihn, sobald sie aufsteigt, und geht sie unter, so ist er wieder meinem Herzen nahe, jeder Wind weht sein Bild zu mir her. Schon lange fuhr er fort: „Wer von euch etwas auf dem Gewissen hat, der erhebe sich, damit ich Gottes Gnade für ihn erflehe." Da erhob sich ein Mann, der bisher für einen frommen Musel=mann galt, und sagte: „Ich war ein Heuchler, ein Lügner und ein träger Muselmann." Omar schrie ihn an: „Wehe dir! warum deckst du auf, was Gott verborgen?" Mohammed sagte aber zu diesem: „O Sohn Chattabs! es ist besser in dieser Welt zu erröthen, als in der zukünftigen. Gott! schenke ihm Aufrichtigkeit und Glauben, und entferne von ihm die Schlaffheit in Erfüllung deiner Gebote, wenn er sich in seinem Innern darnach sehnt." Er richtete dann, wie einst Moses, noch folgende Worte an das versammelte Volk: „Habe ich je=manden von euch geschlagen, hier ist mein Rücken, schlaget mich wieder! Habe ich jemanden an seiner Ehre gekränkt, so greife er die meinige an, habe ich jemanden Geld geraubt, so nehme er es von dem meinigen zurück, und fürchte keinen Groll von meiner Seite, denn das liegt nicht in meinem We=sen." Als hierauf jemand eine Forderung von drei Dinaren an ihn machte, gab er sie ihm, und sagte wieder: „Besser in dieser Welt erröthen, als in der zukünftigen." Den Schluß seiner Rede bildete die Ermahnung an die Ausgewanderten, fortwährend die Hülfsgenossen zu verehren. „Die Zahl der Gläubigen," sagte er, „wird sich vermehren, aber die der Hülfsgenossen kann nicht mehr zunehmen. Sie waren meine

währt meine Trauer und mein Schmerz, nun will ich aber die ganze Erde durchwandern, bis mein Kameel der Anstrengung er=liegt; ich will ihn suchen, so lange ich lebe, und überfällt mich der Tod, - nun so theile ich das Loos Anderer, welche ihm auch verfallen, so sehr sie auch die Hoffnung wiegt."

Als Haritha nach Mekka kam und Zeid wiederfand, bot er Mohammed ein Lösegeld für ihn an, Mohammed ließ Zeid die Wahl, ob er bei ihm bleiben oder mit seinem Vater heimkehren wolle, und da er Ersteres vorzog, adoptirte ihn Mohammed als seinen Sohn. So hieß er dann Zeid, der Sohn Mohammeds, bis zur Sendung der Koransverse, welche den Adoptivsöhnen verbieten, den Namen ihrer Adoptiveltern zu führen.

Familie, bei der ich meine Heimath wieder fand, erweiset Gutes denen, die sich gütig gegen sie zeigen, und saget euch los von denen, die sie anfeinden."

Mohammed verließ hierauf die Moschee, von seiner Rede so sehr erschöpft, daß er bei dem Eintritt in Aïscha's Haus in Ohnmacht fiel. Abbas ließ ihm von seinen Frauen ein Heilmittel eingießen. Als er aber wieder zum Bewußtsein kam, und die Medicin sah, ward er sehr ungehalten darüber, und nöthigte alle Anwesenden auch davon zu nehmen. Als die Zeit zum Abendgebete kam, und er sich zu schwach fühlte, um vorzubeten, ließ er sich wieder mit Wasser begießen, hatte aber eine Ohnmacht darauf, und da er, selbst nachdem er wieder zum Bewußtsein gelangte, noch nicht Kraft genug hatte, in die Moschee zu gehen, befahl er, daß Abu Bekr statt seiner vorbete, Aïscha bat ihn dann mehrere Mal, lieber Omar vorbeten zu lassen, weil ihr Vater so gerührt wäre, daß er nicht laut beten könnte; aber Mohammed erwiederte ihr: „Du bist eine zweite Zuleiha [522]), das heißt eine eben so große Heuchlerin als die Egyptierin, welche Joseph liebte; denn er wußte wohl, daß es

522) Von Zuleiha, wie Mohammed die Potifar der Bibel nennt, heißt es im Koran: „Als sie hörte, daß die Frauen der Hauptstadt sie wegen ihrer Liebe zu Joseph tadelten, ließ sie sie einladen, und während sie Früchte aßen, und jede von ihnen ein Messer in der Hand hielt, rief sie Joseph zu ihnen herein. Da geriethen die Frauen über seine Schönheit in solches Entzücken, daß sie sich in die Hand schnitten, und ausriefen: Bewahre Gott! das ist kein Mensch, das ist ein edler Engel!" (S. Sura 12, Vers 32). Nach J. nannte sie Mohammed deßhalb eine Heuchlerin, weil sie die Frauen glauben ließ, sie wollte ihnen eine Ehre erweisen, und in der That sie nur in Versuchung zu bringen beabsichtigte. Natürlicher ist aber, daß Mohammed Aïscha mit Zuleiha verglich, weil sie Joseph liebte, und vor ihrem Gatten sich stellte, als haßte sie ihn. Aïscha selbst behauptet aber, Mohammed habe ihr Unrecht gethan, indem sie in der That nicht wünschte, daß ihr Vater während Mohammeds Krankheit vorbete, weil dieß leicht auf das Volk einen unangenehmen Eindruck machen konnte.

ihr lieb seyn müsse, wenn ihr Bater, und kein Anderer, durch das Borbeten gewissermaßen als sein Stellvertreter auftreten durfte [523]). Da indessen das Ausbleiben Mohammeds große Bestürzung hervorbrachte, und sich schon das Gerücht von seinem Tode verbreitete, raffte er sich zusammen, und ließ sich von Ali, Fadhl und Abbas in die Moschee bringen, setzte sich abermals auf die Tribüne, und sprach: „Ich habe gehört, der Tod eures Propheten erfüllt euch mit Schrecken, aber hat je ein Prophet vor mir ewig gelebt, daß ihr glauben könntet, ich würde mich nie von euch trennen? Ich wandere jetzt zu meinem Herrn, meine letzte Bitte an euch besteht darin, daß ihr die ersten Ausgewanderten sowohl, als die Hülfsgenossen lieben und ehren möchtet, sie selbst ermahne ich aber zu gegenseitiger Eintracht." Er las dann folgende Koransverse: „Bei dem Schicksal! die Menschen gehen dem Berderben entgegen, nur die nicht, welche glauben, fromme Werke üben, sich gegenseitig zur Wahrheit ermahnen und zur Beharrlichkeit (im Glauben) [524]). Alles, fuhr er dann fort, geschieht nach dem Willen Gottes, lasset euch nicht einfallen, etwas beschleunigen oder verschieben zu wollen, was von Gott auf eine bestimmte Zeit beschlossen; wer mächtiger seyn will als Gott, der wird von

523) Nach einer anderen Tradition hieß Mohammed selbst Abu Bekr vorbeten. Abu Bekr verließ ihn, und bat Omar vorzubeten, dieser sagte ihm aber: „Du bist dessen würdiger, als ich." Ein anderer Bericht lautet: „Bilal trat vor Mohammed, und rief ihn zum Gebete." Er sagte: „Ich kann nicht in die Moschee gehen, rufe Omar zum Borbeten;" Bilal verließ weinend Mohammeds Wohnung, und das ganze Bolk weinte mit ihm, als es hörte, der Gesandte Gottes könne nicht zum Gebete kommen; Omar aber, dem er im Namen des Propheten vorzubeten befahl, sagte: „Ich werde mich nie vor Abu Bekr drängen; geh und sage dem Propheten, sein Schwiegervater sey vor der Thüre." Als Bilal mit dieser Antwort zu Mohammed zurückkehrte, sagte dieser: „Er hat Recht, geh zu Abu Bekr, und sage, er soll vorbeten."

524) Sura 103. Man kann auch übersetzen: Bei der Nachmittagsstunde, oder dem Nachmittagsgebete.

ihm besiegt, und wer ihn überlisten will, wird von ihm über=
listet; die Hölle flammt, die Empörung naht heran, wie der
letzte Theil einer dunklen Nacht; aber bei Gott, ihr dürft mir
keine Schuld geben, ich habe nur erlaubt, was der Koran er=
laubt, und nur verboten, was der Koran verboten." Er führte
dann noch, um sie in ihrem Glauben und gegenseitigem Zu=
sammenhalten zu befestigen, folgende Koransverse an: „Wollt ihr
etwa, wenn ihr euch (von meinen Lehren) abwendet, Unheil
stiften auf der Erde, und euch von euern nächsten Verwandten
losreißen? Diese sind es, die Gott verflucht und blind und
stumm werden läßt. Denken sie nicht über den Koran nach?
oder hängen Schlösser vor ihren Herzen? Wahrlich die, welche
den Rücken wenden, nachdem ihnen die Leitung klar geworden,
lassen sich vom Satan irre leiten, und folgen seinen Einge=
bungen [525]). Ich gehe euch nur voran (so schloß er dann seine
Rede), ihr werdet mir folgen, der Tod steht uns allen bevor,
darum versuche es Niemand, ihn von mir abwenden zu wollen,
mein Leben war zu eurem Heil, mein Tod wird es auch seyn."
Dieß waren die letzten öffentlichen Worte Mohammeds. Er
besuchte zwar die Moschee noch mehrere Male, blieb zuweilen
an der Thüre, welche in seine Wohnung führte, stehen, und
hörte stille dem Gebete zu; manchmal aber setzte er sich hinter
Abu Bekr, welcher vorbetete. Eines Tages forderte er in
einem Fieberanfalle Schreibmaterialien, um etwas aufzusetzen,

525) Sura 47, Vers 22—25. Das Wort sawwala hat nach Djala=
lein und dem Kamus dieselbe Bedeutung wie zajjana, aus=
schmücken, das Böse als gut vorstellen, also irre führen; nicht
viel schwerer ist das Wort amla, welches entweder heißt: er er=
hält sie lange (in ihrem Irrthum), besser aber, wie ich es über=
setze: er schreibt ihnen vor, oder dictirt ihnen, was sie thun sollen.
Ueber diese Bedeutung von amla vergleiche den Kamus. Das
Wort wird in diesem Sinne auch in Egypten in der Bulgärsprache
häufig gebraucht. Maraccius hat letzteres Wort mißverstanden,
und Oettinger sich vergebens in so viele Vermuthungen einge=
lassen. (Vergleiche Tübinger Zeitschrift für Theologie, J. 1837,
4. Artikel S. 13 u. 17).

das die Gläubigen nach seinem Tode vor Irrthum bewahren
sollte [526]). Da aber seine Gefährten mit einander stritten [527]),
ob man ihm diesen im Fieber ausgesprochenen Wunsch gewähren sollte, da doch der Koran als Richtschnur genüge, bat er
sie, ihn zu verlassen, und als sie wiederkamen, wollte er ungestört bleiben. Am letzten Tage seiner Krankheit, über deren
Dauer, von acht bis vierzehn Tagen, die Nachrichten von einander abweichen, kam er noch in die Moschee, und sah dabei

526) Wäre diese Tradition, schon darum, weil sie von Aïscha herrührt,
nicht so verdächtig, so ließe sich mit Gewißheit daraus schließen,
daß Mohammed schreiben konnte; denn wenn auch sein Wunsch
dem Fieber zugeschrieben werden kann, so läßt sich doch der
Streit seiner Gefährten, ob er ihm gewährt werden soll oder
nicht, sonst nicht erklären. Bei S. findet man übrigens nichts
von diesem Verlangen Mohammeds. Bei J. liest man: „Als
Mohammed krank war, sagte er mir (zu Aïscha, welche dieß erzählte): rufe deinen Vater und deinen Bruder, ich will ihnen etwas aufschreiben, denn ich fürchte, es möchte jemand sagen: ich
bin der Herrschaft würdiger, während Gott und die wahren
Gläubigen Abu Bekr zu meinem Nachfolger haben wollen; nach
einer andern Aussage hatte er zu Abd Arrahman Ibn Abu Bekr
gesagt: bringe mir Pergament oder eine Tafel, ich will etwas für
Abu Bekr schreiben, damit sich ihm niemand widersetze."

527) Nach Ibn Kathir bei J. war Omar der Erste, welcher aus Zärtlichkeit (?) gegen Mohammed sagte: „Er ist so krank, daß wir
dieß nicht zugeben dürfen, und übrigens haben wir ja den Koran,
der uns vor Irrthümern bewahrt." Von einem Buche (wie bei
Gagnier II. p. 283) ist im Terte keine Rede, denn das Wort
kitab bedeutet hier gewiß nur Schrift und nicht Buch. Nach der
einen Lesart forderte er ja nur eine Tafel (luh), auf der er doch
gewiß kein Buch schreiben wollte. Es ist wahrscheinlich, wenn
nicht diese ganze Tradition von Aïscha erdichtet ist, daß er wirklich
seinen Nachfolger bestimmen wollte, und da Omar ihn an der
Ausführung hinderte, der mehr Neigung zu Abu Bekr, als zu Ali
hatte, so läßt sich kaum zweifeln, daß Letzterer zum Chalifen bestimmt werden sollte, und daß Mohammed erst an der Pforte
des Grabes Muth genug hatte, sich gegen die Wünsche Aïscha's
und Abu Bekrs auszusprechen.

so gut aus, daß die Leute vor Freude darüber kaum beten konnten, und Abu Bekr, Omar, Ali und einige seiner Frauen ihn nach dem Gebete verließen, und ihren Geschäften nachgingen. Aber er hatte bald wieder einen heftigen Anfall. Ehe er sein Bewußtsein verlor, schenkte er seinen Sklaven die Freiheit, und ließ die sechs bis sieben Dinare, die er im Hause hatte, den Armen vertheilen, dann betete er: „Gott stehe mir bei im Todeskampfe!" Aïscha sandte nach ihrem Vater, eben so Haßßa, aber noch ehe sie kamen, hatte er in den Armen der Erstern seinen Geist ausgehaucht. Seine letzten Worte waren: „Zu dem höchsten Gefährten im Paradiese." [528]) Es ist schwer den Tag zu bestimmen, an welchem Mohammed verschied; die meisten seiner Biographen nennen als solchen Montag, den zwölften Rabia-l-Awwal; da aber der zwölfte Rabia-l-Awwal des elften Jahres der Hidjrah, dem siebenten Juni [529]) sechshundert zweiundbreißig entspricht, welcher ein Sonntag war, so läßt sich nicht entscheiden, ob sie sich im Tage der Woche oder des Monats geirrt. Letzteres ist indessen wahrscheinlicher, da in einem gleichzeitigen Gedichte Montag als sein Todestag genannt wird [530]).

Die Nachricht von Mohammeds Tod, dem Manche des Morgens noch zu seiner Genesung Glück gewünscht, brachte die größte Bestürzung unter den Muselmännern hervor. Omar

528) Diese Worte werden von den Muselmännern so gedeutet, daß ihm noch einmal die Wahl gelassen ward, zwischen längerem Leben und dem Paradiese, und er sich für Letzteres aussprach.

529) Nicht dem sechsten, wie bei H. v. H. S. 218, denn rechnet man den ersten Tag der Hidjrah vom 16. Juli 622, wie dieß ja auch H. v. H. S. 186, und in der Vorrede S. 13 thut, so war der erste Muharram des elften Jahres am 29. März 632. (Vergl. Art de vérifier les dates, p. II. T. 1, S. 150, nach der Ausg. von Paris 1818). Vom ersten Muharram bis zum zwölften Rabia-l-Awwal incl. sind 71 Tage, gerade wie vom 29. März bis zum 7. Juni incl.

530) In einem Trauergedichte Hasan Ibn Thabits, bei S. auf der vorletzten Seite.

wollte gar nicht daran glauben. Er sagte: „Einige Heuchler behaupten, der Gesandte Gottes sey gestorben, aber bei Gott! er ist nicht todt. Er ist zu seinem Herrn gegangen, wie Musa, der Sohn Imrans, der auch vierzig Nächte verschwunden war, und dann wieder zu seinem Volke zurückkehrte, das ihn todt geglaubt. Bei Gott! er wird auch wiederkehren, und denen, welche an seinen Tod geglaubt, Hände und Füße abschneiden.“ Inzwischen kam aber Abu Bekr von Sundj zurück, wo er seiner Familie einen Besuch abgestattet hatte. Er begab sich in das Gemach seiner Tochter, wo Mohammed lag, hob das Tuch weg, mit welchem er zugedeckt war, küßte ihn, und sagte: „Bei Gott, du hast den Tod gekostet, den Gott über dich verhängt; nun lebst du in aller Ewigkeit fort.“ [531]) Er bedeckte ihn

531) Diese Worte Abu Bekrs widerlegen besser noch als der gesunde Menschenverstand folgende, wenigstens als Legende mittheilungswerthe Stelle bei I. und Gagnier, II. p. 289: „Am dritten Tage vor Mohammeds Tod kam der Engel Gabriel zu ihm, und sagte ihm: Ich bin beauftragt dir eine besondere Ehre zu erweisen, dich zu besuchen und im Namen des Allwissenden zu fragen, wie du dich befindest. Mohammed antwortete: Ich bin, wie du siehst, betrübt und niedergeschlagen. Am folgenden Tage kehrte er wieder, und richtete dieselbe Frage an Mohammed, die er auf gleiche Weise beantwortete. Am dritten Tage brachte er den Todesengel mit, ließ ihn aber vor der Thüre stehen, und sagte zu Mohammed: Der Todesengel bittet um die Erlaubniß, sich dir zu nähern, du bist der erste Sterbliche, bei dem er sich vorher melden läßt, und wirst auch der Letzte seyn, mit dem er solche Umstände macht. Als Mohammed seine Erlaubniß ertheilte, trat der Todesengel ins Zimmer, grüßte ihn, und sagte: Mohammed! Gott sendet mich zu dir; befiehlst du mir deine Seele zu nehmen, so nehme ich sie, wo nicht, so lasse ich dir sie. Wirst du das thun? fragte Mohammed. Ja wohl, antwortete der Todesengel, so ist mir befohlen. Mohammed blickte dann nach dem Engel Gabriel, und dieser sagte: O Mohammed! Gott sehnt sich nach dir. Nun, so geschehe Gottes Wille! versetzte Mohammed. Da sagte Gabriel: Jetzt habe ich die Erde zum letzten

dann wieder, und mischte sich unter das Volk, welches Omar zu überzeugen suchte, daß Mohammed nicht gestorben. Er versuchte es zuerst Omar zum Schweigen zu bringen, da dieser aber ihm kein Gehör schenkte, wendete er sich zu dem Volke, und sprach: „O ihr Leute! wer von euch Mohammed diente, wisse, daß Mohammed todt ist; wer aber seinem Gotte diente, der fahre in seinem Dienste fort, denn Mohammeds Gott lebt noch und stirbt nie." Er las ihnen dann folgenden Koransvers vor: „Mohammed ist nur ein Gesandter, manche Gesandten sind schon vor ihm verschieden, wollt ihr, wenn er eines na-türlichen Todes gestorben oder erschlagen worden ist, euch auf euren Fersen umkehren? Wer dieß thut (seinem Glauben ab-trünnig wird), der kann Gott keinen Schaden zufügen, aber Gott belohnt die Dankbaren." [532]) Abu Hureira, von dem diese Tradition herrührt, erzählt hierauf, daß es den Leuten war, als hätten sie nie von diesem Verse etwas gehört [533]), doch nahmen sie ihn von Abu Bekr an, und er lief von Mund zu Mund. Omar [534]) selbst ward, als er diesen Vers hörte,

Mal betreten, und verschwand im Augenblick, als der Todes-engel Mohammeds Seele gen Himmel trug."

532) Sura III. Vers 144.

533) Diese für die Kritik des Korans höchst wichtige, und so viel ich glaube, bisher noch von keinem Europäer gekannte Nachricht, auf die wir später zurückkommen werden, findet sich bei J. und bei S. fol. 277. Nach den muselmännischen Commentatoren erschien dieser Koransvers nach dem Treffen von Ohod, wo man Mo-hammed eine Zeit lang für todt hielt, und die Heuchler dieß be-nützten, um die Gläubigen aufzufordern, zu ihrer frühern Religion zurückzukehren.

534) Daß Omar selbst an Mohammeds Tod nicht glaubte, ist schwer anzunehmen; da doch außer dem von Abu Bekr angeführten Ko-ransverse noch manche andere dafür sprechen, und Mohammed in der Moschee wenige Tage vorher sein nahes Ende vorausgesagt. Entweder Omar war bei der plötzlichen Nachricht von Moham-meds Tod ganz außer sich, oder er wollte aus politischen Grün-den ihn noch einige Zeit verheimlichen.

so sehr ergriffen, daß er zu Boden fiel, und erkannte, daß
Mohammed wirklich gestorben.

Mohammeds Leiche mußte, gegen die orientalischen Sitten,
zwei, nach einigen sogar drei Tage unbeerdigt liegen bleiben,
weil seine nächsten Gefährten nur an das von ihm hinterlassene
Reich, oder an sich selbst dachten. Die Hülfsgenossen hatten
sich im Hause [535]) der Beni Saida versammelt, und unter einander verabredet, ihren Häuptling Saad Ibn Ibada zum Nachfolger Mohammeds zu wählen, aber Abu Bekr und Omar
eilten auch dahin, und Ersterer ward endlich nach langen De-
batten [536]), die bald zu Thätlichkeiten geführt hätten, als Ku-

[535]) Nicht unter dem Dache, wie bei H. v. H. S. 240. Es heißt bei
J. und S. fol. 277 fi Sakifatin, nicht tahta Sakfin, ersteres bedeutet nach dem Kamus dasselbe, wie Soffat, also Bank und er-
höhter Theil einer Wohnung, der gewöhnlich mit Teppichen belegt
ist, und auch als Schlafzimmer gebraucht wird.

[536]) Obschon das Nähere darüber eigentlich in das Leben Abu Bekrs
und Omars gehört, will ich doch, da jede Partei sich auf Worte,
oder Lehren Mohammeds stützte, den ganzen Hergang der Cha-
lifenwahl nach J. mittheilen, der eine Tradition anführt, in welcher Omar selbst erzählt: „Ich war mit Abu Bekr in der Wohnung des Gesandten Gottes, als mir jemand von außen zurief:
komme heraus, Sohn Chattabs! ich antwortete: laß mich! ich bin
hier beschäftigt. Er versetzte aber: die Hülfsgenossen haben sich
im Hause Saads versammelt, gehe hin, ehe sie einen Beschluß
fassen, der zum Bürgerkriege führt. Ich machte mich mit Abu
Bekr auf, um nach der Wohnung Saads zu gehen, da begegneten
uns zwei fromme Ausiten, welche uns fragten, wo wir hin wollten, und als wir es ihnen sagten, warnten sie uns vor den dort
versammelten Hülfsgenossen, und riethen uns lieber wegzubleiben.
Wir ließen uns aber nicht abhalten, und gingen in Saads Haus,
wo viele Hülfsgenossen um ihn versammelt waren, er selbst war
aber ganz vermummt, und als ich nach der Ursache fragte, sagte
man mir, er sey krank. Nach einer Pause begann ein Redner
der Hülfsgenossen ihre Vorzüge zu schildern, und sagte unter Anderem: Wir sind die Hülfsgenossen Gottes, und die Schaar des
Islams, und ihr, Gemeinde der Ausgewanderten! bildet einen

reifchite, als ältefter Gefährte Mohammeds, als Begleiter auf
feiner Flucht, und als Stellvertreter noch bei feinem Leben,

Zweig von uns. Nun stürmt ihr aber über uns her, und wollt
uns ganz entwurzeln, das muß unfer Mißfallen erregen. Als er
schwieg, wollte ich ihm antworten, und hatte mir schon eine schöne
Rede ausgedacht, AbuBekr hieß mich aber schweigen, und ich ließ
ihm gern das Wort, weil er gelehrter und auch ruhiger war als
ich. In der That ließ er kein Wort zurück, das mir auf der
Zunge schwebte, und fetzte alle Gründe noch beffer aus einander,
als ich es vermocht hätte. Das Gute, das ihr an euch rühmet,
fagte er, ist wahr, doch wissen die Araber nur von Kureischiten,
wo es sich um die Herrschaft handelt; unfer Geschlecht ift das
edelfte, und unsere Heimath die geheiligte. Wir Ausgewanderte
waren die erften Gläubigen; wir gehören zum Geschlechte des
Propheten Gottes; unter uns find seine Blutsverwandten. Warft
du nicht zugegen, o Saad! wie der Gefandte Gottes fagte: die
Herrschaft geziemt den Kureischiten? Hat nicht Gott (im Koran)
gesagt: O ihr Gläubigen, fürchtet Gott und haltet es mit den
Aufrichtigen! Euch Hülfsgenoffen redete er aber in andern Stellen als Gläubige an, während er uns „die Aufrichtigen" nannte.
Füget euch daher, ihr Glaubensbrüder, in den Beschluß Gottes
und feines Propheten. Er faßte dann meine Hand und die Ubeida's Ibn Djarah, und fuhr fort: Was mich betrifft, so laffe ich
euch die Wahl, welchen von diesen beiden Männern ihr die Herrschaft übertragen wollt. Wir fagten aber beide zu Abu Bekr:
Du bift würdiger als wir, und ich hätte mir lieber den Kopf abschlagen laffen, als über ein Volk zu gebieten, zu dem Abu Bekr
gehörte. Jetzt erhob sich Hubab Ibn Mundfir, und fagte: Ich
bin die Stange, an der sich das schabige Kameel reibt, und der
Dattelbaum, der so viele Früchte trägt, daß man ihn unterstützen
muß (d. h. ich bin ein Mann von Einsicht und Erfahrung, und
weiß dem Uebel abzuhelfen). Wir Hülfsgenoffen wählen einen
Emir, und ihr Kureischiten auch Einen. Mehrere andere Redner
sprachen dann auch in diesem Sinne, und fagten: Hat doch auch
der Prophet (über den Heil) bei jeder wichtigen Unternehmung
einem Ausgewanderten einen Hülfsgenoffen beigefellt, darum
laffet uns zwei Männer wählen, welche die Herrschaft über uns
theilen mögen. Dieser Ansicht widersprach Zeid Ibn Thabit, in-

von allen Anwesenden zum Chalifen erwählt. Am folgenden
Morgen redete Omar das Volk in der Moschee folgenderweise

dem er sagte: War nicht der Gesandte Gottes ein Ausgewan-
derter und wir seine Hülfsgenossen? so lasset uns jetzt auch Abu
Bekr als seinem Nachfolger huldigen und unsern Beistand zusa-
gen. Gemeinde der Hülfsgenossen! rief jetzt Hubab wieder, hört
Zeid nicht an! sonst hört ihr auf einen Rang unter den Arabern
einzunehmen; es wird dann noch so weit kommen, daß die Kureischiten euch aus eurem eigenen Lande verbannen. Baschir Ibn
Saad, ein Vetter Saads Ibn Ibada versetzte hierauf: O Gemeinde der Hülfsgenossen! bedenket, daß wir aus reiner Liebe zu
Gott und seinem Propheten, die Ersten waren, welche seinen
Glauben annahmen und gegen die Heiden kämpften; warum sollen
wir jetzt wegen irdischer Vortheile mit den Kureischiten hadern,
die der Herrschaft würdiger sind als wir, und ihnen ein Recht
streitig machen, das ihnen Gott verliehen? Als Hubab sich zum
dritten Male erhob, und Baschir Vorwürfe machte, daß er sich
gegen seinen eigenen Vetter erklärte, sagte ich (Omar): Gemeinde
der Hülfsgenossen! wisset ihr denn nicht, daß der Gesandte Gottes noch bei seinem Leben Abu Bekr befahl, euch vorzubeten? wer
wagt es wohl, sich an seine Stelle drängen zu wollen? Da riefen
einige Leute unter ihnen: Bewahre uns Gott, daß wir uns über
Abu Bekr erheben! Andere beharrten aber in ihrer Widersetzlich-
keit, und es entstand ein so großer Lärmen, daß ich Thätlichkeiten
befürchtete. Ich rief daher: Zwei Schwerter können nicht in einer Scheide ruhen, Abu Bekr reiche mir deine Hand! er reichte
mir sie, und ich huldigte ihm. Meinem Beispiele folgten zuerst
Zeid Ibn Thabit, Baschir Ibn Saad und Useid Ibn Hudheir,
dann alle Ausgewanderten und zuletzt auch noch die Hülfsgenossen,
mit Ausnahme des Saad Ibn Ibada, welcher die Versammlung
verließ, und später nach Syrien auswanderte, wo er bis zu seinem Tode blieb. Als man sich nach ihm umsah, und ihn nicht
mehr fand, sagte einer der Anwesenden: Habt ihr Saad erschlagen? Omar antwortete: Gott tödte ihn! denn er wollte Unruhe
stiften. Nach einer anderen Tradition blieb Saad in der Versammlung, weigerte sich aber hartnäckig, Abu Bekr zu huldigen.
Omar fiel über ihn her und wollte ihn mit Füßen treten, aber
Keis, der Sohn Saads, faßte Omar am Barte, und sagte: Bei

an: „Ich habe euch gestern etwas gesagt, das nicht ist, und das ich nicht im Buche Gottes gefunden, und das mir der Gesandte Gottes nicht mündlich anvertraut. Ich erinnere mich aber jetzt, daß der Gesandte Gottes einst sagte: Gott läßt sein Buch unter euch, welches euch als Leitung dienen wird, wenn ihr daran festhaltet." Veranlassung meines Irrthums war der Koransvers: „Wir haben euch zu einem gerechten Volke bestimmt, damit ihr Zeugniß ableget über das ganze Menschengeschlecht, während der Gesandte Gottes über euch Zeugniß ablegen wird."[537]) Diesem Verse zufolge glaubte ich, der Gesandte Gottes (über den Heil!) müsse, so lange sein Volk besteht, unter ihm bleiben, um einst Zeugniß abzulegen. Gott wird euch zum Heile führen, wenn ihr den Gefährten des Gesandten Gottes, der bei ihm in der Höhle war, zum Oberhaupte nehmet. Drum erhebet euch und huldiget ihm! Als die Huldigung vorüber war, erhob sich Abu Bekr und sprach: „O ihr Leute! ihr habt mich zu eurem Oberhaupte gewählt, obschon ich nicht der Vorzüglichste unter euch. Handle ich recht, so versaget mir eure Mitwirkung nicht, begehe ich ein Unrecht, so leistet mir Widerstand! Wahrheit ist die erste Grundlage des Glaubens, Lüge führt zu Verrath. Ich werde den Schwächsten unter euch als den Mächtigsten ansehen, bis ich ihm sein Recht verschafft, den Mächtigsten unter euch aber für schwach halten, wenn er vom Unrecht abgehalten werden soll.

Gott! wenn du ihm ein Haar krümmst, so kommst du nicht ohne Wunden von der Stelle. Saad selbst sagte: Hätte ich die Kraft aufzustehen, so würde ich dich an einen Ort senden, wo du gehorchen müßtest und keinen Gehorsam mehr fordern würdest (ins Grab). Bei Gott, ich huldige nicht, bis ich den letzten Pfeil meines Köchers gegen euch geschleudert, bis ich die Spitze meiner Lanze mit eurem Blute gefärbt, und mein Arm zu schwach wird, um das Schwert gegen euch zu führen. Abu Bekr rief dann Omar zu sich, und hielt ihn von weiteren Gewaltthätigkeiten zurück."

537) Sura II. Vers 144.

So Gott will, werdet ihr fortfahren für ihn zu kämpfen, und wer von uns abfällt, den wird Gott demüthigen; auch wird Niemand irgend eine häßliche Sünde begehen, denn Gott wird ihn dafür bestrafen. Gehorchet mir so lange ich Gott und seinem Gesandten gehorche. Handle ich aber gegen Gottes und seines Gesandten Gebote, so kündet mir den Gehorsam auf. Jetzt erhebet euch zum Gebete! Gott erbarme sich eurer!"

Während aber Abu Bekr, Omar und viele andere Gefährten Mohammeds sich mit Regierungsangelegenheiten beschäftigten, begab sich Ali, welcher an allen diesen Verhandlungen keinen Antheil genommen hatte, mit Abbas, dessen beiden Söhnen und Schukran, dem Sklaven des Gesandten Gottes, in Aïscha's Wohnung, um Mohammed zu waschen [538]) und in das Leichengewand zu hüllen. Erst als alles dieß geschehen war, kamen auch jene herbei, und bald erhob sich wieder ein Streit über den Ort, wo Mohammed beerdigt werden sollte. Die Einen wollten ihn nach Mekka bringen, die Andern auf dem Begräbnißplatze Medina's bestatten, einige behaupteten sogar, er müsse in Jerusalem bei den andern Propheten begraben werden. Als unter andern auch die Moschee zu Medina vorgeschlagen wurde, sagte Aïscha: „Mohammed hat in seiner Krankheit ausgerufen: Gott verderbe Diejenigen, welche seine Tempel zum Grabe ihrer Propheten bestimmen!" Abu Bekr erklärte dann von Mohammed gehört zu haben: „Ein

538) Man stritt lange darüber, ob man Mohammed waschen sollte oder nicht, da vernahm man eine Stimme von außen, welche rief: „Waschet den Gesandten Gottes nicht, denn er ist rein!" Abbas sagte aber: „Sollen wir wegen einer unbekannten Stimme von einem alten Herkommen abweichen?" Dann rief wieder eine andere Stimme: „Waschet ihn! aber ziehet ihm sein Hemd nicht aus. Die erste Stimme war die des Iblis, ich bin aber der Prophet Ahldhr." So wusch man ihn dann, ohne ihn zu entkleiden. J. Die unbekannte Stimme war wahrscheinlich die einer seiner Frauen, welche den Glauben an das Siegel des Prophetenthums erhalten oder vielleicht irgend ein anderes Gebrechen an Mohammeds Körper verbergen wollte.

Prophet müsse an der Stelle, wo er gestorben, beerdigt wer=
den." Man grub daher sein Grab an der Stelle, wo sein
Krankenlager war. Abu Bekr und Omar verrichteten dann
folgendes Gebet: „Wir bezeugen, o Gott, daß der Gesandte
Gottes (über den Heil und Friede) das, was ihm geoffenbart
worden, seinem Volke mitgetheilt, und daß er auf dem Pfade
Gottes gekämpft, bis Gott seine Religion verherrlicht und seine
Verheißung erfüllt hat. O Gott! laß auch uns zu denjenigen
gehören, die das Wort befolgen, welches geoffenbart worden,
vereinige uns mit ihm, damit du ihn durch uns und uns durch
ihn kennest; er war ein Gläubiger, er war mild und barm=
herzig, wir werden seinen Glauben um keinen Preis gegen
einen andern vertauschen." Nach diesem Gebete, welches noch
einige andere wiederholten, ward Mohammed in der Nacht
vom fünfzehnten Rabia=l=Awwal [539]) in Aïscha's Wohnung
ins Grab gesenkt, das indessen seit der Vergrößerung der
Moschee durch den Chalifen Walid, sich doch innerhalb dersel=
ben befindet, und von sehr vielen Pilgern nicht weniger als
die Kaaba zu Mekka besucht wird, obgleich Mohammed eine
solche Verehrung nicht gefordert.

Neuntes Hauptstück.

Mohammeds Aeußeres und Privatleben. Sammlung des Korans. Ein=
theilung und Ordnung. Widerrufene und zurückgenommene Theile.
Verschiedene Schreibart des Korans. Mohammeds Charakter und Fä=
higkeiten. Ursachen des schnellen Wachsthums des Islams. Moham=
meds Verdienste um sein Vaterland.

Nachdem wir die wichtigsten Lebensereignisse, Lehren und
Gesetze Mohammeds dargestellt, bleibt uns, ehe wir zur Be=

----

[539]) In der Nacht vom 9. auf den 10. Juni. Nach J. und S. fol.
280, welche Dienstag Nacht (leilat alarbaa) nennen, auch bei Abul=
feda ed. N. S. 112.

urtheilung seines Charakters, als Prophet und Gesetzgeber übergehen, nach dem Beispiele seiner muselmännischen Biographen, noch Einiges über sein Aeußeres sowohl, als über sein Privatleben und seine häuslichen und geselligen Tugenden vorauszuschicken übrig.

Mohammed war von mittlerer Statur [540]), er hatte einen großen Kopf, einen starken Bart, ein rundes Gesicht mit röthlichen Wangen. Seine Stirne war hoch, sein Mund weitgespalten, seine Nase lang, mit einer kleinen Erhöhung in der Mitte. Er hatte große, schwarze Augen. Eine Ader zog sich von der Stirne über seine Augbrauen herab, die anschwoll, so oft er in Zorn gerieth. Seine Zähne waren blendend weiß, und standen ein wenig auseinander. Auf seiner unteren Lippe hatte er ein kleines Maal. Seine Haare hingen bis zu seinen Schultern herab, und behielten ihre dunkle Farbe bis zu seinem Tode; doch färbte er sie zuweilen braun, feuchtete sie sehr

540) Verbürgen möchte ich die Wahrheit dieser Schilderung nicht, denn mitten unter dem hier angeführten, findet sich so viel wunderbares bei den Arabern, daß man alles Zutrauen verlieren, und glauben muß, daß sie ihrem Propheten eben so gerne alle äußern, wie alle innern Vorzüge zuzuschreiben sich bemühten. So beginnt z. B. J. und Ch. dieses Kapitel mit den Worten: „Mohammed war der schönste Mann an Gesicht und Gestalt." Ueber manche seiner Züge lauten die Nachrichten nicht gleich. Nach der Beschreibung seiner Augen, heißt es bei Ch.: „Er sah von hinten eben so gut wie von vornen. Einige Gelehrten behaupten: Er hatte zwischen den Schultern zwei Augen, so klein wie ein Nadelloch, mit denen er durch die Kleider durchsah. Sein Speichel konnte Seewasser versüßen. Seine Schweißtropfen sahen wie Perlen aus, und wurden als Aroma gebraucht." Auf die Schilderung seines leichten Ganges folgt: Doch erweichte sich der harteste Felsen unter seinen Füßen. Sein Körper warf nie einen Schatten, weder bei Sonnen- noch bei Mondschein; keine Fliege und kein Ungeziefer nahte sich seinem Körper, noch seinen Kleidern. Obschon er von mittlerer Größe war, so ragte er doch über den größten Mann hervor, der neben ihm ging u. dgl. mehr.

häufig mit wohlriechendem Oele an, und nur bei seiner letzten Pilgerfahrt ließ er sie ganz abscheeren; seinen Schnurrbart stutzte er aber jeden Freitag vor dem Gebete, eben so die Haare unter dem Arme, und die Nägel an den Fingern. Das schönste an ihm war sein Hals, der sich wie eine Silberstange über seiner breiten Brust erhob. Zwischen seinen Schultern hatte er ein Maal, über dessen Aussehen die Berichte von einander abweichen, und das von den Muselmännern als das Siegel des Prophetenthums angesehen wird [541]). Ein Arzt wollte es ihm einst vertreiben, aber er sagte: „Derjenige, der mich so geschaffen, soll mich auch heilen." Seine Hände und Füße waren sehr groß, doch hatte er einen so leichten Gang, daß sein Fuß keine Spuren im Sande zurückließ.

Mohammed sprach nicht sehr viel, doch erlaubte er sich zuweilen einen kleinen, unschuldigen Scherz. Einer Frau, die ihn einst ersuchte, ihr ein Kameel zu leihen, sagte er: „Ich will dir das Junge [542]) eines Kameelweibchens leihen," sie erwiederte darauf: „Es wird mich nicht tragen können." Da sagten die Anwesenden: „Ist nicht jedes Kameel das Junge eines Kameelweibchens?" Eine andere Frau kam einst zu ihm, und sagte ihm: „Mein Mann ist krank und läßt dich bitten,

541) Hier nur einige Meinungen darüber aus Ch. Es war wie ein Taubenei, wie ein Siegel, wie ein Geschwür, wie eine Haselnuß, wie ein Apfel, eine grüne Vertiefung, ein brauner, haariger Flecken, ein hervorstehendes Stück Fleisch, ein weißer Flecken, in dessen Mitte geschrieben stand: „Gott ist einzig ohne Genossen." Ein gelbes Maal, ein schwarzes mit drei Haaren, eine fleischige Kugel mit der Inschrift: „Mohammed ist der Gesandte Gottes;" einige kleine Warzen, ein lichtstrahlender Punkt, eine Erhöhung wie ein kleines Zelt, eine Röthe wie vom Schröpfen u. a. m. Dann folgen die verschiedenen Meinungen über die Stelle, wo dieses Maal war, über die Zeit seines Entstehens, so wie über die seines Verschwindens.

542) Dieser Scherz nimmt sich im Arabischen besser aus, wo das Wort „walad" Junges, aber auch zugleich Sohn bedeutet, so daß es auf jedes Kameel paßt.

ihn zu besuchen." Er fragte sie: „Hat nicht dein Mann etwas
Weißes in seinem Auge?" Sie kehrte wieder nach Hause zurück und öffnete ihrem Mann das Auge. Er fragte sie, was
sie wolle? Sie antwortete: „Ich muß sehen, ob du etwas
Weißes im Auge hast, denn der Gesandte Gottes hat mich
darnach gefragt." Da sagte ihr Gatte: „Ist nicht ein Theil
des Auges bei allen Menschen weiß?"

Eine andere Frau beschwor ihn einst, er möchte doch für
sie beten, daß sie ins Paradies komme. Er sagte ihr: „Es
darf kein altes Weib ins Paradies." Als sie aber deßhalb zu
weinen anfing, erinnerte er sie an den Koransvers [543]), in
welchem gesagt ist: „Daß Gott die Frauen im Paradiese wieder zu Jungfrauen umgestaltet."

Mohammed war gegen Thiere [544]) sehr mitleidsvoll; wenn
sein Pferd schwitzte, trocknete er ihm häufig den Schweiß mit

543) Sura 56, Vers 38. Schon Lane und Andere haben mit Recht
bemerkt, daß man fälschlich in Europa glaubt, nach den mohammedanischen Dogmen haben die Frauen keine Seele und bleiben
aus dem Paradiese ausgeschlossen. Sura 33, Vers 27 und 28
liest man: „O Prophet! sage deinen Gattinnen: verlanget ihr
nach dem Leben dieser Welt und ihrem Schmuck, so kommt herbei, ich will euch das, was euch bei der Scheidung gebührt, geben
und in Güte entlassen; ziehet ihr aber Gott und seinen Gesandten
und jene Welt vor, so hat Gott für die Bessern unter euch
einen großen Lohn bestimmt." Man glaube aber nicht etwa,
Mohammeds Gattinnen machen eine Ausnahme hierin, denn
gleich im 34. Verse derselben Sura ist von den frommen, gläubigen Männern und Frauen im Allgemeinen die Rede, und da
heißt es auch: „Gott vergibt ihnen, und hat ihnen einen großen
Lohn bestimmt."

544) Es heißt in den Quellen selbst gegen Thiere, und niemand hatte
ein weicheres Herz als er. Daß er aber nicht immer gegen Menschen weich war, wo die Politik oder das Gedeihen seines Glaubens Härte erforderte, davon haben wir Beweise genug in seinem
Leben gehabt. Ich erinnere nur an die verschiedenen Mordsen-
dungen, von denen manche gegen Familienväter gerichtet waren,
und an die Hinrichtung der Beni Kureiza.

seinem Aermel ab. Seiner Katze hob er selbst die Schüssel hin, wenn sie hungrig oder durstig war, und ein weißer Hahn hüpfte frei in seiner Wohnung herum, den er seinen Freund nannte und als Schutzmittel gegen Teufel, Dsinn, Zauber, böses Auge und dergleichen Uebel betrachtete. Gegen seine Gefährten benahm er sich stets mit vielem Anstand, und gegen seine Bedienung voller Schonung und Nachsicht. Einer seiner Diener, welcher achtzehn Jahre bei ihm war, erzählt, er sey nie von ihm gezankt und eben so oft von ihm bedient worden, als er ihn bedient hatte. Was er selbst verrichten konnte, ließ er selten von andern thun; so sah man ihn oft seine Lebensmittel vom Markte heimtragen und sie selbst zubereiten, seine Sandalen reinigen, seine Kleider flicken, sein Zimmer auskehren und seine Ziege melken. Auch band er auf der Reise selbst sein Reitthier an, und duldete nicht, daß es einer seiner Reisegefährten that, und aß stets aus einer Schüssel mit seinem Bedienten. So oft ihn Jemand bei seinem Namen rief, drehte er sich mit dem ganzen Körper, nicht mit dem Halse allein um, und antwortete: „Was beliebt?" (labeika) oder eigentlich „hier bin ich zu deinem Dienste." Er lehnte sich nie beim Essen an, und streckte seine Füße nicht in die Länge, sondern hatte sie stets über einander liegen. Sein Tisch war sehr einfach, er begnügte sich immer mit einer einzigen Speise, sehr häufig sogar mit trockenem Brod. Bilal sah einst den ganzen Tag kein Feuer in seinem Hause, und als er fragte, was er und seine Frauen gegessen, sagte man ihm: Nichts als Datteln. Fatima kam einst mit einem Stückchen Brod zu ihm, und gab es ihm; da schwur Aïscha, es sey der erste Bissen seit drei Tagen. Einst schickte ihm Abu Bekr einen Braten zum Nachtessen, da hatte er kein Licht im Hause und mußte ihn im Dunkeln verzehren. Außer von seinen nächsten Verwandten nahm er, seitdem ihm ein vergiftetes Lamm gereicht worden, nie mehr geschenkte Speisen an, bis derjenige, der sie ihm brachte, zuerst davon genossen. Er aß zuweilen Wasser- und andere Melonen mit frischen Datteln, und sagte: „Die

Kälte des einen wird die des andern unschädlich machen." Er
nahm oft von unbedeutenden Zufällen gute oder schlimme Vor=
bedeutung. Ward er von etwas Angenehmem überrascht, so
sagte er: „Gepriesen sey Gott, der Herr alles Geschaffenen!"
Traf ihn ein Unglück, so war sein Ausruf: „Gepriesen sey der
Herr in jedem Zustande!" Sprach er von einer zukünftigen
Begebenheit, so setzte er immer hinzu (das wird geschehen) so
Gott will [545]. Führte jemand in seiner Umgebung einen häß=
lichen Namen, so änderte er ihn. So nannte er einen Tem=
peldiener, welcher sich zum Islam bekehrte und Abi Ibn Zalim
(der Gehässige, Sohn des Uebelthäters) hieß, Raschid Ibn
Abd Rabbihi (der Gerechte, Sohn des Dieners seines Herrn).
Daß er das schöne Geschlecht leidenschaftlich liebte, haben wir
zur Genüge gesehen, nicht minder ergeben war er nach seinen
eigenen Worten aromatischen Genüssen, doch soll ihm das
Beten am meisten Freude gewährt haben. Er war mit unge=
heurer körperlicher Kraft begabt, und soll als Jüngling es mit
den stärksten Mekkanern im Ringen aufgenommen haben. Sei=
nen muselmännischen Biographen zufolge, welche Europäer
ohne weitere Prüfung nachgeschrieben, war seine physische Kraft
mit der größten Tapferkeit gepaart, aber es fehlt ihnen nicht
nur an allen Beweisen für diese Behauptung, sondern sein
Benehmen in den verschiedenen Feldzügen sowohl, als in den
ersten Jahren seines Prophetenthums, und noch in den letzten
seines Lebens, wo er schon sehr mächtig war, nöthigen uns, ihn,
trotz seiner Beharrlichkeit und Ausdauer, doch sehr zaghaft zu
nennen. Erst nach der Bekehrung Omars und Hamza's wagte er
es mit den Bekennern seines Glaubens als Muselmann öffentlich
in der Moschee aufzutreten. Er nahm schon im Treffen bei
Bedr nicht nur keinen Antheil am Gefechte, sondern hielt sich
in einiger Entfernung vom Kampfplatze, und hatte einige
Dromedare vor seinem Zelte in Bereitschaft, um im Unglücks=

---

545) Dieß schrieb er auch im 25. Verse der 18. Sura allen Musel=
männern vor, mit den Worten: „Saget nie von etwas: ich thue
es morgen, ohne (hinzuzusetzen): so Gott will."

falle die Flucht ergreifen zu können. Wo er eine bedeutende
Uebermacht sah, rieth er vom Kampfe ab, wie wir dieß bei
Ohod, bei der Belagerung von Medina und bei Hudeibia ge=
sehen. Auf der Heimkehr vom Feldzuge gegen die Beni Muß=
talik ließ er, statt Abd Allah, welcher den Aufruhr predigte,
zu bestrafen, aus Furcht vor ihm und seiner Partei, den Marsch
beschleunigen, und dieselbe Unentschlossenheit zeigte er in seinem
Verfahren gegen die Verräther auf der Rückkehr von Tabuk.

Mohammeds Stimmung, so drücken sich die Muselmänner
aus, war immer in Einklang mit den Koransversen, die er
empfing; hatte er erfreuliche Offenbarungen, so war er heiter,
waren sie aber düsterer Art, so war auch er im Umgang un=
leidlich. Daß aber seine Stimmung sehr häufig mit äußern
Verhältnissen zusammenhing, und ihrerseits auf seine vermeinte
oder angebliche Offenbarung Einfluß hatte, wird wohl der
Nicht = Muselmann für gewiß annehmen dürfen. Um jeden
Gedanken von Anbetung zu entfernen, verbat er sich jede
Auszeichnung von seinen Gefährten; sie durften nicht einmal
vor ihm aufstehen, wenn er in ein Gemach trat, wo sie ver=
sammelt waren; er sagte häufig: „Ich bin ein Diener Gottes
wie ihr, ich esse wie ihr, trinke wie ihr, und setze mich wie
jeder andere Mensch."

Er ritt auf Pferde, Maulesel, Esel und Kameele [546]), und
hatte gewöhnlich, wahrscheinlich um bei einem epileptischen
Anfalle nicht hülflos zu seyn, eine seiner Frauen oder einen
Diener, oder sonst eine ihm ergebene Person hinter sich.

Mohammed scheint sehr reizbar gewesen zu seyn, doch
wußte er seinen Zorn zu bemeistern, oder einen im Zorn be=

---

546) Bei J. und Andern finden sich ganze Kapitel über die Zahl, die
Namen, die Eigenschaften und die Geschichte seiner Pferde, Maul=
esel, Esel und Kameele; wer sich dafür besonders interessirt, fin=
det das Nöthige bei Gagnier II. p. 350—355. Sein Kameel
Kaßwa scheint besonders gut dressirt gewesen zu seyn, so daß es
auf den leisesten Wink, besonders wenn er epileptische Anfälle
hatte, gleich niederkniete.

gangenen Fehler wieder gut zu machen. Auf dem Zuge nach
Honein trat ihm ein Beduine im Gedränge auf den Fuß,
worauf ihm Mohammed einen Streich mit seinem Stock ver=
setzte. Aber am folgenden Tage ließ er ihn aufsuchen, und
schenkte ihm ein Kameel. Wenn er zürnte, ward sein Gesicht
ganz roth, aber er wendete es gewöhnlich von den Anwesenden
ab. War er sehr betrübt, so fuhr er mit der Hand über das
Gesicht herunter, stieß einen tiefen Seufzer aus, und sagte:
„Gott genügt mir, auf ihn vertraue ich." Er trug gewöhnlich
Sandalen, doch ging er auch zuweilen barfuß umher. Er
besuchte niemals das Bad [547]), sondern wusch sich immer zu
Hause. Er hatte beständig, selbst noch im Todeskampfe, einen
Zahnstocher in der Hand. Seine Kleidung war sehr einfach,
ein baumwollenes Hemd, ein Unterkleid von arabischer Lein=
wand, und ein gelb gefärbtes Oberkleid, das er jedoch nur an
Feiertagen anzog. Auf dem Haupte trug er gewöhnlich nur
eine wollene Mütze, die er zuweilen mit einem weißen oder
schwarzen Tuche umwand. An Beinkleider gewöhnte er sich
erst in seinen spätern Jahren. Auf seinen Kriegszügen trug
er gewöhnlich, was gewiß auch nicht für seine Unerschrocken=
heit zeugt, ein doppeltes Panzerhemd und einen Helm mit
Visir, welches sein ganzes Gesicht bedeckte, und nur seine
Augen offen ließ, wie wir dieß bei dem Treffen von Ohod
gesehen [548]). Er schlief gewöhnlich auf Strohdecken, über die
ein Tuch ausgebreitet war, und hatte ein ledernes, mit Pal=

---

547) Wahrscheinlich auch, um die Illusionen über das sogenannte „Sie=
gel des Prophetenthums" nicht zu zerstören. Vergl. Anm. 537.
Indessen gab es noch im 16. Jahrhundert ein Bad, das den
Namen „Bad des Propheten" führte. J.

548) Die Stellen bei S. (fol. 156 u. 158), wo es heißt, daß er nur
an den Augen erkannt wurde, und daß man ihm zwei Ringe des
Visirs aus den Wangen ziehen mußte, beweisen aufs klarste,
was Fresnel in seinem ersten Briefe (p. 33) schon vermuthet,
daß das mighfar — denn das wird ausdrücklich bei S. genannt
— auch über das Gesicht herunterging.

menfafern gefülltes Kiffen. Eine fromme Medinenferin, welche einft diefes ärmliche Bett fah, schenkte Aïscha eine mit Wolle gefüllte Matraze, Mohammed nöthigte fie aber, fie wieder zurückzugeben. Bei feiner letzten Wallfahrt hatte er einen Sattel auf feinem Kameele, der kaum vier Drachmen werth war, obschon er, wie schon erwähnt, dreiundsechzig Opferthiere mit fich führte. Wenn er ein neues Kleid anzog, sagte er: „Sey gepriesen, o Herr! der du mich kleidest; laß mir alles Gute zu Theil werden, das damit verbunden ist, und bewahre mich vor jedem Uebel, das es nach sich zieht." Er fah häufig in den Spiegel, wenn er Toilette machte, und zuweilen, in Ermanglung deffelben, spiegelte er fich im Waffer, und sagte: „Gott fieht es nicht gerne, wenn die Menschen fich in Unordnung vor ihren Brüdern zeigen." Er führte aber gewöhnlich auf feinen Reifen ein Spiegelchen, einen Kamm, eine Scheere, wohlriechendes Oel und Augenschminke mit fich.

Ueber Alles wird Mohammeds Wohlthätigkeit und Freigebigkeit gepriesen. Er verschenkte häufig, was er besaß, und behielt für fich kaum so viel übrig, als zu einer einzigen Mahlzeit nothwendig war. Er nahm fich stets der Armen und Wittwen, der Sklaven und Sklavinnen an, befuchte jeden Kranken, wenn er am entferntesten Ende Medina's wohnte, und folgte jedem Leichenzuge. Er war fehr zugänglich, schenkte Jedermann ein aufmerksames Ohr, und unterbrach Niemanden in feiner Rede; auch reichte er Jedermann die Hand und zog fie nie zuerst zurück, und grüßte feine Bekannten immer zuerst, wenn er ihnen auf der Straße begegnete, oder wenn fie ihn befuchten.

Nach den muselmännischen Berichten, die aber, wie wir schon bei ihrer Hervorhebung von Mohammeds Tapferkeit und Mitleidsgefühl gesehen, ihn gerne als Muster aller löblichen Eigenschaften aufstellen möchten, war auch Niemand so aufrichtig und wahrheitsliebend als er. Um aber Mohammeds Charakter von dieser Seite gehörig beleuchten zu können, ist es nothwendig, vorher fein Werk, den Koran nämlich, in dem er sich am Deutlichsten ausspricht, und von dem wir bisher nur einzelne, mit bestimmten Umständen seines Lebens zusammenhängende Theile berücksichtigt haben, als Ganzes näher ins Auge zu fassen.

Wenn wir indessen den Koran Mohammeds Werk nannten, so sind wir doch weit entfernt zu glauben, daß er ihn gerade so hinterlassen, wie er vor uns liegt. Bekanntlich ward er, selbst nach muselmännischer Tradition, erst unter dem Chalifate Abu Bekrs, nach dem Kriege mit dem falschen Propheten Museilama, gesammelt. Als nämlich im letzten Treffen besonders viele Koransleser, die ihn am Besten im Gedächtnisse hatten, erschlagen wurden, sagte Omar zu Abu Bekr: „Ich fürchte diese Gelehrten möchten am Ende alle aussterben, und rathe daher, daß man den Koran sammle." Abu Bekr ließ Zeid Ibn Thabit, einen der Secretäre Mohammeds, rufen, und beauftragte ihn damit. Dieser suchte dann, nachdem er zuerst einige Bedenklichkeiten über ein Unternehmen erhoben, das der Prophet selbst nie angeordnet [549]), alle Koransfrag-

549) Warum Mohammed selbst dieß nicht gethan, darüber sprechen sich die Mohammedaner nicht aus. Mir scheint, daß er ihn darum nicht gern ganz dem Volke übergab, weil er dadurch gewissenmaßen die Macht aus den Händen gegeben hätte, und es ihm nicht so leicht gewesen wäre, je nach Umständen, neue Gesetze vorzuschreiben, und die frühern als nichtig zu erklären. Daß einzelne Theile des Korans aufgeschrieben wurden, geht nicht nur aus dieser Tradition hervor, sondern schon aus dem Namen „Kitab" (die Schrift), welcher eben so häufig als der Name Koran vorkommt, dessen eigentliche Bedeutung (Lesen, oder das zu Lesende) übrigens auch auf etwas Geschriebenes hindeutet. Ferner haben wir bei der Bekehrung Omars gesehen, daß Bruchstücke des Korans damals schon aufgeschrieben waren; auch haben wir erzählt, daß Mohammed bei der Eroberung von Mekka unter Andern auch Abd Allah Ibn Saad von der allgemeinen Amnestie ausnahm, weil er die Revelationen, die er ihm dictirte, verfälschte. Aber sowohl Omars Aengstlichkeit, als die Art, wie er gesammelt worden, beweisen, daß die Abschriften höchst selten

mente zusammen, die sich in verschiedenen Händen befanden, und theils auf Pergament, theils auf Leder, theils sogar auf Palmblättern, auf Knochen und Steinen geschrieben waren; er nahm auch Leute zu Hülfe, die ihn auswendig wußten, und ordnete ihn so, wie er ihn vor Mohammed zu lesen pflegte [550]. Schon unter Othman hatten sich indessen so verschiedene Lesearten verbreitet, daß er durch denselben Zeid abermals mehrere Abschriften der ältesten Urkunden machen ließ, welche sich darin von der Ersten unterschieden, daß sie gar keine Varianten enthielten, indem er ihm ausdrücklich befahl, bei zweifelhaften Fällen nur den kureischitischen Dialekt anzunehmen [551]. Diese

waren, daß ihn niemand vollständig besaß, und daß Mohammed, angenommen auch er habe alle seine angeblichen Offenbarungen niederschreiben lassen, dieselben entweder später wieder zernichtete, oder ein Fragment Diesem, ein anderes Jenem schenkte, weil doch der bei weitem größere Theil des Korans nur einen temporären Werth hatte.

550) S. mém. de l'acad. des inscriptions, T. L. S. 330 u. ff. Alcoran ed. Maraccius p. 38 u. ff., und Ch. aus Buchari in der Einleitung zu seiner Biographie.

551) Die Muselmänner behaupten, der Koran sey, in Bezug auf die äußere Darstellung, in sieben verschiedenen Dialekten geoffenbart worden. Unter Abu Bekr hatte Zeid in seiner Abschrift, wo seine Urkunden im Ausdruck von einander abwichen, alle angegeben, unter Othman aber die befolgt, welche mit der Sprache Mekka's am meisten übereinstimmte. Diese Meinung mochte Mohammed selbst verbreitet haben, um bei angeblichen Offenbarungen, die nicht gleich niedergeschrieben, und auf verschiedene Weise wiederholt wurden, nicht in Verlegenheit zu kommen. So erzählt Omar: „Einst hörte ich, wie Hischam Ibn Hakim die 25. Sura anders las, als ich sie selbst von Mohammed gelernt; ich führte ihn daher zu Mohammed, und klagte ihn deßhalb an. Mohammed befahl ihm die Sura nochmals zu lesen. Hischam las sie auf dieselbe Weise, wie ich sie von ihm gehört, und Mohammed sagte, als er damit zu Ende war: So ist sie geoffenbart worden. Er befahl dann auch mir sie zu lesen, und als ich sie gelesen hatte, sagte er: So ist sie vom Himmel gesandt worden, denn der Ko

Abschriften sandte Othman in die verschiedenen Hauptstädte des Reichs, und ließ alle Uebrigen verbrennen. Die noch jetzt fortdauernden Streitigkeiten über verschiedene Lesearten betreffen nur Vokale oder unter einander ähnliche Buchstaben, die blos durch Striche und durch Punkte näher bezeichnet werden.

Diese Art der Zusammensetzung des Korans, welche von den ältesten Traditionen verbürgt wird, und um so weniger in Zweifel gezogen werden kann, als die Schreibkunst nicht lange vor Mohammed in Mekka einheimisch geworden, und daher die armen Muselmänner, besonders in der ersten Zeit, noch sehr großen Mangel an Schreibmaterialien hatten, wäre schon genügend, um dem unbefangenen Kritiker gegen die Authenticität des ganzen Korans einige Zweifel einzuflößen. Wie leicht konnte nicht der schlaue Abu Bekr, wenn auch nicht mit Zeid selbst, doch mit einem der vielen andern Secretäre [552] Mohammeds im Einverständnisse gestanden seyn, und nach Belieben Materialien zum Koran geliefert haben? Und wird diese Vermuthung nicht fast zur Gewißheit durch die, nach dem ältesten muselmännischen Biographen schon angeführte Rede Abu Bekrs, nach Mohammeds Tode, in welcher er, um Mohammeds Tod zu beweisen, einen Koransvers vorlas, von dem kein Mensch, selbst Omar, etwas wußte? Noch auffallender ist, daß wir, außer dem von ihm angeführten Verse, jetzt noch

ran ist nach sieben Lesearten geoffenbart worden, wählet daraus, welche ihr wollt!" Mém. de l'acad. a. a. O. S. 334.

552) Abulfeda zählt derer neun, bei J. hingegen heißt es: „Mohammed hatte nach der Meinung der zuverläßigsten Gelehrten sechsundzwanzig, nach Einigen sogar zweiundvierzig Secretäre. Er nennt dann außer den neun bei Abulfeda angeführten, noch: Abu Bekr, Omar, Amir Ibn Fuheira, Abd Allah Ibn Alarkam, Thabit Ibn Keis (Vater des genannten Zeid), Muawias Sohn Jezid, Mughira Ibn Schu'ba, Zubeir Ibn Awwam, Amru Ibn Aaß, Abd Allah Ibn Rawaha, Muhammad Ibn Salama und Abd Allah Ibn Abd Allah Ibn Ubeii."

drei andere Stellen finden, in welchen es heißt: „Jede Seele
muß den Tod verkosten." Eine derselben bezieht sich sogar
ganz bestimmt auf Mohammed, denn Gott sagt zu ihm: „Wir
haben keinem Menschen vor dir Unsterblichkeit verliehen, bist
doch selbst du sterblich, werden sie (die im Rang dir nächste=
hen) wohl unsterblich seyn? Jede Seele muß den Tod ver=
kosten. Wir bringen euch durch Gutes und Schlimmes in
Versuchung, dann werdet ihr zu uns zurückgebracht." [553])

Wenn wir aber auf der einen Seite spätere Zusätze für
möglich, ja sogar wahrscheinlich hatten, so ist auf der andern
kaum zu zweifeln, daß auch manche der zerstreuten und so
schlecht verwahrten Koransfragmente verloren gingen. Zeid,
der den Koran auswendig wußte, behauptet zwar, nach der
angeführten Tradition, Alles wieder gefunden zu haben, bis
auf den vorletzten Vers der neunten Sura, den ihm zuletzt
auch noch Chuzeima Ibn Thabit brachte. Aber abgesehen da=
von, daß man schon darum gegen eine solche Tradition miß=
trauisch seyn muß, weil sie leicht zur Erhaltung der Autorität
des Korans erdichtet werden konnte, so widerspricht sie geradezu
einer andern, auf Thatsachen sich gründenden, welche selbst die
orthodoxesten Muselmänner als wahr anerkennen [554]). Sie

553) Sura 21, Vers 35 u. 36. Die beiden andern Stellen befinden
sich Sura 3, Vers 186 und Sura 29, Vers 57. Erstere lautet:
„Jede Seele muß den Tod verkosten. Am Tage der Auferstehung
werdet ihr aber für eure Werke belohnt. Heil dem, der dann
von der Hölle entfernt und ins Paradies geführt wird. Das
Leben dieser Welt ist nur trügerisches Gut." Letztere lautet:
„Jede Seele muß den Tod verkosten, nachher werdet ihr aber
wieder zu mir zurückgebracht." Das Merkwürdigste ist noch, daß
Djalalein zu den im Texte erwähnten Versen ausdrücklich be=
merkt: „Diese Verse erschienen, als die Ungläubigen sagten: wir
glauben nicht an Mohammed, denn er ist ja sterblich."

554) Ch. in der Einleitung. Maraccius p. 42. S. fol. 277. Bei
letzterem sagt Omar noch: „Bei Gott, wir haben diesen Vers
auswendig gelernt, der Gesandte Gottes selbst hat Ehebrecher
gesteinigt, und wir thaten dasselbe nach ihm, bei vier Zeugen,

lautet: „Omar Ibn Chattab sagte einst auf der Kanzel: fürchtete ich nicht, die Leute möchten sagen, Omar hat Zusätze zum
Koran gemacht, so würde ich die beiden folgenden Verse hin-
zugeschrieben haben; denn bei Gott, ich habe sie zur Zeit des
Gesandten Gottes gelesen: Wendet euch nicht von euern Vätern ab, denn das ist Undankbarkeit. Ein Ehegatte, oder eine
Ehegattin, welche einen Ehebruch begehen, sollen gesteinigt
werden; das ist die von Gott über sie verhängte Strafe. Gott
ist erhaben und allweise."

Wenn wir aber auch die Meinung derjenigen nicht theilen,
welchen „der Koran eben so sicher für Mohammeds Wort, als
den Moslimen für das Gottes gilt," [555] so glauben wir doch
auch nicht an bedeutende Veränderungen, Zusätze oder Auslassungen, weil zur Zeit, als er gesammelt ward, ihn noch
viele fanatische Muselmänner im Gedächtnisse hatten. Schon
die vielen Blößen, die wir daran wahrnehmen, namentlich die
unzähligen Wiederholungen und Widersprüche, die er enthält,
sprechen für eine nur allzu große Aengstlichkeit und Gewissenhaftigkeit bei der Herausgabe desselben. Mohammed mochte

bei Selbstgeständniß oder bei Schwangerschaft (in Abwesenheit des
Gatten). Ich fürchte mit der Zeit möchte jemand sagen: Im Buche
Gottes ist nirgends vom Steinigen bei Ehebruch die Rede, und
so möchte ein göttliches Gebot verloren gehen." H. v. H., welcher S. 199 erzählt, Maaf habe sich des Ehebruchs angelagt, und
„Mohammed konnte nicht anders, als die vom Koran ausgesprochene Strafe der Steinigung an ihm vollziehen laffen,"
könnte nicht nur mich, sondern Omar der Unwissenheit anklagen,
wenn er die Stelle des Korans angeben wollte. In dem von
Omar angeführten verlorenen Verse heißt es: „As-scheich was-
scheichah idsa zania." Man kann natürlich den beiden ersten
Worten nicht die Bedeutung „alt" geben, ich dachte zuerst an die
Bedeutung „Oberhaupt." Maraccius übersetzt auch so: „Vir il-
lustris," dann fand ich aber im türkischen Kamus für Scheich
das Wort Gatte (chatunun zewdjineh itlak olunur), und zweifle
daher nicht, daß Scheichah Gattin heißt.

555) H. v. H. S. 219.

nämlich irgend ein Gebot, ein Verbot, eine Lehre oder auch ein Mährchen bei verschiedenen Veranlassungen bald mit denselben, bald mit andern Worten wiederholt haben, der Eine mochte es so, und der Andere anders aufgezeichnet oder auswendig gelernt haben. Zeid, statt das Beste und Ausführlichste zu wählen, nahm aber Alles auf, obschon sich selbst vom muselmännischen Standpunkte aus nicht denken läßt, daß eine und dieselbe Offenbarung zu wiederholten Malen vom Himmel gesandt wurde [556]. So entstanden denn die fast unaussteh-

[556] Nach der Erklärung einiger Commentatoren machte sich indessen Mohammed ein Verdienst daraus, oder wie sie das auffassen, hebt Gott besonders am Koran hervor, daß darin manches, um desto sicherer und leichter Eingang zu finden, wiederholt wird. So erklären nämlich einige nach dem Kamus das Wort mathani, welches im 23. Verse der 39. Sura vorkommt, doch ist diese Bedeutung des Wortes nicht so wahrscheinlich, wie die andere, ebenfalls im Kamus gegebene und von Djalalein aufgenommene, daß nämlich viele Offenbarungen oder Verse je paarweise oder in Gegensätzen erschienen, ein Vers der Drohung (waïd), dann einer der Verheißung (wa'd), einer der Gnade, dann wieder einer der strafenden Gerechtigkeit u. dgl. Maraccius' Uebersetzung des Wortes mathani durch „iterata continens" läßt sich daher wohl nach dem Kamus rechtfertigen, wenn er aber in der Anmerkung (S. 606) hinzusetzt: „Hoc autem nomine vocatur Alcoranus, ut ait Gelal, quia (thunia fihi-l-wa'du walwaïdu waghairuhama) repetuntur saepe in eo, promissa et minae, et alia quae in eo continentur," so zeigt er, daß er Djalalein nicht richtig verstanden, wie man sich aus dem Kamus überzeugen kann, wo beide Ansichten als verschiedene nach einander angeführt werden. Die Meinung Geigers (S. 59), daß Mohammed den ganzen Koran nach dem hebräischen משנה mathani nannte, kann ich schon darum nicht theilen, weil der Plural schon darauf hindeutet, daß dieses Wort auf mehrere Offenbarungen oder Verse sich bezieht, nicht aber auf die ganze Schrift. Der 87. Vers der 15. Sura, welcher lautet: „Wir gaben dir sieben von den mathani und den erhabenen Koran," und wo nach den meisten Commentatoren von den sieben Versen der ersten Sura die Rede ist, spricht zwar für die erste Bedeutung

lichen Wiederholungen, welche jeden ungläubigen Leser selbst
vom Urterte abschrecken müssen. So wird z. B. die Geschichte
der alten Propheten von Abraham bis Christus bald mit mehr,
bald mit weniger Mährchen ausgeschmückt, fast in jeder grö=
ßern Sura von Neuem aufgetischt; nicht minder häufig die
Schöpfungsgeschichte, besonders die des Menschen, mit der
darauf folgenden Weigerung des Iblis (Teufels) sich vor ihm
zu verbeugen. Die Verheißungen des Paradieses und die
Drohungen mit der Hölle nebst den ausführlicheren Schilderun=
gen derselben nehmen wenigstens den sechsten Theil des Ko=
rans ein. In den spätern zu Medina geoffenbarten Suren
kehrt besonders der Aufruf zum heiligen Kriege fast auf jeder
Seite wieder. Das Verbot mit Ungläubigen ein Bündniß zu
schließen, oder ein freundschaftliches Verhältniß anzuknüpfen,
wird in denselben acht Mal wiederholt [557]).

Was die Widersprüche oder Widerrufungen betrifft, deren

weil entweder nach muselmännischer Tradition diese Sura zwei
Mal geoffenbart wurde (wonach aber dieser Vers in eine medi=
nensische Sura zu setzen wäre, denn sie soll ja einmal in Mekka
und einmal in Medina erschienen seyn), oder weil sie beim Ge=
bete häufig wiederholt wird. Indessen paßt auch die zweite Be=
deutung auf diese Sura, denn sie enthält auch solche Gegensätze.
So heißt Gott zuerst „der Barmherzige,“ dann „der Herr des
Gerichtstages.“ Dann: „Er führe uns auf den Pfad derjenigen,
denen er gut ist, nicht derjenigen, denen er zürnt.“

557) Außer den schon angeführten Versen (vergl. Anmerk. 327), noch
Sura III. Vers 28, IV. 88, 138 und 143, V. 59 und 66 und
IX. 24. In den beiden Versen der 5. Sura werden auch Juden
und Christen ausdrücklich genannt, in der 9. wird jedes freund=
schaftliche Verhältniß mit ungläubigen Eltern und Geschwistern
sogar für sündhaft erklärt, in der dritten hingegen wird es ge=
stattet, Ungläubige zu Freunden zu nehmen, wenn man sie zu
fürchten hat. Wozu aber Djalalein bemerkt: „Doch nur mit der
Zunge, nicht mit dem Herzen, und dieß war vor der Verherrli=
chung des Islams, bleibt aber noch in Kraft für denjenigen Mu=
selmann, der in einem Lande sich aufhält, wo der Islam keine
Macht hat.“

Aufnahme ebenfalls für eine gewissenhafte Redaktion zeugt, so
enthält der Koran, selbst nach der Meinung muselmännischer
Ausleger, welche, um manche zu beseitigen, Mohammeds Wor=
ten häufig einen Sinn beilegen, den sie nicht haben, nicht we=
niger als zweihundert und fünfundzwanzig Verse, welche Dog=
men oder Gesetze enthalten, die durch andere, später erschienene
widerrufen wurden. Wir haben schon früher einige Beispiele
erwähnt, und gesehen, daß diese Abrogationen sich aus den
veränderten Umständen erklären lassen. So gebot Mohammed
zuerst beim Gebete Jerusalem als Kibla anzunehmen, und setzte
dann, als er seine Hoffnung mehr auf die heidnischen Araber,
als auf die Juden und Christen baute, Mekka an dessen Stelle.
Das in der ersten Zeit in Medina festgesetzte Erbrecht unter
den Ausgewanderten und Hülfsgenossen, zum Nachtheile der
Blutsverwandten ward später wieder aufgehoben, als jene schon
in Medina acclimatisirt waren, und einiges Vermögen erwor=
ben hatten. An die Stelle der frühern Zweifel Mohammeds
an seiner eigenen Unschuld und Seligkeit, tritt das bestimmteste
Bewußtseyn von Gottes Gnade. Ein gläubiger Muselmann
genügt in manchen Fällen statt der früher geforderten zwei
Zeugen. Dem Tadel, welcher ihn wegen der Wandelbarkeit
seiner Offenbarungen trifft, begegnet er dadurch, daß er sagt:
„Wir widerrufen keinen Vers, ohne einen besseren dafür zu
geben." [558] Alle frühern Verse, welche Toleranz gegen die

---

558) Sura II. Vers 106. Auch Sura XVI. Vers 101 und 102 heißt
es: „Wenn wir einen Vers durch einen andern ersetzen — und
Gott weiß am Besten, was er herabsendet — so sagen sie (die
Ungläubigen) du erdichtest sie, aber die meisten unter ihnen sind
unwissend. Sage ihnen! der heilige Geist bringt ihn (den Ko=
ran) herab von deinem Herrn in Wahrheit, um die Gläubigen
(in ihrem Glauben) zu befestigen, und als Leitung und Verheißung
den Muselmännern." Merkwürdig ist hierauf der 81. Vers der
4. Sura, welcher lautet: „Denken sie denn nicht über den Koran
nach? Wäre er nicht von Gott, so würden sie doch viele Wider=
sprüche darin finden."

Juden und Christen, und Geduld bei den Verfolgungen der Heiden predigten, wurden nach und nach, je nach dem Zuneh= men seiner Macht durch Aufruf zum heiligen Kriege widerru= fen. Diese Veränderungen erstrecken sich sogar auf den Zustand der Nicht=Mohammedaner in jenem Leben. So müssen wir leider folgenden, von manchem Europäer als Muster der To= leranz gepriesenen Vers, als nicht geoffenbart ansehen:

„Diejenigen, welche glauben, Juden, Christen und Sabäer, wer an Gott glaubt und den jüngsten Tag und gute Werke übt, der hat nichts zu fürchten und wird nicht betrübt" [559]) weil er mit den drei folgenden, wahrscheinlich später erschie= nenen, in Widerspruch steht. Der eine lautet:

„Für die Ungläubigen, welche nicht an Gott und an sei= nen Gesandten glauben, haben wir die Hölle bereitet." [560])

Der andere:

„Die Ungläubigen, die unsere Verse für eine Lüge halten, werden die Gefährten der Hölle, sie bleiben ewig darin. Welch eine schlechte Einkehr!" [561])

Der dritte und entscheidendste endlich:

„Wer einer andern Religion als dem Islam anhängt, der findet durch sie keine Aufnahme (bei Gott), und der gehört in jener Welt zu den Untergehenden." [562])

---

559) Sura 5, Vers 78. Ebenso Sura II. Vers 61, wo es nach den Worten „wer gute Werke übt," noch heißt: „Der findet seinen Lohn bei dem Herrn u. s. w."

560) Sura 48, Vers 13.

561) Sura 64, Vers 11.

562) Sura 3, Vers 84. Dieser Vers kann dem orthodoxesten Dogma von der allein selig machenden Kirche zur Seite gestellt werden, während die beiden ersten sich allenfalls noch auf Götzendiener beziehen lassen. Auch der 5. Vers der 98. Sura s. S. 368 kann hier nicht als Beweis von Intoleranz angeführt werden, weil hier unter den Ungläubigen und Schriftbesitzern diejenigen verstanden seyn können, die nicht an den einzigen Gott glauben. Auffallend ist, daß einer der toleranten, widerrufenen Verse gerade in der 5. Sura sich befindet, welche die zuletzt erschienene seyn, und die

Am merkwürdigsten unter den sich widersprechenden Koransversen sind die drei folgenden, auf Mohammed selbst sich beziehenden:

„O Prophet! wir erlauben dir deine Gattinnen, denen du ihre Morgengabe gewährt, so wie was deine Rechte erworben, unter denen die dir Gott als Beute geschenkt, und die Töchter deiner Oheime von väterlicher und von mütterlicher Seite, die mit dir ausgewandert sind [563]), und jede gläubige Frau, die sich dem Propheten hingibt [564]), und die er heirathen will (auch ohne Morgengabe), (diese Freiheit gilt) ausschließlich für dich, und nicht für die übrigen Gläubigen. Wir wissen, was wir ihnen vorgeschrieben haben in Bezug auf ihre Frauen und Sklavinnen (wir machen eine Ausnahme für dich), damit du auf keine Weise beschränkt seyest. Gott ist gnädig und

Mohammed bei der letzten Pilgerfahrt vorgelesen haben soll. Vergl. Maraccius refutat. in Sura II. p. 33 u. ff.

563) Als Veranlassung zu dieser Beschränkung erzählt J. nach dem Tirmedsi, daß Mohammed Um Hani, Ali's Schwester, heirathen wollte, sie aber seinen Antrag nicht annahm, und sich deßhalb bei ihm entschuldigte. Mohammed entschuldigte sie, und als bald darauf dieser Vers erschien, sagte sie: „Da ich Mekka nie verlassen habe, so freue ich mich nicht Mohammeds Gattin geworden zu seyn, denn er müßte sich jetzt doch von mir scheiden lassen." Nach einer anderen Tradition wollte Mohammed sie schon heirathen, als dieser Vers erschien, und ihm diese Ehe verbot. Letzteres ist wahrscheinlicher, nur glauben wir Nicht-Mohammedaner, daß entweder Mohammed es bereute, um sie geworben zu haben, oder daß er es nur aus Rücksicht für Ali gethan, und sich dann durch die Klausel „die mit dir ausgewandert" von der Vollziehung der Ehe dispensirte.

564) Die Traditionen sind nicht übereinstimmend, welche von Mohammeds Frauen sich ihm ohne Morgengabe hingab; Einige nennen Zeinab bint Chuzeima, Andere Ghuzeijah, wieder Andere Chaula bint Hakim, welche, als Mohammed sie verschmähte, Othman Ibn Mazun heirathete. Einige zählen zu diesen drei Frauen auch noch Meimuna. Ch.

barmherzig. Du kannst zurücksetzen [565]), welche von ihnen du willst, und zu dir nehmen, welche du willst, auch nach Gefallen eine Verstoßene wieder aufnehmen, und begehst kein Unrecht. Dieß ist das beste Mittel, um ihre Augen zu erfreuen; so werden sie sich nie betrüben und stets zufrieden seyn mit dem, was du ihnen gewährest. Gott kennt euer Herz, er ist weise und mild. Es ist dir nicht erlaubt, noch mehr Frauen zu nehmen, oder statt der deinigen Andere zu heirathen, wenn sie dir auch noch so gut gefallen, nur Sklavinnen sind dir nicht versagt. Gott beobachtet Alles." [566])

Der unbefangene Leser dieser Verse wird diesen Widerspruch auch dadurch lösen, daß Mohammed in seinen noch leidenschaftlicheren Jahren, als ihm die den übrigen Gläubigen vorgeschriebenen Beschränkungen der Vielweiberei lästig waren, die beiden ersten Verse bekannt machte, und kurz vor seinem Tode, als er fühlte, daß ihm für sein übriges Leben die Zahl seiner Frauen genügen würde [567]), und vielleicht bei irgend

565) Als dieser Vers erschien, heißt es bei Ch., sagte ihm Aïscha: „O Gesandter Gottes! wie ich sehe, ist dein Herr deiner Liebe sehr günstig." Mohammed machte nach J. und Ch. von dieser Freiheit Gebrauch, indem er Sauda, Djuweiria, Safia, Meimuna und Um Habiba häufig vernachläßigte, und die übrigen vier Gattinnen bevorzugte.

566) Sura 33, Vers 47—49.

567) Mohammed hinterließ bekanntlich bei seinem Tode neun Gattinnen, nämlich Sauda, Aïscha, Hafßa, Um-Salama, Zeinab bint Djahsch, Djuweiria (oder Barra), Um-Habiba, Safia und Meimuna. Vor ihm starben Chadidja und Zeinab bint Chuzeima. Außer diesen Frauen, die wir, weil über ihre Heirath Uebereinstimmung unter den Biographen herrscht, im Leben Mohammeds erwähnt haben, werden in einigen Traditionen noch Andere genannt, von denen er sich entweder bald nach der Verehelichung, oder noch vor Vollzug der Ehe wieder scheiden ließ. Bei S. (fol. 273) werden nur noch zwei erwähnt, mit denen er die Ehe nicht vollzog, die Eine, weil sie aussätzig war, und die Andere, weil sie, als er sie umarmen wollte, ausrief: „Ich nehme meine

einer Veranlassung seinen Gattinnen eine Garantie gegen neue Nebenbuhlerinnen geben wollte, den letzten Vers veröffentlichte.

Zuflucht zu Gott vor dir." Sie war nämlich erst vor Kurzem zum Islam übergegangen, so daß die Berührung Mohammeds ihr Schaudern erregte. Mohammed sagte darauf: „Wer sich zu Gott flüchtet, findet Schutz," und sandte sie ihrer Familie zurück." (Darnach ist Gagnier (II. 333) zu berichtigen, wo man liest: „Le prophète l'épousa; mais elle rentra de nouveau dans l'infidelité et l'idolatrie: c'est pourquoi comme elle était sur le point d'entrer chez le prophète, il la détesta en disant: Dieu qui me préserve de tous maux, m'en enpêche. Et ainsi il la renvoya.") Ihr Name war nach Einigen Asma bint Nu'man alkindijjah, nach Andern Amra bint Jazid alkilabijjah. Abulfeda zählt im Ganzen fünfzehn Frauen, worunter vier, mit denen er die Ehe nicht vollzog. Bei J. heißt es: Mohammed warb um dreißig Frauen, bei sieben kam kein Ehevertrag zu Stande, und von den übrigen dreiundzwanzig ward die Ehe nur bei zwölf vollzogen (er rechnet nämlich Rihana auch zu den Gattinnen, nicht zu den Sklavinnen. Vergl. Anmerk. 253). J. nennt unter den übrigen Frauen Mohammeds eine Schwester seines uns wohlbekannten Freundes Dihja, welche vor Freude bald nach der Verlobung starb; er erzählt dann auch die Geschichte der Amra, und setzt hinzu: Einige behaupten, sie war so ausgezeichnet schön, daß Mohammeds Frauen aus Eifersucht ihr sagten: Wenn du von Mohammed geliebt seyn willst, so mußt du ihm lange Widerstand leisten, und Gott zum Beistand anrufen, weil sie wohl wußten, daß er davon kein Freund war. Er nennt endlich auch Kuteila bint Keis, aus Hadramaut, welche ihr Bruder Aschath ihm zuführen wollte; aber Mohammed war schon todt, als sie in Medina anlangten. Sie heirathete dann einen Sohn Abu Djahls. Als Abu Bekr dieß erfuhr, wollte er wegen des Verbots: Mohammeds Frauen auch nach seinem Tode zu heirathen, ihr Haus über sie verbrennen lassen, aber Omar sagte ihm: „Sie gehört nicht zu den Müttern der Gläubigen (so heißen Mohammeds Frauen), denn der Gesandte Gottes hat ihr ja noch nicht beigewohnt." Auch Th. zählt noch zwölf Frauen, mit denen Mohammed schon einen Ehevertrag geschlossen, die er aber aus verschiedenen Gründen wieder entließ; darunter auch Ghuzessa, welche Gagnier (II.

Die Muselmänner, welche aber natürlich eine solche Deutung
verwerfen müssen, um so mehr, da sich auch eine Tradition
vorfindet, nach welcher Mohammed noch als Verlobter starb,
behaupten im Gegentheile, das Verbot sey zuerst erschienen,
und dann die unbeschränkte Erlaubniß, welche die beiden ersten
Verse enthalten, denn, sagen sie, in unserem Koran folgen die
Verse nicht der Zeit nach auf einander, so wie sie erschienen
sind.

Diese, wenn auch nicht aus der angeführten, doch aus
vielen andern Stellen erwiesene Unordnung in der Reihefolge
der Verse [568]) nöthigt uns, Einiges über die Eintheilung des
Korans zu bemerken, die uns dann auch eine klarere Uebersicht
über dessen Gesammtinhalt verschaffen wird.

Der Koran, so wie er vor uns liegt, zerfällt bekanntlich
in hundert und vierzehn Kapitel (Suren), aus einer größeren
oder kleineren Anzahl Verse bestehend. Die frühern sind un=
verhältnißmäßig größer, als die spätern; sie enthalten zwei
bis dreihundert Verse, während die letzten sechzehn nur noch
aus sechs bis elf kleinen Versen zusammengesetzt sind. Doch
nicht einmal in dieser Beziehung herrscht eine bestimmte Ord=
nung, noch viel weniger aber in jeder andern. Nicht nur die
späteren in Medina erschienenen Suren, deren Zahl auf neun=
undzwanzig angegeben wird, stehen zum Theil vor den frühern

329) als die zwölfte wirkliche Frau zwischen Aischa und Hafßa
nennt. Er bemerkt aber dazu, daß die Traditionen nicht einig
sind darüber, ob Mohammed mit ihr die Ehe vollzogen. Außer
diesen Frauen, und den auch als solche geltenden uns schon be=
kannten beiden Sklavinnen Maria und Rihana, von denen die
Erstere ihn überlebte, die Zweite aber kurz vor ihm starb, werden
noch bei I. und Ch. zwei andere erwähnt, eine in einem Kriege
erbeutete, und eine, welche ihm seine Gattin Zeinab bint Djahsch
schenkte.

568) Hier nur ein Beispiel gleich aus der zweiten Sura. Vers 106
enthält Mohammeds Entschuldigung über die Abänderung der
Kibla, während die Abänderung selbst erst Vers 143 u. ff. vor=
kommt.

schon in Mekka geoffenbarten, sondern es finden sich in manchen sogenannten medinensischen Suren einzelne Verse, welche in Mekka geoffenbart wurden, und eben so umgekehrt; so daß man beinahe glauben möchte, Zeid habe bei der Sammlung des Korans ihn geradezu so geordnet, wie ihm die Materialien unter die Hand kamen. Daß Mohammed selbst seine Offenbarungen nach den vor uns liegenden Kapiteln eingetheilt habe, wie die Muselmänner behaupten, ist nicht anzunehmen. Nach ihrem eigenen Eingeständnisse ließ er ihn ja gar nicht als ein Ganzes sammeln; sie können auch ebenfalls nicht läugnen, daß nur einige wenige Suren ganz erschienen, die meisten aber aus Fragmenten bestehen, zwischen denen häufig ein großer Zeitraum liegt, während dessen wieder manche, in andere Suren aufgenommene Verse erschienen [569]. Wahrscheinlich ist indessen, daß Mohammed selbst die Koransverse in gewisse Abschnitte eintheilte, die er Suren [570] nannte, und die vielleicht

569) Sollte etwa Mohammed einen Schreibpult mit 114 Schubladen oder Fächern besessen, und so wie ein Paar Verse erschienen, sie jedesmal zu der Sura gelegt haben, in der wir sie noch finden? Aber H. Scribe, von dem man Aehnliches über die Composition seiner Lustspiele erzählt, legt doch wenigstens die einzelnen Scenen so zusammen, daß sie vereint ein Ganzes bilden, das gewöhnlich für eine einzige Inspiration gelten kann, während wir bei Mohammed in einer und derselben Sura die verschiedenartigsten Verse, sowohl der Zeit, als der Schreibart und dem Inhalte nach finden. Die Ueberschrift der Suren ist ja überhaupt nicht als Inhaltsanzeige zu betrachten, da sie häufig von einem der ersten Worte der Sura oder von einer einzelnen darin erwähnten Begebenheit genommen ist. So heißt z.B. die zweite Sura, welche die wichtigsten Gesetze des Islams enthält, die „der Kuh," weil im 66. und den folgenden Versen von der rothen Kuh die Rede ist, welche Moses den Israeliten zu opfern befahl.

570) Das Wort Sura kommt zwar neun Mal im Koran vor, doch läßt sich nicht mit Gewißheit bestimmen, was Mohammed darunter verstand. Sura II. Vers 23 heißt es: „Seyd ihr in Zweifel über Gottes Offenbarung, so bringet eine ähnliche Sura herbei, und da ihr dieß nicht könnet, so fürchtet die Hölle!" Sura

eine Reihe von Versen, welche zumal geoffenbart wurden, ent=
hielten. In dem auf uns gekommenen Koran herrscht aber

IX. Vers 66: „Die Heuchler fürchten, es möchte eine sie betreffende
Sura gesandt werden, die ihnen offenbart, was sie im Herzen
haben." Dieselbe Sura Vers 88: „Als eine Sura erschien
(worin befohlen wird): glaubet an Gott und kämpfet mit seinem
Gesandten, baten dich (Mohammed) die Vornehmeren unter ihnen,
um die Erlaubniß zurückbleiben zu dürfen." Vers 126: „Wenn
eine Sura herabgesandt wird, sagen Manche unter ihnen: wen
von euch hat sie in seinem Glauben bestärkt?" Ebenso Vers 129:
„Wenn eine Sura herabgesandt wird, sehen sie einander an, und
fragen: sieht euch Jemand?" Sura X. Vers 38: „Sagen sie,
Mohammed hat den Koran erdichtet, so sprich! bringet eine ähn=
liche Sura, und rufet herbei, wen ihr könnet außer Gott, wenn
ihr aufrichtig seyd." Sura XI. Vers 14 wiederholt dasselbe, nur
daß es statt „einer Sura" heißt „zehn solche erdichtete Suren."
Sura XXIV. beginnt: („Dieß ist) eine Sura, wir haben sie her=
abgesandt, und (euch) vorgeschrieben, und darin klare Zeichen
(Verse) geoffenbart; vielleicht werdet ihr (durch sie) ermahnt."
Sura XLVII. Vers 21 endlich: „Die Gläubigen sagen: o er=
schiene uns doch eine Sura! wenn aber eine unwiderrufliche Sura
gesandt wird, welche zum Kriege ermahnt, so siehst du, wie die=
jenigen, welche ein krankes Herz haben, dich anblicken mit dem
Blicke eines Menschen, den der Tod schon getrübt u. s. w." Aus
den angeführten Versen der 2. und 10. Sura läßt sich gar nichts
schließen, der der 11. Sura spricht wenigstens gegen eine allzu
große Ausdehnung eines Sura genannten Abschnittes, weil sonst
zehn Suren zu viel gefordert wäre. Vers 66 und 88 der 9. und
Vers 21 der 47. Sura zufolge hat dieses Wort eher die Bedeu=
tung „Offenbarung" als Kapitel, obschon allerdings die 63. Sura
die der Heuchler, und die 47. die des Kriegs genannt wird. Vers
126 und 129 derselben Sura beweisen gar nichts. Am meisten
spricht der Anfang der 24. Sura für die Bedeutung Kapitel, nur
läßt sich nicht mit Gewißheit sagen, ob es ursprünglich die ganze
jetzige Sura umfaßte. Was die wörtliche Bedeutung von Surat
angeht, so denken die Muselmänner an Rang und Stufe, weil
nämlich, so heißt es im Kamus, immer ein Abschnitt den andern
an Werth übertrifft; ich glaube, daß man eher an die Steinreihe

eine solche Unordnung und Verwirrung in der Reihefolge der
Suren sowohl, als der einzelnen Verse, daß man selbst mit
der vollkommensten Sprach= und Sachkenntniß ausgerüstet doch
selten ein Paar Verse nach einander ohne Commentar lesen
kann, und selbst mit einem Solchen nicht immer befriedigt wird.
Ein sehr gelehrter [571]) Muselmann sagt daher: „Wer über das
Buch Gottes mitsprechen will, muß wissen, wie die Suren nach
einander, in Mekka sowohl, als in Medina erschienen, und
diejenigen kennen, über deren Zeitbestimmung die Gelehrten
von einander abweichen; er muß wissen, was zwei Mal ge=
offenbart worden, was in Medina erschien, aber die Mekkaner
angeht, und was in Mekka erschien, aber doch zu den medi=
nensischen Suren gehört; was in Djohfa, Jerusalem, Taïf
und Hudeibia geoffenbart worden. Er muß die mekkanischen
Verse aus den medinensischen Suren und die in Medina er=
schienenen Verse aus den mekkanischen Suren herauszufinden
wissen; eben so diejenigen, welche von Mekka nach Medina,
und von Medina nach Mekka oder Abyssinien getragen wur=
den; endlich auch die widerrufenden und widerrufenen Verse.“
Was zuerst die Ordnung der mekkanischen sowohl, als der
medinensischen Suren betrifft, so geben wir hier das Verzeichniß
derselben nach einer alten Tradition [572]). Obgleich wir ihr

einer Mauer denken, und sich eine Reihe von Versen dabei vor=
stellen muß. Auch im Hebräischen, und besonders im Rabbinischen
bedeutet das Wort שורה Reihe und Zeile, und hier muß um
so eher an einen jüdischen Ursprung des Wortes gedacht werden,
als die drei Namen des Korans: Koran, Furkan und Kitab, dem
hebräischen מקרא, פרקן und ספר entsprechen, und auch der
Name der Verse, ajat, nichts anderes als das hebräische אות ist.

571) Der Imam Abu'l Kasim Hasan Ibn Muhammad Ibn Habib bei
Ch. in der Einleitung.

572) Von Husein Ibn Wakid bei Ch. a. a. O. Herr v. Hammer hat
in den Wiener Jahrbüchern (Bd. 79, S. 82 u. ff.) nach derselben
Quelle ein solches Verzeichniß mitgetheilt, da es aber häufig von
dem hier gegebenen abweicht, auch diese Zeitschrift sich mehr auf
öffentlichen, als Privatbibliotheken befindet, so ist dessen Wieder=

nicht durchgängig beistimmen, mag sie doch dem Leser des Korans im Allgemeinen als Leitung dienen; nur vergesse er nicht, daß, besonders bei den größern Suren, eine chronologische Bestimmung überhaupt nur von einem Theile ihres Inhalts gelten kann, während andere, wie wir schon gesehen, und noch in der Folge zeigen werden, einer frühern oder spätern Zeit angehören.

Mekkanische Suren.

Chronologische Ordnung.			Jetzige Ordnung.
Sura	1 Das geronnene Blut	Sura	96
„	2 Der sich bedeckende [573])	„	74

holung nothwendig. Ich werde in den Anmerkungen jedesmal seine Ordnung angeben, und die Worte meines Textes als Beleg für die hier folgende anführen.

[573] Einige nennen vorher das erste Kapitel oder die Einleitung, welche andere, deren Meinung jedoch Ch. verwirft, sogar noch vor die 96. setzen. Nach den meisten Traditionen erschien sie, wie schon erwähnt, zwei Mal. H. v. H. nennt vorher die 73., die aber in meinem Exemplare hier gar nicht vorkommt, sondern unter denen gerechnet wird, über deren Sendungsart die Ansichten der Gelehrten getheilt sind, indem Kutaba sie zu den Medinensischen zählt. Bei Maraccius p. 758 liest man auch: „Meccana a plerisque inscribitur, quidam tamen malunt esse Medinensem: alii ultimum tantammodo versum, qui incipit: porro Dominus tuus Medinae traditum fuisse.“ Letztere Meinung scheint mir die richtigere zu seyn, denn der letzte Vers lautet: „Gott weiß, daß du vor den zwei Drittheilen und der Hälfte und dem Drittheile der Nacht aufstehst (um zu beten), eben so ein Theil derjenigen, die mit dir sind; Gott, der allein die Stunden der Nacht, so wie des Tages bestimmen kann, weiß, daß ihr sie nicht zählen könnet, darum wendet er sich (erleichternd) euch zu. Leset auch (bei dem Gebete) was sich vom Koran am leichtesten lesen läßt, denn Gott weiß, daß manche von euch krank seyn werden, andere, um das was seine Güte gespendet (Lebensunterhalt) zu suchen, sich im Lande umhertreiben, und wieder andere auf dem Pfade Gottes kämpfen werden, darum leset daraus, was am leichtesten ist; beobachtet das Gebet, gebet die Armensteuer und leihet Gott ein

schönes Darlehen, denn das Gute, das ihr für eure Seele vorausschicket, findet ihr einst bei Gott mit großem Lohne wieder. Flehet Gott um Gnade an, denn er ist gnädig und barmherzig."

Auch in die 74. Sura hat sich ein medinensischer oder wenigstens ein viel späterer Vers eingeschlichen; denn zwischen den ersten dreißig und den letzten vierundzwanzig Versen, welche meistens aus zwei oder drei Worten bestehen, lautet der 31.: „Wir werden nur Engel zu Wächtern der Hölle setzen, und wir haben ihre Zahl (19 nach dem 30. Verse) nur zur Verführung der Ungläubigen bestimmt, damit diejenigen, welche die Schrift erhalten (die Juden) sich überzeugen (von Mohammeds Sendung durch die Uebereinstimmung dieser Zahl mit der in ihren heiligen Büchern angegebenen) und die Gläubigen an Glauben zunehmen. Die Schriftbesitzer und die Gläubigen werden nicht zweifeln, diejenigen, die ein krankes Herz haben (in Medina) und die Ungläubigen (Mekka's) werden sagen: was wollte Gott mit diesem Gleichniß? (mit der Zahl der Engel, die sie nur figürlich nehmen), so führt Gott irre wen er will, und leitet er wen er will, die Schaaren deines Herrn kennt nur er, und sie (die Hölle) dient nur zur Ermahnung der Menschen."

574) Bei H. v. H. steht die 50. und 90. erst nach den beiden folgenden, in meinem Exemplare kommt nach der hier angegebenen Ordnung zuerst buradj, dann kaf, dann balad, dann tin, dann Kureisch. Die drei letzten mögen derselben Zeit angehören, Surat Kaf (die 50.) scheint aber dem Inhalte und der Schreibart nach, etwas später erschienen zu seyn.

[575] Im Texte Alghaschia genannt. H. v. H. nennt nach der 51. die 58., und setzt als Ueberschrift dazu: „Kennst du die Sage der bedeutenden Stunde (des jüngsten Gerichts)." Ich hielt anfangs diese Ueberschrift für eine freie Uebersetzung des ersten Verses, und die Zahl 58 für einen Schreib- oder Druckfehler statt 88, um so mehr, da er die 58. später zu den medinensischen zählt, aber er rechnet nicht nur auf derselben Seite auch die 88. unter der Ueberschrift: „Der Bedienende (Stunde des Gastes Gottes") (?) zu den medinensischen, sondern auch wieder S. 87, wo er den summarischen Inhalt der medinensischen Suren gibt, und setzt noch in einer Note hinzu: „Es ist jedoch zu bemerken, daß Maraccius sechs von diesen Suren, nämlich die 13., 55., 57., 76., 86. und 98., nicht als zu Medina, sondern zu Mekka gegeben aufführt, was sogar sehr wahrscheinlich, da dieselben nicht unter die längern gesetzgebenden, sondern unter die kürzern poetischen mit kurzen Versen gehören u. s. w." Die 58. wird S. 86. noch einmal

zu den mekkanischen, und S. 87 abermals zu den medinensischen
gerechnet. Bei einer solchen Verwirrung werden hoffentlich selbst
die Besitzer der Wiener Jahrbücher dieses Verzeichniß nicht überflüssig finden.

Was H. v. Hammers Bemerkung zu den übrigen fünf Suren angeht, so stimme ich ihm in Bezug auf die 13. und 76. bei,
die 57. und 98. aber gehören gewiß zu den medinensischen, wie
auch andere Koranausleger bei Maraccius in den Noten behaupten. H. v. H. scheint sie übrigens, als er diese Anmerkung schrieb,
nicht mehr gut im Gedächtnisse gehabt zu haben, denn wenn er
sie auch nach seinem Geschmack zu den poetischen zählen will, so
muß er aber doch zugestehen, daß sie im Verhältnisse zu den übrigen mekkanischen, lange Verse haben. Der Leser urtheile selbst,
indem ich die 98 und die darauf folgende 99., welche eine allgemein anerkannt mekkanische ist, und ebenfalls acht Verse hat,
hier anführe, und zwar, um keiner Befangenheit in der Uebersetzung angeklagt werden zu können, nach der Ullmanns, welcher
ich nur nach Maraccius die ausgelassene Versabtheilung beifü-
gen will.

Sura 98 lautet:

1. Die Ungläubigen unter den Schriftbesitzern und Götzendienern wankten nicht eher, als bis der deutliche Beweis ihnen
zugekommen: 2. Der Gesandte Gottes, der ihnen vorliest geläu-
terte und geheiligte Bücher, welche enthalten gerechte und fromme
Vorschriften: 3. Nicht eher auch trennten sich die Schriftbesitzer
unter einander, als nachdem ihnen der deutliche Beweis zugekommen war: 4. Und nichts anderes wird ihnen doch befohlen, als
Gott zu dienen, und zu seiner reinen Religion sich zu bekennen,
und rechtgläubig zu seyn, und das Gebet zu verrichten und Almosen zu geben, denn dies ist die rechte Religion: 5. Die Ungläubigen aber der Schriftbesitzer und Götzendiener, kommen in
das Höllenfeuer und bleiben ewig darin; diese sind die schlechtesten
Geschöpfe: 6. Die Gläubigen aber, und Die, so das Gute thun,
diese sind die besten Geschöpfe: 7. Ihr Lohn bei ihrem Herrn
besteht in Edens Gärten; welche Wasserbäche durchströmen und
ewig bleiben sie darin: 8. Gott wird Wohlgefallen haben an

ihnen und sie an ihm. Dieß ist für den, so da fürchtet seinen
Herrn."

Sura 99:

„1. Wenn die Erde durch ihr Erdbeben erschüttert wird: 2.
Und die Erde auswirft ihre Last: 3. Und der Mensch fragt: was
geht vor mit ihr? 4. und 5. Dann an diesem Tage wird sie, die
Erde, ihre Nachrichten, welche dein Herr ihr eingibt, selbst erzählen: 6. An diesem Tage werden die Menschen in verschiedenen
Abtheilungen hervorkommen, um ihre Werke zu sehen: 7. Wer
auch nur so viel, wie eine Ameise schwer, Gutes gethan, der soll
es sehen: 8. Und wer auch nur so viel, wie eine Ameise schwer,
Böses gethan, der soll dasselbe sehen."

Vers 4 und 5 hat H. Ullmann zusammengezogen, und Vers
7, den ich hier nach Vers 8 übersetzt, ist wahrscheinlich im Druck
ausgefallen. Hiebei darf man nicht vergessen, daß letztere Sura
im Texte sich viel poetischer ausnimmt, und sich wohl auch poetischer wiedergeben ließe, während mit Ersterer selbst ein Rückert,
wenn er dem Original treu bleiben will, schwerlich was anzufan-
gen wüßte. Aber noch prosaischer nimmt sich die 57. Sura, welche
H. v. H. auch für eine mekkanische hält, neben der 56. aus, welche
wirklich eine mekkanische ist. Auch nehmen die 96 Verse, aus
denen Letztere besteht, im Texte nicht mehr Raum ein, als die
29 der Ersteren. Da sie zu groß sind, um hier zur Vergleichung
angeführt werden zu können, bemerke ich nur, daß im 10. Verse
der 57. Sura vom heiligen Krieg die Rede ist, welchen bekanntlich Mohammed erst in Medina predigte. Vers 13 kommen die
Heuchler vor, gegen die Mohammed ebenfalls erst in Medina zu
kämpfen hatte, während in Mekka im Gegentheile die Muselmänner ihren Glauben verheimlichen mußten. Die 55. Sura
steht durch den immer wiederkehrenden Vers: „Welche Wohlthat
eures Herrn wollt ihr leugnen?" so vereinzelt da, daß sich nichts
Bestimmtes über die Zeit ihrer Offenbarung sagen läßt. Da sie
indessen, wie schon Ullmann bemerkt, an Psalm 136 erinnert, so
würde ich sie eher nach Medina versetzen, wo Mohammed mehr
Jüdisches nachahmte.

Von den drei hier fehlenden Suren, die erste, dreiund=
siebenzigste und achtundsechzigste, soll die erste zwei Mal, und
die zweite zum Theil in Mekka, zum Theil in Medina erschie=
nen seyn. Die dritte, welche wahrscheinlich im Abschreiben
vergessen worden, gehört ohne Zweifel zu den ältern mekkani=
schen [576]).

Außer den beiden ersten gehört noch die 83. zu den zwei=
felhaften, da manche sie zu den medinensischen zählen, und die
der Spinne für die letzte mekkanische halten, während Andere
behaupten, die der Gläubigen sey zuletzt in Mekka erschienen.

Medinensische Verse, welche die Mekkaner angehen, die
ebenfalls, wer über den Koran mitsprechen will, kennen
muß, gibt es natürlich viele; sie mußten, besonders nach
dem Friedensschlusse von Hudeibia, bald nach ihrer Offenba=
rung zu ihnen gelangen, und betrafen übrigens auch sehr häufig
die ungläubigen Medinenser. Als Beispiel wird folgender Vers
angeführt: „Denjenigen, die in Gott (für Gottes Sache) aus=
wanderten, nachdem sie mißhandelt worden, weisen wir in dieser

---

576) Am Anfang und Ende der Sura schwört Gott, daß Mohammed
nicht von Djinnen besessen. Gott versichert Mohammed, daß er
auf dem guten Wege ist, und ermahnt ihn standhaft zu bleiben,
sich nicht von den Ungläubigen irre leiten zu lassen, welche diese
Offenbarungen für alte Fabeln halten u. s. f.

Welt eine schöne Wohnung an, aber der Lohn in jener Welt ist noch größer. O, wüßten sie (die Ungläubigen Mekka's) dieß doch!" 577)

Unter medinensischen Versen, die in Mekka erschienen, versteht man solche, die nach der Auswanderung daselbst geoffenbart wurden. Dahin gehört nach muselmännischer Tradition außer dem schon erwähnten bei der letzten Pilgerfahrt in Arafa geoffenbarten Verse, noch folgender, am Tage der Eroberung, wahrscheinlich gegen die auf ihre edle Abkunft stolzen Kureischiten, gesandter: „O ihr Leute! wir haben euch von einem Manne und einem Weibe geschaffen, und in verschiedene Völkerschaften und Stämme getheilt (bedenket dieß!) damit ihr euch gegenseitig kennen lernet (und freundlich behandelt), wahrlich derjenige ist der Angesehenste vor Gott, der ihn am meisten fürchtet (nicht derjenige, der von dem ältesten Geschlechte abstammt). Gott weiß und durchschaut Alles." 578)

577) Sura 16, Vers 41.
578) Sura 49, Vers 13. Dieser Vers paßt zwar recht gut zu den beiden Vorhergehenden, welche in moralischer Beziehung zu den schönsten des Korans gehören. Sie lauten: „O ihr Gläubigen! es verspotte keiner von euch den andern, denn leicht könnten diejenigen, auf die ihr mit Geringschätzung herabsehet, besser seyn, als ihr, eure Frauen sollen auch andere Frauen nicht verspotten, denn leicht könnten diese besser seyn, als sie selbst; beschimpfet einander nicht, und gebet einander keine schmähenden Beinamen, in dem Munde der Gläubigen sind derartige schlechte Worte abscheulich, wer sich darin nicht bessert, gehört zu den Uebelthätern. O ihr Gläubigen! hütet euch vor allzu großem Argwohn, denn mancher Argwohn ist sündhaft. Lauschet einander nicht aus, und redet einander nichts Böses nach, möchtet ihr wohl das Fleisch eures Bruders essen, wenn er todt ist? Da ihr das verabscheut (so beflecket auch seine Ehre nicht hinter seinem Rücken) und fürchtet Gott, den Gnädigen, der die sich Bessernden aufnimmt." Das Einzige, was dafür spricht, daß der folgende Vers in Mekka geoffenbart ward, ist die Anrede: „O ihr Leute," denn die Medinenser werden gewöhnlich, wie dieß auch in den beiden vorher-

In Djohfa, auf seiner Flucht nach Medina, soll von Moham=
med folgender tröstender Vers erschienen seyn: „Derjenige,
der dir den Koran vorgeschrieben, bringt dich wieder in deine
Heimath zurück. Sprich! Gott kennt am besten denjenigen, der
mit der Leitung kommt, und wer in offenbarem Irrthume
bleibt." [579])

In Jerusalem, oder mit andern Worten, in der Nacht,
wo Mohammed im Traume oder im Gesichte [580]) sich nach dem

gehenden Versen der Fall ist, mit den Worten: „O ihr Gläubige!"
angeredet.

579) Sura 28, Vers 84. Die beiden folgenden Verse, welche wahr=
scheinlich auch dazu gehören, und die sich Mohammed selbst, als
er auf der Flucht in Noth und Gefahr war, zurufen mochte, lau=
ten: „Hofftest du doch keineswegs, daß dir die Schrift geoffenbart
werde, es geschah nur aus Gnade von deinem Herrn, darum sey
nicht (durch Mangel an Vertrauen) ein Gehülfe der Ungläubigen!
Laß dich nicht abhalten vor den Versen Gottes, nachdem sie dir
geoffenbart worden. Bete zu deinem Herrn, und werde kein
Polytheist!"

580) Wir haben schon an seinem Platze (vergl. Anmerk. 83) bemerkt,
daß selbst viele Muselmänner die nächtliche Reise Mohammeds
nur für ein Gesicht halten. Folgende Koransverse sprechen dafür,
daß auch Mohammed sie für nichts anderes angesehen haben wollte.
Der 61. Vers der 17. Sura lautet: „Gedenke auch, wie wir dir
(als du in Mekka verzagen wolltest) sagten: wahrlich dein Herr
hat alle Menschen in seiner Gewalt, und wir haben das Gesicht,
das wir dir gezeigt, nur zur Versuchung für die Leute ge=
geben; so haben wir auch den verfluchten Baum (der mitten in
den Flammen der Hölle hervorsprießen soll, zur Versuchung) im
Koran erwähnt, wir wollen sie (die Ungläubigen) in Angst ver=
setzen, aber unsere Drohungen vermehren nur ihre Irrthümer."
In diesem Verse ist doch ziemlich klar ausgesprochen, daß Gott
durch dieses Gesicht der nächtlichen Reise nicht durch die wirkliche
wunderbare Reise den Glauben an Mohammed erproben wollte,
denn auch als Gesicht klang diese ganze Reise so mährchenhaft,
daß, wie wir schon erwähnt, manche bisherige Anhänger Mo=
hammeds sich von ihm lossagten. Eben so deutlich spricht auch
der Anfang der 53. Sura dafür, daß Mohammed nur in einer

Tempel von Jerusalem, vereint mit allen frühern Propheten, versetzt fand, soll er folgenden Vers empfangen haben:

„Frage unsere Gesandten, die wir vor dir gesandt haben, ob wir zugegeben, daß sie außer dem Barmherzigen noch andere Götter anbeten." [581]) Man begreift aber wohl, daß diese Behauptung nur auf einer buchstäblichen Auffassung des Wortes „Frage" sal beruht, das aber auch im Arabischen so viel als befragen, aus ihren uns überlieferten Worten und Schriften nämlich, bedeutet.

In Taïf, wo Mohammed vor der Auswanderung eine Zuflucht suchte, aber noch weniger Gehör als in Mekka fand, sollen ihm, um seine Hoffnungen aufrecht zu erhalten, folgende Verse geoffenbart worden seyn: „Siehst du nicht nach deinem Herrn, wie er den Schatten ausdehnt; wenn er wollte, so ließe er ihn fortbestehen, aber wir bestimmen dann die Sonne zu seinem Führer (oder: um gegen ihn zu zeugen) und ziehen ihn allmählig wieder zurück." [582]) Die Finsterniß des Unglau-

Vision, nicht in der Wirklichkeit in den Himmel erhoben worden seyn wollte. Diese Sura beginnt: „Bei dem Sterne, wenn er untergeht, euer Meister (Mohammed) ist nicht auf Irrwegen und täuscht sich nicht und spricht nicht nach Willkühr, sondern es (was er euch verkündet) ist nichts anderes als eine Offenbarung, die ihm geoffenbart worden. Der Starke und Mächtige (Gabriel) hat sie ihn gelehrt, der Kraftbegabte. Er stand vor ihm am höchsten Horizont, dann näherte er sich ihm bis auf zwei Bogenschüsse oder noch weniger, da offenbarte Gott seinem Sklaven, was er ihm offenbarte. Das Herz (Mohammeds) hat nicht erlogen, was er (oder es) gesehen; wollt ihr (Ungläubige) mit ihm hadern über das, was er gesehen? u. s. w. Auch hier handelt es sich immer wieder nur vom Gesichte, in welchem Mohammed in den Himmel stieg, während ihm bisher Gabriel das Wort Gottes zur Erde herab brachte.

581) Sura 43, Vers 43.
582) Sura 25, Vers 46 und 47. Geiger a. a. O. S. 193 glaubt hier eine Hinweisung auf das zweite Buch der Könige XX. 9—12 zu finden, und übersetzt: „Siehst du nicht, wie dein Herr den

bens soll hier wahrscheinlich mit dem ebenfalls von Gott geschaffenen Schatten verglichen werden, der bei Sonnenaufgang
sich am weitesten ausdehnt, aber dann nach und nach verschwindet, und durch die volle Mittagssonne in nichts zerfällt; so läßt
auch Gott bei der Sendung eines Propheten den in der Nacht
des Irrthums wandelnden Götzendienern noch einen freien
Spielraum, bis sie allmählig von dem Lichte des wahren
Glaubens erleuchtet werden.

In Hudeibia, als der Friedensschluß aufgesetzt werden
sollte, und der Bevollmächtigte der Kureischiten die mohammedanische Formel: „Im Namen Gottes, des Allgnädigen, Allbarmherzigen" nicht dulden wollte, soll folgender Vers erschienen
seyn: „So sandten wir dich zu einem Volke, dem schon viele
andere Völker vorangegangen sind, daß du ihnen vorlesest, was
dir geoffenbart worden, sie läugnen aber den Allbarmherzigen." [583])

Wir haben schon mehrere Beispiele von medinensischen
Versen in mekkanischen Suren gesehen, ihre Zahl ist zu groß,
um hier alle angeführt werden zu können, wir wollen daher
nur einige auch in anderer Beziehung merkwürdige Verse aus
der Sura des Viehes mittheilen:

„Gibt es größere Uebelthäter als solche, die im Namen
Gottes Lügen erdichten, oder die da sagen: ich habe eine Offenbarung erhalten, wenn es nicht wahr ist, oder: ich kann
auch solche Verse senden, wie sie Gott (durch Mohammed)
gesandt! Sähest du nur diese Ruchlosen im Todeskampfe, wie
die Engel ihre Hände nach ihnen ausstrecken (und ihnen zurufen): gebet eure Seele heraus! heute trifft euch erniedrigende
Strafe für die Unwahrheit, die ihr im Namen Gottes gesagt,
und für die Verachtung, mit der ihr auf seine Verse herab-

Schatten dehnt, wenn er will, ihn ruhend macht, dann die Sonne
über ihn zum Weiser setzt, darauf ihn allmählig zu sich zieht."
Aber die Worte des Textes: „Walau schaa ladjaalahu," geben
eine solche Auslegung nicht zu.

583) Sura 13, Vers 32.

fahet." [584] Dieser Vers, in der Mitte einer mekkanischen Sura, bezieht sich auf Personen, welche erst nach der Hidfrah gegen Mohammed auftraten, nämlich auf die Pseudopropheten Museilama und Aswad, und auf Mohammeds Secretär Abd Allah Jbn Saad, welcher darum auch von der allgemeinen Amnestie bei der Eroberung von Mekka ausgeschlossen ward.

Auch folgende, eine reine Naturreligion predigende Verse, derselben Sura, welche zwar ihrem Inhalte nach in Mekka erschienen seyn könnten, doch der Schreibart nach einer spätern Zeit angehören, gelten bei den Muselmännern für medinensisch.

„Sprich! kommet herbei, ich will euch vorlesen, was euch Gott verbietet: ihr sollt keine Genossen neben ihm haben, den Eltern Gutes erweisen, eure Kinder nicht aus Armuth umbringen, wir wollen euch und ihnen den nöthigen Lebensunterhalt verschaffen; keine Schändlichkeit begehen, weder öffentlich, noch geheim; keinen Menschen ungerechterweise tödten. Das ists, was euch Gott befiehlt, o möchtet ihr verständig werden! Berühret auch das Gut der Waisen nicht, wenn nicht, um es zu verbessern, bis sie mündig geworden. Seyd gerecht im Gebrauch des Maaßes und der Wage. Wir bürden Niemanden mehr auf, als er leisten kann. Seyd auch gerecht in euren Aussprüchen, selbst gegen Verwandte, und haltet fest am Bündnisse Gottes, das ists, was er euch befiehlt, o möget ihr es doch überlegen!" [585] Merkwürdig ist, daß dieselben Verse,

584) Sura 6, Vers 94. Der Anfang auch Sura V. Vers 38, welche eine mekkanische genannt wird.

585) Dieselbe Sura, Vers 151 u. 152. Befremden dürfen solche Verse in dem Munde Mohammeds, selbst zu einer Zeit, wo er auch schon manche andere Gebote und Gesetze gegeben, nicht, denn er mochte immer diese für den Kern der Religion halten. In diesem Sinne lautet auch der 178. Vers der zweiten Sura: „Die Frömmigkeit besteht nicht darin, daß ihr euer Gesicht (beim Beten) nach Osten oder Westen richtet, sondern fromm ist derjenige, der an Gott glaubt, an den Tag des Gerichts, an die Engel, an die Schrift und an die Propheten, der bei aller Liebe zu seinem Gute es doch den Verwandten spendet, den Waisen, Armen, Reisenden

die nur mit ganz unbedeutenden Veränderungen auch in der Sura der nächtlichen Reise [586] vorkommen, welche ebenfalls zum Theil wenigstens eine mekkanische ist, nicht zu den medinensischen gezählt werden [587]), obschon in dieser Sura dem Verbote des Mordens ein Zusatz gegeben ist, der keinen Zweifel übrig läßt, daß es in Medina gegeben worden, denn es heißt: „Wird jemand gewaltthätigerweise ermordet, so haben wir schon seinem nächsten Verwandten über ihn die Macht gegeben (ihn zu tödten)," ein Gesetz, das erst in Medina gegeben wurde, und in Mekka, wo Mohammed nicht

und sonstigen Bedürftigen, oder zur Befreiung von Sklaven und Gefangenen verwendet, wer das Gebet verrichtet und die Armensteuer gibt, der an jedem eingegangenen Vertrage festhält, und mit Geduld Noth, Drangsal und allerlei Kriegesleiden erträgt. Diese sind die wahrhaft Frommen, diese sind die Gottesfürchtigen."

586) Sura 17, Vers 31—35. Wahrscheinlich ist auch noch Vers 36 bis 38 zu gleicher Zeit geoffenbart worden. Sie lauten: „Rede Niemanden (Schlechtes) nach, was du nicht bestimmt weißt; denn du mußt einst über dein Gehör, dein Gesicht und dein Herz Rechenschaft ablegen. Wandle auch nicht eingebildet auf der Erde einher, du kannst ja doch die Erde nicht durchbohren, noch die Höhe der Berge erreichen (d. h. die Erde geht weiter in die Tiefe und in die Höhe als du), Alles dieß ist lasterhaft und deinem Herrn verhaßt." Das Wort „takfu" habe ich nach dem Kamus und nicht nach Djalalein, welcher es durch tabaa (folgen) wieder gibt, übersetzt.

587) So sagt Djalalein im Anfang der Sura: „Es ist eine mekkanische, mit Ausnahme der acht Verse von „wain kadu" an (Vers 77 bis 84). Nach Zahlas (bei Maraccius p. 401) werden selbst diese acht Verse nicht ausgenommen. Auch Eh., dem wir hier folgen, nennt die Sura Beni Israil (so heißt die 17., welche von andern die der nächtlichen Reise genannt wird) eine mekkanische, nur mit Ausnahme des 77. und 81. Verses. Ein Beweis, daß auch in dieser Beziehung die muselmännischen Koranausleger wenig Vertrauen verdienen, weil sie sich blos an alte Traditionen halten, statt eigene Forschungen anzustellen (vergl. auch Anmerk. 589).

die mindeste weltliche Gewalt hatte, überhaupt nicht gegeben werden konnte.

Von mekkanischen Versen in medinensischen Suren, die indessen nicht sehr häufig vorkommen, haben wir auch schon an den letzten Versen der Sura der Buße [588] ein Beispiel gesehen; wir führen nur noch vier andere solche Verse aus der Sura der Pilgerfahrt an, weil sie ebenfalls auch in anderer Beziehung eine besondere Erwähnung verdienen. Sie lauten: „Wir haben vor dir auch nie einen Gesandten oder Propheten gesandt, ohne daß, wenn er (die Offenbarung) vorlas, der Teufel etwas seinen Worten zugesetzt hätte; aber Gott widerruft wieder, was Satan hineingeworfen, dann erst bestätigt er seine Verse. Gott ist allwissend, allweise. (Gott thut dieß), um mit dem, was Satan hineingeworfen, diejenigen zu versuchen, die ein krankes oder verhärtetes Herz haben, denn wahrlich eine weite Kluft trennt die Ungläubigen (von den Gläubigen), und damit die mit wahrer Kenntniß begabten wissen, daß er (der Koran) nur Wahrheit von deinem Herrn enthält und daran glauben, und sich ihr Herz dabei (bei dem, was wir bestätigt) beruhigen. Gott leitet die Gläubigen auf den rechten Weg. Die Ungläubigen aber bleiben fortwährend in Zweifel darüber, bis sie die Stunde (des Todes) plötzlich überfällt, oder die Strafe des strengen Tages (des Gerichtstages) sie ereilt." [589] Diese Verse soll Mohammed in Mekka,

588) Sura 9, Vers 130 u. 131. Diese Verse soll Zeid nach muselmännischer Tradition zuletzt bei Chuzeima gefunden haben. Wahrscheinlich setzte er sie dann in diese letzte oder wenigstens vorletzte Sura, weil er die frühern schon als geschlossen erklärt.

589) Sura 22, Vers 53—56. Hier muß jedoch bemerkt werden, daß manche diese ganze Sura für eine mekkanische halten, unter Andern auch Djalalein, welcher nur acht Verse ausnimmt, nämlich Vers 11 u. 12 und Vers 19—24. Abermals ein noch schlagenderer Beweis für die Unzuverlässigkeit der gelehrtesten Muselmänner in solchen Ort- oder Zeitbestimmungen. Die genannten acht Verse können wenigstens eben so gut in Mekka, als in Medina erschienen seyn; in den beiden ersten heißt es: „Es gibt

kurz nach der erſten Auswanderung einiger Muſelmänner nach
Abyſſinien geoffenbart haben, als er einen Vers, in welchem
die Gottheiten der Kureiſchiten als vermittelnde Weſen anerkannt worden, zurücknahm.

Es bleiben uns nun von dem, was der Koranleſer wiſſen
muß, noch die Verſe oder Suren, welche von Mekka nach
Medina, und von Medina nach Mekka und Abyſſinien gebracht
wurden, und die widerrufenen zu erläutern übrig. Die Zahl
der Erſteren dürfte ſchwer zu beſtimmen ſeyn, denn da Mo-

Leute, die gleichſam am Rande zwiſchen Glauben und Unglauben
ſtehen, geht es ihnen gut, ſo glauben ſie, wo nicht, werden ſie
rebelliſch, und rufen Götzen an, die weder nützen noch ſchaden
können." In den ſechs letzten heißt es: „Die Gläubigen und
Ungläubigen ſtreiten mit einander über Gott; dieſe werden einſt
in Feuer eingehüllt und mit ſiedendem Waſſer begoſſen, daß ihr
ganzer Körper zuſammenſchmilzt, dann werden ſie immer von
neuem wieder an eiſernen Feſſeln in die Hölle geführt, während
jene im wohlbewäſſerten Paradieſe umherwandeln, in Seide ge-
kleidet, mit goldenen Armbändern und Perlen geſchmückt." Dieſe
Verſe, wie man ſie zu Hunderten in den anerkannt älteſten Suren
findet, ſollen medinenſiſche ſeyn, während der 59., in welchem Gott
denjenigen, welche ihres Glaubens willen auswandern, und dann
ſterben oder getödtet werden, einen großen Lohn verheißt, ſchon
in Mekka erſchienen ſeyn ſoll; eben ſo der 41. Vers, in welchem
den Muſelmännern die Erlaubniß gegeben wird, gegen die Ungläubigen zu kämpfen, was doch nach allen Biographen Mohammeds, wie es ſich auch von ſelbſt verſteht, erſt in Medina der
Fall war. Weniger entſcheidend ſind die Verſe, welche von der
Pilgerfahrt handeln, denn wenn Mohammed ſie auch erſt ſpäter
den Medinenſern vorſchrieb, ſo war ſie ihm doch gewiß auch ſchon
in Mekka heilig. Kann man aber Muſelmänner tadeln, wenn
ein Europäer (H. v. H. in den Wiener Jahrb. Bd. 69, S. 87)
ſchreibt: „Die der Wallfahrt (die 22.) wurde im ſiebenten Jahre
der Hidſrah, wo Mohammed dieſelbe vollzog, geſendet." Da
doch aus dem Geſagten hervorgeht, daß ein Theil derſelben ſchon
in Mekka, und ein anderer im zweiten Jahre der Hidſrah erſchienen ſeyn mußte.

hammed noch über zwei Jahre nach der Huldigung der ersten Medinenser in Mekka blieb, so mochte er ihnen nach und nach den größten damals geoffenbarten Theil des Korans durch seine Missionäre zugesendet haben. Wichtig ist es uns aber, eine alte Tradition zu finden, welche die Sura Josephs [590] die Erste nennt, die Mohammed den acht ersten Hülfsgenossen vorlas, und dem Auf Ibn Alharth Ibn Afraa nach Medina mitgab. Diese Sura, welche die Geschichte Josephs von seinem Traume an bis zur Ankunft seines Vaters nach Egypten enthält, nicht gerade wie sie in der Bibel erzählt wird, sondern mit vielen Zusätzen und Veränderungen, die sie von den Rabbinen erhalten, mußte, vermöge ihres Stoffes sowohl, als der meisterhaften Darstellung jeden Zuhörer fesseln, und durch die Grundlehren des Islams, welche den handelnden Personen in den Mund gelegt werden, auf die angenehmste Weise belehren. Die unwissenden Araber sollten von dieser novellenartigen Sura

[590] Es ist die zwölfte Sura unseres Korans und die 50. nach obigem Verzeichnisse. Der Styl dieser Sura ist ganz einfach biblisch, ohne poetische Ausbrüche, ohne Hyperbeln, die Verse sind etwas länger, als die der frühern mekkanischen Suren, der Reim der letzten Worte der Verse ist aber doch nicht wie bei vielen spätern medinensischen an den Haaren herbeigezogen, sondern unterbleibt zuweilen, wo er sich nicht natürlich geben wollte. Diese Sura allein würde schon genügen, um Mohammeds vertrauten Umgang mit gelehrten Juden zu beweisen, denn es kommen darin, wie dieß schon Geiger a. a. O. S. 142 u. ff. dargethan, Entlehnungen aus rabbinischen Schriften vor, die Mohammed selbst gewiß nicht gelesen hatte, und die auch schwerlich im Munde des Volkes gang und gäbe waren. So z. B. die im 25. Verse ausgesprochene Meinung, daß Joseph eben so viele Neigung zu Potiphars Frau hatte, als sie zu ihm, ein Zeichen seines Herrn aber ihn von der Sünde abhielt. Ferner die schon erwähnte Einladung der vornehmen Damen, die sich dann bei dem Erscheinen Josephs in die Hand schnitten, das Verbot Jakobs an seine Söhne, nicht zusammen durch ein Thor in die Stadt zu gehen, daß Jakob durch eine Revelation wußte, daß Joseph noch beim Leben u. dgl. m.

hingeriſſen und für deren Verfaſſer eingenommen werden, die mit der heiligen Schrift Bekannten aber, und beſonders die Juden Medina's, ſollten durch die Kenntniß, welche ein unge- lehrter Mekkaner von dieſer alten Geſchichte hatte, überzeugt werden, daß ſie ihm Gott geoffenbart [591]), und zugleich daraus entnehmen, daß von einem ſolchen ihre eigene Tradition beſtä- tigenden Propheten ihrem Glauben keine Gefahr bevorſtehe [592]). Dieſer Sura ſoll er nur noch folgende Verſe beigefügt haben: „Sprich! Gott iſt einzig und allmächtig, er hat nicht gezeugt und iſt nicht gezeugt worden. Niemand kann ihm zur Seite geſtellt werden." [593]) „Sprich! ich bin zu euch allen von Gott geſandt, dem das Reich der Himmel und der Erde gehört; es gibt keinen Gott außer ihm; er belebt und tödtet. Glaubet an Gott und an ſeinen Geſandten, den ungelehrten Propheten, der auch an Gott glaubt und an ſeine Worte. Folget ihm, damit ihr nicht irre gehet!" [594])

Von Medina nach Mekka wurden die ſchon erwähnten Verſe gebracht, welche den Krieg während der vier heiligen Monate gegen die Ungläubigen erlauben, ferner zur Entſcheidung eines Proceſſes vor dem Statthalter von Mekka zwiſchen einem

---

591) Dieſe Abſicht Mohammeds ſpricht ſich ganz klar im 4. Verſe aus, welcher lautet: „Wir wollen in dem Koran, den wir dir offen- baren, die ſchönſte Geſchichte erzählen, obſchon du bisher zu den Unwiſſenden gehörteſt." Noch deutlicher im 102.: Dieſe Geſchichte (Joſephs) gehört zu den geheimnißvollen Begebenheiten, die wir dir geoffenbart haben, denn du warſt doch nicht bei ihnen (den Brüdern Joſephs), als ſie ihr liſtiges Unternehmen beſchloſſen.

592) Joſeph ſagt zu dem Mundſchenk im 38. u. 39. Verſe, was na- türlich ganz auf Mohammed angewendet werden ſoll: ich habe die Religion eines ungläubigen Volks aufgegeben, und hänge dem Glauben Abrahams, Iſaks und Jakobs an. Auch heißt es im letzten Vers: „In den Erzählungen der Geſandten Gottes liegt Belehrung für die Verſtändigen, ſie ſind nicht erdichtet, ſondern beſtätigen frühere Offenbarungen."

593) Sura 112.

594) Sura 7, Vers 159.

Schuldner und seinem Gläubiger, der ebenfalls schon erwähnte Vers, welcher den rückständigen Zins für verschollen erklärt; ferner die auch schon angeführten ersten Verse aus der Sura der Buße, welche Ali am Pilgerfeste den Mekkanern bekannt machte. Auch folgenden Vers soll Mohammed, wahrscheinlich um seine Anhänger in Mekka zu überzeugen, daß ihre Befreiung von ihm sehnlich gewünscht wird, nach Mekka gesandt haben: „Warum kämpfet ihr nicht für Gottes Sache und für die schwachen Männer, Frauen und Kinder, die da sagen: o unser Herr! führe uns aus dieser Stadt, deren Bewohner Frevler sind, und sende uns einen Freund und Beschützer aus deiner Nähe!" [595])

Nach Abyssinien sollen endlich folgende Verse zur Bekehrung des Nadjaschi gesandt worden seyn:

„Sprich, o ihr Schriftbesitzer! kommet herbei zu einem Worte, das gleich sey zwischen uns und euch: daß wir nämlich nur Gott anbeten und ihm keinen Genossen beigesellen, und nicht ein Mensch den andern außer Gott zum Herrn nehme, geben sie euch kein Gehör, so saget (ihnen): bezeuget, daß wir Gott ergeben sind. O ihr Schriftbesitzer! warum streitet ihr über Abraham (ob er Jude oder Christ war), ist doch die Tora und das Evangelium erst nach ihm gesandt worden. Ihr, die ihr mit einander streitet über Dinge, von denen ihr Kenntniß habt (über Moses und Christus), warum streitet ihr über Dinge, von denen ihr keine Kenntniß habt? (die Abraham betreffen) Gott weiß, was ihr nicht wisset. Abraham war weder Jude, noch Christ, sondern ein Rechtgläubiger, ein Gott Ergebener, und gehörte nicht zu den Götzendienern. Wahrlich, diejenigen stehen Abraham am nächsten, die ihm folgten, und dieser Prophet (Mohammed) und diejenigen, die an ihn glauben; Gott ist der Schutzherr der Gläubigen. Manche Schriftbesitzer wünschen euch irre zu führen, aber sie führen sich selbst irre, ohne es zu wissen." [596])

595) Sura 4, Vers 73.
596) Sura 3, Vers 63—68. Es ist aber schon bemerkt worden, daß

Was die widerrufenden und widerrufenen Verse angeht, mit denen der Autor, dem wir bisher gefolgt sind, die Zahl der Schwierigkeiten beschließt, die dem Leser des Korans begegnen, so werden sie in drei Klassen eingetheilt: in solche, die im Koran erhalten wurden, obschon ihr Inhalt durch andere Stellen aufgehoben ward, wie das schon erwähnte Verbot für Mohammed noch mehr Frauen zu heirathen, in solche, die weggenommen wurden (verloren gingen?) obschon das, was sie enthielten, noch gesetzliche Gültigkeit hat, wie der ebenfalls schon angeführte Vers demzufolge Ehebrecher gesteinigt werden sollen, und drittens in solche, die schon beim Leben Mohammeds, dem Buchstaben und dem Inhalte nach, zurückgenommen wurden [597]. Letzteres Geständniß aus dem Munde orthodoxer

viele Interpretatoren behaupten, der erste dieser sechs Verse sey erst nach der Rückkehr der Muselmänner aus Abyssinien erschienen (vergl. Anm. 309).

597) Abd Allah Ibn Masud erzählt: „Eines Tages las mir Mohammed einen Koransvers vor; ich lernte ihn auswendig und schrieb ihn in mein Heft. Dieser Vers wich mir die ganze Nacht nicht aus dem Sinne; als ich aber des Morgens ihn wieder im Hefte nachlesen wollte, fand ich das Blatt, auf das ich ihn geschrieben hatte, ganz weiß (unbeschrieben), ich benachrichtigte den Gesandten Gottes davon, und er sagte mir: dieser Vers ist gestern wieder zurückgenommen worden" (Maraccius de Alcorano, p. 42). Da aber Mohammed derartige Verse nicht nur aus dem Koran nahm, sondern auch befahl, daß man sie nicht weiter auswendig lerne (widerrufen, heißt es bei Ch., bisarfi-l-kuluba an hafziha), so sind sie natürlich nicht auf uns gekommen. Doch erwähnt Ch. ein Beispiel davon. „Uns erzählt: Gott, der Erhabene hatte in Betreff derjenigen, welche am Brunnen Mauna getödtet wurden, den Vers herabgesandt: Bringet unsern Leuten Nachricht von uns! (saget ihnen) daß wir zu unserem Herrn gekommen sind, daß er an uns Wohlgefallen gefunden und wir an ihm." Dieser Vers ward aber wieder zurückgenommen. Dasselbe findet man auch in einer Glosse zu S. fol. 168 aus dem Sahih, wozu dann bemerkt wird, daß eigentlich nur das Lesen dieses Verses zurückgenommen ward, denn von der Nachricht, welche den Inhalt des Verses

Muselmänner ist für die Kritik des Korans sehr wichtig, und erklärt am besten, wie das Wort Koran in den ältesten Suren vorkommen kann, wo nach muselmännischer Tradition kaum ein Dutzend kleine Kapitelchen von einigen Versen erschienen war [598]). Ja selbst die nach muselmännischer Tradition zuerst

bildet, läßt sich kein Aufheben denken (weil sich natürlich nicht behaupten läßt, daß die Nachricht unwahr war, während ein Gesetz, für eine bestimmte Zeit gut seyn und dann durch ein noch Besseres ersetzt werden konnte). Derselbe Glossator führt noch folgenden Vers als einen zurückgenommenen an: „Besitzt ein Mensch ein Thal voll Gold, so wünscht er sich ein zweites, nichts füllt den Leib (nach anderer Lesart, die Augen und den Mund) des Menschen, als Staub (das Grab), doch Gott nimmt die sich Bekehrenden gnädig auf." Dieser Vers soll der 26. der 10. Sura gewesen seyn. Mohammed mochte ihn als einen mißlungenen zurückgenommen haben, da weder ein Thal voll Gold, noch ein Bauch voll Erde glücklich gewählte Bilder sind, ersteren Vers aber, mit dem er vielleicht die Verwandten der Ermordeten bei der ersten Kunde tröstete, weil er es später für unpassend finden mochte, eine Offenbarung von Verstorbenen, statt von Gott selbst erhalten zu haben, denn wenn auch der fromme Uns sagt: „Gott sandte den Koransvers u. s. w.," so spricht doch im Verse selbst nicht Gott oder der Engel Gabriel, sondern die Erschlagenen selbst reden Mohammed an.

598) Schon Maraccius (de Alcorano p. 41) führt mehrere Verse aus ältern mekkanischen Suren an, in denen das Wort Koran vorkommt. Er geht aber zu weit, wenn er daraus folgert, daß ein ganzes, Koran genanntes Buch vollendet gewesen seyn müsse. Die Unrichtigkeit dieser Behauptung geht am deutlichsten aus dem 33. Verse der 25. Sura hervor, in welchem die Ungläubigen sagen: warum wird der Koran nicht auf einmal gesandt? und ihnen geantwortet wird, daß bei dessen fragmentarischer Erscheinung er sich um so fester in das Herz prägt. In dem Worte Koran liegt gewiß nicht der Begriff eines geschlossenen Buches, eben so wenig in dem Worte Kitab; wenn aber in den frühesten Suren der Koran gepriesen wird und die Ungläubigen zur Hölle verdammt werden, weil sie ihn für keine göttliche Offenbarung halten, so läßt sich nicht denken, daß darunter nur die uns be-

gefandten Verſe: „Lies im Namen deines Herrn u. ſ. w.,"
deuten auf etwas gleichzeitig Geoffenbartes, zu Leſendes hin,

kannten vorangegangenen Suren zu verſtehen ſeyen, obgleich gewiß das Wort an ſich nur Leſung oder Vorleſung bedeutet. Letztere Bedeutung hat es offenbar im 17. und 18. Vers der 75.
Sura, welcher lautet: „Bewege deine Zunge nicht, um damit zu
eilen, denn uns liegt deſſen Sammlung und Vorleſung ob,
wenn wir dir ihn vorgeleſen haben, dann ließ du ihn nach." In
dieſen merkwürdigen Verſen, deren Inhalt auch im 112. der 20.
Sura wiederholt wird, läßt ſich Mohammed vom Engel Gabriel
ſagen, er ſoll das, was ihm geoffenbart wird, nicht zu ſchnell
leſen, ſondern warten, bis die Offenbarung ein Ganzes bildet.
Nach Djalalein ſagt ihm Gott: fürchte nicht, wenn du nicht gleich
die Offenbarung leiſe nachſprichſt, ſie bis zu deren Vollendung zu
vergeſſen, denn wir werden ſchon dafür ſorgen, daß dein Herz
ihn als Ganzes auffaſſe und fließend vorleſe. Wichtig wäre es,
die Zeit der Sendung dieſer Verſe beſtimmen zu können, denn
man mag ſie nach Djalalein deuten, oder nach meiner natürlichern
Ueberſetzung, derzufolge an eine ſchriftliche Offenbarung gedacht
werden müßte, welche Mohammed nicht eher leſen ſollte, bis ſie
ihm der Ueberbringer (der Engel) vollſtändig mitgetheilt und
vorgeleſen, ſo charakteriſiren ſie Mohammed als einen mit Abſicht
Täuſchenden oder Getäuſchten. Es liegt darin entweder eine er-
künſtelte Naivität, darauf berechnet, den Leſer zu überzeugen, daß
er wirklich ſeinen Koran vom Himmel empfängt, oder, was nicht
unmöglich wäre, wofür auch noch manche andere Koransſtellen
ſprechen, und ſelbſt die Tradition, welche ihm Gabriel in Dihja's
Geſtalt erſcheinen läßt, irgend ein Menſch trieb zuweilen ſein
Spiel mit ihm, natürlich aber noch in der erſten Zeit, wo Mohammed wirklich an ſeinen unmittelbaren Verkehr mit dem Himmel glaubte. Die 75. Sura (die der Auferſtehung) gehört zwar
ohne Zweifel zu den älteſten mekkaniſchen, aber die angeführten
Verſe mit dem 19., welcher lautet: „An uns iſt es ihn zu erklären," ſind offenbar eingeſchoben, und unterbrechen den Zuſam-
menhang zwiſchen dem vorhergehenden und dem folgenden. Schon
Maraccius ſagt in den Noten zu dieſen Verſen: „Quid, oro, haec
cum praecedentibus et sequentibus?" Eben ſo abgeriſſen erſcheinen
der 111. und 112. Vers der 20. Sura.

was auch die ältesten Muselmänner schon gefühlt haben, indem
sie deßhalb zum ersten Male den Engel Gabriel mit einem
seidenen Tuche erscheinen lassen, auf welchem diese Verse geschrieben waren. Vielleicht wäre die Zahl der sich widersprechenden Verse noch größer, wenn Mohammed nicht bei seinem
Leben noch manche widerrufene zernichtet, und Denen, die sie
auswendig gelernt, befohlen hätte, sie wieder zu vergessen.
Ohne Zweifel that er auch später sein Mögliches, um seine
ersten Revelationen, welche ihm von Seiten der Mekkaner die
Beinamen „Dichter, Besessener und Wahrsager" zuzogen, wieder in Vergessenheit zu bringen. Eigentliche Gedichte nach den
Regeln der arabischen Prosodie finden sich in unserem Koran
keine mehr, wohl aber noch manche heftige Ausbrüche einer
wilden Phantasie, welche die nüchternen Kaufleute Mekka's für
kein Erzeugniß eines gesunden menschlichen Gehirns, und selbst
die für Poesie empfänglicheren für keine göttliche Offenbarung
halten konnten, da es selbst den gelehrtesten, gläubigen Commentatoren nicht immer gelang, einen befriedigenden Sinn herauszufinden. Größer ist aber noch die Zahl der Koransverse und
ganzer Suren, in denen sich Mohammed ganz nach der Schreibart der Wahrsager Arabiens in kurzen rhythmischen Sätzen ausdrückt [599]).

599) Hier nur ein Beispiel aus Masudi in den mém. de l'acad. des
inscript. T. 48, p. 693 u. ff., da schwört die Priesterin oder Wahrsagerin Zarifa, welche die Ueberschwemmung von Mareb voraussagt: „Bei dem Licht und der Finsterniß, bei der Erde und dem
Himmel, die Bäume verdorren, das Wasser strömt wieder einher,
wie in frühern Aeonen.... Eine Drohung ist von Allah gekommen, Trug verschwindet, furchtbare Rache trifft uns, möchtest du
(Omar) ihr doch entgehen!" Gerade so schwört Mohammed in
den ältesten Suren, bei der Sonne, bei der Nacht, bei den Sternen, der Tag des Gerichts naht heran u. dgl. Manche Schwüre
Mohammeds nehmen sich indessen im Munde Gottes nicht sehr
gut aus, so z. B.: „Bei den Feigen und Oliven und dem heiligen
Lande, der Mensch ist auf die vollkommenste Weise geschaffen!"
Bei den fliegenden Rossen (oder Kameelen) mit rauschendem

Die Spottnamen der Mekkaner „Dichter, Wahrsager
und Besessener" [600]) mochten Mohammed bewogen haben,
nicht nur seiner glühenden Einbildungskraft Einhalt zu thun,
sondern auch eine Form zu wählen, die ihn sogar von den
Wahrsagern unterscheide, und daher wahrscheinlich die Un=
gleichheit in den frühern und spätern Suren in Betreff der
Darstellung, selbst bei voller Gleichheit des Stoffes [601]). In
dem Maaße aber, als Mohammed von der zuerst angenomme=
nen Schreibart abweicht, wird er auch weniger poetisch. Die
Sätze werden immer länger, der Rhythmus immer spärlicher,
gesucht und hart, und schon in Mekka sinkt Mohammed häufig
zu einer matten Prosa herab, welche der an den Haaren her=
beigezogene Reim durch die immer wiederkehrenden, am Schlusse
der Verse angehängten Worte: „Gott ist gnädig, möchtet ihr
doch verständig werden! Gott ist allwissend, die Sünder trifft
schwere Pein" u. dgl., mehr entstellt als ziert.

Den auffallenden Unterschied in der Darstellung zwischen
den mekkanischen und medinensischen Suren erklären aber auch
zum Theil schon die Veränderungen, welche in Moham=
meds Innerem sowohl, als in seinen äußeren Verhältnis=
sen, nach dessen Auswanderung vorgegangen sind. Den
Götzendienern Mekka's gegenüber, wird Mohammed von dem
einzigen allmächtigen und allgerechten Allah so lebendig er=
griffen, daß nicht nur seine Gedanken ernst und erhaben, son=
dern auch seine Sprache frisch und blühend, und sein Aus=
druck edel und kraftvoll wird. Gottes Schöpferkraft erschließt

Schnauben, bei den Stampfenden, Feuersprühenden, bei den des
Morgens wetteifernd auf den Feind stürmenden, den Staub auf=
jagend und die Schaaren durchbrechend, der Mensch ist undankbar
gegen seinen Schöpfer!"

600) Vergl. Sura 52, Vers 29, 30. Sura 21, Vers 5 und Sura 68,
Vers 3 und 52.

601) Man vergleiche z. B. nur die Darstellung von der Geburt Ma=
ria's und Jesu's in der 19. mekkanischen Sura (Vers 1—35) mit
der in der 3. medinensischen Sura (Vers 35—57).

seinem poetischen Geiste alle Wunder der Natur. Die Erde
mit Allem, was sie hervorbringt, der Himmel mit seinen leuch=
tenden Körpern, die unendliche See mit ihren Schiffen werden
als Werke des einzigen Gottes geschildert. Auf diesem Gebiete
kann er häufig einem Jesaias würdig zur Seite gestellt werden,
denn hier war er von dem, was er vortrug, nicht nur über=
zeugt, sondern wirklich begeistert. Wer wird in folgenden Ver=
sen, wenn sie auch keinen Anspruch auf Eigenthümlichkeit ma=
chen können, nicht ein frommes, von Gott durchdrungenes,
Gemüth erkennen!

„Gott spaltet den Samen und die Kerne, bringt Leben
aus dem Tode und Tod aus dem Leben hervor; das ist (der
wahre) Gott, wie könnt ihr so blödsinnig seyn? Er läßt die
Morgenröthe hervorbrechen, setzt die Nacht zur Ruhe ein,
Sonne und Mond zur Zeitrechnung. Das sind Bestimmungen
des Erhabenen, Allweisen. Die Sterne hat er geschaffen, als
Leitung in der Finsterniß, für das trockene Land und das Meer.
Solche klare Zeichen haben wir für Verständige gegeben. Er
ist es, der euch aus einem Menschen geschaffen und (der Lei=
besfrucht) einen sichern Ruheplatz angewiesen. Die Nachden=
kenden finden hierin ein klares Zeichen. Er ist es, der Wasser
vom Himmel herabsendet, durch das allerlei Pflanzen hervor=
sprossen, alles Grüne, dicht verwachsenes Korn, Palmbäume
mit schwer beladenen Zweigen, Gärten mit Trauben, Oliven
und Granatäpfeln aller Art. Beobachtet nur diese Früchte
wie sie wachsen und heranreifen, sie sind Zeichen genug für ein
gläubiges Volk." [602]

Einen eben so reichen Stoff zur Entfaltung seines dichte=
rischen Talents findet Mohammed in der Lehre von der Ge=
rechtigkeit Gottes, an die sich die von dem jüngsten Gerichte,
von dem Paradiese und der Hölle anschließen [603]. Hier über=

[602] Sura VI. Vers 96—100.

[603] Mohammeds oder des Korans Lehren von der Auferstehung, dem
jüngsten Gerichte, von der Hölle und dem Paradiese systematisch
zu ordnen, wäre eine sehr schwierige Aufgabe, da erstens es un=

flügelt seine Einbildungskraft noch alles, was er von talmudischen Sagen gehört, und er gefällt sich eben so gut in der
Beschreibung der tausendfachen Qualen, welche den Sünder
treffen, als in der Schilderung der Genüsse und Freuden, welche
dem Gläubigen zu Theil werden. Minder groß und erhaben
bewegt er sich aber auf diesem Gebiete, weil er sich zu sehr
ins Einzelne verliert, und seinen Pinsel zu tief in sinnliche
Farben taucht. Folgende Sura zeigt ihn in seiner ganzen
arabischen Persönlichkeit als Drohender und Verheißender, wie
er sich selbst häufig nennt:

„Wenn der Auferstehungstag eintritt, wird ihn niemand
mehr läugnen, er erniedrigt (den einen) und erhebt (den andern), die Erde wird erschüttert, die Berge werden zerbröckelt
und zerfliegen in Staub, die Menschen in drei Klassen getheilt:
Gefährten der Rechten [604]), (wie selig werden die Gefährten

möglich ist, rein poetische Ausschmückung von dogmatischen Satzungen zu unterscheiden, und dann auch hier wie überall im Koran
es nicht an Widersprüchen fehlt. So werden z. B. gleich in der
folgenden Sura drei Klassen Menschen angegeben, nämlich 1)
ausgezeichnete Heilige und Propheten; 2) gewöhnliche Gläubige
und 3) Sünder, während in der siebenten Sura (Vers 47, 48)
noch eine andere Klasse angenommen wird, aus solchen Menschen
bestehend, deren fromme Handlungen den Schlechten gleich sind,
und denen ein Zwischenraum zwischen der Hölle und dem Paradiese als Wohnort angewiesen wird. Im Allgemeinen unterliegt
es keinem Zweifel, daß Mohammed auch hierin sich von Juden
belehren ließ, dazu aber noch manches von den Magiern entlehnte,
und das Ganze nach seiner eigenen Individualität und mit Rücksicht auf die vorherrschende Sinnlichkeit der Araber darstellte, obschon an einigen Stellen des Korans auch ein Schimmer von
reineren geistigen Genüssen im Angesichte des Herrn durchblickt. Die
Mohammedanische Dogmatik, wie sie die spätern Theologen aus-
gebildet, findet man unter andern bei Murabgea d'Ohsson im 1.
Bande, und das Wesentlichste bei Lane I. p. 70—76.

604) Unter Gefährten der Rechten und der Linken versteht man solche,
denen am Tage des Gerichts das Buch, in welchem alle ihre

der Rechten!) Gefährten der Linken (wie unglückselig werden die Gefährten der Linken!) und die Ersten, die allen (im Guten) vorangegangen. Diese stehen Gott am nächsten in wonnevollen Gärten. Die meisten gehören einer frühern Zeit an, wenige nur der spätern. Sie sitzen einander gegenüber, auf golddurchwirkten Polstern. Unsterbliche Jünglinge umgeben sie mit Kannen, Kelchen und Bechern voll Wein, der weder Schwindel hervorbringt, noch den Verstand trübt, mit Früchten, die ihnen am besten schmecken und Geflügel je nach Lust. Auch Jungfrauen mit großen schwarzen Augen, (so rein) wie verschlossene Perlen, (besitzen sie) zum Lohn für ihre Werke. Da hören sie weder ein schlüpfriges Wort, noch eine Klage, nichts als: Heil! Heil! Und die Gefährten der Rechten (wie selig werden die Gefährten der Rechten!) unter dornenlosen Lotus- und schwerbeladenen Bananenbäumen, in unvergänglichen Schatten, bei immer fließendem Wasser und nie mangelnden Früchten, auf erhöhten Betten gelagert. Für die Gefährten der Rechten haben wir liebliche Huri geschaffen, die stets Jungfrauen bleiben, und wie sie nie altern. Viele der frühern und viele der spätern Zeit gehören zu dieser Klasse. Und die Gefährten der Linken, (wehe den Gefährten der Linken!) in glühendem Winde, siedendem Wasser und im Schatten schwarzer Rauchwolken, häßlich anzusehen und ohne Kühlung. Denn sie haben schon vorher (in dieser Welt) ihren Gelüsten gelebt und sind in der größten Sünde verharrt. Sie haben gesagt: wenn wir gestorben und nur noch Knochen und Staub sind, sollen wir dann wieder auferstehen? oder gar noch unsere ältesten Väter? Sprich! wahrlich die frühern und die spätern werden an dem bestimmten Tage zusammengerufen. Dann werden die Verirrten, welche die Propheten Lügner genannt, sich vom Baum [605]) Zakum den Bauch anfüllen, und wie ein

Handlungen aufgezeichnet sind, in die rechte oder linke Hand gegeben werden. Vergl. Sura 69, Vers 19 u. 25.

605) Von diesem Baume heißt es Sura 37, Vers 65 u. ff.: „Es ist ein Baum, der dem Boden der Hölle entsprießt und Früchte trägt

dürstendes Kameel über kochendes Wasser herfallen; das ist ihre Bestimmung am Tage des Gerichts." [606]

Neben der Schilderung der göttlichen Attribute und den Ermahnungen, ihn sowohl seiner selbst willen, als um vor der

wie Teufelsköpfe, die Sünder füllen sich den Bauch davon, dann wird ihnen ein siedend heißer Trank darauf gereicht." Eben so Sura 44, Vers 42 u. ff.: „Der Baum Zakum ist die Speise der Sünder, sie brennt im Leibe wie kochendes Wasser und siedendes Oel." Auch im Talmud ist die Rede von zwei dem Thale Hinnom entsprießenden Dattelpalmen, zwischen denen Rauch hervorgeht und die den Eingang der Hölle bilden. Als Seitenstück zu diesem Höllenbaume hat Mohammed wahrscheinlich sein Paradies mit Bananen- und Lotusbäumen bepflanzt. Außer dem Höllenbaume hat Mohammed noch theils aus dem rabbinischen, theils aus dem alttestamentlichen Judenthume entlehnt: die schon erwähnte Zwischenmauer zwischen Paradies und Hölle, die sieben Abtheilungen und Pforten der Hölle, die Personifikation derselben, so daß sie gewissermaßen heißhungrig nach den Sündern den Rachen aufsperrt; (Sura 50, Vers 28) die furchtbaren Naturerscheinungen, welche dem Weltgerichte und der Auferstehung vorangehen, die Verwüstung der Erde durch die Völker Jadjudj und Madjudj, die Anklage der eigenen Glieder des Sünders gegen ihn (Sura 41, Vers 20) und die Verbindung der körperlichen Auferstehung mit dem Gerichtstage. (Vergl. Geiger, S. 67—80). Schon bei diesen Theilen des Korans, noch mehr aber bei den Erzählungen von den frühern Propheten mußten die Mekkaner auf den Gedanken kommen, daß jemand Mohammed helfe, und daß er nur alte Geschichten auftische (Sura 25, Vers 4, 5. Sura 16, Vers 103). In letzterem Verse widerlegt sie Mohammed dadurch, daß die Person, welche sie damit meinen, eine fremde Sprache rede, während der Koran rein arabisch ist; damit wird aber nur ein eigentliches Dictiren, nicht eine Angabe des Inhalts widerlegt.

[606] Sura 56, Vers 1—58. Vergl. dazu die schon angeführte Sura in der 509. Anmerk. Zu diesen oft wiederkehrenden Schilderungen fehlen nur noch die reichen Kleider aus grüner, golddurchwirkter Seide, ein weites Zelt mit Perlen, Hyacinthen, Smaragd und andern Edelsteinen, und eben so kostbare Schüsseln, Schalen und sonstigen Speisegeräthschaften.

Pein der Hölle befreit und der Seligkeit Edens theilhaftig zu
werden, ohne Genossen anzubeten, nehmen noch die Geschichte
und Legenden der ältern Propheten, die bald mit mehr, bald
mit weniger Treue an die jüdische und christliche Ueberlieferung
dargestellt werden, einen ziemlich großen Raum in den mekkanischen Suren ein. Mohammed will durch diese anmuthigen
Erzählungen, theils das Volk anziehen, theils seine Sendung
einleiten und erklären, häufig aber auch durch das Schicksal
früherer ungläubiger Völker die Götzendiener Mekka's vor der
Strafe des Himmels warnen. Diese Theile des Korans, welche
meistens in die letzten fünf Jahre seines Aufenthalts zu Mekka
zu setzen sind, enthalten zwar mitunter noch wahrhaft poetische
Stellen, doch merkt man wohl eine Abnahme der dichterischen
Kraft, auch häufig eine große Anstrengung, des fremdartigen,
von Juden und Christen erhaltenen Stoffes Meister zu werden.

Während aber in Mekka in der ersten Zeit das poetische
und in der spätern das prophetische Element vorherrschend war,
so tritt in Medina, wo er nicht mehr ein verfolgter Neuerer,
sondern das Oberhaupt einer politischen und religiösen Parthei
war, mehr das oratorische Element in den Vordergrund. Mohammed ist zwar ein eben so großer Redner als Dichter, aber
allzu sehr an das Positive gefesselt, kann er sich nicht mehr
frei genug bewegen. Er muß auch bei dem eintretenden Mangel an eigener Ueberzeugung, wenn er sich noch über das
Gewöhnliche erheben will, den innern Drang durch erkünstelte
Belebtheit, tiefgefühlte Wahrheit durch leere Sophismen ersetzen, und man merkt es seiner Schreibart wohl an, daß seine
Gedanken nicht mehr aus einem warmen Herzen hervorspru-
deln, sondern Erzeugung des kalten Verstandes sind. Die
Polemik gegen die halben und ganzen Juden Medina's, so
wie gegen die Christen Arabiens war nicht so leicht zu führen,
als die gegen die Heiden Mekka's. Den Juden weiß er nichts
vorzuwerfen, als daß sie Esra und die Rabbinen, und den
Christen, daß sie Jesus wie Götter verehren; da aber nach
seinem eigenen Geständnisse dieß keine in den beiden Religionen

selbst begründeten Irrthümer sind, so hätte er sich mit der Wiederherstellung des reinen Juden= oder Christenthums begnügen müssen. Aber zu dieser Zeit war er nicht mehr ein schwacher Sünder, den Gott selbst noch häufig ermahnen muß die betretene Bahn nicht zu verlassen [607]), nicht mehr ein Prophet, der blos gesandt ist, um Juden= und Christenthum zur Naturreligion Abrahams zurückzuführen, sondern er wollte ein neuer politischer und religiöser Gesetzgeber seyn, der letzte und vorzüglichste, den Gott den Menschen gesandt. Jetzt konnte er, aus Furcht sich selbst zu verrathen, nicht nur wenn er positive Gegenstände behandelte, sondern selbst, wo er auf frühere Thema zurückkam, nicht mehr den Eingebungen des Gemüths folgend, seiner Rede ihren natürlichen Lauf lassen; jetzt mußte alles vorher überdacht und berechnet werden, denn er war nicht mehr vom Geiste Gottes, sondern von seinem eigenen Ich getrieben. Wir bedürfen, um dieß zu behaupten, nicht der Koransverse, die er im Namen des Himmels verkündet, um die Unschuld seiner Gattin zu beweisen, um die entlassene Frau seines Adoptivsohnes zu heirathen, um sein Harem nach Belieben zu vergrößern, oder um einen größern Antheil an der Beute zu haben. Der erste Blutstropfen, der in seinem Namen in den heiligen Monaten vergossen ward, bezeichnet ihn als einen Menschen, in welchem irdischer Schlamm die heilige Flamme des Prophetenthums erstickt. Mochte er auch wie Moses und wie viele mitunter aufrichtige Christen zur Ver=

---

607) So heißt es z. B. Vers 88. der 15. Sura: „Sieh nicht nach den Annehmlichkeiten hin, die wir einigen von ihnen (den Mekkanern) gegeben, betrübe dich ihretwillen nicht, und senke deine Flügel (Schutz) über die Gläubigen herab," dann Vers 94 und 95: „Verkündige nur laut, was dir befohlen wird, und bleibe fern von den Götzendienern, wir schützen dich gegen die Spötter." Sura VII. Vers 205: „Gedenke Gottes in deinem Innern, fürchte ihn und flehe ihn an im Stillen, des Morgens und des Abends, und sey nicht von den Leichtsinnigen!" Vergl. auch Sura 68, Vers 9 u. ff.

tilgung der Ungläubigen im Namen Gottes den Krieg predi=
gen, mochte er sich sogar auch, den Sitten seines Landes gemäß,
berechtigt halten, einzelne Mordthaten gegen seine Feinde, weil
sie auch die des Islams waren, anzuordnen, so durfte er doch
die heiligen Monate, welche er selbst später wieder zu heben
suchte, nicht ohne vorhergegangene Erklärung und besondere
Offenbarung, durch Raub und Mord auf verrätherische Weise
entweihen lassen. Diese Offenbarung und öffentliche Erklärung
fand aber, selbst nach dem Geständnisse seiner orthodoxesten
Biographen, erst nach dem Zuge Abd Allahs Ibn Dsahsch statt,
den er selbst angeordnet. Die sonderbare, geheimnißvolle Sen=
dung, mit einem versiegelten, erst nach einigen Tagen zu er=
brechenden, zweideutigen Briefe, kurz alle nähern Umstände
dieses von uns ausführlich beschriebenen Zuges beweisen, daß
er sich seines eigenes Unrechts bewußt war, daß er um diese
Zeit nicht mehr nach Gottes, sondern nach seinem eigenen
Willen handelte. Aber auch schon in der Surat Joseph, welche
bei den Muselmännern, was auch ziemlich gewiß ist, für eine
mekkanische gilt, erkennen wir in Mohammed einen Menschen,
der durch Unwahrheit sich als Propheten geltend zu machen
sucht. Er konnte die Geschichte Josephs, wie er sie erzählte,
nur in jüdischen Büchern gelesen (was höchst unwahrscheinlich
ist) oder von einem schriftgelehrten Juden gehört haben, und
doch behauptet er nicht nur sie durch eine göttliche Offenbarung
empfangen zu haben, was sich allenfalls noch wie bei manchen
anderen Erzählungen auf seine eigene Darstellung, Auf=
fassung und Anwendung derselben beziehen ließe, sondern (da
wahrscheinlich in Mekka sein Umgang mit Juden geheim war)
gibt sogar seine genaue Kenntniß dieser Geschichte, „die er doch
nicht mitgelebt," als einen Beweis seiner himmlischen Sen=
dung [608]. Hier ist keine Selbsttäuschung durch Traum, Vision
oder wahre Begeisterung denkbar; hier ist für den Unbefangenen
offenbare Unwahrheit, die sich nur dadurch, daß die Verbreitung
des Glaubens damit bezweckt werden sollte, einigermaßen ent=

[608] Vergl. Anmerk. 591.

schuldigen läßt. Da wir aber, wenn wir der erwähnten Tradition, welche Mohammed diese Sura den ersten Muselmännern Medina's mitgeben läßt, keinen Glauben schenken, nicht wissen, wann sie erschien, und es überhaupt schwer ist bei den mekkanischen Suren, die wenig Thatsachen, keine positiven Gesetze, nur allgemeine Dogmen, Drohungen, Verheißungen und Legenden enthalten, die Zeit ihrer Erscheinung genau zu bestimmen, auch, wie wir gesehen haben, einzelne Verse nicht für die Zeitbestimmung der ganzen Sura maßgebend sind, so läßt sich auch der Moment nicht angeben, wo Mohammed mit Bewußtsein, doch vielleicht noch aus edlen Zwecken, sein eigenes Wort an die Stelle von Gottes Wort setzte. In Medina aber, wo er nicht mehr leidend, sondern handelnd auftritt, stempeln ihn seine Satzungen nicht minder, als seine Thaten, zu einem schwachen, leidenschaftlichen, inconsequenten, zwar schlauen, doch häufig kurzsichtigen Menschen und Gesetzgeber. Zuerst schmeichelt er den Juden und sucht sich ihnen durch verschiedene Vorschriften zu nähern, dann widerruft er, was er zu ihren Gunsten verordnet und wird ihr bitterster Feind. Die Einen begnadigt er, weil er Abd Allah fürchtet, die Andern läßt er im Namen Gottes niedermetzeln. Heute beschränkt er die Polygamie, morgen überschreitet er selbst die im Namen Gottes gesetzten Schranken; wird Jemand getödtet oder am Körper verletzt, kann der Thäter je nach dem Willen der Verwandten des Ermordeten oder des Verwundeten durch Geld sein Verbrechen büßen, während dem Dieb ohne Gnade die Hand abgehauen wird. In den kritischen Momenten seines Privatund öffentlichen Lebens sucht er, statt selbst ein entscheidendes Wort zu reden, bei Andern Rath, den er zuweilen sogar, gegen seine eigene Ueberzeugung befolgt, wie bei Ohod, wo er gegen seinen Willen auszog, bei der Belagerung Medina's, wo er einen Separatfrieden zu schließen wünschte, und bei Taïf, wo er, nach einigen Berichten, den Befehl zum Sturme gab, obgleich er wohl wußte, daß er keinen Erfolg haben würde. Den größten Beweis von Schwäche lieferte er noch dadurch, daß er keine bestimmte Verfügung über seine Nachfolge traf, und so gleichsam den Untergang des Reichs bereitete, das er selbst gegründet. Es ist leicht möglich, daß er mit sich selbst darüber nicht einig war; sein Herz zog ihn wahrscheinlich zu Ali, dem Gatten seiner geliebten Tochter hin, sein Verstand aber zu dem von dem kräftigen Omar unterstützten Abu Bekr, welcher zum Regieren fähiger war, als der allzu offene und redliche Ali.

Mohammed konnte ohne ausgezeichnete Geistesgaben in Mekka von vielen für einen Propheten gehalten werden, weil der Glaube, den er predigte, reiner war, als der grobe Götzendienst der Mekkaner. Seine einnehmende Persönlichkeit, seine hohe Beredtsamkeit, seine beispiellose Freigebigkeit, seine Aufopferung für seine Freunde und die Unterstützung, die er Armen, Sklaven und Verstoßenen angedeihen ließ, mußte die Zahl seiner Anhänger vermehren und zu gedankenlosen Geschöpfen seines Willens machen. Die Ausdehnung seiner Macht in Medina verdankt er aber der Blutsverwandtschaft mit den Ausiten, der Aussicht auf Beute für die, welche sich unter seine Fahne stellten, der Uneinigkeit der Araber unter sich selbst, seiner Schmiegsamkeit und Schlauheit, mehr als wahrer Geistesgröße, kriegerischem Talente oder gar persönlicher Tapferkeit. Kein Mittel war ihm zu schlecht, um sich eines Feindes zu entledigen, oder unter seinen Widersachern Zwietracht zu stiften. Seine große Kunst bestand darin, daß während er stets von allem, was in der Nähe und der Ferne vorging, unterrichtet zu werden suchte, er seinen Feind plötzlich zu überraschen wußte, daher er auch seinen eigenen Leuten nur bei dem Feldzug von Tabuk seine Pläne zum voraus mittheilte. Darum unterwarfen sich ihm auch in der letzten Zeit die entferntesten arabischen Stämme, während man ihn in Medina selbst noch verspottete. Daß sich die Araber mehr aus Furcht, als aus Ueberzeugung vor ihm beugten, geht am besten aus Aïscha's eigenen Worten hervor, welche lauten: „Als der Gesandte Gottes, über den Heil, starb, wurden die Araber abtrünnig, Juden und Christen erhoben ihr Haupt, die Heuchler verbargen ihre Heuchelei nicht mehr, und die Muselmänner waren wie eine verlassene Heerde in einer kalten Winternacht, bis sie Abu Bekr wieder vereinigte." Auch Abu Ubeida erzählt, daß bei der Kunde von Mohammeds Tod die meisten Mekkaner zur Abtrünnigkeit geneigt waren, so daß der Statthalter Attab sich anfangs gar nicht zu zeigen wagte [609]). Erst unter Abu Bekr und Omar, deren Feldherrn die Muselmänner von einem Siege zum andern führten, ward mit der Zunahme an Macht auch der Glaube an Mohammed, den Gründer derselben, allgemeiner und fester. Seine Schwächen und Mängel verloren sich unter den unzähligen Vortheilen, die er und seine Lehren seinem Vaterlande gebracht, und da seine Nachfolger nicht ihren trefflichen Anordnungen, nicht dem Talente ihrer Generäle und dem Muth ihrer Truppen, oder der Schwäche ihrer Feinde, sondern Gott und seiner Liebe zu Mohammed und den Bekennern seines Glaubens, das ans mährchenhafte grenzende Glück ihrer Waffen zuschrieben, so mußte auch Mohammed von einer siegestrunkenen Menge bald dem festen Boden der Geschichte entrissen, in das luftige Gebiet der Legende versetzt und noch über das von ihm selbst im Namen Gottes verkündete, aber wahrscheinlich während der ununterbrochenen Kriege wenig gelesene Wort erhoben werden. So ward er auch bald, trotz der bestimmtesten Erklärungen im Koran [610]) „nicht als Wunderthäter, sondern nur als Prediger vom Himmel gesandt zu seyn," doch mit aller möglichen Wun-

---

609) S. fol. 280 und Abulfeda ed. N. p. 112.

610) Sura 29, Vers 50. Vergl. auch Maraccius prodrom. p. II. 7 bis 10. Mohammed sagt an vielen Stellen: er ist nur ein Mensch, und es steht nur in Gottes Macht Wunder zu üben; er weiß übrigens, daß auch Wunder die Ungläubigen seiner Zeit eben so wenig bekehren würden, als die älteren Völker, vor denen wirklich Propheten Wunder übten, auch verweist er immer auf seine Zeichen genannten Verse, welche den für den Glauben Empfänglichen genügen müssen.

derkraft ausgestattet, bis zu der, den Mond zu spalten und eine wirkliche Reise in den Himmel zu machen. Die ersten kriegerischen Chalifen wußten aber wohl, daß sie doch wieder selbst die Frucht dieser Verherrlichung Mohammeds ernten würden, denn je höher er in den Augen des Volkes stieg, je tiefer der Glaube an ihn und den Koran wurzelte, um so bereitwilliger wurden auch die Araber für ihn und seinen Glauben dem Tode entgegen zu gehen, „dem ja doch niemand entrinnen kann, und der die Märtyrer nur zu einem schöneren Leben führt." Sie wußten wohl, daß es nur einer von solchem Glauben beseelten Schaar gelingen würde, die Feuertempel der Perser, wie die Kirchen der Griechen umzustürzen.

Folgende Koransverse, welche unter Mohammed selbst, nur bei seinen Getreuesten, nach seinem Tode aber bei der großen Masse Eingang fanden, und nicht nur als fromme Sprüche auf der Zunge lagen, sondern sich immer mehr durch die That bewährten, mögen als der wirksamste Hebel zum schnellen Wachsthum des islamitischen Reichs betrachtet werden: „Bekämpfet die Ungläubigen, bis jeder Widerstand aufhört und die Religion des Herrn die Einzige ist." [611] Wo ihr auch seyd, erreicht euch der Tod, selbst wenn ihr die festesten Schlösser als Zufluchtsort wählet. Sage denjenigen, welche glückliche Ereignisse Gott zuschreiben und unglückliche dir aufbürden: Alles kommt von Gott, warum wollen denn die Leute dieß nicht verstehen?" [612] Glaube nicht, daß diejenigen, welche auf dem Pfade Gottes umkommen, todt sind, sie leben und werden von ihrem Herrn verpflegt. Sie sind selig mit Gottes Gnade und freuen sich auf die Nachkommenden (Gläubigen), welche noch zurückgeblieben, denn auch ihnen steht kein Kummer bevor." [613] „Diejenigen, welche bei einem Unglücksfalle sagen: wir sind Gottes und kehren einst zu ihm zurück, die erlangen Gottes Segnungen und Barmherzigkeit, das sind die (von

611) Sura VIII. Vers 39.
612) Sura IV. Vers 77. Vergl. auch Sura 33, Vers 16 u. 17.
613) Sura 3, Vers 170 u. 171. Vergl. auch S. 2, Vers 156.

Gott) Geleiteten." [614])   Diese und ähnliche Verse, welche einst Tausende von Kriegern in den Kampf riefen, die dem Tode mit freudigen Augen ins Antlitz schauten, erzeugen noch immer bei den Muselmännern, wenn auch nicht im Angesichte eines Feindes, dessen Ueberlegenheit ihnen allzu bekannt ist, doch zur Zeit der Pest [615]) und anderer Seuchen, oder bei sonstigen schweren Unglücksfällen einen Gleichmuth und eine Unerschrockenheit, welche manchen Juden und Christen, denen die Ergebung in Gottes Willen, der Glaube an eine göttliche Vorsehung und Bestimmung auch im alten und neuen Testamente gelehrt wird, zum Muster dienen könnte. Hierin verdienen noch immer die meisten Bekenner des Mohammedanismus mit vollem Recht den Namen Muslim (Gott ergebene); statt daß er sie aber einst zu großen Thaten anspornte, erhält er sie jetzt in einer gewissen Apathie, welche eine Entartung der Koranslehre und dem Stifter des Islams ganz fremd war.   Die Freiheit des menschlichen Willens wird von Mohammed nicht geläugnet, und bei allem Glauben an einen unabänderlichen Rathschluß des Himmels wird doch dem Menschen der Gebrauch seiner Vernunft, zur Verhütung jeden Uebels anempfohlen, und ihm ausdrücklich verboten, sich muthwillig in den Untergang zu stürzen [616]).   Auch fehlte es unter den Muselmännern nicht an speculativen Köpfen, welche das Nebeneinanderbestehen einer göttlichen Prädestination und einer menschlichen Willensfreiheit zu erklären suchten [617]).

614) Sura 2, Vers 158 u. 159.

615) Die Quarantäne und andere derartige Maaßregeln werden von den meisten gelehrten Muselmännern verworfen, obschon Mohammed selbst gesagt haben soll: „Geht nicht in eine Stadt, in der die Pest herrscht, und befindet ihr euch in einer solchen, so verlasset sie nicht!" (wahrscheinlich um die Krankheit nicht weiter zu verbreiten, nicht weil ein Ausweichen sündhaft wäre).

616) Sura II. Vers 196.

617) Vergl. Muradgea d'Ohsson a. a. O. I. S. 100 u. ff., und Lane I. S. 370 u. 371.

Die Lehre von Gott und der höhern Bestimmung des
Menschen, welche Mohammed über ein Land verbreitete, das
dem gröbsten Götzendienste ergeben war, und das kaum eine
Ahnung von der Unsterblichkeit der Seele hatte, muß uns
daher schon, trotz aller seiner Schwächen und Mängel, um so
eher mit ihm aussöhnen, da sein eigenes Leben keinen nach-
theiligen Einfluß auf die Bekenner seines Glaubens üben konnte;
denn weit entfernt, sich als Muster aufzustellen, wollte er als
eine besondere, von Gott selbst zur Uebertretung der gewöhnlichen Gesetze privilegirte Person angesehen seyn, und ward
auch als solche immer mehr angesehen. Wir wären aber ungerecht oder verblendet, wenn wir nicht anerkennen wollten,
daß ihm sein Volk noch manches andere Wahre, Gute und
Schöne verdankt. Er vereinigte die in unzählige Stämme feindlich getheilten Araber zu einer im Glauben an Gott verbrüderten
großen Nation; er setzte an die Stelle der Willkühr, des Faust-
rechts und der Selbsthülfe ein unumstößliches Recht, das trotz
seiner Unvollkommenheit doch noch immer die Grundlage aller
Gesetze des islamitischen Reichs bildet; er beschränkte die Blutrache, welche vor ihm bis zu den entferntesten Verwandten sich
ausdehnte, auf das von den Richtern als Mörder anerkannte
Individuum allein. Besonders verdient hat er sich um das
schöne Geschlecht gemacht, indem er nicht nur die Mädchen,
welche häufig bei ihrer Geburt von den eigenen Vätern ermordet wurden, gegen eine solche barbarische Sitte schützte,
sondern auch die Frauen gegen die Verwandten ihres verstorbenen Gatten, die sie wie eine Sache erbten, und überhaupt
gegen schlechte, ungerechte Behandlung der Männer. Er beschränkte die Polygamie, indem er den Gläubigen nur vier
Gattinnen gestattete, statt acht bis zehn, wie es vor ihm, besonders in Medina Sitte war, und selbst diese Zahl erlaubte
er nur denjenigen Männern, welche die Mittel haben, sie an-
ständig zu verpflegen, verbot ihnen aber auch in irgend einer
Beziehung die eine auf Kosten der andern zu bevorzugen. Nur
wenig das Gesetz streng beobachtende Männer können daher

mehrere Gattinnen zugleich besitzen wollen. Die Strafe, welche auf Buhlerei gesezt ist, schützt auch die Frau gegen jede andere Untreue des Gatten, und Concubinen sind, nach dem Buchstaben des Korans, nur unverheiratheten, unbemittelten Männern erlaubt. Auch die Sklaven wurden zwar von Mohammed nicht vollständig emancipirt, doch enthält der Koran manche Bestimmungen zu ihren Gunsten; ihre Befreiung wird als ein gottgefälliges Werk dargestellt, und als Sühne für manche Vergehen vorgeschrieben, auch ihre Gleichheit mit den Freien vor den Augen Gottes, bestimmt ausgesprochen [618]). Für die Armen ward nicht nur durch immer wiederkehrende Ermahnungen zur Wohlthätigkeit, sondern durch eine förmliche Armensteuer, und den ihnen angewiesenen Antheil an Beute und Tribut gesorgt. Durch das Verbot des Spiels, des Weines und anderer berauschender Getränke wurde manchen Lastern und Ausschweifungen, besonders aber Zank und Hader vorgebeugt. Härte, Stolz, Hochmuth, Lüge, Verschwendung [619]), Geiz, Ostentation, Verläumdung, Spott und andere Untugenden, welche den Menschen selbst erniedrigen und störend in den geselligen Verkehr eintreten, werden in meisterhaften Sprüchen als gottlos erklärt, Menschenfreundlichkeit, Bescheidenheit, Nachsicht, Aufrichtigkeit, Keuschheit in Wort und That, und vor allem Wahrheit und Redlichkeit als die höchste Tugend empfohlen. Wenn wir daher auch Mohammed nicht als einen wahren Propheten anerkennen, weil er zur Verbreitung seiner Religion gewaltsame und unlautere Mittel gebrauchte, weil er zu schwach war, sich dem allgemeinen Gesetze zu unterwerfen, und trotz der Erklärung, daß Gott das selbst Gegebene

---

618) Vergl. Sura II. Vers 178. Sura V. Vers 98, auch die Anmerkung 492.

619) Im 28. Vers der IV. Sura, der auch den Selbstmord als eine Verzweiflung an Gottes Barmherzigkeit verdammt, wird Verschwendung getadelt, und Vers 35 und 36 Geiz und Ostentation. Belege für das Uebrige findet man schon früher, besonders Anmerkung 578, 585 und 586.

durch etwas Besseres ersetzen könne, sich das Siegel der Propheten nannte, so mag er doch, in so fern er die schönsten
Lehren des alten und neuen Testaments unter ein Volk ver-
pflanzte, das von keinem Sonnenstrahl des Glaubens erleuchtet war, auch in den Augen der Nicht-Mohammedaner
als „Gesandter Gottes" angesehen werden.

Erläuterung der Beilagen und Nachträge, größtentheils aus Ibrahim Halebi.

Zu Anmerkung 1. Seite 8.

Um zu zeigen, wie dieser Gesandtschaftsbericht in seinen Einzelnheiten ebenso mährchenhaft klingt, als er im Ganzen den übrigen historischen Angaben widerspricht, theile ich ihn hier frei übersetzt aus Ibrahim Halebi S. 25—29. mit. Eine wortgetreue Uebersetzung dieses oft gar zu schwülstigen türkischen Autors ist kaum möglich.

„Die Provinz Jemen, welche ursprünglich unter der Herrschaft der Himiariten stand, ward ihnen von den Abyssiniern entrissen, welche sie siebzig Jahre lang besetzt hielten, bis sie endlich Seif Dsu Jezn, der Himiarite, mit dem Schwerte in der Hand sich wieder unterwarf. Da nun von allen Seiten Deputationen zu ihm strömten, um ihm Glück zu wünschen, so kamen auch von Seiten der Kureischiten, Abd Almuttalib, Ommejja Ibn Abd Schems, Abd Allah Ibn Djudân, Asad Ibn Abd Aluzza, Wahb Ibn Abd Menaf und Kußei Ibn Abd Aldar. Seif Dsu Jezn befand sich damals in seiner Residenz Sanaa in dem glänzenden königlichen Schlosse Ghomdan, das allenthalben von Moschus duftete und mit allerlei Kostbarkeiten ausgestattet war. Auf seinem Haupte war eine juwelenbesetzte Krone, welche den Ertrag einer ganzen Provinz werth war, und auf seinen Knieen lag ein mit Edelsteinen verziertes sureidjisches* Schwert, das blendende Lichtstrahlen von sich warf. Er saß auf einem goldenen Throne, dem des großen Alexander ähnlich, und zu seiner Rechten, so wie zu seiner Linken, saßen auf goldenen Stühlen die Fürsten Himiars und die Großen und Edeln Jemens, welche ihre Ohren nach den ihm entquellenden Worten hinneigten. Als die vornehmen Kureischiten die Erlaubniß erhielten, vor ihm zu erscheinen, setzten sie sich auf seinen Wink, Jeder auf einen

---

* Sureidj ist der Name eines berühmten Waffenschme e.

Stuhl, nur Abd Almuttalib trat vorwärts, und bat um die Erlaubniß, zu reden."

„Nachdem man sich erkundigt hatte, ob er vor Königen zu reden
verstehe, ward ihm die Erlaubniß ertheilt, und er stattete durch folgende, viele Beredtsamkeit beurkundende, Rede seinen Glückwunsch ab:
O König! Gott hat dir eine hohe, erhabene, edle Stelle angewiesen
und dich in den besten Boden und die herrlichste Fundgrube eingesetzt,
als eine Pflanze von gutem Stamm, starker Wurzel und hohen Zweigen. Mögest du dir nie Fluch zuziehen! Du bist der König der Araber, dem sie Alle folgen, die Säule, auf die sie sich stützen, und der
Zufluchtsort, wo sie Schutz finden. Deine Ahnen sind die Besten der
Ahnen, und du bist für uns ihr edelster Sprößling. Das Andenken
dessen, dem du entsprungen, geht nicht verloren, und das Andenken
dessen, dem du vorangehst (der dich zu seinen Vätern zählt man anta
salasuhu) erlischt nicht. Wir, Bewohner des Heiligthums Gottes, und
Diener seines Tempels, sind gekommen zu dir, der du uns von dem
Kummer, der uns drückte, befreit, als Abgeordnete der Beglückwün-
schung, nicht der Condolenz. (Hier folgt nun die türkische Erläuterung
dieser arabischen Anrede, dann fährt er fort:) Als Abd Almuttalib
auf diese Weise seinen Glückwunsch abgestattet und sich als Diener des
heiligen Tempels zu erkennen gegeben hatte, frägte ihn der König nach
seinem Namen, und als er ihn nannte, hieß ihn Jener auf's Freund-
lichste als seinen Vetter willkommen, weil Abd Almuttalibs Mutter
von den Chazradjiten war, welche aus Jemen stammen. Er wendete
sich dann sämmtlichen Abgeordneten zu, und nachdem er sie freundlich
bewillkommt und mit den besten Wünschen überhäuft hatte*, fuhr er
fort: Der König hat eure Rede angehört, eure Verwandtschaft
daraus erkannt und tritt gerne in ein freundschaftliches Verhältniß
mit euch. Ihr seyd die Herren der Nacht und des Tages, euch ziemt
Verehrung, so lange ihr bleibet, und Geschenke, wenn ihr uns verlasset. Der König ließ sie dann in das für Gäste bestimmte Haus
führen, wo sie auf's Ehrenvollste bewirthet wurden."

„Einige Zeit verging, ohne daß sie wieder vor den König gerufen
wurden, noch die Erlaubniß zur Rückkehr erhielten. Eines Tages,
als sich der König ihrer wieder erinnerte, ließ er Abd Almuttalib allein
zu sich laden, und redete ihn folgenderweise an: O Abd Almuttalib!

* Er wünschte ihnen ein gutes Kameel zur Reise, einen angenehmen Absteig-
plat und einen großen Besit mit reichem Ertrag.

in meinem Innern ist ein kostbares Geheimniß aufbewahrt, das ich dir offenbaren will, das du aber verbergen mußt, bis es der Allweise kund macht. Wiffe! ich habe in einem nur von mir gekannten Buche und durch eine geheime Wiffenschaft ein höchst wichtiges Ereigniß entdeckt, wodurch alle Wesen, besonders aber die Menschen, im Leben und Tode verherrlicht werden. Als Abd Almuttalib eine so erfreuliche Nachricht vernahm, sagte er: O König, zähle auf Verschwiegenheit und Treue! geben doch alle Wüstenbewohner gerne ihr Leben für dich hin. Der König fuhr dann fort: In Tehama wird ein glückseliger Sohn erscheinen, der zwischen den Schultern ein liebliches Maal hat; er wird aller Sterblichen Leitung und Freude seyn; und auch ihr werdet bis zum Gerichtstage durch ihn zu Ehre und Macht gelangen. Abd Almuttalib, welcher tiefer in das Geheimniß einzudringen wünschte, sagte: O, Befter aller Könige! ich bin nur ein Abgeordneter, wäre nicht meine Ehrfurcht allzu groß vor dem mächtigen und erhabenen König, so würde ich ihn bitten, mir mehr von diesem freudigen Ereigniffe mitzutheilen. Der König fuhr dann fort: Die Zeit ist nun gekommen, wo ein helle Lichtstrahlen verbreitendes Kind, mit Namen Mohammed, zur Welt kommen wird, oder schon geboren ist; es wird aber bald elternlos und von seinem Großvater und Oheim erzogen werden. Gott hat es zu seinem Gesandten bestimmt, der mit unserer Hülfe die Gottergebenen erheben, seine Feinde demüthigen, alle Ungläubigen beflegen und viele Länder erobern wird. Er wird alle bösen Geister vertreiben und zernichten, alle Gözen zerbrechen und verbrennen und dem Guten und Rechten den Triumph verschaffen über Böses und Lügenhaftes. Abd Almuttalib überhäufte den König mit Wünschen und Segnungen, um noch mehr von ihm zu erfahren, bis dieser ihm endlich sagte: Du bist des Verheißenen Großvater. Als Abd Almuttalib bei diesen Worten sich erschrocken dem Könige zu Füßen warf, hieß ihn dieser aufstehen und sagte ihm: Beruhige dich und sey hohen Sinnes; weißt du etwas Näheres zur Bestätigung meiner Worte, so sprich! Abd Almuttalib begann hierauf: O König! ich hatte einen Sohn, welcher Abd Allah hieß, den ich mehr als meine übrigen Kinder liebte; als er das Mannesalter erreicht hatte, verheirathete ich ihn mit Amina, der Tochter Wahbs, einer edlen Kureischitin. Er zeugte einen Sohn, den ich Mohammed nannte. Mit Gottes Willen gingen seine Eltern in jene Welt über, und ich und sein Oheim Abu Talib übernahmen deffen Erziehung. Als Seif Dsu Jezn diese Bestätigung hörte, sagte er: Du

ſtehſt, wie dieß mit meiner Ausſage übereinſtimmt; nun gib wohl
Acht auf dieſes Kind, und bewahre es beſonders vor den Juden, welche
es anfeinden werden. Der erhabene Gott möge dieſes edle Geſchöpf
ſchützen, daß ſie ihm auf keine Weiſe beikommen. Bewahre auch dieſes
Geheimniß vor allen deinen Gefährten, denn ich fürchte, ſie oder ihre
Kinder möchten aus Neid und Bosheit ihm Fallen legen und Verrath
an ihm üben. Wenn ich zur Zeit ſeiner Sendung noch lebe, werde ich
ohne Säumen mit allen meinen Truppen nach Medina eilen, denn ich
weiß aus klarer Schrift, daß das Land Jathrib ſeine Reſidenz ſeyn
wird, dort wird er Beiſtand und ſein Prophetenthum Kraft finden,
und dort wird er auch einſt in's Reich der Ewigkeit übergehen. Wenn
mich Gott vor dem Tode bewahrt, ſo werde ich dann Alles aufbieten,
um ihm die Huldigung aller Araber zu verſchaffen, und nicht raſten,
bis ſeine Sendung überall die vollſte Anerkennung gefunden. Für jetzt
aber übertrage ich dir die Fürſorge für ihn."

"Der König ließ dann die Gefährten Abd Almuttalibs rufen, und
ſchenkte einem Jeden zehn Abyſſiniſche Sklaven und Sklavinnen, zwei
koſtbare Ehrenkleider, zehn Pfund Gold, zehn Pfund Silber, hundert
Kameele und einen Sack Ambra, Abd Almuttalib aber ſchenkte er das
Zehnfache von all' dieſem, und bat ihn, ihm jedes Jahr Nachricht von
Mohammed zu bringen. Aber der göttlichen Beſtimmung zufolge ſtarb
Seif Dſu Jezn noch in demſelben Jahre. Abd Almuttalib ſagte dann
ſeinen Gefährten, den Edlen Kureiſchs., daß der König ihm ein Geheimniß anvertraut, das mehr werth als alle von ihm erhaltenen Ge-
ſchenke, und eine beſeligende Verheißung gegeben, die ihm und allen
ſeinen Stammgenoſſen zur höchſten Verherrlichung gereichen wird.
Als ſie ihn aber baten, den Schleier des Geheimniſſes zu lüften, ſagte
er: es wird bald offenkundig werden, und vertröſtete ſie auf die zur
Erfüllung beſtimmte Zeit."

Zu Anmerkung 9. Seite 25.

Auch bei Ibr. H. S. 13. lieſt man, daß Halima das erſte Mal
Mohammed nach deſſen Entwöhnung zurückbrachte, und daß ihr nach
zwei oder, nach einer andern Tradition, nach drei Monaten die Bruſt
geſpalten ward, worauf ſie wieder mit ihm nach Mekka zurückkehrte.
Ueber die Zeit der Entwöhnung ſpricht ſich auch der Koran im 234. V.
der zweiten Sura aus: Die Mütter müſſen ihre Kinder zwei volle Jahre
ſtillen, wenn der Vater es wünſcht, und dieſer muß (in Scheidungs-

fällen) ihr so lange ihren Lebensunterhalt und ihre Kleidung in Güte reichen u. s. w. Daß das Wort „scharaha" im Sinne von „erweitern, empfänglich machen" nicht vom eigentlichen Spalten (der Brust), wie es die Legende in Bezug auf Mohammed auffaßt, zu nehmen ist, geht aus vielen Stellen des Korans hervor, besonders aus dem 112. B. der sechsten Sura, wo es heißt: „Wen Gott leiten will, dem erweitert er die Brust für den Islam, und wen er irre führen will, dem beengt er die Brust u. s. w."

Zu Anmerkung 17. Seite 30.

Auch Ibr. H. S. 37. setzt den vierten lasterhaften Krieg in das zwanzigste Lebensjahr Mohammeds, und erzählt auf der folgenden Seite die Veranlassung zu diesem Kriege, übereinstimmend mit den übrigen Quellen. Urwa, um zu sagen, gegen alle Wüstenbewohner, drückte sich spöttisch aus: gegen alle diejenigen, welche zwischen Ebereiß und Wermuthstauden (Schih und Keißum) wohnen.

Zu Anmerkung 38. Seite 38.

Bei Ibr. H. S. 43. heißt es: „Nach Vollendung der Trauung breitete Chadidja vor Mohammed ein mit Safran und andern Wohlgerüchen beräuchertes Tuch aus", einen Teppich also, „djameh pai endaz", aber nicht ein Kleid, wie bei H. v. H. Vergl. Meninski thesaurus etc. Bd. I. S. 696.

Zu Anmerkung 40. Seite 39.

Auch bei Ibr. H. S. 84. u. 85. heißt es: „Rukejja, die Tochter Mohammeds, war ehedem mit Otba, dem Sohne Abu Lahabs, und ihre Schwester Um Kolthum mit Uteiba, dem Sohne Abu Lahabs, vermählt gewesen. Als aber der Koransvers: „Möge Abu Lahabs Hand verdorren!" erschien, befahl er ihnen (seinen Söhnen), sich von ihren Gattinnen zu trennen, was auch geschah. Rukejja heirathete dann Othman Ibn Affan, und wanderte mit ihm nach Abyssinien aus. Sie starb während des Feldzugs von Bedr."

Zu Anmerkung 48. Seite 42.

Ich habe meine Uebersetzung des Wortes „rakju" beibehalten, weil es der Kamus durch „nafadsa fi ûdsatihi" erklärt. Es bedeutet also „von einem Teufelsbeschwörer behandelt, oder geheilt", nicht „ver-

zaubert werden", wie H. Reinaud in einer Anmerkung zu meinem Auf=
satze im Journal asiatique glaubt. Auf den Vorfall mit der Amme kann
übrigens hier nicht angespielt worden seyn, da erstens dieser nicht in
Mekka, sondern auf dem Lande bei den Beni Saad stattfand, und zwei=
tens ja die Muselmänner darin nichts Anderes sehen, als daß ein En=
gel Mohammeds Brust gespalten.

Zu Anmerkung 52. Seite 47.

Aus den Beilagen sieht man, daß nicht nur im Chamis von
einer Uebersetzung des alten Testaments keine Rede ist, sondern nicht
einmal bei Ibr. H., auf welchen sich H. v. H. a. a. O. beruft. Die
beigedruckte Stelle lautet wörtlich: „Waraka, welcher ein Vetter Cha=
didja's war, hatte sich zur Zeit des Heidenthums zum Christenthum
bekehrt und das Evangelium in's Arabische übersetzt. Er war damals
sehr alt und blind." Die aus dem Sirat Arrasul angeführte Stelle
lautet: „Dann ging sie (Chadidja) zu Waraka Ibn Naufal, Ibn Asad,
Ibn Abd Aluzza, Ibn Kußei, und er war der Sohn ihres Oheims.
Waraka hatte sich zum Christenthum bekehrt und Bücher gelesen und
bei den Besitzern der Tora und des Evangeliums (Juden und Christen)
gehört (Vorlesungen). Sie erzählte ihm, was ihr der Gesandte Got=
tes berichtet u. s. w." Die aus dem Insan Al Ujun beigedruckte Stelle,
welche beweist, daß Waraka zuerst Jude war, lautet: „Waraka nannte
Moses und nicht Jesus (Friede über Beide!), obschon Jesus ihm nä=
her lag, und er sich zu dessen Glauben bekannte, indem er früher den
Glauben Moses' (Frieden über ihn!) angenommen hatte, und nachher
Christ geworden war, weil über das Prophetenthum Moses' Ueber=
einstimmung herrscht", d. h. nach seiner eigenen Erklärung; Waraka
sagte darum zu Mohammed: Dir ist eine Offenbarung geworden, wie
sie einst dem Moses ward, und nicht wie Jesu, weil über die des Er=
stern kein Zweifel obwaltet, daß sie alle früheren Offenbarungen auf=
hob, während die des Letztern von Manchen nur als eine Ergänzung
und Vervollkommnung des mosaischen Gesetzes betrachtet wird.

Zu Anmerkung 57. Seite 50.

Nach dem Kamus war Bilal der Sohn Riah's, Sohn Hamamah's.
Unter dem Worte Riah aber, wo sehr viele Namen angeführt werden,
wird Bilals Vater nicht genannt.

Zu Anmerkung 64. Seite 56.

Auch bei Ibr. H. S. 56. heißt es ausdrücklich, daß die Nachricht von Mohammeds Verständigung mit den Kureischiten ihnen in Abyssinien zukam: „habaschahdeh Muhadjirinun masmu'leri oladjak" u. s. w.

Zu Anmerkung 82. Seite 69.

Die auf die Djinn bezüglichen fünfzehn Verse der 72. Sura lauten: „Im Namen Gottes, des Allgnädigen, Allbarmherzigen. Sprich! (du Mohammed) mir ist geoffenbaret worden, daß mir Djinn zugehört und dann (den Ihrigen) erzählt haben: wir haben eine wunderbare Vorlesung gehört, welche zum Rechten führt; wir glauben daran und geben unserm Herrn keinen Genossen mehr. Gewiß, unser Herr (gepriesen und erhaben sey er!) hat weder eine Gattin, noch einen Sohn; die Thörichten unter uns haben Lügen über ihn erdichtet, und wir glaubten nicht, daß weder Djinn noch Menschen dieß thun würden. Manche Menschen suchen Schutz bei den Djinn, die sie immer mehr irre führen, und gleich euch nicht glauben, daß Gott die Todten wieder auferweckt. Wir haben uns dem Himmel genähert (so erzählen die Djinn weiter, um die Engel zu belauschen), wir fanden ihn aber mit mächtiger Wache und flammenden Sternen gefüllt. Einst (vor der Sendung Mohammeds) ließen wir uns nieder, um zu lauschen, jetzt sind aber gegen die Lauscher flammende Sterne gerichtet. Wir wußten nicht, ob damit gegen die Erdenbewohner Gutes oder Schlimmes beabsichtigt war. Wir waren auf verschiedenen Pfaden, Manche unter uns waren fromm, Andere nicht. Wir dachten, daß wir uns der Strafe Gottes weder auf der Erde, noch wenn wir daraus zu entfliehen suchen, entziehen könnten, als wir aber die Leitung (den Koran) vernahmen, glaubten wir an ihn, und wer an ihn glaubt, hat weder Zurücksetzung, noch Unrecht zu befürchten. Noch befinden sich unter uns Gläubige und Abtrünnige, wer sich Gott ergibt, der gelangt auf den guten Weg, die Abtrünnigen aber werden einst der Hölle als Brennstoff dienen."

Zu Anmerkung 86. Seite 71.

Ich lasse auch hier die ganze, auf die Abkunft der Chazradjiten und ihr Verhältniß zu den Juden sich beziehende Stelle aus Jbr. H. S. 63. u. 64. in einer treuen Uebersetzung folgen, weil sie mit den übrigen Quellen im Widerspruch steht:

„Man wisse, daß die Ausiten und Chazradjiten von zwei Brüdern abstammen, welche Aus und Chazradj hießen. Diese waren Söhne

Haritha's, Ibn Thalaba, Ibn Amru Muzeikia, Ibn Amir, Ibn Ma-
Affama, Ibn Haritha'l Ghitrif, Ibn Amru'l Keis Albatrik, Ibn
Thalaba-l-Unka, Ibn Mazin, Ibn Ghassan, Ibn Azd, Ibn Ghauth,
Ibn Nabt, Ibn Malik, Ibn Zeid, Ibn Kahlan, Ibn Saba, Ibn Jaschhab,
Ibn Ja'rab, Ibn Kahtan, Ibn Hud, Friede sey mit ihm! Saba, einer
der himiaritischen Könige, ist der Erbauer des Dammes von Mareb,
Name eines Landes, welches der Stamm Azd bewohnte, und häufigen
Ueberschwemmungen ausgesetzt war, weßhalb der genannte Saba das
Wasser durch steinerne Dämme abzuhalten suchte. Mit diesen Dämmen
waren auch große Behälter verbunden, aus denen man bei Wasser-
mangel das ganze Land tränken konnte. Amru Muzeikia war der letzte
König von Mareb, er war ein äußerst gelehrter, in jede Wissenschaft
eingeweihter Mann, er sah daher auch die baldige Zerstörung des
Dammes voraus, und wanderte deßhalb mit allen seinen Stammgenossen aus. Ihm folgte sein Sohn Thalaba auf dem Throne, zu dessen
Zeit unter den Arabern so viele Auswanderungen stattfanden, daß
man seither sprüchwörtlich sagt: „sie zerstreuten sich wie die Nachkommen Saba's.“ Die Stämme Hamdan und Daus zogen nach Irak,
Djofna Ibn Amir in die Gegend von Damask, und andere Stämme
nach Scharat hin (zwischen Medina und Damask). Thalaba wendete
sich mit den Seinigen zuerst nach Djohfa und dann nach Syrien, wo
er auch starb. Als aber Syrien, das damals unter der Oberherrschaft
des Kaisers stand, wegen eines gewissen Ereignisses einer schweren
Züchtigung entgegen sah, wanderte Thalaba's Sohn, Harith, mit seinen Stammgenossen und seinen beiden Söhnen Aus und Chazradj nach
Jathrib aus, und schloß einen Bund mit Scherif Ibn Kaab, dem jüdischen Fürsten dieser Provinz. Nach einiger Zeit entzweiten sie sich
plötzlich; das Schwert entschied zum Nachtheile der Juden, von denen
Viele getödtet wurden, Haritha ward als Alleinherrscher der Provinz
Jathrib anerkannt, und den Juden wurden einige Plätze angewiesen,
auf die sie sich nolens volens beschränken mußten. Zur Zeit seines
Urenkels Adjlan, Ibn Auf, Ibn Chazradj, Ibn Haritha, suchten die
Juden durch den Tod vieler Ausiten und Chazradjiten sich zu rächen.
Diese suchten bei ihren Verwandten, den Ghassaniten, welche in Syrien
ihren Sitz hatten, um Hülfe nach, worauf der Fürst des Geschlechts
Djofna mit vielen Truppen nach Jathrib kam, Scherif Ibn Kaab mit
vielen Juden tödtete, ihre Habe plünderte und ihre Frauen und Kinder als Gefangene wegschleppte. Nach einiger Zeit brach der alte Haß

der Juden wieder auf's Neue aus, und sie erschlugen Malik, den Sohn Adjlans. Adjlan übereile sich nicht, sondern suchte die Juden durch List zu hintergehen. Er schloß nämlich einen Frieden mit ihnen ab, ließ aber von den hundert Juden, die ihm als Geißel geliefert wurden, achtzig erschlagen, und selbst die übrigen zwanzig retteten sich nur durch die Flucht. Sobald Keitun, der Sohn Scherifs, dieß erfuhr, flehte er alle seine Stammgenossen um Beistand an, und zog gegen Adjlan mit einem unzählbaren Heere in's Feld. Dieser ward geschlagen, und wendete sich an den Stamm Tai, mit dessen Hülfe er den Juden abermals eine Schlacht lieferte, in welcher unter vielen Andern auch Keitun selbst das Leben verlor, worauf dann die Juden vollkommen gedemüthigt wurden. Nach einiger Zeit vermehrten sich aber die Ausiten und Chazradjiten so sehr, daß die Gegend von Jathrib sie bald nicht mehr alle fassen konnte. Ihre Bundesgenossen, die Ghassaniden, kehrten daher wieder in ihre frühern Wohnorte nach Syrien zurück. Diesen Vorfall benutzten die listigen Juden, sie fielen, unterstützt von ihren Glaubensgenossen, den Stämmen Tasm und Djadis, über die Ausiten und Chazradjiten her, erschlugen einen Theil von ihnen, und vertrieben oder unterjochten einen andern (so wechselte oft ihr Schicksal), bis endlich die Herrlichkeit des Islams unter ihnen aufging; nachher blieben sie fortwährend in Ehre und Ansehen."

Ich überlasse es jedem nüchternen Leser, ob er diese Nachrichten als Dichtung oder Wahrheit ansehen will; mir scheint, daß Beides bunt durch einander gemischt ist. Zu Ersterer gehört aber gewiß das Bündniß der Juden mit Tasm und Djadis, welche nach Pocock. spec. S. 38. schon zur Zeit des ersten Tobba ausgerottet wurden. Was das Verhältniß der Ausiten und Chazradjiten zu den Juden, zur Zeit, als sie den Islam annahmen, betrifft, so wird keineswegs von Ibr. H. ausdrücklich behauptet, daß sie nach der letztgenannten Niederlage fortwährend von denselben abhängig blieben; man braucht nur die bei mir eingeklammerten Worte zu suppliren, welche der Sinn nothwendig erfordert, denn das Wort „ta ki" (bis) kann sich ja doch nicht auf den ganzen vorhergehenden Satz beziehen, um ihn mit den übrigen Quellen in Uebereinstimmung zu bringen. Ibr. H. selbst berichtet übrigens auch S. 62., daß die Chazradjiten sich darum so bald bekehrten, weil sie den Juden zuvorkommen wollten, welche bei Streitigkeiten häufig sagten: „Die Zeit ist nahe, wo der uns verheißene Prophet erscheinen wird, und wir mit seiner Hülfe uns rächen können", woraus deutlich hervorgeht, daß sie die Schwächeren waren.

Zu Anmerkung 101. Seite 81.

Aus Abulfeda ist schon ersichtlich, daß Kuba und Medina leicht miteinander verwechselt werden konnten, denn es heißt bei ihm (S. 44. der Ausg. v. N. des V.): „Der Gesandte Gottes kam nach Medina den 12. Rabia-l-Awwal des ersten Jahres, und es war ein Montag, und er stieg ab in Kuba bei Kolthum Ibn Hadm, und blieb in Kuba Montag, Dienstag, Mittwoch und Donnerstag.... und er verließ Kuba am Freitag u. s. w." Daraus geht deutlich hervor, daß er unter der Ankunft in Medina eigentlich erst Kuba meinte. Um so wahrscheinlicher ist daher eine Verwechslung des Datums der Ankunft in Medina mit der von Kuba in den ältern Traditionen, wo es vielleicht hieß: „Mohammed kam am 12. in Medina an", woraus später dann Kuba entstand, welches ja, wie aus der angeführten Stelle hervorgeht, zu Medina gerechnet wird. H. N. des Verg. übersetzt auch ganz richtig: Mohammed arriva sur le *territoire de Medine*, obschon es im Texte nur schlechtweg „Medina" heißt.

Zu Anmerkung 106. Seite 85.

Nicht nur im Insan Alujun, sondern selbst bei Ibr. H. ist davon keine Rede, daß der Stamm, an den sich Mohammed gelehnt, nach Cordova gebracht worden sey. Die Stelle bei Ibr. H., auf die sich H. v. H. beruft (S. 73.), lautet: „Bei dieser Gelegenheit (bu munasabat ileh, d. h. bei Gelegenheit des ersten von Mohammed erbauten Minbars) erzählt der Verfasser des Insan Alujun, daß das schönste Minbar aller Moscheen in der Welt das von Cordova, Hauptstadt des Königreichs Andalusien, war. Es war ganz aus Aloe und Ebenholz. Sieben berühmte Baumeister arbeiteten sieben Jahre lang daran, und erhielten jeden Tag einen halben Mithkal Gold. In dieser Moschee waren auch vier von Othman geschriebene Koransblätter, welche an mehreren Stellen mit Blut besprizt waren; auch befanden sich in dieser Moschee drei große Pfeiler mit karmesinrothem Marmor. Auf dem einen war Mohammeds Name eingegraben, auf dem andern das Bild Moses', Jesus' und der Bewohner der Höhle, und auf dem dritten der Rabe Noah's, Friede über ihn!"

Zu Anmerkung 118. Seite 92.

Auch Ibr. H. unterscheidet S. 84. die allgemeine Armensteuer

(zakat amwal) von der am Ende des Monats Ramadhan zu entrich=
tenden Gabe (sadakat fitr). Er setzt zwar beide Gebote in das zweite
Jahr der Hidjrah, doch viele Andere setzen ersteres in das vierte Jahr.

Zu Anmerkung 125. Seite 96.

Das Schreiben Mohammeds an die Beni Dhamra lautet bei
Ibr. H. ebenso wie bei J. u. Ch., nur liest man statt „wainna al
nabijja" bloß „wainnahu", was den Sinn gar nicht ändert.

Zu Anmerkung 130. Seite 99.

Ich habe schon in einem Aufsatze des Journal asiatique,* wo auch
der Text des Sirat Arrasul angeführt worden, erklärt, daß ich an
einer andern Stelle desselben Autors (Fol. 268.) den Ausdruck „Nach=
richt bringen" von einer feindlichen Karawane als gleichbedeutend mit
„sie angreifen" gefunden, so daß also gar kein Grund vorhanden ist,
die Aechtheit des Briefes zu bezweifeln. Mohammeds Schlauheit be=
stand demnach namentlich darin, daß er über die Zeit, in welcher dieser
Angriff stattfinden dürfte, schwieg.

Bei Ibr. H. findet man nichts von diesem Briefe, wohl aber S. 81.,
daß Abd Allah zwei Gefangene gemacht, welche Hikam Ibn Keisan
und Othman Ibn Abd Allah hießen; auch erzählt er, daß die Mekka=
ner Lösegeld für sie schickten, aber nur Letzterer kehrte nach Mekka zu=
rück und starb daselbst als Ungläubiger, Ersterer hingegen ward Mu=
selmann und starb als Märtyrer im Kampfe am Brunnen Mauna.
Ebenso liest man bei demselben auf der vorhergehenden Seite, daß
Mohammed selbst Kurz Ibn Djabir nachsetzte und Zeid Ibn Harith
zum Statthalter von Medina ernannte.

Zu Anmerkung 144. Seite 109.

Bedürfte es noch eines Beweises über die Bedeutung von Aliah,
so würde Ibr. H. einen unumstößlichen liefern, denn S. 65. heißt es:
„Als die Söhne Israels von den Römern besiegt wurden, flohen die
Beni Nadhir, Habl, Kureiza und Keinukaa in die Gegend von Me=
dina und ließen sich in Aliah nieder" (Medineh tarafineh firar idub Aliah=
jeh nuzûl eilediler). Uebrigens hat mir vor Kurzem H. Reinaud ge=
schrieben, daß H. Caussin de Perceval selbst von seiner Uebersetzung
zurückgekommen ist.

Zu Anmerkung 149. Seite 113.

Ueber Abbas liest man auch bei Ibr. H. S. 99.: „Unter den

* Mai 1843.

Gefangenen war auch Abbas, welcher sich weigerte, das von ihm ge=
forderte Lösegeld zu entrichten, indem er sagte: Ich bin ein Muselmann,
sie (die Kureischiten) haben mich gegen meinen Willen mitgeschleppt.
Er war in der That ein Gläubiger und sehr ungern in den Kampf
gezogen, auch hatte er schon früher dem Propheten von Allem, was
sich bei den Ungläubigen zutrug, Kunde gegeben, so daß dieser, als er
in Betreff der Auswanderung gefragt wurde, ihm antwortete: „es ist
besser, du bleibst in Mekka." Demungeachtet sagte ihm jetzt der Pro=
phet: da du doch unter den Ungläubigen, unsern Feinden, gefangen
wardst, so kannst du deine Freiheit nur durch Lösegeld wieder erkau=
fen. Abbas hoffte dann, daß die zwanzig Okk Gold, welche er mitge=
nommen, und die als Beute in die Hände der Sieger gefallen, als Lö=
segeld angesehen würden; Mohammed sagte ihm aber: Das, was du
zum Verderben der Muselmänner und zur Unterstützung der Feinde
des Glaubens mitgenommen, kann nicht mehr als dein Gut betrachtet
werden. „So nöthigst du mich, das Lösegeld von den Kureischiten zu
erbetteln", sagte dann Abbas zu Mohammed. Dieser erwiederte aber:
„O Abbas! hast du nicht bei deiner Abreise deiner Gattin Um Fadhl
für den Nothfall viel Geld aufzubewahren gegeben?" „Wer hat dir
dieß Geheimniß geoffenbart?" fragte Abbas. „Gott, dem Nichts ver=
borgen bleibt", antwortete Mohammed. „Du hast wahrgesprochen",
versetzte Abbas mit aufrichtigem Herzen, „nur Gott weiß es." Er legte
dann öffentlich sein Glaubensbekenntniß ab, indem er ausrief: „Ich
bekenne, daß es nur Einen Gott gibt, und daß du sein Sklave und
sein Gesandter bist." Andere berichten indessen, daß Abbas sich erst
vor dem Feldzuge von Cheibar zum Islam bekehrte. Bei der Erobe=
rung von Mekka kam er dem Propheten nach Abu Anam entgegen,
und war das Siegel (der Letzte) der edlen Auswanderer."

Die Hinrichtung Okba's und Nadhr's findet man ebenfalls bei
Ibr. H. S. 100. u. 101. Ersterer kam vor der Hidjrah viel mit Mo=
hammed zusammen und stellte sich stets als dessen Freund. Eines Tages
lud er ihn zu einer Mahlzeit, welcher jener aber nur unter der Be=
dingung beiwohnen wollte, daß er das islamitische Glaubens=
bekenntniß ablege. Als Okba dieß that, kam sein Freund Ubejj Ibn
Challaf hinzu und machte ihm Vorwürfe. Okba sagte ihm: er habe
es nur gethan, damit Mohammed die Einladung annehme; da aber
Ubejj dieß nicht glaubte, sagte er: nun, ich werde (um dich zu über=
zeugen) nicht ruhen, bis ich Mohammeds Haupt mit Füßen getreten,

sein Gesicht vollgespuckt und seine Wangen mit der Faust durchschlagen;
auch will ich von nun an jedes Freundschaftsverhältniß mit ihm ab-
brechen. Eines Tages, als Okba im Rathhause sein ruchloses Vorhaben gegen Mohammed auszuführen wagte, sagte ihm dieser: O Okba!
wenn ich dich außerhalb Mekka treffe, werde ich mein Schwert gegen dein Haupt erheben. Als Mohammed jetzt den Befehl zu Okba's
Hinrichtung gab, sagte er: wem soll ich meine kleinen Töchter anvertrauen? Ueberlasse sie der Hölle! antwortete Jener.

Von Nadhr wird erzählt, daß er gleich in Mohammeds grimmi-
gem Blick seinen Tod gelesen habe, doch wendete er sich zu Mußab
Ibn Omeir, und sagte ihm: Da du hier mein nächster Verwandter
bist, so bitte Mohammed, daß er mich auch das Schicksal der übrigen
Gefangenen theilen lasse. Mußab verwarf aber seine Bitte, indem er
ihm sagte: „Klage deine eigene Schlechtigkeit an, denn du hast den
Gesandten und den Koran auf jede Weise verspottet und seine edlen
Gefährten geschmäht und mißhandelt."

Zu Anmerkung 171. u. 172. Seite 123. u. 124.

Daß Abd Allah gegen den Auszug aus Medina stimmte, berichtet
auch Ibr. H. S. 111., dann noch einmal S. 114. bei Gelegenheit
seines Rückzugs mit dreihundert Heuchlern, wo er sagt: „Mohammed
hat meinen Rath verworfen, und unerfahrene Kinder angehört, darum
kehren wir lieber in Frieden nach Hause zurück, als daß wir uns vergebens dem Schwerte aussetzen." Auch erzählt er, daß dieser Rückzug
nach dem Morgengebete bei dem Garten Schaut stattfand, während er
S. 113. berichtet, daß schon am vorhergehenden Tage Mohammed
selbst den Juden, welche Bundesgenossen Abd Allah's waren, befahl,
sich entweder zum Islam zu bekennen oder umzukehren, denn: „Wir
wollen nicht die Hülfe der Ungläubigen gegen die Götzendiener."

Zu Anmerkung 174. Seite 125.

Auch aus Ibr. H. sehe ich, daß ich das Wort „amit" richtig verstanden, denn er setzt S. 116. hinzu: es ist der Imperativ vom
Zeitwort „tödten", und bedeutet: tödte und zernichte die Ungläubigen
(imatahden amr olmaghileh kufari katl waihlak eileh dimek olur).

Zu Anmerkung 177. Seite 127.

Nach Ibr. H. verlor Mohammed mehrere Zähne, denn es heißt
bei ihm S. 119. im Widerspruch mit den ältern Quellen: „asnan ru-
baijahlerin schikest itdiler."

Zu Anmerkung 185. Seite 132.

Das von S. angegebene Datum spricht für den Anfang der Aera der Hidjrah vom 15. Juli.

Zu Anmerkung 187. Seite 133.

Auch nach Ibr. H. S. 130. u. 131. ward nicht nur Chubeib, sondern auch Zeid Ibn Aldathna außerhalb des heiligen Gebiets von Mekka hingerichtet. Ersteren kauften die Söhne eines Ungläubigen, welcher Harith hieß, und bei Bedr von Chubeib erschlagen worden war (nicht Ssifwan, der Sohn Omeije's, wie bei H. v. H. S. 133.), und Letztern kaufte Safwan Ibn Ommejja. Das Nähere über den von der Legende mährchenhaft ausgestatteten Zug von Radji findet man im ersten Bande der Zeitschrift für Kunde des Morgenlands von Ewald so meisterhaft dargestellt, daß ich mich begnügte, nur das Wesentlichste anzugeben. Aus dem daselbst abgedruckten Texte des Ibn Hischam ergibt sich auch ein neuer Beweis für die gewöhnliche Bedeutung des Wortes „mußab."

Zu Anmerkung 215. u. 220. Seite 144. u. 147.

Die wörtliche Uebersetzung der in der Beilage mitgetheilten Stelle aus dem Sirat Arrasul lautet:

„Es berichtete mir Mohammed Ibn Djafar, Ibn Zubeir, der es von Urwa, welcher es von Aischa gehört. Sie erzählt: Als der Gesandte Gottes (Gott sey ihm gnädig und bewahre ihn!) die Gefangenen der Beni Mußtalik vertheilte, fiel Djuweiria, die Tochter Harth's, dem Thabit Ibn Keis Ibn Schammas (oder seinem Vetter) zu, und ließ sich von ihm einen Freiheitsvertrag schreiben. Sie war eine anmuthige, hübsche Frau, Niemand sah sie, dessen Herz sie nicht gewann. Sie ging zum Gesandten Gottes (Gott sey ihm gnädig und bewahre ihn!), um ihn wegen ihres Freiheitsvertrags um Hülfe anzuflehen. Sie (Aischa) erzählt (ferner): Bei Gott, so bald ich sie an der Thüre meines Gemachs erblickte, haßte ich sie, denn ich wußte voraus, was ich später sah (daß sie Mohammed gefallen würde). Sie trat zu ihm hinein und sagte: O Gesandter Gottes! ich bin Djuweiria, die Tochter Harth's, Sohn des Abi Dharar, des Herrn seines Volkes. Mich hat ein Unglück getroffen, das dir nicht verborgen ist, ich bin dem Thabit Ibn Keis Ibn Schammas (oder seinem Vetter) durch das Loos zugefallen, und habe mir einen Freiheitsvertrag von ihm schreiben lassen; ich bin nun zu dir gekommen, um deinen Beistand zur Be-

freiung anzuflehen. Da sagte er: Willst du nicht etwas Besseres als
dieß? Sie erwiederte: Und was ist es, o Gesandter Gottes? Er antwortete: Ich will die zu deiner Befreiung gestellten Bedingungen erfüllen und dich heirathen. Sie sagte: Sehr wohl, o Gesandter Gottes! Er versetzte: Ich thue es. Sie (Aïscha) erzählt (ferner): Als sich
die Nachricht unter den Leuten verbreitete, daß der Gesandte Gottes
(Gott sey ihm gnädig und bewahre ihn!) Djuweiria, die Tochter
Harth's, Sohn des Abi Dharar, geheirathet, sagten sie: Die Schwä-
ger des Gesandten Gottes, dem Gott gnädig sey, (sind unsere Gefangenen), und sie ließen frei (Gottes Wohlgefallen sey mit ihnen!), was
in ihren Händen war. Sie (Aïscha) erzählt (ferner): Durch seine Vermählung mit ihr wurden hundert Familien von den Beni Mußtalik
befreit. Auch sagte sie (Aïscha): ich kenne keine Frau, die ihrem Volke
mehr Segen brachte, als sie (Djuweiria)."

Zu Anmerkung 230. Seite 155.

Die in der Beilage mitgetheilte Stelle aus J lautet wörtlich:
„Aus dem Buche Ischarat von Fachr Arrazi: Er (Mohammed), dem
Gott gnädig sey, blieb zur Zeit, als man Lügen über sie (Aïscha) verbreitete, größtentheils zu Hause. Da kam Omar zu ihm und er (Mohammed), dem Gott gnädig sey, fragte ihn um Rath über diese Begebenheit. Da sagte Omar: Ich will die Lügen der Heuchler abschneiden, denn ich entnehme die Unschuld Aïscha's, der Gott gnädig sey,
von den Mücken... (hier folgt nun, was schon in der Anmerk. 230. mitgetheilt worden), dann trat Ali, dessen Angesicht Gott verherrliche, zu
ihm (Mohammed), dem Gott gnädig sey, herein, und er (Mohammed)
fragte ihn um Rath. Da sagte ihm Ali, dessen Angesicht Gott verherrliche: Ich entnehme Aïscha's Unschuld aus einem Umstande, daraus
nämlich, daß wir einst hinter dir beteten, und du betetest mit deinen
Sandalen, dann zogst du einen deiner Sandalen aus. Da sagten
wir: soll uns das ein nachzuahmendes Beispiel seyn? Du antworte-
test: nein, denn Gabriel (Friede über ihn!) hat mich in Kenntniß gesetzt, daß an diesen Sandalen etwas Unreines. Wenn also an deinen
Schuhen nichts Unreines seyn kann (ohne daß Dich Gott davor warnt),
wie sollte es bei Deiner Gattin seyn können? Und er (Mohammed),
Gott sey ihm gnädig und bewahre ihn! wurde dadurch (durch diese
Antwort) erfreut.

Die aus Ibr. H. mitgetheilte Stelle lautet: „Als er (Mohammed)

auch Ali (er heißt im ganzen Werke murtadha, der Wohlgefällige)
Gelegenheit gab (nach Omar und Othman zu sprechen), sagte er:
Eines Tages, als wir mit euch (dem Ruhmwürdigsten aller Wesen)
unser Gebet verrichteten, zoget ihr eure Sandalen aus, und als wir
eurem Beispiele folgten, sagtet ihr: der Engel Gabriel hat uns berichtet, es hafte etwas Unreines an unsern Sandalen. Ist es nun möglich, daß in eurem Harem eine so ruchlose That begangen worden sey,
ohne daß von dem Erhabenen (Gott) ein Befehl herabkomme, (die
Ruchlose) zu verstoßen? Es ist Alles nur Verleumdung der Heuchler,
und hat weder Grund, noch Boden."

Zu Anmerkung 242. Seite 162.

Die Verse, die hier Mohammed gesungen haben soll, kommen auch
bei Ibr. H. S. 207. auf dem Feldzuge von Cheibar vor. Dort fingt
sie Amir Ibn Akwaa, wobei aber auch bemerkt wird, daß sie von Abd
Allah Ibn Rawaha sind. Es heißt dann noch: „Als Amir schwieg,
befahl Mohammed Abd Allah Ibn Rawaha, dem Dichter dieser Verse,
noch mehrere zu recitiren, und als er dieß gethan, erflehte jener Gottes
Gnade über ihn."

Zu Anmerkung 252. Seite 169.

Die aus dem Sirat Arrasul in der Beilage abgedruckte Stelle
ist schon übersetzt worden. Die aus dem Insan Alujun lautet ebenso:
„Denn Rufeida, der Gott gnädig sey, hatte ein Zelt in der Moschee,
in welchem sie die Verwundeten von den Gefährten (Mohammeds)
pflegte, welche Niemanden hatten, der ihnen Hülfe leistete. Seine
(Saads) Leute gingen zu ihm und hoben ihn auf einen Esel u. s. w."
Die aus Ibr. H. lautet: „Was Saad angeht, so war er im Kriege
des Grabens verwundet worden, und konnte daher an diesem Feldzuge keinen Antheil nehmen. Mohammed, der Tröster aller Leiden,
um ihn durch seinen Besuch zu beehren, hatte ihn in das Zelt einer
Wundärztin mit Namen Rufeida legen lassen." Ibr. H. weicht darin
von den andern Quellen ab, daß er das Zelt in die Nähe der Moschee setzt, während es nach den Andern in der Moschee selbst aufgeschlagen war, obschon er vielleicht auch den nicht für die Betenden bestimmten, Soffat genannten Theil der Moschee meint, welchen Andere
als einen Theil der Moschee betrachten. Wie dem aber auch sey, so ist
jedenfalls nur von einem Zelte die Rede, unter welchem Verwundete
von einer mildthätigen Frau verpflegt wurden, nirgends aber von

einem Spital, das neben dem von Jerusalem genannt zu werden verdiente.

Zu Anmerkung 263. Seite 175.

Die in der Beilage gedruckte Stelle aus Sirat Arrasul heißt wörtlich: „Urwa sagte ihm: Wer ist dieß, Mohammed? Er antwortete: Es ist der Sohn Deines Bruders, Mughira, der Sohn Schuba's. Er (Urwa) sagte: Treuloser! habe ich nicht erst vor Kurzem Deine Schmach abgewaschen? Ibn Hischam sagt: Urwa meinte damit: Mughira, der Sohn Schu'ba's, hatte vor seiner Bekehrung zum Islam dreizehn Mann von den Söhnen Maliks von (dem Stamme) Thakif ermordet, und es machten sich zum Kampfe auf die beiden Zweige aus dem Stamme Thakif (nämlich) die Söhne Maliks, das Geschlecht der Erschlagenen, und die Ahlaf, Geschlecht Mughira's. Urwa entrichtete dann den (Verwandten der) Ermordeten die Sühne für dreizehn Mann und ordnete diese Angelegenheit."

Der aus dem Insan Alujun mitgetheilte Text heißt wörtlich: „Es wird gesagt: Urwa meinte damit, daß er die Treulosigkeit Mughira's vor Kurzem bedeckt, weil Mughira, dem Gott gnädig sey, vor seiner Bekehrung zum Islam dreizehn Mann der Söhne Maliks von (dem Stamme) Thakif erschlagen hatte, die er nach Egypten, zu Mukaukas, dem sie Geschenke brachten, begleitete. Er erzählt (d. h. hier folgen Mughira's eigene Worte): Wir waren Küster der Lat, d. h. ihre Diener, und ich fragte meinen Oheim Urwa um Rath, ob ich sie begleiten sollte; er rieth mir, es nicht zu thun, aber (so fährt er fort) ich gehorchte seinem Befehle nicht. Mukaukas ließ uns in dem für Gäste bestimmten Tempel unterbringen. Dann ließ er uns vor sich kommen, und sie (die Beni Malik) brachten ihm die Geschenke. Da fragte er den Aeltesten der Leute nach mir, und er sagte: er gehört nicht zu uns, sondern zu den Ahlaf. So ward ich in seinen Augen am wenigsten geachtet, er erwies ihnen Ehre und vernachläßigte mich. Als sie weggingen, bezeugte mir Keiner von ihnen irgend eine Theilnahme; da befürchtete ich, sie möchten ihren Leuten erzählen, wie der König sie geehrt und mich mit Geringschätzung behandelt, und beschloß, sie zu ermorden. Als wir an einem (gewissen) Orte uns aufhielten, legte ich meinen Kopf nieder. Sie brachten mir Wein, ich sagte aber: mein Kopf schmerzt mich, doch will ich euch zu trinken geben. Ich schenkte ihnen dann viel ein, ohne den Wein mit Wasser zu mischen, bis sie leblos niedersanken, dann fiel ich über sie her und ermordete sie."

Gleichlautend mit dem Insan Al Ujun ist der aus Ibr. H. in der Beilage abgedruckte Text: „Urwa, über die kühne Handlung Mughira's gekränkt, sagte, als er erfuhr, daß sie von Mughira begangen worden: O Verräther! habe ich nicht noch damit zu thun, deinen Verrath gut zu machen? in Wahrheit, du bist ein ungebildeter Mensch. Zur Zeit seines Heidenthums hatte sich nämlich Mughira, gegen den Willen seines Oheims Urwa, dreizehn Latdienern von den zum Stamme Thakif gehörenden Beni Malik angeschlossen, welche mit einigen Geschenken zu Mukaukas, dem Statthalter von Alexandrien, gereist waren. Mukaukas ließ sie bei ihrer Ankunft in einen Tempel bringen, und ließ es nicht an Aufmerksamkeit und Ehren-Erweisungen gegen sie fehlen. Als er sie nach einigen Tagen der Ruhe vor sich kommen ließ und über Mughira's Umstände fragte, sagten die Beni Malik: Dieser Mensch gehört nicht zu uns, sondern zu den Ahlaf, so daß Mughira nicht die mindeste Ehre oder Wohlthat erwiesen ward. Als er nach ihrer Abreise auch bei seinen Reisegefährten nicht die geziemende Theilnahme fand, dachte er: wenn sie die mir widerfahrene Zurücksetzung unter meinem Volke verbreiten, so wird mir dieß manche Beschämung zuziehen, und beschloß daher, sie zu tödten. Unterwegs, als sie sich an einem schönen Platze niedergelassen, und mit Weintrinken beschäftigt waren, sagte Mughira: ich habe Kopfschmerzen und kann heute nicht euern Genuß theilen, doch will ich den Dienst des Schenken versehen. Nachdem er ihnen nun so viel zu trinken gegeben, bis sie ganz besinnungslos waren, spaltete er ihnen Allen die Hirnschale, und machte es mit dem Leben der Trinkgenossen dem Inhalte des Verses zufolge: „Bis an den Rand gefüllt, macht er die Runde um die Gesellschaft, aber der Becher zerbricht, der Wein fließt dahin und auch der Schenke weilt nicht länger."

Ibr. H. erzählt dann hierauf, daß Mughira geradezu mit aller Habe der Ermordeten nach Medina reiste, und sich zum Islam' bekannte. Als er den fünften Theil davon hergeben wollte, sagte ihm Mohammed: wir nehmen dich als Muselmann bei uns auf, nicht aber dein Gut, das du durch Verrath erworben. Als hierauf die Beni Malik gegen das Geschlecht Mughira's Krieg führen wollten, bezahlte Urwa, um die Flamme des Kriegs zu löschen (Urwah itfai naïrehi kital idjün), den Erben der Ermordeten die Sühne für dreizehn Mann. Ueber Ahlaf, das ich Anfangs für „Bundesgenossen" genommen, das aber der Name eines Zweigs der Thakisten ist, s. den Kamus.

Zu Anmerkung 268. Seite 178.

Nach einer andern Tradition, die auch Ibr. H. S. 189. anführt, ließ sich Mohammed, als Ali sich weigerte, die Worte: „Gesandter Gottes" zu streichen, sich dieselben zeigen, und strich sie dann selbst, woraus also hervorginge, daß er damals noch nicht lesen konnte; dafür spricht auch die in der Anmerkung 170. erwähnte Tradition, nach welcher Mohammed sich den Brief seines Oheims von Ibn Kaab vorlesen ließ, den er doch, da er schon aus der großen Eilfertigkeit des Boten schließen konnte, daß er eine höchst wichtige Nachricht bringe, gewiß zuerst selbst gelesen hätte, ehe er dessen Inhalt einem Andern anvertraute.

Zu Anmerkung 283. Seite 186.

Hier ist Ibr. H. im Widerspruch mit den ältern Quellen, denn er nennt S. 214. auch Watih und Sulam „fei." S. 212. erzählt er übrigens selbst, daß die Muselmänner vierzehn Tage mit der Belagerung dieser beiden Schlösser beschäftigt waren, und daß sie sich schon anschickten, die Wurfmaschinen gegen sie zu gebrauchen, als die Juden sich ergaben. Man sieht also nicht ein, warum die Beute nicht unter den Truppen vertheilt werden sollte. Auch die Beni Kureiza ergaben sich ja zuletzt, ehe ihre festen Plätze eingenommen wurden, und doch war ihre Beute nicht Privateigenthum Mohammeds. Nur Fadak, welches gar nicht belagert wurde, und die Güter der Beni Nadhir, welche ganz in der Nähe von Medina waren, konnte Mohammed als „fei" erklären.

Zu Anmerkung 290. Seite 189.

Der von mir gerügte Widerspruch ist auch den muselmännischen Biographen nicht entgangen. Ibr. H., welcher S. 236. das auch von mir weiter unten angeführte Bekehrungsschreiben Mohammeds an den Nadjaschi mittheilt, welcher eine ausweichende Antwort darauf gab, schreibt dann S. 237.: Man wisse, daß dieser Nadjaschi ein Anderer als der Erste ist, denn dieser hieß Aßhama, zu ihm flüchteten sich zweimal die muselmännischen Auswanderer, ihn beehrte Mohammed mit dem Auftrage, ihn als seinen Stellvertreter mit Umm Habiba zu vermählen, und er bekehrte sich nach allen Berichten zum Islam. Er erhielt zwei Schreiben von Mohammed im sechsten Jahre der Hidjrah, in dem einen ward er aufgefordert, sich zum Islam zu bekennen, und in dem andern, ihm Um Habiba anzutrauen; in Betreff der Rück= kehr der Auswanderer erhielt er aber keinen Auftrag. Der Name jenes

Nadjaschi (des zweiten) aber ist unbekannt, er erhielt nur den Befehl wegen Heimsendung der Ausgewanderten, nicht aber in Betreff der Vermählung Um Habiba's; auch war er es nicht, bei dem die Muselmänner Schutz gesucht. Letzterem schrieb Mohammed nur einen Brief, in welchem er ihn aufforderte, den Islam anzunehmen und die Muselmänner zurückzusenden u. s. w. Gegen diese Lösung des Räthsels spricht aber noch eine andere Tradition, der zufolge Mohammed nach der Heimkehr vom Feldzuge von Tabuk, im Monat Radjab des neunten Jahrs der Hidjrah, eines Morgens gesagt haben soll: „So eben ist der Nadjaschi Aßhama gestorben." Ibr. H. weiß daher keine andere Ausflucht, als daß entweder Beide Aßhama hießen, und auch der zweite sich später, als er mehr Anklang bei seinen Unterthanen fand, zum Islam bekehrte, so daß Mohammed für ihn betete, oder daß Aßhama abgesetzt worden und ein anderer Nadjaschi, den Mohammed im siebenten Jahre d. H. bekehren wollte, an die Regierung kam, und vor dem neunten Jahre d. H. entweder starb oder vom Throne gestürzt ward, so daß im neunten Jahre der erste Aßhama wieder Nadjaschi war und als solcher sein Leben endete. Mögen die Muselmänner, um ihr heilige Tradition zu verfechten, allen Scharfsinn aufbieten, der europäische Kritiker wird aber nicht zweifeln, daß die Bekehrung des Nadjaschi ebenso gut als die des Heraklius, welcher sie aus Furcht, den Thron zu verlieren, geheim gehalten haben soll, in das Gebiet der Legende gehört.

Zu Anmerkung 309. Seite 199.

Nach Ibr. H. S. 227. ging die Gesandtschaft Mohammeds an den Kaiser nicht nach Syrien, sondern nach Konstantinopel. Wie wenig Vertrauen aber dieser Autor hierin verdient, geht aus seinen eigenen Worten hervor, denn S. 232. berichtet er, daß Abd Allah Ibn Hudsafa, den Mohammed an Kosru Perwiz an demselben Tage sandte, an welchem Dihja Ibn Chalifa nach Konstantinopel reiste, auf seinem Wege dem Kaiser begegnete, welcher seinem Gelübde zufolge mit dem wieder von den Persern zurückerhaltenen Kreuze nach Jerusalem wallfahrte, während wir doch aus gleichzeitigen griechischen Quellen wissen, daß Heraklius erst nach Chosroes' II. Tod das heilige Kreuz wieder erhielt und hernach erst seine Reise nach Syrien unternahm.

Zu Anmerkung 310. Seite 200.

Auch bei Ibr. H. S. 239. heißt der Statthalter von Jamama: Haudsa Ibn Ali Hanasi, und Mohammeds Gesandter: Salit Ibn

Amru Alamiri. Mohammeds Brief lautet: „Im Namen Gottes, des Allbarmherzigen, Allmilden. Von Mohammed, dem Gesandten Gottes, an Haudſa Ibn Ali. Friede über den, welcher der Leitung folgt. Wiſſe, daß mein Glaube ſich verbreiten wird, ſo weit die Hufen der Pferde und Füße der Kameele reichen. Werde Muſelmann! ſo biſt du gerettet, und ich beſtätige dich als Herrn deiner Unterthanen." Haudſa ſoll dann verlangt haben, die Herrſchaft mit Mohammed zu theilen, worauf dieſer aber natürlich nicht einging.

Zu Anmerkung 318. Seite 206.

Auch Ibr. H. (S. 300.) ſetzt den Zug von Muta in den Monat Djumadi-l-Awwal und die Eroberung von Mekka (S. 261.) in den Ramadhan; letzterer wird nur zuerſt erzählt, weil er eine ghazwat iſt, erſterer hingegen eine ſarijjah.

Zu Anmerkung 330. Seite 212.

Auch Ibr. H. unterſcheidet richtig die beiden Abu Soſtan. S. 261. lieſt man: „Als das muſelmänniſche Heer in Abwa war, kam Mohammeds Vetter und Milchbruder, Abu Soſtan Ibn Harith Ibn Abd Almuttalib, mit ſeinem Sohne Djafar und Abd Allah Ibn Ommeſſa, der Sohn Atika's, Tante des Geſandten Gottes, zur Armee. Mohammed ließ ſie wegen ihres frühern gehäſſigen Benehmens gegen ihn nicht vor; zwar legte Um Salma Fürbitte für ſie ein, aber er ſagte: Ich brauche ſie nicht; erſt als Abu Soſtan ſchwur: er würde ſeinem und ſeines unſchuldigen Sohnes Leben in der Wüſte ein Ende ſetzen, ward Mohammed gerührt und nahm ihr Glaubensbekenntnß an." S. 264. heißt es dann: „Als die Muſelmänner in Marr Azzahran ihre Zelten aufgeſchlagen hatten, begegnete Abbas, der ſchon in Djohfa zu Mohammed gekommen war, Abu Soſtan (Ibn Harb), Budeil und Hakim Ibn Hizam, welche, zwar von dem Zuge der Muſelmänner noch nicht unterrichtet, doch einen Krieg befürchtend, abermals nach Medina reiſen wollten, um den Frieden herzuſtellen. Abbas nahm dann, wie ſchon im Texte erzählt worden, Abu Soſtan zu ſich auf ſein Kameel, und ſchützte ihn gegen Omar. Mohammed ſprach ſich an jenem Abende gar nicht über ihn aus, erſt am folgenden Morgen, als ihn Abbas wieder vor ihn führte, und er nach langem Zögern ſich zum Islam bekehrte, ward ihm Sicherheit zugeſagt." In vielfacher Beziehung unrichtig iſt demnach folgende Stelle bei H. v. H. S. 172.: „Das Heer war schon in der Nähe Mekka's bis nach Dschohfa gelangt, wo in der Nacht zehntausend Wachfeuer aufleuchteten. „O Vater Hansala's!" sagte Abbas, der Oheim Mohammeds, zu Ebi Sofian, „siehst du die zehntausend Flammenboten der Ankunft Mohammeds?" — „Was zu thun, o Vater Fadhls?" antwortete dieser; „dein Heil ist nur in der Unterwerfung", entgegnete Abbas. So zog denn Ebi Sofian und sein Sohn Dschaafer nach Dschohfa. Den Oheim empfing Mohammed freundlich, aber auf die von Omm Selma, welche den Propheten auch auf diesem Feldzuge, wie auf dem letzten begleitete, eingelegte Fürbitte für Ebi Sofian und seinen Sohn, sagte Mohammed: „Ich brauche sie nicht", und ließ sie über Nacht bewachen. Am Morgen ließ er den Ebi Sofian vorführen, und sagte zu ihm: „O Ebi Sofian! bist du noch nicht zur Erkenntniß gekommen, daß kein Gott außer Gott?" Ebu Sofian und sein Sohn legten Beide das Bekenntniß des Islams ab."

Zu Anmerkung 353. Seite 223.

Daß die Sängerin Sara zusammengehauen wurde, als man Hatibs Brief auf ihr fand, wird auch von Ibr. H. nicht gesagt, sondern es heißt nur (S. 259.): „Ali, Zubeir und Mikdad machten sich nach Mohammeds Befehl auf den Weg, und als sie diese Heuchlerin an dem von ihm bezeichneten Orte fanden, forderten sie den verborgenen Brief. Im Anfang leugnete sie, nach ihren Drohungen aber (ba'da-l-indsar) zog sie ihn zwischen ihren Haarflechten hervor und überlieferte ihn. Sie nahmen ihn und gaben dem Besten der Geschöpfe (Mohammed) Kunde davon." Von der Sängerin ist weiter keine Rede mehr. Am Anfang der Seite wird erzählt, sie sey eine Sklavin Abu Amru's Ibn Dheisi, Ibn Haschim, Ibn Abd Menafs, gewesen, und habe aus Noth Mekka verlassen, weil seit dem Treffen von Bedr die Mekkaner alle Freude an Gesang und andern Vergnügungen verloren, sey aber in Medina auf Mohammeds Befehl reichlich beschenkt worden. Ibr. H. theilt auch Hatibs Brief mit, der, wenn er ächt ist, beweist, daß Hatib in der That kein Verräther, sondern der ihm gewordenen Gnade würdig war. Er lautet: „Von Hatib, dem Sohne Abi Baltaa's, an die Bewohner Mekka's. Wisset, daß der Gesandte Gottes (Gott sey ihm gnädig und bewahre ihn!) gegen euch zieht mit einem Heere wie die Nacht; er rückt heran wie ein reißender Strom; aber ich schwöre bei Gott, daß, wenn er auch allein gegen euch zöge, Gott, der Erhabene, ihm den Sieg über euch verleihen würde, um zu vollbringen, was er ihm verheißen gegen euch. Gewiß, der erhabene Gott ist sein Beschützer und sein Herr. Ich hoffe, daß mir dieses Schreiben euern Schutz und euer Wohlwollen gewinnen wird."

Zu Anmerkung 357. Seite 228.

Bei Ibr. H. S. 245. u. 246. werden die verschiedenartigsten Meinungen über das Verbot der Miethehe angeführt. Nach einigen ward sie auf dem Feldzuge von Cheibar verboten, bei der Eroberung von Mekka auf drei Tage erlaubt, dann wieder auf immer verboten; nach andern verbot sie Mohammed auf dem Feldzuge von Autas, nach Manchen auf dem Feldzuge von Tabuk und nach Einigen erst bei seiner letzten Wallfahrt nach Mekka. Einige behaupten sogar, Mohammed habe die Miethehe nie absolut verboten, und stützen ihre Behauptung auf eine Aussage des Ibn Abbas und auf eine andere Tradition von Djabir, derzufolge die Miethehe bis zur Zeit Omars erlaubt war. Die Schiiten, welche viele Traditionen der Sunniten nicht anerkennen, behaupten, daß die Miethehe nicht nur erlaubt, sondern sogar jeder andern Ehe vorzuziehen ist. Auch wird erzählt, daß unter dem Chalifate Mamuns, der sich zu den Schiiten hinneigte, und das schwarze Gewand der Abbasiden mit dem grünen der Aliden vertauschte, auf den Straßen Bagdads die Miethehe als gesetzlich erlaubt ausgerufen ward. Als indeß der Kadhi Jahja dieß hörte, begab er sich zu Mamun, und erklärte ihm, daß die Miethehe sowohl der Schrift als der Tradition zufolge der Buhlerei ähnlich ist. In der heiligen Schrift, sagte er, ist den Männern nur der Beischlaf ihrer Gattinnen oder Sklavinnen erlaubt, da doch aber die Kinder einer gemietheten Frau kein Recht an der Erbschaft des Vaters haben, so kann sie auch nicht als Gattin angesehen werden und noch weniger als Sklavin. Auch, fuhr er fort, besteht eine allgemein anerkannte Tradition des Imam Zuhra, derzufolge Ali gesagt haben soll: „Der Gesandte Gottes, dem Gott gnädig sey, hat mir befohlen, auszurufen, daß die Miethehe verboten." Mamun fragte dann alle anwesenden Gelehrten, ob ihnen diese Tradition bekannt sey, und als sie einstimmig seine Frage bejahten, ließ er die Miethehe wieder als verboten ausrufen.

Zu Anmerkung 366. Seite 233.

Auch bei Ibr. H. S. 280. wird nicht gesagt, daß diese Worte Mohammeds für göttliche Eingebung gehalten werden. Er sagt zuerst, sie werden nicht als „Schi'run" betrachtet, weil „Radjaz" nicht als solcher angesehen wird, aber selbst nach dem System Chalils, der „Radjaz" auch dafür hält, gelten diese Worte doch für kein „Schi'run", weil sie nur so zufällig und nicht absichtlich gesprochen worden. Dagegen läßt sich aber einwenden, fährt er fort, daß ja auch im Koran, wo doch nichts zufällig ist, manche wirkliche Verse vorkommen; Einige behaupten daher, das Wort „Schi'run" passe nur für Verse, die sich an Vorhergehende und Folgende anschließen, was weder hier, noch im Koran der Fall ist, Andere hingegen, daß man unter „Schi'run" nur solche Verse verstehe, die in der Absicht, ein Gedicht zu bilden, verfaßt worden, eine solche Absicht fand aber weder bei diesem Ausrufe Mohammeds, noch bei den im Koran vorkommenden Versen Statt.

Zu Anmerkung 371. Seite 237.

Daß Mohammed während der Belagerung von Taif nicht in, sondern zwischen den Zelten seiner Gattinnen betete, liest man auch bei Ibr. H. S. 285.: „muddat hisardeh pischewai djamaat asfai hazratleri Namazi Umm Salma wezeinab razia allahu anhuma *cheimehleri mijanindeh* eda bujurdiler." Auf den beiden folgenden Seiten wird auch berichtet, daß Taif nicht eingenommen wurde. S. 286. heißt es nämlich: Chaula, die Tochter Hakims, Gattin Othmans Ibn Mazun, sagte zu Mohammed: Gesandter Gottes! ist irgend ein Abhaltungsgrund vorhanden, daß du so lange zögerst, den Befehl zur Erstürmung von Taif zu geben? Auch Omar richtete dieselbe Frage an Mohammed, welcher antwortete: Ich habe noch keine Erlaubniß vom Allmächtigen dazu. Mit Mohammeds Erlaubniß gab dann Omar den Befehl zum Aufbruch. Da indessen Mohammeds Gefährten sich nicht gerne fügten, indem sie sagten: „wie sollen wir heimkehren, bevor wir Taif erobert?" gab er den Befehl zum Angriff. Als aber die Gefährten mit lautem Kriegsgeschrei sich der Festung näherten, wurden Viele von ihnen verwundet, sogar Abu Sofian Ibn Harb ward von einem Pfeil auf das Auge getroffen, und er kam mit dem Auge in der Hand vor Mohammed. Dieser sagte ihm: ist dir lieber, daß dein Auge wieder werde, wie es war, oder ziehst du vor, einst ein reines, lichtvolles Auge aus dem Paradiese dafür zu erhalten? Abu Sofian zog Letzteres vor, und warf sein Auge auf den Boden. Ibr. H. erzählt dann S. 287., daß Abu Sofian in der Schlacht von Jarmuk sein anderes Auge verlor, und daß Chalid auf Omars Befehl nach dieser Schlacht den Oberbefehl an Abu Ubeida übergab. Dann fährt er fort: Als Mohammed sah, daß viele Leute verwundet waren, die Festung nicht einnehmen konnten, und in die größte Bestürzung geriethen, sagte er: wir kehren um, mit Gottes Willen. Alle freuten sich darüber, und ließen ab von ihrem schweren Unternehmen. Mohammed lächelte über diese schnelle Veränderung, und wiederholte die Worte: „es gibt nur Einen Gott, er hat seine Verheißung erfüllt, seinem Knechte geholfen und die Schaaren zerstreut", und erinnerte sie während des Zuges an die Worte: „Zurückkehrend und unsern Herrn anbetend und ihn preisend."

Zu Anmerkung 398. Seite 259.

Der in dieser Anmerkung gerügte Fehler des H. v H. rührt nicht von ihm, sondern von Ibr. H. her, bei welchem man (S. 335.) liest: Als Mohammed vernahm, daß sich die Heuchler im Hause Saweilams versammelt, sandte er Talha Ibn Abd Allah mit einigen entschlossenen Männern zurück, welche es in Brand steckten. Ein Heuchler mit Namen Dhahhak Ibn Chalifa, welcher durch das Hinterhaus dringen wollte, brach ein Bein, die übrigen Heuchler entkamen glücklich. Man sagt, Dhahhak habe über diesen Vorfall folgende Verse gedichtet: „Bei dem Tempel Allah's, Dhahhak und Ibn Ubeirak waren nahe daran, in Mohammeds Flamme zu verderben. Weil ich Saweilams Haus besucht, seufze ich nun über gebrochenen Arm und Fuß. Friede über euch! Dergleiche bleibe fern von mir! ich fürchte mich, denn wer von Flammen umringt ist, der verbrennt." Ich kann indessen nur wiederholen, daß diese Sage auf einem Mißverständniß der älteren arabischen Quellen beruht, und diese Verse imponiren mir so wenig, als die, welche Amina vor ihrem Tode, oder Adam, als er aus dem Paradiese vertrieben ward, gedichtet haben soll.

Gleich darauf folgt dann bei Ibr. H. die Erzählung von Ali's Zurückbleiben und dem Gerede der Heuchler: „daß er Mohammed" (nicht Mohammed und der Feldzug ihm, wie bei H. v H.) lästig. „hazrati murtaza mustathkali Sultani-l-Anbija olmaghileh."

Zu Anmerkung 404. Seite 263.

Auch bei Ibr. H. S. 338. lautet Mohammeds Schreiben an den Fürsten von Eila, so wie ich es angegeben, nur heißt es im Anfang: „An die Bewohner von Eila, ihre Bischöfe und Fürsten." Darauf folgt dann das Schreiben an die Bewohner von Adsruh (nicht Esrah „sathi hamza wasukuni dsal wazammi rai ileh") und Djarba, welches lautet: „Dieß ist das Schreiben Mohammeds, des Propheten, an die Bewohner von Adsruh und Djarba. Sie sollen sicher seyn durch den Schutz Gottes und den Schutz Mohammeds, und haben jeden Radjab hundert Dinare richtig zu bezahlen. Gott ist Bürge für (ihren?) treuen Rath und Wohlthat gegen die Muselmänner."

Zu Anmerkung 411. Seite 268.

Die Worte „wairsadan liman haraba Allaha" erklärt auch Ibr. H., wie ich es gethan, denn er bemerkt dazu (S. 347.): In Erwartung des gottlosen Abu Amir, der schon früher Gott und seinen Gesandten bekämpft (waanden mukaddam Allahu taala warasulineh muharabat iden Abu Amir fasikeh intizar idjun).

Zu Anmerkung 415. Seite 273.

Nach Ibr. H. S. 260. erschien dieser Vers bei folgender Gelegenheit: Als die Benu Kureiza sich von ihren Glaubensgenossen verlassen sahen, baten sie Mohammed, ihnen Abu Lubaba zu senden, damit sie sich mit ihm über ihre Lage besprächen. Abu Lubaba war nämlich ein Ausite, so daß die Juden, welche früher Verbündete der Beni Aus waren, volles Vertrauen zu ihm hatten. Als Abu Lubaba mit Mohammeds Erlaubniß sich zu ihnen verfügte, stürzten sie ihm Alle laut schluchzend entgegen und fragten ihn, ob er ihnen rathe, sich Mohammed auf Gnade und Ungnade zu ergeben. Abu Lubaba, gerührt von dem Wehegeschrei der Juden, fuhr, während er von ihrer Uebergabe sprach, mit dem Finger nach dem Halse, gleichsam um ihnen anzudeuten, daß sie in diesem Falle dem Schwerte nicht entrinnen würden. Abu Lubaba erkannte aber bald sein Unrecht, und sah ein, daß er einen Verrath gegen Gott und Mohammed begangen. Da er die Anwesenheit Mohammeds nicht mehr ertragen konnte, bat er um Erlaubniß, nach Medina zurückzukehren, und verließ sogleich das Heer der Belagerer. Er begab sich hierauf in die Moschee, band sich an einen Pfeiler fest, und schwur: diese Stelle nicht zu verlassen, bis Mohammed ihn begnadigen und selbst entfesseln würde. Nur zur Zeit des Gebets kam seine Frau und band ihn los, sobald er aber sein Gebet verrichtet hatte, ließ er sich wieder von ihr festbinden. Als Mohammed dieß hörte, sagte er: wäre er hieher gekommen, und hätte mich gebeten, Gottes Gnade für ihn zu erflehen, so würde ich es gethan haben, so

aber kann ich ihn nicht befreien, bis mir es es Gott befiehlt. Abu Lubaba brachte sechs Tage mit der größten Beharrlichkeit am Pfeiler der
Moschee zu; in der siebenten Nacht, als sich Mohammed im Gemache
seiner Gattin Um Salma befand, erschien ihm gegen Morgen der Engel Gabriel mit dem Verse: „Andere bekannten ihr Vergehen und
vermischten gute Werke mit schlimmen, vielleicht wird sich Gott wieder
ihnen zuwenden." Mohammed, über diese, Abu Lubaba's Begnadigung
aussprechende Offenbarung erfreut, fing an zu lächeln und theilte sie
Um Salma mit, welche ihn nach der Ursache seines Lächeln gefragt.
Da zu jener Zeit Mohammeds Gattinnen noch frei umhergingen, so
lief Um Salma selbst in die Moschee, um ihm seine Begnadigung mitzutheilen. Als man ihn aber hierauf losbinden wollte, gab er es nicht
zu, weil er geschworen hatte, Mohammed müsse ihn mit eigener Hand
befreien. Dieß geschah auch, sobald er zur Verrichtung des Morgen-
gebets in die Moschee kam.

Zu Anmerkung 433. Seite 283.

Die Beilage aus Sirat Arrasul ist schon übersetzt, die aus Ibr.
H. (S. 356.) lautet: „Der edle Gesandte, Besitzer erhabener Tugenden, über den Glück und Heil (Mohammed), der Bitte des Elenden
und Ueberwältigten (Abd Allah's) nachgebend, hüllte ihn in sein segen-
reiches Hemd, und beeilte sich, für ihn zu beten. Da wagte es der erhabene Scheidende (Omar), ihm entgegenzutreten, und erstaunt zu
fragen: „O Gesandter Gottes! willst du bei dem Gebete für diesen
Heuchler anwesend seyn?" Der edle Gesandte antwortete: O Omar!
Gott, der Gepriesene, hat mir in dieser Sache dem Verse zufolge:
„bete um Vergebung für sie oder nicht, wenn du auch siebenzigmal für
sie betest, vergibt ihnen Gott doch nicht", die Wahl gelassen, und darum
bete ich mehr als siebenzigmal um Vergebung; er verrichtete daher
das Gebet für ihn, und war zugegen bei dessen Beerdigung. Zu
dieser Zeit erschien aber der Vers: „Bete niemals für einen von ihnen
bei seinem Tode und betrete nicht sein Grab, denn sie haben Gott und
seinen Gesandten geleugnet, und sind als Ruchlose gestorben." Nachher
war es ihm nicht mehr gestattet, für die verhaßte Rotte der Heuchler
zu beten."

Vorher heißt es: Abd Allah hütete zwanzig Tage das Bett, Mohammed besuchte ihn häufig, und da er auch in der Todesstunde bei
ihm war, sagte er ihm: „O Abd Allah! habe ich dir nicht von deiner
Liebe zu den Juden abgerathen? du hast mir aber kein Gehör geschenkt."

Abd Allah bat ihn, er möchte ihn jetzt mit seinen Vorwürfen verschonen und nach seinem Tode bei seiner Waschung gegenwärtig seyn, ihn in ein Hemd hüllen, das sein edler Körper berührt, das Gebet für ihn verrichten, und Gottes Vergehung auf ihn herabrufen. Als der Elende todt war, u. s. w.

Nach der in der Beilage mitgetheilten Stelle heißt es dann noch bei Ibr. H.: Man erzählt: Als Abbas im Treffen von Bedr gefangen und seiner Kleider beraubt ward, konnte man wegen seiner außerordentlichen Größe kein passendes Hemd für ihn finden, bis ihm Abd Allah Ibn Ubejj eines der seinigen schenkte; um ihn dafür zu belohnen, hüllte ihn Mohammed in sein Hemd. Als indessen seine (Mohammeds) Gefährten ihn über diese Handlungsweise zur Rede stellten, sagte er: weder mein Hemd, noch mein Gebet können ihm nützen, ich hoffe aber, daß Gott dadurch tausend andere Heuchler in reine Muselmänner verwandeln wird, und in der That schloßen sich, durch diese edle Handlung Mohammeds, tausend Heuchler den aufrichtigen Muselmännern an." Mohammeds Gebet für Abd Allah, als Versöhnungsakt mit dessen Anhängern, mag wohl als ein historisches Faktum betrachtet werden, Abd Allah's Bitte darum ist aber gewiß in eine Kategorie mit Abu Talibs Glaubensbekenntniß in der Todesstunde zu setzen, und die Geschichte mit dem geschenkten Todtenhembe als eine mährchenhafte Ausschmückung der geschichtlichen Thatsache zu betrachten, freilich ungeschickt genug, denn da Abd Allah von gleicher Größe wie Abbas war, und dieser kein anderes Hemd als das Abd Allah's anziehen konnte, so konnte auch Jener unmöglich das Mohammeds anziehen.

Zu Anmerkung 515. Seite 322.

Die Worte, welche Mohammed an die Bewohner der Gräber richtet, lauten bei Ibr. H. (S. 399.) gerade so, wie ich sie angeführt, man liest nur *lajahni* statt *lahaniun* und *scharrun* statt ascharru, was aber den Sinn nicht ändert.

Zu Anmerkung 533. Seite 333.

Der in der letzten Beilage mitgetheilte Text ist schon wörtlich übersetzt worden. Ueber Abu Hureira liest man bei Ibr. H. S. 248.: Er hieß als Heide Abd Eschems Ibn Amir und als Muselmann Abd Allah, er war ein Schafhirt, und führte immer eine schöne Katze nach, mit der er spielte, weßhalb er den Beinamen Abu Hureira (Katzenvater) erhielt. Nach seiner Bekehrung zum Islam hielt er sich immer in dem, Soffat genannten Theile der Moschee auf, und trennte sich nicht von Mohammed, wie die übrigen Ausgewanderten, welche Handel und Feldbau trieben, darum war er auch erfahrener als die übrigen Gefährten in den Traditionen und Gebräuchen des Propheten. Er starb in der letzten Zeit von Muawia's Chalifat, in einem Alter von achtundsiebenzig Jahren, im J. 57. der Hidjrah. In den Traditions= büchern hat man von ihm 5374 Ueberlieferungen aufbewahrt.

Zu Anmerkung 535. Seite 334.

Das Wort Sakifatun kommt auch bei Ibr. H. S. 71. in der Be= deutung von „oberes Stockwerk" vor, denn Abu Ajub erzählt dort: „Unser Haus enthielt ein oberes und ein unteres Stockwerk, da ich mit meiner Familie im obern Stockwerke (tabakehi faukaniehdeh) wohnte, nahm Mohammed das untere ein. In der Nacht sagte ich zu meiner Gattin: es ziemt sich nicht, daß der edle Prophet. dem göttliche Offen= barung zukommt, unten wohne, er ist in jeder Beziehung des obern Stocks würdiger als wir. Meine Frau stimmte mir bei, und wir konnten vor Aerger und Verdruß die ganze Nacht nicht schlafen. Des Morgens begab ich mich zum Gesandten Gottes, und erzählte ihm, daß wir die ganze Nacht schlaflos zugebracht, und schwur bei Gott, daß ich nicht in einem obern Stock (sakifahdeh) bleiben werde, wenn im un= tern ein von Gott gesandter Prophet wohnt, worauf dann Mohammed in einen Umzug willigte. Sollte Abu Ajub etwa Mohammed sein Dach zur Wohnung angewiesen haben???

Sach- und Namenregister.

A.

Aad, Stamm, 262.

Aascha, der Dichter, bekehrt sich nicht, 16.

Aaß, Amru's Vater, 20.

Abbad, Ibn Baschir, soll Abd Allah Ibn Ubejj erschlagen, 149.

Abbas Ibn Abd Almuttalib, Mohammeds Oheim, 8, 10, 11, nimmt Mohammed mit in den Krieg, 30, begleitet ihn auf den Berg Akaba, 74, muß sich bei Bedr loskaufen, 113, 414, dient Mohammed als Spion, 114, gibt Nachricht vom Auszuge der Kureischiten, 123, vermählt Meimuna mit Mohammed, 203, kömmt ihm nach Djohfa entgegen, 214, beschützt Abu Sofian, 215 423, zeigt ihm die muselmännische Armee, 216, ruft die Flüchtlinge bei Honein zurück, 233, gibt Geld her zum Feldzuge von Tabuk, 260, Moh. erklärt den Zins, den er aus stehen hat, für verschollen, 300, fordert Ali auf, von Moh. eine Erklärung über die Nachfolge zu begehren, 323, besteht darauf, daß Mohammeds Leiche gewaschen werde, 338.

Abbas Ibn Mirdas, Dichter, wird von Mohammed bestochen, 238—240.

Abd Aldar, Sohn Kußei's, 5, 11.

Abd Allah, Abu Bekr's Diener, 83.

Abd Allah, Ibn Abbas, 317.

Abd Allah, Ibn Abd Allah, Ibn Ubejj, Mohammeds Sekretär, 350.

Abd Allah, Ibn Abd Almuttalib, Mohammeds Vater, soll geopfert werden, 8 heirathet Amina, 22, sein Tod und seine Verlassenschaft, ibid.

Abd Allah, Ibn Abu Hadr, ein Kundschafter Mohammeds 232.

Abd Allah, Ibn Abu Ommejja, Mohammeds Schwager und Vetter, 212, 213.

Abd Allah, Ibn Alarkam, Mohammeds Sekretär, 350.

Abd Allah, Ibn Amru, 124.

Abd Allah, Ibn Chatal, wird hingerichtet, 220.

Abd Allah, Ibn Djahsch, sein Raubzug, 98—101, 394.

Abd Allah, Ibn Djud'an, 32 403.

Abd Allah, Ibn Hudsafa, 422.

Abd Allah, Ibn Masud, 50.

Abd Allah, Sohn Mohammeds, 32.

Abd Allah, Ibn Ommejja, Mohammeds Vetter, seine Bekehrung, 212, 423.

Abd Allah, Ibn Rabiah, reist mit Amru nach Abyssinien, 57.

Abd Allah, Ibn Rawaha, ein Dichter, verkündet den Sieg von Bedr in Medina, 109, Mohammed singt einige seiner Verse, 162, 418. ermordet Juseir, 171, sein Tod, 206, 207, war Mohammed's Sekretär, 351.

Abd Allah, Ibn Saad, wird von Mohammed begnadigt, 220, Koransvers gegen ihn, 376.

Abd Allah, Ibn Salam, 90, seine Bekehrung, 93.

Abd Allah, Ibn Ubejj, rettet die Benu Keinukaa, 118, 119, ist gegen den Krieg von Ohod, 123, zieht sich zu-

B.

Beute, Theilung derselben, 110, 111, 138, 185, 188, 241, 242.

Bilal, der erste Gebetausrufer, (Muaddsin) 51, 408.

Bina, Hochzeit, 89.

Borak, geflügeltes Pferd, 70.

Boßra, Mohammeds Reisen dahin, 28, 35.

Buath, oder Bughath, Krieg von, 71.

Budeil, Ibn Waraka, 214, 423.

Bureida, verfolgt Mohammed, 80, 81.

Buthan, die Brücke, 110.

Buwat, der Berg, 96.

C.

Cambyses, 12.

Chabbab, Ibn Aratt, belehrt Omars Schwester, 60.

Chadidja, ihre Abkunft, 11, 21, nimmt Mohammed in ihren Dienst, 35, heirathet ihn, 36, 37, frühere Ehen und Kinder, 38, 39, bestätigt Mohammed in seinem Berufe, 47, ihr Tod, 66, 67.

Chalid, Ibn Said, 51, 189.

Chalid, Ibn Walid, schlägt die Muselmänner bei Ohod, 127, 128, sperrt ihnen den Weg auf dem Zuge von Hudeibia, 174, bekehrt sich, 204, wird bei Muta zum Befehlshaber erwählt, 206, kämpft bei der Eroberung von Mekka, 217, zerstört den Götzen Uzza, 228, 229, Zug gegen die Benu Djadsima, 229, 230, wird von Mohammed zurecht gewiesen, 231, bekehrt die Benu Harith, 250, nimmt Ukeidar gefangen, 264, bewahrt Mohammeds Haare auf, 318.

Chalil, ein Grammatifer, 426.

Chandama, der Hügel, 217.

Charidjiten (Ketzer), 240.

Chatmiten, der Stamm der, 117.

Chattab, Omars Vater, 11.

Chaula, Tochter Thalaba's, 184.

Chaula, Tochter Hakims, Mohammed heirathet sie nicht, 357, fragt ihn, warum er Taif nicht angreift, 426.

Chazradj Ibn Haritha, Stammvater der Chazradjiten, 409.

Chazradjiten, 71, 72, erste Bekehrung, 74, ziehen mit nach Bedr, 103, Abkunft und ältere Geschichte, 409—411.

Cheibar, Schlösser der Juden, 114, 136, 171, 182, Krieg von, 184—188.

Cheizaran, Mahdi's Sklavin, 50.

Chorasan, 65.

Chosroes I., 9, 23, sein Tod, 28, 81.

Chosru Perwiz, 9, 64, 172, Mohammeds Schreiben an ihn, 197, 198.

Chubeib, Ibn Adij, seine Hinrichtung, 133, 416.

Chum, der Teich, 319.

Chutbah, Kanzelrede, 89.

Chuweilad, Chadidja's Vater, 11, 34, 36—38.

Chuweißa, Brdr. Mucheißa's, 120.

Chuzaiten, Herrn von Mekka, 3, werden vertrieben, 4, waren Götzendiener, 18, fallen von den Kureischiten ab, 177, werden geschlagen, 208, nehmen Rache, 218, 225.

Chuzeima, ein Verwandter Chadidja's, 35.

Chuzeima Ibn Thabit, 351.

Cordova, die Moschee von, 85, 86, 412.

Crassus, 12.

D.

Dahes, Krieg von, 13.

Dalail, das Werk, 265.

Damask, 3, 23, erstes Minaret daselbst, 86.

Daniel, 4.

Darim, 246.

Daumat Aldjandal, der Ort, 142, 143, 264.

Daus, der Stamm, 410.

David, 24.

Dhahhak, Ibn Chalifa, 427.

Dhambham, Abu Sofians Bote, 103.

E.

J.

K.

L.

M.

P.

R.

S.

T.

U.

68, bringt Aïscha nach Medina, 83, zum Statthalter von Medina ernannt, 97, 98, verkündet den Sieg von Bedr, 109. 115, holt Zeinab in Mekka ab, 116, läßt sich von seiner Gattin scheiden, 145, bewacht Medina während der Belagerung, 161, stirbt bei Muta, 206, biographische Notizen, 325, 326.

Zeid, Ibn Thabit, 44, lernt die jüd. Schrift, 140, spricht zu Gunsten Abu Bekrs, 335, 336, redigirt den Koran, 348—350, 353, 361.

Zein Eddin, Almuammir, Legende vom gespalteten Monde, 65.

Zeinab, Tochter Chuzeima's, Mohammed heirathet sie, 116, 357, ihr Tod, 358.

Zeinab, Tochter Djahsch's, Mohammed heirathet sie, 145, 156, schenkt ihm eine Sklavin, 360.

Zeinab, Tochter Hariths, vergiftet Mohammed, 187.

Zeinab, Tochter Mohammeds, 39, 83, Ankunft in Medina, 116, Tod, 242.

Zemzem, der Brunnen, 2, 7, 318.

Zibirkan, Ibn Bedr, Dichter der Benu Tamim, 246.

Zubeida, Gemahlin Harun Arraschids, kauft Mohammeds Haus, 23.

Zubeir, Ibn Abd Almuttalib, 28, Mohammed reist mit ihm nach Jemen, 29, stiftet einen Verein gegen Gewaltthäter, 32.

Zubeir, Ibn Awwam, 50, geht Mohammed entgegen, 81, kundschaftet die Gegend von Bedr aus, 106, sein Einzug bei der Eroberung von Mekka, 216, 217, dient Mohammed als Sekretär, 350, verfolgt Sara, 424.

Zuheir, Ibn Abi Ommeija, ein Dichter, von Mohammed begnadigt, 223.

Zuhra, Wohnsitz der Beni Nadhir, 134.

Zuhra, der Imam, 425.

Zuhra, Sohn Kilabs, 11, 21, 22.

Zuleiha, die bibl. Potivar, 327.

Beilagen.

Zu Anmerk. 40. Sirat Arrasul Fol. 36.

ثم انطلقت الى ورقة بن نوفل بن اسد بن عبد
العزى بن قصىّ وهو ابن عمّها وكان ورقة قد تنصّر
وقرأ الكتب وسمع من اهل التوراة والانجيل فاخبرته
بما اخبرها به رسول الله . . . .

Aus dem Chamis auf dem 2ten Bl. des Kapitels: „Von den Begebenheiten im Anfang des Prophetenthums:

ثم انطلقت به خديجة حتى اتتبه ورقة بن نوفل
وهو بن عم خديجة وكان امرأ تنصّر فى الجاهلية وكان
يكتب العربيّ وفى رواية العبرانيّ يكتب بالعربيّة من
الانجيل ما شاء الله ان يكتب وكان شيخا كبيرا
قد عمى

Aus dem Insan Alujun Bd. I. Fol. 6 des Kap.: „Anfang der Offenbarung" zu den Worten Warakas „Dir ist die große Offenbarung geworden die einst Moses brachte:

وانما ذكر ورقة موسى دون عيسى عليهما السلام مع
ان عيسى اقرب منه وهو على دينه لانه كان على دين
موسى عليه السلام ثم صار نصرانيا لان نبوّة موسى
عليه السلام جمع عليها . . .

Ibrahim Halebi: Seite 52.

ورقه خديجهنك عم زادهسى اولوپ زمان جاهليتنده
تنصّر وانجيلى عبرانيدن عربييه ترجمه ايتمشيدى
اوّل اثناده بغايت پير ونا بينا اولمشيدى

A

وعن كتاب الاشارات للفخر الرازى انه صلى الله عليه
وسلم فى تلك الايام التى تكلّم فيها بالافك كان اكثر
اوقاته فى البيت فدخل عليه عمر رضى الله عنه
فاستشاره صلى الله عليه وسلم فى تلك الواقعة فقال
عمر يا رسول الله انا اقطع بكذب المنافقين واخذت
برأة عائشة رضى الله عنها من الذباب ...ودخل عليه
صلى الله عليه وسلم على كرم الله وجهه فاستشاره
فقال له على كرم الله وجهه اخذت برأة عائشة
من شى هو انا صلينا خلفك وانت تصلى بنعليك ثم
انك خلعت احدى نعليك فقلنا ليكون ذلك سنة لنا
قلت لا لان جبريل عليه السلام اخبرنى ان فى تلك
النعل نجاسة فاذا كان لا تكون النجاسة بنعليك فكيف
تكون باهلك فسّر صلى الله عليه وسلم بذلك.

Ibrahim Halebi. S. 165.

حضرت مرتضى يه دخى مناسبة بيورد قده يا رسول الله
بر كون جناب مفخر الموجوداتله اداى صلاة ايدركن
نعلينكزى چيقارد يغكزده بز دخى متابعت ايدوب بعده
زير نعلينكزده اثر قاذوره اولديغنى حضرة جبريل امين
اخبار ايلديكنى بزه اشعار بيورمشدكز امدى عصمتخا
نه كزده بو كونه وضع نا صواب ارتكاب اولنمش اولسه
احتمالميدر كه ازعاجى بابنده امر ذو الجلال صادر
اولميه بونلرك جملهسى منافقين ارجوفهسى در قطعا
اساس ومساسى يوقدر ديدى

B

وكان رسول الله صلى الله عليه وسلم قد جعل
سعد ابن معاذ فى خيمة لامراة من اسلم يقال لها
رفيده فى مسجده كانت تداوى الجرحى وتحتسب
بنفسها على خدمة من كانت به ضيعة من المسلمين
وكان رسول الله صلى الله عليه وسلم قد قال لقومه
حين اصابه السهم بالخندق اجعلوه فى خيمة
رفيده حتى اعوده من قريب فلما حكمه رسول الله
صلى الله عليه وسلم فى بنى قريظة اتاه قومه فحملوه
على حمار ...

Aus dem Insan Alujun Band III Fol. 5 des Capitels: غزوة بنى قريظة nachdem er wie bei S. erzählt, daß Saad im Zelte Rufeidas war:

لان رفيده رضى الله عنها كان لها خيمة فى المسجد
تداوى فيها الجرحى من الصحابة ممن لم يكن
له من يقوم عليه فاتاه قومه فحملوه على حمار ...

Ibrahim Halebi S. 161.

سعد ايسه خلال ملحمه خندقده زخمناك اولمغله
بالضروره بو غزادن تخلف ايدوب حضرت مجلى الهموم
بالذات عيادهسنه شرفريز قدوم اولمق ايچون مسجد
شريف قربنده رفيده نام جراحه خيمهسنده تمكين
بيورمشلر ايدى ...

فقال له عروة من هذا يا محمد قال هذا ابن اخيك
المغيرة بن شعبه قال اى غدر وهل غسلت سوتك الا
بالامس قال ابن هشام اراد عروة بقوله هذا ان المغيرة

بن شعبة قبل اسلامه قتل ثلاثة عشر رجلا من بنى

مالك من ثقيف فتهايج الحيّان من ثقيف بنو مالك

رهط المقتولين والاحلاف رهط المغيرة فودى عروة

المقتولين ثلث عشره دية واصلح ذلك الامر . . . .

Aus dem Insan Alujun Bd. III. auf dem sechsten Bl. des
Cap.: Vom Zuge, nach Hudeibije, zu den angeführten
Worten Urwa's:

قيل اراد عروة بذلك انه الذى ستر غدر المغيرة بالامس

لان المغيرة رضى الله عنه قتل قبل اسلامه ثلاثة

عشر رجلا من بنى مالك من ثقيف وفد هو وايّاهم

مصر على المقوقس بهدايا قال وكنا سدنة اللات اى

خدامها واستشرت عمّى عروة فى مرافقتهم فاشار على

بعدم ذلك قال فلم اطع امره فانزلنا المقوقس فى كنيسة

الضيافة ثم ادخلنا عليه فقدموا الهدية له فاستخبر كبير

القوم عنى فقال ليس منا بل من الاحلاف فكنت اهون

القوم عليه فاكرمهم فقصّر فى حقّى فلما خرجوا لم

يعرض على احد منهم مواساة فكرهت ان يجبروا اهلها

باكرامهم وازدراء الملك بى فاجمعت على قتلهم ونزلنا

محلّا فوضعت راسى فعرضوا علىّ الخمر فقلت راسى

تصدع ولكن اسقيكم فسقيتهم واكثرت لهم من غير

مزح حتى همدوا فوثبت عليهم فقتلتهم . . . . .

Ibrahim Halebi. S. 187.

عروة مغيرةنك بو حركة دليرانەسندن دلتنك اولمغليه

بالاستعلام مغيره اولديغى معلومى اولیجق اى غدار

هنوز بك بسنك غدرزڭى اصلاحه سعى ايتمك اوزرەيم حقا

D

كه حق نا شناس ايمش سن ديدى مكر مغيره زمان
جاهليتده قبيلهء ثقيفدن متشعب بنو مالكدن اون
اوج نفر سدنه لات ايله بر مقدار هدايا ترتيب
ايدوب اسكندريه واليسى مقوقس طرفنه عزيمته نيت
ايلدىلر مرسوم عروه كه مغيرهنك عميدر رضا
ويرمامشكن اصغا ايتميوب كتدى وصوللرنده مقوقس
بونلرى بر كليسايه نزيل ورعايت واكراملرى لوازمنى
تكميل ايلدى جند روز ارامدنصكره حضورنه كتوردوب
مغيرهنك وقع وشاندن سئوال ايلدكده مالكيلر بو ادم
بزدن دكل در احلافلندر ديملريله مغيره حقنده
اكرام وانعام ميزان اعتدالدن ناقص ظهور ايلدى
اسكندريهدن چيقدقدنصكره حق رفاقته رعايتا
همراهلرندن اثر مواسات مشاهده ايتميوب وقومم اچره
بو نقيصهيى اشاعه ايتملريله بكا مستوجب تعيير اولور
ديو اعداملرينه عزم تام ايلدى اثناى راهده بر
جايكاه لطيفه نزول ونوش شراب نابه مشغول اولديلر
مغيره بنم صداعم اولمغله بو كون كروم دوستكاهى
اولمق مزاجمه ملايم در نهايه ساقيلك خدمتنده
بولنهيم ديوب جملهسنى مست لا يعقل ايلدكدنصكره
مجموعنك ساغر سرلرك شكست ومجلس عشرت
زندكانيلرك * بيت * طلودكمش ترلايه دوندردى
دوران صحبتى * جام صندى مى دوكلدى كتدى
ساقى قالمدى * مضموننه پيوست ايلدى بالجمله
اثواب واسبابلرين الوب طوغرى مدينهء منورهيه
اهتزام ووصولنده اظهار شعار اسلام ايلدى

قال ابن اسحق حدثنى الزهرى عن عبد الله بن
عتبه عن ابن عباس قال سمعت عمر بن الخطاب
يقول لما توفى عبد الله بن ابىّ دعى رسول الله
صلى الله عليه وسلم للصلاة عليه فقام عليه فلما
وقف عليه وقف يريد الصلاة تحوّلت حتى قمت فى
صدره فقلت يرسول الله اتصلّى على عدوّ الله عبد
الله بن ابىّ القائل كذا يوم كذا! والقائل كذا يوم
كذا يعدد ايامه ورسول الله صلى الله عليه وسلم
يتبسّم حتى اكثرت فقال يا عمر اخّر عنى انى خيّرت
فاخترت قد قيل لى استغفر لهم او لا تستغفر لهم ان
تستغفر لهم سبعين مرّة فلن يغفر الله لهم فلو اعلم
انى ان زدت على السبعين غفر له لزدت قال ثم
صلى عليه رسول الله صلى الله عليه وسلم ومشى معه
حتى قام على قبره حتى فرغ منه قال فعجبت لى
وجرءتى على رسول الله صلى الله عليه وسلم والله
ورسوله اعلم فوالله ما كان الا يسيرا حتى نزلت
هاتان الايتان ولا تصلّ على احد منهم مات ابدا
ولا تقم على قبره انهم كفروا بالله ورسوله وماتوا
وهم فاسقون فما صلى بعده على منافق حتى قبضه الله

Ibrahim Halebi Seite 352:

رسول كريم صاحب خلق عظيم عليه التحية
والتسليم حضرتلرى مخذول مقهورك رجاسنه اسعافله

F

پیراهن ایمنلرین تکفین ایچون عنایت ونمازنده ده
مباشرت بیوردقلرنده فاروق اعظم حضرتلری یا رسول
الله اول منافقک نمازنه واقعا حاضر اولورمیسز دیو
مستغربانه سئواله تصدّی ایدیجك رسول جلیل الحضر
حضرتلری یا عمر حق جل وعلا بو خصوصده بنی
استغفر لهم او لا تستغفر لهم ان تستغفر لهم سبعین
مره فلن یغفر الله لهم کریمهسی موجبنجه خیر
ایلدی وانك ایچون یتمشدن زیاده استغفار ایدرم
بیوروب نمازنی دخی ادا وُدفننده ده حاضر اولدیلر اول
آنده ولا تصل علی احد منهم مات ابدا ولا تقم
علی قبره انهم کفروا بالله ورسوله وماتوا وهم فاسقون
کریمهسی نازل اولمغله من بعد کروه مکروه منافقین
اوزره نمازدن ممنوع اولدیلر.

Zu Anmerk. 215 und 220.   Aus dem Sirat Arraful
Fol. 189.

حدّثنی محمد بن جعفر بن الزبیر عن عروة عن
عائشه قالت لما قسم رسول الله صلی الله علیه وسلّم
سبایا بنی المصطلق وقعت جویریه بنت الحرث فی
السهم لثابت بن قیس بن الشمّاس او لابن عم له
فکاتبته علی نفسها وکانت امرأة حلوة ملّاحة لا یراها
احد الا احذت بنفسه فاتت رسول الله صلی
الله علیه وسلم تستعینه فی کتابتها قالت فوالله ما
هو الا ان رایتها علی باب حجرتی فکرهتها

وعرفت انه سيرى منها ما رايت فدخلت عليه فقالت
يرسول الله انا جويريه بنت الحرث بن ابى ضرار
سيد قومه وقد اصابني من البلاء ما لم يخف عليك
فوقعت فى السهم لثابت بن قيس بن الشماس او
لابن عم له وكاتبته على نفسى فجئتك استعينك
على كتابتي قال فهل لك فى خير من ذلك قالت وما
هو يرسول الله قال اقضى كتابتك واتزوجك قالت
نعم يرسول الله قال قد فعلت قالت وخرج الخبر الى
الناس ان رسول الله صلى الله عليه وسلم قد تزوج
جويريه بنت الحرث بن ابى ضرار فقال الناس اصهار
رسول الله صلى الله عليه وسلم فارسلوا رضوان الله
عليهم ما بايديهم قالت فلقد اعتق بتزوّجه اياها
ماية اهل بيت من بنى المصطلق قالت فما اعلم
امرأة كانت اعظم على قومها بركة منها.

قال فوالله لكأنّ الناسَ لم يعلموا ان هذه الاية
نزلت حتى تلاها ابو بكر فانما هى فى افواههم قال
فقال ابو هريره قال عمر والله ما هو الا ان سمعت
ابا بكر تلاها فعقرت حتى وقعت على الارض ما
تحملنى رجلاى وعرفت ان رسول الله قد مات

Druckfehler und Verbesserungen.

Seite 2 u. 33 Zeile 9 lies: Sameiba statt Sumeiba
  „ 2 u. 33 Zeile 20 l. Zemzem st. Semsem
  „ 4 Zeile 16 v. u. l. die st. der
  „ 5 „ 3 v. u. l. trabt st. trappt
  „ 8 „ 11 v. u. l. Jathrib st. Jathreb
  „ 9 „ 12 l. Perwiz st. Parwis
  „ 10 „ 4 l. Jemen st. Abyssinien
  „ 10 „ 13 l. derselben st. desselben
  „ 14 „ 7 u. 9 l. Dsu'l st. Dzu'l
  „ 14 „ 7 l. Nachla st. Nahla
  „ 14 „ 7 v. u. l. Madjas st. Madjas
  „ 14 „ 10 v. u. l. Schawwal st. Schawal
  „ 23 „ 5 l. Schukran st. Safran
  „ 25 „ 12 v. u. l. Ammen st. Amme
  „ 31 „ 15 v. u. l. Okaz st. Okkaz
  „ 32 „ 11 u. 8 v. u. l. Aïscha's st. Aïschas
  „ 38 „ 9 u. 14 l. Gemeinde st. gemeine
  „ 39 „ 15 v. u. ist „Abul" zu streichen
  „ 48 „ 17 v. u. l. wurden st. werden
  „ 50 „ 12 v. u. l. Challafs st. Chalafs
  „ 57 u. 176 Zeile 14 l. Nadjaschi st. Nadjast
  „ 61 Zeile 18 l. Mughira st. Mugheira
  „ 62 „ 11 v. u. l. war st. waren
  „ 63 „ 17 v. u. l. eingestellt st. eingesteckt
  „ 68 „ 15 v. u. l. Adi's st. Adi's
  „ 71 „ 1 l. Cousine st. Tante
  „ 74 letzte Zeile l. wafuna st. wafunua
  „ 79 Zeile 12 v. u. l. den st. der
  „ 81 „ 2 l. den st. der
  „ 82 „ 10 v. u. l. „auf" nach d. W. euch
  „ 86 „ 19 l. 200 st. 280
  „ 91 „ 13 v. u. l. Fasttag st. Festtag
  „ 91 „ 4 v. u. l. Tage st. Tagen
  „ 93 „ 11 v. u. l. radjuli st. raradjuli
  „ 93 „ 10 v. u. l. mâa st. mau
  „ 95 „ 10 l. Ausgewanderten st. Hülfsgenossen
  „ 96 „ 4 u. 6 v. u. l. salla st. sala
  „ 99 „ 10 v. u. l. nach d. W. „liegt" ein Komma st. Semikolon
  „ 108 „ 16 v. u. l. dsaliki st. dzaliki
  „ 110 „ 18 v. u. l. Hülfsgenossen st. Verbündeten
  „ 115 „ 13 l. Djuweiria st. Djaweira
  „ 117 „ 6 l. Adi's st. Adi
  „ 119 u. 268 Zeile 10 v. u. l. leitet st. leidet
  „ 121 Zeile 11 v. u. l. Hülfsgenosse st. Verbündeter
  „ 124 „ 6 v. u. l. trennte st. trennten
  „ 131 „ 3 nach d. W. „besser" kein Komma
  „ 135 „ 18 v. u. l. hätten st. hätte
  „ 143 „ 12 v. u. l. mit st. im
  „ 144 „ 6 l. Mustalik st. Mustalik
  „ 148 „ 10 l. widerfahren st. wederfahren
  „ 163 „ 13 v. u. l. Andere st. Andern
  „ 163 „ 12 v. u. l. auf st. in
  „ 168 u. 206 Zeile 12 v. u. l. Chalifa st. Chuleifa
  „ 173 Zeile 12 l. Huleifa st. Chuleifa
  „ 175 „ 9 l. einem st. einen
  „ 176 „ 16 v. u. l. waaßlaha st. waaßlahu
  „ 179 „ 18 l. Mohammeds st. Mohammed

Die Zahlen der Anmerkungen, auf die fich die Beilagen beziehen, find fchon in der Vorrede verbeffert worden. Einige andere Unrichtigkeiten, befonders fehlende Tefchdids, finden fich fo in den Werken, die ich benützt habe; fo ließ ich auch S. 21 die Zahl 771 ftatt 571 ftehen. Ift der Name „Safia" S. 161, Zeile 16 v. u. richtig, fo muß eine andere als Mohammeds Gattin damit gemeint feyn. Einige „f" für „s," in der Mitte arabifcher Wörter, hielt ich nicht der Berichtigung werth.

Lightning Source UK Ltd.
Milton Keynes UK
UKHW030629060820
367798UK00006B/645